PARTEIAUFTRAG: EIN NEUES DEUTSCHLAND

# PARTEIAUFTRAG: EIN NEUES DEUTSCHLAND

## Bilder, Rituale und Symbole der frühen DDR

Herausgegeben von Dieter Vorsteher

Buch zur Ausstellung des
Deutschen Historischen Museums
vom 13. Dezember 1996 bis 11. März 1997

DHM

## Impressum

### Buch

Herausgeber: Dieter Vorsteher
Lektorat: Winfried Ranke
Redaktion: Doris Müller, Alfred Nützmann, Katja Protte
Bildredaktion: Julia Lübke
Bildbeschaffung: Ute Grallert (Bildarchiv DHM), Julia Lübke
Schaukasten-Texte: Julia Lübke, Doris Müller, Katja Protte, Winfried Ranke, Jörn Schütrumpf, Dieter Vorsteher
Register: Birgit Schnabel
Graphischer Entwurf und Umschlaggestaltung: Dorén + Köster, Berlin
Herstellung: Gabriele Kronenberg
Produktion: Koehler & Amelang Verlagsgesellschaft mbH München/Berlin

ISBN 3-86102-090-4
Abbildung auf dem Umschlag: Aus einem Fotoalbum des Zentralrats der FDJ vom Deutschlandtreffen 1950 in Berlin (Ausschnitt); SI 90/1594

Gestaltung und Satz: Verlagsservice Pfeifer / EDV-Fotosatz Huber, Germering
Lithographie: PHG-Lithos, Martinsried
Gesamtherstellung: EBS, Verona

### Ausstellung

Idee, Konzept, Recherche: Doris Müller, Katja Protte, Jörn Schütrumpf, Dieter Vorsteher
Projektbüro: Doris Müller
Videokonzeption: Katja Protte
Text: Julia Lübke, Doris Müller, Katja Protte, Jörn Schütrumpf, Dieter Vorsteher
Restaurierung: Werkstätten DHM (Ursula Fuhrer)
Gestaltung/Graphik: Jan Fiebelkorn-Drasen
Produktion: Scala – Günter Krüger, Berlin
Plakat: Dorén + Köster, Berlin
Öffentlichkeitsarbeit: Angelika Wachs, Susanna Meienreis

# Inhalt

## Feiern und Schenken



## »Unsere Menschen«



## Agitation und Propaganda

## Überleben in der Erinnerung

1 Großformatiger Ausschneidebogen mit den Initialen »SED« und dem Parteiabzeichen, 50er Jahre

Dieter Vorsteher

# Parteiauftrag: Ein neues Deutschland

Vor wenigen Monaten sahen wir in Berlin die Ausstellung »Kunst und Macht«. Sie untersuchte das spannungsreiche Verhältnis zwischen Diktatur und bildender Kunst in den Jahren 1930 bis 1945. Die betrachteten Staaten – UdSSR, Deutschland, Spanien und Italien – verstanden sich, jeder auf seine Weise, als Ergebnis einer Revolution. Der gesellschaftliche Umgestaltungsprozeß in diesen Staaten war nachhaltig begleitet von der Produktion neuer Leitbilder. Neue Staaten, so scheint es, wollen vor allem an Sichtbarkeit gewinnen, ihre gesellschaftlichen Ziele populär und augenfällig in Szene setzen. Die Bilder, Zeichen und Symbole, die sie sich dabei schaffen, markieren ihr ideologisches Hoheitsgebiet. Ob diese die Litfaßsäulen in Beschlag nehmen, als wortgewaltige Straßenaufsteller die Passanten belehren, als Parolen auf Transparenten in konformen Menschenblöcken mitmarschieren oder sich als menschenbewegtes Ornament auf Straßen und Plätzen bewegen, immer nutzt sie der neue Staat als flächendeckende Demonstration seiner Macht.

Die unter dem Titel ›Parteiauftrag: Ein neues Deutschland‹ vorbereitete Ausstellung und der dazu herausgegebene Begleitband richten den Blick auf diesen Gestaltungswillen, wie er sich nach 1945 unter dem Einfluß der sowjetischen Besatzungsmacht ausbildete. Sie unternehmen den bilderreichen Versuch, sich dem Phänomen SBZ/DDR von dessen visueller Erscheinung zu nähern, und betrachten dabei das offizielle »Staatsdesign« sowie die vielfältig in dessen Umfeld entstandenen offiziösen Ornamente aus der Zeit bis zum Mauerbau. Die Ausstellung endet mit dem Jahr 1961, da bis zu diesem Zeitpunkt alle wesentlichen Gestaltungselemente der DDR entwickelt wurden. Der Begleitband hingegen geht in einigen Fällen über diese Zeitbegrenzung hinaus und verfolgt, dort wo es den Autoren sinnvoll erschien, auch solche Erscheinungen, die erst nach der »Sicherung der Staatsgrenze« relevant waren oder wurden.

Bedeutende, auf Akten gestützte Forschungen zum Innenleben der DDR sind in den letzten Jahren publiziert worden. Diese Tiefbohrungen in die Verkrustungen des »real existierenden Sozialismus« haben inzwischen viel über die unter dem bunten Kleid der offiziellen Staatsgestalt gebräuchlichen Praktiken der Parteidiktatur zutage gefördert. An den Ergebnissen dieses umfangreichen Aktenstudiums kann und will sich die Ausstellung nicht messen. Sie bleibt im besten Sinne des Wortes bei den Oberflächenphänomenen der frühen DDR stehen. Die Ausstellung wie die zahlreichen Aufsätze und Fotoessays wollen vor allem die Selbstdarstellung der DDR beleuchten und den reichen Bilderschatz aus den Beständen des ehemaligen ›Museums für Deutsche Geschichte‹ heben. Dies erschien uns notwendig, da die Geschichtsschreibung der DDR seit den 60er Jahren diese Bilder häufig umgedeutet oder gar unterschlagen hat.

Der materialreiche Rückblick auf die Anfänge der DDR belegt die Anstrengungen um den Aufbau eines neuen Deutschlandbildes, eng angelehnt an die Formensprache der Sowjetunion – fragwürdig genug aber auch an jene des NS-Staates. Fahnenträger, Marschkolonnen, Fackelzüge, Sprechchöre, Gelöbnisse und die Besetzung des öffentlichen Raumes mit den Emblemen von Staat und Partei sind untrennbar verbunden mit dem Machtausbau der SED. Daß es dazu manchmal nur der Umbenennung martialischer Aufmärsche in Kundgebungen des Friedens bedurfte, beunruhigte schon Zeitgenossen. Inwieweit allerdings die propagandistisch vergegenwärtigte Einheit von Staat und Partei und die Mobilisierung der Massen für die Staatsinteressen bei den zum Marschieren Verpflichteten funktioniert hat, stellen wir dahin. Vordringlich war für uns nicht, die Motivation der

2 Bodenreform 1945 – gemeinsamer Auszug zur Landverteilung auf dem Gut Kränzlin bei Neuruppin

Produzenten und Mitläufer zu untersuchen oder die Funktionsfähigkeit der Propagandaprodukte zu analysieren, vielmehr geht es uns in der Hauptsache um eine erste Zusammenstellung staatlich organisierter Werbekampagnen und um das unter Führung der SED entwickelte Produktdesign für ein neues Deutschland.

Was ein Staat (wie legitim oder illegitim er zustande gekommen war) benötigt, um gegenüber seinen Bewohnern und der Welt den Eindruck »normaler« Staatlichkeit zu erwerben, ist in seinen wesentlichen Elementen schnell benannt: ein Territorium, eine Grenze, ein Volk, eine Verfassung, eine Regierung, eine Staatsflagge, eine Hymne, ein Gesetzbuch zur Regelung des gesellschaftlichen Zusammenlebens und – neben weiteren Instanzen und Bestimmungen – auch einen Geburtstag. Immer dann, wenn es um Ausbildung und Gestaltung solcher Grundvoraussetzungen ging, richteten wir unsere Aufmerksamkeit darauf. Wichtige Elemente eines Staatswesens wurden allerdings auch ausgeklammert, wie zum Beispiel die Praxis der Rechtsprechung, das Vertragsgefüge mit anderen Staaten, die Befindlichkeit seiner Staatsbürger, die politische Umsetzung der Verfassung, die Bewältigung des Alltags und vieles mehr – die zahllosen Unsichtbarkeiten in den Biografien seiner Bürger.

Man kann der DDR – dem »zweiten deutschen Staat«, dem »sozialistischen Vaterland« – den Charakter eines Staates wohl kaum absprechen. Dennoch war sie, aus westlicher Sicht, kaum ein Staat wie jeder andere. Jahrzehntelang stand die »Gänsefüßchen-DDR« auf dem kritischen Prüfstand westlicher Demokratievorstellungen, und dort verzeichnete man im Ergebnis nur wenig Demokratie und wenig gelebte Republik zwischen

Elbe und Oder. Schon die programmatische Namensgebung ›Deutsche Demokratische Republik‹ war in Westdeutschland von Anfang an mit einem großen Fragezeichen versehen worden. Zu Recht, denn schon der Weg zur Gründung war keineswegs durch freie Wahlen gekennzeichnet. Als Staat war die DDR eine sowjetische Konstruktion, die weitaus weniger Zustimmung durch die Bevölkerung erfuhr als die aus den drei Westzonen hervorgegangene Bundesrepublik. Die Vorgeschichte bis zur Gründung der DDR in Ost-Berlin und die anschließende »Verankerung der Massen« in diesem neuen Staat ist vor allem die Geschichte einer Parteidiktatur. Terror, Gewalt, Vertreibung und die erst offene, später verdeckte Praxis politischer Gewalttaten bildeten die Kehrseite dieses neuen Deutschlands.

Seit dem erdrutschartigen Zusammenbruch der DDR 1989/90 gibt es immer wieder Versuche, die Anfänge dieses neuen Staates vor 50 Jahren im milden Lichterglanz der eigentlich guten Absichten zu betrachten. Als Belege werden angeführt: die »demokratische Erneuerung« der Kultur, die breite »antifaschistische Bewegung«, die Zulassung aller »demokratischen Parteien und Massenorganisationen«, die zügige »Enteignung der Kriegsverbrecher« und vieles mehr. Die grundlegende Umstrukturierung der Gesellschaft werfe doch Glanzlichter auf die Geburtsstunde dieses deutschen Teilstaates. Aber die vorgeblich demokratischen Umgestaltungen erwiesen sich letztlich als taktische Schritte auf dem Weg zur Parteidiktatur nach sowjetischem Vorbild. Was sich als Reform, als Demokratie, als Antifaschismus anpries, erwies sich in der Durchführung bis 1949 als opferreicher Klassenkampf hinter dem Schutzschild der Besatzungsmacht. Und als ihr dann mehr Eigenverantwortung zugestanden wurde, schuf sich die Staatsmacht mit dem Straftatbestand »Boykotthetze« in ihrer Verfassung ein Instrumentarium zur weiteren Verfolgung politisch Andersdenkender.

Das ist ein hartes Urteil, das für manchen Zeitgenossen und Wegbereiter der DDR verständlicherweise noch heute schwer zu akzeptieren ist. Der augenfällige Widerspruch zwischen den bei offiziellen Staatsauftritten verkündeten guten Parolen und den schlechten Taten, die die Partei im Alltag beging, erweist sich für viele bei der Beur-

3 Die »Kandidaten des Volkes« melden sich zu Wort. Berlin, Frühjahr 1951 (Foto: Willy Jacobson)

teilung ihres Staates als unüberbrückbar. Trotz einiger Kritik im Detail bleibt der Staat als Ganzes in der persönlichen Erinnerung seltsam heil. Das von den Agenturen der SED inszenierte und mit ritueller Regelmäßigkeit repetierte Staatsdesign wirkt nach. Die positiv besetzten Embleme und Begriffe kaschieren heute noch sowohl die Ruinen des »real existierenden Sozialismus« als auch das aus der Erinnerung gelöschte Terrorregime der 40er und 50er Jahre.

Die mehr als 40 Jahre andauernde Proklamation und Bebilderung vom antifaschistischen, demokratischen, friedliebenden, wirtschaftlich Weltniveau erreichenden sozialistischen Staat beeinflussen immer noch Erinnerungen und Meinungen. Obwohl es den maroden SED-Staat schon vor sieben Jahren dahinraffte, erweist sich sein buntes Federkleid heute noch als attraktive, schön-schaurige Trophäe – zugegeben für Ost und West gleichermaßen. Für die Bürger aus der ehemaligen DDR ruft es sentimentale Erinnerungen

4 Ein Festwagen aus dem Umzug während des Deutschlandtreffens in Berlin, 16. bis 18. Mai 1964 (Foto: Martin Schmidt)

an jene hoffnungsvolle Phase der »Einheit von Wirtschafts- und Sozialpolitik« hervor, für die Bundesbürger – entwöhnt der staatlichen Zeichen und Symbole – erscheint es als schrilles Staatsspektakel einer uniformen Gesellschaft.

In den 40er und 50er Jahren entwickelte die aus der Sowjetischen Besatzungszone hervorgegangene DDR einen staatlichen Gegenentwurf zu dem »kapitalistischen Vasallenstaat« in Westdeutschland. Der von der SED kämpferisch vorgetragene gesamtdeutsche Anspruch war schon 1945 grenzüberschreitend gedacht und klang bisweilen bedrohlich und überheblich. Das »neue Deutschland«, das nach der Vorstellung der SED entstehen sollte, war auch als Modell für die drei Westzonen theoretisch vorgedacht. Aber spätestens nach dem Mauerbau lagen solche gesamtdeutschen Ansprüche und Illusionen gänzlich in Trümmern. Der Hoffnung, durch eine von der westdeutschen »Arbeiterklasse« mitgetragene Revolution würde ganz Deutschland sich zu einem sozialistischen Staat vereinigen, war der schrittweise Rückzug auf das begrenzte »Territorium der DDR« gefolgt. Nicht nur die Deutschlandpolitik der SED, auch der Umbau der Wirtschaft hatte in den 50er Jahren keineswegs den planmäßigen Fortschritt vollzogen, den Partei- und Staatsführung sich erhofft hatten.

Trotzdem hielten die offiziellen Verlautbarungen der SED in den 50er Jahren an der Erfolgs-

5 Politische Werbung auf Verpackungstüten für Lebensmittel der HO, um 1952/53

geschichte der DDR fest. Immer wieder glaubten sie sich veranlaßt, große Erfolge feiern zu können: Unwiderruflich hatten die beiden Arbeiterparteien sich vereint, waren Faschisten und Kapitalisten verjagt, war das »neue Deutschland« in der Deutschen Demokratischen Republik Wirklichkeit geworden, waren die »Agenten des Imperialismus« und die »Saboteure« des fortschrittlichen Deutschlands am »Tag X« im Juni 1953 enttarnt. Mit der Bildung der ›Nationalen Volksarmee‹ war die Aufrüstung zur »Verteidigung des Friedens« vollzogen, und man hatte den »US-Imperialismus« gemeinsam mit den Warschauer-Pakt-Staaten an der Elbe für immer gestoppt. Die Wirtschaftspläne waren stets »erfüllt und übererfüllt«, der »antifaschistische Schutzwall« war 1961 errichtet worden. Machtvolle Demonstrationen aus allen Teilen der Republik waren Jahr für Jahr Beleg für die Richtigkeit der Politik. Als »Avantgarde der Arbeiterklasse« hatte die SED ohnehin immer Recht, regierte sie doch nach den Lehren des Marxismus-Leninismus. Da war Kritik nicht angebracht, denn »Der Marxismus ist richtig, weil er wahr ist« (Lenin). Gigantische Attrappen dieser Lehrbücher mit einem Globus der sozialistischen Welt zog man während des Deutschlandtreffens 1964 an der Tribüne der Macht vorbei.

Genauer besehen waren die Jahre bis zum Mauerbau jedoch eine Zeit großer Niederlagen. Die KPD hatte keineswegs den massenhaften Zulauf bekommen, den sie sich noch 1945 versprochen hatte. Ein geeintes sozialistisches Deutschland hatte in der Nachkriegszeit niemals auch nur eine geringe Aussicht auf Erfolg gehabt. Die Wirtschaftspläne waren schon gescheitert, bevor auch nur die Hälfte der Planfrist abgelaufen war. Die Fakten sprachen für Eingeweihte und Einsichtige deutlicher als die Parolen der Transparente. Schon im ersten Nachkriegswahljahr 1946 war die Zustimmung der Wähler für die SED geringer als erwartet. Trotz Wahlmanipulation, Übervorteilung bei der Kandidatenzulassung und Papierzuteilung erreichte die Partei bei den Landtagswahlen in keinem Land der SBZ eine absolute Mehrheit. Die »antifaschistisch-demokratischen« Säuberungen, die die KPD schon 1945 im Schutz

6 Letzte Vorbereitungen zum 20. Jahrestag der SED, Berlin 1966

der Roten Armee durchgeführt hatte, fanden keineswegs die erhoffte Zustimmung unter der Bevölkerung. Die instinktlose Weiterbenutzung der NS-Konzentrationslager für die Inhaftierung der »Feinde des deutschen Volkes« durch das NKWD blieb nicht verborgen. Zehntausende wurden hier während des Aufbaus eines demokratischen Deutschlands ermordet.

Auch die Praktiken bei der Umsetzung der populären Gleichung »Junkerland in Bauernhand« erschreckten damals viele, die noch Vorstellungen vom Rechtsstaat besaßen. Die staatliche Aufforderung: »Von der Sowjetunion lernen, heißt siegen lernen!«, brachte Landwirtschaft und Industrie eine Kette von Mißerfolgen. Die unverbrüchliche Treue zum »Großen Bruder« kam die DDR teuer zu stehen. Nicht nur die lang anhaltenden Reparationszahlungen, sondern vor allem die Umgestaltung der Landwirtschaft nach sowjetischem Vorbild, die Übernahme der Stachanow-Bewegung, die Einführung von Brigaden und der »planmäßige Aufbau des Sozialismus« brachten sie schon im ersten Jahrzehnt ihres Bestehens an den Rand des wirtschaftlichen Bankrotts. Die laut Propaganda auf allen Gebieten erfolgreiche Übernahme sowjetischer Anbau- und Fertigungsmethoden zeitigte lediglich bei Stadtmenschen und Intellektuellen propagandistische Erfolge. Vor Ort kam es höchstens zum Fototermin, aber keineswegs zum gewünschten wirtschaftlichen Erfolg. Bis 1961 flüchteten aus der DDR über 3,5 Millionen Menschen.

In den Jahren von 1945 bis 1961 hatte die SED ihren Parteiauftrag, ein »antifaschistisches demokratisches« neues Deutschland zu errichten, mit allen propagandistischen Mitteln verkündet. Originalität und nachhaltige Wirkung wird man den Agitprop-Strategen der SED zugestehen müssen. Die Herrschaft über die Straße kam der des »Dritten Reiches« nahe. Unter Einsatz gewaltiger Mittel verwandelten sich die ehemaligen Länder Mitteldeutschlands in eine ideologische Landschaft, in ein staatlich verordnetes »Gesamtkunstwerk« mit sozialistischem Anspruch. Jeder Handgriff war eine Tat für den Frieden, jedes Prozent Produktionssteigerung war ein Schlag ins Gesicht der »Kriegstreiber«, jede Materialeinsparung in der Produktion ein Sieg für den Sozialismus. Jede Senkung der Brotpreise bewies die Überlegenheit der Planwirtschaft über den Kapitalismus, kein Pfund Äpfel konnte man kaufen, ohne daß sie in Friedenspropaganda eingetütet wurden. Vom täglichen Einkauf bis zur »machtvollen« Demonstration am 1. Mai war der Staatspropaganda kaum zu entkommen. Von 1949 bis 1950 zeichnete die DDR über 80 000 männliche und weibliche Aktivisten aus. Aus der 1946 zunächst einmal als überparteilich proklamierten FDJ wurde nach 1949 die »Kampfreserve« der Partei. Die gesamte ideologische Möblierung der DDR drehte sich um die fiktive Einheit von Staat, Partei und Volk.

Die SED fühlte sich auf seiten der Zukunft und an der Seite des fortschrittlichsten Staates der Welt, der UdSSR. Zu dessen utopischen Zielen wollte sie auch das deutsche Volk führen, und deshalb galt es, auf dem Weg dorthin die Reste der bürgerlichen, spätkapitalistischen Gesellschaft zu beseitigen. Das Vokabular des Kampfes, des Sieges und der Gewalt bestimmt durchgängig Texte und Bilder in der frühen DDR. Überall gab es etwas zu zerschlagen, zu vernichten, zu beseitigen – diesmal nicht im Auftrag einer Rassenideologie, sondern im Auftrag einer »fortschrittlichen« Klassenideologie. Wer glaubt, im permanenten Kampf zu stehen, benötigt auch einen ständigen Gegner. Vom Junker über den Fabrikbesitzer, vom Hotelbesitzer bis zum Gemüsehändler, vom Liedermacher zum Filmemacher, vom Parteigenossen bis zum »Kriegstreiber im Amisold« – überall galt es, dem Feind aufzulauern, ihn auszuhorchen und unschädlich zu machen. Diese permanente Anspannung konnten Partei- und Staatsapparat allerdings nicht über 40 Jahre aufrechterhalten. Der »real existierende Sozialismus« war mit der Verwaltung seiner Probleme ausreichend beschäftigt.

Aus den Parteisoldaten der ersten Stunde wurden im Lauf der Jahrzehnte ermattete Krieger. Wer zum SED-Staat auf Distanz ging, mußte nun nicht mehr um sein Leben fürchten. So wie der Parteiapparat seinen Biß verlor, verlor auch die Propaganda ihre aggressiven Bilder. Neues kam nicht mehr hinzu. Lediglich die wohlbekannten Motive der ersten Stunde wuchsen in neue Dimensionen.

Der Aufsatzband möchte einen Beitrag zur politischen Ikonographie am Beispiel der frühen DDR leisten. Daß uns dies in dem vorliegenden Umfang möglich wurde, verdanken wir der engagierten Mitarbeit der Autoren. Sie waren trotz vielfältigen Zeitdruckes bereit, sich von ihrem Arbeitsgebiet aus auf unsere Fragestellung einzulassen. Ein weiterer Glücksfall für das Buch war die Bereitschaft von Herrn Winfried Ranke, das Lektorat zu übernehmen. Beharrlich und kenntnisreich widmete er sich der Autorenbetreuung. Bildmaterial und Bildlegende besorgte Frau Julia Lübke. Für die kritische Befragung der Ausstellungskonzeption und für die Mitwirkung an der Ausstellung danke ich herzlich Herrn Jörn Schütrumpf, Frau Doris Müller und Frau Katja Protte. Dank auch an Herrn Jan Fiebelkorn-Drasen, sein Gestaltungskonzept gab dem Vorhaben eine räumliche Prägnanz.

7

## Schaukasten: Vereinigung

Ob man das, was sich von Oktober 1945 bis April 1946 in der SBZ und in Berlin zwischen KPD und SPD abspielte und zur Gründung der ›Sozialistischen Einheitspartei Deutschlands‹ führte, nun »Zwangsvereinigung« nennen mag oder lieber nicht ganz so drastisch bezeichnen möchte, demokratisch legitim war sie jedenfalls nicht, da die SPD in den Westzonen sich klar dagegen aussprach. Trotzdem konnte die junge SED eine Zeitlang den Mythos der »Arbeiterbewegung« ausnützen. Denn unmittelbar nach dem Krieg war für viele der Kampf gegen die nationalsozialistische Durchdringung der Gesellschaft und ihrer Individuen das vorrangige Problem, und sehr viele der überlebenden Kommunisten, Sozialisten und Sozialdemokraten waren überzeugt, daß nur die Arbeiterschaft eine wirksame Alternative zum Nationalsozialismus stellen könne. Deshalb sahen sie auch ein, daß man, um den Kampf erfolgreich zu führen, alle Streitigkeiten und gegenseitig zugefügten Beleidigungen aus der Vorkriegszeit vergessen müsse. Es gab unter Kommunisten und Sozialdemokraten eine große Bereitschaft, sich in gemeinsamer Anstrengung für Neubeginn und Wiederaufbau einzusetzen. Aber es gab auch taktische Überlegungen der Parteistrategen und der Besatzungsmacht, und die liefen darauf hinaus, eindeutige Mehrheiten zu schaffen. KPD-Führung und SMAD waren sich einig darin, daß auf lange Sicht die Machtfrage zugunsten eines marxistisch-leninistischen Parteiverständnisses und einer kommunistischen Dominanz in der Parteiführung zu lösen sei. Sie brauchten die Vereinigung, um ihre Herrschaft zu sichern, und wo sich Sozialdemokraten gegen offenkundiges Machtinteresse sträubten, übten sie auch Zwang aus, um ihren Zielen näherzukommen. Das Zeichen des einheitstiftenden Händedrucks, mit dem der Kommunist Pieck und der Sozialdemo-

8

9

10

11

**krat Grotewohl auf dem Berliner Vereinigungsparteitag am 21./22. April 1946 die Freiwilligkeit und Gleichberechtigung des Zusammenschlusses demonstrierten, symbolisierte eine Parität der Machtverteilung zwischen Kommunisten und Sozialdemokraten, die tatsächlich – und bestenfalls – nur für kurze Zeit bestand.**

7 Auf ihrem letzten Parteitag berät die SPD am 14. April 1946 in Berlin »unter den Augen« von Wilhelm Liebknecht, Karl Marx und August Bebel über die Vereinigung mit der KPD

8 Vor den Porträts von Friedrich Engels, August Bebel und Karl Marx vereinigen sich KPD und SPD zur ›Sozialistischen Einheitspartei Deutschlands‹

9 »Wilhelm Pieck und Otto Grotewohl versicherten sich gegenseitig die unzertrennliche Verbundenheit im Kampf der SED um die Verwirklichung des Sozialismus« (Zeitgenössische Beschriftung; Foto: Herbert Hensky)

10 Der symbolische Händedruck am 22. April 1946 zwischen Wilhelm Pieck und Otto Grotewohl, rechts Walter Ulbricht (Foto: Abraham Pisarek)

11 In einer gestellten Szene nimmt im Film ›Einheit KPD – SPD‹ von Kurt Maetzig das Bild von der Vereinigung der beiden »Kraftströme der deutschen Arbeiterbewegung« Gestalt an. Der im März/April 1946 erstellte Film begründet den Mythos der »freiwilligen« Vereinigung von SPD und KPD

# Staat und Partei

Gert-Joachim Glaeßner

# Selbstinszenierung von Partei und Staat

12 Die erste Fahne der SED, das »Banner der Einheit«. Es wurde Wilhelm Pieck auf dem Vereinigungsparteitag 1946 in Berlin von der Berliner Parteiorganisation überreicht

**Gründungsmythen**

Jede politische Gemeinschaft hat ihre Gründungsmythen: die ›Magna Charta‹ und die ›Glorious Revolution‹, den ›Sturm auf die Bastille‹, die ›Erstürmung des Winterpalais‹. Deutschland kennt kein solches, die politische Gemeinschaft einendes und symbolisierendes Ereignis. Die Revolution von 1848 war gescheitert, die durch Krieg erreichte Reichseinigung von 1871 wurde von Demokraten und Sozialisten ebenso in Frage gestellt wie später die Republik von Weimar durch den politischen Konservativismus. Der Nationalsozialismus erklärte der überkommenen Ordnung insgesamt den Krieg. Wäre er von innen gestürzt worden, wäre dies die Tat gewesen, derer man sich mit Stolz hätte erinnern können. Da dies nicht gelang, blieb in der Bundesrepublik nur das Gedenken an das gescheiterte Attentat vom 20. Juli 1944.

In der Sowjetischen Besatzungszone wurde die »Schaffung der Einheit der Arbeiterklasse« als

13 Am 7. April 1946 vereinigen sich KPD und SPD in Mecklenburg. Die Porträts von Rudolf Breitscheid, Karl Marx, Friedrich Engels und Ernst Thälmann (von rechts) stehen für die beiden Parteien und ihre gemeinsamen Wurzeln. Die KPD verzichtet auf die sonst üblichen Bilder von Lenin und Stalin und unterläßt jeden Hinweis auf den Marxismus-Leninismus

die befreiende historische Tat dargestellt. Doch das eindrucksvolle Bild des Vereinigungsparteitages und der großen Demonstration, in der symbolisch die beiden Züge der KPD und SPD einander vereinten, hat von Anfang an getrogen: Nicht die beiden breiten Ströme der deutschen Arbeiterbewegung flossen zusammen, sondern dem breiteren, dem sozialdemokratischen, wurde das Wasser abgegraben. Die »Massen«, so war die Hoffnung, würden schon einsehen, daß die neue Führung ihre Interessen verträte und für sie diese Vereinigung ins Werk gesetzt habe. Sie sahen es aber nicht ein (s. Abb. 11, Schaukasten: Vereinigung).

Das Wort Bert Brechts, formuliert für das architektonische Vorzeigeobjekt ›Haus an der Weberwiese‹, beschreibt eine Idylle, die so nicht existierte:

»Als wir aber dann beschlossen
Endlich unsrer eigenen Kraft zu traun
Und uns ein schönres Leben aufzubaun
Haben Kampf und Müh uns nicht verdrossen.«

Die große Mehrheit der Arbeiterschaft hätte selbst unter besseren Bedingungen nach dem Krieg kaum auf die eigene Kraft vertrauen können. Die gescheiterte Weimarer Republik und der Nationalsozialismus hatten keine selbstbewußte und kampfbereite Arbeiterschaft hinterlassen. Ihre Traditionen, ihre Organisationen, ihr Selbstvertrauen waren zerstört. In diese Lücke stieß die KPD/SED mit ihrer Stellvertreterpolitik, ihrem machtpolitisch instrumentalisierten Antifaschismus und ihrer Zukunftsrhetorik.

14 Bücher und Broschüren, die von der KPD an die Delegierten des Vereinigungsparteitages am 21./22. April 1946 in Berlin ausgegeben wurden

Erst mit der Gründung der DDR verblaßt allmählich das Bild der beiden zueinander strömenden Zweige der Arbeiterbewegung und wird durch den staatlichen Gedenktag am 7. Oktober mit seinen Fackelzügen und Militärparaden verdrängt. Die Grundlagen für eine »Deutsche Demokratische Republik« werden lange vor dem 7. Oktober 1949 gelegt. Einer der wichtigsten Bausteine für die spätere Staatlichkeit ist die sehr schnelle Zulassung von politischen Parteien. Während sich die Westmächte dieser Frage gegenüber eher zögerlich verhalten, prescht die sowjetische Besatzungsmacht bereits am 10. Juni 1945 mit ihrem Befehl Nr. 2 über die Gründung von antifaschistischen Parteien und Vereinigungen vor. Dieser Befehl schuf die rechtliche Grundlage für die Neugründung »antifaschistischer Parteien«. Am 25. Juli folgte mit dem Befehl Nr. 17 (der erst nach Einigung der Vier Mächte auf der Potsdamer Konferenz am 11. September 1945 bekanntgegeben wurde) die Einrichtung von elf deutschen »Zentralverwaltungen«, die bereits die Grundstruktur der späteren staatlichen Verwaltung widerspiegelten.

Entgegen der verbreiteten Erwartung, daß es nach dem Kriege zu einem Zusammengehen der beiden Arbeiterparteien kommen müsse, wurde bereits am 11. Juni 1945 ein Gründungsaufruf der KPD an »das schaffende Volk in Stadt und Land« veröffentlicht. Daß – was den Zeitgenossen verborgen blieb – der Aufruf zuvor in Moskau formuliert worden war, war ein schlechtes Omen für die kommende Entwicklung. Nach der Spaltung der Arbeiterbewegung, ihrer Vernichtung durch den Nationalsozialismus und ihrem Wiedererstehen unter der Obhut oder der Kuratel der Besatzungsmächte war der Optimismus verflogen, der der Arbeiterbewegung vor dem Ersten Weltkrieg eigen gewesen war. Im Nachkriegsdeutschland ging es ums Überleben und um den Wiederaufbau. Für große Utopien und Erlösungssehnsüchte war keine Zeit. Wo es zu spontanen Neugründungen von Vereinigungen der Arbeiterbewegung, zum Beispiel von Antifa-Kommunisten, kam und sich Mitglieder vormals verfeindeter Fraktionen der Arbeiterbewegung spontan zu gemeinsamem Handeln zusammenschlossen, standen in erster Linie praktische Fragen im Mittelpunkt, allenfalls in zweiter Linie ging es auch um Ideologie und die historische Mission der Arbeiterklasse.

Selbst die programmatischen Äußerungen jener Parteiführer der KPD, die aus dem russischen Exil zurückkehrten, ließen einen gewissen Pragmatismus und den Verzicht auf Weltrevolution und »Diktatur des Proletariats« erkennen. Es waren eher die Sozialdemokraten, die an programmatische Ideen der Zeit vor 1933 anknüpften. Die KPD hingegen schien in ihrem Gründungsaufruf von ihrer revolutionären politischen Programmatik Abschied zu nehmen: »Wir sind der Auffassung, daß der Weg, Deutschland das Sowjetsystem aufzuzwingen, falsch wäre, denn dieser Weg entspricht nicht den gegenwärtigen Entwicklungsbedingungen in Deutschland. Wir sind vielmehr der Auffassung, daß die entscheidenden Interessen des deutschen Volkes in der gegenwärtigen Lage für Deutschland einen anderen Weg vorschreiben, und zwar den Weg der Aufrichtung eines antifaschistischen, demokratischen Regimes, einer parlamentarisch-demokratischen Republik mit allen demokratischen Rechten und Freiheiten für das Volk.«[1]

Wie ernst der Aufruf gemeint war, ist von den Historikern noch zu klären, jedenfalls fiel er so moderat aus, daß er nicht nur in den eigenen Reihen, sondern auch von vielen Sozialdemokraten kritisiert wurde, und er war so von nationalem Pathos getragen, daß er in den späteren Jahren nur noch verstümmelt zitiert werden konnte – ähnlich wie die Nationalhymne, deren Beschwörung des »einig Vaterland« und der Sonne, die »schön wie nie über Deutschland scheint«, seit den 60er Jahren nicht mehr in die politische Landschaft paßte.

Der Pragmatismus der KPD hielt nicht lange vor. Er wurde, wenn er denn je ernst gemeint war, aufgegeben, als die sowjetische Besatzungsmacht die Vereinigung der zunächst separat wiedergegründeten beiden Arbeiterparteien auf die Tagesordnung setzte. Die unter massivem Druck der Besatzungsmacht erfolgte Vereinigung von KPD und SPD zur SED im April 1946 bedurfte der Legitimierung. Da sie zumindest in der Sozialdemokratie auf große Widerstände stieß, standen vor allem die Sozialdemokraten des Zentralausschusses, die unter der Führung Otto Grotewohls die Vereinigung mitbetrieben, unter erheblichem Legitimationszwang. Die Inszenierung des Vereinigungsparteitages sollte demonstrieren, daß hier zwei gleichberechtigte, durch die Widrigkeiten der Geschichte getrennte Partner wieder zueinandergefunden hatten.

Einen Hinweis darauf, daß die sozialdemokratische Tradition bereits bei Gründung der Einheitspartei in den Hintergrund gedrängt war, liefert das Material, das den Delegierten vom Verlag ›Neues Leben‹ übergeben wurde. Es enthielt, neben dem ›Manifest der Kommunistischen Partei‹ von 1848, Marx' ›Kritik des Gothaer Programms‹ der SPD von 1875 sowie Engels' Schrift über den deutschen Bauernkrieg von 1850, ein Büchlein mit dem Titel: ›Wilhelm Pieck, dem Vorkämpfer für ein neues Deutschland zum 70. Geburtstag‹, drei Broschüren mit Schriften Lenins: seine Imperialismuskritik, seine Schrift über die Pariser Kommune und seine ›Zwei Taktiken der Sozialdemokratie in der demokratischen Revolution, sowie schließlich Stalins ›Kurzer Lehrgang der Geschichte der KPdSU (B)‹ – nichts jedoch von August Bebel, Wilhelm Liebknecht oder Rosa Luxemburg. Der symbolische Händedruck zwischen Wilhelm Pieck (KPD) und Otto Grotewohl (SPD) auf dem Vereinigungsparteitag besiegelte nicht das Ergebnis eines demokratischen Willensbildungsprozesses der Mitglieder beider Parteien, sondern die Niederlage der demokratisch-sozialistischen Strömungen in beiden Arbeiterparteien, insbesondere aber die Niederlage der Sozialdemokratie.

### Das neue Deutschland

Nach 1945 stellte sich die KPD als Wahrer und Garant der Traditionen dar, die der Nationalsozialismus verraten hatte: Die Ideen der deutschen Klassik wurden ebenso beschworen wie die bürgerlich-liberalen Ideale der Revolution von 1848, die es zu Ende zu führen gelte. Der KPD gehe es um »die Erneuerung Deutschlands«, ihr Ziel sei die »Wiedergeburt unseres Landes«.[2] »Städte und Menschen wurden zu Ruinen«, so formulierte es Wilhelm Pieck am 19. Juli 1945 auf einer Kundgebung in der Berliner ›Neuen Welt‹, und die Aufgabe der KPD bestehe darin, »das deutsche Volk sich nicht der Verzweiflung, nicht dem Lebensüberdruß hingeben [zu] lassen, sondern wir müssen neues Leben aus den Ruinen von Städten und Menschen erstehen lassen.«[3]

Die Partei ist hier nicht in der Tradition der Parteien der kommunistischen III. Internationale als Avantgarde des Proletariats, sondern als Erzieherin der verführten Massen dargestellt. An ihrem autoritären Führungsanspruch ändert dies aber grundsätzlich nichts, nur wird, für eine gewisse Zeit, der Eindruck erweckt, als habe sie sich von einer proletarischen zu einer Partei gewandelt, die bündnisfähig sei und das »bessere Deutschland« repräsentiere. Schon im Gründungsaufruf der KPD wird dieses Leitmotiv angeschlagen; es taucht bei der Beschreibung des Verhältnisses von Partei und »Massen« immer wieder auf – vor allem in Krisensituationen: Das Volk war vom Nationalsozialismus »verführt«. Dies war nicht zuletzt der Tatsache geschuldet, daß die Arbeiterbewegung gespalten war. »Gegen den Willen eines geeinten und kampfbereiten Volkes hätte Hitler nie die Macht ergreifen, sie festigen und seinen verbrecherischen Krieg führen können.«[4]

Nach dem Sieg über den Nationalsozialismus muß das Volk an der strengen erzieherischen Hand der Partei wieder auf den rechten Weg geleitet werden. Dabei sollen die »Irregeführten«, soweit sie nicht »persönlich Verbrechen begangen haben« und keine führenden Positionen innehatten, am Neuaufbau beteiligt werden.[5] Schon auf dem Gründungsparteitag wurde die SED deutlicher: Es sei ihre Aufgabe, »die Gegenwartsbestrebungen der Arbeiterklasse in die Richtung des Kampfes um den Sozialismus zu lenken, die

15 Von den Gründungsvätern der Parteien SPD und KPD ist nur Marx übrig geblieben. Stalin und Lenin dominieren nun die »Partei neuen Typus«. Kreisdelegiertenkonferenz in Eberswalde, 11. Juni 1950 (Foto: H. Schaaf)

Arbeiterklasse und das gesamte schaffende Volk bei der Erfüllung dieser ihrer historischen Mission zu führen«.[6] Hier ist bereits erkennbar, was dann 1948 politisch-programmatisch dekretiert wird: Die SED ist eine Avantgardepartei, eine leninistische »Partei neuen Typus«, die einen absoluten Machtanspruch formuliert und mit allen Gewaltmitteln durchsetzt.

Stand am Beginn die Vorstellung der antifaschistisch-demokratischen Ordnung im Mittelpunkt der politischen Agitation von KPD/SED, so erfolgt spätestens 1948 der Umschwung. Die SED verurteilt die »Abweichungen« der jugoslawischen Kommunisten unter Marschall Tito vom Weg des Leninismus, wie ihn Stalin verfügt hatte, propagiert verstärkt die Vorbildrolle der KPdSU und des »weisen Führers der Völker«, Josef Stalins, und drängt das sozialdemokratische Traditionselement in der Partei an den Rand. In deutlichem Kontrast dazu steht die Losung der SED, die ihrem ersten Verfassungsentwurf für eine »Deutsche Demokratische Republik« vorangestellt ist: »Durch das Volk, mit dem Volk, für das Volk«. In der Debatte über die Gründung der DDR wird stets das Lied vom neuen, besseren, wahrhaft demokratischen und fortschrittlichen Deutschland angestimmt – »Deutschland ist eine unteilbare demokratische Republik, gegliedert in Länder«.

Die SED stellt sich als die Partei dar, die als einzige glaubhaft für eine »einheitliche demokratische deutsche Republik« eintritt und die Demarkationslinien in Deutschland überschreitet. Die

Klasseneinheit der westdeutschen und ostdeutschen Arbeiter wird dafür sorgen. Um dies anschaulich zu machen, werden alte ikonographische Muster verwandt: der Händedruck; die große Figur eines Arbeiters, die sich ähnlich wie der Leviathan im Frontispiz der ersten Ausgabe von Thomas Hobbes' ›Leviathan‹ von 1651 über den Horizont erhebt; die Sonne, die aus dem Himmel hervorbricht, und das Zeichen der SED als Quelle des Sonnenlichts. Die neue Staatlichkeit baut auf einer doppelten Fiktion auf: der Behauptung der Präambel der Verfassung vom 7. Oktober 1949, eine die »Freiheit und die Rechte des Menschen« verbürgende politische Ordnung geschaffen zu haben, und auf der eines neuen Bundes.

Es sind nicht mehr die deutschen Fürsten, wie in der Reichsverfassung von 1871, die einen »ewigen Bund« schließen, auch nicht »das Deutsche Volk, einig in seinen Stämmen«, wie in der Weimarer Reichsverfassung von 1919, sondern es wird der Anspruch erhoben, daß »das deutsche Volk«, von dem Willen erfüllt, »die Freiheit und die Rechte des Menschen zu verbürgen, das Gemeinschafts- und Wirtschaftsleben in sozialer Gerechtigkeit zu gestalten, dem gesellschaftlichen Fortschritt zu dienen, die Freundschaft mit anderen Völkern zu fördern und den Frieden zu sichern«, sich diese Verfassung gegeben habe. Hier ist nicht einmal ein Vorbehalt wie in der Präambel des Grundgesetzes formuliert, daß der Verfassunggeber auch für diejenigen spreche, »denen die Mitwirkung versagt ist«.[7]

### Die DDR erklärt sich zum »einzig rechtmäßigen deutschen Staat«

Erst in der »sozialistischen Verfassung« der DDR in der Fassung von 1974 wird die Republik als »sozialistischer Staat der Arbeiter und Bauern« gekennzeichnet. Die Verfassung von 1949 soll die Illusion erwecken, daß hier an Ideen der Volkssouveränität und des Parlamentarismus angeknüpft werde. So ist sie auch von vielen als eine Fortschreibung der Weimarer Reichsverfassung interpretiert worden. Die Kritik der politischen Beobachter entzündete sich vornehmlich an der offenkundigen Diskrepanz zwischen Verfassungsnorm und Verfassungswirklichkeit.

In der Tat gibt es verblüffende Übereinstimmungen der ersten DDR-Verfassung mit der Verfassung von Weimar. Allerdings sind zwei fundamentale Abweichungen von liberal-demokratischen Verfassungsnormen enthalten, die schon die »verfassungsgemäßen« Instrumente zur Errichtung der Parteidiktatur der SED bereitstellten: die Suspendierung des Prinzips der Gewaltenteilung und die Einführung des Begriffs »Boykotthetze«. Der Verfassungsausschuß des ›Deutschen Volksrates‹, des Vorläufergremiums der Volkskammer der DDR, hat die Abwendung von der Idee der Gewaltenteilung auf seiner 5. Sitzung am 8. Juni 1948 in Thesen zu den »Errungenschaften und Mängeln« der Weimarer Verfassung bekräftigt: »Der wesentlichste Mangel der Weimarer Verfassung lag darin, daß die Volksvertretung die ihr in der Demokratie gebührende zentrale Machtstellung nicht hatte ... Die künftige deutsche Verfassung hat die souveränen Rechte der Volksvertretung gegenüber dem Staatsapparat und der Wirtschaft zu konstituieren und zu festigen.«[8]

16 Plakat zum II. Parteitag der SED

17 Die ›Kampfgruppen‹ der Berliner Betriebe marschieren am 1. Mai 1961

Verbunden mit dem Blockwahlsystem, das die 1945 gegründeten »bürgerlichen« Parteien in eine ›Nationale Front des demokratischen Deutschland‹ einband, war damit der SED die verfassungsrechtliche Chance gegeben, das Parlament zu dem zu entwickeln, was es in allen sozialistischen Ländern war: ein Instrument in den Händen der kommunistischen Partei – das Ganze unter der Überschrift: »Verwirklichung des Prinzips der Volkssouveränität«. Mit der Ablehnung der Gewaltenteilung gab es keinerlei formalisierte Möglichkeiten zur Kontrolle der Politik, zum Beispiel durch eine Verwaltungs- oder Verfassungsgerichtsbarkeit.

Der strafrechtlich relevante Tatbestand des Artikels 6 – »Boykotthetze gegen demokratische Einrichtungen und Organisationen, Mordhetze gegen demokratische Politiker, Bekundung von Glaubens-, Rassen-, Völkerhaß, militaristische Propaganda sowie Kriegshetze« – stellt das verfassungsrechtliche Einfallstor für den Übergang zur Einparteienherrschaft und ungezügelter Unterdrückung politischer Gegner dar. An die Stelle der Gewaltenteilung tritt die Fusion der Macht in den Händen der SED, an die Stelle einer pluralistisch gegliederten Gesellschaft das von der SED geleitete Bündnis von Arbeiterklasse und Bauernschaft. In den frühen Staatssymbolen wird es symbolisiert durch Hammer und Ährenkranz.

Die Ideologie des Marxismus-Leninismus hält aber neben dem Konstrukt des Bündnisses von Arbeitern und Bauern auch noch die Vorstellung einer aus der Arbeiterklasse und der Klasse der Genossenschaftsbauern herauswachsenden sozialistischen Intelligenz bereit. Auch sie symbolisch zu repräsentieren, bot sich an. Im Staatswappen der DDR, das 1955 per Gesetz eingeführt wurde,[9] kommt der Zirkel hinzu: Hammer, Ährenkranz

18 Die Wandzeitung ›Zeitgeschehen im Bild gesehen‹ vom 15. November 1949 gibt vor, daß das Prinzip der Volkssouveränität in der DDR verwirklicht wird

und Zirkel stehen für das ideologische Konstrukt eines neuen Bundes der Klassen und Schichten. Dieser rückt an die Stelle von Spaltung und Zersplitterung und Ausbeutung der Mehrheit des Volkes durch eine Minderheit im Kapitalismus (s. Abb. 48, S. 52).

Arbeiter, Genossenschaftsbauern und die Intelligenz stehen gemeinsam in der ›Nationalen Front des demokratischen Deutschland‹ für die neue Republik ein. Diese Vorstellung kulminiert in den 60er Jahren in der Theorie einer harmonischen, konfliktfreien »sozialistischen Menschengemeinschaft«. Zu einer Zeit, als die Ideologieproduzenten der SED von der Verschärfung des Klassenkampfes reden und die Schulungsliteratur der Partei zur Wachsamkeit gegenüber dem inneren und äußeren Klassenfeind auffordert, beschreiben Staatssymbol wie Verfassung einen ideologisch behaupteten Zustand friedlichen Zusammenlebens der Bürger.

## »Und der Zukunft zugewandt«

Ein Leitmotiv, das sich durch die Frühgeschichte der SBZ/DDR zieht, ist das des Fortschritts und der Zukunft, die sich im ersten Staat der Arbeiter und Bauern verkörpern. Die neugegründete SED stellt sich, wie später der Staat DDR, als die Vertreterin der Jugend, der fortschrittlichen Kräfte, der Zukunft dar und behauptet, in Westdeutschland trieben die alten Kräfte, die Schlotbarone, Junker, Nazirichter und Knechte des US-Imperialismus, ihr Unwesen. Es gelingt der SED zwar nicht, Legitimität bei der Mehrheit der Bevölkerung zu erlangen, aber eine Minderheit, darunter viele desorientierte und desillusionierte junge

Menschen – auch viele Intellektuelle –, folgen ihr eine Strecke des Weges.

Es ist die »FDJ-Generation«, es sind die Absolventen der Arbeiter-und-Bauern-Fakultäten (ABF), die »Neulehrer«, die »neue Intelligenz«, die mit Begeisterung, Enthusiasmus und selbstlosem Idealismus zuerst, dann mit wachsender Enttäuschung und Resignation den Aufbau des Sozialismus begleiten. Sie klammern sich auch dann noch an ihre Hoffnungen, als sich das große Ideal ihrer Jugend im Alltag des »real existierenden Sozialismus« verliert. Erst die Verletzungen und Enttäuschungen, die den hochfliegenden Erwartungen nach 1989 folgten, lassen diese negativen Erfahrungen verblassen, führen bei vielen von ihnen zu einer nachträglichen Versöhnung mit ihren Jugendidealen und tauchen die Erinnerung an die Mühen der realsozialistischen Ebene in mildes Abendlicht. »Sie haben ihren Teil des Staates aufgebaut, so gut sie es verstanden. Es ist ihr Staat. Wer die DDR in Frage stellt, stellt ihr Leben in Frage ... Die Romantik der Aufbauzeit wurzelt tief, sie ist Ursache des Selbstbewußtseins vieler DDR-Bürger, jüngerer wie älterer.«[10]

### Religiöse Symbolik

Im Jahre 1926 hat der belgische Sozialist Hendrik de Man in seinem Buch ›Zur Psychologie des Sozialismus‹ darauf hingewiesen, daß viele Erscheinungen des Sozialismus die religiöse Struktur der Vorstellungswelt der Arbeiterschaft und der organisierten Arbeiterbewegung offenbaren.[11] Er widmet diesem Aspekt ein eigenes Kapitel: »Solidarität, Eschatologie, religiöse Symbolik«. Die Ausgestaltung und Bedeutung der Feste, der Glaube an besondere »Apostel«, »Propheten« und »Heilige«, der Märtyrerkult und die Symbolik von Gruß, Gebaren und Kleidung, der symbolische Charakter bestimmter Anreden, von Liedern und »heiligen« Büchern – all dies habe Bezüge zu religiösen Vorstellungen, Riten und Symbolen. De Man macht darauf aufmerksam, daß »die sozialistischen Arbeitermassen, die ›Partei‹, die ›Organisation‹, die ›Bewegung‹, die ›Solidarität‹ weniger soziologische Begriffe als Sinnbilder eines Gefühlszustandes, fast handgreifliche Substanzen sind«.[12]

Die Partei und die Vereine der Arbeiterbewegung sind nicht nur formale Organisation, sondern Lebensmittelpunkt, Heimat, Hoffnung. Die ikonographische Darstellung der verehrten Führer der Arbeiterbewegung, zum Beispiel Lassalles, Bebels und Liebknechts, gleicht frappierend den Heiligendarstellungen in erbaulichen Büchern und Traktaten. Die »Arbeiter-Marseillaise«, neben der ›Internationale‹ eines der meistgesungenen Lieder der Arbeiterbewegung, spricht von »der Freiheit Aufersteh'n«, von »der Arbeit heil'ger Krieg«, von der Liebe, die die Unterdrückten zusammenketten soll, und von der ausgestreckten Bruderhand. Viel ist von der Sehnsucht nach besseren Zeiten, der Erlösung vom materiellen und geistigen Elend die Rede.

> Doch einen Segen gabst du, o Gott,
> die nimmer ruhende,
> drängende Sehnsucht
> nach einem tiefen, reineren
> Glück,
> hoch über allen Genüssen
> in Wahrheit selig zu sein;
> in unendlicher Ewigkeit
> selig zu sein.
> (Heinrich Lersch)[13]

Die Aufforderung zur Selbsterlösung – »es rettet uns kein höh'res Wesen«, wie es in der ›Internationale‹ heißt – tritt an die Stelle der Erlösung durch Gott. Erlösung wird nicht empfangen, sondern durch aktive Handlung möglich. So heißt es in einem Gedicht von Ernst Preczang:

> Erlöse Dich!
> Kein andrer trägt dein Kreuz
> als Du allein ...
> Es hört Dich niemand.
> Höre Dich selber ...
> Dein ist der Wille
> und dein ist die Kraft
> dein ist die Pein.
> Kein andrer trägt dein Kreuz
> als du allein.[14]

Schwingen in diesen Zeilen noch die »Oh Mensch«-Emphase des Expressionismus und das Pathos der alten Sozialdemokratie mit, so verkommt nach dem Zweiten Weltkrieg die religiöse Metaphorik zur Peinlichkeit. Allenthalben ist von

19 Plakat der SED, 1946

der »Auferstehung« der Arbeiterbewegung die Rede, der neue Bund wird beschworen, und heilige Gelöbnisse werden abgelegt.

Ein besonders peinliches Beispiel ist die Rede Otto Grotewohls am Ende des Vereinigungsparteitages von KPD und SPD. Anläßlich eines »Frohen Ausklangs« des Parteitages bemüht er die Auferstehungssymbolik: »Ich wiederhole hier einige Worte, die uns aus dem Westen immer entgegengetragen wurden und die ich schon auf dem Parteitage der früheren Sozialdemokratischen Partei vorgestern gesprochen habe, als man nämlich uns aus dem Westen zurief, nunmehr sei die Sozialdemokratische Partei am Karfreitag in Berlin ans Kreuz geschlagen. (Heiterkeit.) Nein, Genossinnen und Genossen, selbst wenn man mit solchen biblischen Einsichten Politik machen will, kann man auch immer noch sagen, daß diese Kreuzigung des Menschensohnes nur den Zweck verfolgte, die Menschheit zu befreien und sie für das himmlische Dasein zu gewinnen. Nun schön, wenn die SPD ans Kreuz geschlagen ist, wir wollen aber nicht die Menschen und das deutsche Volk für die himmlische Sicherheit gewinnen, sondern unsere Aufgabe besteht darin, dafür zu sorgen, daß jeder Mensch, der arbeitet, zunächst einmal auf dieser Erde sein Brot und sein Heim findet. (Beifall.) Das möge die Erkenntnis aus diesem Vorgange sein, den wir in Berlin erlebt haben. Das möge die Erkenntnis sein, die ihr in eure Herzen tief eingraben möget, daß, wenn dieses Ans-Kreuz-schlagen erfolgt ist, heute, am Ostertage, die herrliche Auferstehung der deutschen geeinten Arbeiterklasse erfolgt ist. (Lebhafter Beifall.)«[15]

### »Brüder in eins nun die Hände«

In der Arbeiterbewegung hat das Symbol der verschlungenen Hände eine lange Tradition. Es zierte bereits die Traditionsfahnen des Lassalleschen ›Allgemeinen Deutschen Arbeitervereins‹ und der von August Bebel und Wilhelm Liebknecht 1869 gegründeten Sozialdemokratie, es schmückte Wappen und Fahnen von Freizeitorganisationen, Genossenschaften und Gewerkschaften. Die verschlungenen Hände wurden zum Gründungssymbol der Sozialistischen Einheitspartei Deutschlands (SED).

Die »Umnutzung« des Symbols freier und freiwilliger Vereinigung zum Zeichen eines unter Zwang und Erpressung erfolgten Zusammenschlusses ist paradigmatisch für die Geschichte der SED und des von ihr errichteten politischen und sozialen Systems. Die an die Einheit der Arbeiterbewegung geknüpften Hoffnungen wurden bitter enttäuscht: Sie scheiterten zum einen an den Machtansprüchen einer Führungsschicht, die sich der Unterstützung der Besatzungsmacht sicher sein konnte, zum anderen daran, daß die Sowjetunion den teuer erkauften Sieg über Hitler-Deutschland zur Konsolidierung und Ausweitung des eigenen Machtbereichs und zum Export des eigenen Gesellschaftsmodells nutzte.

Die Symbolik des »Vereinigungsparteitages« im April 1946 knüpft an traditionelle Muster der Arbeiterbewegung an, nutzt sie aber geschickt zu einem großen Täuschungsmanöver, zu der Illusion nämlich, die Spaltung der Arbeiterbewegung sei überwunden. Tatsächlich ist sie neu entstanden –

zwischen dem Teil Deutschlands, in dem die Sowjetunion ihre Macht durchsetzen konnte und die Arbeiterbewegung in das Korsett der stalinistischen Avantgardekonzeption sperrte, und den westlichen Besatzungszonen, insbesondere dem Westteil Berlins, wo die Sozialdemokraten in freier Abstimmung gegen die Vereinigung votiert hatten. Diese Spaltung der Arbeiterbewegung ist ein Element der nationalen Spaltung als Folge des Kalten Krieges.

Ebenso wie die Einheit der Arbeiterklasse wird auch das Thema der Einheit Deutschlands für die Legitimierungsstrategie der SED benutzt: In der Selbstdarstellung der SED (und der Sowjetischen Militäradministration) tritt die Klassenspaltung entlang der Demarkationslinie an die Stelle der Spaltung zwischen Arbeit und Kapital im Inneren der Gesellschaft – der Klassenkonflikt wird gleichsam aus dem eigenen System herausverlagert. Nur in der Form imperialistischen Agententums, vom Westen betriebener und von dort unterstützter »Boykotthetze« und »ideologischer Subversion« beeinflußt er noch die neue Gesellschaft. Damit steht die eigene Ordnung für die »Einheit« – der beiden Arbeiterparteien wie der Nation –, die des Westens für »Spaltung«.

Diese Argumentationsfigur führt auf dem II. Parteitag der SED, im September 1947, der Vertreter der sowjetischen Militärverwaltung, Oberst Tjulpanow, vor, als er von der Aufspaltung Deutschlands spricht: »Heute haben sich schon zwei Deutschlands herausgebildet, und die Demarkationslinie ist recht deutlich wahrnehmbar. Aber sie scheidet nicht das westliche vom östlichen, das südliche vom nördlichen Deutschland. Nein, so ist es nicht. Das eine Deutschland ist das Land der fortschrittlichen Kräfte der Arbeiterklasse, der Bauernschaft und der Intellektuellen-Schichten. (Stürmischer Beifall.) Dieses Deutschland hat die richtigen Lehren aus der Vergangenheit gezogen ... Das zweite Deutschland, oder ausländisch ausgedrückt, das Bi-Deutschland (Heiterkeit.), ist das Land jener Leute, die mit Unterstützung des ausländischen und besonders des amerikanischen Kapitals das deutsche Volk wieder in das blutige Gemetzel des imperialistischen Krieges jagen wollen, den das Monopolkapital vorbereitet ... Die Einheit Deutschlands erfordert die gemeinsamen Anstrengungen nicht nur Ihrer Partei allein, sondern aller demokratischen, antifaschistischen Kräfte der Parteien und Organisationen, erfordert die Unterwerfung dieses zweiten Deutschlands unter das Deutschland der fortschrittlichen Kräfte.«[16]

Zu diesem »zweiten Deutschland« werden in der Zeit, als der II. Parteitag stattfindet, auch alle jene gezählt, die der Symbolik des Händedrucks, der ein Jahr zuvor einen neuen Anfang signalisieren sollte, mißtraut und die SED-Gründung abgelehnt hatten. Die Vereinigung von KPD und SPD ist nicht nur politisch gut vorbereitet worden, sie unterliegt auch einer durchdachten Choreographie. Nach dem Verklingen von Beethovens Fidelio-Ouvertüre betritt Otto Grotewohl, der Vorsitzende des Zentralausschusses der SPD, die Bühne des Parteitages von rechts, der KPD-Vorsitzende, Wilhelm Pieck, kommt von links: Man trifft sich symbolisch in der Mitte und reicht sich die Hände. »Wer einen geschichtlichen Blick hat«, ruft Grotewohl pathetisch aus, »der sieht heute Millionen von Sozialisten hinter uns stehen. Ein Aufatmen geht durch ihre Reihen, ein Alpdruck fällt von ihnen und ein Leuchten steht in ihren Augen. Ein alter Traum ist Wirklichkeit geworden: die Einheit der deutschen Arbeiterklasse.« Und Wilhelm Pieck erwidert: »Ja, lieber Otto Grotewohl, so soll es sein.«[17]

Um Gemeinsamkeit zu demonstrieren, sind auf einem Vorhang hinter der Bühne des Parteitages die Bilder von Karl Marx, Friedrich Engels und August Bebel angebracht. (Die SPD hatte auf ihrem letzten eigenständigen 40. Parteitag eine Büste von Karl Marx unter den Lettern des Parteisignets aufgestellt, die KPD hatte sich mit einem Spruchband »Friede – Aufbau – Fortschritt« begnügt.) Dies ist das erste und letzte Mal, daß ein Bild des großen und verehrten Führers der deutschen Sozialdemokratie, August Bebels, die Bühne eines Parteitages der SED schmückte. Schon auf dem II. Parteitag im September 1947 prangten die Porträts von Marx, Engels, Lenin und Stalin an der rot ausgeschlagenen Wand hinter den blumengeschmückten Tischen des Parteitagspräsidiums (s. Abb. 8, Schaukasten: Vereinigung).

### Die weisen Führer und Väter

Im März 1953 stirbt ein gottgleicher Mensch, der weise Führer und Vater der Völker, Josef Stalin.

20 Ein Geschenk der Industriegewerkschaft Bau-Holz an den »Vater der Einheit« Wilhelm Pieck zu seinem 80. Geburtstag: Schrank mit der Inschrift »Brüder, in eins nun die Hände«, 1955

»Die Augen, die so lange voll Güte und Weisheit für den Frieden der Welt und das Wohl der Menschen wachten, haben sich für immer geschlossen ... In allem Guten, das aufsteigt, das vorwärtszieht, lebt Stalins Weisheit, lebt Stalins Kraft, lebt Stalins Güte. In allen Kämpfern, die für die Verteidigung der neuen Welt und der großen Zukunft auf Wacht stehen, wacht Stalin.«[18] Nur drei Jahre später wird Stalin auf dem XX. Parteitag der KPdSU aus dem Olymp der Größen des Marxismus und der internationalen Arbeiterbewegung verbannt, werden seine Denkmäler vom Sockel gestürzt.

Wie in der politischen Wirklichkeit, wo die Kommunistische Partei der Sowjetunion unter Stalin die unumstrittene Führungsrolle beansprucht, die von den »Bruderparteien« bei allen sich bietenden Gelegenheiten emphatisch beschworen wird, so ist auch der Olymp der Helden und Märtyrer des Sozialismus hierarchisch organisiert. Stalin ist zu seinen Lebzeiten und bleibt bis 1956 die mythisch verklärte Führungsgestalt. Im Nachruf des Zentralkomitees der SED werden alle seine übermenschlichen Eigenschaften und Qualitäten noch einmal aufgeführt: »Die Nachricht, daß das Herz des Mitkämpfers und genialen Fortsetzers der Sache Lenins, unseres weisen Lehrers und Vaters, aufgehört hat zu schlagen, erfüllt alle Genossen, alle deutschen Friedensfreunde und Demokraten mit großer Trauer. Mit Josef Wissarionowitsch Stalin ist der große Wissenschaftler des Marxismus-Leninismus, der weise Führer der Werktätigen im Kampf um den Sozialismus, der geniale Feldherr des Großen Vaterländischen Krieges des Sowjetvolkes, der überragende Kämpfer für die Erhaltung und Festigung des Friedens in der Welt dahingegangen. Das Lebenswerk J. W. Stalins wird auf Jahrhunderte die Entwicklung des Weltgeschehens beeinflussen.«[19]

Zu solchen Ehren hat es kein anderer Parteiführer gebracht. Die Muster allerdings, nach denen die mediokren Führungsfiguren in den sozialistischen Ländern zu Heroengestalten und bewunderten Führern gemacht werden sollten, ähneln sich. In der DDR stehen die Propagandisten vor einem doppelten Problem: Zum einen können sie, vor der Erfindung der »kollektiven Parteiführung«, den wirklichen Machthaber, den Ersten Sekretär des ZK der SED und stellvertretenden Ministerpräsidenten, Walter Ulbricht, nicht herausstellen, da dies die mühsam errichtete Attrappe der Staatlichkeit der DDR beschädigte, und auch, weil Ulbricht sich zur Heroisierung wahrlich nicht eignet; zum anderen erschweren die Zweistaatlichkeit in Deutschland und die Popularität des »Alten von Rhöndorf«, Adenauers, auch in der DDR eine ungebrochene Stilisierung des Führers als Heroengestalt des Klassenkampfes und nationale Integrationsfigur.

In der Gestalt des Tischlers Wilhelm Pieck, des ehemaligen Vorsitzenden der KPD, hat die DDR einen Staatspräsidenten, der nach Alter und äußerer Erscheinung geeignet erscheint, eine solche Figur vorzustellen. Zu seinem 75. Geburtstag am 3. Januar 1951 sendet ihm das ZK der SED ein Glückwunschschreiben, in dem er als erfahrener und unerschrockener Kämpfer für die Sache des Sozialismus zur nationalen Figur und darüber hinaus zum international geachteten Staatsmann stilisiert wird: »Dein Leben, lieber Genosse Wilhelm Pieck, ist längst nicht mehr allein dem deutschen Volk teuer. In der ganzen Welt hat Dein Name den hellen Klang eines unerschrockenen Kämpfers für Frieden und Fortschritt, für Demokratie und Sozialismus. In Dir ehrt die ganze fortschrittliche Menschheit einen der treuesten Kämpfer für die große Sache Lenins und Stalins.«[20]

Wilhelm Pieck wird zum Gegenspieler von Konrad Adenauer aufgebaut. Er fällt dem »Revanchisten« und »Kriegstreiber« in den Arm, der Europa und die Welt in einen neuen Krieg stürzen will. »Die Erhaltung des Friedens in Europa hängt wesentlich davon ab, ob das deutsche Volk die Adenauer-Regierung stürzt und eine Regierung der nationalen Wiedervereinigung schafft ... In der Persönlichkeit unseres Staatspräsidenten, im Lebensweg dieses großen Kämpfers für das Leben und das Recht der einfachen Menschen ist das Wesen der Politik unserer Regierung ausgedrückt – der unbeirrbare Kampf um den Frieden und die Einheit unseres Vaterlandes, die Vertiefung der

Freundschaft mit allen friedliebenden Völkern der Welt, insbesondere mit der großen Sozialistischen Sowjetunion.«[21]

Fotografien zeigen Pieck im Kreise von Jungen Pionieren, mit »Werktätigen«, Sportlern, in Betriebsversammlungen und bei offiziellen Anlässen. Pieck ist der gute Vater der Nation, deren einer Teil noch unter der Herrschaft der »Bonner Ultras« und des amerikanischen Imperialismus schmachtet. Pieck ist der erfahrene und erprobte Kämpfer für die Sache der deutschen und internationalen Arbeiterbewegung. Pieck ist der einfache Mann aus dem Volke, der Tischler, der, vom Vertrauen des Volkes getragen, Staatspräsident des ersten friedliebenden deutschen Staates geworden ist und der auch in dieser Position niemals die Interessen und Wünsche der kleinen Leute aus dem Auge verliert. Adenauer ist demgegenüber eine Marionette in den Händen dunkler imperialistischer Kräfte, ein »Separatist« und »Kriegstreiber«.

Interessanterweise spielt der erste Bundespräsident, Theodor Heuss, als Verkörperung des Revanchismus und Imperialismus keine erkennbare Rolle. Sicher ist jener »homme de lettre«, ist »Papa Heuss« dafür weniger geeignet als Konrad Adenauer, der ja der eigentliche politische Gegen-

21–23
Die Dekorationstücher zu den Parteitagen 1954, 1958 und 1963 sind sichtbarer Ausdruck der Entstalinisierung: Der IV. Parteitag beruft sich noch auf vier »Väter« (Marx, Engels, Lenin, Stalin), der V. Parteitag greift auf das Symbol des Arbeiterarmes zurück, und der VI. Parteitag schließlich führt die neue Troika Marx, Engels und Lenin im Banner

spieler ist. Man könnte es dabei bewenden lassen, fiele nicht auf, daß daraus ein »protokollarisches« Problem resultiert, das propagandistisch nur schwer aufzulösen ist. Der formale Gegenspieler Adenauers ist der Ministerpräsident, Otto Grotewohl, der aber nicht die Richtlinien der Politik bestimmt. Der eigentliche Herrscher ist der Erste Sekretär des ZK der SED und stellvertretende Ministerpräsident, Walter Ulbricht, alles andere als eine Symbol- und Integrationsfigur, sondern der am meisten gehaßte Politiker der DDR. Wilhelm Pieck ist als Präsident zwar nicht auf rein repräsentative Aufgaben beschränkt, spielt aber in der Tagespolitik eine Nebenrolle. Seine Stilisierung als gütiger Vater der Nation soll die fehlende Akzeptanz des politischen Systems bei seinen eigenen Untertanen übertünchen.

Erst als nach dem Tode Piecks das Amt des Präsidenten abgeschafft und ein Staatsrat unter dem Vorsitz Walter Ulbrichts gegründet wird, kann er als Staatsoberhaupt herausgestellt werden. Aber er bleibt Mitglied eines Gremiums, das zudem – von einer kurzen Phase Mitte der 60er Jahre abgesehen – der Partei nachgeordnet ist. Die formale Anrede lautet: »Erster Sekretär des ZK der SED und Vorsitzender des Staatsrates ...«

### Sozialistische Helden

Die Geschichte der kommunistischen Bewegung ist von den Parteikritikern als Geschichte von Helden geschrieben worden. Revolutionäre Kämpfer, Widerstandskämpfer gegen den Faschismus, Helden der Arbeit und nicht zuletzt »fortschrittliche Kulturschaffende« und Mitglieder der neuen »sozialistischen Intelligenz« bevölkern die parteioffiziellen Darstellungen der Geschichte vom Aufbau des Sozialismus/Kommunismus. In den ersten Jahren ist es der SED durchaus gelungen, Unterstützung zu finden. Insbesondere bei Intellektuel-

24 Erster Fahrzeugstander des Präsidenten der DDR, 1949

len und Teilen der jungen Generation finden ihr Antifaschismus und der erklärte Wille zu einem politischen und kulturellen Neuanfang Unterstützung. Dies vermag für eine gewisse Zeit das Legitimationsdefizit zu verdecken, das die »Revolution von oben« unter dem Patronat der sowjetischen Besatzungsmacht von Beginn an auszeichnet.

In dem Maße, in dem diese anfängliche Unterstützung abbröckelt und oft in Gegnerschaft umschlägt, bestimmen Repression und ideologische Verklärung die politische Szene. Eine Schlüsselrolle spielen dabei die Helden des sozialistischen Aufbaus, die den Bürgern als positives Vorbild, als Inkarnation des »neuen, sozialistischen Menschen« vorgeführt werden. Die Helden, die die Partei den Bürgern als Vorbild zur allfälligen Nachahmung empfiehlt, haben allerdings mit der sozialen und politischen Wirklichkeit wenig zu tun.

In der Sowjetunion, von der zu lernen, siegen lernen heißt, ist der Urvater der »Helden der Arbeit« Alexej Stachanow. In der DDR werden der Bergmann Adolf Hennecke und die Textilarbeiterin Frida Hockauf zu Protagonisten der »Stachanow-Bewegung«. Diese Helden kennen keine Trennung zwischen persönlichem und öffentlichem Leben, zwischen ihrer Arbeit und der Gesellschaft. Insoweit sind sie die ersten Prototypen des zu schaffenden »sozialistischen Menschen«, der sich von den kleinbürgerlichen Vorstellungen von Privatheit und persönlichem Glück gelöst hat und seine ganze Kraft im Dienste des Sozialismus verausgabt. Auszeichnungen, Henneckes Grubenlampe sowie die Uniformmütze und die Jacke des Bergmanns waren später Museumsstücke, die an die schwierigen Aufbaujahre erinnern sollten.

Diese zupackenden, strahlenden Helden – der Arbeiter, die Genossenschaftsbäuerin – ersetzen auf dem V. Parteitag der SED 1958 die Ahnherren und Heiligen der Bewegung. Die Ikonographie der Parteitage ändert sich: Nicht mehr die Porträts von Marx, Engels, Lenin und das des 1956 in Ungnade gefallenen »Freundes und Lehrers«, des »Vaters der Völker«, Stalins, schmücken die Rückwand der Parteitagstribüne, sondern zwei überlebensgroße plastische Gestalten: der Polier auf einer Großbaustelle des Sozialismus, mit einem Bauplan in der Hand, auf der Linken und eine fröhlich winkende Traktoristin unter einer das Land mit Energie versorgenden Hochspannungsleitung auf der Rechten. Die Losung heißt:

25 Präsident Pieck und die Jugend – Foto von der Eröffnung der Pionierrepublik ›Wilhelm Pieck‹, aus einem Album, das Otto Grotewohl zum 60. Geburtstag geschenkt wurde, 1954

»Der Sozialismus siegt«. Wie diese beiden, die sich in unendlichen Variationen in den Auftragswerken der bildenden Künstler für Betriebskantinen, Kulturhäuser oder andere öffentliche Gebäude wiederfinden, hat man sich den sozialistischen Menschen vorzustellen, der die »10 Gebote der sozialistischen Moral« beherzigt (s. Abb. 113, Schaukasten: Parteitage).

Wie wenig dieses Idealbild mit der Wirklichkeit zu tun hat, muß der Parteiführung spätestens am 16. und 17. Juni 1953 klargeworden sein. Da die Ideologie des Marxismus-Leninismus eine Aufarbeitung von Ursachen nicht zuläßt – die Partei kann nicht irren –, sind diese im subjektiven Fehlverhalten der Individuen, nicht der Klasse, zu suchen: Die Einflüsterungen des Klassenfeindes, offene Provokation oder mangelnde Erziehung werden wahlweise als Begründung herangezogen.

### Gefallene Helden

»Wie ich mich schäme!« – lautet der Titel einer Erklärung, die der Partei-Schriftsteller Kuba (Kurt Barthel) in einem Artikel im ›Neuen Deutschland‹ vom 20. Juni 1953 für den Aufruhr am 17. Juni 1953 bemüht: »Ihr zogt in schlechter Gesellschaft durch die Stadt. Ihr zogt mit dem Gesindel, das, von den großen Weltbrandstiftern gedungen, schon die Benzinflaschen in der Tasche trug, mittels denen sie morgen eure Baugerüste anzünden würden ...

Zwischen euch standen tapfere Freunde der Freien Deutschen Jugend, Männer und Frauen eurer Partei, der Partei der Arbeiterklasse, die euch alles sagten. Wieso wollt ihr es nicht gewußt haben? Vielleicht habt ihr nur nicht hingehört? Vielleicht habt ihr zugelassen, daß eure einzigen und wahren Freunde an diesem Tag niedergeschrien wurden?

Es gibt keine Ausrede! Und es gab keine Ursache dafür, daß ihr an jenem, für euch – euch am allermeisten – schändlichen Mittwoch nicht Häuser bautet.

Der Tischler Walter Ulbricht hatte alle berechtigten Ursachen zum Zorn am Abend vorher beseitigt. Ministerpräsident Grotewohl hatte vor der gesamten Nation offen Rechnung gelegt.

Nur einen Tag lang, nur so lange, wie ein Bierrausch währt, folgtet ihr einem anderen.

26 Plakat der FDJ zum 75. Geburtstag ihres Ehrenpräsidenten Wilhelm Pieck, 1950

Einem Zimmermann, einem von euch, wie ihr glaubtet. Das war schon ein Zimmermann. Der Hut zünftig! Sammetweste und Jackett. Knöpfe – da war alles dran. Die Hose weit ausladend, wie es sich gehört.

Hättet ihr ihm nur unter den Hut geguckt, nur unter den Hut – an der Frisur hättet ihr erkannt, was das für ein Zimmermann war. Ein Sargmacher führte euch – ein Totengräber.

Als wenn man mit der flachen Hand ein wenig Staub vom Jackett putzt, fegte die Sowjetarmee die Stadt rein.«[22]

Hier sind alle Ingredienzen des ideologisch deformierten Verhältnisses von Avantgarde und Massen enthalten: Die Massen sind verführbar (die sie verführen, sind verkleidete »Agenten des Imperialismus« und des RIAS mit »Cowboyfrisuren«, die sich auf »silbernen Fahrrädern« durch die Stadt bewegen), sie müssen streng an die Hand genommen werden, und wenn die Erziehung nicht fruchtet, ist strenge Strafe unumgänglich. Gegen die Verführbarkeit helfen nur strenge Erziehung und eine neue Moral.

In Hermann Kants Roman »Impressum« wird eine Szene, die sich vor dem Haus der Ministerien in der Leipziger Straße abspielt, wo der Minister Fritz Selbmann vergeblich die demonstrierenden Bauarbeiter zu beruhigen versucht, ebenfalls zur Erklärung der Hintergründe des 17. Juni ausgestaltet: Die Demonstranten sind bei Kant von »jener entsetzlichen Dummheit, die demütig machte und fromm und dienstwillig und gläubig und auch

27 Die Mitglieder des am 12. September 1960 gebildeten Staatsrates, auf den die Funktionen des bisherigen Präsidentenamtes übergingen (Plakatentwurf: Berensdorf)

mordbereit«. Der Held des Geschehens hingegen, der beinahe vom Pöbel ermordet wird – Fritz Selbmann, der bei Kant Fritz Andermann heißt –, nimmt im Interesse einer höheren Sache, einer historischen Mission, die Gefahr auf sich, sicher in dem Bewußtsein, »wenn die, für die ich es ertrage, erst einmal begriffen haben, wird niemand mehr so etwas ertragen müssen«.[23]

Hier wird ein Deutungsmuster variiert und trivialisiert, das in der Arbeiterbewegung Tradition hat: die »Heiligen« und »Märtyrer« der sozialistischen Bewegung. Ferdinand Lassalle, Wilhelm Liebknecht und August Bebel werden wie Heilige verehrt. Aber erst die KPD entwickelt einen Märtyrer- und Totenkult um ihre gefallenen Führer: Karl Liebknecht, Rosa Luxemburg und später Ernst Thälmann. »Karl und Rosa« und »Teddy« Thälmann werden zu Kultfiguren stilisiert, die ähnlich fern von der Wirklichkeit angesiedelt sind wie die toten und lebenden Ikonen der internationalen Arbeiterbewegung: Karl Marx, Friedrich Engels, Wladimir Iljitsch Lenin und Josef Wissarionowitsch Stalin.

### Die neue Moral

In den 20er Jahren gab es eine kurze Phase des »Proletkults«, in der mit einer kulturrevolutionären Radikalität die alte bürgerliche Kultur hinweggefegt werden sollte. Der »Proletkult« blieb aber eine mehr intellektuelle Attitüde, die bei den »proletarischen Massen« keinen Widerhall fand. Die KPD/SED versucht zunächst bewußt, an überkommene Sittlichkeits- und Tugendvorstellungen anzuknüpfen. Erst in der zweiten Hälfte der 50er Jahre ist von einer »neuen, sozialistischen Sittlichkeit«, von »neuer menschlicher Gesinnung« oder neuen »grundlegenden Moralgesetzen« die Rede. Die Ursachen hierfür sind nicht eindeutig auszumachen. Es erscheint aber plausibel, daß die Parteiführung es nach dem Aufstand vom 17. Juni 1953, den Unruhen in Polen und dem Volksaufstand in Ungarn 1956 sowie nach der tiefen Verunsicherung der eigenen Anhängerschaft durch den XX. Parteitag der KPdSU 1956 für angezeigt hält, ihre Macht zu konsolidieren und ihren ideologischen Einfluß zu verstärken.

28 Auf dem V. Parteitag der SED am 10. Juli 1958 werden von Walter Ulbricht die »10 Gebote« verkündet

Da Zweifel an der Legitimität der eigenen Politik nicht zugelassen werden, greift man auf das bewährte Erklärungsmuster von der Unreife der Massen zurück. Die Massen sind noch nicht reif genug, um zu verstehen, daß die Politik der Partei richtig und historisch notwendig ist. Sie müssen erzogen werden, es gilt, ihnen eine neue, eine sozialistische Moral und neue sozialistische Verhaltensweisen anzuerziehen. Die Werte und moralischen Maßstäbe der bürgerlichen Gesellschaft, die in der abendländisch-christlichen Kultur wurzeln, müssen ersetzt werden.

Das neue Sittlichkeitspostulat wird von Walter Ulbricht auf dem V. Parteitag der SED 1958 formuliert: »Nur derjenige handelt sittlich und wahrhaft menschlich, der sich aktiv für den Sieg des Sozialismus einsetzt, das heißt für die Beseitigung der Ausbeutung des Menschen durch den Menschen.«[24] Ihren Höhepunkt finden diese Versuche in der Verkündung der »10 Gebote der sozialistischen Moral«[25]. Nach der Verkündung dieser Gebote vermeldet das Protokoll stürmischen, lang anhaltenden Beifall.

Auch der auf dem V. Parteitag der SED erneut unternommene Versuch, gemeinschaftstiftende Grundwerte für die gesamte Gesellschaft zu dekretieren, blieb letztlich wiederum vergeblich. Nachdem das Versprechen, ein demokratisches, antifaschistisches Regime zu errichten, bereits Ende der 40er Jahre gebrochen wurde, nachdem die Hoffnung auf eine nicht kapitalistische sozialökonomische Ordnung am 17. 6. 1953 unter den Ketten sowjetischer Panzer zermalmt wurde, nachdem der zum Heiligen verklärte Diktator Stalin nach dem XX. Parteitag der KPdSU 1956 vom Sockel gestürzt wurde, versucht es die Partei jetzt mit Anleihen an einen quasi-religiös begründeten Normen- und Wertekanon. Dieser Versuch scheitert wohl vor allem deswegen, weil er völlig von der Lebenswelt und der Alltagserfahrung der Menschen losgelöst bleibt und in seiner Trivialität nur noch lächerlich wirkt. Trotz verschiedener Ansätze, die Debatte über sozialistische Moral am Leben zu erhalten, verlaufen diese Bemühungen im Sande.

Es hat in der DDR-Geschichte noch zwei weitere Anläufe gegeben, dieses gemeinschaftstiftende Element der sozialistischen Gesellschaft zu finden: In den 60er Jahren ist es die Vorstellung von der »Wissenschaftlich-Technischen Revolution«, die die DDR an die Spitze des Fortschritts setzen werde; in der Ära Honecker ist es die vermeintliche »Einheit von Wirtschafts- und Sozialpolitik«, die als soziale Befriedungsstrategie Ausdruck der faktischen Resignation der politischen Führung vor dem sich entwickelnden Eigenleben der Gesellschaft ist. Von dem teils freiwilligen, teils verordneten und immer mehr mit Zwang durchgesetzten Aufbruch in eine neue Zeit bleibt, je länger die DDR besteht, immer weniger übrig. Für die »Mühen der Ebene« werden keine Helden mehr gebraucht, sondern funktionierende Sachwalter bürokratischer Entscheidungen und Improvisationskünstler zur Bewältigung der Probleme des sozialistischen Alltags.

29 Plakat zum V. Parteitag der SED, 1958
(Entwurf: Carl Sauer)

1 Um ein antifaschistisch-demokratisches Deutschland. Dokumente aus den Jahren 1945–1949, Berlin 1989, S. 60.
2 Ebenda.
3 Pieck, Wilhelm: Der Weg zum Wiederaufbau Deutschlands, in: Einheitsfront der antifaschistischen Parteien, Dresden (Verlag der Volkszeitung), o. J., S. 47.
4 Um ein antifaschistisch-demokratisches Deutschland (wie Anm. 1), S. 60.
5 Die nächsten Aufgaben beim Neuaufbau Deutschlands. Beschlüsse der Parteikonferenz der Kommunistischen Partei Deutschlands am 2. und 3. März 1946 in Berlin, Berlin 1946, S. 12.
6 Protokoll des Vereinigungsparteitages der Sozialdemokratischen Partei Deutschlands (SPD) und der Kommunistischen Partei Deutschlands (KPD) am 21. und 22. April 1946, Berlin 1946, S. 179.
7 Präambel der DDR-Verfassung vom 7. Oktober 1949.
8 Zit. n. Polak, Karl: Die Weimarer Verfassung, ihre Errungenschaften und Mängel, Berlin (2. Aufl.) 1950, S. 61.
9 GBl. I v. 26. 9. 1955.
10 Böhme, Irene: Die da drüben. Sieben Kapitel DDR, Berlin 1982, S. 39.
11 De Man, Hendrik: Zur Psychologie des Sozialismus, Jena (2. Aufl.) 1927.
12 Ebenda, S. 117.
13 Lersch, Heinrich: Deutschland. Gedichte, Jena 1917, S. 101.
14 Zit. n. Falk, Friedrich: Die religiöse Symbolik der deutschen Arbeiterdichtung der Gegenwart. Eine Untersuchung über die Religiosität des Proletariats, Stuttgart 1930, S. 39.
15 Protokoll des Vereinigungsparteitages (wie Anm. 6), S. 165.
16 Grußwort Oberst Tjulpanows auf dem 2. Parteitag der SED, in: Protokoll der Verhandlungen des 2. Parteitages der Sozialistischen Einheitspartei Deutschlands, 20. bis 24. September 1947, Berlin 1947, S. 16 f.
17 Protokoll des Vereinigungsparteitages (wie Anm. 6), S. 11.
18 Die Neue Gesellschaft, 6/1953, Nr. 4, S. 241 f.
19 Dokumente der Sozialistischen Einheitspartei Deutschlands, Bd. IV, Berlin 1954, S. 296.
20 Dokumente der Sozialistischen Einheitspartei Deutschlands, Bd. III, Berlin 1952, S. 314.
21 Florath, Walter: Repräsentant des neuen Deutschland. Zum 77. Geburtstag unseres Präsidenten Wilhelm Pieck, in: Die Neue Gesellschaft, 6/1953, Nr. 1, S. 8.
22 Kuba (d. i. Kurt Barthel): Wie ich mich schäme!, in: Neues Deutschland v. 20. 6. 1953.
23 Kant, Hermann: Das Impressum, Berlin 1972; hier zit. n. der Ausgabe der Büchergilde Gutenberg, S. 448.
24 Protokoll der Verhandlungen des V. Parteitages der Sozialistischen Einheitspartei Deutschlands, 10. bis 16. Juli 1958, Bd. 1, S. 160.
25 Ebenda, S. 160 f.

30

## Schaukasten: Volkskongreß

Am 26. November 1947 beschloß der SED-Parteivorstand einen »Aufruf zu einem deutschen Volkskongreß für Einheit und gerechten Frieden«. Intendiert waren damit sowohl eine aus Parteien, Gewerkschaften, kulturellen Vereinigungen, Betriebsbelegschaften und Einzelpersonen gespeiste, jedoch von der SED kontrollierte Massenbewegung wie auch eine Reihe politischer Großveranstaltungen mit basisdemokratischem Anstrich. Dreimal – 1947, 1948 und 1949 – tagte ein ›Deutscher Volkskongreß‹ in Berlin. Teilnehmer waren zunächst Delegierte aus allen Besatzungszonen; 1949 waren 1441 Kongreßteilnehmer aus der SBZ in einer ersten Wahl nach Einheitslisten bestimmt worden; die rund 600 Teilnehmer aus den Westzonen waren, da dort die Volkskongreßbewegung weitgehend abgelehnt wurde, ohne demokratische Legitimation. Die SED versuchte, die »plebiszitäre Volksvertretung« der Kongresse als deutschlandpolitisches Forum zu nutzen. Im März 1948 wurde ein ›Deutscher Volksrat‹ eingesetzt, die Ausarbeitung einer gesamtdeutschen Verfassung gefordert und ein »Volksbegehren für die Einheit Deutschlands« beschlossen. Ende Mai 1949 konstituierte sich der III. ›Deutsche Volkskongreß‹, der den vorgelegten Verfassungsentwurf bestätigte und 330 Teilnehmer aus der SBZ in den neuen ›Deutschen Volksrat‹ wählte. Am 7. Oktober 1949 erklärte sich der Volksrat zur »Provisorischen Volkskammer« und setzte die Verfassung in Kraft. Die Volkskongreßbewegung ging danach in der ›Nationalen Front des Demokratischen Deutschland‹ auf.

30 Sichtwerbung am Bahnhof Friedrichstraße für den II. Volkskongreß, 17./18. März 1948

31 Ein Transparent, das im Demonstrationszug zum 1. Mai 1949 im Berliner Lustgarten mitgeführt wird, trägt die Aufschrift: »Der 1. Mai ist der Auftakt zur Wahl des Volkskongresses am 15. u. 16. Mai für Frieden und Demokratie« (Foto: G. Gronefeld)

32 Stimmzettel für die im Mai 1949 abgehaltene Wahl der Delegierten aus dem Stimmkreis II, Land Brandenburg, zum III. ›Deutschen Volkskongreß‹. Die insgesamt 1 441 Delegierten aus der SBZ wurden erstmals nach dem Prinzip der Einheitsliste gewählt

33 Am 29. und 30. Mai 1949 tagt der III. ›Deutsche Volkskongreß‹ in Berlin im früheren Admiralspalast (Foto: Mady Meyer)

34 Am 8. November 1950 tritt die am 15. Oktober gewählte Volkskammer zu ihrer ersten Sitzung zusammen. Johannes Dieckmann wird zu ihrem Präsidenten gewählt

35 Ausweise für Abgeordnete der Volkskammer aus den Jahren 1950 bis 1963

31

32

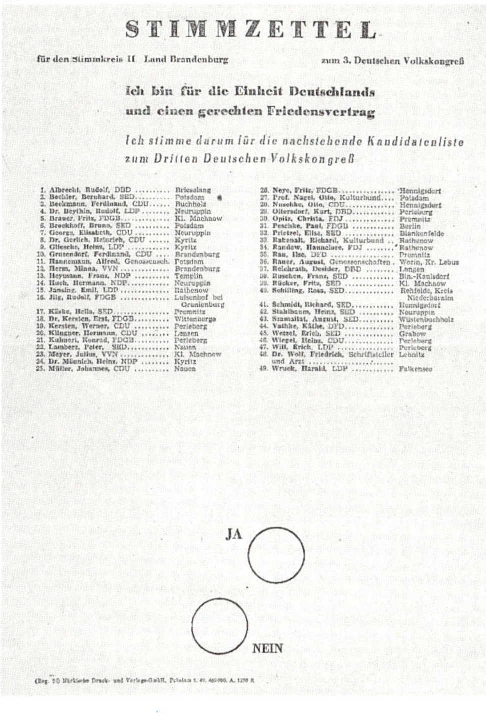

STIMMZETTEL

für den Stimmkreis II Land Brandenburg zum 3. Deutschen Volkskongreß

**Ich bin für die Einheit Deutschlands und einen gerechten Friedensvertrag**

*Ich stimme darum für die nachstehende Kandidatenliste zum Dritten Deutschen Volkskongreß*

1. Albrecht, Rudolf, DBD .......... Briesalang
2. Bechler, Bernhard, SED.......... Potsdam
3. Beckmann, Ferdinand, CDU...... Buchholz
4. Dr. Beythin, Rudolf, LDP ........ Neuruppin
5. Brauer, Fritz, FDGB............... Kl. Machnow
6. Breckhoff, Bruno, SED .......... Potsdam
7. Georgs, Elisabeth, CDU .......... Neuruppin
8. Dr. Gerlich, Heinrich, CDU ...... Kyritz
9. Gliesche, Heinz, LDP ............ Kyritz
10. Grusendorf, Ferdinand, CDU .... Brandenburg
11. Hannemann, Alfred, Genossensch. Potsdam
12. Herm, Minna, VVN ............... Brandenburg
13. Heymann, Franz, NDP .......... Templin
14. Hoch, Hermann, NDP............ Neuruppin
15. Jansing, Emil, LDP ............... Rathenow
16. Jilg, Rudolf, FDGB ............... Luisenhof bei Oranienburg
17. Küske, Hella, SED................ Premnitz
18. Dr. Kersten, Erst, FDGB.......... Wittenberge
19. Kersten, Werner, CDU .......... Perleberg
20. Klingner, Hermann, CDU ........ Lenzen
21. Kuhnert, Konrad, FDGB.......... Perleberg
22. Lamberz, Peter, SED............ Nauen
23. Meyer, Julius, VVN ............... Kl. Machnow
24. Dr. Münnich, Heinz, NDP ........ Kyritz
25. Müller, Johannes, CDU .......... Nauen
26. Neye, Fritz, FDGB................ Hennigsdorf
27. Prof. Nagel, Otto, Kulturbund.... Potsdam
28. Nuschke, Otto, CDU.............. Hennigsdorf
29. Oltersdorf, Kurt, DBD............ Perleberg
30. Opitz, Christa, FDJ .............. Premnitz
31. Peschke, Paul, FDGB ............ Berlin
32. Prietzel, Elise, SED .............. Blankenfelde
33. Rakenalt, Richard, Kulturbund .. Rathenow
34. Randow, Hannelore, FDJ ........ Rathenow
35. Rau, Ilse, DFD .................... Premnitz
36. Rauer, August, Genossenschaften . Worin, Kr. Lebus
37. Reichrath, Desider, DBD ........ Lenzen
38. Ruschen, Franz, SED ............ Bln.-Kaulsdorf
39. Rücker, Fritz, SED .............. Kl. Machnow
40. Schilling, Rosa, SED.............. Rehfelde, Kreis Niederbarnim
41. Schmidt, Richard, SED............ Hennigsdorf
42. Stahlbaum, Heinz, SED .......... Neuruppin
43. Szamaitat, August, SED.......... Wüstenbuchholz
44. Vathke, Käthe, DFD.............. Perleberg
45. Wetzel, Erich, SED .............. Grabow
46. Wiegel, Heinz, CDU.............. Perleberg
47. Will, Erich, LDP ................ Perleberg
48. Dr. Wolf, Friedrich, Schriftsteller und Arzt ........................ Lehnitz
49. Wruck, Harald, LDP ............ Falkensee

JA

NEIN

33

34

35

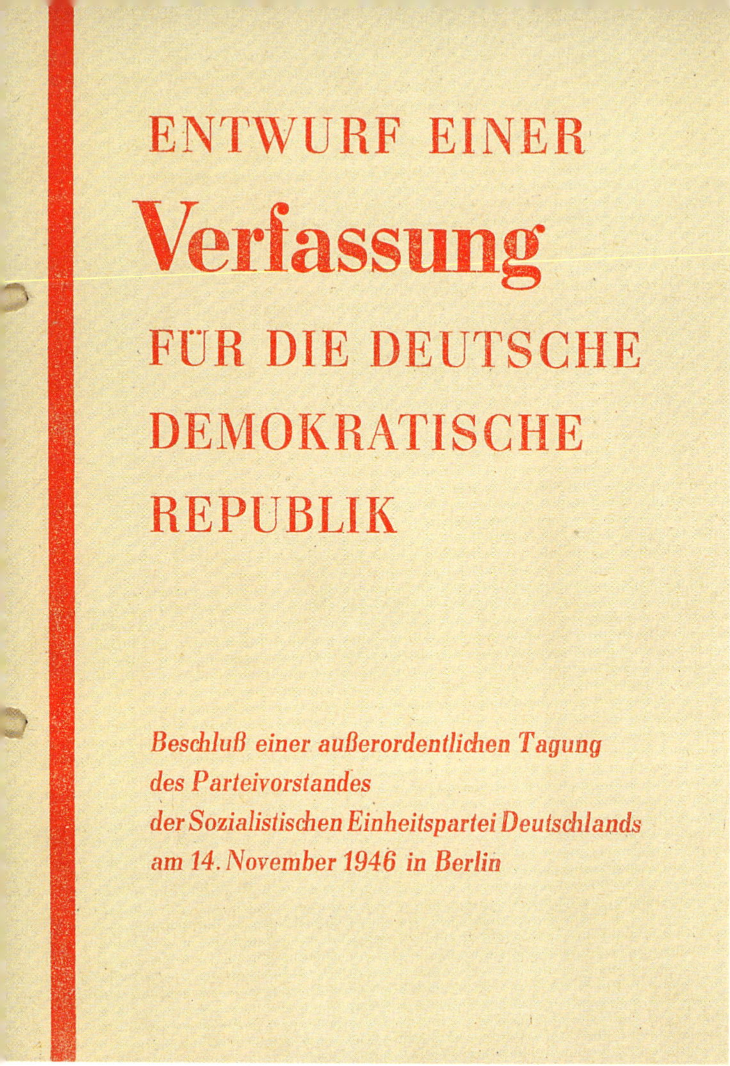

ENTWURF EINER
Verfassung
FÜR DIE DEUTSCHE
DEMOKRATISCHE
REPUBLIK

*Beschluß einer außerordentlichen Tagung
des Parteivorstandes
der Sozialistischen Einheitspartei Deutschlands
am 14. November 1946 in Berlin*



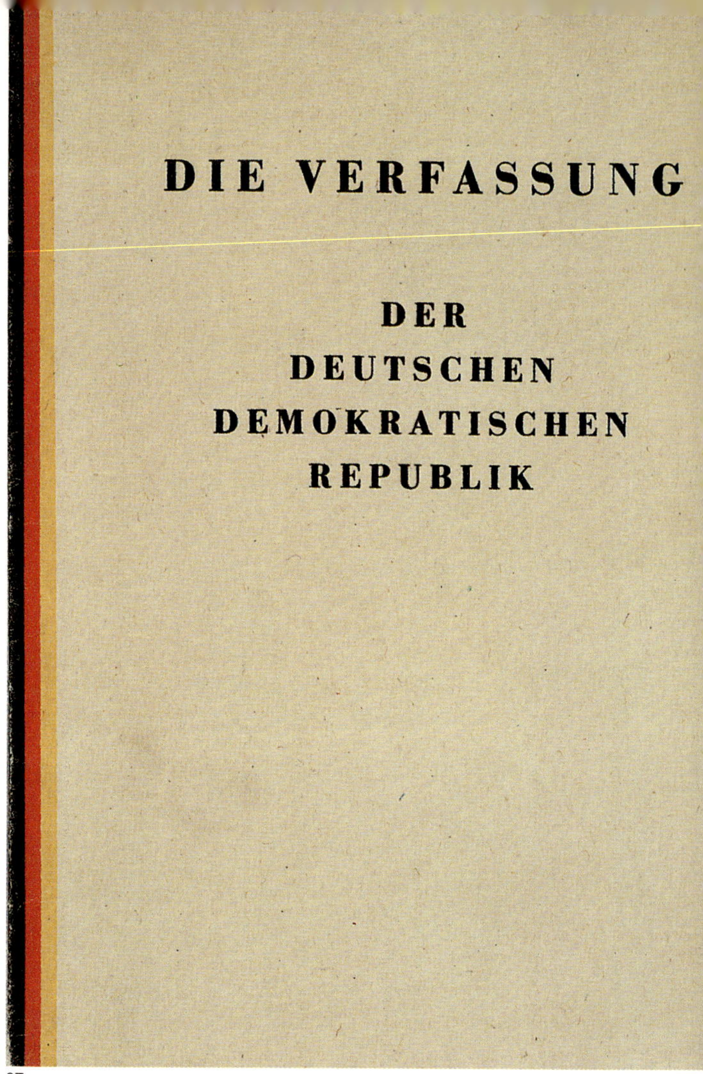

DIE VERFASSUNG
DER
DEUTSCHEN
DEMOKRATISCHEN
REPUBLIK



## Schaukasten: Verfassung

Eine schon 1946 beginnende Verfassungsdiskussion gewann in der SBZ deutschlandpolitisches Gewicht, als im März 1948 der II. ›Deutsche Volkskongreß‹ einen Ausschuß für die Ausarbeitung einer gesamtdeutschen Verfassung einsetzte. Der im folgenden Jahr vorgelegte »Entwurf einer Verfassung für die Deutsche Demokratische Republik« wurde vom ›Deutschen Volksrat‹ – der »berufenen Repräsentation für ganz Deutschland« – am 19. März 1949 einstimmig angenommen und am 30. Mai des Jahres, eine Woche nach Verkündung des Grundgesetzes, vom III. ›Deutschen Vokskongreß‹ bestätigt. Die von dem zur »Provisorischen Volkskammer« erklärten Volksrat am 7. Oktober 1949 in Kraft gesetzte ›Verfassung der Deutschen Demokratischen Republik‹ war an der Weimarer Reichsverfassung von 1919 orientiert und erklärte laut Präambel den Willen, »die Freiheit und die Rechte des Menschen zu verbürgen«. Verhängnisvoll für eine demokratische Entwicklung war jedoch, daß sie sich nicht zum Prinzip der Gewaltenteilung bekannte und mit dem Verbot von »Boykotthetze gegen demokratische Einrichtungen und Organisationen« einen dehnbaren Staatsschutzartikel einführte, der sich zur Sicherung der »Führungsrolle« der SED mißbrauchen ließ. Eine zweite, »sozialistische« Verfassung wurde nach einer groß inszenierten »Volksaussprache« am 9. April 1968 in Kraft gesetzt. Obwohl den inzwischen vom »real existierenden Sozialismus« geprägten Verhältnissen besser angepaßt, verschleierte sie weiterhin die tatsächlichen Herrschaftsstrukturen.

38

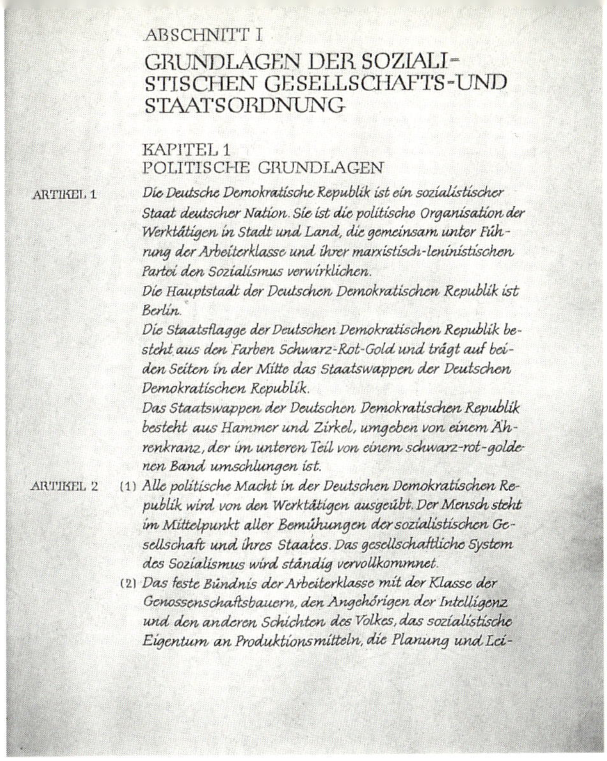

ABSCHNITT I

GRUNDLAGEN DER SOZIALISTISCHEN GESELLSCHAFTS- UND STAATSORDNUNG

KAPITEL 1
POLITISCHE GRUNDLAGEN

ARTIKEL 1 *Die Deutsche Demokratische Republik ist ein sozialistischer Staat deutscher Nation. Sie ist die politische Organisation der Werktätigen in Stadt und Land, die gemeinsam unter Führung der Arbeiterklasse und ihrer marxistisch-leninistischen Partei den Sozialismus verwirklichen.*
*Die Hauptstadt der Deutschen Demokratischen Republik ist Berlin.*
*Die Staatsflagge der Deutschen Demokratischen Republik besteht aus den Farben Schwarz-Rot-Gold und trägt auf beiden Seiten in der Mitte das Staatswappen der Deutschen Demokratischen Republik.*
*Das Staatswappen der Deutschen Demokratischen Republik besteht aus Hammer und Zirkel, umgeben von einem Ährenkranz, der im unteren Teil von einem schwarz-rot-goldenen Band umschlungen ist.*

ARTIKEL 2 (1) *Alle politische Macht in der Deutschen Demokratischen Republik wird von den Werktätigen ausgeübt. Der Mensch steht im Mittelpunkt aller Bemühungen der sozialistischen Gesellschaft und ihres Staates. Das gesellschaftliche System des Sozialismus wird ständig vervollkommnet.*
(2) *Das feste Bündnis der Arbeiterklasse mit der Klasse der Genossenschaftsbauern, den Angehörigen der Intelligenz und den anderen Schichten des Volkes, das sozialistische Eigentum an Produktionsmitteln, die Planung und Lei-*

41

VERFASSUNG DER DEUTSCHEN DEMOKRATISCHEN REPUBLIK VOM 6. APRIL 1968

40

36 Verfassungsentwurf der SED, 1946

37 Die Verfassung der Deutschen Demokratischen Republik, Erstausgabe von 1949

38 Schüler der 5. Oberschule in Berlin-Mitte malen Demonstrationsschilder, die dafür werben, sich im Volksentscheid über die »sozialistische« Verfassung der DDR am 30. März 1968 für den neuen Verfassungsentwurf zu entscheiden

39 Kundgebung vor der Humboldt-Universität am 5. April 1968 zum Volksentscheid über die »sozialistische« Verfassung

40 Titelblatt der Prachtausgabe der »sozialistischen« Verfassung der Deutschen Demokratischen Republik, die Walter Ulbricht zum 75. Geburtstag am 30. Juni 1968 überreicht wurde

41 Die »sozialistische« Verfassung der DDR, Artikel 1

39

Harry D. Schurdel

# Die Hoheitssymbole der Deutschen Demokratischen Republik

## Die Flagge: Das »Spaltertuch«

Die Frage, wie die künftige deutsche Nationalflagge nach dem staatlichen Zusammenbruch 1945 aussehen sollte, kam in der Sowjetischen Besatzungszone (SBZ) erstmals im März 1948 auf die politische Tagesordnung, und zwar durch den ›Deutschen Volkskongreß‹. In den Westzonen befaßte sich erst ein halbes Jahr später der ›Parlamentarische Rat‹ mit diesem Thema.

Ende 1947 entstand auf Initiative der ›Sozialistischen Einheitspartei Deutschlands‹ (SED) die Volkskongreßbewegung. Sie wurde überwiegend von den Parteien und Massenorganisationen in der SBZ getragen, doch nahmen an den Kongressen in Berlin auch Vertreter aus den Westzonen teil. Die ursprüngliche Zielsetzung, zu der im November/Dezember 1947 in London tagenden Konferenz der Außenminister der alliierten Siegermächte eine Stellungnahme abzugeben, wurde – im Sinne der von der Sowjetunion formulierten Deutschlandpolitik – erweitert in die umfassende Forderung nach »Einheit und gerechten Frieden«. Von seiten der SED sollte die Bewegung als Instrument ihrer sogenannten Bündnispolitik genutzt werden, was in den Westzonen ihr Verbot zur Folge hatte.

Vom 17. bis 18. März 1948 tagte in Berlin der II. ›Deutsche Volkskongreß‹, der als ausführendes Organ einen aus 400 Mitgliedern bestehenden ›Deutschen Volksrat‹ wählte und diesem den Auftrag erteilte, eine Verfassung für ein einheitliches Deutschland auszuarbeiten. Der Volksrat wurde von einem Präsidium geleitet, in dem die in der SBZ zugelassenen Parteien und Massenorganisationen, soweit sie dem sogenannten Demokratischen Block angehörten, durch ihre Vorsitzenden vertreten waren. Der Eingang der Tagungsstätte, das Gebäude des ehemaligen Reichsluftfahrtministeriums, war mit einem schwarzrotgoldenen Band drapiert. Doch war dieser Schmuck wohl eher als Erinnerung an die Märzrevolution vor 100 Jahren anzusehen denn als Vorentscheidung für die künftige deutsche Fahne.

Die zweite Tagung des ›Deutschen Volksrates‹ fand am 18. März statt. Auch dieses Datum war nicht zufällig gewählt worden, sollte es doch an den 100. Jahrestag des Ausbruches der revolutionären Unruhen in Berlin erinnern. Otto Grotewohl (1894–1964), zu jener Zeit zusammen mit Wilhelm Pieck paritätischer Vorsitzender der SED und Vorsitzender des Verfassungsausschusses des ›Deutschen Volksrates‹, brachte am Ende seiner Rede vor dem Kongreß die Frage der Nationalfarben des künftigen Deutschlands zur Sprache. Er kam zu der Feststellung, daß es nicht Schwarz-Weiß-Rot sein könne und auch nicht die rote Farbe der Arbeiterschaft, denn das hieße, »die gegenwärtige politische Situation falsch einzuschätzen«. Nur Schwarz-Rot-Gold könne wirksam den Gedanken der deutschen Einheit symbolisieren.

Die Rede Grotewohls machte also deutlich, daß die SED eine Flaggenfarbe suchte, mit der sich die überwiegende Mehrheit der Deutschen in Ost und West identifizieren könnte. Schwarz-Weiß-Rot – ursprünglich die Farben des 1871 gegründeten ersten deutschen Nationalstaates, des Kaiserreiches – schied vor allem aus zwei Gründen aus: Zum einen waren es gleichfalls die Reichsfarben des NS-Staates gewesen, zum anderen war auch das aus deutschen Überläufern und Kriegsgefangenen 1943 in der Sowjetunion gebildete ›Nationalkomitee Freies Deutschland‹ (NKFD) damit aufgetreten, was jedoch nicht die erhoffte symbolträchtige Propagandawirkung auf das – vermeintlich – nationalkonservative Offizierskorps der Wehrmacht hatte.

Diese Fehleinschätzung mußte auch Wilhelm Pieck (1876–1960), damals Vorsitzender der Exil-KPD und einer der Mitbegründer des NKFD, eingestehen. Noch am 22. Dezember 1943 hatte er in einem Artikel der NKFD-Zeitung ›Freies Deutschland‹ geschrieben: »Wir kämpfen in der Bewegung ›Freies Deutschland‹ für die Rettung des Reiches und erblicken in ihren Farben Schwarz-Weiß-Rot vor allem ein Mahnzeichen an unser Volk, da das unter diesen Farben gegründete Deutsche Reich in Gefahr ist, von Hitler vernichtet zu werden.«

Die Trikolore Schwarz-Rot-Gold hat ihren Ursprung im Rot-Schwarz der Jenaer Urburschenschaft von 1815, deren Wurzeln wiederum in den Deutschen Befreiungskriegen gegen die napoleonische Fremdherrschaft liegen, genauer gesagt in der Uniformierung des berühmten ›Lützowschen Freikorps‹ (schwarzer Rock und schwarze Hose, rote Biesen, goldgelbe Knöpfe). Da dieser Truppe viele Gründungsmitglieder der Jenaer Studentenvereinigung angehörten, wählten sie in ehrenvoller Erinnerung Rot und Schwarz zu den Farben ihres »Paniers«. 1817 zogen sie damit (Rot-Schwarz-Rot mit einem goldenen Eichenreis in der Mitte) zum Wartburg-Fest, auf dem sich 500 Studenten zu einem deutschen Nationalstaat bekannten.

Allmählich entwickelten sich aus dieser Zusammenstellung die allgemeinen burschenschaftlichen Farben Schwarz-Rot-Gold, die – in der irrigen Annahme, daß es sich um die alten Reichsfarben handele – spätestens seit dem Hambacher Fest von 1832 zum populären Symbol der demokratischen deutschen Einheits- und Freiheitsbewegung wurden. Während des Revolutionsjahres 1848 erlangte Schwarz-Rot-Gold gar den Status »deutscher Bundesfarben«, aber ein dauerhafter Anspruch darauf war nach dem Scheitern der revolutionären Bewegung nicht durchzusetzen.

Es sollte über ein halbes Jahrhundert dauern, bis in der Weimarer Republik diese Farben wieder als gesamtdeutsche Trikolore zu Ehren kamen. Nach dem Machtantritt der Nationalsozialisten am 3. Januar 1933 war Schwarz-Rot-Gold natürlich sofort verfemt. Bis zum September 1935 rangierten Schwarz-Weiß-Rot und die NS-Hakenkreuzflagge gleichbedeutend als Nationalflaggen nebeneinander, danach bis 1945 die Hakenkreuzflagge allein; als »Reichsfarben« galten jedoch weiterhin Schwarz-Weiß-Rot.

1948 in Berlin – nach der »Schwarz-Rot-Gold-Rede« Otto Grotewohls – stellte Friedrich Ebert

42 Das ›Haus der Ministerien‹ wird zum 10. Jahrestag mit der neuen Staatsflagge geschmückt, 30. September 1959 (Foto: Kohls)

(SED), Sohn des ersten Reichspräsidenten, damaliger Vorsitzender des Landtages von Brandenburg und späterer Oberbürgermeister von Ost-Berlin, im Namen einer vierköpfigen interfraktionellen Abgeordnetengruppe folgenden Antrag: »Der Deutsche Volksrat wolle beschließen, den Verfassungsausschuß zu beauftragen, in den Entwurf einer Verfassung eine Bestimmung darüber aufzunehmen, daß die Farben der Deutschen Demokratischen Republik Schwarz-Rot-Gold sind.«

In der mündlichen Begründung führte Ebert aus: »Ich bin der Meinung, daß es kein besseres, in der deutschen Geschichte tiefer begründetes Zeichen der deutschen Einheit gibt, als die alten Reichsfarben Schwarz-Rot-Gold. Um dieses Banner scharten sich zu allen Zeiten die Kämpfer für Deutschlands Einheit, für eine glückliche Zukunft des Landes und des Volkes. Ihr Tuch deckte die Leiber jener, die im Kampf gegen die feudale despotische Monarchie Preußens, für Deutschlands Einheit und Freiheit ihr Leben gaben. Diese Stunde gebietet, die große Tradition der deutschen Geschichte wieder aufzunehmen und das Banner der deutschen Einheit über dem ganzen

43 Staatsflagge der DDR in der bis 1959 benutzten Form ohne Emblem

Vaterland zu entrollen. Damit vollstrecken wir auch das revolutionäre Vermächtnis der Kämpfer vom Jahre 1848.«

An diesen Sätzen ist zweierlei auffallend: Erstens verstand Ebert – und mit ihm die SED – unter einer »Deutschen Demokratischen Republik« noch einen einheitlichen deutschen Staat, zweitens unterlag auch er dem Irrtum, bei Schwarz-Rot-Gold handele es sich um alte Reichsfarben. Zur flaggenkundlichen Erklärung: Zwar kannte das Mittelalter seit dem 14. Jahrhundert den goldenen Schild mit schwarzem, rot bewehrtem und bezungtem Adler als Kaiser- und Reichswappen, doch existierten im Heiligen Römischen Reich Deutscher Nation weder Reichsfarben noch eine Reichsflagge.

Eberts Rede wurde mit großem Beifall aufgenommen. Der Versammlungsvorsitzende Otto Nuschke (CDU) stellte daraufhin den Antrag zur Abstimmung, und die Versammlung stimmte dem einhellig zu. Wie bestellt, betrat in diesem Moment eine Delegation der ›Freien Deutschen Jugend‹ das Podium und überreichte dem Präsidenten des ›Deutschen Volksrates‹ zwei schwarzrotgoldene Fahnen. Dieser 18. März 1948 ist für die Geschichte der deutschen Nationalsymbolik bedeutend, weil an diesem Tag nach eineinhalb Jahrzehnten erstmals wieder Schwarz-Rot-Gold durch öffentliche politische Willensäußerung als (künftige) Landesfarben propagiert wurden.

Am 7. Oktober 1949 trat der vom III. ›Deutschen Volkskongreß‹ neu gewählte ›Deutsche Volksrat‹ zu seiner 9. Tagung in Ost-Berlin zusammen und erklärte sich nach einer Beratung über die politische Situation »zur Provisorischen Volkskammer im Sinne der von ihm am 19. März 1949 beschlossenen, vom Dritten Deutschen Volkskongreß am 30. Mai bestätigten Verfassung der Deutschen Demokratischen Republik«. Dem Konstitutionsentwurf wurde erneut einstimmig akklamiert, die ›Deutsche Demokratische Republik‹ (DDR) war gegründet.

Die erste Verfassung der DDR sah im Einklang mit Eberts Vorschlag weder eine Nationalflagge noch ein Staatswappen vor. Artikel 2, Absatz 1, bestimmte lediglich: »Die Farben der DDR sind Schwarz-Rot-Gold.« Daraus wurde stillschweigend abgeleitet, daß diese Farben auf einer entsprechenden Fahne in waagerechter Streifenführung erscheinen sollten. Erst mit dem »Gesetz über das Staatswappen und die Staatsflagge der DDR« vom 26. September 1955 wurde auch offiziell eine Nationalflagge – im Sprachgebrauch der DDR »Staatsflagge« genannt – eingeführt. Im betreffenden Paragraphen 2 steht unter anderem: »Die Staatsflagge der DDR besteht aus den Farben Schwarz-Rot-Gold. Die Farben Schwarz-Rot-Gold sind in der Staatsflagge in drei gleich breiten Streifen angeordnet.«

Damit hißten nun beide deutsche Staaten dieselbe Nationalflagge, hatte doch am 8. Mai 1949 – übrigens auf den Tag vier Jahre nach der bedingungslosen Kapitulation der deutschen Wehrmacht – der ›Parlamentarische Rat‹ in den Westzonen mit nur einer Gegenstimme die Wiederaufnahme der unverändert schwarzrotgoldenen Flagge der Weimarer Republik befürwortet. Als mit der Verkündung des Grundgesetzes am 23. Mai 1949 die Bundesrepublik Deutschland konstituiert war, fand dies seinen Niederschlag im Artikel 22: »Die Bundesflagge ist schwarz-rot-gold«.

In den amtlichen Veröffentlichungen des Bundesministeriums des Innern wurde und wird auch tatsächlich der dritte Farbstreifen der Flagge in einem metallfarbenen Goldton abgebildet. Die entsprechenden Publikationen der DDR verwandten hierfür – entgegen dem Wortlaut der Verordnungen – stets Gelb, womit der Praxis entsprochen wurde, denn eine für Flaggentuch brauchbare Goldfärbung gibt es nicht. Auch die Bundesflagge war und ist also, wie die deutsche Trikolore seit jeher, tatsächlich schwarzrotgelb, aus heraldischen und Traditionsgründen wird diese Farbzusammenstellung jedoch als »schwarz-rot-gold« bezeichnet.

Nach zehn Jahren mit einer »gemeinsamen« Flagge vollzog die DDR im Herbst 1959 im Einklang mit ihrer gegenüber der Bundesrepublik betriebenen Abgrenzungspolitik auch eine emblematische Trennung, indem sie in ihre Nationalflagge das ideologieträchtige Staatswappen einsetzte (in der BRD zeigte nur die Bundesdienstflagge das Staatswappen). Neben propagandistischen Erwägungen waren hierfür zwei Gründe maßgebend: In ihrem unablässigen Bemühen um internationale Anerkennung schien es der DDR aus protokollarischen Gründen nicht sinnvoll, diese mit einer Flagge zu behaupten, die der der Bundesrepublik genau entsprach. Außerdem konnte man die Soldaten der ›Nationalen Volksarmee‹ (NVA) auf Dauer schwerlich auf eine Fahne schwören lassen, die mit der des »aggressiven Klassenfeindes« identisch war.

In der DDR wurde die Flaggenänderung erstmals in einem Kommuniqué des Ministerrates erwähnt, das am 23. September 1959 in der ›Berliner Zeitung‹ veröffentlicht wurde. Dieses führte aus, die schwarzrotgoldene Staatsflagge der DDR sei künftig mittig auf beiden Seiten mit dem Wappen der Republik zu versehen. Dazu erläuterte Staatssekretär H. Grünstein einen zur Volkskammer zwecks Beschlußfassung weiterzuleitenden Gesetzentwurf. Er wies darauf hin, daß das Emblem der Republik auf der Staatsflagge von der »friedlichen und demokratischen Entwicklung der DDR künden« solle, da die schwarzrotgoldenen Farben in »Westdeutschland« durch die »fortschreitende Militarisierung« vor der ganzen Welt mißbraucht und herabgewürdigt worden seien. Auch jetzt berief man sich auf die revolutionären und demokratischen Traditionen des Jahres 1848, nicht jedoch auf die Weimarer Republik. Einen Tag darauf publizierte das SED-Organ ›Neues Deutschland‹ die wahrscheinlich erste schwarz-

44 Staatsflagge der DDR mit Hammer, Zirkel und Ährenkranz

weiße Abbildung der vorgeschlagenen Flaggenmodifikation und vermittelte somit der Öffentlichkeit auch einen optischen Eindruck des neuen Hoheitssymbols.

Am 1. Oktober 1959 begründete Innenminister Karl Maron vor der Volkskammer die beabsichtigte Flaggenänderung, wobei er vor allem auf die Tatsache hinwies, daß sich die beiden deutschen Staaten bis dato nicht anerkannt hätten. Maron führte unter anderem aus: »Diese Ergänzung der Staatsflagge macht sich erforderlich, damit sich die DDR als der einzige rechtmäßige deutsche Staat auch in der Flaggenführung sichtbar von dem westzonalen Separatstaat unterscheidet ... Es genügt nicht, daß sich beide deutsche Staaten äußerlich nur durch die Hymne unterscheiden. Indem unsere Staatsflagge künftig Hammer, Zirkel und Ährenkranz, d. h. die Symbole unseres friedlichen Aufbaus trägt, wird sowohl für das deutsche Volk als auch für die ganze Welt sinnvoll veranschaulicht, daß unter dieser Flagge das neue Deutschland auftritt, dem die Zukunft gehört und von dem der Friede ausgeht.« Der Gesetzentwurf wurde ohne Aussprache einmütig verabschiedet und trat mit dem 6. Oktober 1959 in Kraft. Die entscheidenden Paragraphen lauteten: »Die

Staatsflagge der Deutschen Demokratischen Republik besteht aus den Farben Schwarz-Rot-Gold und trägt auf beiden Seiten in der Mitte das Staatswappen der Deutschen Demokratischen Republik. Die Breite der Staatsflagge verhält sich zu ihrer Länge wie 3 : 5. Der Durchmesser des Staatswappens verhält sich zur Länge der Staatsflagge wie 1 : 3.«

Annähernd ein Jahrzehnt gab das neue DDR-Sinnbild mit seiner symbolischen Untermauerung der deutschen Zweistaatlichkeit in der Bundesrepublik Deutschland und im Ausland vielfach Anlaß zu zahlreichen symbolpublizistischen Demonstrationen, politischen Zwischenfällen und diplomatischen Verwicklungen. Hiervon war auch die gesamtdeutsche Sportflagge der Jahre 1960 bis 1968 (Schwarz-Rot-Gold mit den weißen Olympischen Ringen in der Mittelbahn) nicht ausgenommen. Charakteristisch für die in der Bundesrepublik vorherrschende konservative Stimmung jener Ära war die Bezeichnung »Spalterflagge« oder »Spaltertuch« für das neue Emblem der DDR.

Erst ein wenige Monate vor dem Ende der Großen Koalition am 22. Juli 1969 gefaßter Beschluß der Bundesregierung hob eine bestehende Entscheidung, die Flagge der DDR zu boykottieren, formell auf. Dadurch wurde es möglich, sich auf ein gemeinsames Protokoll für die innerdeutschen Gipfeltreffen in Erfurt und Kassel (19. März beziehungsweise 21. Mai 1970) zu einigen, so daß Bundeskanzler Willy Brandt und Ministerpräsident Willi Stoph erste Schritte auf dem Weg zum Abschluß des am 21. Dezember 1972 unterzeichneten Grundlagenvertrages zwischen BRD und DDR tun konnten. Bis zu jenem 7. September 1987, an dem aus Anlaß des Staatsbesuches von Erich Honecker vor dem Bundeskanzleramt die Flagge der DDR gehißt und deren Hymne gespielt wurde, war es jedoch noch ein weiter Weg.

Das letzte Kapitel in der Geschichte der DDR-Staatssymbolik wurde im Rahmen jener friedlichen Revolution geschrieben, die landläufig als »Wende« bezeichnet wird. Doch im Gegensatz zum Staatswappen, das vielerorts eliminiert wurde, und der Hymne, zu der nun wieder der ursprüngliche Text gesungen wurde, blieb die Staatsflagge der DDR unangetastet. Über die dafür relevanten Gründe wird im nachfolgenden Abschnitt gehandelt. Mit dem Beitritt der DDR zum Geltungsbereich des Grundgesetzes kamen jedoch alle Staatssymbole des aufgehobenen Staates in Fortfall, also auch die Flagge. Unter den Klängen des ›Deutschlandliedes‹, dem Geläut der ›Freiheitsglocke‹ im Schöneberger Rathaus und dem Beifall Zehntausender wurden am 2. Oktober 1990 um Mitternacht die jetzt wieder gesamtdeutschen Farben Schwarz-Rot-Gold als Nationalflagge eines staatlich geeinten Deutschlands aufgezogen.

### Das Wappen: Das »Drei-Klassen-Zeichen«

Mit dem Entwurf des Staatswappens der DDR sind nicht nur die Regeln der Heraldik im allgemeinen, sondern auch die Traditionen der deutschen Staatswappen im besonderen durchbrochen worden. Anders als bei den Flaggenfarben orientierte man sich bei der Gestaltung des Wappens an den Vorgaben der sowjetischen Staatsheraldik, insonderheit am Staatswappen der UdSSR und an den Hoheitssymbolen vieler anderer Länder des sozialistischen Lagers. Deshalb kann gemäß den strengen Regeln der Heraldik das Signum der DDR auch nicht als Wappen bezeichnet werden. Hier soll jedoch – der Vorbehalte von Heraldikern ungeachtet – weiterhin der Begriff »Wappen« verwendet werden. Zur heraldischen Problematik ist zudem darauf hinzuweisen, daß seit den Zeiten Karls des Großen die deutschen Kaiser-, Königs-, Reichs- und Republikwappen als Hauptbild stets den schwarzen Adler zeigten, selbst noch während der NS-Herrschaft.

Das Staatswappen der DDR hat sich über mehrere Entwicklungsstufen herausgebildet. Es ergab sich schon früh die Notwendigkeit, ein Emblem für die DDR zu schaffen. Während jedoch bei der Konstitutierung des Staates am 7. Oktober 1949 noch kein Staatszeichen den Saal schmückte und auch die am selben Tag verabschiedete erste Verfassung der DDR kein derartiges Emblem erwähnte, erging dazu am 12. Januar 1950 eine entsprechende Verordnung zur Ausgabe von Dienstausweisen und Diplomatenpässen.[1] Zwar wurde darin kein Zeichen beschrieben, doch war in den Mustern der betreffenden Papiere ein solches abgebildet: ein Hammer innerhalb eines Ährenkranzes.

Als dann am 8. November 1950 die erste Volkskammer zusammentrat, prangte an der Stirnwand des Versammlungsraumes eben dieses, rot drapierte Signum, bei dem der Hammer in Weiß und die Ähren in Gelb gehalten waren. Danach wurde das Symbol in den Dienstsiegeln der Zentralbehörden und der diesen direkt unterstellten Behörden verwendet – noch immer ohne besondere Bekanntmachung. Auch hinsichtlich der Farbgebung gab es noch keine verbindliche Regelung, doch stellte der ›Informationsdienst‹ des Ministeriums für Auswärtige Angelegenheiten auf dem Titelblatt den Hammer in Schwarz, die Ähren in Gelb auf einer roten Kreisscheibe liegend dar. Eine erste Beschreibung des Zeichens – »Ein Ährenkranz mit aufrechtem Hammer« – erschien dann als »Bekanntmachung über die Ausgabe von Ausweisen für die Abgeordneten der Provisorischen Volkskammer und der Provisorischen Länderkammer vom 13. 6. 1950«[2] (s. Abb. 34, Schaukasten: Volkskongreß).

Nachdem durch das »Gesetz über die weitere Demokratisierung des Aufbaus und der Arbeitsweise der staatlichen Organe in den Ländern der Deutschen Demokratischen Republik« vom 23. Juli 1952 die Ländergliederung der DDR aufgehoben wurde und damit die auf Landes- wie Kommunalebene geltenden Amtssiegel und Behördenzeichen entfielen, veröffentlichte das Ministerialblatt der DDR am 21. August 1952 eine »Siegelordnung für die örtlichen Organe der Staatsgewalt«.[3] Sie bestimmte unter Ziffer 4, fortan sei einheitlich das Siegelbild der DDR zu verwenden, welches in der Mitte das Staatsemblem zeigt: »Ährenkranz und aufrecht stehender Hammer«. Dieses erste – interimistische – Wappen der DDR basierte übrigens auf einem Entwurf von Otto Grotewohl, dem ersten Ministerpräsidenten des Staates. Als gelernter Buchdrucker verfügte er über graphische Grundkenntnisse und galt zudem als nicht untalentierter Zeichner. So verdiente er sich während der Zeit des Dritten Reiches einen Teil seines Lebensunterhaltes mit dem Anfertigen von Aquarellen und anderen Bildkompositionen. Ein anderes Emblem zeigten in jener Zeit einige Münzen: Auf den Rückseiten der 1-, 5- und 10-Pfennig-Stücke der Jahre 1948 bis 1950 war ein Zahnrad mit aufgelegter Ähre wiedergegeben[4] (s. Abb. 90 a–b, S. 73).

45 Hoheitszeichen der DDR:
a) Standarte des Vorsitzenden des Staatsrates (1960–1990)
b) Handelsflagge (1959–1973)
c) Dienstflagge der Nationalen Volksarmee (1957–1990)

46 Plakat mit dem Fahneneid der NVA, 1962

Den nächsten Entwicklungsschritt zum späteren Wappen der DDR bildete das Emblem des für die Jahre 1951–1955 verabschiedeten ersten Fünfjahrplanes. Hier tauchte zum ersten Mal das Zirkelbild auf; es wurde erstmalig dargestellt als Vignette in der Publikation des am 31. Oktober 1951 beschlossenen »Gesetzes über den Fünfjahrplan zur Entwicklung der Volkswirtschaft der DDR«.[5] Die Abbildung zeigt inmitten von vier Getreideähren einen Hammer, an dessen Stiel ein Zirkel angebracht ist; überdeckt wird das Bild durch eine große Ziffer »5«. Ohne diese Zahl erschien das Emblem auf der Rückseite von Pfennigmünzen der Prägungen von 1952 und 1953. In der Presseerklärung zu einer darauf bezogenen »Anordnung über die Ausgabe von Scheidemünzen durch die Deutsche Notenbank vom 24. 3. 1952« findet sich eine erste halbamtliche Symbolerläuterung: »Das Fünf-Jahr-Plan-Emblem symbolisiert die Einheit der Arbeiterklasse mit den arbeitenden Bauern und der schöpferischen Intelligenz: Hammer, Ähren und Zirkel.«

Im Jahre 1952 erhielten Prof. Herbert Gute von der Kunsthochschule in Berlin-Weißensee und der Graphiker Martin Hänisch von Ministerpräsident Otto Grotewohl den Auftrag, nunmehr ein endgültiges Staatsemblem zu entwerfen.[15] Beide Künstler waren an der Gestaltung des Zeichens für den Fünfjahrplan beteiligt und hatten bereits 1949 das »Gütezeichen Q« entworfen, ein Qualitätssiegel für die Warenproduktion. Grotewohl führte in dem kurzen Vorgespräch mit Prof. Gute aus, daß alle bisherigen Interimslösungen sowohl zusammengenommen als auch jede für sich nicht repräsentativ genug seien. Als Basisvorgabe für ein endgültiges Staatswappen sollten die beiden Künstler jedoch das Emblem des Fünfjahrplanes heranziehen. Damit war klar, daß in dem neuen Zeichen bewußt die gesellschaftliche Ordnung des Staates zum Ausdruck kommen sollte. Zudem sollte die Zugehörigkeit der DDR zum sozialistischen Staatensystem erkennbar sein.

So galt es, für die gemäß der marxistisch-leninistischen Ideologie als tragende gesellschaftliche Kräfte geltenden Klassen oder Schichten eine zeichenhafte Verbindung herzustellen: Mit graphischen Mitteln waren die führende Arbeiterklasse und ihre Bündnispartner, der Bauernstand und die »werktätige Intelligenz«, zu vereinen. Klar war bei-

47 Eine Gratulationsmappe mit Glückwünschen der Regierung zum 75. Geburtstag Wilhelm Piecks, 1951

den Künstlern das Symbol für die Arbeiter: der Hammer; darin sah man zudem in der Arbeiterbewegung ein Sinnbild entschlossener Stärke: »Nicht Amboß, Hammer sollst du sein«. Auch für den Bauernstand war ein der Tradition entwachsenes Sinnbild schnell gefunden: der Ährenkranz. Als Erntekranz verstanden, war dieser Zeichen erfüllter Arbeit, der Fruchtbarkeit und des Wohlstands. Aus verwendungspraktischen Gründen mußten Gute und Hänisch jedoch auf die Wiedergabe von Früchten und Weinreben verzichten. Langwährende Diskussionen zwischen den beiden Gestaltern gab es um die graphische Repräsentanz der »Intelligenz«. Anfänglich erwog man dafür die Wiedergabe eines Buches. Doch das erschien nicht eindeutig genug, denn Bücherlesen war ja schon lange nicht mehr das Vorrecht der »Intelligenz«. So einigte man sich auf die Darstellung eines Zirkels. Ein zunächst noch ins Auge gefaßter Plan, auch das Brandenburger Tor

48 Entwicklungsstufen des Staatswappens der DDR:
a) erstes, interimistisches Emblem in der Fassung vom 12. Januar 1950, ein Entwurf von Otto Grotewohl
b) Emblem des 1. Fünfjahrplanes (1951–1955)
c) Staatswappen in der Fassung vom 28. Mai 1953
d) letzte Fassung des Staatswappens der DDR vom 26. September 1955

im Entwurf zu berücksichtigen, wurde wegen Überladung des Symbolensembles wieder verworfen.

Erstmals veröffentlicht wurde das neue Wappen in der »Siegelordnung der Deutschen Demokratischen Republik« vom 28. Mai 1953.[6] Dort wie auch in der Siegelordnung des Vorjahres wird das Wappen der DDR noch als »Emblem« bezeichnet. Die Abbildung zeigt den Hammer mit der »Bahn« heraldisch nach rechts gewendet, nach links den Zirkel mit den beweglichen Schenkeln. Die Farben des die Ähren umschlingenden Fahnenbandes sind zwar in unterschiedlichen Tonwerten markiert, aber nicht heraldisch schraffiert. Somit waren die Farben des Emblems immer noch nicht festgelegt. Auf dem Titelblatt des ›DDR-Informationsdienstes‹ erschien seit dem 1. April 1954 das farbig gestaltete Emblem: Hammer und Zirkel schwarz mit weißer Zeichnung, die Ähren gelb, das Band in den schwarzrotgoldenen Landesfarben. Der Grund ist rot und füllt den Raum zwischen den Ähren aus, oben bis an die gedachte Kreislinie zwischen den obersten Grannen. In der Zeichnung abweichend ist das Symbol

49 Vorder- und Rückseite eines Informationsfaltblattes über die DDR, um 1969

auf den seit Januar 1954 ausgegebenen ›Deutschen Personalausweisen‹: Darauf ist der Zirkel spiegelverkehrt angeordnet.

Sechs Tage nach dem am 20. September 1955 zwischen der UdSSR und der DDR abgeschlossenen Staatsvertrag, in dem der DDR die »Souveränität« zugesprochen wurde, erhielten Farben und Formen der beiden letztgenannten Dokumente abschließende Gültigkeit. Dies geschah durch das »Gesetz über das Staatswappen und die Staatsflagge der DDR« vom 26. September 1955. Dessen Paragraph 1 lautet: »Das Staatswappen der Deutschen Demokratischen Republik besteht aus Hammer und Zirkel, umgeben von einem Ährenkranz, der im unteren Teil von einem schwarzrotgoldenen Band umschlungen ist.« Die noch bestehenden graphischen Diskrepanzen zwischen der Siegelordnung von 1953 und den Musteranlagen zu dem Wappen- und Flaggen-Gesetz von 1955 wurden schließlich durch die »Verordnung über das Dienstsiegel der staatlichen Organe (Siegelordnung)« vom 14. August 1958 beseitigt.

35 Jahre lang blieb dieses Emblem das staatliche Hoheitszeichen der Deutschen Demokratischen Republik. Erst mit den revolutionären Vorgängen in Sommer und Herbst 1989 bahnten sich auch bezüglich des Themas »Staatssymbolik« Neuerungen an. Das wurde selbst im benachbarten Ausland wahrgenommen, denn der Korrespondent der polnischen Zeitung ›Polityka‹ fragte Anfang September 1989 den Staatsratsvorsitzenden Erich Honecker, ob die für beide deutschen Staaten festzustellende Gemeinsamkeit der Landesfarben auch zu einer Vereinheitlichung der Flaggen führen könne, oder ob die Gesellschaft der DDR schon eine so starke Identität aufweise, daß ihr dies nicht möglich erscheine.

Die Antwort Honeckers bezeugte auch in dieser Frage eine Fehleinschätzung der politischen Lage: »Es liegt in der Geschichte begründet, daß

50

52

50 Wandteppich aus dem Arbeitszimmer Wilhelm Piecks, vor 1960
51 Vorsatzblatt aus einem Album der SDAG Wismut zum 10. Jahrestag der DDR, 1959
52 Ausweis für Mitglieder des Staatsrates, 1960
53 Schild zum 15. Jahrestag der DDR, 1964

51

53

54 Eine Verszeile aus der Nationalhymne erscheint auf einem Plakat zum 15. Jahrestag der DDR (Entwurf: Lothar Ziratzki)

beide deutschen Staaten die Farben Schwarz-Rot-Gold in ihre Flaggen aufgenommen haben. Was uns anbelangt, so haben wir ganz bewußt auf die demokratischen und revolutionären Traditionen der deutschen Republikaner von 1848 zurückgegriffen. Wollen Sie dabei in Betracht ziehen, daß die Flagge der DDR das Emblem mit Hammer, Ährenkranz und Zirkel trägt. Wenn wir vom Sozialismus in den Farben der DDR sprechen, dann meinen wir den unseren nationalen und historischen Bedingungen entsprechenden Weg beim Aufbau der sozialistischen Gesellschaft. Dieser hat, bei allen Gesetzmäßigkeiten, die auch in unseren sozialistischen Bruderländern wirken, seine unverwechselbaren Eigenheiten«.[7]

Am 18. März 1990 wurde in der DDR erstmals frei und geheim eine neue Volkskammer gewählt. In dieser stellte die Fraktion der ›Deutschen Sozialen Union‹ am 31. Mai des Jahres den Antrag: »Alle Staatswappen, die sich in und an öffentlichen Gebäuden befinden, sind unverzüglich, spätestens jedoch in Wochenfrist, zu entfernen. Wo dies aus technischen oder finanziellen Gründen nicht möglich ist, ist das Wappen zu verdecken.« Durch mehrheitliche Akklamation stimmte die Volkskammer diesem Antrag zu; der wortgleiche Beschluß der Volkskammer erging unter demselben Datum.[8] Bereits am nächsten Tag war das bisherige Staatswappen von der Stirnwand des Plenarsaales der Volkskammer entfernt. Es ragten lediglich noch einige Metallbolzen aus dem Mauerwerk.

Allerdings kennzeichnete diesen Beschluß – wie manche andere damals gefällte Entscheidung – eine gewisse Inkonsequenz, denn das Dekret bezog sich lediglich auf das Beseitigen oder Verdecken der Hoheitszeichen an öffentlichen Gebäuden. Auf Flaggen, Siegeln, Uniformen und Briefköpfen konnten Hammer und Zirkel im Ährenkranz weiterhin präsentiert werden. Dies wurde vornehmlich aus finanziellen Erwägungen zugelassen, weil die Beseitigung des Emblems von allen in Frage kommenden Gegenständen Unsummen verschlungen hätte, was in Erwartung der bereits in einem Vierteljahr zu vollziehenden Wiedervereinigung nicht vertretbar war. Außerdem hätte man an die Stelle des alten Sinnbildes ein neues setzen müssen, da doch ein generelles Weglassen aller Staatssymbole kaum möglich gewesen wäre.

55 Staatsemblem aus Metall

Damit die DDR in der verbleibenden Zeit ihres Bestehens nicht »zum Land der weißen Bettücher« werde, wie es der Abgeordnete Konrad Weiß befürchtete, schlug er doch noch ein neues Sinnzeichen vor: »Schwerter zu Pflugscharen«. Dieses Symbol der oppositionellen Friedensbewegung in der DDR war seinerzeit abgeleitet worden von einem Standbild des sowjetischen Bildhauers Jewgeni Wutschetitsch, das als Geschenk der UdSSR an die ›Vereinten Nationen‹ vor deren Hauptquartier in New York aufgestellt worden war. Es zeigt einen Schmied, der ein Schwert in eine Pflugschar umformt. Auf das daraus entwickelte Zeichen nahm Artikel 43 des »Verfassungsentwurfs der Deutschen Demokratischen Republik« vom 1. April 1990 ein letztes Mal Bezug.

56 Johannes R. Becher (rechts) und Hanns Eisler, Dichter und Komponist der Nationalhymne der DDR, im November 1949

### Die Hymne: Der »Ruinenwalzer«

Drei Tage nach Gründung der DDR, am 10. Oktober 1949, bat deren erster Präsident, Wilhelm Pieck, den Schriftsteller Johannes Robert Becher, für den jungen Staat eine Hymne zu schreiben. Der am 22. Mai 1891 in München geborene Dichter galt schon vor dem Ersten Weltkrieg als politisch linksradikal und schloß sich zunächst dem ›Spartakusbund‹, später der KPD an. Zu seinem Freundeskreis zählten Bert Brecht, Arnold Zweig und die Brüder Mann. Seine Werke wurden von den Nationalsozialisten verboten, Becher selbst wurde ausgebürgert. In sowjetischer Emigration arbeitete er von 1935 bis 1945 als Redakteur in Moskau. 1945 kehrte er nach Deutschland zurück und etablierte sich in der DDR als einer der repräsentativsten Vertreter des literarisch-politischen Geschehens. Künstlerisch hatte sich der ehemalige Expressionist inzwischen zu einem parteitreuen Vertreter des »Sozialistischen Realismus« gewandelt. Er war 1945 maßgeblich an der Gründung des Aufbau-Verlages, der kulturpolitischen Zeitschrift ›Aufbau‹ und 1949 der Literaturzeitschrift ›Sinn und Form‹ beteiligt. Nach vielfachen Auszeichnungen avancierte er 1954 zum Minister für Kultur der DDR. Dieses Amt hatte er bis zu seinem Tode am 11. Oktober 1958 inne.[9]

Während der Arbeit an der Hymne fertigte Becher diverse Textentwürfe an, die er immer wieder veränderte. Seiner Sekretärin erklärte er, das angestrebte Ergebnis »müsse jede Gemüsefrau verstehen« können. Hermann Kurzke verweist dazu auf zahlreiche Deutschlanddichtungen aus den Jahren des Moskauer Exils, die Becher nun als gedankliches und sprachliches Reservoir dienten. Unter den noch vor seiner Rückkehr nach Deutschland entstandenen Vorarbeiten für den Neubeginn hätten sich wohl auch schon Überlegungen und vielleicht Skizzen für eine Hymne befunden. Mit der visionären Beschwörung eines »besseren Deutschland« habe er sich seit langem beschäftigt: »Gespeist aus der Erinnerung an seine süddeutsche Herkunft und aus dem Haß auf die faschistische Wirklichkeit entwickelte Becher damals ein Sehnsuchtsbild des wahren, des ewigen Deutschland. Obwohl er von diesem sozialistische Vorstellungen hatte, unterschied sich sein Vokabular erstaunlich wenig von dem der Reichsvisionäre nationalkonservativer Prägung.«[10] Diese Einschätzung mag eine Strophe aus dem Gedicht ›Wo Deutschland lag‹ belegen:

»Ein heimlich Reich, so lag es wie vergangen,
So lag es wie im Traum und lag gefangen.
Doch einmal wußten wir, wird es geschehn,
Da wird des Volkes Wille es erwecken,
Und alle werden dann das Reich entdecken.
Das Deutschland heißt. Deutschland wird
auferstehn!«

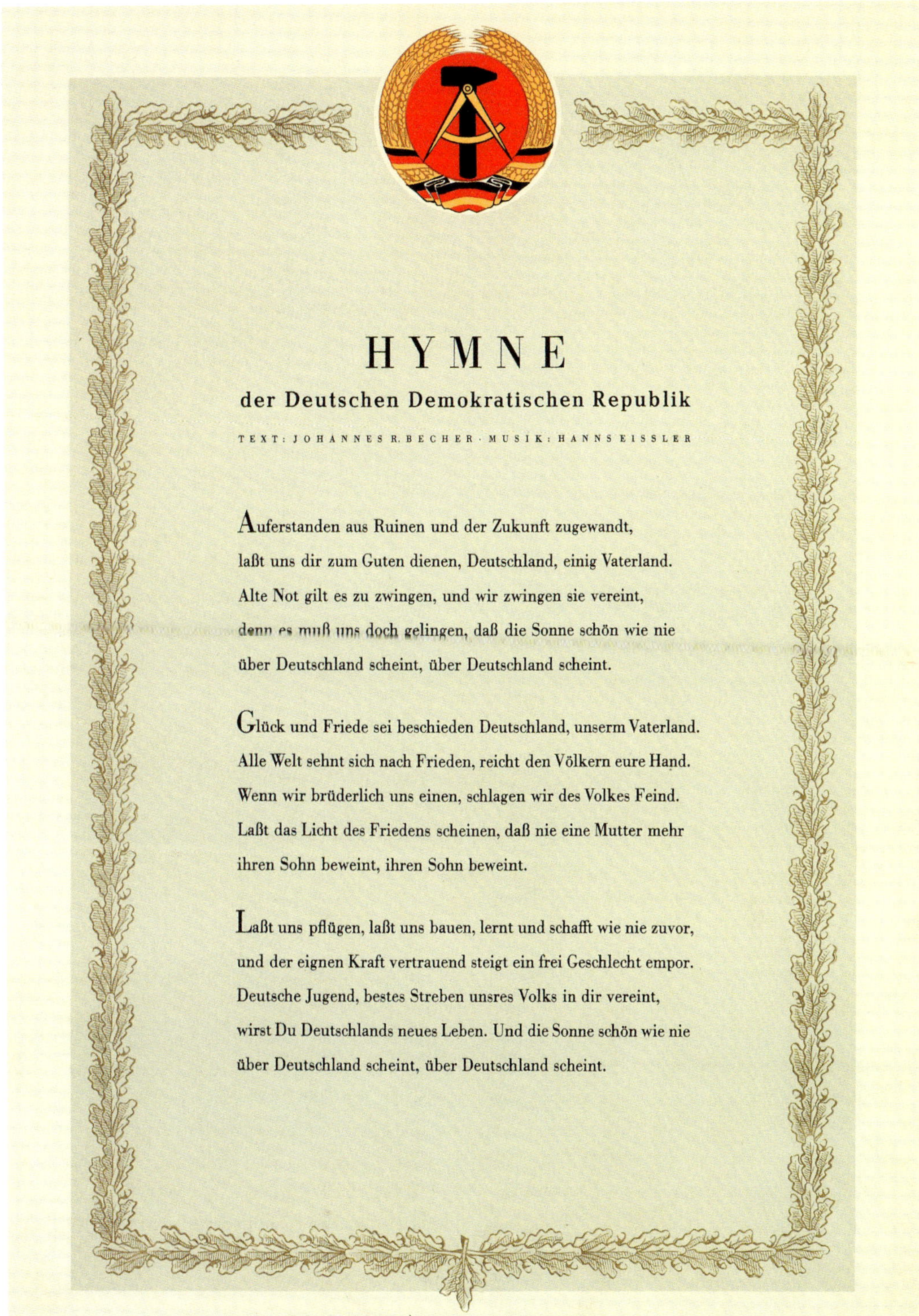

# HYMNE

## der Deutschen Demokratischen Republik

TEXT: JOHANNES R. BECHER · MUSIK: HANNS EISSLER

Auferstanden aus Ruinen und der Zukunft zugewandt,
laßt uns dir zum Guten dienen, Deutschland, einig Vaterland.
Alte Not gilt es zu zwingen, und wir zwingen sie vereint,
denn es muß uns doch gelingen, daß die Sonne schön wie nie
über Deutschland scheint, über Deutschland scheint.

Glück und Friede sei beschieden Deutschland, unserm Vaterland.
Alle Welt sehnt sich nach Frieden, reicht den Völkern eure Hand.
Wenn wir brüderlich uns einen, schlagen wir des Volkes Feind.
Laßt das Licht des Friedens scheinen, daß nie eine Mutter mehr
ihren Sohn beweint, ihren Sohn beweint.

Laßt uns pflügen, laßt uns bauen, lernt und schafft wie nie zuvor,
und der eignen Kraft vertrauend steigt ein frei Geschlecht empor.
Deutsche Jugend, bestes Streben unsres Volks in dir vereint,
wirst Du Deutschlands neues Leben. Und die Sonne schön wie nie
über Deutschland scheint, über Deutschland scheint.

57 Schmuckblatt mit dem Text der Nationalhymne, 60er Jahre

58 Anläßlich einer Feier der »Großen Sozialistischen Oktoberrevolution« singt ein Chor in der Deutschen Staatsoper zum ersten Mal die Hymne der DDR, 7. November 1949

Der Gedanke des »Auferstehens« spielte in Bechers Werken schon früh eine Rolle. Ein im Becher-Nachlaß verwahrter Entwurf zur Hymne ist mit »Auferstanden« überschrieben; das Prosawerk »Von der Tribüne« beginnt mit den Worten: »Die Auferstehung des Menschen ...«; die Anfangszeile der Hymne lautet: »Auferstanden aus Ruinen ...«

Zwei Tage nach Übernahme des Auftrags übersandte Becher seine Verse mit der Bitte um Vertonung an den Komponisten Ottmar Gerster. Dann reiste der Autor nach Warschau zu den dort aus Anlaß des 100. Todestages von Frédéric Chopin veranstalteten Feierlichkeiten. In dessen Geburtshaus traf er den Komponisten Hanns Eisler. Ihm erzählte er von Piecks Hymnen-Auftrag und trug ihm seinen letzten Textentwurf vor. Eisler war von den Zeilen so angetan, daß er sofort in den Nebenraum ging: Auf Chopins Flügel entstand die musikalische Rohfassung der späteren DDR-Hymne.

Doch zunächst hatte Becher nun das Problem, die Wahl zwischen dem selbst ausgesuchten und dem zufällig dazwischengekommenen Musiker zu treffen. Zwar fand Johannes R. Becher großen Gefallen an Eislers Klaviervortrag, doch mochte er Gerster nicht düpieren. Also begann ein Komponisten-Wettbewerb. Zum »Sänger-Wettstreit« trafen sich am 4. November 1949 im Ostberliner ›Club der Kulturschaffenden‹ etwa 30 Funktionäre von SED und FDJ, um sich von zwei Chören unter jeweiliger Leitung eines der beiden konkurrierenden Komponisten die Vertonungen von Eisler und Gerster anzuhören. In dem Wettstreit wurde Eisler, der ohnehin schon als Verfasser zahlloser Arbeiterweisen und Brecht-Lieder bekannt war, klarer Punktsieger. Gersters Version, eine von

59 Seite aus einem Fotoalbum, das über die Arbeit des Landesvorstandes der FDJ in Sachsen-Anhalt berichtet, 1950

Choralmusik inspirierte Melodie, die eher an eine fröhliche Bach-Kantate erinnerte, fehlte, im Gegensatz zu Eislers Version, jedes »hymnische Pathos«.

Die letzte Entscheidung behielt sich allerdings das SED-Politbüro vor. Deshalb wurde die Vortragsprozedur am 5. November 1949 – diesmal jedoch ohne Chöre – vor dem höchsten Entscheidungsgremium der DDR wiederholt. Was danach als Geburtsstunde der Staats-Hymne gelten konnte, beschrieb Wilhelm Pieck in seinem Tagebuch: »10 Uhr Zusammenkunft des Pol-Büros in meiner Wohnung, Majakowski-Ring, wo der Text und die Komposition von Eisler und Gerster vorgelegt und von zwei Künstlern der Staatsoper gesungen wurden, wozu Eisler und Gerster jeder seine Komposition spielte. Vom Pol-Büro wurde dem Text von Becher zugestimmt. Außerdem wurde die Komposition von Eisler angenommen. Es erfolgte eine Verständigung, daß Grotewohl am gleichen Tag nachmittags dem Ministerrat den Text und die Komposition vortragen lassen sollte. Der Ministerrat stimmte dem Text und der Komposition zu.«[11]

Zwei Tage danach sang der Chor des ›Berliner Rundfunks‹ die Hymne anläßlich der in der Staatsoper stattfindenden Festveranstaltung zum 32. Jahrestag der »Großen Sozialistischen Oktoberrevolution«. Wie dem ›Neuen Deutschland‹ am nächsten Tag zu entnehmen war, sang das Publikum das mittels zuvor verteilter Handzettel bekanntgemachte Lied »ergriffen und begeistert« mit.[12] Ein großer Tag für Johannes R. Becher und Hanns Eisler. Für ihr gemeinsames Werk erhielten beide 1950 den Nationalpreis, die höchste künstlerische Auszeichnung, die der junge Staat zu vergeben hatte.

Musikalisch ist die Hymne im $^2/_4$-Takt gesetzt und durch einen sehr schlichten, langsamen Beginn, einen rhythmisch-aggressiven Mittelteil sowie einen wieder beruhigten Schluß charakterisiert. Der von Musikwissenschaftlern vorgebrachte Hinweis, Eisler habe die Gestaltung des langsamen Anfangs- und Schlußteils nahezu vollständig dem Einleitungsmotiv von Beethovens Vertonung des Goethe-Gedichts »Friedvoll und leidvoll« entlehnt, setzt den Komponisten in der Tat einem peinlichen Vergleich aus.[13] Doch diese Kritik interessierte allenfalls die Fachwelt. Ein anderer Plagiatsvorwurf fand hingegen öffentliche Beachtung, zumal der Streit bis vor das ›Internationale Büro zum Schutze des Urheberrechts an künstlerischen Werken‹ in Genf getragen wurde. Kläger war der Schlagerkomponist Peter Kreuder, der Eisler vorhielt, die Melodie der DDR-Hymne sei im wesentlichen identisch mit dem von ihm komponierten Schlager »Good bye, Jonny!«, den Hans Albers im Film ›Wasser für Canitoga‹ gesungen und berühmt gemacht hatte. Dessen Text lautet: »Good bye, Jonny! Good bye, Jonny! Schön war's mit uns zwei'n; aber leider, aber leider, kann's nicht immer so sein.«

Zu der Diskussion schrieb Ulrich Enzensberger: »Kreuders Lied ist im $^4/_4$-Takt geschrieben, mit deutlichen Jazzsynkopen. Die Tonart ist Es-Dur, und die Melodie endet mit einem Dominantenquintsextakkord, der erneut Es-Dur verlangt, wodurch ein gewisser Ohrwurmeffekt erzielt wird. Mißachtet man den angegebenen Rhythmus, so kann man aus den zwei ersten Takten ›Good bye Jonny! Good bye Jonny!‹ im zweimaligen Fallen der Melodie eine Ähnlichkeit mit der Melodie der Zeile ›Auferstanden aus Ruinen‹ heraushören. Die Melodie von Eisler ist im $^2/_4$-Takt geschrieben. Die Tonart bei Eisler ist F-Dur, abgesehen vom Mittelteil, der in die Paralleltonart D-Moll ausweicht.«[14] Wegen der allenfalls vagen Ähnlichkeiten hatte Kreuder mit seinem Einspruch keinen Erfolg. Einen ideellen konnte er allerdings verbuchen: Als er anläßlich einer DDR-Tournee in den 70er Jahren einmal das Orchester infamerweise »Good bye Jonny!« spielen ließ, erhob sich das Publikum von den Plätzen. Im »Volksmund« der DDR hatte die Hymne längst ihren Spitznamen erhalten: »Ruinenwalzer«!

Seit 1972 durfte die Hymne nur mehr instrumental intoniert werden, ein Absingen des Textes hatte fortan zu unterbleiben. Ein amtliches Verbot wurde jedoch nie öffentlich verkündet, ein anderer, neuer Wortlaut nie geschaffen. Offensichtlich erfolgte das Verpönen des Textes über die üblichen parteiinternen Agitations- und Propagandakanäle, also über »Informationsblätter« und »Orientierungen«, die häufig an Parteisekretäre und Propagandaleiter weitergegeben wurden mit der Anweisung, daß sie nur als mündliche Agitationshilfe gedacht seien. Der tiefere Grund für die heimliche Vorgehensweise lag in einer Veränderung der Beziehungen zwischen BRD und DDR. Diese veranlaßten die Partei- und Staatsführung seinerzeit dazu, ein Textverbot möglichst stillschweigend durchzusetzen. Für die Machthaber in der DDR stellte die 1969/70 eingeleitete Ostpolitik der sozialliberalen Bundesregierung eine ernste Herausforderung dar. Durch die Initiativen aus Bonn sahen sie ihr eigenes Bemühen um die Herausbildung eines spezifischen DDR-Staatsbewußtseins gefährdet, weil sie mit intensiveren Kontakt- und Kommunikationsmöglichkeiten zwischen den Deutschen sowie mit einem wiederbelebten Interesse an der Wiedervereinigung rechnen mußten.

Die Zeile »Deutschland, einig Vaterland« sollte weder als Wunsch der Regierenden noch als Hoffnung der bevormundeten Bürger ausgelegt werden können. Die früher auch von sozialistischen Deutschlandpolitikern gebrauchte Formel »Zwei Staaten – Eine Nation« galt inzwischen als Anmaßung der aggressiven Bundesregierung, obwohl es zu solchen Abwehrreaktionen eigentlich keinen Grund mehr gab. In Artikel 6 des 1973 in Kraft getretenen Grundlagenvertrages war festgelegt worden, daß sich die Hoheitsgewalt eines jeweiligen Staates ausschließlich auf dessen Territorium beschränke und daß die staatliche Unabhängigkeit und Selbständigkeit in inneren und äußeren Angelegenheiten gegenseitig zu respektieren seien. Trotzdem fühlte sich die SED durch die Ost- und Deutschlandpolitik der Bundesregierung in die Defensive gedrängt, was in einem Festhalten an der Politik der Abgrenzung deutlichen Ausdruck fand.

Ein äußeres Zeichen dieser Separierung von der Bundesrepublik war die Anstrengung, die Bezeichnung »Deutschland« weitestgehend zu vermeiden. So wurde beispielsweise der ›Deutschlandsender‹ in ›Radio DDR‹ umbenannt und die ›Deutsche Akademie der Wissenschaften‹ in ›Akademie der Wissenschaften der DDR‹. Bald existierten nur noch wenige Bezeichnungen und

60 Vorder- und Rückseite einer Sammelkarte der Nationalen Front, 1950

Begriffe, in denen das Wort »Deutschland« vorkam. Kurios, aber vielleicht auch absichtsvoll war es, daß die staatstragende Partei sich weiterhin ›Sozialistische Einheitspartei Deutschlands‹ nannte und deren Zentralorgan unter dem Titel ›Neues Deutschland‹ erschien.

Im Becherschen Hymnentext ist siebenmal von »Deutschland« die Rede, und in der vierten Zeile der ersten Strophe wird es zudem als »einig Vaterland« beschworen. Aber nicht alle konnten diese Nennungen als verbotswürdig begreifen. Im Gegenteil, das unter Berufung auf die neu definierte »nationale Frage« durchgesetzte Textverbot stieß in breiten Schichten der Bevölkerung auf Unverständnis, gelegentlich auch auf Widerspruch. Zum Teil wurde dieser sogar von Mitgliedern der SED geäußert, die viele Jahre lang nach einer ganz anderen deutschlandpolitischen Konzeption geschult worden waren. Die Partei hatte sich ja zunächst intensiv und ausdauernd für ein einiges Deutschland eingesetzt und an solcher Einheitspropaganda auch dann noch festgehalten, als die sozialistischen Realitäten schon auf andere Ziele ausgerichtet wurden. Öffentliche Äußerungen zum »verschwiegenen« Vortrag der Hymne sind allerdings aus naheliegenden Gründen nicht bekannt geworden – mit einer Ausnahme: In einem Sketch des bekannten Leipziger Kabaretts ›Die Pfeffermühle‹ fiel 1975 der Satz: »Heute leiden wir alle an hinkenden Zungen – und unserer Hymne fehlt der Text.«

Erst in der politischen Umbruchphase geriet Ende 1989 auch der Umgang mit der Hymne in die öffentliche Diskussion. Im Herbst des Jahres warf Eberhard Aurich, Erster Sekretär des Zentralrats der FDJ, die Frage auf, ob es nicht an der Zeit wäre, zu Eislers Musik wieder einen Text zu singen. Er hielt es aber für nötig, neue Verse zu schaffen, in denen »DDR-nationales« Gefühl zum Ausdruck komme. Die Lyrikerin Gisela Steineckert griff diesen Gedanken auf und schlug vor, zur Entdeckung eines neuen Textes einen Wettbewerb auszuloben. Sie schränkte ihren Vorschlag allerdings ein, indem sie gestand, ihr erschiene die 1950 von Eisler vertonte Kinderhymne Brechts – »Anmut sparet nicht noch Mühe« – als neue Nationalhymne geeignet.

Aber die politische Entwicklung ging über solche Gedanken hinweg. Am 8. Januar 1990 verfügte die letzte SED-Regierung unter Ministerpräsident Hans Modrow, daß ab sofort wieder der Becher-Text zur DDR-Hymne gesungen werden könne. Für ein Dreivierteljahr hatte die Eisler-Weise ihre »Worte wiedergefunden«. Mit der Wiedervereinigung am 3. Oktober 1990 war dann auch für dieses Symbol der Eigenstaatlichkeit das Ende gekommen.

1 Gesetzblatt der DDR, Nr. 10 v. 7. 2. 1950.
2 Ministerialblatt der DDR v. 6. 6. 1950.
3 Ministerialblatt der DDR, Nr. 39 v. 29. 8. 1952.
4 Vgl. dazu den Beitrag von Michael Kunzel in diesem Band.
5 Gesetz über den Fünfjahrplan zur Entwicklung der Volkswirtschaft der Deutschen Demokratischen Republik 1951–1955, Broschüre, Berlin 1951.
6 Gesetzblatt der DDR, Nr. 81 v. 27. 7. 1953.
7 Interview mit Erich Honecker in: Neues Deutschland, Nr. 211 v. 7. 9. 1989.
8 Gesetzblatt der DDR, Nr. 30 v. 12. 6. 1990.
9 Zu seinem umfangreichen Œuvre zählen Lyrikausgaben wie ›Ausgewählte Dichtungen aus der Zeit der Verbannung‹ (1933–1945), ›Heimkehr‹ (1946), ›Liebe ohne Ruh‹, ›Liebesgedichte 1913–56‹ (1957). Weiterhin gehören dazu Romane wie ›Abschied. Eine Autobiographie‹ (1940/1945) sowie Schauspiele, Dramen, Erzählungen, Reden, Aufsätze und Briefe.
10 Kurzke, Hermann: Hymnen und Lieder der Deutschen, Mainz 1990, S. 153.
11 Enzensberger, Ulrich: Auferstanden über alles, Berlin 1986, S. 153.
12 Neues Deutschland v. 7. 11. 1949.
13 Beethoven, op. 84, Nr. 4.
14 Enzensberger (wie Anm. 11), S. 55.
15 Laut Aussage des Karikaturisten und Graphikers Heinz Behling wurde das Staatsemblem von ihm und vier weiteren Studenten der Kunsthochschule kreiert. Deren Leiter war Herbert Gute, und Martin Hänisch war hier als Dozent tätig. Herbert Gute oblag die politische Absicherung des Entwurfs.

61

## Schaukasten: Staatsgründung

Am 7. Oktober 1949 trat im ehemaligen ›Reichsluftfahrtministerium‹ in Berlin der ›Deutsche Volksrat‹ zusammen und proklamierte die »Deutsche Demokratische Republik«. Die Gründung der DDR erfolgte unter der Losung »Nationale Selbsthilfe gegen nationalen Notstand!« und galt offiziell als Antwort auf die »Bonner Separatstaatsgründung«.

Den ersten Anlauf zur Gründung eines Staates auf dem Gebiet der SBZ hatte die SED-Führung im zweiten Halbjahr 1948 unternommen, war aber von Stalin persönlich dabei gestoppt worden. Nachdem Konrad Adenauer am 15. September 1949 zum Kanzler der Bundesrepublik Deutschland gewählt worden war, kam Stalin jedoch nicht mehr umhin, grünes Licht für die Gründung eines Oststaates zu geben. Der ›Deutsche Volksrat‹, ein von den per Einheitslistenwahl legitimierten Mitgliedern des ›Deutschen Volkskongresses‹ gewähltes Gremium, erklärte sich zur »Provisorischen Volkskammer«, wählte eine provisorische Regierung und Wilhelm Pieck zum Präsidenten der DDR. Ministerpräsident wurde der ehemalige Sozialdemokrat Otto Grotewohl, sein Stellvertreter wurde Walter Ulbricht, der eigentliche Initiator der DDR.

Die Gründung der DDR markiert das Ende einer von Willkür und Eigeninteressen geprägten Besatzungsherrschaft; in den Folgejahren wuchs der SED-Führung immer mehr Verantwortung für die inneren Zustände im Osten Deutschlands zu.

63

65

61 Die SMAD unter der Leitung von General Wassili Tschuikow überträgt am 10. Oktober 1949 der Provisorischen Regierung der DDR die Verwaltungsfunktionen. Anstelle der SMAD wird daraufhin die ›Sowjetische Kontroll-Kommission‹ (SKK) gebildet, die sich alle wichtigen Entscheidungen vorbehält

62 Am 11. Oktober 1949 wird der Vorsitzende der SED, Wilhelm Pieck, von der Provisorischen Volkskammer und der Provisorischen Länderkammer zum Präsidenten der DDR gewählt (Foto: Thiele)

62

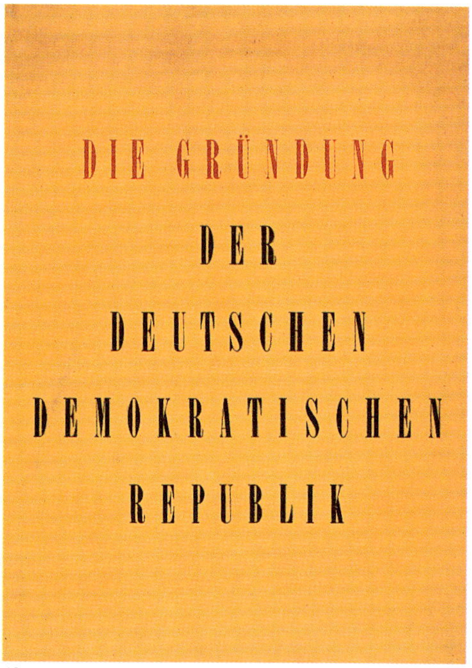

DIE GRÜNDUNG

DER

DEUTSCHEN

DEMOKRATISCHEN

REPUBLIK

69

66

67

68

63 Zu Ehren des neugegründeten Staates und seines soeben gewählten Präsidenten veranstaltet die FDJ am 11. Oktober einen Fackelzug auf dem August-Bebel-Platz in Berlin (Foto: Eva Kemlein)

64 Pergament mit handschriftlichem Gelöbnis der Jugend; der Text wurde von Erich Honecker während der Kundgebung am 11. Oktober 1949 verlesen

65 Wladimir Semjonow, Berater der SMAD im Range eines Botschafters, und Walter Ulbricht nach der Regierungsbildung am 12. Oktober 1949 (Foto: Donath)

66 Die erste Regierung der DDR (Fotomontage, Foto: Donath)

67 Sichtagitation am ›Haus der Einheit‹, Lothringer Straße 1, dem Amtssitz von Wilhelm Pieck und Otto Grotewohl von 1946 bis 1956 beziehungsweise 1958 (später Wilhelm-Pieck-Straße, heute Torstraße 1), Oktober 1949

68 Aus Anlaß der Regierungsbildung errichtete Schauwand in Guben, der Geburtsstadt Wilhelm Piecks, 1950

69 Titelseite einer Broschüre zur Gründung der DDR, 1949

70 Doppelseite aus einer Broschüre zur Gründung der DDR mit einem Zitat aus der Antrittsrede des Präsidenten der DDR und dessen Porträt

70

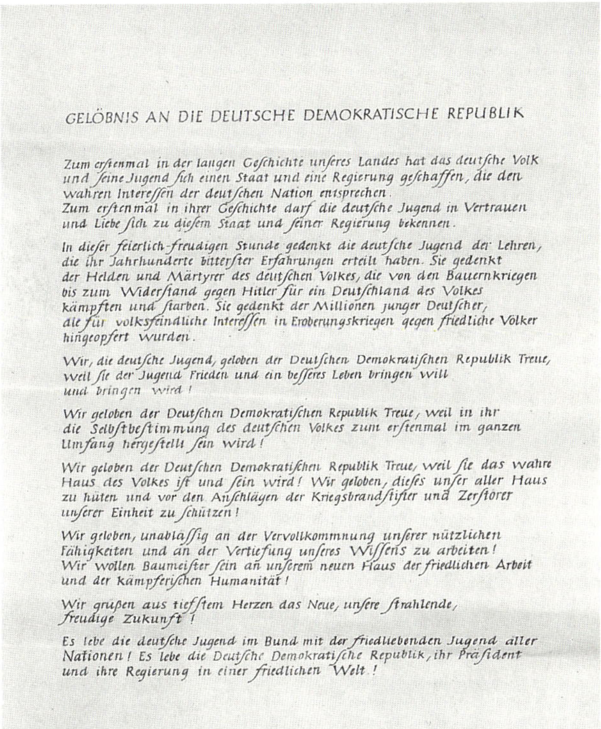
GELÖBNIS AN DIE DEUTSCHE DEMOKRATISCHE REPUBLIK

Zum erstenmal in der langen Geschichte unseres Landes hat das deutsche Volk und seine Jugend sich einen Staat und eine Regierung geschaffen, die den wahren Interessen der deutschen Nation entsprechen.
Zum erstenmal in ihrer Geschichte darf die deutsche Jugend in Vertrauen und Liebe sich zu diesem Staat und seiner Regierung bekennen.

In dieser feierlich-freudigen Stunde gedenkt die deutsche Jugend der Lehren, die ihr Jahrhunderte bitterster Erfahrungen erteilt haben. Sie gedenkt der Helden und Märtyrer des deutschen Volkes, die von den Bauernkriegen bis zum Widerstand gegen Hitler für ein Deutschland des Volkes kämpften und starben. Sie gedenkt der Millionen junger Deutscher, die für volksfeindliche Interessen in Eroberungskriegen gegen friedliche Völker hingeopfert wurden.

Wir, die deutsche Jugend, geloben der Deutschen Demokratischen Republik Treue, weil sie der Jugend Frieden und ein besseres Leben bringen will und bringen wird!

Wir geloben der Deutschen Demokratischen Republik Treue, weil in ihr die Selbstbestimmung des deutschen Volkes zum erstenmal im ganzen Umfang hergestellt sein wird!

Wir geloben der Deutschen Demokratischen Republik Treue, weil sie das wahre Haus des Volkes ist und sein wird! Wir geloben, dieses unser aller Haus zu hüten und vor den Anschlägen der Kriegsbrandstifter und Zerstörer unserer Einheit zu schützen!

Wir geloben, unablässig an der Vervollkommnung unserer nützlichen Fähigkeiten und an der Vertiefung unseres Wissens zu arbeiten! Wir wollen Baumeister sein an unserem neuen Haus der friedlichen Arbeit und der kämpferischen Humanität!

Wir grüßen aus tiefstem Herzen das Neue, unsere strahlende, freudige Zukunft!

Es lebe die deutsche Jugend im Bund mit der friedliebenden Jugend aller Nationen! Es lebe die Deutsche Demokratische Republik, ihr Präsident und ihre Regierung in einer friedlichen Welt!

BERLIN, DEN 11. OKTOBER 1949

64

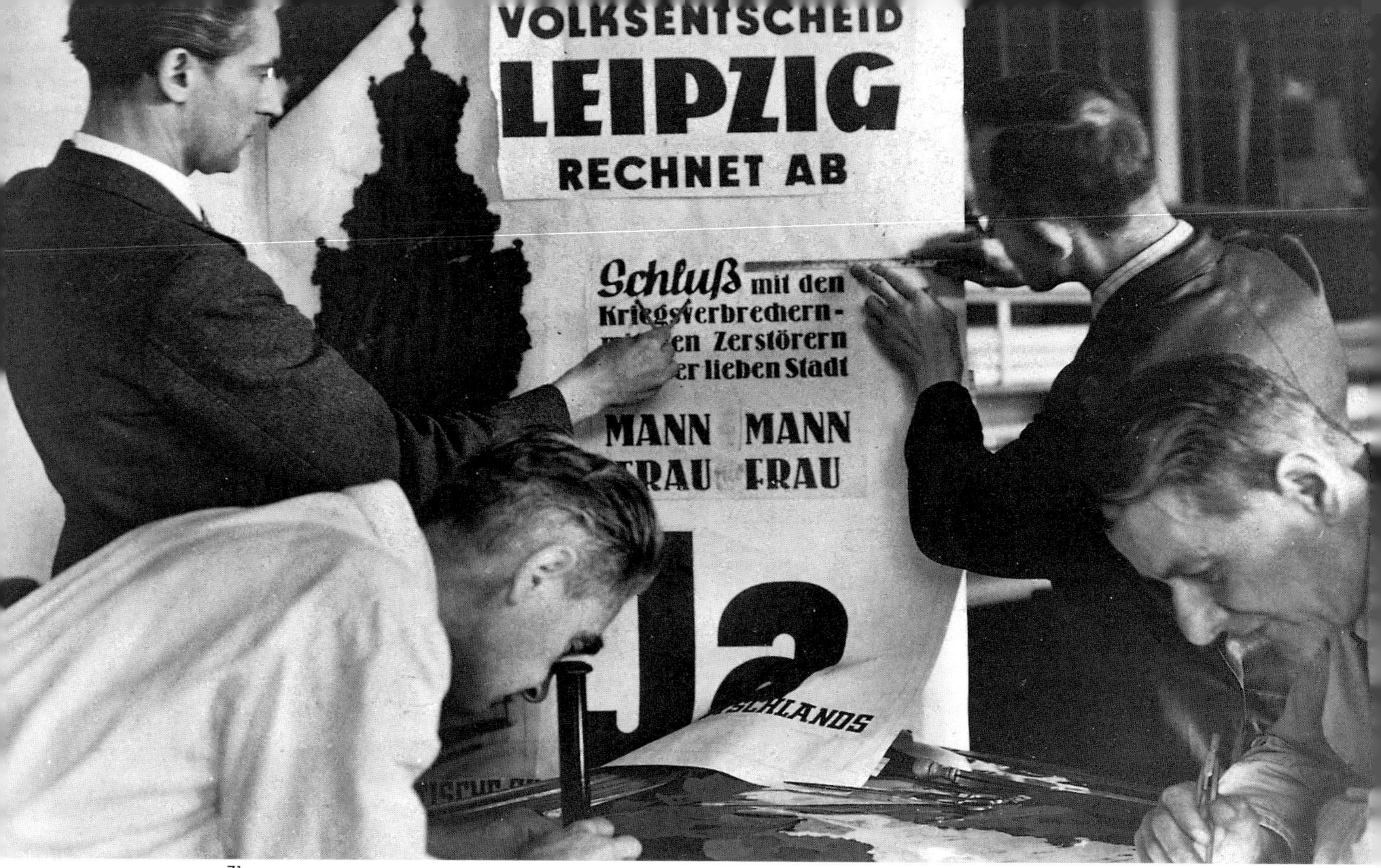


71

## Schaukasten: Wahlen

In Sachsen, wo aufgrund früher Industrialisierung die Parteien der Arbeiterbewegung in langer Tradition standen, wurde – auf Initiative der KPD – am 30. Juni 1946 ein Volksentscheid über die »Enteignung der Naziaktivisten und Kriegsverbrecher« veranstaltet. Bei hoher Beteiligung entschieden sich 77,6 Prozent der Abstimmenden für das Gesetz zur Überführung des fraglichen Privatbesitzes in Volkseigentum. Dieses Ergebnis wurde von der SED genutzt, um in anderen Ländern entsprechende Enteignungsgesetze verabschieden zu lassen. Die Methode, durch plebiszitäre Bekundung des Volkswillens den Anschein zu erwecken, die Politik der SED basiere auf der breiten Zustimmung der Massen, wandte die SED mehrfach an, etwa 1948 mit dem »Volksbegehren für Einheit und gerechten Frieden«; 1968 mit einer »Volksaussprache« und dem anschließenden Volksentscheid über die »sozialistische« Verfassung der DDR. Wahlergebnisse aus Ungarn und Österreich signalisierten im November 1945, daß die Wählbarkeit der von Moskau gestützten kommunistischen Parteien wohl etwas zu optimistisch eingeschätzt worden war. Auch die SED konnte sich bei den im September 1946 abgehaltenen ersten Gemeindewahlen in der SBZ und den im Oktober folgenden Wahlen zu den Kreis- und Landtagen zwar Mehrheiten, aber keineswegs einen überwältigenden Vorsprung sichern.
Durch die schon seit 1944 vorbereitete, von der Besatzungsmacht nachdrücklich unterstützte Blockpolitik war zwar dafür gesorgt, daß sich in der »Einheitsfront der antifaschistisch-demokratischen Parteien« keine Koalitionen ohne oder gar gegen die SED bilden konnten, doch diese Garantie reichte nicht aus, als die Differenzen zwischen den Parteien zunahmen und CDU wie LDP bis 1948 auch noch an Einfluß gewannen. Durch die Gründung neuer Parteien (DBD und NDPD), die den Führungsanspruch der SED von vornherein anerkannten und der bürgerlichen

74

72

Konkurrenz Wähler abwarben, wurden die Gewichte im Parteiensystem neu verteilt. Diese Methode der indirekten Mehrheitssicherung funktionierte noch besser, als auch die Massenorganisationen als Mandatsträger zugelassen wurden. Nun konnte sich die SED schon wegen der vielen Doppelmitgliedschaften ihres Übergewichts bei Abstimmungen sicher sein. Dauerhaft eingeführt wurde das scheindemokratische Verfahren zur Absicherung der Vorherrschaft einer Partei, als 1949 wegen der drohenden Spaltung Deutschlands ein »nationaler Notstand« ausgerufen wurde und alle Parteien einwilligten, die Wahl zum III. ›Deutschen Volkskongreß‹ nach Einheitslisten mit vorher ausgehandelter Mandatsverteilung durchzuführen. Fortan blieb es bei den von der ›Nationalen Front des demokratischen Deutschland‹ formell verwalteten einheitlichen Kandidatenlisten und vorab fixierten Mandatsquoten. Demgegenüber schrieb Artikel 54 der Verfassung von 1968 vor, daß die Abgeordneten der Volkskammer »vom Volke ... in freier, allgemeiner, gleicher und geheimer Wahl gewählt werden«.

73

71 Volksentscheid 1946 in Sachsen: »Alle Bevölkerungsschichten beteiligen sich an der Vorbereitung der Abstimmung.« (Zeitgenössische Beschriftung)
72 Vorbereitungen zum ersten Volksentscheid am 30. Juni 1946 in Sachsen
73 Sichtwerbung am Leipziger Parteihaus der SED, 1946
74 Lautsprecherwagen verkünden in den Straßen Dresdens die Losungen der SED
75 Agitationswagen in Leipzig zum Volksentscheid über die »Enteignung der Kriegs- und Naziverbrecher«, Juni 1946

75

77

76

78

76 Abzeichen, die 1946 im Zusammenhang mit dem Volksentscheid über die »Enteignung der Großbetriebe von Kriegsverbrechern und Naziaktivisten« in Sachsen ausgegeben wurden
77 Plakataktion der SED für die Wahlen am 20. Oktober 1946
78 Wandelnde Wahlwerbung der SED in Berlin, 1946
79 »Die Partei der Arbeiterklasse ruft zur Wahl.« (Zeitgenössische Beschriftung), Wahlplakat der SED in Werdau/Sachsen, Oktober 1946 (Foto: Reinhardt)
80 In Dresden diskutieren Männer und Frauen über die Volkswahlen am 15. Oktober 1950 (Foto: Quaschinsky)
81 Eine Mandolinengruppe vor einem Abstimmungslokal im Bezirk Erfurt während der Volksbefragung »Für den Friedensvertrag, gegen EVG« vom 27. bis 29. Juni 1954 (Foto: Schmidt)

79

80

81

82

83

84

82 Auf dem Dorf marschiert man zum Abstimmungslokal anläßlich der Volksbefragung im Juni 1954

83 Berlin am 17. Oktober 1954: Die »Hausgemeinschaft der Stalinallee 191 geht geschlossen zur Wahl.« (Zeitgenössische Beschriftung)

84 Eine Potsdamer Hausgemeinschaft geht zur Wahl, 1961

Michael Kunzel

# »Neues Geld für ein Neues Deutschland« Banknoten und Münzen der SBZ und DDR bis 1964

85 Auf dem Marktplatz von Berlin-Oberschöneweide spricht ein Redner der SED über die Probleme, die durch die beiden Währungsreformen in Deutschland entstanden sind

Nach 1945 blieben viele Geldzeichen des Deutschen Reiches, Kleinmünzen und Geldscheine der Rentenbank sowie Münzen und Banknoten in Reichsmarkwährung, die nicht schon von der Reichsregierung 1937 bis 1942 außer Kurs gesetzt worden waren, in ganz Deutschland gesetzliches Zahlungsmittel. Hinzu kamen noch die Emissionen der Alliierten Militärbehörde, Geldscheine von $^1/_2$ bis 1 000 Mark und Kleinmünzen zu 1, 5 und 10 Reichspfennig der Jahre 1944 bis 1948.[1] Die Reichssilbermünzen waren faktisch ungültig und wurden in der SBZ im Juli 1945 zur Ablieferung an die Feldämter der Staatsbank der sowjetischen Besatzungstruppen in Deutschland aufgerufen.[2] Der durch die reichsdeutsche Kriegswirtschaft aufgeblähte Geldumlauf stand einer dünn gewordenen Warendecke gegenüber. Nahezu alle Erzeugnisse, vorrangig Lebensmittel, mußten bewirtschaftet werden. Der Schwarzmarkt mit seinen horrenden Preisen und direkten Tauschgeschäften florierte. Ohne eine tiefgreifende Währungsreform waren die wirtschaftliche Konsolidierung und die Normalisierung des Alltagslebens in Deutschland undenkbar. Daher verhandelten die vier Siegermächte 1946/47 über eine gemeinsame Währungsreform.

Die Interessenlage im Alliierten Kontrollrat polarisierte sich systembedingt. Die Sowjetunion wollte die Wirtschaftsordnung ihrer Besatzungszone weiterentwickeln und möglichst auf die Westzonen übertragen. Die Westmächte suchten das mittels einer vierzonalen Währungsreform zu verhindern. Darüber hinaus war die Einbeziehung der Westzonen in den Marshallplan vorgesehen. Ein Gerücht, daß die Sowjetunion in Sachen Währungsreform einen Alleingang in der SBZ beabsichtige und neue Geldscheine in Leipzig drucken lasse, veranlaßte den amerikanischen Militärgouverneur Lucius D. Clay im Herbst 1947, Banknoten für Deutschland in den USA zu drucken und diese unter strikter Geheimhaltung nach Deutschland zu bringen.

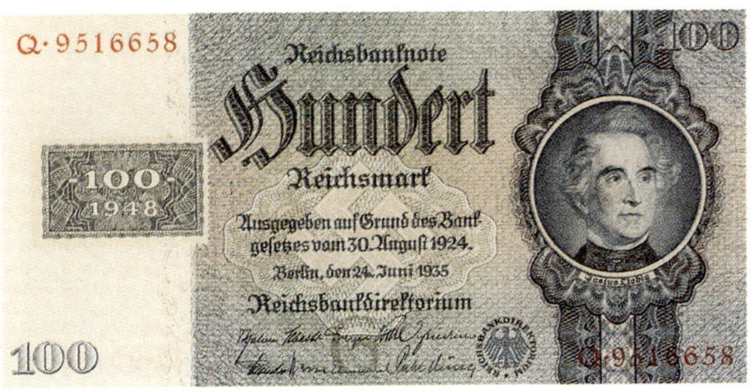


86 a–b Mit aufgeklebten Spezialkupons markierte Geldscheine, wie sie nach der Währungsreform im Juni 1948 für kurze Zeit gültig sind. Der Volksmund nennt die so markierten Reichs- und Rentenmarkscheine »Klebemark« oder »Tapetenmark«

87 a–b Die »Kuponscheine« können gut vier Wochen nach der Ausgabe, ab dem 25. Juli 1948, bereits gegen neue Banknoten umgetauscht werden. Die ohne jeglichen Bildschmuck äußerst sachlich gestalteten neuen Geldscheine für die SBZ wurden in Moskau gedruckt

Die Währungsreform wurde in den Westzonen zum 20./21. Juni 1948 bekanntgegeben und durchgeführt.[3]

Offenbar hiervon völlig überrascht, veranlaßte die Sowjetische Militäradministration zur Abwehr der einfließenden Reichsmarkbestände zum 24. Juni in der SBZ ebenfalls eine Währungsreform und dehnte den Geltungsbereich der neuen Zahlungsmittel auch auf ganz Berlin aus.[4] Tags darauf führten die Kommandanten in den Berliner Westsektoren eine separate Währungsreform durch und die DM (West) ein.[5] So wurde im Westteil der Stadt ein Währungsdualismus von DM (West) und DM (Ost) geschaffen, der bis April 1949 bestehen blieb.

In der SBZ standen im Juni 1948 keine neuen Geldscheine zur Verfügung. Deshalb wurden Geldscheine von 1 Rentenmark bis 100 Reichsmark mit briefmarkenähnlichen Spezialkupons beklebt und in Umlauf gebracht. Nach nur vier

88 Eisengußmodell von Franz Krischker aus dem Jahr 1943 mit dem Symbol der 1948 geprägten Aluminiummünzen

Wochen zog man die »Kuponmark« im Juli 1948 wieder aus dem Verkehr und ersetzte sie durch Geldscheine mit Nominalwerten von 50 Pfennig bis 1 000 Deutsche Mark, gedruckt in Moskau. Diese Geldscheine waren ohne jegliche ideologische Symbolik und ausschließlich funktional gestaltet. Ganz anders dagegen die Kleinmünzen, die ab 1948 in der SBZ zum Austausch für die aus dem Verkehr zu ziehenden Reichskleinmünzen geprägt wurden. Bereits 1943 hatte Franz Krischker, Stempelschneider an der Berliner Münze, ein Münzbild entworfen und modelliert, das alle Voraussetzungen eines Emblems für die SBZ erfüllte.[6] Das Bild der Ähre vor dem Zahnrad, eigentlich ein simples, vor allem aber eingängiges Sinnbild von Landwirtschaft und Industrie, ließ sich ideologisch wirkungsvoll auf die in der SBZ zu praktizierende »Arbeiter-und-Bauern-Macht« umdeuten. Die deutsche Einheit, öffentlich von der SED-Führung noch viele Jahre nach der DDR-Gründung als ein politisches Hauptziel vertreten, kam deutlich in der Aufschrift DEUTSCHLAND zum Ausdruck.[7]

Auch nach der Proklamation der DDR am 7. Oktober 1949 behielten die Münzen ihr unverändertes Aussehen. 1950 kam dann ein neues 50-Pfennig-Stück in den Geldverkehr, dessen Kehrseite einen Pflug vor einem Hüttenwerk zeigte. Der Entwurf stammte wieder von Franz Krischker und datiert vom August 1949.[8] Das politische Bündnis von Arbeitern und Bauern, dem man in der DDR doktrinär gesehen das größte Gewicht beimaß, wurde schon bald um die Schicht der Intelligenz erweitert. Als deren Sinnbild fügte man dem Emblem nun den Zirkel hinzu; das Zahnrad wich gleichzeitig einem Hammer. So entstand ein neues Sinnbild aus Hammer, Zirkel und Ähren, das zuerst bei den am 19. April 1950 gestifteten Auszeichnungen ›Held der Arbeit‹, ›Verdienter Aktivist‹ und ›Verdienter Erfinder‹ Verwendung fand.[9] Das Symbol wurde offenbar schon wie eine Art Staatswappen behandelt und 1952 in das Münzbild übernommen (s. Abb. 423, S. 292; 427, S. 294).

89 a–b Geldscheine im Wert von 5 beziehungsweise 100 Deutsche Mark aus der 1955 in Moskau gedruckten Serie. Am 13. Oktober 1957 müssen alle seit 1948 geltenden Geldscheine von 5 bis 1 000 DM gegen diese Scheine eingetauscht werden

90 a–b Pfennigmünze von 1948, Vorder- und Rückseite. Die Prägung erfolgte nach einem bereits 1943 entstandenen Entwurf von Franz Krischker; Zahnrad und Ähre stehen nun für die »neue« Arbeiter-und-Bauern-Macht

91 a–b 50-Pfennig-Münzen nach einem Entwurf von Franz Krischker kommen im September 1950 in den Verkehr. Das Gipsmodell von 1949 zeigt eine Rückseite, auf der Hüttenwerk und Pflug das Bündnis zwischen Arbeiterklasse und werktätigen Bauern symbolisieren

Im gleichen Jahr vergab Ministerpräsident Otto Grotewohl den Auftrag zur grafischen Gestaltung eines repräsentativen Staatswappens, das dann erstmals 1953 offiziell sowohl in der Siegelordnung vom 28. Mai 1953 festgeschrieben als auch in der Volkskammersitzung vom 7. Oktober 1953 verwendet wurde.[10] Erst nachdem die DDR am 25. März 1954 von der Sowjetunion die staatliche Souveränität erhalten hatte, trat zum 26. September 1955 das Gesetz über das Staatswappen in Kraft.[11] Das Emblem ›Hammer, Zirkel, Ährenkranz‹ befindet sich auf allen seit 1956 geprägten DDR-Münzen.[12]

Obwohl der DDR-Ministerrat am 30. Oktober 1953 den Goldstandard der ›Deutschen Mark der Deutschen Notenbank‹ auf 0,399902 g festgelegt hatte, blieb das DDR-Geld eine nicht konvertierbare Binnenwährung.[13] Für die DM (Ost) bestand striktes Aus- und Einfuhrverbot. Der Handel von DM (Ost) an den westlichen Wechselstuben und Banken war der DDR-Führung von Anfang an ein Dorn im Auge. Besonders prekär war die Lage für die DDR-Währung in Berlin. Aufgrund der speziellen wirtschaftlichen Situation der offenen Sektorengrenzen mit ihren Arbeits-, Gehalts- und Einkaufspendlern, der in West-Berlin offiziell zugelassenen Wechselstuben und vor allem durch den Viermächtestatus diffundierten große Ostmarkbestände nach West-Berlin und in die Bundesrepublik.[14] Was man im Westen als relativ normale und weitgehend kontrollierte Wechselkursbildung auf Kaufkraft-, Waren- und Dienstleistungsbasis ansah, wertete die DDR-Regierung als Provokation, Spalterpolitik, Währungsherabwürdigung, Ausplünderung und Sabotage.[15]

92 a–b 10-Pfennig-Münze von 1952. Die Rückseite zeigt Hammer, Zirkel und Ähren; mit dem Symbol des Zirkels ist nun auch die Intelligenz in das fortschrittliche Bündnis aufgenommen

93 a–b 1-Mark-Münze von 1956. Auf der Rückseite erscheint das neugeschaffene Staatsemblem »Hammer, Zirkel, Ährenkranz«, das alle in der Zeit von 1956 bis 1990 geprägten Münzen tragen

94 a–b 5-, 10-, 20-, 50- und 100-Mark-Scheine der Deutschen Notenbank, Serie 1964. Der Bildschmuck dieser Banknoten illustriert das Selbstverständnis eines Staates, der sich mit den Traditionen der Arbeiterbewegung, der nationalen Kultur und humanistischen Bildung sowie den Gewißheiten des Sozialismus verbunden glaubte

Um den »Währungsspekulanten und Agenten« das Handwerk zu legen, bereiteten die DDR-Behörden einen Geldumtausch vor, der bis zur sprichwörtlich letzten Minute geheimgehalten wurde. Diese »Aktion Blitz« fand am 13. Oktober 1957 statt.[16] Am Morgen des Tauschtages, es war ein Sonntag, verkündete der Ministerpräsident der DDR in einer Rundfunkansprache den Bargeldumtausch, der am gleichen Tag von 12 bis 22 Uhr in der gesamten Republik und im Ostteil Berlins durchgeführt wurde.[17] Betroffen waren alle Geldscheine der 1948er Serie von 2 DM bis 1 000 DM, die man durch eine in der Farbgebung veränderte, ebenfalls in Moskau gedruckte und auf 1955 datierte Serie ersetzte.[18] 300 DM tauschten die Wechselstellen sofort, der Rest kam auf Konten und war sechs Tage später wieder verfügbar, soweit nicht der Verdacht auf spekulative Herkunft bestand. Sogenanntes Spekulantengeld wurde später dem ›Nationalen Aufbauwerk der DDR‹ zugeführt.[19] Die DDR-Presse feierte den Erfolg der Umtauschaktion vom 13. Oktober 1957 am darauffolgenden Tag euphorisch mit Schlagzeilen wie »Panik bei West-Schiebern und Senat«, »Die gewonnene Schlacht«, »So war es richtig«, »Schlag gegen Agenten und Spekulanten«.[20] Immerhin war es der DDR-Führung mit der »Aktion Blitz« gelungen, zirka 1,5 Milliarden DM (Ost) aus dem Verkehr zu ziehen.[21]

Trotz des Mauerbaus am 13. August 1961 und der verstärkten Abgrenzung zur Bundesrepublik verbuchte die DDR zunehmend innen- und außenpolitische Erfolge. Mitte 1964 verzichtete sie auf die gemeinsame deutsche Währungsbezeichnung ›Deutsche Mark‹ und benannte ihre Währungseinheit in ›Mark der Deutschen Notenbank‹ (MDN) um.[22] Neue, modern gestaltete Geldscheine kamen zur Ausgabe, nun auch im Bildschmuck auf Traditionen und Erfolge der DDR-Politik ausgerichtet. Die einzelnen Nominale allegorisierten Bildung (5 MDN: Alexander von Humboldt / Berliner Universität); Literatur und Forschung (10 MDN: Friedrich von Schiller / VEB ›Carl Zeiss‹ Jena); Kultur (20 MDN: Johann Wolfgang von Goethe / Nationaltheater in Weimar); Industrialisierung der Landwirtschaft (50 MDN: Friedrich Engels / Mähdrescherbrigade bei der Getreideernte) und Politik (100 MDN: Karl Marx / Brandenburger Tor).[23] Deutlicher als mit diesen neuen Banknoten konnte der Anbruch einer weiteren gesamtgesellschaftlichen Entwicklungsetappe in der DDR nicht eingeläutet werden. Dazu hatten 1963 umfangreiche Wirtschaftsreformen in allen sozialistischen Ländern den Startschuß gegeben.

1 Zur Übersicht der Außerkurssetzung der Münzen vgl. Jaeger, Kurt: Die deutschen Münzen seit 1871, hg. v. Peter N. Schulten, Basel 1991 (15), Tabellen S. 295, 357, 391. Die in der SBZ 1945–1948 gültigen Geldzeichen sind zusammengestellt in: Die Banknoten und Münzen der Deutschen Demokratischen Republik, hg. v. Staatsbank der DDR, Berlin 1989, S. 34 f., 39-63, 103-115, Katalognummern B 1-21, M 1-14. Zusammenfassend auch Rittmann, Herbert: Deutsche Geldgeschichte seit 1914, München 1986, besonders S. 289 ff.

2 Die Banknoten (wie Anm. 1), S. 10. Für Berlin wurde ein weitgefaßter Ablieferungsbefehl am 9. 8. 1945 erlassen, VOBl. Berlin 1945, Nr. 6, S. 72.

3 Möller, Hans: Die westdeutsche Währungsreform 1948, in: Währung und Wirtschaft in Deutschland 1876–1975, hg. v. Deutsche Bundesbank, Frankfurt am Main 1976, S. 433-483. Anschaulich auch Rittmann (wie Anm. 1), S. 338-376.

4 Gesetzliche Grundlagen waren der Aufruf der SMAD an die Bevölkerung Deutschlands vom 19. 6. 1948, in: ZVOBl. 1948, Nr. 20, S. 220; die Verordnung über die Währungsreform in der SBZ v. 21. 6. 1948, ebenda; Durchführungsbestimmungen zur Verordnung v. 21. 6. 1948, in: ZVOBl. 1948, Nr. 20, S. 224; sowie der SMAD-Befehl Nr. 111/1948 v. 23. 6. 1948, in: ZVOBl. 1948, Nr. 20, S. 217. Zur schnellen Übersicht über Gesetze und Verordnungen vgl. Kohlmey, Gunther / Dewey, Charles: Bankensystem und Geldumlauf in der Deutschen Demokratischen Republik 1945–1955, Gesetzessammlung und Einführung, Berlin 1956.

5 Wolff, Michael W.: Die Währungsreform in Berlin 1948/49. Veröffentlichungen der Historischen Kommission zu Berlin, Bd. 77, Berlin / New York 1991, S. 79.

6 Bannicke, Elke: Die Schöpfer der Gedenkmünzen der DDR im Spiegel ihres künstlerischen Gesamtwerkes, T. 3: Münzzeichen »A« – Prägestätte Berlin, in: Dr. Busso Peus Nachf., Katalog 344 (Münzauktion), 1995, S. 5-15, besonders S. 8.

7 Aus der Sicht der DDR dokumentiert in: Geschichtliche Zeit-Tafel 1945–1954. Der Kampf um die nationale Einheit und um einen Friedensvertrag mit Deutschland, hg. v. Deutsches Institut für Zeitgeschichte, Berlin 1954. Die Münzen mit der Aufschrift DEUTSCHLAND wurden in der DDR erst zum 1. Januar 1972 außer Kurs gesetzt, vgl. GBl. II/1969, Nr. 59, S. 392.

8 GBl. 1950, Nr. 93, S. 846 v. 17. 8. 1950. Der im Besitz des DHM befindliche Entwurf von 1949 ist verso vom Stempelschneider datiert.

9 Bartel, Frank: Auszeichnungen der Deutschen Demokratischen Republik von den Anfängen bis zur Gegenwart, Berlin 1979, S. 118-120, Tafel XIII, 6, und XVII, 12-17.

10 Zinke, Heinz / Tenora, Jiří: Hammer, Zirkel, Ährenkranz. Zur Geschichte des Staatswappens der DDR, in: Neue Museumskunde, 32/1989, Heft 3, S. 162-164.

11 Gesetz über das Staatswappen und die Staatsflagge der DDR v. 26. 9. 1956, in: GBl. I/1956, Nr. 90, S. 705.

12 Die Banknoten (wie Anm. 1), Katalog-Nr. M 22-144; auch Jaeger (wie Anm. 1), Nr. 1508-1637; und Graichen, Günter: Die Geldzeichen der DDR, Berlin (2. Aufl.) 1982, Katalog-Nr. 1008-1017, 2001-2070, 4001-4007. Alle Münzen tragen seit 1956 die Staatsbezeichnung DEUTSCHE DEMOKRATISCHE REPUBLIK.

13 Begründet in der Lehre von der Ökonomie des Sozialismus, die das Geld begrifflich und funktional umdeutete und den »sozialistischen ökonomischen Gesetzen« unterstellte. Vgl. dazu die relevanten Stichwörter in: Wörterbuch der Ökonomie – Sozialismus, Berlin 1989. Eine populärwissenschaftliche Entwicklungsgeschichte des Geldes aus der Sicht des sozialistischen Ökonomen bietet Joswig, Heinz: Das Geld, Leipzig/Jena/Berlin 1968. Über die Veränderungen im Kredit- und Bargeldwesen der DDR nach sowjetischem Vorbild vgl. Schmidt, Peter: Finanzwesen, in: Handbuch Wirtschaftsgeschichte, hg. v. Institut für Wirtschaftsgeschichte der Akademie der Wissenschaften der DDR, Band 2, Berlin 1981, S. 933-942. Zur Umgestaltung des Geldsystems in der SBZ und in der DDR bis 1955 vgl. Kohlmey, Gunther: Das Geldsystem der Deutschen Demokratischen Republik, Schriften des Instituts für Wirtschaftswissenschaften, Nr. 1, Berlin 1956, auch Kohlmey/Dewey (wie Anm. 4), besonders die Einführung S. 9 ff.

14 Wolff (wie Anm. 4), Kapitel 3, Währungsdualismus, S. 87-134, vermittelt ein anschauliches Bild von der Praxis, auch der der Wechselstuben. Demgegenüber erörtert Kohlmey (wie Anm. 13), S. 52-56, das Außenhandels- und Valutamonopol in der DDR auf der Grundlage der Binnenwährung und der innerdeutschen »Verrechnungseinheiten«.

15 Graichen (wie Anm. 12), S. 25 f.; Die Banknoten (wie Anm. 1), S. 20 f.; Schmidt (wie Anm. 13), S. 939; Rittmann (wie Anm. 1), S. 423-426.

16 Zur Bezeichnung »Aktion Blitz«, so in: Die Banknoten (wie Anm. 1), S. 20.

17 Abdruck der Rundfunkansprache und der wesentlichen Umtauschmodalitäten u. a. in: Sächsische Zeitung, Extrablatt v. 13. 10. 1957, S. 1.

18 Graichen (wie Anm. 12), Nr. 3010-3014; Die Banknoten (wie Anm. 1), B 40-44.

19 Gesetz über die Verwendung der beim Geldumtausch eingezahlten Beträge spekulativer Herkunft v. 24. 9. 1958, in: GBl. I/1958, Nr. 61, S. 687.

20 Berliner Zeitung, Jg. 13, Sonderausgabe v. 14. 10. 1957, S. 1; Vorwärts (Montags-Ausgabe des Neuen Deutschland), Jg. 68, Nr. 40, Ausgabe B, v. 14. 10. 1957; Tribüne, Jg. 13, Nr. 237 B, v. 14. 10. 1957.

21 Rittmann (wie Anm. 1), S. 425; in: Die Banknoten (wie Anm. 1), S. 21, wird von »einigen hundert Millionen Mark« berichtet, die wertlos wurden.

22 Verordnung über die Erneuerung der Banknoten der Deutschen Notenbank, in: GBl. II/1964, Nr. 75, S. 653.

23 Graichen (wie Anm. 12), S. 27 u. Nr. 3015-3019; Die Banknoten (wie Anm. 1), S. 22 u. Nr. B 45-49; Rittmann (wie Anm. 1), S. 425 f.

95

## Schaukasten: Vortrupp

Die Parteitage und -konferenzen der SED gehörten zu den Höhepunkten im Leben der Partei. Neben der Bedeutung, die sie für die innere Entwicklung der Partei besaßen, boten sie ihr auch Gelegenheit, sich in sorgfältig vorbereiteter und inszenierter Weise der Öffentlichkeit zu präsentieren. »Im Auftrage des Sekretariats des Zentralkomitees hat die Abteilung Agitation die Ausstellung ›Die SED, der Vortrupp des deutschen Volkes im Kampf um Frieden, Einheit und Aufbau‹ eröffnet.«
Anlaß der Ausstellung war die II. Parteikonferenz im Juli 1952. Welche Bedeutung der Ausstellung in den Augen der SED zukommen sollte, kann man daran ermessen, daß innerhalb weniger Wochen die Schuttmassen auf dem Vorplatz des Finanzministeriums in der Berliner Werderstraße beiseite geräumt worden waren und ein neuer Ausstellungspavillon errichtet wurde.
Hier und im Saal des Ministeriums wurde dann jene »große und bedeutende Ausstellung« gezeigt, über die uns ein Fotoalbum Aufschluß gibt, das die Mitarbeiter der Abteilung Agitation beim ZK der SED 1953 Walter Ulbricht zu seinem 60. Geburtstag schenkten.
Das Album folgte dem Aufbau der Ausstellung, die aus acht Abteilungen bestand. Es stellte jede einzelne kurz vor und erläuterte die Ziele, die

96

95 Blatt aus dem Fotoalbum über die Ausstellung, 1953
96 Plakat zur Ausstellung, Juli 1952

die Ausstellungsmacher mit ihrer Präsentation verfolgten. Die Konzeption der SED zielte darauf ab, ihrer Auffassung als Erzieherin der Massen entsprechend, die Besucher zu belehren und zu überzeugen. Die erste Abteilung trug den Titel: ›Was ist die Partei?‹ – »Die hier gezeigten Tafeln enthielten Auszüge aus dem Statut der Partei, sowie eine Reihe Bilder, auf denen hervorragende Mitglieder, wie z. B. die Genossen Franik, Bleisch, Rubbel, Friedemann und viele andere, zu sehen sind. Sie geben die Antwort auf die Frage: Was ist die Partei? Die Partei ist die Avantgarde der Arbeiterklasse – zu ihr gehören die besten, würdigsten und ehrenvollsten werktätigen Menschen unseres Volkes.«
Es folgten die Abteilungen ›Geschichte und Tradition unserer Partei‹ sowie eine ›Gedenkhalle für die großen Toten der revolutionären deutschen Arbeiterbewegung‹. Den eigentlichen Höhepunkt der Ausstellung bildete dann die Abteilung ›Partei in Aktion‹. »Überlebensgroß erhob sich eine Statue des großen Stalin, die den ganzen Raum symbolisch beherrschte. Zu beiden Seiten waren die Bildnisse der Mitglieder und Kandidaten des Präsidiums der KPdSU und des Politbüros unserer Partei, sowie der Führer der internationalen Arbeiterbewegung in hervorragender künstlerischer Ausführung angebracht. Was eine Partei, die streng nach den Lehren von Marx, Engels, Lenin, Stalin handelt und die Lehren der ruhmreichen KPdSU studiert und anwendet, erreichen kann, das zeigte die Ausstellung in dieser Abteilung. Hier wurde den Besuchern die mobilisierende, organisierende und anleitende Rolle der Partei im Kampf um Frieden und Einheit an hervorragend gestalteten Tafeln und vielen Dokumenten vor Augen geführt. Riesige Bilder zeigen, wer unsere Parteiführer sind: Wahre Volksführer, engstens mit den werktätigen Massen verbunden.«
Unter anderem wurde hier auf die Bedeutung des Mitgliedsbuches, die Rolle der marxistisch-leninistischen Presse und die richtige Durchführung der Agitationsarbeit eingegangen.
Die übrigen vier Abteilungen stellten die Bereiche Industrie, Landwirtschaft, Städtebau, Wissenschaft und Kunst vor. Programmgemäß wurde jeweils »die führende Rolle der Partei« betont und ihr maßgeblicher Anteil an der Fortentwicklung der Industrie, »der Entwicklung auf dem Lande, bei der Pflege des nationalen Kultur-erbes, und bei der Entwicklung eines realistischen Kunstschaffens und einer realistischen Architektur« herausgestellt.
Als der »fortschrittlichste Teil, der bewußte Vortrupp der deutschen Arbeiterklasse und des werktätigen Volkes« – so präsentierte sich die SED im ersten Ausstellungsteil und bestätigte ihr neues Selbstverständnis als »Partei neuen Typus«. Im zweiten Teil wurde dann auf die großen Erfolge, die Leistungen beim Aufbau verwiesen, die die Bevölkerung der DDR unter Anleitung gerade dieser Avantgarde seit Kriegsende schon erzielt hatte. Die Verantwortlichen werteten ihre Ausstellung als großen Erfolg. Nach ihren Zählungen hatten in Berlin 86 211 Besucher die Ausstellung gesehen. Eine Gesamtbesucherzahl von 489 567 konnte man vermelden,

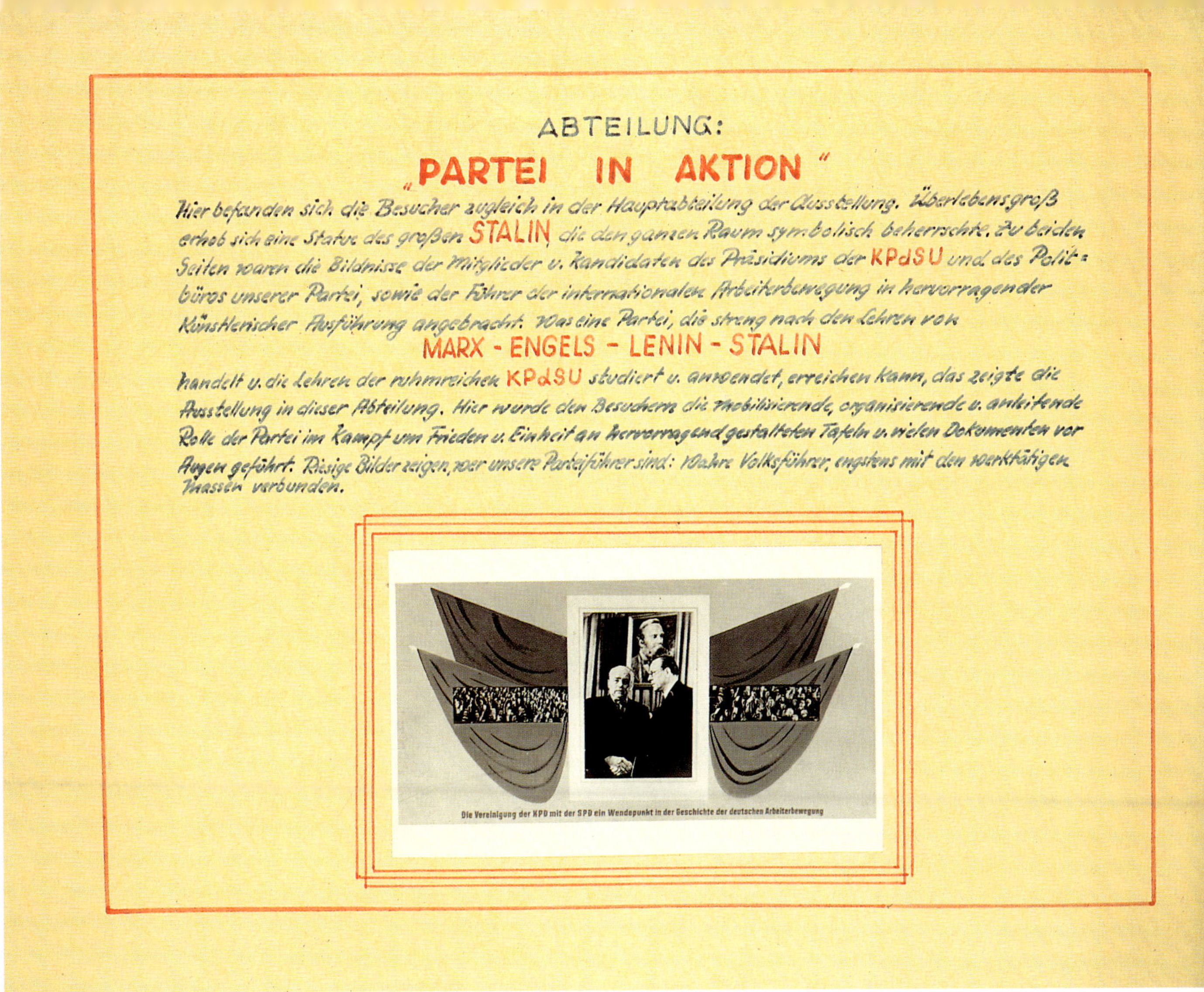

ABTEILUNG:

„PARTEI IN AKTION"

Hier befanden sich die Besucher zugleich in der Hauptabteilung der Ausstellung. Überlebensgroß erhob sich eine Statue des großen STALIN, die den ganzen Raum symbolisch beherrschte. Zu beiden Seiten waren die Bildnisse der Mitglieder u. Kandidaten des Präsidiums der KPdSU und des Polit-büros unserer Partei, sowie der Führer der internationalen Arbeiterbewegung in hervorragender künstlerischer Ausführung angebracht. Was eine Partei, die streng nach den Lehren von

MARX - ENGELS - LENIN - STALIN

handelt u. die Lehren der ruhmreichen KPdSU studiert u. anwendet, erreichen kann, das zeigte die Ausstellung in dieser Abteilung. Hier wurde den Besuchern die mobilisierende, organisierende u. anleitende Rolle der Partei im Kampf um Frieden u. Einheit an hervorragend gestalteten Tafeln u. vielen Dokumenten vor Augen geführt. Riesige Bilder zeigen, wer unsere Parteiführer sind: Wahre Volksführer, engstens mit den werktätigen Massen verbunden.



97

nachdem sie noch in den Städten Magdeburg, Erfurt, Zwickau, Dresden, Görlitz und Leipzig gezeigt worden war. Auch inhaltlich hatte die Ausstellung den Anspruch erfüllt, »ein anschauliches Bild über die Arbeit und die führende Rolle der Partei« zu geben.

Die Abteilung Agitation resümierte: »Die Besucher erkannten an dem reichhaltigen Material der Ausstellung, daß die SED der Arbeiterklasse und den werktätigen Massen einen neuen Lebensinhalt gegeben hat und mit ihren bisherigen Ergebnissen und Erfolgen beweist, daß es sich lohnt, für die Ziele der Partei zu arbeiten und zu kämpfen. Darüber hinaus vermittelte die Ausstellung zahlreiche Erkenntnisse und Anregungen, wie unsere Werktätigen zu noch größeren Erfolgen kommen und unsere Errungenschaften, unseren Aufbau schützen und verteidigen können.«

97 Kurzbeschreibung des Ausstellungsteils ›Partei in Aktion‹

98 Blick in den Hauptraum der Ausstellung mit einer überlebensgroßen Stalin-Statue

98

Jörn Schütrumpf

# Eine kurze Phase beginnender Liberalisierung

99 Das Sonderstudio des Radiosenders »DT 64« während des Deutschlandtreffens 1964 in Berlin (Foto: G. Kindt)

Die Titelblätter der DDR-Tageszeitungen vom 4. Dezember 1965 sahen alle gleich aus: Sie zeigten ein Foto des Kandidaten des SED-Politbüros Erich Apel mit Trauerflor, beistehend die Meldung von seinem Ableben. Über die Todesursache erfuhren die Leser: »Er litt seit längerem an Kreislaufstörungen. In allerletzter Zeit zeigten sich außerdem Zeichen nervlicher Überlastung, die trotz aller ärztlicher Bemühungen zu einem plötzlichen Nervenzusammenbruch führten. In einer dadurch hervorgerufenen Kurzschlußreaktion schied Dr. Apel aus dem Leben.«[1]

Die meisten von Hitlers Raketenspezialisten hatten nach 1945 ihre Karriere in den USA fortgesetzt. Apel, Leiter einer Forschungsabteilung in der Heeresversuchsstelle Peenemünde und Mitarbeiter von Wernher von Braun, ging einen anderen Weg.[2] Er lehnte dessen Angebot, mit in die USA zu gehen, ab und blieb im Einflußbereich der Roten Armee – als Landarbeiter. Für die Besatzungsmacht arbeitete er ab April 1946 wieder in seinem Beruf, erst in Bleicherode, dann bis 1952 auf der Insel Gorodomlja in der Sowjetunion. Danach begann für ihn, der erst 1954 Kandidat und sogar erst 1957 Mitglied der SED wurde, ein Aufstieg, der in der DDR-Geschichte nicht seinesgleichen hat: Im Februar 1958 zum Leiter der neugeschaffenen Wirtschaftskommission beim SED-Politbüro bestellt, wurde er noch im gleichen Jahr Kandidat des Zentralkomitees der SED. Nachdem man ihn 1961 zum Kandidaten des Politbüros gewählt hatte, übernahm er im Januar 1963 die Staatliche Plankommission und wurde damit auch offiziell Chef der gesamten Wirtschaftsorganisation in der DDR.

Die nach dem Vorbild sowjetisch-stalinistischer Zentralverwaltungswirtschaft strukturierte DDR-Ökonomie versuchte Apel, zusammen mit dem neun Jahre jüngeren Günter Mittag sowie im Auftrag und im engen Zusammenspiel mit Ulbricht, unter der Losung »Neues Ökonomisches System der Planung und Leitung der Volkswirtschaft« an Haupt und Gliedern zu reformieren.[3] Apel scheiterte an der neostalinistischen Kreml-Führung, die mit Breshnew als Frontmann ein Jahr zuvor Chruschtschow und dessen teils unentschlossen-antistalinistische, teils chaotisch-voluntaristische Politik abgelöst hatte. Anders als zweidreiviertel Jahre später in der Tschechoslowakei brauchte Moskau 1965 an seine Panzereinheiten keinen Befehl zum Ausrücken zu geben.[4] Der »Satrap im Wartestand«, Erich Honecker, erledigte den DDR-Reformaufbruch viel eleganter.[5] Wie nahezu alle politischen Entwicklungen in der SBZ und DDR bis 1971 ist auch die Phase der Liberalisierung 1962 bis 1965 eng mit dem Namen Walter Ulbrichts verbunden. Den V. Parteitag der SED 1958 hatte Ulbricht insgeheim als »Parteitag des Sieges« feiern können, und zwar seines eigenen Sieges innerhalb der SED. Denn im Februar 1958 war es ihm gelungen, mit Karl Schirdewan den letzten potentiellen Konkurrenten und mit Ernst Wollweber sowie Fred Oelßner dessen mögliche Alliierte aus der Führungsriege zu verdrängen. Mit den Schauprozessen gegen Wolfgang Harich und

100 Schrift zum »Neuen Ökonomischen System der Planung und Leitung der Volkswirtschaft« (NÖSPL) von Erich Apel und Günter Mittag, die mit der Ausarbeitung einer neuen Wirtschaftspolitik beauftragt waren. Mit der 1963 erfolgten Einführung des NÖSPL sollte eine »qualitativ neue Etappe der sozialistischen Wirtschaftsführung in der DDR« eingeleitet werden

Walter Janka (1957) hatte er zuvor Paul Merker – den einzigen Alt-Kommunisten, der in der DDR in der Lage gewesen wäre, die Rolle zu spielen, die in Polen Gomułka spielte – endgültig zu einem gebrochenen Mann gemacht.[6] Ulbricht konnte ab 1958 ohne die Gefahr ernsthaften Widerstands agieren. Endlich war er dort, wo Stalin 20 Jahre vor ihm, 1938, nach der Hinrichtung Bucharins, gestanden hatte. Nach Deutschland heimgekehrt war Ulbricht 1945 mit der festen Überzeugung, daß die »Entwicklung zum Sozialismus« dem sowjetischen Vorbild folgen müsse. Stalin hatte nicht nur bewiesen, was der Wille eines einzelnen zu verändern vermochte, sondern auch, daß grundlegende Veränderungen nur möglich waren, wenn ein einzelner das Heft fest in die Hand

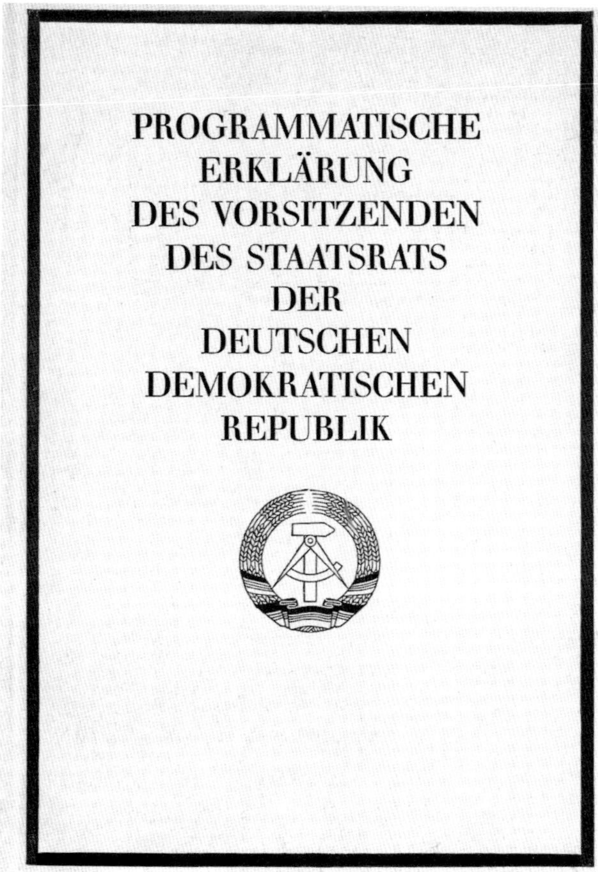

PROGRAMMATISCHE ERKLÄRUNG DES VORSITZENDEN DES STAATSRATS DER DEUTSCHEN DEMOKRATISCHEN REPUBLIK

101 »Programmatische Erklärung« des Staatsratsvorsitzenden Walter Ulbricht vom 4. Oktober 1960. In dieser Erklärung entwickelte Ulbricht nach Abschluß der Kollektivierung in der Landwirtschaft eine auf innenpolitische Versöhnung zielende Politik

nahm. 1953, nach dem Sturz von Franz Dahlem, hatte sich Ulbricht dicht am Ziel der Alleinherrschaft gewähnt – der 17. Juni warf ihn um Jahre zurück.

Chruschtschows Entstalinisierungsversuchen, vor allem nachdem er diese 1956 mit seiner »Geheimrede« öffentlich gemacht hatte, widersetzte sich Ulbricht nicht nur, weil sie seine eigene Person gefährdeten, sondern auch weil der »Übergang zum Sozialismus« in der DDR noch nicht abgeschlossen war. Jegliche »Fehlerdiskussion« war nur geeignet, von den »eigentlichen Aufgaben« abzulenken. Auf dem V. Parteitag verkündete Ulbricht: »Der Sozialismus siegt!« Sich nun völlig Herr der Lage fühlend, wechselte er in der Folgezeit entsprechend Stalins Devise »Kader entscheiden alles« zirka ein Drittel der Funktionäre auf Bezirksebene aus,[7] drängte Handwerk und Gewerbe in Produktionsgenossenschaften des Handwerks und drückte Anfang 1960 binnen weniger Wochen die vollständige Kollektivierung in der Landwirtschaft durch. Die staatlichen Organe aller Ebenen wurden nun auch formell verpflichtet, alle Beschlüsse der Parteiorgane ihrer jeweiligen Ebene kommentarlos und buchstabengetreu durchzuführen. Karl Schirdewan hatte stets zu Augenmaß gemahnt. Nach dem Sturz seines Stellvertreters hatte Ulbricht für die »Lösung« aller Aufgaben, die er nach dem 17. Juni aus Angst um die eigene Macht zurückgestellt hatte, ganze zwei Jahre gebraucht und damit, wie er glaubte, bewiesen, daß es nur auf den eisernen Willen ankomme.

Ulbricht war seit 1957/58 nicht nur auf der Erfolgsschiene. Er schien sogar Glück zu haben. Im September 1960 starb der greise DDR-Präsident Wilhelm Pieck. Ulbricht stieg nun auch formal zum ersten Mann im Staate auf. Das Präsidentenamt wurde abgeschafft und an seine Stelle ein Staatsrat gesetzt, an dessen Spitze er sich wählen ließ. Realen Machtzuwachs brachte ihm der Tod des Präsidenten jedoch nicht, hatte dieser doch als schwerkranker Mann schon seit Jahren keinen Einfluß mehr auf die Politik genommen. Wichtiger als der Tod Piecks war für Ulbricht dessen Zeitpunkt: Pieck starb, als in Ulbrichts Augen die »Umwälzung« der Gesellschaft vollzogen war. Nun hatte innenpolitisch die Versöhnung zu erfolgen. Ganz so wie es Stalin 1936 mit der – von Bucharin ausgearbeiteten – »Stalinschen Verfassung« vorexerziert hatte. Deshalb hielt Ulbricht bei seiner Einführung in das neue Amt am 4. Oktober 1960 nicht eine seiner üblichen Reden, sondern verkündete eine »Programmatische Erklärung des Staatsrates der Deutschen Demokratischen Republik«, die den Humanismus als wesentliches Element des DDR-Sozialismus in den Vordergrund stellte.

Doch trotz all dieser Erfolge, auf die Ulbricht die ganzen Jahre hingearbeitet hatte, wurden, anders als er es erwartete, die Probleme, vor denen er stand, nicht geringer. Gerade jetzt, wo er als Staats- und Parteichef nicht nur offiziell für alles, was geschah, verantwortlich zeichnete, sondern auch glaubte, alles in der Hand zu haben, verschlechterte sich die Versorgung der Bevölkerung rapide. Alle Befehle, die er gab, wurden nun widerspruchslos ausgeführt. Doch was er auch anwies, die wirtschaftliche Situation wurde immer katastrophaler. Die Zahl der Abwandernden schoß empor. Obwohl er alle Machtmittel in der Hand hatte und nach Belieben einsetzen konnte, standen, nur wenige Monate nachdem sein Lebensziel, auf deutschem Boden unter seiner eigenen, unangefochtenen Führung den Sozialismus einzuführen, verwirklicht schien, Staat und Gesellschaft vor dem Kollaps. Dabei hatte Ulbricht alles so gemacht, wie er es bei Stalin gelernt hatte – selbst zum Einsatz von Terror wäre er bereit gewesen, wenn ihm Moskau 1953 dazu die Genehmigung erteilt hätte. Trotzdem funktionierte es augenscheinlich nicht.

Bis zu diesem Zeitpunkt hatte Ulbricht bei auftretenden Problemen stets versucht, die Dinge mit skrupelloser Härte durchzustehen, und war damit beim letzten Mal – anders als vor dem 17. Juni – im Herbst 1956 sogar erfolgreich gewesen. Ohne dazu von außen gezwungen zu sein, reagierte er nun im Winter 1960/61 völlig anders. Der Parteiapparat und vor allem das Innenministerium wurden angewiesen, den Druck auf die Bevölkerung spürbar zu mildern; entsprechend irritiert verhielten sich Funktionäre, Polizisten und Zöllner.

Über das Motiv für diesen Schritt Ulbrichts kann man nur spekulieren. Stalin hatte 1936 der Verkündung seiner »Stalinschen Verfassung« eine in der Weltgeschichte wahrscheinlich einmalige Terrorwelle gegen die eigene Anhängerschaft folgen lassen. Auch Ulbricht war davon betroffen: 1938 wurde gegen ihn ein Ermittlungsverfahren eingeleitet. Als einem der wenigen Überlebenden waren ihm nicht nur der rein terroristische Hintergrund, sondern auch die katastrophalen Auswirkungen auf die sowjetische Gesellschaft, vor allem auf deren Verteidigungsfähigkeit während des Krieges gegen Deutschland, bekannt. Vielleicht handelte Ulbricht, der Vulgärmarxist, aber auch »theoriegeleitet«: Terror war demnach nur gegen »feindliche Klassen« gerechtfertigt. Da die letzte große Gruppe möglicher Gegner mit der Kollektivierung beseitigt worden war, hatte jeder weitere Terror seine Begründung verloren.

Fest steht jedenfalls, daß Ulbricht im Winter 1960/61 den Druck auf die Gesellschaft zurücknahm. Im Juli 1961 änderte er zwar diese Linie für kurze Zeit wieder und heizte die Abwanderung und damit die Krise zusätzlich an. Doch schon zwei Tage nach dem Mauerbau riß er das Ruder herum und suchte seinem Apparat äußerste Mäßigung zu verordnen. Wolfdietrich Schnurre, damals zusammen mit Günter Grass engagiertester Gegner des Mauerbaus unter den westdeutschen und West-Berliner Schriftstellern, hat im September 1961 angewidert den innenpolitischen Terror dieser Tage in der DDR gegeißelt – zu Recht.[8] Was er nicht sah und nicht sehen konnte, war, daß sich Ulbrichts Kind, der Parteiapparat, zu verselbständigen begonnen hatte.

Besonders das mittlere Establishment – hauptamtliche Parteisekretäre in den Großbetrieben und ähnlich praxisnah eingesetzte Funktionäre – verlangte, daß jetzt »aufgeräumt« werde. Nicht selten schwang bei solchen Forderungen der Wunsch mit, endlich Rache nehmen zu können für die nach dem 17. Juni 1953 durch die Belegschaften erfahrenen »Demütigungen«. Es dauerte Wochen, teilweise Monate, bis sich Ulbricht durchsetzen konnte, bis Zwangsaussiedlungen rückgängig gemacht und Menschen aus der Haft entlassen wurden. Im Parteiapparat wurde der Mauerbau vielfach als der Tag der »eigentlichen Machtübernahme« reflektiert. Um so größer fiel die Enttäuschung aus, als deutlich wurde, daß Ulbricht keineswegs gewillt war, die DDR in einen einzigen Gulag umzuwandeln.

Der eigentlich Enttäuschte jedoch war Ulbricht. Er ähnelte dem Zauberlehrling, der die Geister, die er gerufen hatte, nicht mehr beherrschte. Nach Stalins Vorbild hatte er seit 1948 systematisch seine beiden Herrschaftsinstrumente, den Parteiapparat und den Sicherheitsapparat, geschaffen und sie völlig auf seine Person ausgerichtet. Doch beide, so wie er sie strukturiert hatte, taugten nur zum »Klassenkampf«, das heißt zum Krieg gegen das eigene Volk – und notfalls noch gegen Konkurrenten. Bei der Organisation der Wirtschaft versagten sie. Das hatte Ulbricht aus der Krise der Jahre 1960/61 gelernt.

Um die wirtschaftlichen Probleme bewältigen zu können, »brauchen wir nicht den Typ eines subalternen Verwaltungsmenschen. Im Gegenteil, wir müssen Kader entwickeln, die echte Leiter der

102 Am 3. Oktober 1963 erläutert Erich Apel vor dem Staatsrat in Berlin den Volkswirtschaftsplan 1964 (Foto: Schneider)

sozialistischen Wirtschaft sind. Solche Leiter sind hochqualifizierte Persönlichkeiten, in den technischen und ökonomischen Fragen ihres Gebietes beschlagen ... Sie zeichnen sich besonders aus durch Verantwortungsfreude, Schöpfertum und Kühnheit, aber auch durch geschäftliche Sachlichkeit, nüchternes Kalkulieren und eiserne Arbeitsdisziplin.«[9] Eine solche Persönlichkeit hatte Ulbricht mit der Durchführung der Wirtschaftsreformen betraut: Erich Apel.

Da für diese Reformen der von ihm selbst geschaffene Parteiapparat ungeeignet war, begann Ulbricht neue Strukturen einzurichten. Dafür erwies sich sein Amt des Vorsitzenden des Staatsrates als besonders geeignet. Ulbricht hatte seit 1945 in seiner Politik darauf gesetzt, die Jugend als Verbündete zu gewinnen: Mit der HJ-Generation zusammen, die nach dem Zusammenbruch Halt und Orientierung suchte, hatte er seine eigene Generation ausgebootet, wie es ihm Stalin vorgemacht hatte. Nach dem Mauerbau ging es Ulbricht nicht mehr zuvörderst um seine Machtstellung, die er gesichert glaubte; jetzt ging es darum, die nächste Generation für den Sozialismus zu gewinnen. Mit einer Politik der Bevormundung und Diskriminierung, wie sie seit Mitte der 50er Jahre zur Abwehr der Jugendkultur amerikanischer Prägung praktiziert wurde, war dies jedoch nicht leistbar. 1962 erhielt deshalb Ulbrichts Stellvertreter und Verantwortlicher für Jugendfragen, Honecker, den Auftrag, die Jugendpolitik neu zu konzipieren. Das Ergebnis war unbrauchbar, und so suchte sich Ulbricht einen neuen Mann: einen Intellektuellen, Fritz Turba, Chefredakteur der FDJ-Studentenzeitschrift ›Forum‹.[10] Für diesen ließ er eine ›Jugendkommission beim Politbüro‹ einrichten, die letztlich nur ihm unterstand. Honecker, dessen Domäne stets die Jugendpolitik gewesen war, hatte auf diesem Feld seinen Einfluß verloren. Das vom Politbüro am 17. September 1963 verabschiedete Kommuniqué meinte genau das, was es verlautbarte: »Der Jugend Vertrauen und Verantwortung«.[11] Das war für Honecker eine Zumutung.

Als nächsten verärgerte Ulbricht den Chef des Ministeriums für Staatssicherheit, Mielke, indem er dessen Informationsmonopol brach. Für seine neue Politik brauchte Ulbricht exakte Daten, die die Staatssicherheit liefern konnte. Deshalb entstanden in den Jahren 1964/65 in Berlin die Institute für Marktforschung und für Meinungsforschung sowie in Leipzig ein Institut für Jugendforschung.

Unter jüngeren Intellektuellen, nicht zuletzt Künstlern, keimte nach dem Mauerbau relativ schnell die Hoffnung, daß man nun – »vom Westen ungestört« – an die Lösung aller Probleme herangehen könne. Erste Bedingung dafür war die Herstellung von Öffentlichkeit, durch Publizistik, durch Belletristik,[12] durch die damals viel gelesene Lyrik[13] und durch den Film. Da der seit 1961 amtierende Kulturminister Hans Bentzien auch jung und für so ein Herangehen aufgeschlossen war, begann in der DDR rasch so etwas wie eine eigene Kultur zu erblühen.[14]

»Wir, meist Angehörige einer Generation, die in diesem Lande engagiert lebten, ... hatten das Gefühl, dies sei einer der letzten Momente, um die Entwicklung in der DDR in eine Richtung zu lenken, die diesen Staat zu einer Alternative machen konnte gegenüber der kapitalistischen Bundesrepublik. Wir wollten die sozialistischen Ansätze so weit stärken, daß die DDR auch geistig ›konkurrenzfähig‹ werden konnte. Und wir sahen uns mit Leuten in der Wirtschaft, in der Wissenschaft verbündet, die in die gleiche Richtung dachten und arbeiteten. Es gab persönliche Kontakte, wir haben miteinander gesprochen. Es gab sogar einzelne Leute im ZK, mit denen ich darüber offen sprechen konnte«, erinnerte sich 1990 Christa Wolf an jene Zeit.[15]

Während Chruschtschow diesen Entwicklungen ihren Lauf ließ, waren sie für Breshnew unzumutbar. Im September 1965 bestellte er eine Partei- und Regierungsdelegation nach Moskau und machte ihr klar: Schluß mit der Jugendpolitik, Schluß mit der Kulturpolitik, radikale Preiserhöhung bei Rohstoffen und Halbfabrikaten (die die UdSSR lieferte), Preisdumping für Fertigprodukte (die die DDR zu liefern hatte). – Plötzlich sah Ulbricht, daß ihn Moskau zur Disposition stellen könnte.

Nach einer Auseinandersetzung mit seinem Ex-Verbündeten Günter Mittag erschoß sich Erich Apel[16]: Er hatte begriffen, daß der – an ihm gemessen: geistig arme – Honecker beabsichtigte,

103 Schülerinnen vor der Carl-von-Ossietzky-Schule in Berlin-Pankow, 1963

ihn beim bevorstehenden ZK-Plenum, ohne ihm auch nur die Spur einer Chance zu lassen, öffentlich zu demontieren.[17] Aufgrund von Apels Selbstmord wurde aus dem beabsichtigten ›Wirtschaftsplenum‹ ein ›Kulturplenum‹ – ein Scherbengericht über jegliche geistige Selbständigkeit, das in Honeckers Verdikt gipfelte: »Das Charakteristische all dieser Erscheinungen besteht darin, daß sie objektiv mit der Linie des Gegners übereinstimmen, durch die Verbreitung von Unmoral und Skeptizismus besonders die Intelligenz und die Jugend zu erreichen und im Zuge einer sogenannten Liberalisierung die DDR von innen her aufzuweichen.«[18]

Nach der Verdrängung Ulbrichts im Jahre 1971 hat Honecker stets versucht zu suggerieren, daß er mit diesem Plenum nichts zu tun gehabt hätte. 1990 wagte er sogar, ohne damit auf Widerspruch bei seinen Interviewern zu stoßen, diese Behauptung zu verbalisieren: »Später, beim 11. Plenum 1965, wurde offensichtlich ganz wenig Rücksicht genommen auf einen Meinungsaustausch mit Kulturschaffenden. Wo liegen die Ursachen, die damals im Zentralkomitee diese Beschlüsse herbeigeführt haben? Man hat dem Zentralkomitee einfach die Filme vorgeführt, wie ›Das Kaninchen bin ich‹, und ist dann zu der Schlußfolgerung gekommen, daß das nicht die Richtung ist, um Einfluß auf die Menschen im Sinne einer sozialistischen Entwicklung zu nehmen. Damals war das Plenum ja sehr breit zusammengesetzt, wenn ich mich recht erinnere. Wir hatten eine ganze Reihe Schriftsteller dabei, die Mitglied des Plenums waren. Die Meinungen waren selbstverständlich geteilt. Es hatte sich doch der Standpunkt des Kollektivs durchgesetzt um Ulbricht. Aber es war nicht nur eine private, persönliche Entscheidung von ihm. Walter Ulbricht hatte veranlaßt, daß die Filme im Plenum des ZK vorgeführt werden.«[19]

Tatsächlich waren im Plenum einige Schriftsteller anwesend. Doch gewehrt hat sich nur eine einzige: Christa Wolf. »Und als dann am zweiten Tag Paul Fröhlich, 1. Sekretär der Bezirksleitung Leipzig, die politische Situation unter den Künstlern in der DDR mit dem Petöfi-Club in Ungarn in Verbindung brachte, also nach seinem Verständnis mit Konterrevolution, war ich natürlich aufs höchste alarmiert. Am Abend sagte Konrad Wolf: Jetzt mußt du sprechen. Was jetzt passiert, wird zur Katastrophe, wenn man nichts dagegen unternimmt ... Am nächsten Morgen habe ich mich gleich gemeldet ... und ich habe erregt und nicht so pointiert gesprochen, wie ich es mir gewünscht hätte. Ich wurde ja auch dauernd unterbrochen durch Zwischenrufe, u. a. von Margot Honecker ... Wenn man heute diese Rede liest, versteht man sie kaum, ohne die Atmosphäre im Saal und den historischen Hintergrund zu kennen ... Der zweite Teil meiner Rede, in dem ich beschwörend die Generalattacke auf einzelne Kunstwerke und die Kunst im ganzen mit ihren unvermeidlichen Folgen abzuwehren suchte, wirkte auf die Versammlung wie eine Provokation.«[20]

Christa Wolf hatte 1963 zu den jungen Leuten gehört, die sich Ulbricht auf dem VI. Parteitag der SED als Verbündete ins ZK holte. Wegen ihres Widerstands auf dem 11. Plenum 1965 schied sie jedoch beim nächsten Parteitag wieder aus.

»Am 20. Januar 1966 hielt Mielke vor MfS-Offizieren ein Referat zur Kulturpolitik ...: ›Wenn hier Heym und alle solchen Literaten und Künstler die Macht hätten, dann hätten wir die DDR schnell aufgefressen!... Wenn wir nur einen Tag diesen Menschen die Macht in die Hände gäben, dann wäre die Macht verloren! ... Bei diesen Machwerken der Schriftsteller, das greift die Bourgeoisie auf! Die feindlichen Kräfte stehen dahinter, machen das groß auf und zeigen das, hier, guck mal, Freiheit, bringen den Mann groß raus! ... Nun fällt den armen Leuten, weil sie nicht mehr Feindliches bringen können, keine Demoralisation mehr bringen können, nun fällt den Geistern nichts mehr ein ... Da sind sie mit einem Mal trocken wie so 'ne alte, ausgequetschte Zitrone! Die Genies! Anstatt uns herrliche Drehbücher zu schreiben, wunderbare, äh, Romane! Also bitte sehr, Herr Heym! Bitte sehr, alle die Künstler, die Filme drehen! Dreht solche Filme! Schreibt solche Bücher, die drüben im Westen abgenommen werden und sogar den Nobelpreis bekommen! Sind wir dagegen? ... Nö, gegen den Dreck sind wir! Und wir sind dagegen, daß man uns hier solche Sachen zeigt, um zu zersetzen unsere Gesellschaft und unsere Jugend, nämlich daher kommt das mit der Jugend! ... Und nun kommt die Beatmusik, und nun kann man sich völlig enthemmen und entarten, so wie man es in der Waldbühne gemacht hat! Dann kommen diese Schriftsteller, diese Machwerke! ... Und sie spotten uns Stalinisten, Dogmatiker, neue Eiszone oder so was, zurück in die Eiszeit und so weiter! Genossen! Wir sehen die Sache viel kühner, als sie überhaupt zu denken vermögen!‹«[21]

Fritz Turba und Hans Bentzin verschwanden in der Versenkung; Journalisten, Künstler, Regisseure, Schauspieler verloren ihre Anstellungen und Engagements, wurden zu Selbstbezichtigungen genötigt und erhielten Berufsverbot. Indem er auf die Seite der Putschisten überlief, konnte sich Ulbricht noch einmal retten – um den Preis, daß sein Projekt: ein selbständiger und lebensfähiger Sozialismus in der DDR, aufgegeben wurde.

1 Neues Deutschland v. 4. 12. 1965; Berliner Zeitung v. 4. 12. 1965.

2 Zu Apels Biographie siehe auch Cerny, Jochen (Hg.): Wer war wer – DDR. Ein biographisches Lexikon, Berlin 1992, S. 15.

3 Karlsch, Rainer: Warum ging Erich Apel in den Tod?, in: Berliner Zeitung v. 2./3. 12. 1995; Schürer, Gerhard: Der Einschuß in der Holzwand, in: Neues Deutschland v. 2./3. 12. 1995.

4 Zur Rolle der SED s. Wenzke, Rüdiger: Die NVA und der Prager Frühling 1968. Die Rolle Ulbrichts und der DDR-Streitkräfte bei der Niederschlagung der tschechoslowakischen Reformbewegung (Forschungen zur DDR-Geschichte, Band 5), Berlin 1995; Prieß, Lutz / Kural, Václav / Wilke, Manfred: Die SED und der »Prager Frühling« 1968. Politik gegen einen »Sozialismus mit menschlichem Antlitz«, Berlin 1996.

5 Die ausführlichste Darstellung findet sich immer noch in Agde, Günter (Hg.): Kahlschlag. Das 11. Plenum des ZK der SED 1965. Studien und Dokumente, Berlin 1991.

6 Janka, Walter: Schwierigkeiten mit der Wahrheit, Berlin 1990, S. 100 ff.

7 Weber, Hermann: Kleine Geschichte der DDR, Köln 1988, S. 93.

8 Schnurre, Wolfdietrich: Von der Mitverantwortlichkeit des Schriftstellers, in: Die Welt v. 19. 9. 1961, hier zit. n. Richter, Hans-Werner (Hg.): Die Mauer oder Der 13. August, Reinbek bei Hamburg (3. Aufl.) 1962, S. 119.

9 Ulbricht, Walter: Die Durchführung der ökonomischen Politik im Planjahr 1964 unter besonderer Berücksichtigung der chemischen Industrie. Referat auf der 5. Tagung des ZK der SED, 3. bis 5. 2. 1964, Berlin 1964, S. 31 f.

10 Die informativste Darstellung der Periode zwischen 1962/63 und 1965 findet sich – trotz aller unverhohlenen Apologie – bei Wessel, Harald: Das 11. Plenum – Anfang vom Ende der DDR? Aus Harald Wessels Erinnerungen an den Herbst 1965, Serie in 18 Folgen in: Junge Welt, Oktober 1995 bis Februar 1996; hier die bis zum 16./17. Dezember 1995 erschienenen Folgen.

11 Der Jugend Vertrauen und Verantwortung. Kommuniqué des Politbüros des Zentralkomitees der Sozialistischen Einheitspartei Deutschlands zu Problemen der Jugend in der Deutschen Demokratischen Republik, 17. 9. 1963, Berlin 1963.

12 Mit »Ankunfts«-Literatur wird die Literatur jener Jahre immer noch am besten erfaßt. Der Begriff rekurrierte – wie »Tauwetter« auf einen Roman von Ehrenburg – auf Brigitte Reimanns ›Ankunft im Alltag‹.

13 Ausführlicher dazu Kirchenwitz, Lutz: Folk, Chanson und Liedermacher in der DDR. Chronisten, Kritiker, Kaisergeburtstagssänger, Berlin 1993, S. 13 ff.

14 Die Diskussion über die Kultur der DDR ist erst im Beginnen; s. die Ausstellung in der Berliner Kulturbrauerei: ›Wunderwirtschaft DDR. Konsumkultur und Produktdesign in den 60er Jahren‹ sowie den dazugehörigen Katalog (Köln/Weimar 1996); dazu auch Soldat, Hans-Georg: Wie Talente vergeudet wurden, in: Berliner Zeitung v. 16. 8. 1996.

15 Wolf, Christa: Erinnerungsbericht, in: Agde (wie Anm. 5), S. 266.

16 »Nach der Sitzung [des Politbüros – J. S.] vom 2. Dezember kam es zwischen beiden in Wandlitz zu einer scharfen Auseinandersetzung. Völlige Klarheit über das Ende von Erich Apel wird es wohl niemals geben. Er hatte wohl mehrere Beweggründe, um aus dem Leben zu scheiden: den Schatten der Vergangenheit, die Niederlagen im Kampf mit den Reformgegnern und der Bruch mit Mittag sowie das ungleiche Handelsabkommen mit der Sowjetunion, das er unterzeichnen sollte.«; zit. nach Karlsch (wie Anm. 3); Gerhard Schürer, damals Apels Stellvertreter, widerspricht allen diesen möglichen Gründen für Apels Selbstmord, kann aber letztlich überhaupt keine Ursache ausmachen; s. Schürer (wie Anm. 3).

17 Auf die 1990 gestellte Frage: »Warum hat Apel sich eigentlich damals erschossen?« begann Honecker seine ansonsten mit Halb- und Unwahrheiten gespickte Antwort mit der Bemerkung: »Ich habe nicht die Absicht, Aussagen zu Personen zu machen, insbesondere, soweit sie belastend wären.«; zit. nach Andert, Reinhold / Herzberg, Wolfgang: Der Sturz. Erich Honecker im Kreuzverhör, Berlin 1990, S. 281.

18 Honecker, Erich: Bericht des Politbüros an die 11. Tagung der Sozialistischen Einheitspartei Deutschlands. 15. – 18. Dezember 1965, Berlin/DDR 1966, S. 63.

19 Wie Anm. 17, S. 315.

20 Wie Anm. 15, S. 267.

21 Der Spiegel, 1996, Nr. 39, S. 228.

105

## Schaukasten: Parteitage

Die zutreffendste Beschreibung der SED-Parteitage hat – vorwegnehmend – immer noch Rosa Luxemburg gegeben: Eine »Elite der Arbeiterschaft wird von Zeit zu Zeit zu Versammlungen aufgeboten, um den Reden der Führer Beifall zu klatschen, vorgelegten Resolutionen einstimmig zuzustimmen, im Grunde also eine Cliquenwirtschaft – eine Diktatur ... einer Handvoll Politiker ... im Sinne der Jakobinerherrschaft«.
Formal gesehen stellten die Parteitage die höchste Instanz in der Arbeit der Partei dar. Auf ihnen wurde das Zentralkomitee – laut SED-Statut »zwischen den Parteitagen das höchste Organ der Partei« – gewählt, das ab 1949/50 seinerseits den Generalsekretär (zwischen 1953 und 1976 »Erster Sekretär«), das Sekretariat des ZK und das Politbüro bestimmte, bei denen die wirkliche Macht in Partei und Staat lag. Parteikonferenzen waren zunächst im Statut gar nicht vorgesehen und wurden auch nur dreimal (1949, 1952 und 1956) abgehalten. Obwohl hinsichtlich der Entscheidungskompetenz niedriger eingestuft als Parteitage, wurden auf den Konferenzen wichtige Änderungen der Parteilinie und der Führungsstruktur der SED beschlossen.
Zwischen 1946 und 1990 fanden außer den drei Parteikonferenzen insgesamt elf ordentliche und ein außerordentlicher Parteitag der SED statt – die entsprechenden Veranstaltungen ihrer unmittelbaren Vorläufer (KPD und SPD) sowie der nachfolgenden PDS nicht gerechnet.

104 Der III. Parteitag (Fotomontage; Foto: Holzenger)

105 Der III. Parteitag findet vom 20. bis 24. Juli 1950 in Berlin statt. Nach der »vorfristigen Erfüllung« des Zweijahrplans wird die endgültige Einführung der Planwirtschaft entsprechend dem sowjetischen Modell nach 5-Jahres-Plänen beschlossen. Der Parteitag unterstreicht den Führungsanspruch der SED gegenüber CDU und LDP und beharrt auf der Durchführung der Volkskammerwahl nach Einheitslisten. Mit einer Parteiüberprüfung soll die »Einheit, Reinheit und Geschlossenheit der Partei« hergestellt werden. Ihr fallen mehr als eine viertel Million Parteimitglieder zum Opfer, darunter viele, die schon vor dem Dritten Reich der Arbeiterbewegung angehörten (Foto: H. Schaaf)

108

107

106

109

104

106 Eine Ehrenformation der Deutschen Volkspolizei verläßt das Tagungsgebäude des III. Parteitages (Foto: H. Schaaf)

107 Anläßlich des Parteitages überreicht die FDJ-Betriebsgruppe des Franz-Mehring-Werkes der Parteiführung Schmuckbriketts als Geschenk

108 Die II. Parteikonferenz tagt vom 9. bis 12. Juli 1952, sechs Wochen nachdem die Grenze zur Bundesrepublik geschlossen wurde, in der Werner-Seelenbinder-Halle in Berlin. Walter Ulbricht verkündet zur Überraschung der meisten Delegierten die »Schaffung der Grundlagen des Sozialismus«, das heißt massiver Ausbau der Grundstoff- und Rüstungsindustrie, Abbau »sozialer Errungenschaften«, Schaffung von Produktionsgenossenschaften in der Landwirtschaft, massive Bekämpfung der Privatwirtschaft, Aufbau der ›Kasernierten Volkspolizei‹ und der paramilitärischen Jugendorganisationen ›Gesellschaft für Sport und Technik‹ sowie ›Dienst für Deutschland‹ und verstärkter Gesinnungsterror in allen Bereichen der Gesellschaft. Als daraufhin der ohnehin niedrige Lebensstandard weiter sinkt, kommt es im Juni 1953 zum Aufstand in den Betrieben (Foto: Junge)

109 Mit einem großen Umzug soll das Einverständnis der Massen mit den Beschlüssen der II. Parteikonferenz signalisiert werden

110

112

114

110 Während der II. Parteikonferenz werden den Delegierten auch Geschenke überreicht (Foto: Junge)

111 Der IV. Parteitag vom 30. März bis 6. April 1954 hat als Losung: »Die Stärke der Partei liegt in ihrer unlösbaren Verbundenheit mit den Massen – die Stärke der Massen liegt in ihrem Zusammenschluß um die Partei.« Er bestätigt im wesentlichen den nach dem 17. Juni eingeschlagenen »Neuen Kurs«, eine moderatere Innen-, Wirtschafts- und Sozialpolitik (Foto: Heilig)

113

111

115

117

112 »Zu Ehren des IV. Parteitages demonstrieren die Berliner auf dem Marx-Engels-Forum, 6. 4. 1954.« (Zeitgenössische Beschriftung)

113 Der V. Parteitag der SED tagt vom 10. bis 16. Juli 1958 in der Werner-Seelenbinder-Halle in Berlin unter der Losung: »Der Sozialismus siegt.« Nach den Schauprozessen des Jahres 1957 und der Ausschaltung von Karl Schirdewan und anderen ist es der erste Parteitag, auf dem Ulbricht ohne alle Opposition agieren kann. Der Parteitag markiert – nach 1952 – den zweiten Anlauf, die Wirtschafts- und Sozialstruktur der DDR den sowjetischen Verhältnissen anzupassen. Diese Politik des großen Sprunges führt die DDR in die Existenzkrise – nur durch die Mauer kann der Kollaps verhindert werden

114 »Mit begeisterten Hochrufen begrüßten die Delegierten den Präsidenten des ersten Arbeiter- und Bauernstaates Deutschlands, Wilhelm Pieck. 1. von links der Erste Sekretär des ZK der KPdSU, Nikita S. Chruschtschow; 2. von links der Erste Sekretär des ZK der SED, Walter Ulbricht und 1. von rechts Ministerpräsident Otto Grotewohl, Mitglied des Politbüros des ZK der SED.« (Zeitgenössische Beschriftung; 10. Juli 1958)

115 Diskussion im Stahlwerk Riesa im Vorfeld des V. Parteitages

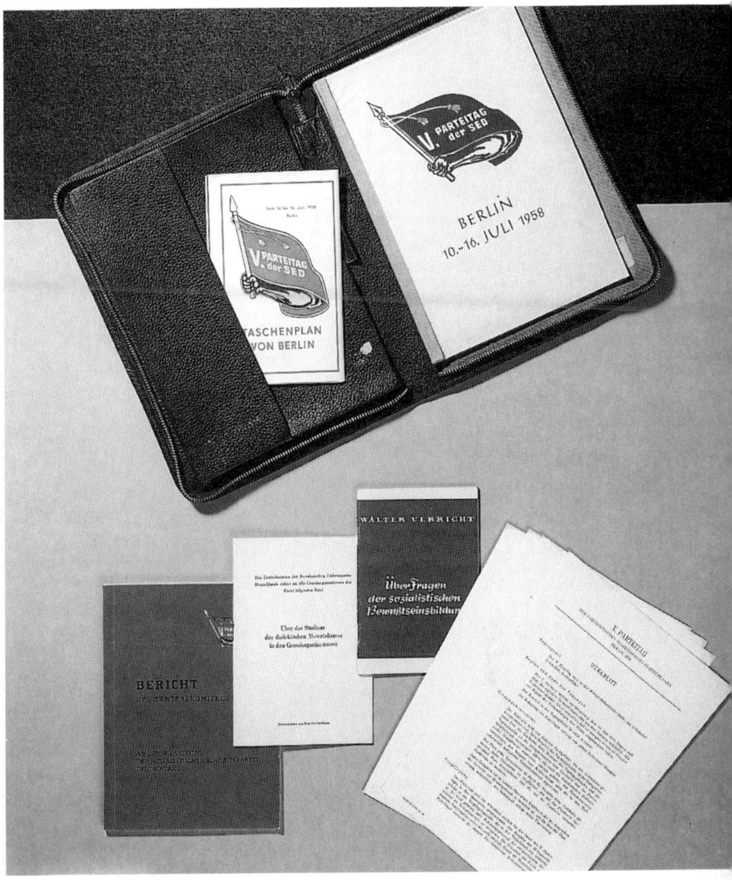


116

116 Schreibmappe mit verschiedenen Broschüren, die den Delegierten des V. Parteitages überreicht wurden

117 VI. Parteitag vom 15. bis 21. Januar 1963 in Berlin. Nachdem sich durch den Mauerbau die innenpolitische und wirtschaftliche Situation der DDR entspannt hat, beschließt der Parteitag den Beginn eines Reformprozesses, der in Wirtschaft, Jugendpolitik und Kultur noch 1963 beginnt, Konturen anzunehmen. Auf dem Parteitag werden ein neues Statut und ein neues Programm der SED beschlossen. Im Unterschied zur KPdSU und zur KPČ orientiert dieses Programm nicht auf den »Übergang zum Kommunismus«, sondern – als Ausdruck eines nüchterner gewordenen Politikstils – auf eine »Ausgestaltung des Sozialismus«

# Legitimation und Tradition

Winfried Ranke

# Linke Unschuld? Unbefangener oder unbedachter Umgang mit fragwürdig gewordener Vergangenheit

Wann wir schreiten Seit' an Seit'
Und die alten Lieder singen,
Und die Wälder wieder klingen,
Fühlen wir es muß gelingen:
Mit uns zieht die neue Zeit!
(Hermann Claudius – Lied
vieler Jugendbewegungen)

Anfang Dezember 1989 erinnerte sich Monika Maron ihrer seit 1951 in der DDR verbrachten Kindheit. Unter dem Titel »Ich war ein antifaschistisches Kind« schrieb sie damals in der Wochenzeitung ›Die Zeit‹: »Ich wohnte auf der Seite der Wahrheit und der historischen Sieger. Ich war zehn Jahre alt, und das Wort Kommunist war für mich ein Synonym für guter Mensch ... Als ich meine kommunistische Zukunft für so natürlich und wünschenswert hielt wie den täglichen Sonnenaufgang, sperrten Kommunisten ihre sozialdemokratischen Genossen, mit denen sie gemeinsam in Hitlers Konzentrationslagern gesessen hatten, in die eigenen Zuchthäuser; verboten sie Kunstwerke als dekadent, die von den Nazis als entartet verfemt worden waren; verweigerten sie Christen die höheren Schulen ... Auf unbegreifliche Weise ahmten sie ihre Peiniger nach, bis in die Fackelzüge und Uniformen.«[1]

Zwei Jahre später fragte Hans Mayer in seinem Erinnerungsbuch: »Wie konnte es gelingen, mitten in Deutschland und mitten in einer nachgewachsenen jungen Generation, die nichts mehr an eigener Erfahrung mitbrachte, wenn es um das Dritte Reich ging und einen Zweiten Weltkrieg, das starre, langweilige und gründlich verlogene Ritual einer gesinnungstreuen Staatsjugend zu etablieren? ... So mußte die Imitation des Komsomoltums auf deutschem Boden unvermeidlich zur Wiederbelebung ehemaliger HJ-Rituale führen. Um so mehr, als die unsinnige und wirklichkeitsblinde Ansicht der Leute vom Politbüro ernsthaft davon ausging, den Deutschen müsse, damit ihnen ein Regime wirklich gefällt, ein militärisch-militaristisches Zeremonial von neuem verordnet werden. Parademarsch, Stechschritt, Fanfaren, klingendes Spiel, Fahnenweihe, Gelöbnis, Sprechchöre des Gemeinwillens.«[2]

Schließlich kann man in der 1994 erschienenen autobiographischen ›Zwischenbilanz‹ von Günter de Bruyn nachlesen, welche Schwierigkeiten der gerade erst heil davongekommene HJ-Soldat mit unbekümmert fortgesetzter »Kollektivseligkeit« unter Jugendlichen hatte. Nach Berlin heimgekehrt, bekam er schnell Kontakt zur Antifajugend: »Ich lernte von den jungen Kommunisten und Sozialdemokraten, daß wir nicht besiegt, sondern befreit worden waren, daß der hitlersche Sozialismus sich diesen Namen nur angemaßt hatte, und der wahre nun kommen würde, wenn die Arbeiterklasse vereinigt war.« Aber er mußte auch feststellen: »... die Melodien der politischen Kampflieder waren mir widerwärtig, weil auch die Nazis sie, mit anderen Texten, gesungen hatten; und wenn nach der Bündischen und der Hitler-Jugend nun auch die Antifa-Jugend das berühmte ›Mit uns zieht die neue Zeit‹ anstimmte«, konnte er nicht mitsingen. Als Neulehrer weigerte er sich deshalb auch konsequent, in der FDJ mitzuarbeiten, da er nicht »an der erneuten Uniformierung der Kinder« mitwirken mochte und »den neuen Kinderverein mit den Pimpfen gleichsetzte«.[3]

Alle drei Zeitzeugen haben lange genug in der DDR gelebt, um hinreichend verläßliche Erinnerungen mitteilen zu können. Da diese Mitteilungen jedoch bei allen dreien in der Form rückblickender Selbstbefragung und -beschreibung daherkommen und zwei der Gewährsleute zudem »vorzeitig« in den Westen gingen, könnte jemand einwenden, die wahrscheinlich erst 1989 und später verfaßten Reflexionen wollten nachträglich glauben machen, daß die Schreiber immer schon kritisch über ihre und anderer Lebensumstände nachgedacht hätten. Der Argwohn, mit solchen Erinnerungen sollten nur wohlwollende Beziehungen zur westlichen Intellektuellenszene ermöglicht werden, ist wohlfeil, doch das entkräftet ihn noch nicht. Eindrucksvoller dürfte sein, sich nach Zeugnissen umzusehen, die authentischer sind, weil sie in zeitlicher Nähe zum fragwürdigen Geschehen abgelegt wurden.

Marschkolonnen, Fahnenträger, Kampflieder und Fackelzüge – die in Kolonnen formierten, zielstrebig Richtung haltenden Massen sind, so haben wir es hüben wie drüben gelernt, genuiner Ausdruck der Arbeiterbewegung. Seit die II. (Sozialistische) Internationale 1889 empfohlen hatte, am 1. Mai sollten künftig allgemeine Kundgebungen des internationalen Proletariats für den Achtstundentag stattfinden, ging es darum, die Straße zu erobern und dort in aller Öffentlichkeit Einigkeit, Solidarität und Macht zu demonstrieren. Hitler und Goebbels wußten das auch: 1933 erklärten sie den internationalen Kampftag der Arbeiterklasse kurzerhand zum ›Tag der nationalen Arbeit‹; vom jungen Albert Speer ließen sie dafür eine grandiose Festkulisse auf dem Tempelhofer Feld errichten; Goebbels erklärte dazu im Rundfunk: »Am heutigen Abend findet sich über Klassen, Stände und konfessionelle Unterschiede hinweg das ganze deutsche Volk zusammen, um endgültig die Ideologie des Klassenkampfes zu zerstören und der neuen Idee der Verbundenheit und der Volksgemeinschaft die Bahn freizulegen.«[4]

1946 riefen SED und FDGB zur ersten Maifeier in der befreiten Hauptstadt auf. Sie fand nun wieder am traditionellen Berliner Kundgebungsort, im Lustgarten, statt. Auf Initiative der SED wurden die Kundgebungen vom zentralen Maikomitee unter die Losung gestellt: »Für die Zerschlagung der kapitalistischen Monopole! Für einen Volksentscheid zur Überführung der Betriebe der Kriegsinteressenten in die Hände der demokratischen Selbstverwaltung!« Der Berliner ›Tagesspiegel‹ veröffentlichte zwei Tage später »Eindrücke von deutschen Maifeiern«; über die in Berlin so »imposant« veranstaltete schrieb der Verfasser: »Erst heute – und vielleicht am sichtbarsten nach der ersten Maifeier ohne Hakenkreuz – empfindet der nüchterne Blick des illusionslosen Beobachters die Tatsache in ihrer ganzen geradezu lähmenden

118 Spielmannszug der FDJ im Fackelzug am 11. Oktober 1949 aus Anlaß der Wahl Wilhelm Piecks zum Staatspräsidenten (Foto: Kemlein)

Tragweite, wie entscheidend es dem Hitlersystem gelungen ist, die Deutschen, die ja nach ihrem eigenen Geständnis eine Sache grundsätzlich um ihrer selbst willen tun, zu einem Volk von ›Marschierern‹ um des Marschierens willen zu machen ... Man hätte den Veranstaltern etwas mehr Psychologie gewünscht, damit sie in der Lage gewesen wären, auch an solche – sehr bedeutsame – Imponderabilien zu denken.«[5] (S. Abb. 173, Schaukasten: Maidemonstration.)

War das ein ernstzunehmender Einwand? War es schon 1946 angebracht (oder gar nötig?!), die neuen »Einheitssozialisten« auf »solche bedeutsamen Imponderabilien« aufmerksam zu machen? Mußten jene Genossen, die ihr Leben prägende Erfahrungen im antifaschistischen Widerstand gesammelt und die Brutalitäten des NS-Terrors am eigenen Leibe erfahren hatten, daran erinnert werden, daß eine Maifeier nach 1933 nicht mehr so werden konnte, wie man sie aus den 20er Jahren im – gewiß verklärenden – Gedächtnis hatte? Es

119 Fanfarenbläser der Hitler-Jugend in Chemnitz, 1933

gab zumindest einige mit gleichem Erfahrungsstand, die sich wohl einen behutsameren Umgang mit korrumpierten Traditionen gewünscht hätten.

Alfred Kantorowicz, Spanienkämpfer, Emigrant in den USA, 1946 nach Deutschland zurückgekehrt und seit 1950 Mitglied der SED und Professor für neuere deutsche Literatur an der Humboldt-Universität in Ost-Berlin, bat 1957 in West-Berlin um Asyl. Zuvor hatte er seinen Dissens mit den herrschenden Genossen Tagebüchern anvertraut. Zum 1. Mai 1951 notierte er: »Unsere Führer wollen Massen auf den Beinen sehen – zu ihrem Ruhm. Es geht um die Zahl der Beine, Köpfe sind entbehrlich.« Als 1956 erste Einheiten der neu geschaffenen ›Nationalen Volksarmee‹ zum 1. Mai vor der Tribüne auf dem Marx-Engels-Platz paradierten, schrieb er seinen Ärger über den »Potentaten« Ulbricht nieder: »Heute auf seiner Tribüne auf seinem Marx-Engels-Platz, wo sein Volk und seine Wehrmacht an ihm vorbeidefilieren müssen. Im Zeichen des ›verschärften Friedenskampfes‹ inspiziert er wie immer finster verkniffenen Gesichts die allerletzte und allerfeinste ›Errungenschaft‹ seiner Demokratie: den preußischen Parademarsch! Es gibt ihn wieder. Gedrillte Muschkoten marschieren ruck-zuck, die Beine hochgeschmissen bis zur Waagerechten, roboterhaft an dem gegenwärtigen Potentaten vorbei – im Namen Marxens, im Namen des Sozialismus, im Namen der Demokratie, im Namen des ›verschärften Friedenskampfes‹.«[6] (S. Abb. 183, Schaukasten: Maidemonstration.)

Der 1. Mai war allerdings nicht die einzige Veranstaltung, deren demonstratives Begehen unangenehme Assoziationen hervorrufen konnte. Die ›Freie Deutsche Jugend‹ (FDJ), jener im Früh-

120 Ein Fanfarenzug der FDJ während der »Friedensdemonstration« zum Deutschlandtreffen, Pfingstsonntag 1950

jahr 1946 gegründete überparteiliche Jugendverband, zeichnete sich nicht gerade durch vorsichtige Distanzierung von Erscheinungsformen der ›Hitler-Jugend‹ aus. Zwar hatte man während des langwierigen Gründungsprozesses deutlich gesagt, daß man »nie wieder eine militaristische oder Staatsjugend« zulassen wolle; und auch die Besatzungsmacht hatte besorgten Kirchenvertretern versichert, »daß die Freie Deutsche Jugend niemals zu einem Zwangsinstrument nach Art der Hitler-Jugend gemacht würde«.[7] In einem 1945 von der SMAD für die neuen Jugendausschüsse formulierten Erziehungsauftrag war zu lesen, es gelte »in der deutschen Jugend das von den Nazis getötete Gefühl für Recht und Unrecht, Wahrheit und Lüge, Sittlichkeit und Verbrechen zu erwecken, die Naziideologie aus ihren Köpfen zu entfernen und die Jugendlichen zu ehrlich denkenden Menschen zu erziehen«.[8]

Doch schon am Abend des 11. Oktober 1949 organisierte der Erste Sekretär des Zentralrats der FDJ, Erich Honecker, zu Ehren des eben zum Präsidenten der DDR gewählten Wilhelm Pieck einen Fackelzug der Jugend durch Berlin-Mitte, der fatal an jenes Ereignis erinnern mußte, das Goebbels am 30. Januar 1933 für »seinen Führer«, den mit der Reichskanzlerwürde betrauten Adolf Hitler, inszeniert hatte.[9] Wer sich des Zusammenhanges damals nicht bewußt war, der hätte darüber in der Zeitung lesen können. Zwei Wochen vorher, am 24. September, hatte die FDJ zum ›Friedenstag der deutschen Jugend‹ eine Großkundgebung im Berliner Lustgarten veranstaltet. Das Bild, das 35 000 mit Fahnen und Fackeln ausgerüstete FDJler dort boten, wurde in der ›Täglichen Rundschau‹ schwärmerisch beschrieben: Die Menge glich einem »leuchtenden Flammenmeer ..., über das die blauen Fahnen der FDJ, der Jungen Pio-

121 ›Junge Welt – Die Reichszeitschrift der Hitler-Jugend‹, Titelseite der Ausgabe von Januar 1940

niere, die weißen Banner des Weltjugendbundes und die schwarzrotgoldenen Flaggen der deutschen Republik flattern«.[10]

Die Singgebung dazu lieferte eine Glosse in derselben Ausgabe der Zeitung: »Friedensfackeln gegen Kriegsfackeln«! Der Autor schrieb über »Tausende von Friedensfackeln«, die in den Straßen »der Hauptstadt Deutschlands« leuchteten. Die metaphorische Beschwörung des Guten war zwar schlicht, doch eben deshalb vermutlich auch effizient, weil entlastend. Zwar wurde die Feierstunde der nationalsozialistischen »Machtergreifung« nicht eigens erwähnt, aber wenn von Fackeln in der Hauptstadt die Rede war, konnte anderes schwerlich gemeint sein. Es ging um Unterscheidung: Die Fackeln, die am Abend des 30. Januar 1933 durch die Hauptstadt Deutschlands getragen wurden, waren selbstverständlich – wie inzwischen historisch erwiesen – »Kriegsfackeln«; die diesmal und wenig später wieder zu Ehren des ersten Präsidenten der DDR durch die Straßen Berlins ziehenden FDJler trugen hingegen »Friedensfackeln«, da diese doch unbezweifelbar für eine gute Sache flackerten. So wurden aus bedrängenden Ähnlichkeiten stolz zur Schau gestellte Gegensätze – »Mit uns zieht die neue Zeit«!

Anlässe, mit der Feuer- und Lichtsymbolik zu spielen, wurden von der FDJ gerne genutzt. Die in das Dunkel der Ignoranz hineinleuchtende Fackel des Wissens fügte sich ja auch gut zu dem Emblem des Jugendverbandes, der über dem Horizont aufgehenden Sonne. Doch wenn man sich schon im Zeichen der Aufklärung zusammenfand, hätte man sich dann nicht auch fragen müs-

122 Titelseite der ›Jungen Welt – Organ des Zentralrats der Freien Deutschen Jugend‹, 1952

sen, wie weit solche Symbolik noch eindeutig zu verstehen und ernst zu nehmen war? War es im Sinne antifaschistisch-demokratischer Aufklärung gedacht und gehandelt, wenn in FDJ-Gruppen bald schon wieder Trommeln dröhnten und Fanfaren schmetterten? Helga Gotschlich zitiert ein Interview, in dem von der Gründung eines Fanfarenzuges der FDJ im Vogtland berichtet wird: Dort trafen sich diejenigen wieder, »die alle beim Jungvolk im Fanfarenzug gewesen waren«.[11] Im offiziellen Protokollband zum III. Parlament der FDJ in Leipzig heißt es zu Beginn: »Erster Verhandlungstag – 1. Juni 1949. Das III. Parlament der Freien Deutschen Jugend wird mit Fanfarenklängen eröffnet.«[12]

Am 1. November 1945 erschien in Berlin erstmals die von Erich Honecker, dem Vorsitzenden des ›Zentralen Antifaschistischen Jugendausschusses‹, herausgegebene Jugendzeitschrift ›Neues Leben‹; sie wurde im Impressum als »Zeitschrift der Freien Deutschen Jugend« bezeichnet, was den Ereignissen vorgriff, da in der SBZ eine so benannte Jugendorganisation damals noch nicht bestand. Im Juni 1946 kam dann ›Start‹ heraus, das »illustrierte Blatt der jungen Generation«. Ab dem 12. Februar 1947 erschien schließlich, zunächst als Wochenzeitung, die ›Junge Welt‹, die mit Nr. 40 (10. November 1947) im Untertitel als ›Zentralorgan der Freien Deutschen Jugend‹ firmierte.[13] Als man sich für die Herausgabe einer Zeitung unter diesem Titel entschied, hat es offenbar kaum jemanden gestört, daß eine ebenso übertitelte Jugendzeitschrift erst vor knapp drei Jahren ihr Erscheinen eingestellt hatte: Von April 1939 bis Juni 1944 erschien im Verlag Franz Eher Nachf. G.m.b.H. (Zentralverlag der NSDAP), Zweigniederlassung Berlin SW 68, monatlich ›Junge Welt – Die Reichszeitschrift der Hitler-Jugend‹. Nach dem darin veröffentlichten Geleitwort des Reichsjugendführers Baldur von Schirach sollte »die mit diesem Heft begründete neue Zeitschrift ... die Arbeit unserer Gemeinschaft schildern und ein fröhliches, dem Wesen unserer Jungen entsprechendes nationalsozialistisches Bekenntnis sein«.[14]

Es gab schon einige, die solche merkwürdigen Affinitäten bemerkten und durchaus nicht für gut befanden. Als in der FDJ etwa drei Jahre nach der Gründung die Uniformierung mit dem Blauhemd eingeführt wurde, konnte man sich nicht auf ein sowjetisches Vorbild berufen, da der ›Komsomol‹ keine einheitliche Kleidung hatte. Deshalb lag es um so näher, sich an das braune Hemd der ›Hitler-Jugend‹ zu erinnern, und Hermann Weber berichtet aus eigener Erfahrung, daß einige dies auch murrend taten.[15] Als Thomas Mann zum 1. August 1949 nach Weimar kam, um dort den ›Goethepreis‹ entgegenzunehmen, schrieb seine Gattin Katia in einem Brief an Tochter Erika: »Besonders die FDJ ..., die von Morgen bis Abend ihr Friedens-Horst Wessel Lied grölte und dazwischen im Chor schrie ›Wir grüßen unseren Thomas Mann‹, erregte recht fatale Assoziationen, wie sogar von dem guten Becher, der überhaupt einen äußerst bedrückten Eindruck machte, ausdrücklich festgestellt wurde.«[16]

Den bösen Vergleich mit dem nationalsozialistischen »Märtyrer der Bewegung« Horst Wessel und dem zu seinem Gedächtnis viel gesungenen ›Horst-Wessel-Lied‹ bemühte auch Alfred Kantorowicz verschiedentlich in seinen Tagebüchern, und er scheute sich in diesen intimen Notizen nicht, eine Beziehung zu den Dichtern Johannes R. Becher und Kurt Barthel (Kuba) herzustellen. In öffentlichen Äußerungen argumentierte er vorsichtiger, aber noch deutlich genug. Zum ›Thälmann-Lied‹ von Kuba antwortete er auf die empörte Anfrage eines Jugendlichen in der ›Berliner Zeitung‹: »Sein Thälmann-Lied wird bei uns von Millionen junger Menschen gesungen. Gerade darum bedarf es des Einspruchs. Denn da heißt es: ›Deutsch unsre Fluren und Auen! / Bald strömt der Rhein wieder frei. / Brechen den Feinden die Klauen, / Thälmann ist immer dabei.‹ – Wie? Thälmann immer dabei – beim Klauenbrechen? ... Nein, nein und nochmals nein! Klauenbrecher, das waren und sind die anderen, gegen die früher auch Thälmann kämpfte im humanistischen Geiste des Sozialismus und der Völkerverständigung – bis zur selbstlosen Hingabe seines Lebens. ... ›Heimatland, reck' deine Glieder‹ – ›breit in den Schultern‹ – ›Deutsch unsre Fluren und Auen‹ – ›Der Rhein wieder frei‹ – ›Brechen den Feinden die Klauen‹ – und am Ende ›Stimme und Faust der Nation‹. Nein, nein und nochmals nein! Stimme und Faust mögen ausreichen für Marktschreier, Demagogen, Schläger. Ehrwürdige Vorkämpfer des Sozialismus sind anderes und mehr. Sie sind

123 Marschkolonne der Hitler-Jugend, 1933

124 Junge Pioniere ziehen während des Deutschlandtreffens vor der Tribüne vorbei, Mai 1950

Fürsprech, Mahner, Gewissen ihres Volkes. Auch Ernst Thälmann.«[17]

Ja, die Lieder, die sie sangen, und die Fahnen, die sie schwangen!? Die FDJ-Führung ließ sich dazu noch einiges mehr einfallen: Im Sommer 1948 hatte der Zentralrat der FDJ zur allgemeinen Vorbereitung auf das III. Parlament in Leipzig ein ›Aufgebot der Jugend‹ beschlossen. Diejenigen FDJ-Gruppen, die aus diesem Wettbewerb als »Sieger« hervorgehen würden, sollten mit 25 vom Zentralrat gestifteten »Sturmfahnen« ausgezeichnet werden. Während der Verleihung der Auszeichnungen auf dem III. Parlament bemerkte Erich Honecker dazu in seiner Ansprache: »Diese Sturmfahnen tragen die Namen der unsterblichen Helden der deutschen Widerstandsbewegung gegen den Faschismus, die in ihrer Standhaftigkeit und Opferbereitschaft Vorbild der deutschen Jugend sind und in ihnen ihre Wiedergeburt finden sollen.«[18]

»Sturmfahnen«, ehrenvoll gekennzeichnet mit Namen und Bildnissen von Widerstandskämpfern! Selbst damit sah zumindest in der FDJ-Leitung immer noch niemand eine Grenze überschritten. Obwohl doch bei solchem Symbolgerät allen Dreißigjährigen der Kopf erinnerungsschwer gebrummt haben müßte. Aus den Zeiten der bündischen und sozialistischen Jugendbewegung vor 1933 konnte einem dazu nicht viel einfallen: Manche hatten damals gesungen: »Wir lieben die Stürme, die brausenden Wogen, / Der eiskalten Winde rauhes Gesicht. / Wir sind schon der Meere so viele gezogen, / Und dennoch sank uns're Fahne nicht!« Schon vor dem Ersten Weltkrieg war ›Der Stürmer – Kampfzeitung für die Arbeiterjugend Deutschlands‹ zeitweilig erschienen. In den 20er Jahren bemühte man die Sturmmetaphorik gelegentlich auch für die Namensgebung von Jugendgruppen: Im Rheinland gab es bündisch geprägte katholische ›Sturmscharen‹; die Jugendorganisa-

125 Das ›Stalin-Aufgebot‹ der FDJ im Berliner Lustgarten, 1952

tion des kommunistischen ›Roten Frontkämpferbundes‹ wurde 1924 als ›Roter Jungsturm‹ gegründet, jedoch schon Ende 1925 umbenannt in ›Rote Jungfront‹.[19]

Viel ausgiebiger wurde »Sturm« jedoch in allen Wort- und Sinnverbindungen von den Nationalsozialisten in Anspruch genommen. Im September 1921 wurde der Saalschutz der NSDAP umgewandelt in eine gesonderte Organisation mit der Bezeichnung ›Sturm-Abteilung‹ (SA); entsprechend wurden Einheiten der SA als ›SA-Sturm‹ bezeichnet, die von ›Sturmführern‹ kommandiert wurden; zur Uniform der SA gehörte die Mütze mit ›Sturmband‹ oder ›Sturmriemen‹. In der zweiten Strophe des ›Horst-Wessel-Liedes‹ heißt es: »Die Straße frei den braunen Bataillonen, / die Straße frei dem Sturmabteilungsmann!«; in anderen NS-Kampfliedern gehen »Sturmsoldaten« gegen Bolschewisten vor, »trotzen allen Sturmgewalten« und singen »ein sturmgewaltig Lied«. Die SA sang: »Wir sind die Sturmkolonnen der Hitlerdiktatur«. Entsprechend lautet in einem ›Marschlied der SS‹ die zweite Strophe: »Auf! auf! Ihr Kämpfer, Mann für Mann, / hoch flattern unsere Fahnen, / tragt sie zum letzten Sturm voran, / sie sollen euch gemahnen: / SS marschiert! Die Straße frei! / Die Sturmkolonnen stehen! / Sie werden aus der Tyrannei / den Weg zur Freiheit gehen!«[20]

Damit nicht genug. Der Fahnenkult der Nationalsozialisten wurde zu einem mystischen Gemenge aus Heldenverehrung, germanischer Blutopfer-Feier und christlichen Passionsanalogien gesteigert. Die Fahnenweihe war fester Bestandteil des Programms der Nürnberger ›Reichsparteitage‹. Zu dem Weihezeremoniell mit der »Blutfahne« von 1923 gehörte auch das von Dietrich Eckart gedichtete Lied ›Deutschland erwache!‹, dessen drei Strophen beginnen: »Sturm! Sturm! Sturm!«[21] Im Dienstbuch einer Münchner HJ-Schar von 1933 findet sich der Eintrag: »An der Stelle, an der am 9. November 1923 deutsche Kämpfer unter dem Feuer einer marxistisch durchseuchten Polizei und Reichswehr zusammenbrachen, übergibt der Gebietsführer seiner Jugend den Wimpel ›Kampfjugend‹ des Jahres 1923, denselben Wimpel, dessen Fahnenträger an der Feldherrnhalle für Deutschland fiel ... Im strammen Paradeschritt wie

126 Plakat zum Gedenktag für die Opfer des Faschismus, 29. September 1945 (Entwurf: Karl Kraußе)

127 Aufruf des Berliner »Ausschusses für Einheit und gerechten Frieden« zur Friedenskundgebung auf dem August-Bebel-Platz am 1. September 1949

Preußens Garde an ihrem König, so marschieren wir an dem Gebietsführer vorbei.«[22]

Nun wird es aber Zeit, einiges zur Klarstellung zu sagen: Mir ist bekannt, daß auch in der Bundesrepublik seinerzeit in den verschiedensten Jugendgruppen – keineswegs nur bei der ›Deutschen Jugend des Ostens‹ – Hemden im Uniformschnitt und Halstücher mit Lederknoten getragen wurden, daß über den Zelten der Sommerlager Fahnen wehten, des öfteren die »alten Lieder« klangen und gelegentlich auch in Kolonne marschiert wurde. Das alles war in seiner pluralistischen Differenzierung nicht so auffällig und kam sicher auch nicht so regelmäßig vor. Aber derlei Vergleichbarkeiten und Unterschiede zwischen BRD und DDR sind – hier zumindest – von geringem Interesse. Es soll hier weder darum gehen, die mit der Gewöhnung an die Einheit lustlos beschäftigten Deutschen in bessere und schlechtere Vergangenheitsbewältiger einzuteilen, noch darum, alle Hoffnungen, idealistischen Vertrauensseligkeiten, Machtinteressen, pompösen Selbstbehauptungen, Gemeinheiten, Verbrechen und Schlampereien aus der ehemaligen DDR im Eintopf einer Totalitarismusdoktrin zu verrühren.[23]

Hier stellt sich vielmehr die Frage, warum sich so viele Mitglieder der SED- und FDJ-Führung, die ihre schlimmen Erfahrungen mit einer Parteidiktatur und deren Formierungszwängen gemacht hatten, derart unbefangen auf beschädigte Überlieferungen einließen. Eine stolze Berufung auf Traditionen der Arbeiter- und Arbeiterjugendbewegung konnte doch nicht aufheben, was die Nazis dann daraus gemacht hatten. Konnten erfahrene Antifaschisten nicht erkennen, daß die Repräsentations- und Demonstrationsformen aus ihrer Jugendzeit nun offensichtlich korrumpiert waren von angemaßten Herrschaftsansprüchen, verächtlichem Umgang mit Gesetz und Menschenrechten sowie von einem Kollektivierungsdruck, der sich als ebenso brutal wie illusionär erwiesen hatte?

Warum kamen nur so wenigen Zweifel, ob sich die »antifaschistisch-demokratische Friedensordnung« wirklich mit jenen Mitteln aufrichten ließ, die die Nazis so zielstrebig für ihre Kriegsziele eingesetzt hatten? Zu fragen ist demnach, ob das Befürworten und Veranstalten von Aufmärschen, Fackelzügen, ritualisiertem Fahnenkult und militaristischer Jugendbewegtheit aus Naivität oder aus Gleichgültigkeit geschahen; ob entsprechende Beschlüsse aus zynischem Machtkalkül oder aus dem unbeirrbaren Glauben an die gute, dem Lauf der Geschichte gemäße Zielsetzung gefaßt wurden.

In jenem Jahr, als Hitler der Zugang zur Macht freigegeben wurde, schrieb Ernst Bloch voller Zorn, daß sich »der Nazi« in betrügerischer Absicht und sozialistischer Verkleidung diesem Ziel genähert hätte: »Zu diesem Zweck muß seine Propaganda lauter revolutionären Schein entwickeln, ausstaffiert mit Entwendungen aus der Kommune ... 1. Man stahl zuerst die rote Farbe, rührte damit an ... 2. Dann stahl man die Straße, den Druck, den sie ausübt. Den Aufzug, die gefährlichen Lieder, welche gesungen worden waren. Was die roten Frontkämpfer begonnen hatten: den Wald von Fahnen, den Einmarsch in den Saal, genau das machten die Nazis nach.« Solche Übernahmen und Aneignungen werden auch von Historikern angenommen, wobei jedoch besonders in bezug auf Jugendarbeit einschränkend angemerkt wird, daß ebenso das Gehabe der bündischen Jugend ausgeschlachtet wurde und sich manche Übereinstimmungen überdies aus den Notwendigkeiten des Massenappells ergaben.[24]

1945 versuchten manche der überlebenden Sozialdemokraten und Kommunisten an den Traditionen aus der Zeit vor 1933 wieder anzuknüpfen. Das geschah oft aus Unkenntnis möglicher Alternativen, da viele Genossen die vergangenen Jahre in erzwungener Isolation oder innerer Emigration verbracht hatten.[25] Es geschah aber wohl auch aus einem triumphierenden Gefühl der Genugtuung gegenüber den überwältigten Peinigern: »Und wir haben doch gesiegt!« Nun wollte man die »Entwendungen aus der Kommune« wieder in Besitz nehmen und hielt es offenbar für möglich, sie wieder in einen Status »linker Unschuld« überführen zu können. In seiner großen Rede auf dem II. Parlament der FDJ in Meißen kam Erich Honecker auch auf die Jugendbewegung in der Weimarer Republik zu sprechen. Er gestand ihr »gute Traditionen« zu, erklärte sie jedoch für gescheitert, »weil sie es nicht verstand, den gesunden Erlebnisdrang der Jugend mit der Erfüllung bestimmter notwendiger gesellschaftlicher Aufgaben zu verbinden«. Dennoch hielt er für möglich, »daß die junge Generation einen Weg geht, auf dem sie wohl das Gute von Weimar mitnimmt ... Unser Weg ist daher der Weg, den man in der Ostzone Deutschlands beschritten hat.«[26] Dabei waren sich Honecker und seine SED-Genossen im Zentralrat der FDJ völlig bewußt, daß dieser mit »guten Traditionen« gepflasterte Weg von anderen mit Skepsis und deutlicher Kritik betrachtet wurde. Die westdeutsche SPD sah sich als Opfer der »Zwangsvereinigung« und polemisierte scharf gegen totalitäre Entwicklungen in der SBZ/DDR.[27] Aus Kirchenkreisen wurde ebenfalls der Verdacht geäußert, daß die für überwunden erklärte Gewaltherrschaft der Nazis in mancher Hinsicht fortgesetzt würde. So richtete Bischof Dibelius zu Pfingsten 1949 einen Hirtenbrief an die Gemeinden der Kirchenprovinz Brandenburg, in dem er die SBZ mit dem NS-Staat verglich, »Gewalt, die über alles Recht hinweggeht«, sowie »Feindschaft gegen das christliche Evangelium« anprangerte und die neuerdings eingerichteten Kommissariate ›K 5‹ der Kriminalpolizei bezichtigte, wie seinerzeit die Gestapo Menschen aus ideologischen Gründen zu verfolgen und einzusperren.[28]

Da sich die Urheber solcher Kritik aber leicht dem »Klassengegner« zuordnen ließen, brauchte man auf deren Argumente nicht näher einzugehen, sondern konnte derlei Einreden pauschal und mit Entrüstung zurückweisen. Vor dem II. Parlament berief sich Honecker auf »über 300 000 Tote« aus der »Widerstandsbewegung gegen den Nazismus« und empörte sich dann: »Ist es nicht, wenn wir die Dinge so sehen, eine Unverfrorenheit und Frechheit, unsere Organisation, die mit das heilige Vermächtnis der Widerstandsbewegung erfüllt, mit der Zwangsorganisation der Hitlerjugend zu vergleichen. (Pfuirufe) Freunde! Die so reden, können nur Feinde der jungen Generation

128–129 Zwei Titelseiten aus der Reihe ›Tatsachen und Berichte aus der Sowjet-Zone‹ (hg. v. Vorstand der SPD in Bonn zur Verbreitung durch das Ostbüro der SPD), um 1950

sein.« Da viele sich damals mit gutem Recht als Verfolgte des Naziregimes sehen konnten, war es sicher nicht wirkungslos, wenn auch Paul Verner bei gleicher Gelegenheit in einer ›Feierstunde zu Ehren der Opfer des Faschismus‹ sagte: »Jene Menschen, die heute schamlos genug sind, die Freie Deutsche Jugend zu verleumden, sollen wissen, daß unsere Organisation, die freiwillige Gemeinschaft junger Menschen, viele Mitglieder in ihren Reihen zählt, die zu denen gehören, die in der nazistischen Nacht treu zur Freiheit gehalten und dafür gelitten haben.«[29]

Aber antifaschistische Leidenserfahrung und linke Siegesgewißheit mußten sich nicht unbedingt gegenseitig bestätigen. Wie das Beispiel Kantorowicz zeigt, hätte der geschärfte Blick für die Rituale der Macht den Überlegenheitsgefühlen doch auch ein wenig Nachdenklichkeit beimischen können. Will man sich also erklären, warum SED und FDJ so unbedacht Fackeln und Fahnen, Uniformen und Fanfaren zur Selbstdarstellung nutzten, so muß man wohl ein anderes Moment sozialistischen Bewußtseins aufspüren. Ein Debattenredner auf dem Meißener FDJ-Parlament gibt dazu einen Hinweis. Er forderte damals, daß man Jugendlichen, die an Schulungen der FDJ teilnehmen wollten, Beurlaubungen, wie sie schon bei der HJ üblich waren, gewähren solle; dazu erklärte er: »Eine Erziehung und Entwicklung des Untertanengeistes war der Zweck der damaligen Schulung. Wenn es damals für diese schlechten Ziele möglich war, dann muß eine Beurlaubung für unsere hohen Ziele heute erst recht möglich sein.«[30]

Desselben Argumentationsschemas hatte sich auch schon Wilhelm Pieck bedient, als er im Oktober 1944 für einen Lehrgang der Parteischule der KPD in Moskau Notizen zu einem Vortrag über Kaderschulung niederschrieb. Bezüglich des Problems, daß die Partei im besiegten Deutschland mit einem »anfänglichen Mangel an geschulten Kadern« rechnen müsse und deshalb geeignete Schulungseinrichtungen zu schaffen seien, notierte er: »Ich denke da an ähnliche Einrichtungen, wie sie die Nazipartei auf ihren Ordensburgen für reaktionäre Zwecke geschaffen hat.«[31] Das ist es! Die – in der nationalsozialistischen Praxis bewährten – ›Nationalpolitischen Erziehungsanstalten‹ (Napola) können ein brauchbares Mittel sein, sofern man es nur für die besseren Zwecke einsetzt. Und daß die in der Geschichtsphilosophie des historischen Materialismus begründete Zwecksetzung gut und richtig war, darüber mußte sich ein aufrechter Sozialist keine Sorgen mehr machen.

Ist es das? Darf man annehmen, daß zu Zeiten, als der Krieg gegen Hitler-Deutschland zwar schon entschieden, aber noch lange nicht gewonnen war, der in Moskau residierende Vorsitzende der Exil-KPD naiv oder abgebrüht genug war, sich vom verteufelten Gegner ausgerechnet ein Instrument der Jugenderziehung auszuborgen? Die darin deutlich werdende Skrupellosigkeit verleitet zu lästerlichen Gedankenspielen: Was ist das Gegenteil jener »Entwendungen aus der Kommune«? Konkrete Utopie? – unbeirrbarer Glaube an die Erreichbarkeit des vorgegebenen Zieles, ungeachtet der dazu eingesetzten Mittel? Bloch-Leser mögen solche Fragen nicht, doch die Einsicht ist schwerlich abzuweisen. Im fraglichen Fall hat es den deutlichen Anschein, als wäre in Piecks Organisationskalkül für Berührungsängste kein Platz. Die Sorge, daß man sich mit nationalsozialistischen Organisations- und Erscheinungsformen einen »Virus« einfangen könnte, kam ihm offensichtlich nicht in den Sinn.

Da der oben zitierte FDJ-Parlamentarier in gleicher Weise jene »schlechten Ziele« gegen »unsere hohen Ziele« ausspielte, um seine Forderung nach Freistellung für Schulungszwecke zu begründen, erweist sich, daß die unbekümmerte Handhabung der Zweck-Mittel-Relation weit verbreitet war. Wenn Honecker und Verner antifaschistische Kritik an der Entwicklung der FDJ als unverfroren und verleumderisch abtaten, läßt sich darin ebenfalls eine Gewißheit des »richtigen Weges« erkennen, die auf dasselbe Denkmuster verweist. Man war überzeugt, daß der Marxismus-Leninismus als »wissenschaftliche Erkenntnismethode« begründen könne, wer aus der Geschichte der Klassenkämpfe als Sieger hervorgehen werde und welch friedliches Glück dann allen beschieden sein werde. Folglich glaubte man auch, alles, was sich zum schnelleren Erreichen dieses Endziels einsetzen ließe, sei gerechtfertigt. Auch das meinte Honecker, als er seinen kindlichen Spruch aufsagte: »Den Sozialismus in seinem Lauf hält weder Ochs noch Esel auf!«

Daß es so schlicht in der Geschichte nicht zugehen könne, kam allerdings manchem schon Jahrzehnte früher in den Sinn. Als erste Nachrichten über stalinistische Säuberungen in den Westen drangen und idealistische Spanienkämpfer sich eingestehen mußten, daß der NKWD die Trotzkisten in Spanien genauso unbarmherzig liquidierte wie in Rußland, begannen sie über die Mittel nachzudenken, die man für einen guten Zweck einsetzen dürfe. Als der Abschluß des ›Hitler-Stalin-Paktes‹ im August 1939 die Erklärungsnot von linken Intellektuellen erheblich verstärkt hatte, zog Arthur Koestler zum Beispiel den Schluß: »Die auf solche Weise erlangten Vorteile können nicht aufgewogen werden gegen den Schaden, der damit der sozialistischen Moral zugefügt wird.«[32]

Alfred Kantorowicz notierte unter dem 20. Dezember 1956 das späte Eingeständnis eines ebenfalls emigrationserfahrenen Schriftstellerkollegen. Im Rückblick auf die Zeit seines aktiven antifaschistischen Widerstandes bekannte dieser nun, daß damals, »während wir gebannt auf den Feind vor uns, den Faschismus, starrten«, sich in ihrem Rücken »die andere Variante, der rote Nazismus«, festsetzte. Daß solches geschehen konnte, begründet er mit dem »Fehlschluß, daß sozialistische Inhalte notfalls mit Gewaltmethoden durchgesetzt werden müssen. Nun weiß ich, und du weißt es auch, daß man mit Nazimethoden und Naziterror nichts anderes verwirklichen kann als Nazi-Inhalte. Form und Inhalt decken sich – auch hierin, gerade hierin. Es war unser Irrglaube, daß der Zweck die Mittel heilige. Die Mittel verselbständigen sich, sie werden zum Selbstzweck. Aus der

130 Eröffnung der Pionierrepublik ›Ernst Thälmann‹ im Stadion Wuhlheide am 25. Mai 1950

›Diktatur des Proletariats‹ mußte die Diktatur der Funktionäre über das Proletariat werden. Und wir sind Mitschuldige.«[33]

Derart bedrückende Urteile haben auch im Kontext dieses Aufsatzes ihren Platz, denn in der Geschichte der DDR, insbesondere der ihrer Jugendpolitik, blieb es nicht bei Fahnen, Fanfaren und Fackelzügen. Mit wachsender Entscheidungsbefugnis der Partei- und Staatsführung stellte sich auch für sie wieder die Frage, ob eine humanistisch wertvolle Zielstellung Grund genug sei, die Anwendung inhumaner Mittel zu rechtfertigen. Nicht alles ließ sich mit zukunftsfrohem Vertrauen auf die vermeintlich im Status »linker Unschuld« überkommenen »guten Traditionen« aus Weimarer Zeit bewältigen. Ökonomische und sozialpolitische Zwangslagen führten bald in Entscheidungssituationen, aus denen nur noch linke Schamlosigkeit einen Ausweg finden konnte.

Als Edith Baumann 1947 vor dem II. Parlament der FDJ den Bericht des Zentralrats erstattete, kam sie auch auf Pläne zu sprechen, mit denen man in den Westzonen Jugendarbeitslosigkeit und daraus folgende Verwahrlosung einschränken wolle. Erwogen werde die Einführung eines Arbeitsdienstes, doch seien solche Überlegungen von der FDJ-Führung »mit aller Schärfe« abgelehnt worden: »Arbeitsdienst und Kasernenhofatmosphäre liegen zu dicht beieinander, um nicht mit aller Entschiedenheit gegen jeden Versuch seiner Einführung Front zu machen. Wenn die Jugend in zwölf Jahren faschistischer Tyrannei eines hassen gelernt hat, dann ist es Zwang und Drill.« Erich Honecker bekräftigte die Ablehnung bei gleicher Gelegenheit mit dem Argument, man wolle die Jugend nicht schon wieder »dem Drill von Unteroffizieren und Feldwebeln ausliefern«.[34]

Ministerpräsident Grotewohl schlug in die gleiche Kerbe: Er erklärte – unter Zustimmung und lebhaftem Beifall –, die deutsche Jugend sei während des NS-Regimes »höchstens mißbraucht worden«; nun aber müsse die Welt sich klarwerden, »daß man die deutsche Jugend nicht vom Chauvinismus, von militärischen Gedankengängen, nicht von Ideen des Exerzierplatzes freimachen kann, wenn man sie für Generationen in ein wirtschaftliches Elend stürzt, das ihr jede Aussicht nimmt, eine neue Zukunft aufzubauen«.[35]

Schon fünf Jahre später war alles ganz anders. Parallel zu der diplomatischen Initiative, die die Sowjetunion im März 1952 mit der sogenannten Stalin-Note bezüglich Deutschlands einleitete, erhielt die DDR-Führung den Auftrag, die mit dem Aufbau von kasernierten Bereitschaften der ›Deutschen Volkspolizei‹ schon begonnene Militarisierung zu beschleunigen. Wilhelm Pieck, Otto Grotewohl und Walter Ulbricht wurden vom 31. März bis zum 10. April des Jahres in Moskau nach sowjetischen Vorgaben instruiert. Pieck notierte dazu: »Die pazifistische Periode ist vorbei«, nun gehe es darum, »ohne Geschrei« die »Volksarmee [zu] schaffen«, woraus sich als Konsequenz auch ergebe – »Die FDJ muß schießen lernen«.[36]

In der FDJ-Zeitung ›Junge Welt‹ setzte daraufhin eine intensive Wehrpropaganda ein. Verpflichtungen zur Zusammenarbeit mit der Volkspolizei, zur Sicherung der Grenze und Verteidigung der Republik häuften sich schon vor dem 1. Mai, der von Ulbricht zum »Kampfmai 1952« erklärt wurde. Die Zwischenfälle während der Essener »Friedenskarawane«, in deren Verlauf Philipp Müller, ein junger FDJler aus München, von der Polizei erschossen wurde, boten willkommenen Anlaß, die geforderte Verteidigungsbereitschaft mit der Aggressivität des Westens zu begründen. Selbst Johannes R. Becher steuerte eines seiner »deutschen Sonette« bei: »Die Mordtat bleibt den Mördern unvergessen! / Denkt stets an jenen elften Mai in Essen!«[37] Vom 27. bis 30. Mai des Jahres fand dann in Leipzig das IV. Parlament der FDJ statt, auf dem Ulbricht die Jugend zu Schießübungen aufforderte, »um unser Vaterland mit der Waffe zu verteidigen«. Neben dem Aufmacher zur Ulbricht-Rede titelte die ›Junge Welt‹: »Die FDJ übernahm die Patenschaft über unsere Volkspolizei«; am 1. Juni erschien eine Bildreportage »Bereit zur Verteidigung des Friedens ... Gedanken zur Einführung des Schießsports in der FDJ – Jedes Schießabzeichen eine Warnung für die Kriegstreiber«.[38]

131 Wahlplakat der SED, 1946

Während die Propaganda sich bemühte, die bis zu diesem Zeitpunkt entschieden antimilitaristische Propaganda der SED aus den Köpfen zu verdrängen, den Pazifismus zu verteufeln und die Wehrbereitschaft zu stimulieren, ging Erich Honecker schon daran, konkrete Pläne zu entwerfen, wie man die wirtschaftliche Belastung durch militärische Bau- und Rüstungsmaßnahmen, mit denen die im ersten Fünfjahrplan gebundenen Kapazitäten überfordert waren, durch »freiwillige« Dienstverpflichtung von Jugendlichen auffangen könnte. Gegenüber Walter Ulbricht entwickelte er den Plan einer variabel einsetzbaren, aus Jugendlichen rekrutierten Verfügungstruppe, die kostengünstige Arbeitseinsätze bei der Errichtung militärlogistischer Anlagen leisten könnte. Ulbricht griff den Vorschlag sofort auf, trug ihn bereits am 11. April 1952 dem Politbüro vor, und dieses faßte den Beschluß zur »Organisierung von Jugendlagern unter der Bezeichnung ›Dienst für Deutschland‹«.[39]

KUBA: *Tapfer lacht die junge Garde*

Auf dem Kornfeld
wächst das Brot.
In Gefahr ist
Brot und Kornfeld.
Blüh' und reife
Brot und Kornfeld.
Weh dem Feind,
der unsrer Ernte droht!

Tapfer
lacht die junge Garde,
wacht die junge Garde.
wird nicht fragen —
schlagen
wird sie ihre Feinde,
wagen sie
und greifen an
Hurra!
Blüh' und reife
Brot und Kornfeld.
Weh dem Feind,
der unsrer Ernte droht.

In der Wiege
wächst das Glück.
In Gefahr ist
Glück und Wiege.
Wachse Glück
in deiner Wiege,
denn wir schlagen
die Gefahr zurück.

Tapfer
lacht die junge Garde,
wacht die junge Garde,
wird nicht fragen —
schlagen
wird sie ihre Feinde,
wagen sie
und greifen an
Hurra!
Wachse Glück
in deiner Wiege —
denn wir schlagen
die Gefahr zurück.

Keine Mühe
ist vertan —
In Gefahr ist
Plan und Aufbau
Aber vorwärts
geht der Aufbau
und zum Siege
führen wir den Plan.

Tapfer
lacht die junge Garde,
wacht die junge Garde,
wird nicht fragen —
schlagen
wird sie ihre Feinde,
wagen sie
und greifen an
Hurra!
Aber vorwärts
geht der Aufbau
und zum Siege
führen wir den Plan.

132 In der ›Jungen Welt‹ veröffentlichtes Gedicht von Kurt Barthel, 7. Juni 1952

133 Übung einer FDJ-Gruppe im Umgang mit dem Gewehr, um 1954

Wenige Tage nachdem die II. Parteikonferenz der SED dafür votiert hatte, den Aufbau bewaffneter Streitkräfte in der DDR zu organisieren, verfügte das Sekretariat des ZK der SED detaillierte Regelungen für eine dem Innenministerium zu unterstellende ›Organisation Dienst für Deutschland‹ (ODD), für die zunächst ca. 22 000 Jugendliche rekrutiert werden sollten. Am 1. August 1952 erschien die Verordnung über die Gründung von ODD im Gesetzblatt der DDR.[40] Die Anwerbung von Jugendlichen für diesen Arbeitsdienst hatte nicht den erhofften Erfolg. Betreuung und Versorgung der Angeworbenen in den Lagern erwiesen sich zudem schnell als derart besorgniserregend, daß die SED-Führung aufgrund niederschmetternder Inspektionsergebnisse beschloß, das Unternehmen ODD schon nach einem halben Jahr stillschweigend zu beenden. Diese Einsicht und die schnell daraus gezogene Konsequenz sind in unserem Zusammenhang aber ohne Bedeutung. Hier ist vielmehr festzuhalten, daß eine mit dem »faschistischen Reichsarbeitsdienst« vergleichbare Unternehmung aus antifaschistischer Logik abzulehnen war und auch abgelehnt wurde: 1947 noch demonstrativ vom Zentralrat der FDJ, 1952 nur noch von den betroffenen Jugendlichen oder deren Eltern und Lehrern.[41]

Erich Honecker, der ehemalige Häftling des Zuchthauses Brandenburg-Görden, hielt weiterhin an jener militanten Variante des Antifaschismus fest. Als Ulbricht 1963 wieder einmal einen Anlauf zur Liberalisierung der Jugendpolitik anregte, und daraufhin ein ›Jugendkommuniqué‹ unter dem Titel »Der Jugend Vertrauen und Verantwortung« die neue Parteilinie verbreitete, war Honecker schon als ZK-Sekretär für Sicherheitsfragen verantwortlich. Er sah dem, was die eigens beim Politbüro eingerichtete Jugendkommission unter der Leitung von Kurt Turba in Gang setzte, wie auch der Umsetzung solcher Initiativen innerhalb der Jugendszene mit skeptischem Argwohn zu[42] (s. Abb. 103, S. 85).

Als im Frühjahr 1965 die Schallplattenproduktion der DDR unter dem Label ›Amiga‹ eine erste Beatles-Platte herausbrachte, bestätigte deren schneller Ausverkauf die Stimmungslage unter den Jugendlichen. Von der neuen Jugendsendung ›DT64‹ ermuntert, traten immer mehr Beat-Gruppen hervor, deren Mitglieder und Anhänger sich provozierend kleideten und in ihrer Haartracht die auf dem Cover der ›Amiga‹-Platte abgebildeten »Pilzköpfe« aus England nachahmten. Mitte September des Jahres kam es während eines Konzertes der ›Rolling Stones‹ in der West-Berliner Waldbühne zu Krawallen und Vandalismus. Nun sahen sich viele, gerade auch sozialistische Bedenkenträger in ihren schlimmsten Befürchtungen bestätigt. Im Oktober setzten daraufhin Repressalien gegen unangepaßte Jugendliche ein, die wesentlich von Honecker gelenkt wurden. Er bewegte sich damals schon zielstrebig auf das 11. Plenum zu.[43]

Am 14. Oktober 1965 brachte die ›Junge Welt‹ auf der ersten Seite die Geschichte eines vorbildlichen Gewaltaktes: »Ein FDJ-Sekretär erzählt: Der Rowdy mußte Haare lassen. Eine Klassenlektion für Eckhard Boschhardt, wie man sich anständig benimmt.« Unter voller Namensnennung der Beteiligten wurde berichtet, wie einem aufsässigen, für die ›Rolling Stones‹ schwärmenden Schüler einer Berliner Oberschule von FDJlern gewaltsam die Haare gestutzt worden seien: »Da reichte es uns. Ein paar Jungen hielten ihn, und mit der Schere besorgten wir selbst die unappetitliche Arbeit.«[44] Kommentare in anderen Zeitungen gaben Flankenschutz, indem sie von »hygienischer Behandlung« der Gammler sprachen: »Sie waschen sich nicht und stinken, ihre zottelige Mähne ist verfilzt und verdreckt, sie gehen der Arbeit und dem Lernen aus dem Wege ... Es geht uns um den Dreck! Und darum, daß diese Jugendlichen faul sind, nicht lernen und nicht arbeiten!«[45] In Leipzig forderte die SED-Bezirksleitung mit warnender Anspielung auf die Waldbühnenkrawalle: »Dem Mißbrauch der Jugend keinen Raum!« Ein Kernsatz des Artikels lautete: »Lange Haare sind unmenschlich!«[46] Als daraufhin Auftrittsverbot über zahlreiche Beatcombos verhängt wurde, kam es zum »Leipziger Gammleraufstand«, einer Protestaktion von Jugendlichen, die den Behörden einen willkommenen Vorwand zum harten Durchgreifen lieferte.[47]

Daraufhin wurde in Leipzig ein Flugblatt verteilt, das die verfängliche Frage stellte: »Geht's um Musik oder Geisteshaltung?«[48] Selbstverständlich ging es denen, die dort für ein »sauberes und ordentliches Antlitz« der Jugend eintraten und damit gewalttätige Repressalien rechtfertigten, genauso um Geisteshaltung wie den Beamten des ›Reichssicherheitshauptamtes‹, die 1944 den »erzieherischen Schock einer kurzfristigen Freiheitsentziehung« zum Zwecke der Einordnung von Jugendlichen in die Volksgemeinschaft empfahlen. In Leipzig und anderswo wurde folgerichtig angewandt, was man damals schon zur »Zähmung« unangepaßter Jugendlicher an möglichen Auflagen erwogen hatte, »mit deren freiwilliger Erfüllung er beweisen kann, daß es ihm mit der geforderten Umkehr ernst ist«. Darunter war auch die »milde« Anordnung, »daß er sich mit ordentlichem Haarschnitt, in ordentlicher Kleidung oder zu einer bestimmten Zeit, einmal oder in regelmäßigen Abständen, auf der Dienststelle vorstellt«.[49]

Daß unter dem NS-Regime die HJ gewaltsam gegen die Provokationen der »Swing-Heinis« vorging, gelegentlich mit der Schere über langhaarige »Tangofrisuren« herfiel oder Friseure veranlaßte, nur noch »Hitlerjungenschnitt« auszuführen, mußte 1965 auch in der DDR bekannt gewesen sein.[50] Honecker war jedenfalls nicht ahnungslos, denn er hatte auf dem II. Parlament davon erzählt, wie sich die FDJ 1946/47 erfolgreich für Jugendliche eingesetzt hatte, denen von Werksleitung und Betriebsrat – vorgeblich aus Arbeitsschutzgründen – »ein zwangsmäßiges Haarschneiden eines ganz genau bestimmten Haarschnittes« vorgeschrieben worden war. Damals verkündete er selbstsicher die Moral von der Geschichte: »Wir sehen an diesen kleinen Beispielen, daß es nicht so einfach ist, die Überbleibsel undemokratischer Erziehungsformen in Deutschland auszurotten. Wir sehen, daß die Entfaltung von Demokratie nicht so einfach vonstatten geht.«[51]

1965 waren undemokratische Erziehungsformen offenbar kein Problem mehr. Am 11. Oktober des Jahres befaßte sich das Sekretariat des ZK mit »Problemen der Jugend« – also mit den Schwierigkeiten, die die Führung mit der Jugend hatte. Zu entscheiden war über ein Papier »Zu einigen Fragen der Jugendarbeit und dem Auftreten der Rowdygruppen (Beschluß des Sekretariats

134 Trommlerformation während des Reichsparteitages der NSDAP, Nürnberg 1936

135 Junger Trommler während der »Friedensdemonstration« der FDJ anläßlich des Deutschlandtreffens, 28. Mai 1950

des ZK vom 11. 10. 1965)«, das von Honecker eigenhändig und verschärfend bearbeitet worden war.[52] Unter Punkt 5 war darin zu lesen, daß der Minister des Innern, Friedrich Dickel, beauftragt wurde, »die erforderlichen Maßnahmen einzuleiten«, um »Mitglieder solcher Gruppen (Gammler u. ä.)« in Arbeitslager einzuweisen. Damit war eine »Rechtsgrundlage« geschaffen, die die Leipziger Genossen ermächtigte, die während der Demonstration auf dem Leuschner-Platz festgenommenen Jugendlichen zu »gesellschaftlich nützlichen Arbeiten« in einen Tagebau zu transportieren und sie erst nach zwei bis acht Wochen von dort wieder zu entlassen.[53]

Um einem gefährlichen Umsichgreifen anglophiler Tendenzen vorzubeugen, hatte Heinrich Himmler dem Chef der Sicherheitspolizei und des Sicherheitsdienstes Reinhard Heydrich schon 1942 nahegelegt, Rädelsführer der Hamburger »Swing-Jugend« in ein Konzentrationslager einzuweisen. Am 25. April 1944 gab es dann einen Erlaß des Reichsführers SS und Chefs der deutschen Polizei, in dem die Funktion von »Jugendschutzlagern« näher bestimmt wurde: »Erziehungsmittel sind straffe Lagerzucht, angespannte Arbeit, weltanschauliche Schulung, Sport, Unterricht, planmäßige Freizeitgestaltung.«[54]

Das sind unfreundliche Vergleiche, durch die sich manche vielleicht zu erneutem Auftrumpfen veranlaßt sehen, während anderen wieder einmal die Mühen des Beschwichtigens abverlangt werden. Wie viele sich auf die hier verfolgte Absicht einlassen mögen, scheint schwer vorhersehbar. Denn es ist nicht ganz einfach, sich unter Verzicht auf vorschnelles Urteilen einstweilen länger mit der verwunderten Frage aufzuhalten: Wie war das nur möglich? Monika Maron meint zu dem Verhalten leidgeprüfter, gleichwohl aber idealistisch glaubender Genossen: »Warum sie hinnahmen, was auch in ihrem Namen geschah, warum sie mittaten in einer Wirklichkeit, die mit ihrem Ideal nur den Namen gemeinsam hatte, erscheint mir, je länger ich darüber nachdenke, als eine Frage nach der menschlichen Natur schlechthin und somit unbeantwortbar.«[55] Ob das für immer so ist, sei dahingestellt. Aber als vorläufiges Fazit scheint hier nur möglich, daß das Erleiden von Anpassungsdruck, Rechtlosigkeit, Verfolgung und Unterdrückung keine generelle Gewähr dafür bietet, daß aus Opfern niemals Täter werden.

1 Maron, Monika: Ich war ein antifaschistisches Kind. Eine Rede über Deutschland, in: Die Zeit, Nr. 49 v. 1. 12. 1989, S. 70/71.

2 Mayer, Hans: Der Turm von Babel. Erinnerung an eine Deutsche Demokratische Republik, Frankfurt a. M. 1991, S. 65 f. u. 67.

3 De Bruyn, Günter: Zwischenbilanz. Eine Jugend in Berlin, Frankfurt a. M. 1994, S. 304, 368 f.

4 Frei, Norbert: Der Führerstaat. Nationalsozialistische Herrschaft 1933 bis 1945, München 1987, S. 64.

5 Zur Losung vgl. Badstübner, Rolf u. Autorenkollektiv: Geschichte der Deutschen Demokratischen Republik, Berlin 1981, S. 65; Zitat in: Der Tagesspiegel v. 3. 5. 1946.

6 Kantorowicz, Alfred: Deutsches Tagebuch II, München 1961, S. 171 u. 609.

7 Weber, Hermann: Freie Deutsche Jugend (FDJ), in: SBZ-Handbuch, München 1990, S. 665-690, hier S. 668; Äußerung von Bischof D. Dibelius in einem Gespräch mit Ministerpräsident Grotewohl am 23. 3. 1950; zit. n. einer Aktennotiz von Propst H. Grüber, in: Köhler, Günther (Hg.): Pontifex nicht Partisan. Kirche und Staat in der DDR von 1949 bis 1958. Dokumente aus der Arbeit des Bevollmächtigten des Rates der EKD bei der Regierung der DDR, Propst D. Heinrich Grüber, Stuttgart 1974, 72; zu entsprechenden Besorgnissen und Beschwichtigungen vgl. auch Noack, Gert: Die Gründung der Freien Deutschen Jugend. Kommunistische Strategien, Realisierungen, Ergebnisse, in: »Das neue Leben muß anders werden ...«. Studien zur Gründung der FDJ (Die Freie Deutsche Jugend, hg. v. IzJ, Bd. 3), Berlin 1996, S. 9-62, hier S. 32, 40-43.

8 Zit. n. Gotschlich, Helga: Aufbruch in ein anderes Deutschland, in: »Das neue Leben muß anders werden ...«. Studien zur Gründung der FDJ (Die Freie Deutsche Jugend, hg. v. IzJ, Bd. 3), Berlin 1996, S. 63-120, hier S. 96.

9 Staritz, Dietrich: Geschichte der DDR 1949–1985 (ed. suhrkamp N. F. Nr. 260), Frankfurt a. M. 1985, S. 34.

10 Tägliche Rundschau, 5/1949, Nr. 225 (1336) v. Sonntag, dem 25. September, S. 1; die nachfolgend zitierte Glosse auf S. 3.

11 Gotschlich (wie Anm. 8), S. 63-120, hier S. 107; ähnlich auch Hübner, Peter: Zur Rolle der »Massenorganisationen« im Alltag des DDR-Bürgers, in: Materialien der Enquete-Kommission ›Aufarbeitung von Geschichte und Folgen der SED-Diktatur in Deutschland‹, Bd. II, 3/1995, S. 1723-1765, hier S. 1743.

12 Protokollband ›III. Parlament der Freien Deutschen Jugend. Leipzig, vom 1. bis 5. Juni 1949‹, Berlin 1949, S. 5; Hans Bentzien berichtet, ihm seien die »ewigen Fanfarenstöße« und das Dröhnen der Landsknechtstrommeln bei Veranstaltungen des ›Jungvolks‹ noch so präsent gewesen, daß er Anfang 1950 in der Jenaer Studentenzeitung gegen die »Einführung von Fanfaren in die Kulturarbeit der FDJ« geschrieben habe; s. Bentzien, Hans: Meine Sekretäre und ich, Berlin 1995, S. 79.

13 Freiburg, Arnold / Mahrad, Christa: FDJ. Der sozialistische Jugendverband der DDR (Studien zur Sozialwissenschaft, Bd. 51), Opladen 1982, S. 22; vgl. zu ›Neues Leben‹ auch Noack (wie Anm. 7), S. 22; Herbst, Andreas / Ranke, Winfried / Winkler, Jürgen: So funktionierte die DDR, Bd. 1, Reinbek 1994, S. 305; zu ›Start‹ vgl. Gotschlich (wie Anm. 8), S. 112; zu ›Junge Welt‹ vgl. Herbst/Ranke/Winkler a. a. O., S. 305; Chronik zur Geschichte der FDJ, Berlin (2.Aufl.) 1978, S. 39.

14 Geleitwort in: Junge Welt – Die Reichszeitschrift der Hitler-Jugend, Heft 1 v. April 1939, Umschlagseite 2; lückenhafte Bestände der Zeitschrift in Berlin in der Staatsbibliothek PK und in der Bibliothek des DHM.

15 Den Hinweis auf das mangelnde Vorbild des ›Komsomol‹ verdanke ich Jörg Roesler; Gert Noack half mir freundlicherweise bei der bislang noch erfolglosen Suche, einen Beschluß zur Uniformierung der FDJ oder wenigsten einen plausiblen Anlaß dafür zu finden. Hermann Weber datiert die Einführung des Blauhemds ohne nähere Angaben auf 1948 und erwähnt, daß manche Jugendliche eine Uniformierung »mit Hinweis auf die uniformierte Staatsjugend HJ« abgelehnt hätten; ders. (wie Anm. 7), S. 674; auf 1948 datiert auch Mählert, Ulrich: Jugendpolitik und Jugendleben 1945–1961, in: Materialien der Enquete-Kommission ›Aufarbeitung von Geschichte und Folgen der SED-Diktatur in Deutschland‹, Bd. III, 2/1995, S. 1442-1488, hier S. 1455.

16 Zit. n. Harpprecht, Klaus: Thomas Mann. Eine Biographie, Reinbek 1995, S. 1754, zur beschwichtigenden Anmerkung von Thomas Mann s. auch S. 1762.

17 Zu den Tagebuchnotizen vgl. Kantorowicz (wie Anm. 6), S. 273, 605 (zum ›Thälmann-Lied‹ dort S. 661-667); ders. in: Berliner Zeitung, 12/1956, Nr. 136 v. 14. 6., S. 3.

18 Protokollband III. Parlament (wie Anm. 12), S. 253-260, Zitat S. 253.

19 Zu der Zeitung s. Jahnke, Karl Heinz u. a.: Geschichte der Freien Deutschen Jugend (1. Aufl. 1982, 2. Aufl. 1983), Berlin, S. 32 (Abb.); zu den ›Sturmscharen‹ s. Jahnke a.a.O., S. 68; Jahnke, Karl Heinz u. a.: Deutsche Arbeiterjugendbewegung 1904 bis 1945 [Illustrierte Geschichte], Köln 1987, S. 226; zu ›Roter Jungsturm‹ s. Arbeiterjugendbewegung in Frankfurt 1904–1945. Material zu einer verschütteten Kulturgeschichte, m. e. einführenden Text von Wolfgang Abendroth, Lahn-Gießen 1978, S. 24; Deutsche Geschichte in Daten, Leipzig 1965, S. 654, 773.

20 Broszat, Martin: Die Machtergreifung. Der Aufstieg der NSDAP und die Zerstörung der Weimarer Republik, München 1984, S. 221; die Lied-Zitate aus ›Deutsche Kampf- und Volkslieder‹, Reutlingen 1933, Nr. 57, 23, 56, 75, 63, 67, 100.

21 Schmeer, Karlheinz: Die Regie des öffentlichen Lebens im Dritten Reich, München 1956, S. 114; ›Deutsche Kampf- und Volkslieder‹, Reutlingen 1933, Nr. 82.

22 Jahnke, Karl Heinz / Buddrus, Michael: Deutsche Jugend 1933–1945. Eine Dokumentation, Hamburg 1989, Dok. 2 (S. 60-62), hier S. 62.

23 Wie schwierig, vorurteilsbelastet und noch keineswegs abgeschlossen die Diskussionen darüber sind, kann man nachlesen in den »Auseinandersetzung[en] mit den beiden Diktaturen in Deutschland in Vergangenheit und Gegenwart«, in: Deutscher Bundestag (Hg.) – Materialien der Enquete-Kommission (wie Anm. 11), Bd. IX/1995, S. 574-777.

24 Bloch, Ernst: Inventar des revolutionären Scheins (zuerst 1933), in: Erbschaft dieser Zeit, Bd. 4 der Gesamtausg.,

Frankfurt a. M. 1962, S. 70-75, hier S. 70; Broszat, Martin: Der Staat Hitlers. Grundlegung und Entwicklung seiner inneren Verfassung (dtv-Weltgeschichte des 20. Jh.), München (12. Aufl.) 1989, S. 35; Paul, Gerhard: Aufstand der Bilder. Die NS-Propaganda vor 1933, Bonn 1990, S. 38 f. u. 274, Anm. 80; Klönne, Arno: Jugend im Dritten Reich. Die Hitler-Jugend und ihre Gegner, München 1995, S. 88-117, einschränkend bes. S. 95, 102.

25 Lippmann, Heinz: Honecker. Porträt eines Nachfolgers, Köln 1971, S. 50 f.

26 Protokollband ›II. Parlament der Freien Deutschen Jugend. Meißen vom 23. bis 26. Mai 1947‹, Berlin 1947, S. 112 f. u. 114 f.

27 Der Vorstand der SPD gab um 1950 in Bonn unter dem Serientitel ›Tatsachen und Berichte aus der Sowjet-Zone‹ eine Reihe von Broschüren heraus, deren Einzeltitel lauteten: 1. Von der HJ zur FDJ / 2. Von der DAF zum FDGB / 3. Von der NSDAP zur KP/SEP / 4. Von der Gestapo zum SSD / 5. Von der NS-Frauenschaft zum DFD / 6. Vom Promi zum Afi / 7. Von Hitler zu Pieck / 8. Von der NSV zur Volkssolidarität / 9. Vom Dritten Reich zur DDR.

28 Köhler (wie Anm. 7), S. 30.

29 Protokollband II. Parlament (wie Anm. 26), S. 116 u. 217.

30 Protokollband II. Parlament (wie Anm. 26), S. 149.

31 Erler, Peter / Laude, Horst / Wilke, Manfred (Hg.): »Nach Hitler kommen wir.« Dokumente zur Programmatik der Moskauer KPD-Führung für Nachkriegsdeutschland, Berlin 1994, S. 269-289 (Dok. Nr. 30), Zitat S. 288.

32 Koestler, Arthur: Sowjetmythos und Wirklichkeit (zuerst 1944), in: ders. – Der Yogi und der Kommissar. Auseinandersetzungen, Frankfurt a. M. 1974, S. 164 f., Zitat S. 164.

33 Kantorowicz (wie Anm. 6), S. 695 f.; vgl. dazu auch Grunenberg, Antonia: Antifaschismus. Ein deutscher Mythos, Reinbek 1993, S. 79.

34 Protokollband II. Parlament (wie Anm. 26), S. 45 u. 123.

35 Ebenda, S. 14-21.

36 Otto, Wilfriede: Sowjetische Deutschlandnote 1952. Stalin und die DDR. Bisher unveröff. handschr. Notizen Wilhelm Piecks, in: BzG 33/1991, S. 374-389; vgl. auch Badstübner, Rolf / Loth, Wilfried (Hg.): Wilhelm Pieck. Aufzeichnungen zur Deutschlandpolitik 1945–1953, Berlin 1993, S. 382-399; Wettig, Gerhard: Neue Erkenntnisse aus sowjetischen Geheimdokumenten über den militärischen Aufbau in der SBZ/DDR 1947–1952, in: Militärgeschichtliche Mitteilungen, 53/1994, Heft 2, S. 399-419, bes. S. 406-410; Graml, Hermann: Internationale Rahmenbedingungen der Deutschlandpolitik 1949–1955, in: Materialien der Enquete-Kommission (wie Anm. 11), Bd. V, 2, S. 1398 f.

37 Vgl. Junge Welt v. April–Juli 1952; der Leitartikel »Kampfmai 1952« von W. Ulbricht erschien in Nr. 69 v. 1. 5. 1952, S. 2; die Philipp-Müller-Agitation setzte mit Nr. 77 ein; Nr. 78 v. 14. 5. 1952 brachte als Aufmacher: »Präsident Wilhelm Pieck zum Essener Blutsonntag«; Bechers Sonett erschien in Nr. 80 v. 16. 5. 1952.

38 Junge Welt, Nr. 92 v. 31. 5. 1952, S. 1; Nr. 93 v. 1. 6. 1952, S. 3.

39 Buddrus, Michael: Die Organisation ›Dienst für Deutschland‹. Arbeitsdienst und Militarisierung in der frühen DDR, Weinheim/München 1994, bes. S. 37 f.

40 Buddrus (wie Anm. 39), S. 48-50.

41 Zum unrühmlichen Ende von ODD vgl. Buddrus (wie Anm. 39), S. 127, 197 ff.; zu den registrierten Vergleichen mit dem RAD bzw. zwischen der GST und »faschistischer Wehrertüchtigung« vgl. ebenda, S. 39 f., 53, 60.

42 Wessel, Harald: Das 11. Plenum – Anfang vom Ende der DDR? Aus Harald Wessels Erinnerungen an den Herbst 1965, Serie in 18 Folgen in: Junge Welt, Oktober 1995 bis Februar 1996; hier Folge VI v. 11./12. 11. 95 u. VII v. 18./19. 11. 95; Bentzien (wie Anm. 12), S. 217-230.

43 Wessel (wie Anm. 42), Folge II-VII.

44 Junge Welt, 19/1965, v. 15. 10., Titelseite.

45 Neues Deutschland (Ausg. A), 20/1965, v. 16. 10., S. 3; Ausg. v. 17. 10. 65, S. 12.

46 Leipziger Volkszeitung, Organ der SED-Bezirksleitung, v. 20. 10. 1965.

47 Wessel (wie Anm. 42), Folge V v. 4./5. 11. 95; Mitteldeutsche Zeitung v. 28. 10. 95, S. 3.

48 Förster, Peter: Die deutsche Frage im Bewußtsein der Bevölkerung in beiden Teilen Deutschlands (1966–1989), in: Materialien der Enquete-Kommission (wie Anm. 11), Bd. V, 2, S. 1286-1288 (Anlage A 4).

49 Jahnke/Buddrus (wie Anm. 22), Dok. 266, S. 398.

50 Wessel (wie Anm. 42), Folge IV v. 28./29. 10. 95.

51 Protokollband II. Parlament (wie Anm. 26), S. 120.

52 Wessel (wie Anm. 42), Folge VII v. 18./19. 11. 95; der Beschluß ist veröffentlicht bei Agde, Günter: Kahlschlag. Das 11. Plenum des ZK der SED. Studien und Dokumente, Berlin 1991, S. 320.

53 Mitteldeutsche. Zeitung (wie Anm. 47); Wessel (wie Anm. 42), Folge V v. 4./5. 11. 95; Jörn Schütrumpf verdanke ich den Hinweis, daß eine Verordnung zur Einrichtung von Arbeitslagern schon unterm 24. 8. 1961 erlassen wurde; die hier nach Wessel geschilderte Entstehung einer »Rechtsgrundlage« bezieht sich also ausdrücklich auf die Einweisung von Jugendlichen in solche Lager.

54 Jahnke/Buddrus (wie Anm. 22), Dok. 220, S. 345, u. Dok. 256, S. 382.

55 Maron (wie Anm. 1).

## Schaukasten: Deutschlandtreffen

»Wir verteidigen – Wir erzwingen –
Wir erkämpfen den Frieden!«

Das Deutschlandtreffen der Jugend fand vom 24. bis 29. Mai 1950 in Berlin statt. Jugendliche aus allen Teilen Deutschlands und »Vertreter der demokratischen Jugend der Welt« waren eingeladen, in der Hauptstadt der DDR »ihr Bekenntnis zum Kampf für den Frieden« abzulegen. Auf dem ›Kongreß junger Friedenskämpfer‹ wurde ein ›Manifest an die deutsche Jugend‹ beschlossen, das alle Jugendlichen aufforderte, sich für die Stärkung des Friedens in der Welt einzusetzen. Ihre Entschlossenheit dazu sollten sie mit einer großen »Friedensdemonstration« bekunden, die am Pfingstsonntag 1950 durch die Innenstadt Berlins zum Lustgarten zog. »Und sie taten es in unmißverständlicher Form: Über sechs Stunden lang zogen die 700 000 jungen Friedenskämpfer voller Begeisterung und Jubel an unserem Präsidenten Wilhelm Pieck, an den Vertretern des Komsomol, des Weltbundes der Demokratischen Jugend und des Internationalen Studentenbundes vorüber.« In einer Sonderausgabe der ›Jungen Welt‹ beschrieb ein Berichterstatter das Ereignis: »Der Zug der 700 000, mit dem es das Wetter zunächst nicht gut meinte, begann am Morgen gegen 9 Uhr. Die Kolonnen zogen, nachdem sie die Innenstadt erreicht hatten, die Leipziger-, Wilhelm- und Friedrichstraße entlang. Von dorther

139

140

141

142

mündeten sie in den Strom, der in zwei endlos langen Armen aus Sechzehnerreihen die Linden hinaufbrandete – sieben Stunden lang ... An den Seiten der Straßen, durch die 500 000 junge Friedenskämpfer ihre Fahnen trugen, drängte sich das arbeitende Berlin, das niemals größere Pfingsten erlebte. So kann nur ein Fest des Friedens aussehen.«
Mit der abschließenden Beteuerung wollte die FDJ-Führung offenbar die West-Berliner der Hysterie bezichtigen, denn dort hatte man sich in den vergangenen Monaten Sorgen gemacht, weil am 7. Februar 1950 in der ›Jungen Welt‹ ein Liedtext erschienen war, in dem es hieß: »Was kümmert uns die Grenze und der Grenzgendarm ... die Freie Deutsche Jugend stürmt Berlin.«

136

137

136 Broschüre der Nationalen Front zum Deutschlandtreffen, 1950

137 Fahnenträger während des Deutschlandtreffens, 1950

138–141 Demonstrationszüge der FDJ während des Deutschlandtreffens 1950 marschieren am Zeughaus vorbei: mit den Porträts Mao Tse-tungs; »Stalins Politik ist die Politik des Friedens« (FDJler symbolisieren ihre Verbundenheit mit der Sowjetunion durch einen vor die Brust gehefteten Roten Stern); mit dem Porträt des polnischen Präsidenten Bolesław Bierut und der Fahne des ›Weltbundes der Demokratischen Jugend‹ (Fotos: Thiele)

142 Junge Pioniere mit ihrem Gelöbnis: »Junge Pioniere schützen die Natur«, 28. Mai 1950 (Foto: Thiele)

144

143

145

146

147

143 Auf der Höhe des Zeughauses vereinigen sich die beiden Marschkolonnen des Demonstrationszuges, 28. Mai 1950

144–149 Im »Zug der 700 000« werden großformatige Transparente und Porträts von Staatsmännern mitgeführt, 28. Mai 1950

150–151 Vorführungen während der ›Sportschau der Demokratischen Sportbewegung‹ im Stadion Mitte (Walter-Ulbricht-Stadion)

150

151

149

148

Katja Protte

# Zum Beispiel ... der 1. Mai 1951 in Ost-Berlin
## Agitation, staatliche Selbstdarstellung und Utopie

152 Demonstration am 1. Mai 1951 auf dem Marx-Engels-Platz

Von den großen jährlich wiederkehrenden Staatsfeiertagen der DDR reichte der 1. Mai am weitesten in die Geschichte zurück.[1] Bereits im letzten Jahrzehnt des 19. Jahrhunderts hatte die internationale Arbeiterbewegung ein althergebrachtes Privileg der Mächtigen beansprucht: Sie hatte einen eigenen Feiertag festgesetzt. Am 1. Mai sollten die Werktätigen aller Länder die Gemeinsamkeit ihrer Forderungen und ihre Solidarität bekunden.

Zunächst vor allem als Mittel im Kampf um den Achtstundentag gedacht, erlangte der 1. Mai schon bald den Rang eines Indikators für den Zustand der Arbeiterbewegung. Seine Öffentlichkeitswirksamkeit machte den Feiertag zu einem bevorzugten Austragungsort für weltanschauliche Auseinandersetzungen. 1929 etwa eskalierten die Gegensätze zwischen KPD und SPD im berühmt-berüchtigten Berliner »Blutmai«, als der sozialdemokratische Polizeipräsident nicht genehmigte Demonstrationen der KPD gewaltsam auflösen ließ. Schlagstock, Pistole und Pflasterstein waren extreme Mittel im Kampf um die »Feiertagshegemonie«. Viel häufiger wurden Plakate, Demonstrationen, Reden und Volksvergnügungen am 1. Mai ins Feld geführt; es war ein Kampf der Zeichen und Symbole.

Die Nationalsozialisten erklärten 1933 den 1. Mai ganz bewußt zum gesetzlichen Feiertag, zum »Tag der nationalen Arbeit«, und begingen ihn mit großem inszenatorischen Aufwand, bevor sie am 2. Mai die Gewerkschaftshäuser besetzten. 1946 veranstaltete die politische Führung der Sowjetischen Besatzungszone am 1. Mai ihre erste große öffentliche Feier überhaupt.[2] Kurz nach dem Vereinigungsparteitag von KPD und SPD beschwor man die Wiedergeburt der deutschen Arbeiterbewegung und feierte die Rückgewinnung der von den Nationalsozialisten vereinnahmten Symbole und Traditionen: »So entfalten auch wir mit Freude und Zuversicht, aber auch mit tiefem Ernst und mit aller Kampfentschlossenheit heute wieder unser rotes Banner, auf dem an der Stelle des schmachwürdigen Hakenkreuzes in Zukunft die verschlungenen Hände der Eintracht und Brüderlichkeit stehen sollen. Diese verschlungenen

Hände sollen uns das Unterpfand sein, daß niemals mehr die Fahne des Sozialismus verbrecherisch verschandelt werden kann. Das sei unser Gelöbnis am 1. Mai. Wir bekunden es, indem wir einstimmen in den Ruf: Der internationale, völkerbefreiende Sozialismus, er lebe hoch!«[3]

Nach Übergangsregelungen wurde 1949 der 1. Mai im Artikel 16 der DDR-Verfassung als gesetzlicher Feiertag verankert.[4] Während in der Bundesrepublik die Anerkennung des 1. Mai als Feiertag im wesentlichen nur die Voraussetzungen dafür schuf, daß Gewerkschaften und andere gesellschaftliche Gruppen ungestört Maifeiern veranstalten konnten, beging die DDR den 1. Mai als offiziellen Staatsfeiertag. Mit möglichst großartigen Maifeierlichkeiten wollte man den Beweis dafür erbringen, daß die DDR der Staat sei, in dem die Forderungen der Arbeiterbewegung verwirklicht würden. Das Ideal eines sozialistischen Staates, wie es der DDR-Führung vorschwebte, sollte in den Feierritualen sichtbar werden.

Bei der Feiergestaltung orientierte sich die DDR an der Sowjetunion, wo der 1. Mai schon seit der Oktoberrevolution Staatsfeiertag war. Von der Feierkultur der Nationalsozialisten distanzierte sie sich nur, soweit es die Inhalte betraf; grundlegende Elemente wie Massenaufmärsche oder die das Ereignis begleitende Propaganda wurden – unter dem Vorzeichen der Wiederaufnahme alter kommunistischer Traditionen – beibehalten.[5]

### Das inhaltliche Programm

Trotz der Berufung auf die kämpferischen Traditionen der Arbeiterbewegung bewirkte die Etablierung des 1. Mai als offizieller Staatsfeiertag, wie zuvor etwa auch in der Sowjetunion oder in NS-Deutschland, einen grundlegenden Wandel der inhaltlichen Ausrichtung des Festtages. Aus dem »Tag der Arbeiter« wurde ein »Tag der Arbeit«. Der 1. Mai konnte nicht mehr der Interessenvertretung von Arbeitnehmern gegenüber Arbeitgebern und Staat dienen, da Interessenkonflikte zwischen verschiedenen gesellschaftlichen Gruppen im eigenen Staat schon aus ideologischen Gründen nicht existieren durften. Vielmehr sollte die »schaffende Gesellschaft« ihren Staat und der Staat seine »Schaffenden« feiern. Ein fester Zusammenhalt von Arbeitern, Bauern und Intelligenz wurde proklamiert. Innenpolitische Themen wurden in Form einträchtiger Bemühungen der gesamten Bevölkerung um bessere Leistungen präsentiert. 1920 war in der Sowjetunion sogar versucht worden, den 1. Mai als freiwilligen, unbezahlten Arbeitstag zu begehen.[6] Diese Idee setzte sich erwartungsgemäß nicht durch. Jedoch erschienen 1951 in der DDR Presseberichte, nach denen Arbeiter immerhin vorgeschlagen haben sollen, am auf den 1. Mai folgenden Wochenende zu arbeiten, um den durch die Feierlichkeiten entstandenen Produktionsausfall zu verringern.[7] Die aggressive Komponente des Arbeiterfesttages wurde aus der eigenen Gesellschaft heraus verlagert und gegen Westdeutschland und das westliche Ausland gerichtet.

Agitationspläne setzten die politisch-ideologischen Themen fest, die die Vorbereitung und Durchführung des Feiertages bestimmen sollten. Angesichts des Koreakrieges und der Diskussion um einen bundesrepublikanischen Verteidigungsbeitrag waren 1951 der Protest gegen die Remilitarisierung Westdeutschlands und die Forderung nach Abschluß eines Friedensvertrages für Gesamtdeutschland die beherrschenden Themen.[8] Die Vorbereitung und Durchführung des 1. Mai in der »Hauptstadt Deutschlands« sollte den »gesamtdeutschen Charakter des internationalen Kampf- und Feiertages der Arbeiterklasse« zum Ausdruck bringen und die propagierte »Aktionseinheit« der westdeutschen und ostdeutschen Arbeiter demonstrieren. Ziel war eine »einheitliche« Berliner Maikundgebung. Als zweiter großer Themenbereich bestimmte die Forderung nach Leistungssteigerung im Rahmen des ersten Fünfjahrplans die Vorbereitungen für den 1. Mai.

Im Jahresablauf der DDR hatte der 1. Mai die Funktion eines Dreh- und Angelpunktes der Agitationsarbeit. Zum Beispiel konnten die gängigen Aufforderungen zur Übernahme zusätzlicher Arbeitsverpflichtungen auf diesen Zeitpunkt hin zugespitzt werden. Aktuelle politische Ereignisse der ersten Jahreshälfte wurden im Rahmen der Vorbereitung und Durchführung des Festtages agitatorisch aufgearbeitet, etwa die im Februar/März in Berlin gefaßten Beschlüsse des Weltfriedensrates und der Europäischen Arbeiterkonferenz. Als weiterführender Bestandteil der Agitation wurde zur Teilnahme an der von der DDR unterstützten Volksbefragung über die Remilitarisierung Westdeutschlands aufgerufen. Gleichzeitig war der »Tag der Werktätigen« Generalprobe und Auftakt zum größten propagandistischen Ereignis 1951, zu den nach Berlin vergebenen sozialistischen ›Weltfestspielen der Jugend und Studenten für den Frieden‹ im August.

### Die Mai-Funktionäre

Der Freie Deutsche Gewerkschaftsbund (FDGB) war Träger der Maifeierlichkeiten, entsprechend »dem Charakter des 1. Mai als Kampf- und Feiertag der Arbeiterklasse«. Die Planung und Organisation war angesichts der gesamtgesellschaftlichen Ausrichtung des Feiertages jedoch keineswegs allein der Gewerkschaft überlassen. Ein Artikel im ›Neuen Deutschland‹ mahnte SED-Funktionäre, daß sie »eine große Verantwortung bei der Anleitung der Genossen in den Gewerkschaften zur erfolgreichen Durchführung der Kampfaufgaben des 1. Mai« hätten.[9]

Der Bundesvorstand des FDGB begann im Januar damit, Rahmenrichtlinien für den Feiertag der Werktätigen zu entwerfen, die die propagandistisch-agitatorischen Hauptthemen, den ungefähren Ablauf der Festveranstaltungen, den Einsatz agitatorischer Mittel und die Organisation der weiteren Vorbereitungsarbeiten festlegten. Entwürfe für Maiplakette und -plakate waren schon im November/Dezember 1950 in Auftrag gegeben worden. Am 20. März entschied das Politbüro der SED über eine Vorlage zur »Durchführung des 1. Mai 1951«. Zur Einbeziehung möglichst zahlreicher gesellschaftlicher Gruppen bei den Vorbereitungen bildeten der Bundesvorstand des FDGB, die Landesvorstände, die Bezirks-, Kreis- und Ortsvorstände auf ihrer jeweiligen Organisationsebene ›Maikomitees‹ mit Vertretern der verschiedenen Partei- und Massenorganisationen sowie Einzelpersonen, die sich zum Beispiel durch ihre Auszeichnung als ›Aktivist‹ oder ›Nationalpreisträger‹ empfahlen. Neben den territorial organisierten Maikomitees sollten unter Anleitung der Industriegewerkschaften auch betriebliche Maikomitees entstehen, die für die Sichtagitation im Betrieb, die Organisation von Verpflichtungen und die Auszeichnungsfeiern am Vorabend des 1. Mai zuständig waren. Zumindest auf höherer Organisationsebene setzten sich die Maikomitees aus einem federführenden Sekretariat und mehreren Kommissionen zusammen. Im Berliner Maikomitee gab es unter anderem eine Organisations- und Aufmarschkommission, eine Agitationskommission und eine Kommission zur kulturellen Ausgestaltung. Zum Sekretär des Berliner Maikomitees wurde 1951 der FDGB-Funktionär Liebchen gewählt. Maikomitees scheinen vor allem Pläne koordiniert und umgesetzt zu haben, die längst in anderen Gremien ausgearbeitet und beschlossen worden waren.[10]

Die streng hierarchische Ordnung der Maikomitees, ihre jeweilige Gliederung in Sekretariat und Kommissionen sowie die Einbindung der verschiedenen Massenorganisationen reproduzierten im Kleinen grundlegende Organisationsprinzipien des Staates. Vorbereitung und Durchführung des 1. Mai waren daher immer auch ein Prüfstein für die Funktionsfähigkeit des Apparats und die Verfügbarkeit der Bürger. Gemäß den Grundsätzen der zentralen Planwirtschaft sollte auch beim Feiern nicht das geringste Detail dem Zufall überlassen werden. Alle Maikomitees waren verpflichtet, detaillierte Programme für die Maifeierlichkeiten aufzustellen. Das Ritual der »Kritik und Selbstkritik« wurde anläßlich des 1. Mai reichlich praktiziert, und ein umfassender Berichterstattungsapparat wurde in Bewegung gesetzt.[11] So mußten beispielsweise 20 ausgewählte Betriebe und 23 Städte für die Organisations-Instrukteur-Abteilung des FDGB-Bundesvorstandes ausführliche Berichte über die Vorbereitungsarbeiten anfertigen. Um einen Überblick über den Verlauf der Maifeierlichkeiten zu ermöglichen, sollten die FDGB-Ortsvorstände und die Mairedner, die sämtlich vom FDGB in Zusammenarbeit mit dem Zentralkomitee (ZK) der SED ausgesucht worden waren, Fragebögen über den Verlauf der Veranstaltung ausfüllen. Die Befragung forderte unter anderem Auskunft über Teilnehmerzahl, Ausgestaltung des Ortes, Ablauf der Kundgebung, mitgeführte Bilder und Transparente sowie zum Auftreten von Teilnehmern aus Westdeutschland und zu eventuellen Störungen. Die Organisations-Instrukteur-Abteilung des FDGB-Bundesvorstandes faßte die einzelnen Informationen zusammen und stattete wiederum der Sowjetischen Kontrollkommission über die Vorbereitung und Durchführung des 1. Mai Bericht ab.

153 Sitzung des Maikomitees Groß-Berlin April 1951 im Gebäude des FDGB, Wallstraße. Der Sekretär des Maikomitees Liebchen hält eine Ansprache (Foto: Schack)

**Die Vorbereitungsphase**

Der ideale DDR-Bürger nahm nicht nur an den Maifeierlichkeiten teil, sondern machte sich bereits Wochen vorher mit dem inhaltlichen Programm des 1. Mai vertraut und verbreitete dieses weiter, nach Möglichkeit auch unter Westdeutschen. Durch Selbstverpflichtungen beteiligte er sich an den Produktionswettbewerben anläßlich des Feiertages oder übernahm zusätzliche Aufgaben im sozialen Bereich und motivierte damit andere, ebenfalls mehr zu leisten. Er schmückte seinen Wohnbereich sowie seinen Arbeitsplatz eigenständig, aber die grundsätzlichen Vorgaben zur Sichtagitation berücksichtigend, aus und bereitete das sportlich-kulturelle Rahmenprogramm mit vor.

Um ihre Mitbürger zu einem entsprechenden Verhalten zu bewegen, griffen die Mai-Funktionäre tief in die agitatorische Werkzeugkiste. Auf Schulungs- und Bildungsabenden der SED sowie Gewerkschaftstagen des FDGB wurden die jeweils nachgeordneten Funktionäre über die in den Agitationsplänen festgelegten politisch-ideologischen Inhalte und das weitere Vorgehen informiert. Der Betriebsfunk, die Betriebszeitung und vor allem die Betriebswandzeitung sollten in breitem Ausmaß in die Diskussion und Ausgestaltung des 1. Mai einbezogen werden. Die Industriegewerkschaften waren für einen Austausch von Delegationen, Briefen und Grußadressen zwischen den Betrieben des »demokratischen Sektors« und Betrieben in West-Berlin verantwortlich. Ein Presseplan stellte sicher, daß die einzelnen Themen ausreichend in den Medien berücksichtigt wurden. Zeitungen wie die FDGB-eigene ›Tribüne‹ brachten Sondernummern zum 1. Mai heraus. Wochen vorher veröffentlichte die Tagespresse Berichte, Reportagen und Zahlen über Erfolge beim Produktionswettbewerb und über die vorzeitige Planerfüllung »zu Ehren des 1. Mai«. Zahlreiche Bro-

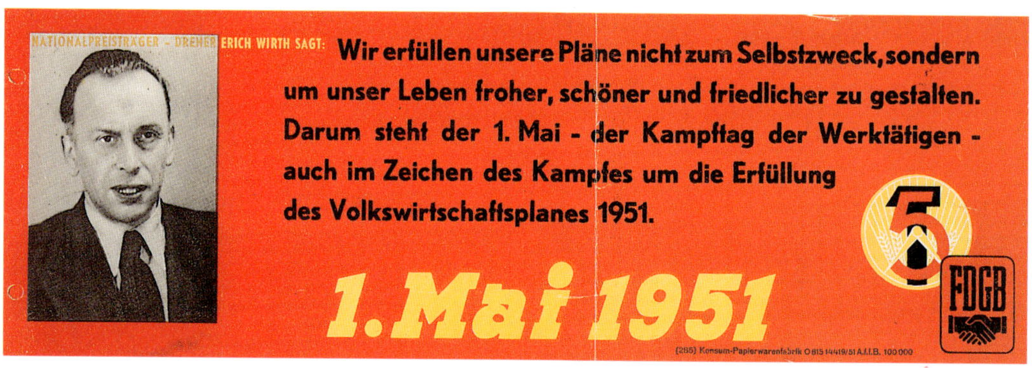

154–157 Plakatstreifen. Fotos verdienter Werktätiger, kombiniert mit agitatorischen Standardaussagen, sollten den Eindruck vermitteln, daß der 1. Mai das persönliche Anliegen jedes einzelnen sei schüren erschienen zur Vorbereitung des Festtages.[12] Als Materialien für die Sichtagitation gab der FDGB unter anderem die traditionellen Maiplaketten, Mainelken, Maimarken, Plakate, Fähnchen und Bildpostkarten zum Versand nach Westdeutschland heraus.

In Reden und Zeitungsartikeln wurde der Eindruck erweckt, daß Werktätige in enger Verbundenheit mit ihren Funktionären an der Gestaltung der Sichtagitation regen Anteil nähmen. Der FDGB-Bundesvorsitzende Herbert Warnke ging in einer Rede zum Beispiel darauf ein, »welche berechtigte Kritik gerade von der Arbeiterschaft« das letztjährige Maiplakat gefunden habe, und behauptete, diesmal habe man sich an die Arbeiter selbst gewandt und einige sehr gute Entwürfe bekommen.[13] Das »Ergebnis einer guten Aufklärungsarbeit« sollte seinen Ausdruck auch »in der Ausgestaltung der Betriebe zum 1. Mai und aus den Betrieben heraus ins Straßenbild hinein« finden.[14] Neben den betrieblichen Initiativen zur Sichtagitation waren in erster Linie der Demokratische Frauenbund, die ›Gesellschaft für Deutsch-Sowjetische Freundschaft‹, die Nationale Front sowie die ›Freie Deutsche Jugend‹ (FDJ) außerhalb des zentralen Aufmarschbereichs für die Ausgestaltung der Häuser, Straßen und Plätze verantwortlich. HO- und Konsum-Läden, Hausfrauen, Kleingewerbetreibende und private Einzelhändler sollten ebenfalls für die Ausschmückung ihrer Umgebung gewonnen werden. Auf »gute Aufklärungsarbeit« allein wollte man sich offensichtlich nicht verlassen und griff zu einem typisch sozialistischen Mittel zur Steigerung des Einsatzwillens. Es wurden Wettbewerbe für die beste Sichtagitation ausgeschrieben, etwa für die Ausschmückung der Betriebe oder die Gestaltung von Festwagen für die Demonstration. Gleichzeitig zeigte die Presse immer wieder gelungene Beispiele für Sichtagitation zum 1. Mai und geißelte mangelnde Initiative.

Relativ spät, am 18. April, wurden die Mai-Losungen des SED-Zentralkomitees in der Presse veröffentlicht. Daß die Losungen in ihrer stereotypen Formulierung und ihrer großen Zahl die Bevölkerung sehr beeindrucken würden, glaubten die Verantwortlichen wohl selbst nicht. Wenigstens erschien in der Presse eine ausführliche Gebrauchsanweisung: »[Die Losungen] sind ein Wegweiser für die Arbeit eines längeren Zeitraumes. Sie müssen von allen Werktätigen richtig gelesen, richtig verstanden und richtig angewandt werden. Vor allem die Funktionäre und Mitglieder unserer Partei müssen begreifen, daß die vom Zentralkomitee herausgegebenen Losungen zum 1. Mai nicht aufzufassen sind als mehr oder weniger unverbindliche Deklamationen, deren Zweck etwa ausschließlich darin besteht, auf Plakaten und Spruchbändern angebracht zu werden.« Mahnend wurde berichtet, daß die Losungen zum 1. Mai in der Sowjetunion »immer mit Spannung erwartet« würden.[15]

### Der »Festzug des Friedens« – Die Bühne

Pünktlich zum 1. Mai 1951 wurde der erste Bauabschnitt der Zentrumsplanungen für ein »neues Berlin« fertiggestellt. Der umgestaltete Lustgarten, der traditionelle Kundgebungsplatz der Berliner Arbeiter, einschließlich Schloßplatz und Schloßfreiheit wurde zu Beginn der Kundgebung in »Marx-Engels-Platz« umbenannt, die Schloßbrücke in »Marx-Engels-Brücke«. Damit war die Bühne geschaffen, auf der alle weiteren Berliner Maifeiern stattfanden, bis sie 1974 mit Baubeginn des Palastes der Republik in die Karl-Marx-Allee verlegt wurden.

Die 1950 im Zentrum Ost-Berlins begonnenen Baumaßnahmen waren darauf ausgerichtet, bis zum 1. Mai 1951 einen »großen Demonstrationsplatz« zu schaffen, auf dem »der Kampfwille und Aufbauwille« der Bevölkerung Ausdruck finden könne.[16] In einer Anlage zum Protokoll der Politbüro-Sitzung vom 15. August 1950 heißt es: »Der Lustgarten hat besondere politische Traditionen und eine günstige Lage als Abschluß der Hauptanmarschstraße für die Demonstrationen Unter den Linden. Er ist der beste Platz für fließende und stehende Demonstrationen. Die erforderliche Größe ist nur durch Abriß des Schlosses zu erreichen. ... Die Größenabmessungen des Platzes sind ungefähr 180 x 450 qm [sic] = etwa 82.000 qm.« Als Vergleich wurde naheliegenderweise die Ausdehnung des Roten Platzes in Moskau von 50 000 qm angeführt.[17] Die DDR-Führung stellte sich damit aber auch noch in eine andere Tradition. 1936 hatten die Nationalsozialisten anläßlich der Olympischen Spiele den Lustgarten in einen Aufmarschplatz umgewandelt und diesen am 1. Mai eingeweiht. Die ehemalige Grünanlage war gepflastert, Bäume waren gefällt und Tribünen an den Längsseiten des Platzes errichtet worden.[18] Genau 15 Jahre später feierte man die Einweihung eines noch größeren Aufmarschareals im Zentrum Berlins. Nach dem Lustgarten war mit dem Schloß ein weiteres Stück monarchischer Stadtgeschichte dem Repräsentationsbedürfnis neuer Machthaber zum Opfer gefallen.

In der südlichen Verlängerung des Doms wurden aus Trümmern des gesprengten Schlosses die Fundamente für eine große Tribüne geschaffen.[19] Das von Hermann Henselmann entworfene Bauwerk war zunächst als Provisorium gedacht, blieb dann aber bis zum Bau des ›Palastes der Republik‹ bestehen, da weitere Vorgaben des Aufbauplans von 1950, von denen die endgültige Platzgestaltung abhängen sollte – etwa ein hohes Regierungsgebäude –, nicht verwirklicht wurden. Die Tribüne war 143 Meter lang, 24 Meter breit, etwa 8 Meter hoch und bot für zirka 3 000 Personen Platz. In ihrer Mitte wurde eine Ehrenloge eingerichtet, in der – wie bei der in das Lenin-Mausoleum integrierten Tribüne auf dem Roten Platz in Moskau – die Vertreter der »Partei« und anderer wichtiger Organisationen aufgereiht standen. Auf eine nochmals, entsprechend den großen Tribünen der NS-Zeit, deutlich hervorgehobene »Führerkanzel« verzichtete man.

Die Stadtplaner berücksichtigten nicht nur die repräsentativen Elemente der Feierkultur, sondern auch technisch-organisatorische. So wurde etwa der Kundgebungsbereich einschließlich der Straße Unter den Linden mit einer »Beschallungsanlage« ausgerüstet; selbst in den Pylonen der Tribüne waren Lautsprecher untergebracht.

### Das Bühnenbild

Für die Ausschmückung des zentralen Festbereichs »Marx-Engels-Platz – Unter den Linden« wurden detaillierte Pläne entworfen.[20] Die künstlerische Gestaltung oblag der ›Deutschen Werbe- und Anzeigengesellschaft‹ (DEWAG), einem SED-eigenen Monopolbetrieb für Werbung. Sie arbeitete in Absprache mit den Agitationsabteilungen des Zentralkomitees, der Landesleitung Berlin der SED, des FDGB-Bundesvorstandes und des FDGB Groß-Berlin. Verantwortlich war das Berliner ›Maisekretariat‹. Die Gestaltung des Festschmucks wurde als künstlerische Aufgabe begriffen und war kurz nach der Verkündung des Kampfes gegen den Formalismus und der Hinwendung zum Sozialistischen Realismus sowjetischer Prägung durchaus heikel. Der Gestaltungsplan des Berliner Maisekretariats beginnt apodiktisch mit der Feststellung: »Bei den bildlichen Darstellungen darf kein Formalismus in Erscheinung treten.« Dies sollte dadurch gewährleistet werden, daß Einzelkünstler und Künstlerkollektive, die an der Herstellung des Festschmucks mitarbeiteten, bei der Agitationskommission im Maisekretariat des FDGB Groß-Berlin namentlich gemeldet werden mußten und dort auch ihre Entwürfe vorzulegen hatten.

Die Ruinen und die im Bau befindlichen Gebäude Unter den Linden sollten im östlichen Teil von Agitprop-Aufstellern verdeckt werden. Der zentrale Gestaltungsbereich begann Ecke Friedrichstraße, wo die Demonstrationszüge auf die Straße Unter den Linden einschwenken sollten. Die Abfolge der zu gestaltenden Themen wurde genau festgelegt; zum Teil wurden auch Angaben zur Gestaltung gemacht. Im unteren Abschnitt der Straße erschienen Themen wie »Die Frau im Fünfjahrplan«, »Das Gesetz der Frau«, »Die Frau im Kampf um den Frieden«, »Aktionseinheit, Grundlage des Friedenskampfes«, »Die Planaufgaben als Friedensaufgaben«, »Kultur- und Sportarbeit als Friedensbeitrag«, das Bündnis »Arbeiter – werktätige Bauern. Arbeiter – Intelligenz«. Der Bereich um die Humboldt-Universität mußte von den Studenten selbst zum Thema »Weltfestspiele der Jugend und Studenten« ausgeschmückt werden. Vor der Staatsoper war geplant, die Europäische Arbeiterkonferenz in Form von Einzeldarstellungen der Delegierten mit markanten Aussprüchen zu präsentieren. Daran anschließend, auf Höhe der Neuen Wache, sollten historische Darstellungen des Friedenskampfes in Berlin, wie Karl Liebknechts Anti-Kriegskundgebung am 1. Mai 1916 auf dem Potsdamer Platz, aktuellen Beispielen gegenübergestellt werden, etwa dem des als Märtyrer verehrten Neuköllner »Friedenskämpfers« Dr. Pawloff, der angeblich im März 1951 von »gedungenen Subjekten« der »USA-Kriegshetzer« überfallen worden war.[21] Der Bereich vor dem

158–159 Plakate zum 1. Mai 1951. Der FDGB plante, in diesem Jahr drei Plakate herauszugeben: Neben einem Plakat zum Thema »Kampf um den Frieden und die Einheit Deutschlands« war eines vorgesehen, das »das Heldentum der Arbeit« aufzeigen, und ein weiteres, das »den freudigen Optimismus der Werktätigen« ausdrücken sollte[42]

160 Maiplakette (Entwurf: Rolf Ehmer). Die Plakette sollte 1951 »den Gedanken des Friedens mit dem Gedanken des Aufbaus durch den Fünfjahrplan« vereinigen[42]

Zeughaus und dem Prinzessinnen-Palais sollte mit der Freundschaft zu »Volksdemokratien« wie Polen beginnen und dann zur »Deutsch-Sowjetischen Freundschaft« überleiten. Als krönender Abschluß dieser Passage waren zur Schloßbrücke hin links Profilbilder von Marx, Engels, Lenin, Stalin und rechts Darstellungen von Pieck, Grotewohl, Ulbricht und Thälmann vorgesehen. Die Marx-Engels-Brücke sollte mit roten Fahnen und Girlanden geschmückt werden. Der Marx-Engels-Platz wurde von Fahnen und großen Aufstellern eingefaßt, die auf der West- und Nordseite des Platzes Bilder von Aktivisten bei der Arbeit zeigten und zur Ostseite hin solche zum »Friedenskampf« im In- und Ausland. Auf ihren vom Platz abgewandten Rückseiten sollten thematisch passende Embleme und Losungen erscheinen.

Der neuerrichteten Tribüne kam als zentralem Ort der Kundgebung große Bedeutung zu. Ihre

BERLINER AUSGABE · VORWÄRTS ·

# NEUES DEUTSCHLAND

ORGAN DES ZENTRALKOMITEES DER SOZIALISTISCHEN EINHEITSPARTEI DEUTSCHLANDS

6. (62.) Jahrgang / Nr. 89 | Berlin, Mittwoch, 18. April 1951 | Einzelpreis 15 Pf.

*Lesen Sie in unserer heutigen Ausgabe:*

Der 4. Fünfjahrplan der UdSSR in viereinviertel Jahren erfüllt . . . . . . . . . . . . . auf Seite 2

Entschließung des ZK der SED: „Der Kampf gegen den Formalismus in der Kunst und Literatur, für eine fortschrittliche deutsche Kultur.“ . . . . auf Seite 3 und 4

## Losungen des Zentralkomitees der SED zum 1. Mai 1951

1. Es lebe der 1. Mai, der Kampftag der Werktätigen der ganzen Welt für Frieden, nationale Unabhängigkeit, Demokratie und Sozialismus!
2. Der Frieden wird erhalten und gefestigt werden, wenn die Völker die Erhaltung des Friedens in ihre Hände nehmen und ihn bis zum Äußersten verteidigen! (Stalin)
3. Gegen die Remilitarisierung Westdeutschlands, für den Abschluß eines Friedensvertrages im Jahre 1951!
4. Es lebe das Kampfbündnis aller Arbeiter Europas im Kampfe für den Frieden!
Deutsche Werktätige! Verwirklicht die Beschlüsse der Europäischen Arbeiterkonferenz!
5. Tragt die Beschlüsse des Weltfriedensrates in jeden Betrieb und in jedes Haus!
6. Stärkt die Nationale Front des demokratischen Deutschland! Alles für die Einheit Deutschlands!
7. Die Schaffung des Gesamtdeutschen Konstituierenden Rates ist der Weg zur friedlichen Lösung der deutschen Frage! Deutsche an einen Tisch!
8. Es lebe die Kommunistische Partei Deutschlands, die Kämpferin gegen die Remilitarisierung, für den Frieden!
9. Es lebe die mächtige sozialistische Sowjetunion — das stärkste Bollwerk des Friedens in der Welt!
10. Es lebe Stalin, der allen Völkern den Weg zu Frieden und Glück weist!
11. Stärkt und festigt die Deutsche Demokratische Republik — die Grundlage im Kampf um die Einheit Deutschlands!
12. Alle Kraft für die Erfüllung unseres Fünfjahrplanes, des großen Planes zur Gestaltung eines friedliebenden demokratischen Deutschlands!
13. Die Teilnahme an der Volksbefragung gegen die Remilitarisierung ist Ehrensache eines jeden friedliebenden Deutschen!
14. Gestaltet die Weltfestspiele der Jugend und Studenten zu einem gewaltigen Fest des Friedens und der Völkerfreundschaft!
15. Ewige Freundschaft mit den Völkern der Sowjetunion!
16. Brüderlichen Gruß den Völkern der Volksdemokratien, die erfolgreich den Weg des Sozialismus beschreiten!
17. Die Oder-Neiße-Friedensgrenze ist das Band der Freundschaft zwischen dem polnischen und dem deutschen Volke!
18. Es lebe das große friedliebende chinesische Volk und seine ruhmreiche Kommunistische Partei!
19. Es lebe das unbesiegbare koreanische Volk, das heldenhaft gegen die amerikanischen Aggressoren und für seine Freiheit und Unabhängigkeit kämpft!
20. Schafft die Aktionseinheit der Arbeiterklasse in Westdeutschland und Berlin!
Verteidigt die demokratischen Rechte gegen die Diktatur der Adenauer-Clique!
21. Werktätige Westdeutschlands, keinen Handschlag, keinen Pfennig für die Vorbereitung des amerikanischen Krieges!
22. Nieder mit Adenauer, dem Wortführer der deutschen Imperialisten, dem Einpeitscher der amerikanischen Kriegspolitik!
Fort mit dem Kriegshetzer Schumacher!
23. Erzwingt die sofortige Freilassung der eingekerkerten Friedenskämpfer! Ins Gefängnis mit Krupp und allen Kriegsverbrechern!
24. Für eine gesamtdeutsche friedliche Wirtschaft! Für freien West-Ost-Handel!
25. Brüderlichen Gruß dem FDGB — der mächtigen Kampforganisation der Arbeiterklasse!
26. Macht die Erfahrungen der Aktivisten und Neuerer zur Sache aller Arbeiter!
27. Ingenieure und Techniker der volkseigenen Betriebe, helft bei der Entfaltung der Aktivistenbewegung zur Erfüllung des Betriebsplanes!
28. Durch den Aktivistenplan zur höheren Organisation der Arbeit!
29. Von den Sowjetmenschen die Meisterung der Technik erlernen, heißt rascher unser Leben verbessern!
30. Spart im Betrieb mit jedem Gramm Material, mit jeder Minute, mit jedem Pfennig!
Entfaltet die Bewegung zur Einführung Persönlicher Konten!
31. Arbeiter, Techniker und Ingenieure des Schwermaschinenbaus, Eure Planerfüllung ist die Voraussetzung für den Aufschwung der gesamten Industrie!
32. Maschinenbauer! Mehr Maschinen für die Industrie, mehr Traktoren, Maschinen und Geräte für die Landwirtschaft!
33. Stahlwerker! Mehr Stahl ist mehr Brot! Entwickelt die Qualitätsproduktion!
34. Arbeiter und Ingenieure der Walzwerke! Beschleunigt und erhöht Eure Produktion!
35. Kumpel im Steinkohlenbergbau! Benutzt alle Möglichkeiten für die Erhöhung der Förderung! Verbessert die Arbeitsorganisation in den Schächten!
36. Arbeiter und Chemiker der Chemie-Industrie! Alle Kraft für die Übererfüllung des Planes! Hebt die Qualität der Produkte! Sorgt für volle Auswertung der Nebenprodukte!
37. Belegschaften der Energiebetriebe! Steigert die Energieproduktion!
38. Mansfelder Kumpel! Fördert mehr Kupfererze, um die Erfüllung des Volkswirtschaftsplanes sicherzustellen!
39. Kumpel im Erzbergbau! Jede Tonne Erz — ein Beitrag für den Frieden!
40. Arbeiter und Ingenieure der Werften! Beschleunigt den Bau unserer Hochsee-Handelsflotte!
Mehr Fischereifahrzeuge für die Verbesserung der Volksernährung!
41. Bauarbeiter! Baut schneller, besser und billiger!
42. Eisenbahner! Sorgt für die pünktliche Erfüllung der Transportpläne! Senkt den Kohlenverbrauch und die Selbstkosten!
43. Postler! Verbessert den Post- und Fernmeldeverkehr!
44. Belegschaften der Nahrungs- und Genußmittelindustrie! Sorgt für eine höhere Qualität und größere Auswahl Eurer Erzeugnisse!
45. Werktätige der Leichtindustrie! Das Volk erwartet von Euch mehr und bessere Waren!
46. Mehr Massenbedarfsgüter für die Verbesserung der Versorgung!
47. Arbeiter! Festigt das Bündnis mit den werktätigen Bauern zur Stärkung unserer neuen demokratischen Ordnung und zur Sicherung der Volksernährung!
48. Stärkt und festigt die Vereinigung der gegenseitigen Bauernhilfe!
49. Jeder weitere Hektar bestelltes Ackerland — ein Beitrag zum Wohlstand!
50. Bauern! Die Schweinemastverträge helfen die Ernährung verbessern und bringen Euch mehr und bessere Industriewaren!
51. Lernt von den sowjetischen Neuerern in der Landwirtschaft, von Mitschurin und Lyssenko! In jedem Dorf ein Mitschurin-Feld!
52. Traktoristen der MAS! Verbreitert die Tausender-Bewegung! Senkt den Ölverbrauch und die Reparaturkosten! Hebt Eure technische Qualifikation!
53. Mitarbeiter der MAS! Macht Eure Station zum Kulturzentrum des Dorfes! Jeder Traktorist ein Helfer und Aufklärer der werktätigen Bauern!
54. Belegschaften der volkseigenen Güter! Bildet Feldbau-Brigaden! Erhöht die Rentabilität Eurer Güter! Verbreitert die Wettbewerbsbewegung! Macht Eure Betriebe zu Mustergütern!
55. Gruß unserer Volkspolizei, die unsere demokratischen Errungenschaften gegen die Anschläge der Agenten und Saboteure schützt!
56. Mitarbeiter der staatlichen und kommunalen Verwaltungen! Wendet neue Arbeitsmethoden an! Sorgt für genaue Durchführung der demokratischen Gesetze! Bekämpft den Bürokratismus!
57. Es lebe das Bündnis zwischen der Arbeiterklasse und der fortschrittlichen Intelligenz!
58. Nationalpreisträger! Entwickelt eine fortschrittliche deutsche Wissenschaft, Technik und Kunst!
59. Wissenschaftler und Forscher! Bereichert unsere Wissenschaft durch neue Forschungen und Erfindungen! Die Wissenschaft in den Dienst des Fünfjahrplanes!
60. Schriftsteller und Künstler! Pflegt das nationale Kulturerbe! Kämpft gegen die amerikanische Kulturbarbarei! Entwickelt eine fortschrittliche deutsche Kultur!
61. Lehrer und Mitarbeiter des Volksbildungswesens! Erzieht die Jugend zur Arbeit und zur Verteidigung des Friedens! Eignet Euch die Erfahrungen der Sowjetpädagogik an!
62. Ärzte und Mitarbeiter im Gesundheitswesen! Verbessert die Arbeit in den Polikliniken und Ambulatorien! Eignet Euch die neuesten Erfahrungen der medizinischen Wissenschaft an!
63. Professoren! Helft bei der Heranbildung einer fortschrittlichen Intelligenz!
64. Studenten! Eignet Euch die Erkenntnisse der fortschrittlichen Wissenschaft an! Sorgt für disziplinierte Durchführung des 10-Monate-Studiums!
65. Frauen und Mütter! Kämpft mit noch größerer Leidenschaft für den Frieden, für das Leben und das Glück Eurer Kinder!
66. Frauen und Mädchen! Arbeitet in allen Zweigen unserer Wirtschaft aktiv an der Erfüllung des Volkswirtschaftsplanes 1951! Erhöht Euer gesellschaftliches und fachliches Wissen!
67. Es lebe die deutsche Jugend, die aktive Erbauerin eines einigen, friedliebenden, demokratischen und unabhängigen Deutschlands!
68. Jungen und Mädchen! Entwickelt noch energischer den Feldzug zur Aneignung von Wissenschaft und Kultur!
69. Sportler und Sportlerinnen! Verbreitert die Volkssportbewegung! Erwerbt alle das Sportleistungsabzeichen: Bereit zur Arbeit und Verteidigung des Friedens! Entwickelt die Betriebssportgemeinschaften in allen Industrien!
70. Junge Pioniere und Schüler! Lernt besser! Seid bereit für Frieden und Völkerfreundschaft!
71. Es lebe Wilhelm Pieck, der Präsident der Deutschen Demokratischen Republik!
72. Es lebe die Regierung der Deutschen Demokratischen Republik, die Sachwalterin der nationalen Interessen des deutschen Volkes!
73. Es lebe die Sozialistische Einheitspartei Deutschlands — der Vortrupp des deutschen Volkes im Kampfe um ein einheitliches demokratisches Deutschland, um Frieden, Demokratie und Sozialismus!

**Zentralkomitee der Sozialistischen Einheitspartei Deutschlands**

161 Auf der Titelseite des ›Neuen Deutschland‹ erschienen am 18. April 1951 die Losungen des ZK der SED zum 1. Mai

Ausschmückung sollte den internationalen Charakter des Feiertages ausdrücken, jedoch auch die Deutschlandfrage mit einschließen. Über der Mitteltribüne brachte man den Aufruf an: »Berliner vereinigt Euch zum Kampf gegen die Remilitarisierung und für Abschluß eines Friedensvertrages mit Deutschland noch im Jahre 1951«. Darüber prangte auf einer großen rotbezogenen Schauwand die emblemartige Profilbildreihe Marx, Engels, Lenin, Stalin. Über den Seitentribünen wurden jeweils auf einzelnen Bildtafeln »bedeutende internationale Arbeiterführer« gezeigt. Links, von der Mitteltafel aus beginnend, erschienen Pieck, Grotewohl, Bierut, Kim Il Sung, Thorez, Dolores Ibárruri, Tscherwenkow und Hoxha; rechts, von der Mitteltafel aus beginnend, Thälmann, Ulbricht, Gottwald, Mao Tse-tung, Rákosi, Gheorghiu-Dej, Ho Chi Minh und Togliatti. Die Entscheidung für diese Auswahl fiel am 16. April im Sekretariat des ZK. Die Front der Ehrenloge und der seitlichen Pylone zierten Fünfjahrplan- und Aktivistenembleme. Rote und schwarzrotgoldene Fahnen, Nationalflaggen der »Volksdemokratien« sowie Fahnen nationaler und internationaler Organisationen rundeten das Bild ab. Gegenüber der Tribüne stand ein pfeilerartiges »Mahnmal« mit der Aufschrift »Frieden« in verschiedenen Sprachen. Besondere Aufmerksamkeit wurde auch der Sichtagitation in Richtung Westen gewidmet. So waren etwa für das Brandenburger Tor rote Fahnen und eine »Deutsche Fahne, besonders groß« vorgesehen.

### Die Inszenierung

Wie spätestens seit der NS-Zeit bei staatlichen Massenveranstaltungen dieser Art üblich, war die mediale Repräsentation des Ereignisses integraler Bestandteil der Inszenierung. Die Medienversion des 1. Mai prägte nicht nur die Vorstellung derer, die nicht dabei gewesen waren, sondern ergänzte auch die beschränkte Wahrnehmung der Demonstranten und der Zuschauer: Sie zeigte die Anordnung der Massen im Raum, die Gesamtdramaturgie. Daß die Inszenierung aufgrund zu schwacher Lautsprecheranlagen oder wegen Schwierigkeiten bei der Koordination der Demonstrationszüge keineswegs perfekt war, wurde in den groß aufgemachten Berichten über den »Festzug des Friedens« nicht erwähnt. Mit Hilfe der Medien wurde vielmehr ein Idealbild der Feierlichkeiten entworfen, wie es nach Wunsch der politischen Führung in das kollektive Gedächtnis eingehen sollte.[22]

Selbst das Wetter, wenn es denn plangemäß sonnig war, wurde in den Dienst der Mai-Inszenierung gestellt. Die ›Tägliche Rundschau‹ war nur eines der Medien, die 1951 für ihren Bericht einen »Natureingang« wählten: »Leuchtender Sonnenschein über der deutschen Hauptstadt! Für alle, die von der neuen gewaltigen Tribüne auf das riesige Aufmarschfeld zwischen den Spreearmen herabblicken, ist diese Wetterwende wie ein Symbol für die große Wende, die – nicht zuletzt durch die Wucht der Maidemonstrationen – im Leben der Völker angebrochen ist.«[23] Die alte Idee des »Völkerfrühlings« wird hier bemüht; der weite Assoziationsraum »Frühling« klingt an, von dessen »Symbolenergie« der Festtag der Arbeiterbewegung seit jeher profitiert hat.[24]

Frühmorgens am 1. Mai sollten Junge Pioniere mit »Fanfaren und Klampfen« durch die Straßen ziehen und mit »frohen Liedern« zur Friedensdemonstration aufrufen.[25] Wer bisher dem sozialen Druck standgehalten hatte oder einfach zu verschlafen drohte, erhielt so noch eine letzte Mahnung. Der Verlauf des Demonstrationszuges wurde generalstabsmäßig geplant. Ende April erschien in der Presse ein Aufmarschplan, der regelte, wo und wann sich die nach Bezirken zusammengefaßten Teilnehmer des Demonstrationzuges zu sammeln hätten, und der die jeweiligen Anmarschrouten festlegte. Sämtliche Demonstrationszüge sollten in Achtzehnerreihen über die nördliche oder südliche Friedrichstraße auf die Straße Unter den Linden treffen und sich dort auf Höhe des August-Bebel-Platzes zu Sechsunddreißigerreihen vereinigen. Um nicht zuviel Unruhe in die Eröffnungszeremonie mit der Ansprache des FDGB-Bundesvorsitzenden Herbert Warnke zu bringen, versuchte man 1951, statische Kundgebungsform und fließende Demonstration miteinander zu verbinden. Entlang der Tribüne war nach einer 30 Meter breiten Freifläche eine 25 Meter breite »Durchmarschstraße« vorgesehen. Die verbleibende Fläche bot Raum für ungefähr 70 000 Menschen.

Bis 9.00 Uhr mußte sich der Bezirk Mitte auf dem Marx-Engels-Platz aufgestellt haben, so daß der Platz bereits gefüllt war, als die politische Führung die Tribüne betrat. Ungefähr eine Viertelstunde später erschien die Spitze des Demonstrationszuges auf der ehemaligen Schloßbrücke; die Kolonnen des wichtigsten Berliner Industriebezirks Köpenick und des Bezirks Friedrichshain, wo mit dem Haus an der Weberwiese und der Stalinallee das ehrgeizigste Bauvorhaben Ost-Berlins in Angriff genommen werden sollte, führten den Zug an. Drei Fanfarenstöße verkündeten, daß »diese mächtigste Demonstrationsstätte des neuen Deutschland ihren stolzen Namen erhalten« hatte: »Marx-Engels-Platz«.[26] Das alte Gewerkschaftslied ›Brüder zur Sonne, zur Freiheit‹ wurde angestimmt. Auf der Höhe der Tribüne vor dem Neptunbrunnen blieben die Demonstrationszüge stehen. Nun hielt der FDGB-Vorsitzende Warnke seine Ansprache. Nach Beendigung der Rede setzte sich der Demonstrationszug wieder in Bewegung, und ein über sechsstündiger Vorbeimarsch begann.

Der gesamte Festzug war auf die Tribüne hin ausgerichtet. Das Politbüro hatte am 20. März 1951 beschlossen, daß seine Mitglieder prinzipiell an der Kundgebung in Berlin teilzunehmen hätten; dem diesjährigen Besuch des Präsidenten Pieck in der traditionsreichen Arbeiterstadt Chemnitz war nur noch ausnahmsweise zugestimmt worden. Die Spitze des Staates sollte geschlossen, von der Ehrenloge der Tribüne herab, die Parade des »schaffenden Volkes« abnehmen. Die Plätze auf den seitlichen Tribünenteilen waren wohl vor allem ›Aktivisten‹, ›Helden der Arbeit‹, ›Nationalpreisträgern‹, ›Verdienten Ärzten‹ und ›Lehrern des Volkes‹ sowie deutschen und ausländischen Gewerkschaftsdelegationen vorbehalten.[27]

Die einzelnen Demonstrationszüge wurden von Sprechern angekündigt. Die Industriegewerkschaften waren dafür zuständig, »Losungsrufe von der Tribüne zu den Demonstranten und umgekehrt« zu organisieren, die den ideologischen Gleichklang von Tribünenbesetzung und Demonstrationszug ausdrücken sollten.[28] Allgemeine Beschwingtheit war Pflicht. Ein Kleinkind mit Blumen erschien neben Ministerpräsident Grotewohl auf der Tribüne, wodurch versucht wurde, den beträchtlichen Abstand zwischen Ehrenloge und Demonstranten zu überspielen. Die aufwendig gestalteten Festwagen der Betriebe und Organisationen vermittelten einen karnevalesken Eindruck. Es wurde Wert darauf gelegt, daß auch eine »satirisch-humoristische Note« bei der mitgeführten Sichtagitation in Erscheinung trat. In der Planung des Berliner Maikomitees wurde ausdrücklich gefordert: »Die Demonstrationszüge sollen bis an die Tribüne herangeführt werden und so aufgelockert sein, daß tatsächlich eine Begeisterung am 1. Mai entsteht, wie es bisher noch nicht der Fall gewesen ist.«[29]

Nichtsdestoweniger folgte die Demonstrationsordnung innerhalb der nach Bezirken zusammengestellten Kolonnen im wesentlichen dem Leistungsprinzip. Zuerst kamen die drei aus dem Massenwettbewerb im I. Quartal 1951 als Beste hervorgegangenen volkseigenen Berliner Betriebe. Innerhalb der Betriebsgruppen gingen die ›Helden der Arbeit‹, die ›Nationalpreisträger‹, die ›Aktivisten‹ und die ›Bestarbeiter‹ voran. Jugendliche und Kinder als Verkörperung der Zukunft sowie Sportler bildeten jeweils eigene Blöcke, damit sie als Demonstrationsteilnehmer besonders zur Geltung kamen. Gleiches galt für die nicht betriebsgebundenen Frauen. Studenten demonstrierten beim Bezirk Mitte, wo sie zusammen als »Betrieb Universität« marschierten und für das Bündnis zwischen Arbeiterschaft und Intelligenz werben sollten. Die »volkseigenen Güter«, Maschinenausleihstationen (MAS) und »werktätigen Bauern« aus den ländlichen Bezirken erhielten ebenfalls durch geschlossenes Auftreten mehr Gewicht; das Thema »Bündnis zwischen Stadt und Land« war als ein Höhepunkt der Demonstration eingeplant.

Den Zügen der einzelnen Bezirke wurden vom Berliner Maikomitee jeweils Agitationsthemen zugeteilt, an denen sich die »betriebsnah« zu gestaltenden Festwagen, Transparente und Spruchbänder orientieren sollten. Der Industriebezirk Köpenick erhielt zum Beispiel das Oberthema »Unser Fünfjahrplan«, der Bezirk Treptow, in dem das Sowjetische Ehrenmal liegt, das Thema »Die Freundschaft mit der Sowjetunion garantiert den Frieden«, die »Bezirke des englischen und amerikanischen Sektors« hatten das Thema »Der Kampf für den Frieden und gegen die Remilitarisierung«. Der Bezirk Prenzlauer Berg mußte, sozusagen als eine Art Zusammenfassung, sämtliche Themen gestalten. Die Arbeitsleistung der jeweiligen Betriebe war Gegenstand der Sichtagitation aller Bezirke.

# Aufmarschplan aller Berliner Bezirke

**Der Demonstrationszug**

Sämtliche Demonstrationszüge marschieren von ihren bezirklichen Stellplätzen bis zur Straße Unter den Linden über die nördliche und südliche Friedrichstraße in Achtzehnerreihen und vereinigen sich in der Höhe des August-Bebel-Platzes zu Sechsunddreißigerreihen.

**Der Anmarsch der Teilnehmer erfolgt:**

a) durch die südliche Friedrichstraße in der Reihenfolge die Bezirke Köpenick, Treptow, Neukölln, Kreuzberg, Schöneberg, Zehlendorf, Steglitz, Tempelhof, Lichtenberg, Mitte (Metall- und Bau/Holz-Betriebe);

b) durch die nördliche Friedrichstraße in der Reihenfolge die Bezirke Friedrichshain, Prenzlauer Berg, Wedding, Reinickendorf, Tiergarten, Charlottenburg, Wilmersdorf, Spandau, Weißensee, Pankow.

**Der Bezirk Mitte**

sammelt sich auf dem Platz der Akademie, Hausvogteiplatz, in der Jägerstraße und Taubenstraße. Von diesen Stellplätzen erfolgt dann der Abmarsch zum Marx-Engels-Platz, um dort Aufstellung zu nehmen.

**Der Abmarsch der Teilnehmer erfolgt:**

a) für die aus südlicher Richtung kommenden Demonstrationszüge über die Breite Straße, Mühlendammbrücke, Stralauer Straße bis zum Auflösungspunkt in der Klosterstraße;

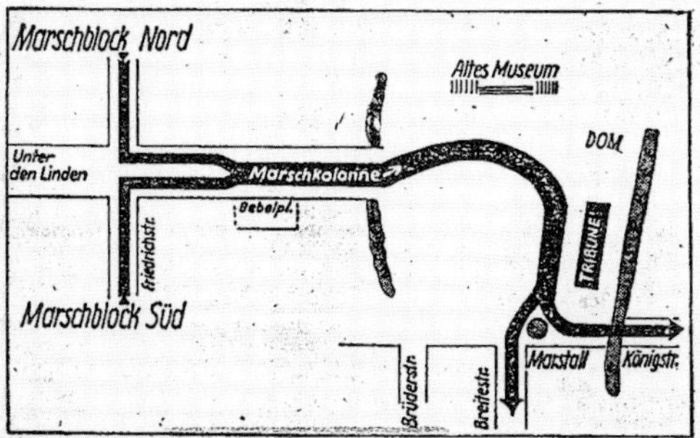


b) für die aus nördlicher Richtung kommenden Demonstrationszüge über die Kurfürstenbrücke, Königstraße, Alexanderplatz bis zu den Auflösungspunkten Prenzlauer Straße, Dircksenstraße und Alte Schönhauser Straße.

**Fahrzeuge**

dürfen die Marschstraßen nur benutzen, wenn sie als Ausstellungsfahrzeuge am Demonstrationszug beteiligt sind.

Nach Beendigung der Ansprache des 1. Vorsitzenden des FDGB-Vorstandes, Kollegen Herbert Warnke, erfolgt der Abmarsch der Spitzen des Demonstrationszuges und der weitere Vorbeimarsch an der Tribüne in der vorgesehenen Weise.

## Stellplätze – Marschstraßen

**I. Bezirk Mitte**

**Mitte a) (7.30 Uhr)**
Platz der Akademie.
Marsch über Markgrafenstr., Französische Str., Werderstr., Schleusenbrücke, Marx-Engels-Platz.

**Mitte b) (7.15 Uhr)**
Jägerstraße, Spitze Kurstraße.
Marsch über Kurstr., Gertraudenbrücke, Brüderstr., Marx-Engels-Platz.

**Mitte c) (7.40 Uhr)**
Oberwallstraße, Hausvogteiplatz, Spitze Jägerstraße.
Anschluß an Mitte b).

**Mitte d) (8.00 Uhr)**
Taubenstraße, Spitze Oberwallstraße.
Anschluß an Mitte c).

**II. Bezirke aus südlicher Richtung**

**Köpenick (7.45 Uhr)**
Stralauer Platz, Spitze Markusstraße.
Marsch über Holzmarktstraße, Rolandufer, Waisenbrücke, Wallstraße, südliche Seite Spittelmarkt, Leipziger Straße, Friedrichstraße, Unter den Linden, Schloßbrücke, Marx-Engels-Platz.

**Treptow (8.40 Uhr)**
Küstriner Platz.
Marsch über Singerstraße, Ecke Blumenstraße, Schicklerstraße, Waisenbrücke, Anschluß an Köpenick.

**Westkreise (10.50 Uhr)**
Neukölln, Kreuzberg, Schöneberg, Zehlendorf, Steglitz, Tempelhof.
Marsch aus den Bezirken kommend bis zum Thälmannplatz, Wilhelmstraße, Leipziger Straße, Friedrichstraße, Anschluß an Treptow.

**Lichtenberg (9.20 Uhr)**
Möllendorffstraße, Spitze Stalinallee.
Marsch über Stalinallee, Blumenstraße, Alexanderstraße, Waisenbrücke, Wallstr., Spittelmarkt, Leipziger Straße, Friedrichstraße, Anschluß an Westkreise.

**Mitte (12.55 Uhr)**
Metall- und Bau-Holz-Betriebe
Thälmannplatz, Spitze Wilhelmstraße.
Wilhelmstraße, Unter den Linden, Anschluß an Lichtenberg.

**III. Bezirke aus nördlicher Richtung**

**Friedrichshain (7.30 Uhr)**
Leninallee, Spitze Leninallee.
Marsch über Friedenstraße, Prenzlauer Berg, Prenzlauer Straße, Wilhelm-Pieck-Straße, Friedrichstraße, Unter den Linden, Marx-Engels-Platz.

**Prenzlauer Berg (8.40 Uhr)**
Dimitroffstraße, Spitze Leskestraße.
Marsch über Kastanienallee, Weinbergsweg, Rosentaler Platz, Anschluß an Friedrichshain.

**Westkreise (10.50 Uhr)**
Wedding, Reinickendorf, Tiergarten, Charlottenburg, Wilmersdorf, Spandau.
Marsch aus ihren Bezirken kommend bis zum Platz vor dem Neuen Tor über Hannoversche Straße, Oranienburger Tor, Anschluß an Prenzlauer Berg.

**Weißensee (9.25 Uhr)**
Pistoriusplatz, Spitze Steinkestraße.
Marsch über Antonplatz, Berliner Allee, Greifswalder Straße, Neue Königstraße, Jostystraße, Prenzlauer Tor, Wilhelm-Pieck-Straße, am Oranienburger Tor, Anschluß an Westkreise.

**Pankow (10.50 Uhr)**
Mühlenstraße, Spitze Berliner Straße.
Marsch über Berliner Straße, Schönhauser Allee, Kastanienallee, Weinbergsweg, Rosentaler Platz, Anschluß an Weißensee.

162 Die ›Tribüne‹ veröffentlichte am 27. April 1951 den Aufmarschplan zum 1. Mai 1951

Außerdem wurde, da diese Hinweise in den letzten Jahren nicht beachtet worden seien, hervorgehoben, daß neben den Bildern Lenins und Stalins auch Bilder der deutschen Arbeiterführer wie Marx, Engels, Bebel, Liebknecht, Luxemburg, Thälmann, Breitscheid, Pieck, Grotewohl, Ulbricht sowie die Bilder anderer internationaler Arbeiterführer mitzuführen seien.[30]

Als letzter Block im Zug marschierte die Volkspolizei. Ihrem geschlossenen Auftreten im Demonstrationszug wurde besondere Bedeutung beigemessen, sollte es doch die »Unzertrennlichkeit der Werktätigen und ihrer Volkspolizei« symbolisieren.[31] Es wurde versucht, das Bild einer Polizei zu vermitteln, die nichts gemein hätte mit den Arbeiter niederknüppelnden Ordnungshütern der Vergangenheit oder mit den nach ihrem Polizeipräsidenten als »Stumm-Polizei« betitelten West-Berliner Kollegen. Gleichzeitig ließ diese paramilitärische Parade, mit der der »Festzug des Friedens« ausklang, keinen Zweifel daran, daß die Friedensagitation der DDR nicht mit reinem Pazifismus zu verwechseln sei. Behutsam wurde hier schon wieder die Glorifizierung des Soldaten vorbereitet, der schützt, was Arbeiter und Bauer schaffen.

Den internationalen Charakter des Feiertags vermittelte der rituelle Austausch von Grußadressen und von Delegationen, während das gesamtdeutsche Element durch West-Berliner Teilnehmer vertreten war, »die trotz Terror und doppelter Absperrkette der Stummschen Knüppelgarde zu Tausenden in den demokratischen Sektor kamen«.[32] Für die Propaganda waren sie die Märtyrer, denen die Segnungen des Sozialismus vorenthalten wurden, die aber entschlossen waren, dafür zu kämpfen.

Betrachtet man die Inszenierung der Maidemonstration als Annäherung an eine Utopie, ergibt sich folgendes Bild: Das gesamte Volk – Arbeiter, Bauern und Intelligenz in trauter Einigkeit – huldigt der politischen Führung. Beschützt von der Volkspolizei, geben die Leistungsstärksten das Tempo an, der Rest folgt willig nach. Jeder ist glücklich und sieht freudig einer noch schöneren Zukunft entgegen. Die Westdeutschen strömen massenhaft in den Osten, um an all dem teilzuhaben – Wiedervereinigung, wie sie sich die SED erträumte.

### Das Rahmenprogramm

Die politische Führung der DDR war nicht so naiv zu glauben, Begeisterung sei durch politische Veranstaltungen allein zu bewirken. Ein reines Amüsierprogramm mit abschließendem Besäufnis entsprach aber gleichfalls nicht ihren Vorstellungen

163

164

165

166

170

167

163 Mai-Demonstration 1951 auf dem Marx-Engels-Platz (Foto: Thiele)

164 Demonstrationsteilnehmer der Bezirke Köpenick und Friedrichshain ziehen als erste über die Marx-Engels-Brücke (Foto: Quaschinsky)

165 Ansprache des FDGB-Bundesvorsitzenden Herbert Warnke (Foto: Sturm)

166 Demonstrationsteilnehmer mit Porträts von Breitscheid und Thälmann (Foto: Thiele)

167 Krankenschwestern ziehen an der Tribüne vorbei

168 Festwagen des VEB Lederfabrik Blankenburg. Im Wettbewerb um die beste im Demonstrationszug mitgeführte Sichtagitation des FDGB Groß-Berlin erhielt er den 2. Preis der politisch-satirischen Kategorie[42] (Foto: O. Puhlmann)

169 Der Vorbeimarsch des Präsidiums der Volkspolizei Berlin bildet den Abschluß des Demonstrationszuges (Foto: Sturm)

170 Panorama-Aufnahme des Marx-Engels-Platzes mit Blick auf die Tribüne und den Berliner Dom (Foto: Sturm)

168

169

171 Vorführungen einer Tanzgruppe beim Volksfest auf dem Marx-Engels-Platz (Foto: Klein)

von sozialistischer Festkultur. Der 1. Mai 1951 sollte »den Charakter eines Volksfestes tragen, das gleichzeitig zu einem mächtigen Auftakt zu den Weltfestspielen der Jugend und Studenten für den Frieden wird«.[33] Auf Sport- und Kulturveranstaltungen wurde deshalb großer Wert gelegt. Diese waren auch gleichzeitig eine Gelegenheit, die vor kurzem gefaßten Beschlüsse des ZK über den »Kampf gegen den Formalismus in Kunst und Literatur, für eine fortschrittliche deutsche Kultur« und über die »Aufgaben auf dem Gebiet der Körperkultur und des Sports« sowie die Beschlüsse des FDGB über die gewerkschaftliche Kulturarbeit und den Betriebssport in der Praxis zu erproben und zu popularisieren.

Als Auftakt zum 1. Mai 1951 veranstaltete der Landessportausschuß am Samstag, dem 28. April, erstmals einen Staffellauf »Quer durch Berlin«. Er begann am Brandenburger Tor und endete nach 50 km auf dem Alexanderplatz. Läufer wechselten mit Rad- und Motorradfahrern, Kanuten und Seglern, Roller- und Rollschuhfahrern ab.[34] Am 29. April fanden dann Massenwaldläufe sowie Wettkämpfe der Betriebssportgemeinschaften und Sportvereinigungen statt. Außerdem wurden Übungen für das Sportleistungsabzeichen abgenommen. Das Motto des im Januar 1951 erstmals verliehenen Sportabzeichens, das auch immer wieder in der Sichtagitation vorkam, stellte klar, welchen gesellschaftlich-politischen Zweck die Werbung für den Breitensport verfolgte: »Bereit zur Arbeit und zur Verteidigung des Friedens«.

Am 30. April sollte im Anschluß an die Arbeit, umrahmt von einem »guten Kulturprogramm«, die Auszeichnung von ›Aktivisten‹ stattfinden. Den »Kollegen in den Privatbetrieben« wurde empfohlen, »am gleichen Tage betriebliche Feierstunden durchzuführen, in denen über den Charakter des 1. Mai als Kampf- und Feiertag der Arbeiterklasse« zu sprechen sei.[35] Die Siegerbetriebe im Massenwettbewerb des I. Quartals 1951 erhielten am 1. Mai vom Ministerrat ihre Auszeichnungen. Anläßlich des Festtages sollten auch soziale und kulturelle Einrichtungen, etwa Kindergärten oder Büchereien, »in entsprechend würdiger Form« ihrer Bestimmung übergeben werden. Ebenso wurde die Einweihung neuer Bauten und Anlagen in die Maifeierlichkeiten integriert. Über dem im Krieg zerstörten Zeughaus, in das das ›Museum für Deutsche Geschichte‹ einziehen sollte, erhob sich am 1. Mai 1951 die Richtkrone.

Der Höhepunkt des Rahmenprogramms sollten die erstmals in großem Maßstab über ganz Ost-Berlin verteilten Volksfeste in den Bezirken sein, die am 1. Mai von 16.00 bis 24.00 Uhr zu Tanz, verschiedenen sportlichen beziehungsweise »künstlerischen« Darbietungen von Laiengruppen und professionellen »Kulturschaffenden« sowie Freilichtvorführungen von Kurzfilmen einluden. In einer Schule jedes Bezirks fanden Kinderfeste statt. Mit Feuerwerken und Fackelzügen schlossen die Maifestlichkeiten. Der Eintritt war für alle Veranstaltungen frei, Voraussetzung sollte allerdings der Besitz einer Mainelke oder -plakette sein, die für 20 bzw. 30 Pfennige erworben werden konnten.[36] Die agitatorische Zielrichtung der Maifeierlichkeiten war auch bei den Volksfesten nicht völlig ausgeblendet. Sie standen unter dem Motto »Kampf gegen die Remilitarisierung – Für den Frieden – Für die Erfüllung des Fünfjahrplans«. So fand etwa im Bezirk Mitte während zwei Veranstaltungspausen ein Wagenkorso zu diesen Themen statt, und in Treptow trug eine Schulklasse eine ›Fünfjahrplan-Kantate‹ vor. Während des Feuerwerks auf dem Marx-Engels-Platz erschienen »die Friedenstaube und die Flammenschrift: ›Der Friede wird den Krieg besiegen‹«.[37]

Die Volksfeste am 1. Mai waren gleichermaßen als Belohnung für das Wohlverhalten der Bevölkerung gedacht wie als Vorgeschmack auf eine bessere, sorgenfreie Zukunft. Denselben Zwecken dienten auch materielle Anreize wie die Prämien, die mit den Auszeichnungen verbunden waren, oder die Radiogeräte, die man beim Staffellauf gewinnen konnte. Die Aussicht auf Wohlstand und unbegrenzten Konsum lag aber 1951 noch in weiter Ferne und spielte in der Propaganda der frühen 50er Jahre noch nicht eine so entscheidende Rolle wie einige Jahre später.

Volksfestelemente hatten schon 1946 in Ost-Berlin zum 1. Mai gehört, inklusive Würstchen

172 Artistische Einlage beim Volksfest auf dem Marx-Engels-Platz (Foto: Quaschinsky)

und markenfreier Buttermilch. Neu war 1951 die entschiedene Loslösung der Festivitäten von den einzelnen Betrieben. Auf Betriebsfeste, die über die kulturell umrahmten Auszeichnungsakte hinausgingen, sollte verzichtet werden, da es nicht dem »Charakter des 1. Mai als Kampf- und Feiertages der Arbeiterklasse« entspräche, betriebliche Maifeiern zu veranstalten, die »erfahrungsgemäß ein niedriges kulturelles Niveau« hätten. Alle Kräfte sollten zur Organisation der bezirklichen Volksfeste eingesetzt werden, die auch Frauen und Kinder mit einbezögen und insgesamt »eine neue und höhere Form des Kulturlebens der Werktätigen« darstellen würden.[38] Der Bundesvorsitzende des FDGB, Herbert Warnke, hatte in seiner Rede zur Vorbereitung des 1. Mai festgestellt: »Wir benötigen neue Menschen mit höherem fachlichem und politischem Niveau. Die schenkt uns niemand, sondern wir müssen sie selbst formen.«[39] Ein Weg zum »neuen Menschen« sollte die sozialistische Feierkultur sein.

Nachdem bereits in den 40er Jahren Maikomitees gebildet und die Feierlichkeiten mit großem Aufwand geplant worden waren, begannen sich in den 50er Jahren die Strukturen immer mehr zu verfestigen. Mit der Herrichtung des Marx-Engels-Platzes einschließlich der Tribüne, mit der Verbindung von Stand- und fließender Demonstration sowie mit der Neuorganisation der Volksfeste wurde 1951 eine »Feierroutine« etabliert, die im großen und ganzen über Jahre hinweg beibehalten wurde.

Die auffälligste Wandlung in den 50er Jahren war die zunehmende Militarisierung der Maifeier. Seit 1954 marschierten neben dem Block der Volkspolizei auch die Betriebskampfgruppen und die paramilitärische ›Gesellschaft für Sport und Technik‹ mit. Von 1956 bis 1977 bildete eine Parade der ›Nationalen Volksarmee‹ den Auftakt zur Maidemonstration, so daß die militaristische Komponente den Rang eines eigenständigen Feierelements erhielt. 1974, nach Baubeginn des ›Palastes der Republik‹, wurde das Zentrum der Maidemonstration schließlich in die Karl-Marx-Allee verlegt.[40]

Die alle Bevölkerungsgruppen einbeziehende Vorbereitungsphase zu den Maifeiern, das Wechselspiel zwischen Tribünenbesetzung und Demonstrationszug und die Volksfeste suggerierten die Teilhabe eines jeden einzelnen am Staat. Daß diese Inszenierung von Staatlichkeit lediglich »Rituale als Ersatz für politische Partizipation und gesellschaftliche Autonomie« anbot, zeigte sich spätestens 1953.[41] Die Niederschlagung des Arbeiteraufstandes am 17. Juni geschah kaum sieben Wochen nach einer der größten Mai-Inszenierungen, die die DDR je erlebt hat.

1 Zur Entstehung des Maifeiertages und seiner Geschichte in der ersten Hälfte des 20. Jahrhunderts vgl. Marßolek, Inge (Hg.): 100 Jahre Zukunft. Zur Geschichte des 1. Mai, Frankfurt a. M. / Wien 1990; Braun, Horst Dieter / Reinhold, Claudia / Schwarz, Hanns-A.: Vergangene Zukunft. Mutationen eines Feiertages, Berlin 1991.

2 Vgl. Sauer, Birgit: Mythen einer real-sozialistischen Gesellschaft. Ein Beitrag zur Analyse politischer Deutungsmuster in Fest- und Feiertagen der DDR, Diss. am Fachbereich Polit. Wiss. der FU Berlin, Berlin 1992, S. 207 f. Zum 1. Mai in Ost-Berlin vgl. auch Oehlandt, Tom: »Heraus zum 1. Mai!«. Zur Geschichte des Ersten Mai seit 1945 in Berlin. Eine volkskundliche Dokumentation, Diplomarbeit am Fachbereich Ethnographie der Humboldt-Universität Berlin, Berlin 1988. Zur kalendarischen Ordnung des sozialistischen Feierjahres vgl. Rytlewski, Ralf / Sauer, Birgit: Die Ritualisierung des Jahres. Zur Phänomenologie der Feste und Feiern in der DDR, in: Luthardt, Wolfgang / Waschkuhn, Arno (Hg.): Politik und Repräsentation. Beiträge zur Theorie und zum Wandel politischer und sozialer Institutionen, Marburg 1988, S. 265-285; vgl. dazu auch in diesem Band Schaukasten: Festkalender, S. 236–240.

3 Aus einer Rede Otto Grotewohls; zit. n. dem DEFA-Dokumentarfilm ›1. Mai 1946 – Friedensmai‹ (1946).

4 In den Verfassungen von 1968 und 1974 war die Feiertagsgarantie nicht mehr verankert. Verordnungen bzw. das Arbeitsgesetzbuch garantierten den 1. Mai jedoch weiterhin als arbeitsfreien Tag; vgl. Sauer, Birgit: »Es lebe der Erste Mai in der DDR!« Die politische Inszenierung eines Staatsfeiertages, in: Braun/Reinhold/Schwarz (wie Anm. 1), S. 120, 159.

5 Vgl. z. B. Hübner, Peter: Arbeiterklasse als Inszenierung? Arbeiter und Gesellschaftspolitik in der SBZ/DDR, in: Bessel, Richard / Jessen, Ralph (Hg.): Die Grenzen der Diktatur. Staat und Gesellschaft in der DDR, Göttingen 1996, S. 205. Nach der Februarrevolution 1917 wurde der 1. Mai in Rußland zum allgemeinen Feiertag erklärt, nach der Oktoberrevolution wurde er neben dem Jahrestag der Oktoberrevolution zum wichtigsten politisch-revolutionären Feiertag; vgl. Sartorti, Rosalind: Arbeit oder Fest? Zur Geschichte des 1. Mai in der Sowjetunion, in: Marßolek (wie Anm. 1), S. 340 ff.

6 Vgl. Sartorti (wie Anm. 5), S. 347.

7 Vgl. z. B. Regierung dankt den Werktätigen, in: Tribüne, 2. 5. 1951, S. 5.

8 Zur inhaltlichen und organisatorischen Vorbereitung des 1. Mai 1951 vgl. vor allem die Broschüren: Gegen Remilitarisierung. Für Friedensvertrag 1951. 1. Mai, hg. v. FDGB Groß-Berlin / Gewerkschaftl. Agit., Berlin 1951; Der 1. Mai. Kampftag der internationalen Arbeiterklasse für den Frieden. Zur Vorbereitung und Durchführung des 1. Mai 1951. Referat des Vorsitzenden des FDGB Herbert Warnke am 20. März 1951 vor den Funktionären des FDGB Groß-Berlin, hg. v. Bundesvorstand d. FDGB, Berlin 1951 (Referate und Dokumente aus der Gewerkschaftsbewegung); Material zur Auswertung der Europäischen Arbeiterkonferenz und Vorbereitung sowie Durchführung des 1. Mai 1951, hg. v. FDGB Groß-Berlin / Gewerkschaftl. Agit., Berlin 1951. Ausgewertet wurden zudem die Zeitungen ›Tribüne, Organ des FDGB Groß-Berlin‹, ›Neues Deutschland, Berliner Ausgabe‹, ›Tägliche Rundschau‹ sowie folgendes Aktenmaterial: SAPMO-BArch: DY 34/24074-24100: Sitzungen des Sekretariats des FDGB-Bundesvorstandes; DY 34/15/-/876: Maifragen; DY 34/15/g/713: Vorbereitung 1. Mai 1951; DY 34/15/45g/1165: Schriftwechsel SKK; DY 30/IV 2/2/139, 142: Sitzungen des Politbüros des ZK; DY 30/J IV 2/3/177 ff., 181, 183 f., 187, 190, 193: Sitzungen des Sekretariats des ZK; Landesarchiv Berlin: IV L-2/1/055: Sitzung der SED-Landesleitung am 2. 4. 1951; IV L-2/3/133, 134: SED-Landesleitung / Sitzungen des Sekretariats; IV L-2/5/251: SED-Landesleitung / Org.-Instr.-Abt.; FDGB Groß-Berlin [Repositurnr. noch nicht vergeben], 403, 807, 1184, 1571. Vgl. auch Sauer (wie Anm. 2), bes. S. 160-169.

9 1. Mai gut vorbereiten! Wie leitet die Parteiorganisation die Gewerkschaften bei der Vorbereitung des 1. Mai an?, in: Neues Deutschland, 13. 4. 1951, S. 3.

10 Zu den Maikomitees allgemein vgl. Sauer (wie Anm. 2), S. 160-163. Belege für die Tätigkeiten eines Maikomitees auf Bundesebene des FDGB sind dem verwendeten Quellenmaterial nicht zu entnehmen. Eine Aufstellung aller Kommissionen des Berliner Maikomitees ließ sich für 1951 ebenfalls nicht finden. Mit »Bezirken« waren 1951 z. B. die Berliner Stadtbezirke gemeint, nicht die Bezirke, die nach der Neustrukturierung der Verwaltungseinheiten 1952 die Länder ersetzten.

11 Zur »Kritik und Selbstkritik« vgl. z. B. Der 1. Mai. Kampftag der internationalen Arbeiterklasse für den Frieden (wie Anm. 8), S. 24 ff.; zum Berichtswesen vgl. SAPMO-BArch, DY 34/15/-/876 (wie Anm. 8), unpag.; DY 34/15/g/713 (wie Anm. 8), unpag.; DY 34/15/45g/1165 (wie Anm. 8), unpag.

12 Vgl. z. B. Der 1. Mai – der Kampftag der Werktätigen für den Frieden. Ein Material zur Ausgestaltung von Feiern anläßlich des internationalen Kampftages der Arbeiter für Frieden und Völkerverständigung, hg. v. Kulturbund zur demokratischen Erneuerung Deutschlands, o.O. 1951; 1. Mai 1951. Lieder, hg. v. FDGB Groß-Berlin, Berlin 1951; 1. Mai 1951. Kampftag gegen die Remilitarisierung Deutschlands, hg. v. Zentralvorstand der IG Post und Fernmeldewesen im FDGB, o.O. 1951; sowie die in Anm. 8 aufgeführten Broschüren.

13 Der 1. Mai. Kampftag der internationalen Arbeiterklasse für den Frieden (wie Anm. 8), S. 27.

14 Gegen Remilitarisierung (wie Anm. 8), S. 9.

15 Die Losungen zum 1. Mai richtig lesen, richtig verstehen und anwenden!, in: Neues Deutschland, 18. 4. 1951, S. 2.

16 Vgl. eine Rede Walter Ulbrichts auf dem III. Parteitag am 22. 7. 1950, zit. n.: Geist, Johann Friedrich / Kürvers, Klaus: Das Berliner Mietshaus, Bd. 3: 1945–1989, München 1989, S. 309.

17 SAPMO-BArch, DY 30/IV 2/2/104, Bl. 3, 13.

18 Vgl. Whyte, Iain Boyd: Berlin, 1. Mai 1936, in: Kunst und Macht im Europa der Diktatoren 1930 bis 1945 (Ausst.-Kat.), Berlin 1996, S. 43.

19 Zur Baugeschichte der Tribüne vgl. Geist/Kürvers (wie Anm. 16), S. 327; In fünf Wochen demonstriert hier ganz Berlin, in: Tägliche Rundschau, 29. 3. 1951, S. I; Präsident Pieck besichtigt Maitribüne, in: Tägliche Rundschau, 30. 3. 1951, S. I, Nur noch fünf Tage, in: Tägliche Rundschau, 26. 4. 1951, S. II.

20 Vgl. FDGB Groß-Berlin / Maisekretariat: Agitationsplan zur Vorbereitung und Durchführung des 1. Mai 1951; FDGB Groß-Berlin / Maisekretariat: Plan für die Ausgestaltung der Straße Unter den Linden und Marx-Engels-Platz (zwei, gelegentlich etwas voneinander abweichende Versionen, eine davon trägt den Stempel »9. April 1951«), in: SAPMO-BArch, DY 34/24095, unpag. Inwieweit die Pläne für die Ausschmückung der Straße Unter den Linden umgesetzt wurden, ist auf dem im Bundesarchiv Koblenz, im Landesarchiv Berlin und im Deutschen Historischen Museum überlieferten Bildmaterial nicht genau zu erkennen. Zitate, soweit nicht anders vermerkt, entstammen dem »Plan für die Ausgestaltung ...«.

21 Mordversuch an Dr. Pawloff, in: Neues Deutschland, 20. 3. 1951, S. 1.

22 Vgl. Elfferding, Wieland: Von der proletarischen Masse zum Kriegsvolk, in: Inszenierung der Macht. Ästhetische Faszination im Faschismus (Ausst.-Kat.), Berlin 1987, S. 24 f. Zu den Schwächen der Festorganisation vgl. z. B. das Protokoll der Sekretariatssitzung der SED Groß-Berlin am 4. 5. 1951, in: Landesarchiv Berlin, IV L-2/3/134, Bl. 6 f. Zum Verlauf der Demonstration vgl. bes. In Berlin – machtvollste Maidemonstration für den Frieden. Fast sieben Stunden dauerte der Festzug des Friedens, in: Neues Deutschland, 3. 5. 1951, S. 3; Die Werktätigen der ganzen Welt demonstrierten für den Frieden, in: Tägliche Rundschau, 3. 5. 1951, S. 1 f.; Friedensbekenntnis der 900 000, in: Tribüne, 2. 5. 1951, S. 1 f.; Auf dem Marx-Engels-Platz, ebenda, S. 6; Sauer (wie Anm. 2), bes. S. 171-181, 235; Oehlandt (wie Anm. 2), S. 138 ff.

23 Die Werktätigen der ganzen Welt demonstrierten für den Frieden (wie Anm. 22).

24 Korff, Gottfried: Seht die Zeichen, die euch gelten. Fünf Bemerkungen zur Symbolgeschichte des 1. Mai, in: Marßolek (wie Anm. 1), S. 16.

25 Lauterbach, Ruth: Noch sechzehn Tage ..., in: Der Junge Pionier, 14. 4. 1951, S. 1.

26 Die Werktätigen der ganzen Welt demonstrierten für den Frieden (wie Anm. 22).

27 Zur Tribüne als Symbol für die Staatsgewalt der DDR und ihr Verhältnis zur Bevölkerung vgl. Gibas, Monika / Gries, Rainer: »Vorschlag für den Ersten Mai: die Führung zieht am Volk vorbei!« Überlegungen zur Geschichte der Tribüne in der DDR, in: Deutschland Archiv, 28/1995, Heft 5, S. 481-494. Neben hohen Gewerkschaftsfunktionären versammelten sich 1951 in der Ehrenloge der 1. Sekretär des ZK der SED Ulbricht, Ministerpräsident Grotewohl, der Präsident der Volkskammer Dieckmann, der Chef der Sowjetischen Kontrollkommission General Tschujkow, der Ost-Berliner Oberbürgermeister Friedrich Ebert sowie weitere Funktionäre des Politbüros und des Sekretariats des ZK der SED, der Landesleitung Berlin der SED, der Blockparteien und Massenorganisationen. Vertreter des diplomatischen Korps unter Führung des sowjetischen Botschafters Puschkin und wichtige ausländische Gäste gehörten wohl ebenfalls zur Besetzung.

28 Agitationsplan zur Vorbereitung und Durchführung des 1. Mai 1951 (wie Anm. 20).

29 FDGB Groß-Berlin / Maisekretariat, Auszug aus der Beratung des Maisekretariats und gefasste Beschlüsse, 30. 3. 1951, in: SAPMO-BArch, DY 34/15/-/876, unpag.

30 Vgl. Gegen Remilitarisierung (wie Anm. 8), S. 9-16.

31 Arndt, Erwin: Ein Rückblick auf den 1. Mai 1949, in: Die Volkspolizei, 25. 1. 1951, Editorial.

32 In Berlin machtvollste Maidemonstration für den Frieden (wie Anm. 22).

33 Gegen Remilitarisierung (wie Anm. 8), S. 17. Vgl. zum Rahmenprogramm auch Sauer (wie Anm. 2), bes. S. 169 f., 181 ff.; Oehlandt (wie Anm. 2), S. 140 f.

34 Vgl. z. B. Mai-Staffel der demokratischen Sportler, in: Tribüne, 2. 5. 1951, S. 6.

35 Lie[b]chen, Hellmut (Maisekretär): Alle Kraft den gemeinsamen Maifeiern, in: Tribüne, 20. 4. 1951, S. 5.

36 Vgl. Liebchen (wie Anm. 35).

37 Fest der Freude und der Zuversicht, in: Neues Deutschland, 3. 5. 1951, S. 3.

38 Liebchen (wie Anm. 35).

39 Der 1. Mai. Kampftag der internationalen Arbeiterklasse für den Frieden (wie Anm. 8), S. 23.

40 1976, als der ›Palast der Republik‹ fertiggestellt war, fand die Maikundgebung noch einmal auf dem Marx-Engels-Platz statt, wurde aber dann wieder in die Karl-Marx-Allee zurückverlegt. Einen knappen Überblick über die Entwicklung der Maifeierlichkeiten in der SBZ/DDR bis 1989 gibt Sauer (wie Anm. 4).

41 Sauer (wie Anm. 4), S. 116.

42 Zu Abb. 158 u. 159: FDGB-Bundesvorstand / Org.-Instr.-Abt., Plan für den 1. Mai 1951, 25. 1. 1951, in: SAPMO-BArch, DY 34/24086, unpag.; zu Abb. 160: Der 1. Mai. Kampftag der internationalen Arbeiterklasse für den Frieden (wie Anm. 8), S. 27; zum Entwurf von Rolf Ehmer vgl. auch das Protokoll der Sekretariatssitzung des FDGB-Bundesvorstandes am 27. 2. 1951, in: SAPMO-BArch, DY 34/24090, unpag.; zu Abb. 168 vgl. das Protokoll der Sekretariatssitzung des FDGB Groß-Berlin am 15. 5. 1951, in: Landesarchiv Berlin, FDGB Groß-Berlin, 807, unpag.

176

## Schaukasten: Maidemonstration

**»Am 1. Mai eines jeden Jahres halten die Werktätigen aller Länder Heerschau über ihre Kräfte. Rückblickend lernen sie aus ihren Erfolgen und Schwächen, sie feiern ihre Siege und stellen sich neue Aufgaben. ... Stärken wir die Friedensfront, bekennen wir uns am 1. Mai zur brüderlichen Solidarität, bekunden wir unseren unbeugsamen Friedenswillen, an dem alle Anschläge verbrecherischer imperialistischer Aggressoren scheitern werden.«**
**Aus dem Artikel »Wie Budeck und Kassuhn« in der ›Berliner Zeitung‹ vom 29. April 1951**

173 1946: Teilnehmer der ersten Maidemonstration in Berlin
174 1946: Der Parteivorstand der SED marschiert mit
175 1947: Mitglieder des FDGB auf der Maidemonstration
176 1947: Die Kundgebung vor dem Berliner Stadtschloß
177 1948: Gutgelaunte Teilnehmer (Foto: Thiele)
178 1950: Marschkolonnen führen die Porträts von Wilhelm Pieck und Walter Ulbricht mit sich (Foto: Thiele)

178

173

177

175

174

181

180

185

Genossenschaftsbauern, Werktätige auf dem Lande! Dem Volke mehr
Lebensmittel und Rohstoffe, Euch ein schöneres, kulturvolles Leben!

182

184

179

183

179 1950: In landestypische Trachten gekleidete Demonstranten mit den Wappen deutscher Städte (Foto: Thiele)

180 1950: Sportler bilden eine »Menschenpyramide« (Foto: Thiele)

181 1952: Blick auf die Tribüne auf dem Marx-Engels-Platz (Foto: Gerhard Puhlmann)

182 1956: Junge Pioniere im Matrosenhemd ziehen an der Ehrentribüne vorbei

183 1956: Zum »Kampftag der Werktätigen« paradiert ein Offiziersblock der NVA

184 1960: Hochrufe auf den Sozialismus

185 1961: 1. Mai auf dem Land bei Neustrelitz (Foto: Martin Schmidt)

186 1961: Auftakt zum 1. Mai

187 1962: Straßendekoration zum 1. Mai in Berlin

186

187

188–190 FDGB-Plakate zum 1. Mai 1953, 1954 und 1955

## Schaukasten: Gewerkschaft

Im Sommer 1945 formierten sich die unter den Nazis verbotenen Gewerkschaften neu. Quer durch alle Besatzungszonen bestand dabei der Konsens, daß die Zukunft der Gewerkschaftsbewegung nicht – wie vor 1933 – in Einzel- und Richtungsgewerkschaften, sondern in der Bildung von Einheitsgewerkschaften liege. In der SBZ und in ganz Berlin beteiligten sich bis zum Frühjahr 1946 Vertreter unterschiedlichster politischer Richtungen an den Vorbereitungen, einen ›Freien Deutschen Gewerkschaftsbund‹ (FDGB) zu gründen. Unter der zentralen Leitung dieses Gewerkschaftsbundes bestanden dann zahlreiche Branchen- und Industriegewerkschaften.
In allen größeren Betrieben wurden wieder Betriebsräte gewählt. Mit der Verstaatlichung der Großindustrie brachen jedoch Konflikte zwischen dem sehr schnell durch die SED-Führung dominierten FDGB einerseits und den Betriebsräten andererseits auf. Während viele Betriebsräte sich weiterhin als Sachwalter der Belegschaften verstanden und auf Mitbestimmung drängten, definierte die SED-Führung die Rolle der Gewerkschaften neu: Der Gewerkschaftsbund wie die abhängigen Industriegewerkschaften sollten zu Organisatoren der Aktivisten- und Wettbewerbsbewegung werden, sich also uneingeschränkt für die wirtschaftspolitisch geforderte Steigerung der Produktivität einsetzen. Im Herbst 1948 wurden deshalb die demokratisch gewählten Betriebsräte verboten und deren Räumlichkeiten von den neugebildeten ›Betriebsgewerkschaftsleitungen‹ (BGL), oft auch von den SED-Betriebsleitungen übernommen. Als am 16. und 17. Juni 1953 in zahl-

reichen Betrieben die Arbeit niedergelegt wurde, wählten die Arbeiter vielerorts spontan die 1948 abgesetzten Betriebsräte in die Streikkomitees. Die als »Schulen der Demokratie und des Sozialismus« propagierten Gewerkschaften verwalteten ab 1950 die Sozialversicherung, bauten einen eigenen Feriendienst auf und organisierten – in den frühen Jahren – die Feiern zum 1. Mai.

Jörn Schütrumpf

# »Besprechungen zwischen ehemaligen VVN-Kameraden ... dürfen nicht mehr stattfinden.« Antifaschismus in der DDR[1]

191 Fahne der ›Vereinigung der Verfolgten des Naziregimes‹ (VVN) aus Berlin, Prenzlauer Berg, 1950 (Hans Litten, geb. 1903, war »antifaschistischer Rechtsanwalt« und wurde 1938 im KZ Dachau ermordet)

Die Berliner VVN hat mit großem Bedauern von der Bestätigung der Nationaldemokratischen Partei [durch die SMAD und auf Wunsch der SED – J. S.] Kenntnis genommen. Sie stellt fest, daß das Programm dieser Partei sich ausdrücklich mit den Mitgliedern der früheren Nazipartei befaßt und für ihre Interessen eintreten will. Das Programm enthält kein Wort über die Verantwortung der ehemaligen Parteigenossen gegenüber den Verfolgten des Naziregimes. Es befaßt sich auch nicht mit der heute noch bestehenden antisemitischen Ideologie. Die VVN wird scharf darüber wachen, daß diese Partei kein Sammelbecken für einen neuen Faschismus wird.«[2]

So scharf, wie in diesem Kommentar vom 1. Juli 1948, ist aus dem »eigenen Lager« die Politik von SMAD und SED weder vorher noch nachher je kritisiert worden. Die Besatzungsmacht und ihre politischen Verbündeten in Deutschland steckten 1948 in einer tiefen Krise. Nach nationalsozialistischer Kriegswirtschaft, Bombenkrieg, schweren Schlachten am Ende des Weltkrieges, wilden Beutezügen siegestrunkener Rotarmisten und den Wiedergutmachungsleistungen an die Sowjetunion stand die Sowjetische Besatzungszone ökonomisch vor dem Zusammenbruch. Stalin hatte den Bogen überspannt. Denn mit Demontagen in der Industrie und systematischen Zerstörungen in der Infrastruktur einerseits, den laufenden Reparationszahlungen andererseits hatte er versucht, »die Kuh gleichzeitig zu melken und zu schlachten«.

Jede Anstrengung im Wiederaufbau erschien sinnlos: War ein demontierter Betrieb durch die Belegschaft mit Material aus dem Schrott wieder funktionsfähig gemacht worden, wurde er erneut demontiert. Das geschah an verschiedenen Stellen der SBZ mehrere Mal hintereinander. Selbst Produktionserhöhungen dienten nur der Besatzungsmacht; sie vergrößerten das Reparationskonto. Die Bevölkerung, die in ihrer Mehrheit Hitler »bis 5 nach 12« die Stange gehalten hatte, war drei Jahre nach Kriegsende endgültig ermattet. Anders als in den ersten beiden Nachkriegsjahren erwartete von der Politik kaum noch jemand etwas.

Auch die SED, die als die Partei der Besatzungsmacht galt und sich auch so gerierte, hatte fast jegliches Ansehen verloren – ein Ansehen, das auf der Hoffnung beruht hatte, diese Partei könne die Besatzungsmacht zur Mäßigung drängen. Besonders die SED-Führung, der in erster Linie diese Aufgabe zugekommen wäre, hatte sich dazu weder als fähig noch als willens erwiesen; SED-Mitglieder, die sich entsprechend geäußert hatten, waren nicht selten in den ›Spezlagern‹ der Besatzungsmacht verschwunden.[3] Auch wenn es offiziell bestritten wurde, hatte die Bevölkerung in der SBZ kollektiv für den verlorenen Krieg zu büßen. Die aus solchen Verhältnissen resultierende Unzufriedenheit war aber nicht der einzige Grund, weswegen sich SMAD und SED-Führung 1948 Sorgen machen mußten.

Ende 1947 war der »antifaschistisch-demokratische Block«, gebildet aus SED, CDU und LDP, einer schweren Belastung ausgesetzt. Denn die SED hatte seit ihrem II. Parteitag 1947 nicht mehr nur, wie in der Zeit zuvor, versucht, die beiden Partner an die Wand zu spielen; jetzt erhob sie

192 Mitgliedsbuch der VVN, 1951

auch offiziell gegenüber allen anderen politischen Kräften in ihrer Zone einen – dem Geist und Buchstaben der Vereinbarung vom 14. Juli 1945 widersprechenden – Führungsanspruch. Damit war der Grundkonsens in der Zusammenarbeit aller antifaschistischen Kräfte, Gleichberechtigung, einseitig gekündigt worden. Doch CDU und LDP verweigerten die Unterwerfung und blockierten die Tätigkeit des Blocks.

Der SED blieb nur der Rückzug, denn andere Partner hatte sie ja nicht – glaubte man zumindest in den Vorständen von CDU und LDP. Daß Walter Ulbricht und seine Umgebung – mit Stalins Billigung, wenn nicht gar auf sein Geheiß – die Krise bewußt herbeigeführt haben könnten, auf jeden Fall aber alles andere als unglücklich über sie waren, kam niemandem in den Sinn. Denn offiziell galt für die Kommunisten, das heißt in diesem Falle auch für die SED, die These von der antifaschistischen Volksfront, so wie sie auf dem 7. Weltkongreß der ›Kommunistischen Internatio-

193 An einer Begrüßungsfeier für Opfer des Faschismus am 11. September 1948 nehmen der sowjetische Generalleutnant Gordejew und Ottomar Geschke, Vorsitzender der VVN, teil

nale‹ 1935 geprägt worden war: gleichberechtigtes Zusammenwirken aller antifaschistischen Kräfte bei der Bekämpfung faschistischer Bewegungen beziehungsweise bei der Überwindung des Faschismus dort, wo er an die Macht gelangt war, unter Verzicht auf die Propagierung des eigenen »kommunistischen Fernziels«.

Daß in den Staaten des entstehenden Ostblocks eine »Volksfront« nach der anderen zerbrochen war, schien für die SBZ ohne Bedeutung zu sein. Angesichts einer mehrheitlich nazitreuen Bevölkerung war die SED ohne ihre Bündnispartner CDU und LDP rettungslos in der Minderheit. Walter Ulbricht jedoch wußte aus diesem Dilemma einen Ausweg, denn die Situation war für ihn so neu nicht. 1936, nach dem ersten Moskauer Prozeß und der Kritik seiner Partner an Stalins Vorgehen, hatte er schon einmal eine Volksfront verlassen. Damals bereits hatte er für die weitere Arbeit eine eigene Konzeption entwickelt, von der er 1948 allerdings nicht mehr sprach.[5]

Er hatte diese Konzeption in der ›Deutschen Volkszeitung‹ veröffentlicht: »Wieviele tapfere Blockwarte, Amtswalter der Deutschen Arbeitsfront, SA-Männer haben sich für die Forderungen des werktätigen Volkes eingesetzt und wieviele haben dabei mit Empörung erlebt, wie die alten Reaktionäre von den höheren Amtsstellen unterstützt wurden. Viele Antifaschisten betrachten die unteren nationalsozialistischen Funktionäre [im Original hervorgehoben] noch immer als ›kleine Hitlers‹ und übersehen oft, dass diese Werktätigen unter denselben Bedingungen leiden, die gleichen sozialen Interessen haben, wie die Kommunisten, die Sozialdemokraten, die Katholiken ... Manche SA-Leute und Vertrauensleute haben gestern noch mit der Waffe in der Hand gegen uns gekämpft, aber sie sind gegen den Herr-im-Hause-Standpunkt der Unternehmer, sie sind gegen die Vorrechte der Reichen, gegen die alten Reaktionäre, sie wollen die Durchführung der alten sozialen Forderungen der NSDAP ... Das Lebensinteresse des deutschen Volkes erfordert, dass die Nichtnationalsozialisten den noch nationalsozialistischen Massen brüderlich die Hand reichen, damit anstelle des Hasses die vertrauensvolle Zusammenarbeit im Kampf um Frieden, Freiheit und Wohlstand tritt.«[6]

Natürlich hatte diesen im Exil erschienenen Text kaum jemand gelesen. Und die wenigen, die ihn gelesen hatten, konnten, selbst wenn sie sich im Jahre 1948 noch daran erinnern mochten, kaum auf die Idee kommen, daß jemand nach Rußlandfeldzug und nach Auschwitz derlei Ideen für die aktuelle Politik wiederbeleben würde. – Gerade darin bestand Ulbrichts Chance. Den grundsätzlichen Wechsel weg von einer Volksfront mehr oder weniger gleichberechtigter Partner hin zu einer »Volksfront mit den nationalsozialistischen Massen« nahm Ulbricht keineswegs im Alleingang vor. Für Stalin war spätestens seit 1947 die Zeit der antifaschistischen Bündnisse vorbei. Ebenso wie das Weiße Haus, wo man längst von Kooperation auf Konfrontation umgeschaltet hatte, arbeitete er an einer Verfestigung der in Jalta verabredeten Teilung Europas.

Im Innern der Sowjetunion verstärkte er wieder den Druck auf die orthodoxe Kirche, der während des »Vaterländischen Krieges« im Gegenzug für ihre Unterstützung Freiheiten eingeräumt worden waren. Das ›Antifaschistische jüdische Komitee‹ wurde 1948 verboten, dessen Führer, die während des Krieges in Stalins Auftrag auf dem amerikanischen Kontinent Sammlungen durchgeführt hatten, 1952 erschossen.[7] Den Intellektuellen war schon 1946 mit dem Beschluß des ZK der KPdSU »Über die Zeitschriften ›Swesda‹ und ›Leningrad‹« signalisiert worden, daß alle Hoffnungen auf eine Liberalisierung nach dem Sieg über Deutschland eitler Trug gewesen waren.[8] In den Staaten des entstehenden Ostblocks durften die einheimischen Kommunisten sukzessive die nach Volksfront-Muster gebildeten antifaschistischen Regierungen sprengen und die Macht vollständig übernehmen. Die ehemaligen Bündnispartner wurden, je nach Lage, entweder zur Emigration gezwungen, eingesperrt oder erschossen – eine Entwicklung, die mit dem Februar-Putsch in der Tschechoslowakei 1948 ihren Abschluß fand.

Blieb die Frage, was aus den sowjetischen Kolonien in Deutschland und Österreich werden würde. Nachdem die USA 1947 in Österreich ihre Pläne für eine Spaltung des Staates mangels geeigneter Partner hatten aufgeben müssen, wurde die Situation, mangels Konzeption auf beiden Seiten, über Stalins Tod hinaus bis 1955 in der Schwebe gehalten. Auch für Deutschland hatte Stalin keine Konzeption; deshalb verlegte er sich aufs Lavieren.[9] Einerseits durfte Ulbricht den antifaschistischen Block so lange mit seinen Hegemonialansprüchen belasten, bis die Partner sich verweigerten. Andererseits durfte er den Block als Einrichtung noch nicht beseitigen, da sich Stalin in der Deutschland-Frage alle Optionen offenhalten wollte. Ulbrichts Politik, die Hegemonie in der SBZ um fast jeden Preis zu erringen, unterstützte er.

Dessen Rechnung war einfach: Solange er mit nichtkommunistischen Antifaschisten wie mit Kommunisten, ja selbst Stalinisten, die nicht seinem Zirkel, also der »Moskauer Emigration«, angehörten, zusammen gegen die bis zum Schluß nazihörig gewesene Mehrheit des Volkes anregierte, hatten die Partner immer wieder die Möglichkeit, seinen Führungsanspruch in Frage zu stellen. Suchte er sich aber neue Partner, reichte er – um in seiner Vorkriegsterminologie zu bleiben – den »noch nationalsozialistischen Massen brüderlich die Hand«, veränderte er mit einem Schlag das gesamte Kräftegefüge. Daß von denen nicht nur keiner wagen würde, Gleichbehandlung bei der Machtausübung einzufordern, sondern daß von dort sogar Dankbarkeit für jede noch so kleine Entlastung und Aufwertung zu erwarten war, verstand sich von selbst.

Selbst die engere Parteiführung hat wahrscheinlich nur in Ansätzen begriffen, welchen strategischen Kurswechsel Ulbricht, unterstützt durch die Besatzungsmacht, der SED im Frühjahr und Sommer 1948 verordnete. Es war die Zeit, als eine Schreckensmeldung die andere jagte: Ausbruch der Berlin-Krise, Bruch mit Tito, Verhaftungen in den Ostblockstaaten; und als die meisten Menschen den Rest an politischer Orientierung verloren. Dieses Chaos gestattete es Ulbricht, die wirklichen Absichten seines Vorgehens zu verschleiern – in dieser Kunst stand er seinem Lehrmeister Stalin kaum nach.

Und Stalin, dessen Willen Ulbricht stets »schöpferisch« zu erfüllen suchte, verbesserte für dessen Politik die Rahmenbedingungen: Die Entnazifizierung wurde beendet, Kriegsgefangene für den Aufbau einer kleinen Ostzonen-Armee wurden freigelassen. Über die Mannschaften der Sowjetarmee wurde eine bis 1990 andauernde Ausgangssperre verhängt, womit eine Grundvoraussetzung für die Beendigung des tagtäglichen Terrors gegen die deutsche Bevölkerung geschaffen war. Zudem wurden durch »zuverlässige Leute« für die in der Nazi-Zeit durch die Erbhof-Gesetzgebung privilegierten Bauern die ›Demokratische Bauernpartei Deutschlands‹ (DBD) sowie die ›Nationaldemokratische Partei Deutschlands‹ (NDPD) zur Integration der kleinen Nazis und ehemaliger Offiziere gegründet.

Dagegen richtete die Berliner VVN, wie eingangs zitiert, ihren deutlichen, aber auch hilflosen Protest. Mit den beiden neuen, ihm hörigen Parteien zimmerte Ulbricht den Block erneut zusammen. CDU und LDP mußten klein beigeben, wenn sie sich nicht ganz ins Aus manövrieren wollten. Damit war die Frage der Hegemonie zwar noch nicht endgültig entschieden, aber das Kräfteverhältnis so nachhaltig verändert, daß die offizielle Unterwerfung der anderen antifaschistischen Kräfte nur noch eine Frage der Zeit war. CDU und LDP hatten in den nächsten zwei Jahren eine Niederlage nach der anderen einzustecken; kurz vor der Einheitslistenwahl vom 15. Oktober 1950 streckten sie endgültig die Waffen und bekannten sich zur »führenden Rolle der SED«.

Auch innerhalb der SED nahm Ulbricht den Kampf um die Führung auf – mit der Verfolgung »trotzkistischer Elemente«. Darunter fielen alle, die in den 20er Jahren bei den Auseinandersetzungen innerhalb der KPD unterlagen, nach 1945 aber in der Hoffnung auf eine nichtstalinistische Einheitspartei Mitglied der SED geworden waren. Und es begann, wenn vorerst auch verdeckt, der Angriff auf die ›Vereinigung der Verfolgten des Naziregimes‹, deren Mitgliedschaft die gesamte Breite der durch die Nazis Verfolgten widerspiegelte. Die Mehrheit der Mitglieder waren rassisch Verfolgte, neben den Überlebenden der Verschwörung des 20. Juli saßen Kommunisten, neben Sozialdemokraten Bibelforscher und Katholiken. Die VVN war zu diesem Zeitpunkt weder eine Vorfeldorganisation der SED noch unterstützten alle ihre Mitglieder vorbehaltlos alle Vorgänge in der SBZ.

Diese Situation spiegelt sich auch in einer Tagebuch-Eintragung von Alfred Kantorowicz vom 15. September 1947: »Gestern war Tag der Opfer des Faschismus. Bewegendes Wiedersehen mit alten Genossen. Ich sollte ein paar Worte sagen. Es wurde keine Festrede. Wir haben nicht gesiegt. Für uns geht der Kampf weiter. Wir sind wenige. Einige sind müde. Aber wenn wir wenigen nun ein Kriegerverein mit Schmerbäuchen werden oder Säulenheilige, alljährlich einmal aus Nischen hervorgeholt und Gaffern zu Schau gestellt, dann war alles vergeblich, was wir getan und was wir erlitten haben. Dann hätten die, an die wir denken, auf die wir uns berufen, auch nicht zu sterben brauchen. Wer jetzt bequem wird, sich aufgibt, sich bedingungslos unterwirft, der scheidet aus. Man hat verstanden. ODFs, die in den Lagern und in Spanien überlebt haben, eignen sich schlecht zu Konformisten, untertänigen Kratzfüßlern, Krummbucklern, beflissenen Jasagern.«[10]

Um dies zu ändern, wurde ab Anfang 1948 – mit der immer unverhüllteren Forderung, die VVN solle sich zur Politik der SED bekennen – zunächst der Druck auf die West-Berliner Sozialdemokraten erhöht, so lange, bis die Landesversammlung der ›Opfer des Faschismus‹ (OdF) in der SPD beschloß, die Mitarbeit in der VVN einzustellen. Drei Neuköllner SPD-Mitglieder hatten sich dieser Entscheidung verweigert, weil sie an eine Überparteilichkeit der Organisation glaubten. Nachdem sie jedoch an einer Buchenwald-Tagung der VVN teilgenommen hatten, auf der Reden gehalten wurden, die, wie sie in einem Brief am 20. Mai 1948 schrieben, »einen einseitigen parteipolitischen Charakter trugen«, und sie außerdem feststellen mußten, daß beim Kassieren der Beiträge für die VVN Beitrittsformulare für die SED verteilt wurden, zogen sie sich enttäuscht zurück.[11]

Danach wurde begonnen, widerspenstige VVN-Mitglieder auszuschließen, weil sie sich »dem demokratischen Aufbau« verweigerten. Kurze Zeit später wurde das Statut der VVN dieser Politik angepaßt. Paragraph 2,1 des Statuts, der besagte, daß Mitglied in der Vereinigung werden könne, wer »im Besitz einer Anerkennungsurkunde als ›Opfer des Faschismus‹« sei, wurde um den Passus ergänzt: »... und positiv zu unserem demokratischen Aufbau steht«.[12] Damit war eine Handhabe gegeben, die Organisation der SED-Linie zu unterwerfen und Andersdenkende auszuschließen. Doch auch jetzt war die VVN immer noch nicht völlig gleichgeschaltet. Die Mehrheit der SED-Mitglieder hatte zuvor keiner linken Partei angehört, sondern war erst nach der SED-Gründung in die Partei gelangt. Darunter waren nicht wenige sogenannte Antifa-Schüler, das heißt in der sowjetischen Kriegsgefangenschaft gewendete Wehrmachtssoldaten, die zuvor nicht selten Mitglied der NSDAP gewesen waren. Nicht zuletzt durch diese Tatsache war nicht nur bei den nichtkommunistischen VVN-Mitgliedern, sondern auch bei den meisten Verfolgten des Naziregimes kommunistischer Sozialisation eine Distanz zur »führenden Partei« entstanden.

Die meisten Auseinandersetzungen wurden in der SBZ/DDR »intern« geführt. Auch als die »Moskauer Fraktion« am 17. Oktober 1949 an die Ausschaltung der »Westemigranten« ging, verfügte Hermann Matern wenige Tage später, am 24. Oktober: »... kein Genosse hat das Recht dar-

Preis 25 Pf.

# Die Tat

VVN

***Mit unserem ganzen Volke vorwärts im Geiste des großen Patrioten Ernst Thälmann und aller gefallenen Kämpfer zu neuen Erfolgen in unserem gerechten Kampfe für Einheit, Frieden, Demokratie und Sozialismus!***

7. JAHRG. 7. MÄRZ 1953 **10**

FRANZ DAHLEM

## Die VVN hat ihre Aufgaben gelöst

### Bildung eines „Komitees der antifaschistischen Widerstandskämpfer"

**Rede des Kameraden Franz Dahlem auf der letzten Sitzung des Zentralvorstandes der VVN am 21. Februar 1953 in Berlin, in der die Einstellung der Tätigkeit der VVN beschlossen wurde**

Liebe Kameraden!

Wir stehen heute vor einer wichtigen Entscheidung. Die zu beantwortende Frage heißt: Gibt es unter den heutigen Bedingungen des Aufbaus der Grundlagen des Sozialismus in der Deutschen Demokratischen Republik noch besondere Aufgaben, die die Aufrechterhaltung einer Organisation der ehemaligen Widerstandskämpfer und Opfer des Faschismus rechtfertigen?

### Die Gründe für die Beendigung der Tätigkeit der VVN

Wie schon im Sommer vorigen Jahres bei der Verkündigung des historischen Beschlusses der II. Parteikonferenz der Sozialistischen Einheitspartei Deutschlands über den Aufbau der Grundlagen des Sozialismus, so standen wir jetzt bei der Vorbereitung der vorgesehenen 4. Hauptkonferenz der VVN erneut vor dieser Frage. Der Zentralvorstand der VVN hat damals in einer Erklärung die neue Etappe in der Deutschen Demokratischen Republik, die mit dem Übergang zum Aufbau der Grundlagen des Sozialismus eröffnet wurde, bezeichnet als die

**„Erfüllung der großen Hoffnung und Zuversicht, mit welcher zahllose Kämpfer gegen den Faschismus in den Tod gegangen sind".**

Dann hieß es weiter in der Erklärung:

*„Den Sozialismus verwirklichen — das heißt, den Faschismus für immer bannen!*

*Den Sozialismus verwirklichen — das heißt, sich der ewigen Feinde des Friedens und des Fortschritts zu entledigen! Den Sozialismus verwirklichen — das heißt, die Ursache aller Unfreiheit, die Ausbeutung des Menschen durch den Menschen zu beseitigen!*

*Den Sozialismus verwirklichen — das heißt, jenen Weg zu vollenden, den unsere Kameraden aus den Konzentrationslagern bei ihrer Befreiung zu gehen gelobten, den Weg der Zusammenarbeit am großen Werk des Aufbaus einer neuen, für alle gerechten, freien Welt!*

*Den Sozialismus verwirklichen — das heißt, unseren Toten, den Opfern des Faschismus, den Helden des antifaschistischen Widerstandskampfes, das schönste Denkmal zu errichten, das Denkmal eines zukunftsfrohen, schönen Lebens, ein Denkmal des Triumphes der großen schönen Sache, für die sie ihr Leben hingegeben haben!"*

Wir kamen jetzt bei dem Rückblick, inwieweit die VVN die in ihrem Programm festgelegten Aufgaben verwirklicht hat, und bei dem Ausblick, welches die in Zukunft von der VVN als Organisation zu lösenden Aufgaben sein sollen, zu folgender Erkenntnis:

Die Entwicklung der antifaschistisch-demokratischen Ordnung in der Deutschen Demokratischen Republik hat zur Ausrottung aller Wurzeln des Faschismus geführt. Die Festigung der Staatsmacht in der Deutschen Demokratischen Republik, der Übergang zur Schaffung der Grundlagen des Sozialismus, der bewaffnete Schutz der demokratischen Errungenschaften und der sozialistischen Entwicklung durch unsere Volkspolizei und die Organe der Staatssicherheit sichern für immer, daß Faschismus und imperialistische Knechtschaft im Gebiet der Deutschen Demokratischen Republik nicht wiederkehren können.

Der Kampf aber gegen die imperialistischen Kriegspläne der amerikanischen und deutschen Imperialisten, gegen die Remilitarisierung und Refaschisierung Westdeutschlands ist zu einer Angelegenheit der Gesamtheit unseres Volkes, zu einer Sache unserer gesamten Republik: ihrer Regierung, der Volkskammer und aller von der Nationalen Front des demokratischen Deutschland und der Friedensbewegung erfaßten Menschen geworden.

Die Fortführung einer besonderen Organisation der antifaschistischen Widerstandskämpfer würde unter diesen Bedingungen auf die Dauer zur Absonderung und Isolierung von der breiten patriotischen Massenbewegung unseres Volkes führen. Deswegen schlägt der Zentralvorstand den zur 4. Hauptkonferenz der VVN demokratisch gewählten Delegierten vor, zu beschließen:

1. Die Tätigkeit der VVN in der Deutschen Demokratischen Republik und im demokratischen Sektor von Berlin in allen ihren Gliederungen, in den Bezirks-, Kreis- und Ortsorganisationen einzustellen und die Durchführung aller von der VVN bisher ausgeübten speziellen Aufgaben der Pflege der antifaschistischen Traditionen auf eine breitere Grundlage der Verantwortlichkeit der staatlichen Organe, der Parteien und Massenorganisationen, der Institute und Schulen zu überführen.

2. Es wird ein breites, repräsentatives Komitee der antifaschistischen Widerstandskämpfer gewählt, das bei der Weiterführung dieser Aufgaben anleiten und mitwirken und gleichzeitig weiter die gesamtdeutsche und internationale Zusammenarbeit mit den antifaschistischen Widerstandskämpfern wahrnehmen soll.

### Der Weg seit der Befreiung im Jahre 1945 bis heute

Als für alle illegalen Widerstandskämpfer, für die Häftlinge in den Konzentrationslagern und Zuchthäusern, für die aktiven Politemigranten, dank der Zerschlagung des Hitlerfaschismus durch die ruhmreiche Sowjetarmee die Stunde der Befreiung und der Beginn eines neuen Lebens gekommen war, haben die Widerstandskämpfer überall in feierlichen Gelöbnissen erklärt, daß der Kampf weitergeführt werden muß bis zur Ausrottung der Wurzeln des Faschismus und bis zur Sicherung der Freiheit und Unabhängigkeit der Völker. In der Abschiedserklärung der Häftlinge aller internationalen Komitees des KZ Mauthausen heißt es z. B. dazu:

*„Treu diesen Idealen schwören wir, solidarisch und im gemeinsamen Einverständnis den weiteren Kampf gegen Imperialismus und nationale Verhetzung zu führen.*

*So wie die Welt durch die gemeinsamen Anstrengungen aller Völker von der Bedrohung durch die Hitlersche Übermacht befreit wurde, so müssen wir diese erkämpfte Freiheit als das gemeinsame Gut aller Völker betrachten."*

Damals, angesichts des neuen Lebens, dem wir nun von den Konzentrationslagern aus zustrebten, legten wir fest, daß es sich in Deutschland von allem Anfang an um die Beschreitung eines neuen Weges handelt, auf dem das deutsche Volk radikal und endgültig mit seiner verhängnisvollen Vergangenheit brechen, die Träger dieser Vergangenheit ausschalten und unschädlich machen, alle Reste militärisch-preußischen Geistes und faschistischer Ideologie ausrotten und aufrichtig und energisch auf die Schaffung eines freiheitlichen, fortschrittlichen und in aller Welt sich Achtung erringenden neuen demokratischen Deutschlands hinsteuern muß.

Mit dieser Perspektive gingen wir an die Arbeit und an das neue Leben heran.

Wir waren uns alle darüber einig und verkündeten es, daß das deutsche Volk es vor allem der Sowjetarmee verdankt, daß es von der Unterjochung durch die faschistische Diktatur befreit und der Nationalsozialismus zerschmettert wurde. Ich zitiere, was damals, im Mai 1945, die Stellungnahme der Mauthausener KZler war:

**Das Mitglied des Komitees der antifaschistischen Widerstandskämpfer Franz Dahlem spricht auf der Zentralvorstandssitzung der VVN am 21. Februar 1953.**

### *Mütter – reicht euch die Hände!*

**Zum Internationalen Frauentag am 8. März 1953**

**Mütter — ihr Träger des werdenden Lebens,**
**Frauen und Mädchen, knüpft fest euer Band;**
**denkt an das Ziel des gemeinsamen Strebens,**
**kämpft für den Frieden und reicht euch die Hand!**

**Mütter — schaut tief in die Augen der Kinder,**
**seht, wie sie lachen mit fröhlichem Blick;**
**Hört doch beim Spiel ihre plappernden Münder ...**
**Mütter — verteidigt gemeinsam ihr Glück!**

**Frauen — ihr Schaffenden an den Maschinen,**
**schenkt eure Kraft unserm friedlichen Plan;**
**werdet nicht müde, dem Volke zu dienen,**
**Frauen — brecht mutig dem Neuen die Bahn!**

**Mädchen — geht aufrecht dem Morgen entgegen,**
**der euch die Wünsche des Heute erfüllt,**
**werdet nicht müde, die Hände zu regen,**
**Mädchen — seid rastlos zum Aufbau gewillt!**

**In allen Sprachen wird siegreich erklingen**
**über die Länder und Meere ein Lied,**
**laßt uns von Frieden und Freundschaft singen,**
**daß unsre Welt morgen schöner erblüht.**

**Frauen und Mütter — im Osten und Westen,**
**zieht für den Frieden entschlossen auf Wacht.**
**Folget dem mahnenden Ruf eurer Besten,**
**reicht euch die Hände — erkennt eure Macht!**

**Schön wird das Leben, wenn wir es gestalten,**
**glücklich die Zukunft, die wir uns erbaun;**
**wenn wir der Menschheit den Frieden erhalten,**
**werden die Kinder voll Dank auf uns schaun!**

*Helmut Pfohl*

194 Titelblatt der von der VVN herausgegebenen Zeitung ›Die Tat‹ vom 7. März 1953, in der Franz Dahlem die Auflösung der Vereinigung bekanntgibt

195

196

197

198

195 Plakat, 1945 (Entwurf: Flim)
196 Plakataufruf zum Beitritt in die VVN, 1947
197 Plakat zum ›Gedenktag für die Opfer des Faschismus‹, 1949
198 Plakat zur Einweihung der Gedenkstätte Buchenwald, 1958

über draußen zu diskutieren.«[13] Zuvor war etwas »nach draußen« gedrungen: Susanne Kerckhoff, die als Schriftstellerin und Kulturredakteurin tätige Schwester Wolfgang Harichs, hatte das zuvor hochgelobte Buch ›Goethe in Dachau‹ des holländischen Kommunisten, Juden und ehemaligen Dachau-Häftlings Nico Rost scharf und für die Öffentlichkeit völlig überraschend angegriffen.[14] Der »Westemigrant« Stephan Hermlin hatte in der SMAD-Tageszeitung ›Tägliche Rundschau‹ noch schärfer geantwortet.[15] In der einen Tag später veröffentlichten Erwiderung der Kritikerin wurde deutlich, worum es wirklich ging: »Damit will Hermlin wohl sagen, daß Antifaschisten ... unangreifbar sind.«[16] Susanne Kerckhoff, die – kaum aus eigenem Antrieb – eine neue, aggressive Einstellung gegenüber Antifaschisten »nach draußen« hatte dringen lassen, wurde in einem Beschluß des ZK-Sekretariats »intern« scharf für ihr Vorgehen kritisiert. Wenige Wochen später, am 15. März 1950, nahm sie sich das Leben.

Nicht unwesentlich verstärkt wurde die Entfremdung von der Politik der SED-Führung durch die »Parteiüberprüfung« von 1950/51, bei der sich nicht selten VVN-Mitglieder, die auch Mitglied der SED waren, für ihre Haltung während der Nazi-Zeit vor Kommissionen rechtfertigen mußten, in denen ehemalige Antifa-Schüler aus sowjetischen Kriegsgefangenenlagern, das heißt die Gegner von gestern, saßen. Für Ernst Busch – Sänger, Schauspieler, Altkommunist, Spanienkämpfer und Brandenburg-Häftling – war dies einer der Gründe für seinen Austritt aus der SED. Wirklich politisch zu Hause fühlten sich viele Parteimitglieder nicht mehr in der SED, sondern in der VVN, wo sie nicht genötigt waren, ihre Peiniger von gestern, zumindest jedoch deren Claqueure als gleichberechtigte Genossen anzuerkennen. Letztlich schauten sie auf die SED herab.

Im Grunde ihres Herzens empfanden viele die VVN als die Kraft, die zur Führung der neuen Gesellschaft legitimiert sei – ein Zustand, der für Walter Ulbricht und seine Umgebung unerträglich war. Über ergebene Vertreter in der VVN gelang es ihnen, immer öfter durchzusetzen, daß in Beschlüssen und Sitzungsprotokollen des Präsidiums oder der Bezirksleitungen von »Sektierertum« innerhalb der VVN die Rede war, daß »ideologisch[e] Schwierigkeiten in der VVN« beziehungsweise »ideologischer Stillstand unter den Kameraden« bemängelt wurden.[17] Ende 1952, auf dem Höhepunkt der stalinistischen »Säuberungen«, wurde der Druck auf die VVN weiter verstärkt.[18] Ihr damaliger Generalsekretär Fritz Beyling bezichtigte sich in einer Rede in Halle selbst der Schuld für den »Rückstand« in der Arbeit der VVN, gab aber gleichzeitig seiner Befriedigung über »den frischen Wind« Ausdruck, den »Kritik und Selbstkritik« nun endlich auch in die Reihen der VVN hineinblasen würden.[19]

Dies hieß im Klartext nichts anderes, als daß das Klima der Angst, der Denunziation und Verfolgung sich nun auch in der VVN auszubreiten begann. Nach dem Slánský-Prozeß von 1952 in Prag setzte die sowjetische Vormacht auch in der DDR ihre antisemitische Linie durch.[20] Die große Gruppe jüdischer Mitglieder in der VVN, die fast alle auch die Mitgliedschaft in den jüdischen Gemeinden besaßen und von der Hilfsorganisation ›Joint‹ materielle Unterstützung erhielten, wurden durch diese Verfolgungswelle systematisch in Angst und Schrecken versetzt. Viele von ihnen traten deshalb die Flucht in den Westen an. Als die Vorsitzenden einiger jüdischer Gemeinden der DDR im Januar 1953 nach Verhören, in denen sie ihre angeblichen Verbindungen zum feindlichen Ausland gestehen sollten, nach West-Berlin flohen, beschloß das Generalsekretariat der VVN, »diese zionistischen Verräter und Agenten aus den Reihen der antifaschistischen Widerstandskämpfer« auszuschließen.[21] Alle Mitglieder der VVN wurden daraufhin aufgerufen, »in enger Gemeinschaft mit allen patriotischen Kräften unseres Volkes den Kampf gegen die Vorbereitung eines neuen Krieges, gegen den faschistischen Terror in Westdeutschland und Westberlin zu verstärken und die Wachsamkeit im Kampfe gegen alle Agenten der Kriegstreiber zu erhöhen«.[22]

Doch alle Gesten der Unterwerfung halfen der VVN nichts mehr. Ulbricht nutzte die Situation, um die lästige Organisation endlich zu beseitigen. Am 21. Februar 1953 wurde die »Selbstauflösung« der Organisation bekanntgegeben. Dem vorausgegangen waren die inzwischen üblichen Aktivitäten der SED-Führung. Deren ZK-Sekretariat hatte am 15. Januar 1953 eine Kommission, bestehend aus Franz Dahlem, Karl Schirdewan und dem VVN-Generalsekretär Fritz Beyling, ein-

199 Luftaufnahme des Mahnmahls der ›Nationalen Mahn- und Gedenkstätte‹ Buchenwald (Foto: E. Schäfer)

gesetzt und mit der Aufgabe betraut, die »weitere Arbeit des Vorstands der VVN« sowie die »Einstellung der Tätigkeit der Organisation der VVN in der Deutschen Demokratischen Republik« zu organisieren.[23] Am 3. Februar faßte das Politbüro des ZK der SED dazu einen formellen Beschluß.[24] Zwei Tage später stellte das ZK-Sekretariat dem folgsamen VVN-Generalsekretär für die Zeit nach der Selbstabwicklung den Posten eines Leiters des ›Presseamtes beim Ministerpräsidenten der DDR‹ in Aussicht.[25]

Den Beschluß zu verkünden hatte der ehemalige Spanienkämpfer und Überlebende des KZ Mauthausen Franz Dahlem, dessen Einfluß in der SED-Führung bereits zu bröckeln begonnen hatte. Offiziell begründete Dahlem die »Selbstauflösung« mit dem Argument, daß die »Entwicklung der antifaschistisch-demokratischen Ordnung in der Deutschen Demokratischen Republik ... zur Ausrottung aller Wurzeln des Faschismus« geführt habe und die Aufgabe der VVN damit erfüllt sei. Künftig gehe es vor allem um die Festigung der sozialistischen Staatsmacht, um den friedlichen Aufbau und um die Abwehr aller feindlichen Anschläge, die eine Sache des ganzen Volkes sei.[26] Die Auflösung der VVN entsprang nicht nur dem Wunsch der SED, die Auseinandersetzung mit der Vergangenheit abzuschließen, sondern auch dem Bestreben, alle gesellschaftlichen Gruppierungen ihrem Machtanspruch vollständig zu unterwerfen. Ulbricht konnte durch die Auflösung einigen seiner Konkurrenten, allen voran Franz Dahlem, wichtige Einflußbereiche nehmen und die kritische Auseinandersetzung mit der Vergangenheit durch die Verwaltung des antifaschistischen Erbes ersetzen.

Die Aufgaben, die die VVN bis zum Zeitpunkt ihrer Auflösung erfüllt hatte, wurden im Auflösungsbeschluß auf andere, der SED nahestehende Organisationen und Institutionen verteilt. Die Ausrichtung der Gedenkzeremonien oblag somit künftig der Nationalen Front, antifaschistische Erziehung und Traditionspflege übernahmen das Volksbildungsministerium, die ›Freie Deutsche Jugend‹ und die bewaffneten Organe, die Erforschung des Widerstandes gegen den Nationalsozialismus wurde dem Marx-Engels-Lenin-Institut der SED übertragen, das – ein Akt, nicht ohne Symbolik – auch die Gebäude der VVN in Berlin, Unter den Linden, erhielt.[27] Die von der VVN gesammelten Materialien gelangten vorwiegend in das Partei-Archiv, und Planung und Konzeption von Gedenkstätten wurden dem ›Staatlichen Komitee für Kunstangelegenheiten bei der Regierung der DDR‹ übertragen. Die Betreuung derer, die als Verfolgte des Naziregimes anerkannt waren, wurde zur Aufgabe der regionalen Behörden. Das Vermögen der VVN sowie ihre Grundstücke, Erholungsheime, Büros und weitere Immobilien fielen an die SED.

Als Nachfolgeorganisation der VVN wurde auf der letzten Sitzung des Zentralvorstands der VVN am 21. Februar 1953 das ›Komitee der Antifaschistischen Widerstandskämpfer‹ gegründet, ein Gremium, in dem 32 bekannte Persönlichkeiten vertreten waren, die mehrheitlich der Funktionärsschicht der SED angehörten. Dieses Komitee, das keine Mitgliederbasis mehr hatte und materiell wie inhaltlich vollständig von der SED-Führung abhing, hatte im wesentlichen die Aufgabe, den staatlich verordneten Antifaschismus nach innen und außen zu repräsentieren. Das Komitee, so heißt es im Auflösungsbeschluß dazu, »wird weiterhin der VVN in Westdeutschland politisch-moralische Unterstützung im Kampf gegen den Faschismus ... leisten. Das Komitee wird insbesondere die internationale Zusammenarbeit mit dem Exekutivkomitee der FIR und den nationalen Widerstandsorganisationen der Nachbarländer Deutschlands fortführen.«[28]

Obwohl es offiziell in allen Fragen die Interessen der Widerstandskämpfer und Opfer des Faschismus im In- und Ausland vertreten sollte, war das ›Komitee der Antifaschistischen Widerstandskämpfer‹ faktisch eine reine Interessenvertretung des kommunistischen Widerstandes. Die Geschichte und das Schicksal derer, die »nur« verfolgt worden waren und nicht »gekämpft« hatten, wurden zunehmend ausgeblendet und von der heroisierenden Darstellung des kommunistischen Widerstands überlagert. Auch die Mehrzahl aller nichtkommunistischen Widerstandskämpfer hatte keinen Einfluß mehr auf die Arbeit des Komitees. An mögliche Abweichler von dem festgelegten Kurs gerichtet, wurde in den Direktiven für die Auflösung und in den Arbeitsrichtlinien für das neugebildete Komitee mit drohendem Unterton angeordnet: »Leitungsbesprechungen, bzw. Besprechungen zwischen ehemaligen VVN-Kameraden, die den Charakter einer Sitzung haben, dürfen nicht mehr stattfinden.«[29]

Das Komitee erhielt seinen Sitz in Berlin. Dort wurden unter seiner Leitung verschiedene thematisch ausgerichtete Kommissionen gebildet, außerdem Sektionen und Arbeitsgruppen ehemaliger Spanienkämpfer und ehemaliger politischer Gefangener der einzelnen Konzentrationslager. In keinem dieser Gremien durften mehr als dreißig Mitglieder arbeiten, die zudem vom Präsidium bestimmt wurden.

»Die genannten Gremien«, heißt es in den Arbeitsrichtlinien, »stellen gegenüber ihren internationalen Partnerorganisationen klar, daß sie ein Bestandteil des Komitees der Antifaschistischen Widerstandskämpfer sind.« »Konferenzen und andere Veranstaltungen auf dem Gebiet der DDR können nur im Einvernehmen und mit Zustimmung des Präsidiums bzw. des Sekretariats festgelegt und Einladungen ausländischer (einschließlich westdeutscher) Gäste ebenfalls nur mit Zustimmung des Präsidiums bzw. des Sekretariats ausgesprochen werden ... Die Bildung von Arbeitsgruppen in den Bezirken ist nicht vorgesehen«.[30] Antifaschismus hatte künftig Ulbricht und seiner Politik als Legitimation zu dienen. Ins Zentrum rückten die ›Nationalen Mahn- und Gedenkstätten‹ der DDR; den Beschluß zu ihrer Errichtung faßte 1954 das SED-Politbüro. 1958 wurde in Buchenwald die erste, aufwendig gestaltete ›Mahn- und Gedenkstätte‹ eingeweiht. Die Rede hielt jemand, der die Nazizeit in der »inneren Emigration« überlebt hatte: Ministerpräsident Otto Grotewohl.

1 Stiftung Archiv der Parteien und Massenorganisationen der DDR (künftig SAPMO-BArch), SED, V 278/1/2, Bl. 99.
2 Berliner VVN-Mitteilungen v. 1. 7. 1948, S. 7.
3 Ritscher, Bodo: Spezlager Nr. 2 Buchenwald. Zur Geschichte des Lagers Buchenwald 1945–1950, Weimar-Buchenwald 1993.
4 Dort hatte es u. a. geheißen: »Die Vertreter der vier Parteien beschließen, unter gegenseitiger Anerkennung ihrer Selbständigkeit, die Bildung einer festen Einheitsfront ...« – Kommuniqué über die Bildung des Blocks der antifaschistisch-demokratischen Parteien, in: Um ein antifaschistisch-demokratisches Deutschland. Dokumente aus den Jahren 1945–1949, Berlin 1968, S. 92.
5 Schütrumpf, Jörn: Versöhnung der antifaschistischen und nationalsozialistischen Massen, in: Utopie kreativ 1996, Heft 71, S. 28 ff.
6 Walter (Ulbricht): Für Deutschland, für unser Volk. Aufruf des ZK der KPD, in: Deutsche Volkszeitung v. 18. 10. 1936; auch in: Utopie kreativ 1996, Heft 71, S. 32 ff.
7 Der Prozeß fand vom 8. Mai bis 18. Juli 1952 statt. Waksberg, Arkadi: Die Verfolgten Stalins, Reinbek 1993, S. 218 ff.; zum Stalinschen Antisemitismus grundsätzlich: Elleinstein, Jean: Geschichte des »Stalinismus«, Berlin 1977, S. 152 ff.
8 Tschegodajewa, M.: Die sowjetische Kunst und »Kunstpolitik« im ersten Nachkriegsjahrzehnt, in: Kunst und Literatur, 1990, H. 1, S. 71 ff.; Baranow, Wadim: Unabwendbarer Reinigungsprozess, in: Sowjetliteratur, 1989, H. 2, S. 125 ff.
9 »Natürlich gab es keine vollständig vorliegende Konzeption, wie man sich das vielleicht heute vorstellt, das heißt eine Konzeption, die all unsere konkreten Schritte, die Art der Hilfe für die wiederaufzubauenden demokratischen Massenorganisationen und Parteien, die Ziele und Modalitäten der Kontrolle, die eigenen praktischen Vorhaben und vieles anderes festgelegt hätte. Auf jeden Fall lag eine solche in schriftlicher Form nicht vor. Ich maße mir nicht an, über all meine Vorgesetzten zu urteilen, glaube aber, daß auch sie nicht über eine geschlossene konzeptionelle Vorstellung verfügten.« – Tjulpanow, Sergej: Deutschland nach dem Kriege (1945–1949). Erinnerungen eines Offiziers der Sowjetarmee, Berlin 1986, S. 23.
10 Kantorowicz, Alfred: Deutsches Tagebuch I, München 1959, S. 327 f.
11 SAPMO-BArch, SED, V 278/3/208, unpag.
12 Programm und Organisationsstatut der Vereinigung der Verfolgten des Naziregimes, o.O., o.J. [Berlin 1947], S. 7; die Ergänzung in: SAPMO-BArch, SED, V 278/1/2, Bl. 51.
13 Zitiert nach Klein, Thomas / Otto, Wilfriede / Grieder, Peter: Visonen. Repression und Opposition in der SED (1949–1989), Teil I, Frankfurt/Oder 1996, S. 184.
14 Rost, Nico: Goethe in Dachau, Berlin 1948; die Besprechung des Buches in: Berliner Zeitung v. 19. 10. 1949.
15 Tägliche Rundschau v. 22. 10. 1949.
16 Berliner Zeitung v. 23. 10. 1949.
17 SAPMO-BArch (wie Anm. 12); zum »Sektierertum« vgl. Bl. 25; zu »ideologischen Schwierigkeiten« Bl. 14.
18 SAPMO-BArch (wie Anm. 12), Bl. 69.
19 Ebenda.
20 Brandt, Heinz: Ein Traum, der nicht entführbar ist. Mein Weg zwischen Ost und West, Frankfurt/Main (erw. Ausg.) 1985, S. 188 ff.
21 SAPMO-BArch, SED, V 278/1/2, Bl. 102.
22 Ebenda.
23 SAPMO-BArch, SED, J IV 2/3/A-338, Bl. 50.
24 SAPMO-BArch, SED, J IV 2/2-260, Bl. 134 f.; J IV 2/2A-244, Bl. 35.
25 SAPMO-BArch, SED, J IV 2/3/A-343, Bl. 123.
26 Dahlem, Franz: Die VVN hat ihre Aufgaben gelöst. Bildung eines »Komitees der antifaschistischen Widerstandskämpfer«, in: Die Tat, 1953, Nr. 10 v. 7. 3. 1953, S. 1.
27 SAPMO-BArch, SED, J IV 2/3 A-344, Bl. 136.
28 SAPMO-BArch, SED, V 278/1/2, Bl. 98.
29 SAPMO-BArch, SED, V 278/1/2, Bl. 99.
30 Ebenda, Bl. 104.

## Schaukasten: OdF

»Opfer des Faschismus sind Millionen Menschen, und alle diejenigen, die ihr Heim, ihre Wohnung, ihren Besitz verloren haben. Opfer des Faschismus sind die Männer, die Soldat werden mußten und in den Bataillonen Hitlers eingesetzt wurden, sind alle, die für Hitlers verbrecherischen Krieg ihr Leben geben mußten. Opfer des Faschismus sind die Juden, die als Opfer des faschistischen Rassenwahns verfolgt und ermordet wurden, sind die Bibelforscher und die ›Arbeitsvertragssünder‹. Aber soweit können wir den Begriff ›Opfer des Faschismus‹ nicht ziehen. Sie haben alle geduldet und Schweres erlitten, aber sie haben nicht gekämpft.« So definierte das KPD-Zentralorgan ›Deutsche Volkszeitung‹ am 3. Juli 1945, wer als ›Opfer des Faschismus‹ (OdF) anerkannt werden sollte, und entfachte damit den Protest der rassisch und religiös Verfolgten, die sich mit den »Mördern im Wehrmachtstuch« gleichgesetzt sahen. Im September 1945 mußten die kommunistischen OdF nachgeben und Juden wie Bibelforscher in ihren Reihen akzeptieren. Diese Demütigung machten sie für sich erträglich, indem sie sich selbst zu »Kämpfern gegen den Faschismus« aufwerteten. Durch die Hierarchisierung der Verfolgten in »Opfer« und »Kämpfer«, die bis zum Ende der DDR aufrechterhalten wurde – nicht zuletzt, weil sie sich pekuniär auswirkte –, wurde der »Moskauer Fraktion« der KPD um Ulbricht das Spiel erleichtert. Die Gründung der ›Vereinigung der Verfolgten des Naziregimes‹ (VVN), in der die rassisch Verfolgten die Mehrheit bildeten, konnte Ulbricht 1947 zwar nicht verhindern. Bei der systematischen Zerstörung dieser anfangs von der SED unabhängigen Organisation waren ihm aber die »Kämpfer« in völliger Fehleinschätzung der Lage überaus behilflich. Nachdem die West-Berliner Sozialdemokraten hinausgedrängt (1948) und die Bibelforscher eingesperrt worden waren (1950), ging man 1952/53 an die Verfolgung der Kommunisten jüdischer Herkunft. Ulbricht nutzte im Januar 1953 die letzte Aktion Stalins – eine

200

201

202

203

205

über den Ostblock hinwegfegende antisemitische Welle –, um die VVN vollständig aufzulösen und damit auch die »Kämpfer« endgültig jeder eigenständigen Infrastruktur zu berauben.
Für die Außenwerbung wurde ein 50 Personen umfassendes ›Komitee der Antifaschistischen Widerstandskämpfer‹ gegründet, während im Inneren mit »Opfern« und »Kämpfern« entsprechend deren Wohlverhalten, Eignung und Verwendbarkeit verfahren wurde. Vor die Wahl zwischen der stalinistischen DDR und der »restaurativen«, scharf antikommunistischen Bundesrepublik gestellt, entschied sich die große Mehrheit trotzdem für die DDR. Erst 1974, unter der Herrschaft des ehemaligen Brandenburg-Häftlings Erich Honecker, durfte das ›Komitee der Antifaschistischen Widerstandskämpfer‹ sich wieder zu einer Mitgliederorganisation formieren, nun bestehend aus altgewordenen Frauen und Männern.

206

200 Plakat zum Gedenktag für die Opfer des Faschismus, 1946 (Entwurf: G. Hannaleck)
201 Plakat zur 2. Hauptkonferenz der VVN im Februar 1948 (Entwurf: Fred Gravenhorst)
202 Plakat der VVN zum Gedenktag 1948 (Entwurf: Fred Gravenhorst)
203 Banner des Bezirksausschusses der OdF, Berlin-Lichtenberg, 1946/47
204 Zweisprachiger OdF-Ausweis, 1. Dezember 1945
205 Kundgebung für die Opfer des Faschismus vor dem Alten Museum in Berlin, 1946
206–209 Gedenkveranstaltung im September 1947 für die Opfer des Faschismus vor dem Alten Museum

207

204

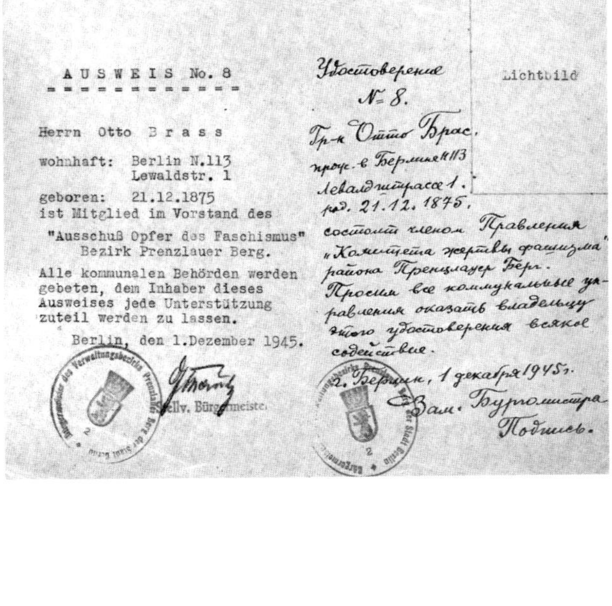

AUSWEIS No. 8

Herrn Otto Brass
wohnhaft: Berlin N.113
Lewaldstr. 1
geboren: 21.12.1875
ist Mitglied im Vorstand des
"Ausschuß Opfer des Faschismus"
Bezirk Prenzlauer Berg.
Alle kommunalen Behörden werden gebeten, dem Inhaber dieses Ausweises jede Unterstützung zuteil werden zu lassen.
Berlin, den 1.Dezember 1945.
Stellv. Bürgermeister

Удостоверение
№ 8.
Гр-к Отто Брас.
прож. в Берлине N 113
Левальдштрассе 1.
род. 21.12.1875.
состоит членом Правления „Комитета жертвы фашизма" района Пренцлауер Берг.
Просим все коммунальные управления оказать владельцу этого удостоверения всякое содействие.
г. Берлин, 1 декабря 1945 г.
Зам. Бургомистра
Подпись.

Lichtbild

209

216

214

217

210

211

215

212

210–217 Am 12. September 1948 findet in Berlin die ›Internationale Gedächtnis-Kundgebung für die Opfer des faschistischen Terrors‹ statt: Blick auf das Alte Museum, das mit den Fahnen der Teilnehmerstaaten geschmückt ist; Blick auf die Rednerbühne; die Feuerschale im Lustgarten; Delegationen aus verschiedenen europäischen Staaten; eine Gruppe von »Spanienkämpfern« der ›Internationalen Brigaden‹; der sowjetische Stadtkommandant Alexander Kotikow (rechts)
(Fotos: Gerhard Gronefeld)

213

227

## Schaukasten: Gedenkstätten

Die ›Nationalen Mahn- und Gedenkstätten‹, zu denen auch Folterstätten des Nationalsozialismus zählten, wurden seit 1955 – also zwei Jahre nach der erzwungenen Auflösung der Organisation der Nazi-Verfolgten (VVN) – durch ein dafür eigens geschaffenes Kuratorium errichtet. Zu der Einrichtung gehörten nur Gedenkstätten von überregionaler Bedeutung: Neben solchen, die an die – für die Zeit nach 1918 auf die KPD eingeschränkte – Arbeiterbewegung oder an verehrungswürdige Einzelpersonen erinnerten, wurden, nachdem 1950 die sowjetischen Internierungslager geräumt waren, Gedenkstätten auch in den ehemals nationalsozialistischen Konzentrationslagern Buchenwald (1958) und Sachsenhausen (1961) eingerichtet.

Zur Einweihung des Buchenwald-Denkmals auf dem Ettersberg bei Weimar sprach der Ministerpräsident der DDR, Otto Grotewohl. Im Gegensatz zu vielen ehemaligen KZ-Häftlingen, die zu der Feier geladen waren, hatte er den faschistischen Lagerterror nie am eigenen Leibe erfahren, sondern das NS-Regime in der »inneren Emigration« überlebt. Für die Opfer des Frauen-KZ Ravensbrück mußte 1959 die Gedenkstätte außerhalb des Lagers errichtet werden, da das Lager bis Anfang der 90er Jahre von der Sowjetarmee genutzt wurde. Alle vor 1959 durchgeführten Treffen von ehemaligen Ravensbrück-Häftlingen konnten nur in der Nähe des Lagers, in Fürstenberg (Havel), stattfinden.

220

221

223

219

218–222 Im ehemaligen Frauen-Konzentrationslager Ravensbrück findet am 10. September 1949 ein ›Internationales Frauentreffen‹ statt (Fotos: Thiele)

218

222

224

225

223 10. September 1949: ehemalige Insassen des KZ Ravensbrück halten eine aus roten Dreiecken zusammengenähte Fahne. Das rote Dreieck an der Kleidung war Kennzeichen für die politischen Häftlinge (Foto: Donath)

224 ›Internationaler Befreiungstag‹ im ehemaligen KZ Buchenwald am 11. April 1954

225 Einweihung der ›Nationalen Mahn- und Gedenkstätte‹ Buchenwald am 14. September 1958 (Foto: Ernst Schäfer)

226 Mahnmal Buchenwald: Blick aus dem Glockenturm auf die Skulpturengruppe von Fritz Cremer (Foto: Ernst Schäfer)

227 Einweihungsfeier der Gedenkstätte Buchenwald am 14. September 1958

228 Eine Besuchergruppe vor der Skulpturengruppe der Mahnmalsanlage Buchenwald, um 1960 (Foto: Martin Schmidt)

226

228

Harald Bluhm

# Zu Ikonographie und Bedeutung von Darstellungen der Befreiungskriege 1813/14 in der Staatsrepräsentation der DDR

Ein vollzogener Bruch mit der preußisch-militaristischen Tradition und der Anspruch, Vollstrecker des Besten der deutschen Geschichte zu sein, sind Formeln, die von Beginn an den selektiven Umgang mit der Geschichte in der DDR kennzeichnen. Die Inanspruchnahme geschichtlicher Ereignisse als Deutungs- und Sinngebungsressource ist meist widersprüchlicher, als sie auf den ersten Blick erscheint, da vielfältige Legitimationszwänge und sich verändernde politische Konstellationen ideologische Manöver veranlassen. Ein besonderes Beispiel für den zwiespältigen Umgang mit der Geschichte stellen die Deutungen der Befreiungskriege von 1813/14 dar, in denen durch russische und preußische Truppen sowie durch eine Volksbewegung die napoleonische Fremdherrschaft beseitigt wurde.

Die Aufnahme dieses Segmentes preußisch-deutscher Geschichte in den Kanon historischer Erzählungen und ikonischer Darstellungen der DDR betrachte ich bis etwa 1964. Staatsrepräsentation meint nicht nur die öffentliche Selbstdarstellung des Staates und die Symbolisierung wichtiger Ideengehalte, sondern auch Versuche einer Verfestigung politischer Interpretationen durch symbolische Aktionen, in Zeremonien, wiederholten öffentlichen Inszenierungen. Für die DDR ist dabei ein Staatsverständnis charakteristisch, das am 19. Jahrhundert orientiert ist und damit auf starke symbolische Deutungen und Identifikationsangebote setzt. Daß an der Verankerung der Befreiungskriege als besonderer Geschichtserzählung intensiv gearbeitet wurde, läßt sich deutlich an der Frage eines Berliners ablesen, der 1963 genervt an das Rundfunkkomitee schrieb: »Welchen Sinn hat der ganze nationale Rummel um den Befreiungskrieg, der uns seit langem nun schon vorgesetzt wird?« [1]

Mein Ziel ist es, den Rückgriff auf die Befreiungskriege im Kontext sich wandelnder Optionen in der Deutschlandpolitik der SED aufzuzeigen. Den Ausgangspunkt bildet, daß diese Politik zwar in einem erheblichen Maße der Fremdbestimmung durch die Sowjetunion unterlag, aber auch eigene Ausformungen erfuhr. Die DDR entstand im Kalten Krieg, und es wurde sukzessive deutlich, daß zu einer Einbindung der deutschen Teilstaaten in die großen militärischen Bündnisse keine Alternative bestand. Der Rekurs auf die Befreiungskriege thematisiert das Bündnis mit der Sowjetunion sowie das darin liegende Verhältnis von Selbst- und Fremdbestimmung auf eigenwillige Weise und wandelt sich mit der Verfestigung der DDR als Staat.

Um Gehalte der Befreiungskriegsdeutungen und deren ikonische Repräsentation zu begreifen, sind mehrere Phasen im Umgang der DDR mit der preußischen Geschichte zu unterscheiden.[2] Bis Ende 1951 kann man von einer Ablehnung preußischer Geschichte und einem Entfernen prominenter Symbole sprechen. Straßen wurden umbenannt, und 1950 wurde das 1851 in Berlin, Unter den Linden, enthüllte Denkmal von Friedrich II. nach Potsdam verlagert. Aber kaum ein Jahr später erfolgte eine selektive Kanonisierung preußischer Tradition, die 1953 zum 140. Jahrestag der Befreiungskriege einen ersten Höhepunkt fand. Anfang der 60er Jahre, nach der Etablierung der DDR als eines gegen die Bundesrepublik abgegrenzten Staates, änderte sich der Umgang mit der preußischen Geschichte erneut.

Ursachen für die Kanonisierung der Befreiungskriege im Geschichtsbild sind zwei verschiedene Arten von Legitimationsbedürfnissen. Zum einen geht es um nach außen gerichtete gesamtdeutsche Bemühungen, die 1952 mit der Entscheidung, den Sozialismus in der DDR aufzubauen, zwar weiter zurückgedrängt werden, propagandistisch aber gerade zu dieser Zeit eine Überhöhung erfahren. Zum anderen geht es um die internen

229 »Auszug der Jenenser Studenten in den Freiheitskrieg 1813«, Gemälde von Ferdinand Hodler (1853–1918) aus dem Jahr 1908

230 Aula der Universität Jena 1908 während der Einweihungsfeier, 1908

231 Feierstunde der Friedrich-Schiller-Universität zu Ehren der neuen Hängung des Gemäldes von Ferdinand Hodler, 11. April 1969

Legitimationsbedürfnisse der DDR als Staat, der sich eine eigene Tradition gibt, den militärischen Schutz plausibilisieren muß und rasch eine markante öffentliche Darstellung anstrebt.

Während die Kanonisierung der Befreiungskriege in den 50er Jahren gleichermaßen stark nach innen und nach außen, auf den Westen und auf die verbündete Sowjetunion, gerichtet ist, haben alle späteren Rekurse auf sie primär eine Binnenorientierung und zielen auf eine Bekräftigung des Bündnisses mit der Sowjetunion. Die folgenden drei Beispiele der Deutung der Befreiungskriege in der DDR sind zeitlich gestaffelt und zeigen jeweils unterschiedliche Aspekte. So stellt das erste einen von unten und auf Eigeninitiative erfolgenden frühen Versuch dar, die Befreiungskriege schon 1950 in Jena positiv zu deuten. Die inszenierten Feiern zum 140. und 150. Jahrestag der Völkerschlacht bei Leipzig stehen für die vor allem von der SED betriebene Inanspruchnahme der Befreiungskriege und lassen Akzentverschiebungen in der Deutung erkennen, die aus den veränderten deutschlandpolitischen Optionen erwuchsen. Das dritte Beispiel setzt an einem anderen Punkt an: Es zeigt, wie in den 60er Jahren Macht und Identität im Zentrum von Ost-Berlin in der Neuen Wache repräsentiert werden. Bei der Selbstdarstellung des sich festigenden Staates, der sich als Sieger der Geschichte geriert, kommt der Bezug zu den Befreiungskriegen indirekt ins Spiel.

### Kunst als Waffe – Kanonisierung der Befreiungskriege 1950

Die Universität Jena wurde als erste in Ostdeutschland nach dem Kriege eröffnet. Sie hatte einen besonderen symbolischen Wert, denn hier lehrten Fichte und Hegel, darüber hinaus wurde Karl

Marx in Jena promoviert. Eine Inanspruchnahme dieser Traditionen wurde frühzeitig betrieben, so wurde etwa das erste Institut für dialektischen Materialismus in einem flugs ›Karl-Marx-Haus‹ getauften Gebäude untergebracht.

Die Eröffnung der Universität wurde als demokratische Neueröffnung verstanden; ein neuer Geist sollte einziehen. Die Ausbildung der jungen Generation lag der SED von Beginn an am Herzen, und sie beschränkte sich nicht auf eine bloß inneruniversitäre Umgestaltung. 1949 wurde eine große Arbeiter-und-Bauern-Fakultät zur Vorbereitung auf das Studium gegründet und in die Universität integriert. Das Studium war mit einem politischen Zukunftsprojekt verbunden, für den Aufbruch wurden vereindeutigende Symbole gesucht, die starke Sinngebungen ermöglichten.

Das zentrale Symbol, an dem sich diese Problematik für die Alma mater Jenensis festmachen läßt, ist das Bild ›Auszug der Jenenser Studenten‹ von Ferdinand Hodler.[3] Das Gemälde, 1909 an der Universität enthüllt, hat zwei Ebenen, von denen die eine den Aufbruch und die andere den eigentlichen Auszug verdeutlicht. Es war zunächst wenig umstritten, wenngleich dem heutigen Betrachter sein uniformer Geist, der wenig Raum für Individualität läßt, ins Auge springt. Zu Beginn des Ersten Weltkrieges kam es zu einer Auseinandersetzung um das Gemälde, die damit endete, daß es zeitweilig durch einen Bretterkasten verdeckt wurde. Der Schweizer Maler hatte, auf die Rettung von Kulturgütern bedacht, eine Petition zu ihrem Schutz unterzeichnet.

Der Vorgang zeigt die aufgeheizte Kriegsstimmung des Herbstes 1914 deutlich an. Denn der bislang nur hintergründig geäußerte Vorwurf, der eigentliche patriotische Geist sei im Gemälde nicht getroffen, wurde nun nationalistisch ausformuliert. An diese Vorgeschichte wurde später angeknüpft. Den Verbindungspunkt bildete die Aufforderung des Arbeiter- und Soldatenrates vom 10. November 1918, die Verschalung des Bildes zu entfernen. Bald darauf wurde das Bild freigelegt, und die Befreier waren zumindest einen Moment über seinen kriegerischen Geist verwundert. Die Präsenz und Deutung des Gemäldes in der NS-Zeit wurde in der DDR verschwiegen, denn daß Hodler damals als Künder der Monumentalkunst begriffen wurde, hätte die eigene politische Interpretation erschwert.[4]

Seit den späten Kriegstagen wurde das Hodler-Bild zusammengerollt aufbewahrt. Aber schon 1948 bemühte sich der amtierende Rektor gegenüber der Sowjetischen Militäradministration um eine Wiederausstellung, der keine Steine in den Weg gelegt wurden. Frappierend ist nun, daß es nicht genügte, das Bild an seinem ursprünglichen Platz anzubringen (im oberen Korridor des Ostflügels des Universitätsgebäudes), sondern daß es 1950 einen besonderen Platz zugewiesen bekam. Es wurde in der Aula aufgehängt und war seitdem im Zentrum der Universität andauernd präsent. Im Rückblick schilderte der Rektor Prof. Otto Schwarz, der schon 1919 zu den »Befreiern« des Gemäldes gehört hatte, die komplexe Situation, in der die neue Deutung 1950 entwickelt wurde: »Es gab auch Bedenken gegen eine Enthüllung. Nicht, daß diese Genossen den Sinn des Bildes verkannt hätten ... Ihr Zögern und Zaudern kam mehr daher, daß sie befürchteten, es könne die Wiedereinsetzung des Bildes von den Antifaschisten, vor allem den sowjetischen Freunden, als nationalistische Demonstration verstanden werden, und, umgekehrt, die ewig Gestrigen und doch noch so gefährlich Gegenwärtigen könnten den patriotischen Gehalt des Bildes auf ihre nationalistischen Mühlen lenken. Auch müßte mit jenen nicht gerade Wenigen gerechnet werden, die nur mit tiefer Scham und Erbitterung ihrer Rolle als Verführter und Soldaten Hitlers gedachten und sich geschworen hatten, ›nie wieder ein Gewehr in die Hand zu nehmen‹, daher, jetzt mit diesem Bild konfrontiert, sich provoziert fühlen müßten.«[5]

Man kann aus dieser Erläuterung ersehen, worum es bei der neuen Plazierung und Deutung des Bildes ging. Sie war ein symbolischer Akt mit mehreren Momenten. Das Bild symbolisiert auf einer ersten Ebene einen Beginn nach vernichtender Niederlage und setzt dabei auf die junge Generation. Sein nationales Pathos verweist auf eine zweite Bedeutungsebene, die in den frühen 50er Jahren relevante nationale Frage in Deutschland. Es gab zu dieser Zeit eine ganze Reihe von Aktionen mit gesamtdeutscher Option, zum Beispiel die Wartburg-Feste. Die dritte Schicht erst führt zu konkreten Aspekten, nämlich zum militärischen Gehalt.

232 Wandzeitung für das zweite Schuljahr der FDJ ›Politische Grundschule‹ über die Befreiungskriege, 1952

Ablesen kann man diese Dimension besonders daran, daß der Tag der Plazierung des Gemäldes mit einem Dies academicus zur Maifeier 1950 begangen wurde. In der Universitätszeitung hieß es dazu: »Dieses Meisterwerk des großen schweizerischen Malers, das in der wilhelminischen Zeit im Südostflügel des Universitätsgebäudes fast versteckt wurde, während in der Aula die erlauchten Häupter der thüringischen Potentaten und, bis auf unsere Tage, das ›imposante‹ Reiterbild des alten ›Hanfried‹ prangten, wird jetzt seinen verdienten Platz an der Stirnseite der Aula erhalten.«

Die in dem Artikel enthaltene Diskussionsaufforderung wurde durch eine inhaltliche Vorgabe noch weiter strukturiert: »Es gilt durch die sichtbare Handlung des Aufbruchs, wie sie auch immer gestaltet werden mochte, uns das unsichtbare innere Erlebnis der nationalen Erhebung zu verkünden, einer Bewegung, die unterschiedslos jeden mitreißt und selbst dem einsamsten einmal das Glücksgefühl schenkt, von einer großen Empfindungswelle, die sein Volk durchströmt, mit getragen zu sein. Hodler löste diese Aufgabe, indem er den Vorgang in seine beiden Elemente zerlegte: die gewaltige Erhebung der Massen, und zum anderen die von ihr ergriffenen Massen.«[6]

Die Interpretation hob auf den durch die Neuplazierung des Gemäldes in der Aula entstandenen symbolischen Bruch ab. Zugleich bekam die aktuell angestrebte neue Verbindung von Intelligenz und Volk eine historische Tiefendimension. An die damaligen Diskussionen wurde noch 1983 erinnert: »Unter den aktuell-politischen Diskussionen ragt jene vom Sommer 1950 hervor, als es darum ging, am Beispiel des Gemäldes ›Auszug der Jenaer Studenten‹ ... möglichst viele Universitätsangehörige zu einer bewußten Einstellung zum Problem Krieg–Frieden zu führen.«[7]

Das Bild wird als zutiefst demokratisch gedeutet, und es ist kein Befremden gegenüber dem monumental-realistischen Stil spürbar. Auch die von Marxisten zu erwartende Erläuterung der Widersprüchlichkeit der Befreiungskriege, nämlich die gleichzeitige Geburt eines spezifischen Nationalismus und die anschließende Restauration, unterbleibt. Kunst ist hier nicht nur Waffe im Klassenkampf, sondern weist den Weg zu den Waffen selbst. Der starke politische Zugriff auf die Befreiungskriege soll die Jugend zum Aufbruch motivieren. Er ist in dieser Form ohne die vermittelnde Erzählung, in der die »Befreiung« des Gemäldes 1918 pointiert und durch personelle Kontinuität verdeutlicht wird, kaum denkbar.[8]

Dieser Zwischenschritt verdeutlicht nicht nur, daß man diese Tradition schon vor der DDR für sich reklamierte, sondern ermöglicht auch, sich als die eigentlich nationale Kraft darzustellen. Man kann das Pathos des Bildes so in die eigene Interpretation nationaler Ziele stellen. Die Plazierung des Hodler-Gemäldes in der Aula der Universität Jena ist nicht nur ein Beispiel für die frühe Kanonisierung von ausgewählten Bestandteilen preußischer Tradition, sie war damals sowohl mit dem Neuaufbruch als auch mit einer gesamtdeutschen Perspektive verwoben. Die Erzählung von der Rettung des Gemäldes gibt den allgemeinen Code zur Interpretation vor, der konkret als Aufruf zum Engagement für Frieden und den militärischen Schutz der DDR ausdeutbar ist.

233 Plakat zur 140-Jahr-Feier der Völkerschlacht von 1813, 1953

#### Inszenierte Jahrestage am Völkerschlachtdenkmal

Das Völkerschlachtdenkmal in Leipzig ist ein Monumentalbau mit umgebenden Anlagen, die seit der Einweihung gleichermaßen als Denkmals- und Demonstrationsort dienten. Das Denkmal wurde nach langen Vorbereitungen und einer begleitenden Mythisierung der Befreiungskriege zu deren 100. Jahrestag 1913 eingeweiht. Die für die Gesamtanlage gebrauchte Bezeichnung »sakraler Monumentalismus« ist treffend.[9] Sie hebt nicht nur auf die christlichen Motive, wie beispielsweise Krypta und Michaelsfigur, ab, sondern der Monumentalismus selbst wird als Sakralisierung der Nation, als heiligende Überhöhung ihrer Ursprünge begriffen. Geehrt werden vor allem die in der Völkerschlacht gefallenen russischen und preußischen Soldaten, ihr Kampf für Freiheit und ihr Wille, sich für das Vaterland aufzuopfern. Keine Erwähnung finden die gefallenen Gegner.

Für den offiziellen Rückgriff auf die Befreiungskriege befand man sich in der DDR in keiner einfachen Lage, denn wie alle Geschichtserzählungen hatte auch diese bereits vielfältige Deutungen – etwa als nationaler Aufbruch, als widersprüchliche Erhaltung des Preußentums oder als Ursprung eines spezifischen deutschen Nationalismus – erfahren. Auch für die deutschen Kommunisten hatte sie eine interpretierte Vorgeschichte: Auf der einen Seite gab es die kritischen Einschätzungen von Marx und Engels; dagegen standen auf der anderen Seite positive Deutungen, die schon aus dem Widerstand gegen den Nationalsozialismus stammten. So hieß es im Aufruf des Nationalkomi-

234 »Zu einer großen Freundschaftskundgebung zwischen dem sowjetischen und dem deutschen Volk gestaltete sich die 140-Jahr-Feier der Völkerschlacht, die vom 16. bis 18. Oktober in Leipzig stattfand« (Zeitgenössische Beschriftung; Foto: Illner)

235 Ehrenwache, Krypta des Völkerschlachtdenkmals, zur 150-Jahr-Feier 1963 (Foto: F. Schröter)

tees ›Freies Deutschland‹ 1943: »Wir haben in unserer Geschichte ein großes Vorbild. Vor hundertdreißig Jahren wandten sich, als noch deutsche Truppen als Feinde auf russischem Boden standen, die besten Deutschen, vom Stein, Arndt, Clausewitz, Yorck und andere, von Rußland aus über die Köpfe verräterischer Machthaber hinweg an das Gewissen des deutschen Volkes und riefen es zum Freiheitskampf auf.«[10]

Um unter veränderten Umständen nach dem Krieg und bei der Gründung eines Staates, der sich als das antifaschistische, »bessere« Deutschland verstand, weiterhin an die Befreiungkriege anknüpfen zu können, mußte man sich mit der preußischen Tradition auseinandersetzen. Offiziell wurde zwar der Bruch mit diesem Strang der Geschichte rasch proklamiert und in einer Reihe von Aktionen symbolisch vollzogen. Faktisch griff die SED jedoch bald mit einer Geschichtserzählung auf die Befreiungskriege zurück, in der die preußische Geschichte in zwei Teile aufgespalten wurde. Man wählte wenige Ereignisse, wie die Befreiungskriege, als bewahrenswert aus. Die preußisch-militaristische Tradition als ganze hingegen wurde verurteilt. Dennoch erhob der Westen früh den Vorwurf der »roten Preußen«, und damit war weit mehr als eine territorialgeschichtliche Teilidentität des Staates Preußen mit der DDR gemeint. Von der äußeren Form und der raschen Vorliebe für militärisches Zeremoniell wurde auf Kontinuität, auf eine militarisierte Gesellschaft geschlossen.

Der offizielle Rekurs auf die Befreiungskriege steht zunächst vor allem im Kontext der nationalen Frage. Es ist nämlich eine geschichtliche Analogie, durch die die Befreiungskriege in der frühen DDR erhebliche Bedeutung bekommen: Sie werden als eine Chance zu nationaler Erneuerung in der deutschen Geschichte gedeutet. Wie nach der desaströsen Niederlage von Jena/Auerstedt 1806, ist Neubeginn nach der verheerenden Herrschaft des Nationalsozialismus das große Thema, und in dieser Perspektive werden die Befreiungskriege von 1813/14 zum Material für sinnstiftende Geschichtserzählungen.

Exemplarisch stellt Albert Norden, ein Ideologe der SED, 1953 eine »positive Beziehung« zur

236 Großkundgebung am Abend des 20. Oktober 1963 zum 150. Jahrestag der Völkerschlacht (Foto: Koch)

Zeit der Befreiungskriege her.[11] Er begründet den Rückgriff damit, daß es sich um eine Epoche handele, in der, besonders durch das Volk getragen, gegen die napoleonische Fremdherrschaft und für nationale Selbstbestimmung und Freiheit gekämpft wurde. Die aktuelle Folgerung lautet: »Nie gab es mehr Gründe, ... jene Epoche in unserem Gedächtnis lebendig werden zu lassen als heute, wo wieder ein Eroberer ...« agiert, »ein Eroberer, der Westdeutschland in das Verderben des Krieges gegen den Osten und damit in den Untergang der nationalen und sozialen Freiheit stoßen will.« Und abschließend heißt es: »Erheben wir die Flammenfahne der nationalen Unabhängigkeit, die Stein, Scharnhorst und Gneisenau entrollten und die von der Bourgeoisie unserer Tage in den Staub gezogen wird! ... Wappnen wir uns, um unschlagbar zu werden, innerlich und äußerlich gegen die kriegslüsternen Regenten in Washington und ihr Gesinde und Gesindel in Bonn! Beschwören wir die Schatten der Stein und Gneisenau, der Scharnhorst und Clausewitz, der Arndt und Fichte herauf, ... jener Männer, die Deutschland retteten, weil sie an ihr Volk glaubten und mit Rußland im Bunde kämpften!«[11]

Die legitimatorische Deutung der Befreiungskriege erfolgt in nationalistisch gefärbter Sprache und suggeriert eigenständiges Handeln. Zugleich stehen aber die engen Beziehungen zur Sowjetunion, zu Rußland, das gar nicht als Besatzungsmacht wahrgenommen wird, im Zentrum. Die Redeweise vom Wappnen und dem Unschlagbar-Werden verdeutlicht vehementen Einsatz für die Erhaltung der DDR als deutscher Teilstaat, für ihren militärischen Schutz. Darüber hinaus wird noch eine andere Front aufgemacht: Die USA spielen die Rolle eines neuen Eroberers, und der Adenauer-Staat wird in die Nachfolgerrolle der Rheinbund-

237 Der Scharnhorst-Orden, am 17. Februar 1966 gestiftet, konnte unter anderem für »außerordentliche Verdienste bei der Stärkung der Verteidigungskraft der DDR und bei der Festigung der Militärkoalition der sozialistischen Bruderarmeen« verliehen werden

staaten, die als Verbündete Napoleons die gemeinsame nationale Sache verrieten, gerückt. Es ist also ein ganzes Bündel von Themen, das im Rekurs auf Befreiungskriege und Völkerschlacht zur Geltung kommt.

Was in den frühen 50er Jahren bei der Kanonisierung der Befreiungskriege und besonders bei der der Völkerschlacht akzentuiert wird, ist in der Formel von Völkerfreundschaft und Waffenbrüderschaft zwischen Deutschen und Russen enthalten. Eine neue politische Konstellation, die sich nach Kriegsende aus Befreiung und Besatzung ergab und die über kaum eine besondere Tradition in Deutschland verfügt, bekommt hier einen in die Geschichte zurückreichenden, legendären Ursprung zugeschrieben – einen Ursprung, von dem in der DDR auszugehen und voranzuschreiten sei. Dieser politische Zusammenhang motiviert den raschen Zugriff auf jenen »Klotz« von Denkmal; allein in der Formel selbst sind schon deutliche mythisierende Interpretationen vorgenommen. Es stellt sich nämlich durchaus die Frage, ob es 1813 eine Art Völkerfreundschaft gegeben hat. Für das offizielle Geschichtsbild in der DDR ist es damals von zentraler Bedeutung, die aktive Rolle der Volksmassen zu zeigen. Aber für besondere Beziehungen zwischen Kosaken und russischen Soldaten einerseits sowie deutschen Truppen und der Zivilbevölkerung andererseits lassen sich kaum Belege finden.

Bedeutender ist, daß aus den vornehmlich preußischen Verbänden Deutsche schlechthin werden; damit wird die ursprünglich nationalistische Interpretation unter veränderten Bedingungen mit neuen Zielen fortgesetzt. Man erkennt ein Bewußtsein für diese prekäre Verallgemeinerung daran, daß in verschiedenen Publikationen ein besonderes Augenmerk darauf gelegt wird zu zeigen, wer außer den Preußen an der Schlacht alles beteiligt war.[12] Gerade solche Erklärungen verweisen auf ein geeintes Deutschland als Zielpunkt der politischen Auslegung. Völkerfreundschaft und Waffenbrüderschaft mit der Sowjetunion sowie eine gesamtdeutsche Option sind die allgemeinen Bezugsgrößen der vereindeutigenden Interpretation des Denkmals.

Die neue politische Sinngebung erfolgte vor allem mit der Feier zum 140. Jahrestag. Als prominente Akteure der politischen Ausdeutung traten damals neben der SED auch Politiker der Nationaldemokratischen Partei Deutschlands auf.[13] Wie soll man sich das Engagement dieser Blockpartei erklären? Es handelte sich wohl um einen arbeitsteiligen Kräfteeinsatz, für den die SED der NDPD Spielraum ließ. Stärker als die Kommunisten konnten Politiker dieser Partei die nationale Karte spielen. Immerhin kam es ja darauf an, unterschiedliche Gruppen und Schichten für die DDR zu gewinnen. In der Nationaldemokratischen Partei waren zum Beispiel viele Militärs vertreten, von denen ein Teil dem ›Bund deutscher Offiziere‹ angehört hatte, einer Organisation, die im Widerstand gegen den Nationalsozialismus von sowjetischem Boden aus wirkte. In diesen Kreisen herrschten durchaus klare Vorstellungen darüber, welche der historischen Offiziersgestalten für eine zukunftweisende Orientierung geeignet seien.

1953 wird das Monument in einer für die Folgezeit beispielhaften Weise zur Kulisse, indem es eine politische Ausdeutung erfährt. Steffen Poser, der die Rezeption des Völkerschlachtdenkmals in der DDR untersucht hat, stellt hierzu fest: »Das 140. Jubiläum der Völkerschlacht bei Leipzig war eine der größten Massenveranstaltungen der fünfziger Jahre in der DDR ... Der Schwerpunkt der Großveranstaltung lag auf der Propaganda für den Kampf um nationale Einheit des deutschen Volkes ... Daneben spielte die Agitation, die die Unterstützung der Bevölkerung für den Aufbau eigener, nationaler Streitkräfte sichern sollte, eine gewisse Rolle.«[14]

Diese Beschreibung muß man, was die militärische Seite der Veranstaltung angeht, ergänzen. Demonstrierende Militäreinheiten wurden zwar 1953 wohl bewußt etwas im Hintergrund gehalten, tatsächlich nahm man jedoch schon seit einiger Zeit deutlich Kurs auf eigene Streitkräfte.[15] So war auch die gesamte Feier in erstaunlichem Maße eine militärische Gesamtinszenierung, vom Wecken angefangen bis zum Aufstellen einer deutsch-sowjetischen Ehrenwache.[16] Daß Völkerschlacht und Befreiungskriege überhaupt als historische Bezugspunkte wichtig waren für die ›Nationale Volksarmee‹, die nach längerer Vorbereitung 1956 geschaffen wurde, verdeutlicht ein noch im gleichen Jahr publiziertes Lehrbuch zur patriotischen Erziehung in der Armee, in dem diese Zeit einen zentralen Platz einnimmt.[17]

Auch 1963, zum 150. Jubiläum der Völkerschlacht, fanden Massenveranstaltungen statt, aber der Akzent hatte sich nun in zweierlei Richtung sichtbar verschoben. Nach dem Mauerbau verkam die Einheitsoption der Deutschlandpolitik zu reiner Rhetorik. Verändert hatte sich nun auch der militärische Aspekt: Bei der inszenierten Feier kam es zu einer sichtbar erhöhten Präsenz des Militärs. In den Reden überwog allerdings das Bemühen, allen Beteiligten in Analogie zur Geschichte besondere Anstrengungen abzufordern. Der Festredner Albert Norden verlangte unter anderem: »Lernt von den Helden des Jahres 1813, was das Volk vermag!«[18] Auch 1963 werden also noch Heroismus und Aufbauleistungen eingefordert. Mit Blick auf die Bundesrepublik stellt man weiterhin dem Aufbruch im Osten einen im Westen – zunächst von den Rheinbundfürsten und gegenwärtig von Adenauer – geübten Verrat gegenüber, aber mit diesem Jubiläum tritt auch eine stärkere Binnenorientierung hervor.

Das Bild der Großkundgebung von 1963 zeigt den Aufmarsch am Monument. Es enthält eine Beschwörungszeremonie: Das neue Staatswesen und die Beziehungen zur Sowjetunion sollen Generationen überdauern. Das ist die Botschaft nach innen und nach außen. Der sakrale Monumentalismus konnte in der DDR generell aus zwei Gründen aufgegriffen werden. Einesteils galt es, das Neue, das man anstrebte, auch geschichtlich zu legitimieren; anderenteils war man sich trotz des gewaltigen Anspruchs über die Erfolgsaussichten, einen eigenen Arbeiter-und-Bauern-Staat auf Dauer zu erhalten, nicht besonders sicher. Immerhin erfuhren die Eliten häufig, daß die Entscheidungen gar nicht in Ost-Berlin gefällt wurden. Monumentalkunst stellt aber gerade ein Mittel dar, solche Unsicherheiten und Kontingenzen zu transzendieren, sie zielt auf eine Verewigung in der Zeit. Diese Kunstform ist nicht nur in der DDR, sondern auch in der Sowjetunion stark genutzt worden. Sie enthält den Versuch, aus Zukunftsprojektionen oder Vergangenheitsvergewisserungen enorme Sinnkredite für die Gegenwart zu ziehen. Im Falle des Völkerschlachtdenkmals wurde solch eine Nutzung jedoch nur gelegentlich, das heißt im Rhythmus von Jahrestagen und Großveranstaltungen, realisiert.

Muß die Völkerschlacht 1953 noch in das offizielle Geschichtsbild integriert werden, so sind sie und ihre politische Deutung 1963 fest verankert. Dabei hat sich innerhalb von zehn Jahren die deutschlandpolitische Option klar verändert; die gesteigerte Binnenorientierung von 1963 geht mit einer erhöhten Bedeutung des militärischen Bereiches einher. In beiden inszenierten Jubiläen der Völkerschlacht jedoch bleibt – über das Motiv der Befreiung und das Anknüpfen an einstige heroische Anstrengungen hinaus – das Recht auf Selbstbestimmung merkwürdig leer. Es gibt keine positiven Freiheitsideen. Die Sowjetunion, auf die man sich stark bezieht, wird nur als Befreier thematisiert, ihre Rolle als Besatzungsmacht und unbezweifelbares Führungszentrum der kommunistischen Welt wird durch historische und prospektive Rollenbestimmungen ausgeblendet.

238 Die ›Deutsche Volkspolizei‹ marschiert an Schinkels Neuer Wache vorbei, 26. März 1949. Zu diesem Zeitpunkt befanden sich die Standbilder der preußischen Generale noch an ihren ursprünglichen Plätzen (Foto: Gerhard Gronefeld)

**Die Neue Wache – Umdeutung und Staatszeremoniell**

Schinkels ›Neue Wache‹ Unter den Linden und die vor ihr beziehungsweise ihr gegenüber postierten Generals-Standbilder gehörten bis 1945 zu den zentralen Darstellungen der Befreiungskriege von 1813/14 im öffentlichen Raum von Berlin. Anders als im Falle von Jena und Leipzig handelt es sich bei der politischen Deutung des Bauwerkes in der DDR um eine Auslegung, die im Zentrum der neuen Macht stattfindet und auf besondere Weise mit der Identitätsrepräsentation des Staates verbunden ist.

Das Gebäude wurde im Krieg stark beschädigt, so daß es nach Kriegsende sogar Vorschläge gab, es abzureißen.[19] Der Einfluß der Sowjetischen Militäradministration und ein Befehl zum Erhalt von Kulturgütern schoben hier rechtzeitig einen Riegel vor. Einer raschen Entscheidung für eine neue Nutzung stand allerdings die unmittelbare Vorgeschichte entgegen. Die ›Neue Wache‹ war vom Nationalsozialismus militaristisch als »Reichsehrenmal« gebraucht worden, nicht mehr nur – wie zur Weimarer Zeit – als Gedenkstätte für die Gefallenen des Weltkrieges. Darüber, ob und in welcher Weise eine veränderte Nutzung möglich sein könne, wurde vor allem von 1950 bis 1955 debattiert.

Es wurde unter anderem vorgeschlagen, aus dem Denkmal eine Goethe-Gedenkstätte zu machen oder es in eine Universitätsbuchhandlung umzuwandeln. Ab 1950 begann man mit der Restaurierung, so daß die äußere Gestalt des Bauwerks 1952 wiederhergestellt war, obwohl über seine Nutzung weiterhin Unklarheit bestand. Der Vorschlag, es zu einem Mahnmal für die Opfer beider Weltkriege zu machen, galt zwar schon als diskutabel, aber eine Umkehrung des Zweckes, das heißt eine Umwandlung der ›Neuen Wache‹ von einem Denkmal preußisch-militaristischer Tradition in eine angemessene Gedenkstätte für die Opfer beider Weltkriege, erschien noch als problematisch. Doch schon ein Jahr später wurde das Denkmal zu einer zentralen Gedenkstätte, einem Mahnmal für die Opfer des Faschismus und der beiden Weltkriege, umgebaut.

Wie ist dieser Schritt zu erklären und welche Rolle spielen dabei die Reminiszenzen an die Befreiungskriege? Zunächst erscheinen veränderte politische Problemstellungen ausschlaggebend. Die DDR strebte zunehmend eine Repräsentation als eigenständiger Staat an und war unter den Druck geraten, eine eigene militärische Tradition mit namhaften Vorbildern begründen zu müssen. Das Interesse am Staatszeremoniell, an der sichtbaren Präsentation von Macht und Identität nahm, wie die Gestaltung der zentralen Gedenkstätte zeigt, zu. Dennoch konnte die ›Neue Wache‹ nicht einfach anders interpretiert werden. Die Scheu, das Denkmal umzuwidmen, trat allerdings zurück, und paradoxerweise wirkte die inzwischen kanonisierte Tradition der Befreiungskriege gerade hier eher einengend.

Als eine Voraussetzung für die neue Nutzung des Schinkelbaus erscheint retrospektiv zunächst, daß die Standbilder der preußischen Generale vor (Scharnhorst und von Dennewitz) beziehungsweise gegenüber (Blücher, Yorck, Gneisenau) dem Gebäude 1950, kurz vor dem Deutschlandtreffen der FDJ, entfernt wurden. Ihre Anwesenheit wurde als wenig passend zum »Friedenstreffen«, dessen Hauptkundgebung nebenan im Lustgarten stattfinden sollte, empfunden. Dieser Zwischenschritt, gleichsam eine partielle Entpreußung des Denkmal-

239 Großer Wachaufzug vor der Neuen Wache in Berlin am 8. November 1967 (Foto: D. Steinberg)

Ensembles, erleichterte eine veränderte Nutzung, denn der positive Bezug auf Krieg – auch auf die Befreiungskriege – war nun in den Hintergrund gedrängt. Jetzt erst konnten äußere Gestalt und innere Gestaltung Neues symbolisieren.

Am 8. Mai 1960, dem 15. Jahrestag der Befreiung, wurde die ›Neue Wache‹ als Mahnmal für die Opfer des Faschismus und beider Weltkriege eingeweiht. Damit war die Umdeutung, obwohl der Innenraum kaum umgestaltet worden war, im Prinzip vollzogen. An die Befreiungskriege erinnerte zunächst nur das wieder angebrachte Giebelrelief. Allein, das Monument erwies sich nicht nur als ein schwieriges Objekt, das die Inanspruchnahme erschwerte, es sollte ja auch zentraler Ort für die Staatsrepräsentation werden. So ließen weitere Veränderungen nicht lange auf sich warten.

Die denkmalpflegerische Rekonstruktion fand 1960/61 während einer eskalierenden innenpolitischen Krise statt. Nicht zufällig wurde – nach einem Magistratsbeschluß im Juli 1961 und erst recht nach dem Mauerbau – die Arbeit an der Gedenkstätte forciert. Eine »zweite« Einweihung erfolgte am 1. Mai 1962. Nun rückten auf spezifische Weise auch Hinweise auf die Befreiungskriege wieder in den Vordergrund. Das Denkmal wird seitdem durch ein permanentes militärisches Staatszeremoniell politisch interpretiert und in seinem Status gehoben. Dazu heißt es – bei harscher Distanzierung von Preußen – im ›Neuen Deutschland‹ vom 3. Mai 1962: »Unsere Republik als die einzige rechtmäßige Erbin und Fortsetzerin der revolutionären Überlieferungen unseres Volkes hat den im Hitlerkrieg zerstörten Bau der Schinkelschen Wache wieder errichtet als ›Mahnmal für die Opfer des Faschismus und Militarismus‹, den wahren Helden unserer Nation zu Ehren. Ihnen gilt die militärische Ehrenerweisung, die in unserer Hauptstadt an diesem Mahnmal seit dem 1. Mai 1962 stattfindet.« Und unter dem Bild, das die beiden Posten vor der ›Neuen Wache‹ zeigt, wird das Zeremoniell erläutert, das von nun an fast unausgesetzt bis 1989 realisiert wird: »Der große Wachaufzug findet jeden Mittwoch sowie am Tag der Nationalen Volksarmee, am Tag der Befreiung, am Gedenktag der Opfer des Faschismus und am Tag der Republik um 15.30 statt, am 1. Mai eine Stunde vor Beginn der Parade. An allen anderen Tagen erfolgt der kleine Wachaufzug um 14.50.«[20]

Mit der militärischen Zeremonie, die das Machtbewußtsein und den Willen zur Erhaltung des nach Westen abgeriegelten Teilstaates demonstriert, wird an die preußische Tradition der Bewahrung des Geistes der Befreiungskriege angeknüpft. Schrittweise wird das Paradox institutionalisiert, die Opfer von Krieg und Militarismus mit starkem militärischem Zeremoniell zu ehren, und zwar mit einem Zeremoniell, bei dem man ohne Scheu auf die unmittelbare deutsche und preußische Vorgeschichte zurückgreift. Die zwei Posten vor dem Gebäude haben eine gewisse Substitutionsfunktion für die entfernten Standbilder der preußischen Generale.

Das Staatszeremoniell, das erstaunlicherweise bei seiner Einführung bereits vollständig war, verdeutlicht eine besondere Vermengung von Mythen. Denn in der umgedeuteten Gedenkstätte erinnert nur mehr das Äußere an die Befreiungskriege, im Inneren wird der zentrale Mythos der DDR, der Antifaschismus, thematisiert. Fast alle Staatsgäste werden zu diesem Ort des Gedenkens geführt, und wichtige politische Ereignisse werden hier mit militärischem Zeremoniell gewürdigt. Es ist ein Staatsschauspiel, an dem zeitweilige Besucher der Hauptstadt der DDR bald weit mehr Vergnügen hatten als deren ständige Bewohner. Erst 1964, nachdem die Gedenkstätte seit zwei Jahren ihre neue zeremonielle Funktionsbestimmung erhalten hatte, wurden dann die Standbilder von Scharnhorst, Blücher, Gneisenau und Yorck in der Grünanlage am gegenüberliegenden Operncafé aufgestellt. Obwohl aus dem einstigen Denkmalsensemble herausgelöst, sind sie nun als historische Bezugsfiguren für die militärische Tradition in der DDR präsent.

1 Die Frage steht über dem Aufsatz von Helmut Bock: In memoriam 1813. Nationaler Befreiungskampf und deutsches Geschichtsdenken, Sonntag, 1963, Nr. 52, S. 12.

2 Vgl. Azaryahu, Maoz: Vom Wilhelmplatz zum Thälmannplatz. Politische Symbole im öffentlichen Leben der DDR, Gerlingen 1991, S. 129 ff.

3 Vgl. »Fall Hodler« Jena 1914–1919. Der Kampf um ein Gemälde, Jenaer Reden und Schriften, Jena 1970.

4 Vgl. Hettling, Manfred: Die Nationalisierung von Kunst. Der »Fall Hodler« 1914, in: Was ist Gesellschaftsgeschichte? Positionen, Themen, Analysen, hg. v. M. Hettling u. a., München 1991, S. 222.

5 »Fall Hodler« (wie Anm. 3), S. 152.

6 Heidenreich, Hans Georg: Ferdinand Hodlers Auszug der Jenenser 1813, in: Universitäts-Zeitung Jena, 2/1950, No. 5 v. 1. 5., S. 1.

7 Alma mater Jenensis. Geschichte der Universität Jena, hg. v. S. Schmidt, Weimar 1983, S. 351.

8 Noch 1969 wird zum Jahrestag der »Befreiung des Bildes« ein Gedenken inszeniert, das die Bedeutung des Vorganges verdeutlicht; vgl. dazu: »Fall Hodler« (wie Anm. 3).

9 Hoffmann, Stefan-Ludwig: Sakraler Monumentalismus um 1900. Das Leipziger Völkerschlachtdenkmal, in: Koselleck, Reinhart / Jeismann, Michael: Der politische Totenkult. Kriegerdenkmäler der Moderne, München 1994.

10 Manifest des Nationalkomitees ›Freies Deutschland‹ an die Wehrmacht und an das deutsche Volk, in: Neef, Helmut (Hg.): Programmatische Dokumente der Nationalen Front des demokratischen Deutschland, Berlin 1967.

11 Norden, Albert: Das Banner von 1813, Berlin (3. Aufl.) 1955; nachfolgende Zitate S. 53 u. 67.

12 Vgl. z. B. den Abschnitt von B. Lange »Der Übergang der sächsischen Armee in der Völkerschlacht bei Leipzig« im Vorwort zu Füßler, H. (Hg.): Leipzig 1813, Leipzig 1953.

13 Vgl. dazu: Die Lehren des nationalen Befreiungskampfes 1806 – 1815, Berlin 1953. Der Band bündelt Positionen der NDPD.

14 Poser, Steffen: Zur Rezeptionsgeschichte des Völkerschlachtdenkmals zwischen 1914 und 1989, in: Keller, Karin / Schmidt, Hans-Dieter: Vom Kult zur Kulisse. Das Völkerschlachtdenkmal als Gegenstand der Geschichtskultur, Leipzig 1995, S. 95.

15 Vgl. Staritz, Dietrich: Geschichte der DDR, überarb. Neuausg. Frankfurt am Main 1996, S. 91; der Autor weist dort darauf hin, daß Wilhelm Pieck 1952 nach einem Gespräch mit Stalin notierte: »Volksarmee schaffen – ohne Geschrei. Pazifistische Periode ist vorbei ...«

16 »Am 18. Oktober, dem Hauptfeiertag, erfolgte um 7.00 Uhr das militärische Wecken in den Stadtbezirken mit Fanfarenzügen und Orchestern der VP, worauf sich die Demonstrationszüge formierten, die zur Großkundgebung am Denkmal marschierten.« Vgl. Poser (wie Anm. 14), S. 95.

17 Michalewicz, Georg: Zur Methodik der patriotischen Erziehung, 1956, S. 129.

18 Norden, Albert: Das Volk stand auf und siegte. Rede auf der Gedenkfeier zum 150. Jahrestag der Völkerschlacht, in: Neues Deutschland v. 20. 10. 1963, S. 5.

19 Ich folge zum Teil Laurenz Demps: Die Neue Wache, Berlin 1988.

20 Neues Deutschland v. 3. 5. 1962, S. 4.

Klaus-Peter Merta

# Uniformierung als Mittel der Politik

Das äußere Erscheinungsbild von Uniformträgern wird nicht ausschließlich von rein militärischen oder funktionalen Erfordernissen geprägt, es ist vielmehr in hohem Maße abhängig von politischen und wirtschaftlichen Umständen der betreffenden Zeit. Bei Soldaten wie Zivilisten bestimmen Schnitt, Farbgebung, Bestandteile und Ausstattung einer Uniform nicht nur deren praktischen Wert, sondern auch den Status des jeweiligen Trägers in der beruflichen wie allgemeinen Öffentlichkeit. Insofern haben Uniformen neben einer funktionalen stets auch symbolische und politisch-moralische Komponenten, da durch das Tragen in der Öffentlichkeit insbesondere die Staatsmacht nach außen repräsentiert und manifestiert wird.

Wie sehr Inhalte der Uniformierung und Fragen des Aussehens der Uniformen vom politischen Zeitgeschehen abhängig sind, verdeutlichen die Entscheidungen, die die Abgeordneten der Volkskammer nach der Verabschiedung des »Gesetzes über die Schaffung der Nationalen Volksarmee und des Ministeriums für Nationale Verteidigung« zu fällen hatten. Vorab konnten sie Einblick in ein Album mit Farbfotos nehmen, das die Uniformierung der künftigen »Arbeiter-und-Bauern-Armee« in allen Einzelheiten vorstellte.[1] Am Nachmittag des 18. Januar 1956 erwartete sie dann eine Vorführung, die die sonst eher steife und nüchterne Geschäftspraxis der Volkskammersitzungen durchbrach. In einer Art Modenschau wurden die in den Teilstreitkräften vorgesehenen Anzugsarten für Soldaten und Unteroffiziere, Offiziere und Generale vorgeführt. Noch am gleichen Tag verabschiedeten die Abgeordneten der Volkskammer den »Beschluß über die Einführung der Uniform für die Nationale Volksarmee«, den Generaloberst Willi Stoph als Kommandeur der ›Kasernierten Volkspolizei‹ (KVP) und Stellvertreter des Vorsitzenden des Ministerrates unter anderem mit den Worten begründete: »In der Nationalen Volksarmee wird die deutsche Uniform als Ausdruck der entschlossenen Verteidigungsbereitschaft unserer demokratischen Errungenschaften einen wirklichen patriotischen Sinn erhalten.«[2] In ihrer Grundform blieb diese Uniform dann bis 1990 bestehen und prägte das Bild der Armee in der Öffentlichkeit.

Was bewog ein Gremium von Führungskräften der KVP unter der Leitung von Willi Stoph, am 19. Dezember 1955 Entwürfen von Uniformen zuzustimmen, deren äußere Form viele gemeinsame Merkmale mit denen der deutschen Wehrmacht aufweist? Dem Inkrafttreten der Pariser Verträge, durch das die Bundesrepublik Deutschland in das westliche Bündnissystem der NATO integriert wurde, sowie dem daraufhin vollzogenen Beitritt der DDR zum Verteidigungsbündnis der Warschauer Vertragsstaaten folgte in beiden Staaten die Schaffung eigener Streitkräfte. Durch die entgegengesetzte Blockzugehörigkeit trat der Kalte Krieg für die beiden deutschen Staaten in eine neue Phase. In dieser Situation stand die Staatsführung der DDR vor dem Problem, ihre Positionen zur Frage der deutschen Einheit und das Verhalten gegenüber der Bundesrepublik zu überdenken.

Auf beiden Seiten versuchten Politiker, ihre künftige Armee ins rechte Licht zu setzen und gleichzeitig die jeweils andere Seite zu diffamieren. Fragen nach dem Auftrag der Armee, nach Traditionen und nach dem Erbe betrafen auch die Uniformierung. Darin traten die beiden Armeen nicht nur ihren Bündnispartnern gegenüber, sondern eine jede dokumentierte mit ihr auch öffentlich, welcher gesellschaftliche Stellenwert und Auftrag ihr zugewiesen war. Diskussionen über die Bekleidung der Soldaten setzten in der Bundesrepublik eher ein als in der DDR.

a

b

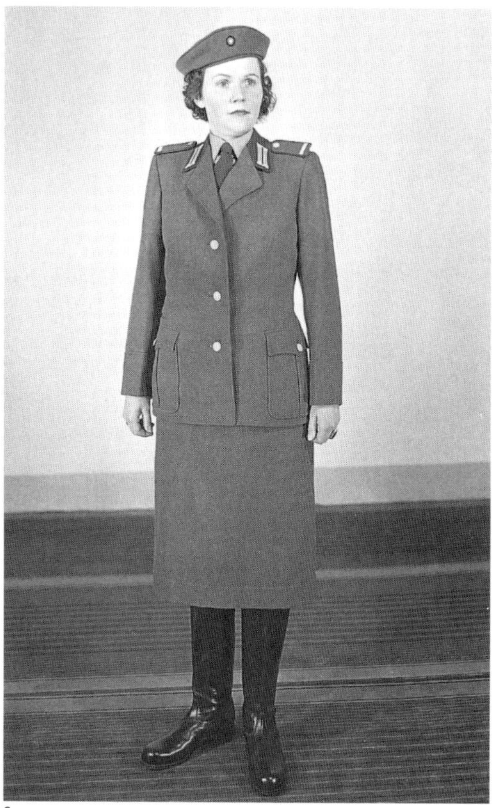
c

d

240 a–d Fotos aus Alben, wie sie den Abgeordneten der Volkskammer zur Begutachtung für die Abstimmung am 18. Januar 1956 über das Aussehen und die Form der Uniformen der NVA vorlagen

a) Unteroffizier der Landstreitkräfte, Infanterie, in Dienstuniform
b) Unterleutnant der Landstreitkräfte, Artillerie, in Dienstuniform
c) Gefreiter der Landstreitkräfte (weiblich), rückwärtige Dienste, in Dienstuniform
d) Oberfeldwebel der Landstreitkräfte, Nachrichten, in Dienstuniform für den Winter

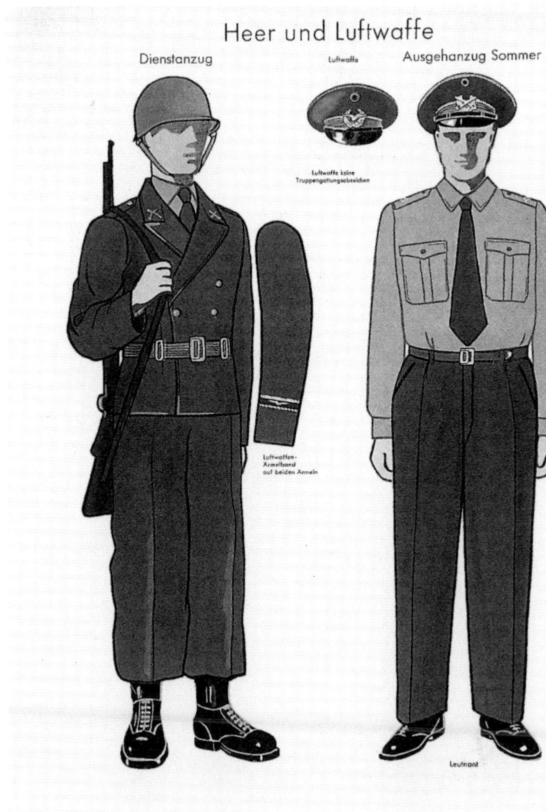


241 Blatt aus einer Mappe, die die Uniformen der Bundeswehr als erste amtlich erschienene Veröffentlichung vorstellt. Die Mappe hat den Titel ›Uniformen und Abzeichen der deutschen Streitkräfte‹ und erschien im Februar 1956

Und die ersten Uniformen der Bundeswehr, die seit November 1955 öffentlich getragen wurden, lehnten sich an das amerikanische Vorbild an.[3]

Die Uniformfrage führte zu heftigen Diskussionen, die von unterschiedlichen politischen Kräften zur Profilierung genutzt worden sind. In einem Artikel der von national-konservativ gesinnten Herausgebern aus dem Kreis ehemaliger Wehrmachtsoffiziere getragenen Zeitschrift ›Militärpolitisches Forum‹ finden sich besonders extreme Äußerungen: »Gewisse Leute konnten sich vor kurzer Zeit nicht genugtun in Entrüstung über die Farben, die Abzeichen und den Schnitt der Uniformen der Volkspolizei [gemeint ist die ›sowjetisierte‹ Uniformierung der KVP – K.-P. M.]. Sie höhnten: ›Da schauts her! Wie die Russen!‹ Nun hat die Modenschau im Amt Blank ergeben, daß die neue Armee Westdeutschlands die meist amerikanisierte der Welt sein wird (während Teile der Volkspolizei bereits wieder die alte deutsche Polizeiuniform, hochgeschlossen, mit Gardespiegel und deutschen Schulterstücken tragen) ... Wenn es das Ziel war, das Bild des deutschen Soldaten schon in seinem Äußeren zu zerstören, so ist das den Experten des Amtes Blank imponierend gelungen. Sie beweisen auf unserer Seite die vollkommene innere und äußere Abhängigkeit von der Besatzungsmacht. ... Man glaubt in Bonn, es sich erlauben zu können, unter Verzicht auf die Überlieferung, jedes ausländische Vorbild nachzuahmen.«[4]

Die Uniform der ›Nationalen Volksarmee‹ (NVA), deren sozialistischer Charakter für die Partei- und Staatsführung außer Frage stand, mußte sich äußerlich von der der ›Bundeswehr‹ grundsätzlich unterscheiden. Die DDR-Führung bekam sehr wohl mit, wie über die Bundeswehruniformen diskutiert wurde, und es war klar, daß sie ähnliche Diskussionen über die eigene Armee gar nicht erst aufkommen lassen wollte. Vor allem sollte von den Uniformen nicht auf die politische Abhängigkeit von der Sowjetunion geschlossen werden. Man wollte sich auch darin von der Bundesrepublik absetzen, wo man sich eben nicht dazu durchringen konnte, traditionelle Elemente zu übernehmen: »Nachdem die Bundesrepublik ihre Souveränität erhalten hatte und der Beitritt zum Nordatlantischen Verteidigungsbündnis (NATO) ins Haus stand, mußte man eine eigene deutsche Uniform finden, die politisch möglichst nicht angreifbar war und trotzdem allen Anforderungen entsprach.«[5]

Außerdem war den Verantwortlichen der DDR kaum verborgen geblieben, daß sowohl bei Angehörigen der KVP wie in der Bevölkerung über deren Bekleidung ein Unbehagen spürbar war. Darin bestätigte sich die bei Uniformen immer bestehende Wechselbeziehung zwischen dem Erscheinungsbild der Träger und der daraus abgeleiteten Identifikation mit den Vor- oder Feindbildern, die in einer Bevölkerung jeweils wirksam sind. Angehörige der KVP trugen seit 1952 olivgrüne Uniformen, Offiziere und Generale außerdem dunkelblaue Hosen.[6] Es war unverkennbar, daß sich diese Form der Bekleidung in wesentlichen Teilen an das Vorbild der Sowjetarmee anlehnte, weshalb sie von der Bevölkerung nie so recht angenommen wurde.[7]

242

243

244

245

242–243 Uniformrock für einen Hauptmann der Sowjetarmee (links) und Uniformrock für einen Hauptmann vom Wachbataillon des Ministeriums/Staatssekretariats für Staatssicherheit der DDR. Die 1952 für die ›Kasernierte Volkspolizei‹ und für das Wachbataillon der Staatssicherheit eingeführten Uniformen ähnelten in der Farbgebung und im Schnitt den bei der Sowjetarmee verwendeten Uniformteilen

244–245 Uniformrock zum Ausgehanzug für Soldaten der Fahr- und Kraftfahrtruppe der Reichswehr (links) und Uniformjacke zur Dienstuniform für einen Hauptmann der Luftstreitkräfte der NVA. Ein markantes Merkmal der deutschen Uniform waren die Taschen mit Quetschfalte und geschweifter Taschenklappe. In der Grundform entsprachen die Uniformen der NVA, in der bei den Landstreitkräften die Jacken im Kragen auch hochgeschlossen waren, denen der Reichswehr

Die Angehörigen des Wachbataillons des Staatssekretariats für Staatssicherheit, deren Uniformierung mit der der KVP identisch war, bezeichnete man wegen der roten Kragenspiegel als »Rotkehlchen«. Der Propaganda von westlicher Seite wurde es mit dieser Kleidung leicht gemacht, die KVP-Angehörigen als »Russenknechte« oder als »sowjetzonale Vopos« zu bezeichnen. Deshalb sollten die neuen Uniformen auf keinen Fall den Anschein erwecken, daß es sich bei der NVA um eine »Hilfstruppe Moskaus« handele.

Allerdings mußte man den Rückgriff auf uniformkundliche Elemente der Uniformierung früherer deutscher Streitkräfte erklären. Das versuchte man, indem man diese in Einklang mit den sozialistischen Inhalten der Armee brachte: »Wer aber heute mit der prinzipiellen Ablehnung des preussisch-faschistisch-deutschen Militarismus zugleich auch alle positiven Erfahrungen z. B. in der Entwicklung der Uniformen der früheren deutschen Armeen über Bord werfen will, der ähnelt jenen von J. W. Stalin verspotteten Leuten, die nach der Oktoberrevolution die kapitalistische Eisenbahn abreißen und eine neue, sozialistische bauen wollten ... Dabei scheuen wir uns nicht, die brauchbaren Erfahrungen aller früheren deutschen Heere auszunutzen und sie zum ersten Mal in der deutschen Geschichte in den Dienst einer fortschrittlichen Sache zu stellen ... Zweifellos erfordert diese Orientierung auf unsere militärischen Traditionen und Erfahrungen eine geduldige Aufklärungsarbeit und Auseinandersetzung sowohl mit gegnerischen als auch mit gut gemeinten, doch falschen Auffassungen in den eigenen Reihen wie auch unter den Werktätigen der DDR ... Es ist notwendig, gewisse falsche Hoffnungen einiger Genossen zu zerstören, die eine möglichst ›saloppe‹ Uniform erwartet hatten, denn wir brauchen keine Salonsoldaten, sondern erstklassige Kämpfer, deren militärische Haltung auch durch eine entsprechende Uniform gestärkt wird.«[8]

Negative Erinnerungen und Vorstellungen, wie sie die KVP-Uniformen hervorgerufen hatten, sollten durch die neue Bekleidung der Soldaten nicht mehr geweckt werden. Deshalb entschied man sich für eine Kleidung, die akzeptabel erschien, weil sie aus der Vergangenheit vertraut war, zumal für die Wehrmacht nach 1933 keine grundsätzlich neuen Uniformen kreiert worden waren. Damals hatte man lediglich die Reichswehruniform, die sich aus der feldgrauen Uniform des Ersten Weltkrieges entwickelte, modifiziert und mit den Hoheitssymbolen des Dritten Reiches versehen. Uniformgeschichtlich resultierte die Uniformierung der Wehrmacht aus einer Traditionslinie, die auf den Reichswehrmustern von 1921 und von 1928 basierte.

Hier anzuknüpfen, machte der DDR offensichtlich keine Probleme. Kokarde und Wappenschild an der Mütze und am Stahlhelm waren in den Nationalfarben »Schwarz-Rot-Gelb« gehalten. Das Staatswappen in der amtlichen Form von 1955 befand sich als sozialistisches Symbol auf dem Kastenschloß der Koppel für Mannschaften und Unteroffiziere. In der DDR war man – nicht anders als in der Bundesrepublik – beim Aufbau der Streitkräfte auf ein Mittun von Angehörigen der Wehrmacht, auf deren Erfahrungen, Ausbildungsstand und militärisches Wissen angewiesen. Dieses für die aufzubauenden Streikräfte unverzichtbare Personal war leichter zu gewinnen, wenn es sich mit einer traditionellen Militärkleidung identifizieren konnte.

Eine solche Spekulation bestätigte sich in der Tatsache, daß das äußere Erscheinungsbild der Bundeswehrangehörigen gerade von ehemaligen Wehrmachtsoffizieren beklagt wurde. Oberst a. D. von Rauchaupt, bis 1945 Heereshistoriker und Uniformkundler im Stab des Chefs der Heeresmuseen, beschrieb zum Beispiel das Uniformdilemma von 1956: »So sieht es zunächst ganz so aus, als hätte man alle Erwägungen bei der neuen Uniform nur einem Gedanken untergeordnet, daß eben diese ›Tracht‹ um gar keinen Preis an das vertraute Bild jenes alten, deutschen Soldaten erinnern dürfe, der die deutsche Geschichte begleitete, ja geformt hat.«[9]

Gerade vor dem Hintergrund des Alleinvertretungsanspruches, den die Bundesrepublik in allen Deutschland betreffenden Fragen erhob, setzte die DDR ihre Lösung des Uniformierungsproblems propagandistisch gegenüber der eigenen Bevölkerung ein, um die Frage nach dem legitimen Vertreter des Erbes und der Tra-

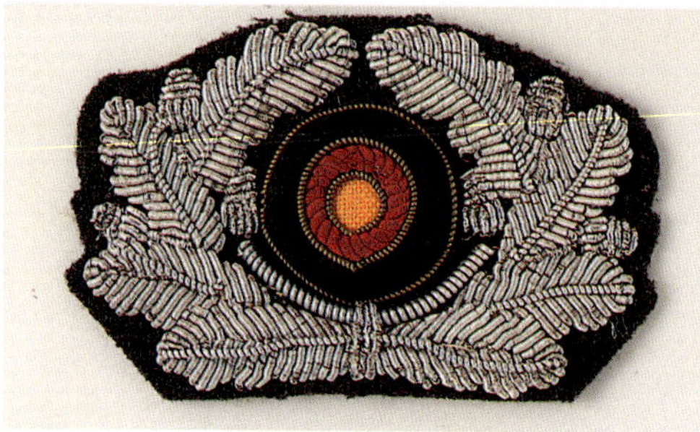

246 a–b Mützenembleme für Offiziere der Landstreitkräfte von 1956 mit schwarzrotgoldener Kokarde und mit dem Staatswappen. In der handgestickten Ausführung sind die Embleme bis 1965 produziert worden

247 a–b Mützenembleme für Soldaten und Unteroffiziere der Luftstreitkräfte von 1956 und ab 1961

248 a–b Mützenembleme für Offiziere der Volksmarine von 1965 und von 1990

dition zu klären. Aber die Diskussionen um die Uniformen waren auch Bestandteil der Propaganda gegen die Wiederbewaffnung der BRD. Die Bevölkerung wurde durch Zeitungsartikel vorbereitet und konnte sich in einer Ausstellung – in der Sporthalle an der Berliner Stalinallee – mit den Uniformen vertraut machen.

Eine 1956 vom Ministerium für Nationale Verteidigung herausgegebene Broschüre, die ein wissenschaftlicher Mitarbeiter des ›Museums für Deutsche Geschichte‹ verfaßt hatte, begründete die Verbindung von Tradition und Uniform für die Bevölkerung: »In unserer Volksarmee lebt der Geist der Landsturmmänner und Freikorpskämpfer von 1813, der Geist Scharnhorsts, Gneisenaus, Yorcks und Blüchers, der Geist der Berliner Barrikadenkämpfer des Jahres 1848 und der Soldaten der badischen Revolutionsarmee ... Die Angehörigen unserer Volksarmee erfüllen das Vermächtnis der Helden der Jahre 1918 bis 1923, der Roten Frontkämpfer, der Antifaschisten, die im Kampf gegen die faschistische Tyrannei gelitten haben und gefallen sind. Es ist natürlich, daß eine Armee, die von einem solchen Geist beseelt wird, auch solche Uniformen trägt, die den nationalen Traditionen unseres Volkes entsprechen.«[10]

Die unterschiedlichen Uniformentscheidungen in beiden deutschen Staaten ermöglichten es der DDR, jetzt die Schmähungen über die KVP-Uniformen propagandistisch »zurückzuzahlen« und sich gegenüber der eigenen Bevölkerung als Wahrer nationalen Erbes und Fortführer deutscher Traditionen zu empfehlen: »Die Bedeutung unserer neuen Uniform kann um so besser und höher eingeschätzt werden, wenn man ihr

249 Titelblatt einer Broschüre, die 1956 vom Ministerium für Nationale Verteidigung herausgegeben wurde und inhaltlich das äußere Erscheinungsbild der NVA aus »progressiven« deutschen Traditionen begründete. Darauf deutet bereits die Gestaltung der Titelseite hin. Hinter einem Angehörigen der NVA stehen ein Soldat und ein Landwehrmann von 1813 sowie ein Angehöriger der Volksmarinedivision und ein revolutionärer Soldat von 1918

gegenüberstellt, was das Bonner Kriegsministerium im letzten Jahr als neue Soldatenuniform seiner Truppenkontingente fabriziert hat ... Angst vor den Traditionen müssen nur die haben, die heute schon wieder dabei sind, die Verbrechen der Militaristen und Faschisten fortzusetzen und täglich befürchten, daß sie dabei von der Öffentlichkeit ertappt werden. Aus diesem schlechten Gewissen heraus hat die Bonner Wehrmacht, die ihrem Inhalt nach eine amerikanische Söldnertruppe ist, nun auch noch amerikanische Uniformen bekommen.«[11]

Argumente dieser Art dienten der DDR gleichzeitig dazu, sich als deutscher Teilstaat gegenüber der Bundesrepublik zu legitimieren. Nicht nur für die Systemauseinandersetzung ließen sich Uniformfragen nutzen, sondern auch zur ideologischen Überzeugungsarbeit gegenüber den Angehörigen der NVA: »Die Ehre der Uniform bedeutet, unter allen Umständen beispielhafte Pflichterfüllung gegenüber der Heimat, wie es die Verpflichtung und die Dienstvorschriften fordern. Die Ehre der Uniform wahren, bedeutet, die staatlichen und gesellschaftlichen Interessen höher als alles andere zu stellen, alle seine Kräfte und Fähigkeiten und, wenn es erforderlich ist, auch sein ganzes Leben dem Kampf für die Freiheit und Unabhängigkeit unseres Vaterlandes, für den Sieg und Triumph unserer gerechten Sache hinzugeben.«[12]

Die Rückbesinnung auf Traditionelles bei den Uniformen der NVA hatte auch Folgen für das Aussehen von uniformen Dienstkleidungen ziviler Berufsgruppen. Von 1945 bis 1951 trugen die Angehörigen der ›Deutschen Reichsbahn‹ die alte uniforme Dienst- beziehungsweise Berufskleidung weiter, jedoch ohne NS-Symbole und ohne Kennzeichen für die Besoldungsgruppen. Im Jahr 1951 entschloß sich die Leitung der Reichsbahn, Schulterklappen für die verschiedenen Berufsgrade einzuführen. Da die Überprüfung aller Parteimitglieder und Kandidaten der SED, die 1951 in Form einer mit stalinistischen Methoden durchgeführten Säuberung ablief, an der Reichsbahn nicht spurlos vorüberging, wiesen die neuen Rangabzeichen – in der Manier vorauseilenden Gehorsams – auffällige Gemeinsamkeiten mit sowjetischen Mustern auf.[13] Die Schulterstücke des Generaldirektors der ›Deutschen Reichsbahn‹ und die des Ministers für Verkehrswesen erinnerten in der Gestaltung an die eines Marschalls der Sowjetunion. Die sowjetische Ausstattung stieß allerdings auf wenig Gegenliebe in der Öffentlichkeit. Natürlich wagte in jenen Jahren niemand, diese Effektierung abzuschaffen. Erst durch das offizielle und staatlich legitimierte Beispiel der NVA wurde innerhalb der Reichsbahn der Weg frei, sich des »Ausrutschers« von 1951 zu entledigen. Im Jahr 1957 bekamen die Reichsbahner Effekten nach dem Muster von 1939.

Von bewaffneten Kräften und vielen zivilen Berufsgruppen werden Uniformen sowie unifor-

250 Schulterstück für den Generaldirektor der Deutschen Reichsbahn in der Trageweise von 1951. Form und Gestaltung sind an das sowjetische Vorbild angelehnt. Bei dem handgestickten Staatswappen, ein Hammer in einem Ährenkranz, handelt es sich um die erste Form

251 a–b Schulterstücke für den Generaldirektor der Deutschen Reichsbahn in Funktion des Ministers für Verkehrswesen der DDR in der Trageweise von 1955 und von 1957 mit eingesticktem bzw. aufgelegtem Staatswappen in seiner endgültigen Form

me Dienstkleidungen zur Ausübung des Berufes und zur Kenntlichmachung des Berufsstandes in der Öffentlichkeit getragen. Armee- und Polizeiuniformen repräsentieren zudem immer die Macht des Staates.

Dem bundesdeutschen Konzept vom Soldaten als »Staatsbürger in Uniform« setzte die DDR seit der Einführung der Wehrpflicht im Jahr 1962 das des »Ehrendienstes« entgegen. Demzufolge hatte der Armeeangehörige seine Uniform auch außerhalb der Kasernen und Dienststellen öffentlich zu tragen. Vor allem durch eine ständige Präsenz von Polizei und Armee in der Öffentlichkeit wurde das Straßenbild in der DDR geprägt.

Daß die Uniform von vielen Armeeangehörigen, insbesondere von den Wehrpflichtigen, nicht als »Ehrenkleid« angesehen und oft nur mit Widerwillen angezogen wurde, lag nicht so sehr an der aus modischer Sicht der 80er Jahre veralteten Fasson der Uniformteile. Es war oft auch in einem kritischen Nachdenken junger Menschen begründet, die angesichts von Fehlentwicklungen und politisch-ideologischer Starrheit des Systems nicht mehr bereit waren, vorbehaltlos Staat und Partei zu dienen. Da ein Verweigern des Wehrdienstes vom Gesetzgeber nicht vorgesehen war und strafrechtliche Konsequenzen nach sich zog, übertrug sich der Unwillen gegen den Wehrdienst auf die Uniform. Ein Umgehen der Bekleidungsvorschriften für den Ausgang und im Urlaub war besonders im letzten Jahrzehnt des Bestehens der DDR die Folge einer abnehmenden Identifizierung mit der Armee und ihrer Uniform.

Es gab Organisationen, die es als selbstverständlich ansahen, für ihre Mitglieder uniformähnliche Kleidungsstücke bereitzuhalten. Dazu zählten die FDJ, die Pionierorganisation und die GST. Daß Organisationen, Verbände und Parteien sich spezifischer Symbole, besonderer Abzeichen oder gleichartig gestalteter Kleidungsstücke bedienen, um sich und ihr Anliegen in der Öffentlichkeit zu präsentieren, war und ist nicht außergewöhnlich. Man denke nur an die Pfadfinder, deren äußeres Erscheinungsbild in vielen Ländern auch gegenwärtig noch geprägt wird von aus der Vergangenheit überkommenen Abzeichen und uniformen Elementen der Bekleidung. Einheitliche Kleidung hat insofern eine moralische Funktion zu erfüllen, als sie nicht nur Ausdruck der Zugehörigkeit zu einer Gemeinschaft ist, sondern durch ein gemeinsames Erscheinungsbild auch ein Zusammengehörigkeitsgefühl erzeugen soll, durch das die Bereitschaft, sich für gemeinsame Aufgaben und Ziele einzusetzen, bestärkt wird.

An diese Erkenntnis knüpften die nach 1945 gebildeten Jugendorganisationen an. Die FDJ entschied sich für blaugefärbte Hemden und Blusen, die mit einem textilen Ärmelaufnäher versehen waren, der als Emblem eine stilisierte aufgehende Sonne und die Buchstaben »FDJ« zeigte. Diese Kleidungsstücke wurden im Laufe der Jahre zum »Markenzeichen« der Organisation und bekamen symbolischen Charakter. Aus heutiger Sicht dürften die Umstände der Entstehung des Blauhemdes interessant sein. Das Präsidium des I. Parlamentes der FDJ dachte bereits 1946 daran, eine gleichförmige Bekleidung in Form einheitlicher Hemden für die Mitglieder des Jugendverbandes einzuführen. Vor allem politische Gründe sprachen jedoch unmittelbar nach dem Kriegsende dagegen. Auf der 3. Ratstagung des ›Weltbundes der Demokratischen Jugend‹ (WBDJ) wurde die FDJ am 21. August 1948 in diese Organisation aufgenommen. Diese internationale Anerkennung war für Erich Honecker, der die FDJ-Delegation leitete, wie für die gesamte FDJ ein außerordentlicher Erfolg. Auf der Rückfahrt von Warschau erwog man in der Delegation, die FDJler durch ein Kleidungsstück kenntlich zu machen. Die Idee, dazu ein blaues Hemd zu verwenden, wird Erich Honecker zugeschrieben.[14] Der 1. Sekretär der FDJ-Landesleitung von Sachsen, Gerhard Heidenreich, übernahm es, sich um Möglichkeiten der Beschaffung zu kümmern, da sich in Sachsen ein Großteil der Textilbetriebe befand.

Infolge der materiellen Notlage war es nicht einfach, Material, Farbe und Produktionskapazitäten zu finden.[15] Aus Anlaß eines Festaktes zum 30. Jahrestag der Gründung des Leninschen Komsomol erschien im Oktober 1948 in Berlin die FDJ-Delegation Sachsens geschlossen in dunkelblauen Hemden. Für die Mitglieder des Sekretariats des Zentralrats der FDJ hatte Gerhard Heidenreich ebenfalls Hemden und Blusen mitgebracht. Zu Pfingsten 1949 traten die Delegationen Sachsens und Sachsen-Anhalts auf dem III. Parlament in Leipzig wiederum in blauen

252 a–h Die Abbildung zeigt in der oberen Reihe die an sowjetische Muster und Formen angelehnten Schulterstücke der Deutschen Reichsbahn von 1951 bis 1957 und in der unteren Reihe die danach eingeführten, die denen von 1939 entsprachen. (a) Rangiermeister, (b) Wagenwerkmeister, (c) Vertreter des Vorstehers von Dienststellen der Rangklasse 1a, technisches Personal im Baudienst, (d) Abteilungsleiter der Generaldirektion der Reichsbahn, (e) Reichsbahnoberassistent, (f) Reichsbahnobersekretär, (g) Reichsbahnamtmann, (h) Reichsbahnoberdirektor

Hemden auf. Zu den II. Weltfestspielen der Jugend und Studenten in Budapest wurde das Blauhemd im August 1949 erstmalig im Ausland gezeigt. Allerdings waren jene Hemden und Blusen von minderer Farbqualität: Bei Nässe verfärbten sie sich ins Violette. Zum Deutschlandtreffen der FDJ in Berlin zu Pfingsten 1950 erfolgte dann die Ausstattung der Teilnehmer mit neugefertigten und genormten Blauhemden. Inzwischen waren Grundlagen für eine Massenproduktion des Kleidungsstücks geschaffen worden. Bereits im Mai 1950 konnte eines der neu produzierten Blauhemden bei einem Besuch Walter Ulbrichts in der Wäschefabrik Sonders-

253 Bluse zur Verbandskleidung für weibliche Mitglieder der FDJ mit Halstuch für Freundschaftspionierleiter, um 1955

254 Bluse zur Verbandskleidung für Mädchen der Pionierorganisation ›Ernst Thälmann‹ mit Kennzeichen der Pionierräte für Brigadeleiter und Mitglieder des Gruppenrates, um 1965

hausen an ihn überreicht werden.[16] Dieser Hemdtyp galt von da an als verbindlich und wurde zu den III. Weltfestspielen in Berlin ausgegeben.

Als äußeres Zeichen der Zugehörigkeit zu der Pionierorganisation trugen die ›Jungen Pioniere‹ blaue Halstücher.[17] Maßstab für das äußere Erscheinungsbild der Pionierorganisation in der DDR waren die ›Lenin-Pioniere‹ in der Sowjetunion. Auch der DDR-Verband erhielt 1952 einen Namen: den Ernst Thälmanns. Bei der Arbeit in der Organisation berief man sich auf das Vorbild aus der Sowjetunion, man übernahm aber auch Traditionen von den ›Roten Jungpionieren‹, der Kinderorganisation der KPD. Das fand seinen Niederschlag in Gestaltung und Benutzung von Kleidung, Fahnen, Trommeln und Fanfaren wie auch in dem Stellenwert, der dem Umgang damit zwangsläufig eingeräumt wurde.

Hier liegt das Besondere und Außergewöhnliche, da die Kleidung und die Symbole als erzieherische Mittel instrumentalisiert wurden. In der erzieherischen Arbeit mit den Kindern legte die Pionierorganisation Wert auf die Identifizierung mit Symbolen und eine bewußtseinsmäßige Bindung an Traditionen. »Symbole sind Mittel der sittlichen und ästhetischen Erziehung. In die Symbole der Pionierorganisation sind die Traditionen des Kampfes der revolutionären Kinderbewegung vor 1933, der besten Söhne und Töchter der deutschen Arbeiterklasse und der revolutionären Arbeiterjugendbewegung, sowie der fortschrittlichen Traditionen der deutschen Geschichte eingegangen. Unsere Aufgabe besteht darin, alle Jungen Pioniere zur Achtung vor den Symbolen zu erziehen, damit sie im Sinne dieser Symbole handeln und kämpfen.«[18]

Neben Ehrenbannern, Pionierfahnen und -wimpeln, Fanfaren und Trommeln war auch der Kleidung ein symbolischer Charakter zugedacht. In der Pionierorganisation wurde besonders in den ersten beiden Jahrzehnten nach ihrer Gründung die Verbandskleidung, zu der weiße Blusen und Hemden sowie dunkelblaue Röcke und Hosen zählen, für die Erziehung zur Disziplin und zur Einsatzfreudigkeit exemplarisch herausgestellt: »Das blaue Halstuch ist das äußere Zeichen der Zugehörigkeit zur Pionierorganisation und der engen Verbundenheit zum sozialistischen Jugendverband ... Der Pionier hat die Pflicht, das Halstuch bei allen Zusammenkünften und Veranstaltungen der Pionierorganisation, bei Feiern, Appellen und besonderen Anlässen zu tragen. Die Erziehung der Pioniere zum Tragen des Halstuches ist ein Teil der Erziehung der Pioniere zur Liebe zu ihrer Organisation.«[19]

255 Blatt aus einem Album der Vereinigten Grund- und Oberschule Böhlen, das über das Leben an der Schule und die Aktivitäten der Jungen Pioniere und der FDJ berichtet, 1953/54

Auf das Verhalten zum Halstuch wiesen ausdrücklich auch die »Gebote der Jungpioniere« und die »Gesetze der Thälmannpioniere« in inhaltlich fast gleichgefaßtem Wortlaut hin. Danach war es mit Stolz zu tragen und in Ehren zu halten. Auch literarisch versuchte man, den Kindern die Bedeutung des Halstuches beizubringen. Eine stark idealisierte Kurzgeschichte über »Das verlegte Halstuch« aus einem der jährlich erscheinenden ›Kalender für Jungpioniere‹ verdeutlicht nachhaltig den moralischen Stellenwert des Halstuches, dessen sich die Pioniere bewußt sein sollten: »Und wieder sucht sie, sogar noch einmal in Vatis Schreibtisch. Darin liegt ein blaues Halstuch, ja. Aber es gehört nicht ihr. Vati hat es früher getragen, sieben Jahre lang! Jana überlegt. Soll sie sich Vatis Pioniertuch ausborgen? Nur heute, weil doch die Patenbrigade kommt ... Jana läßt Vatis Pioniertuch liegen. Sie wird ihrer Jungpioniergruppe sagen, daß sie ihr Halstuch verlegt hat. Und wenn sie ihr Pioniertuch wiedergefunden hat, wird es zu Hause seinen festen Platz haben.«[20]

Kulthaftes Erheben des Halstuches zum Symbol diente als bewußtseinsfördernde Methode dazu, bei den Kindern ein Gemeinschaftsgefühl herauszubilden, sie für die Ziele der Organisation einzunehmen sowie für das Erfüllen von Aufgaben zu motivieren. Gleichzeitig galten der Umgang mit und das Verhältnis zum Halstuch auch als Gradmesser für Integration und Identifikation. Die Symbolpraxis wurde insofern auch zur Kontrolle und Disziplinierung der Kinder genutzt und führte letztlich dazu, daß die Individualität auf der Strecke blieb.

Zu offiziellen Feiertagen und Anlässen wurde das Tragen der Einheitskleidung auch für die Mitglieder der FDJ als Selbstverständlichkeit vorausgesetzt. Bei Demonstrationen und Veranstaltungen zum ›Jahrestag der Republik‹, dem ›Kampftag der Internationalen Arbeiterklasse‹ oder zu Nationalen Jugendfestivals boten Kinder und Jugendliche in uniformer Kleidung ein relativ geschlossenes Bild. Offensichtlich hegten viele Funktionäre und auch Vertreter der Partei- und Staatsführung die Wunschvorstellung, darin mögen sich Verbundenheit zur Republik und Bekenntnis zum Sozialismus ausdrücken. Vielfach wurden die vorgeschriebenen Kleidungsstücke jedoch nur getragen, um Wohlverhalten zu signalisieren. Wer wollte zu Beginn des Schuljahres vor dem neuen Klassenleiter schon »unangenehm« auffallen? Welcher FDJler wäre angesichts eines ungewissen Ausganges zu den Abschlußprüfungen der 10. oder 12. Klasse ohne Blauhemd vor die Prüfungskommission getreten? Das Tragen von äußeren Symbolen drückt eben nicht immer die wirkliche innere Haltung eines Menschen aus.

Der Definition nach handelte es sich bei den Kleidungsstücken der Pioniere und dem Blauhemd der FDJler nicht, wie häufig zu lesen, um Uniformen. Es gab in diesen Organisationen keine Ranggruppeneinteilung und deren Kenntlichmachen durch Gradabzeichen. Zur Unterscheidung bediente man sich bei den Pionieren Ärmelaufnäher in Form von Balken, die die

Zugehörigkeit zu Pionierräten anzeigten.[21] Aber sie können allenfalls als uniforme Elemente bezeichnet werden. Auch waren die Pioniere nicht verpflichtet, die Kleidung komplett zu tragen, ihnen wurde beim Eintritt in den Verband nur das Halstuch kostenlos überreicht. Der Kauf der anderen Bekleidungsstücke lag im Ermessen der Eltern, wobei nachhaltig der Besitz der weißen Bluse und des Hemdes gefordert war.[22]

Gleichwohl kam der Bekleidung innerhalb der Organisationen und bei offiziellen Anlässen eine rituelle und kulthafte Bedeutung zu, die sich darin äußerte, daß durch häufig stattfindende Massenveranstaltungen in der Öffentlichkeit ein uniformes Bild mit durchaus militärischen Zügen entstand. Zudem entsprach die gleichmacherische Kleidung der ausdauernden Propagierung des Gemeinschafts- und Kollektivgedankens, und daraus ergab sich im wechselseitigen Zusammenspiel eine weitgehende Uniformität des gesellschaftlichen Lebens in der DDR.

1 Vgl. Keubke, Klaus-Ulrich / Kunz, Manfred: Uniformen der Nationalen Volksarmee der DDR 1956–1986, Berlin 1990, S. 33-43.
2 Zit. n. Bluth, Oskar: Uniform und Tradition, Berlin 1956, S. 3.
3 Vgl. Uniformen und Abzeichen der deutschen Streitkräfte, Bildmappe, Stand 1. 2. 1956, o. O.
4 Soldat mit und ohne Tradition, in: Militärpolitisches Forum v. Oktober 1955; mit der »alten deutschen Polizeiuniform« ist die ab 1954 bei der ›Deutschen Volkspolizei‹ und ihren Bereitschaften eingeführte grüngraue Uniform gemeint, die in ihrer Grundform bis 1990 getragen worden ist. Gegenüber der dunkelblauen Vorgängeruniform enthielt sie traditionelle Elemente deutscher Uniformen der Zeit vor 1945.
5 Hormann, Jörg M.: Die Bundeswehr und ihre Uniformen. 30 Jahre Bekleidungsgeschichte, o. O. 1987, S. 29.
6 Nach den Uniformvorschriften wurde die Farbe offiziell als Khaki bezeichnet.
7 Abzeichenfarben und Waffengattungskennzeichen sowie die Dienstgradeinteilung entsprachen denen der Sowjetarmee; vgl. Walther, Klaus: Uniformeffekten der bewaffneten Organe der DDR. Spezialkatalog, Band I, Ministerium des Innern 1949–1990, Berlin 1992, S. 33-43.
8 Bluth, Oskar: Unsere Nationale Volksarmee trägt deutsche Uniformen, schriftlich ausgearbeiteter Vortrag, gehalten vor Angehörigen der KVP, die zur Übernahme in die NVA vorgesehen waren, S. 7 u. 8; Text in: Akten der Sammlung Militaria des DHM Berlin.
9 Hormann (wie Anm. 5), S. 32.
10 Bluth (wie Anm. 2), S. 72 u. 73.
11 Bluth (wie Anm. 9), S. 9.
12 Ebenda, S. 10.
13 Das prominenteste Opfer aus der Reichsbahn war ihr Generaldirektor Willi Kreikemeyer (1894–1950), der nach seiner Verhaftung in der Untersuchungshaft des MfS Berlin-Hohenschönhausen unter bis heute ungeklärten Umständen ums Leben kam; zu den Rangabzeichen vgl. Bekleidungsordnung für die Eisenbahner (BKO), in: Mitteilungsblatt der Deutschen Reichsbahn, Anlage D zum Mitteilungsblatt 7/51.
14 Vgl. Heidenreich, Gerhard: Das blaue Hemd, in: Fortsetzung folgt ..., Berlin 1970, S. 67 u. 68.
15 Inwieweit bei der Produktion dieser ersten Hemden und Blusen auf Lagerbestände an Tuchen der Reichszeugmeisterei für die Gliederungen der NSDAP zurückgegriffen worden ist, konnte bisher nicht belegt werden. Auszuschließen ist dieser Umstand nicht.
16 Vgl. Abbildung in: Ulbricht, Walter: An die Jugend, Berlin 1954, S. 224.
17 Die Jungen Pioniere waren unterteilt in ›Jungpioniere‹ (Schüler der 1.-3. Klassen) und in ›Thälmannpioniere‹ (Schüler der 4.-7. Klassen). Ab 1973 erhielten die ›Thälmannpioniere‹ rote Halstücher nach dem Vorbild der ›Leninpioniere‹ in der Sowjetunion. Die ›Jungpioniere‹ behielten die blauen Tücher.
18 Handbuch des Pionierleiters. Eine pädagogisch-methodische Anleitung für Pionierleiter und Helfer der Jungen Pioniere, Berlin 1961, S. 144.
19 Ab 1967 kamen blaue Käppis (Schiffchenmützen) und türkisblaue Blousons hinzu, deren käuflicher Erwerb nicht Pflicht war. Zit. n. Handbuch (wie Anm. 15), S. 146.
20 Zipprich, Dagmar: Das verlegte Halstuch, in: Kalender für Jungpioniere 1979, hg. v. Zentralrat der FDJ, Berlin 1978, S. 107.
21 Die Zeichen bedeuten: 1 Balken für Brigadeleiter und Mitglieder der Gruppenleitung, 2 Balken für Gruppenratsvorsitzende und Mitglieder der Freundschaftsräte, 3 Balken für Freundschaftsratsvorsitzende.
22 Rock und Hose sowie das 1967 eingeführte Käppi und ein Blouson wurden von vielen Eltern nicht gekauft.

Klaus-Peter Merta

# Flatternde Zeichen – Fahnenkult in der DDR

Anknüpfend an Traditionen der Arbeiterbewegung, deren Vereinigungen und Parteien seit dem vorigen Jahrhundert Fahnen und Banner führten, schuf die SED für jede Grundorganisation eine rote Fahne, die mit dem Namen des Betriebes oder der Einrichtung versehen war und im Zentrum das Emblem mit den beiden Händen zeigte. Hinzu kamen sogenannte Organisationsfahnen, die »neutral« nur das Emblem abbildeten. Das rote Tuch wählte man bewußt in Anlehnung an die Tradition der Arbeiterbewegung, aus der die rote Farbe für das im Kampf vergossene Blut erklärt wird. Die roten Fahnen bildeten in der DDR ein übergreifendes, allgemeines Symbol, das für den Kampf der Arbeiterklasse und für den Sieg des Sozialismus stand.

Ausgangspunkt für ein symbolhaftes Nutzen von Fahnen zur Selbstdarstellung in Verbindung mit erzieherisch-moralischen Ansprüchen bildete bereits die erste Fahne der SED, die auf dem sogenannten Vereinigungsparteitag vorgeführt worden ist, was durch die pathetischen Worte des folgenden Zitates belegt werden kann: »Wilhelm Pieck und Otto Grotewohl übernehmen die Fahne und gemeinsam umspannen ihre Fäuste den Fahnenschaft. So drücken sie ihren Willen aus, dieses Symbol stets vereint in allen künftigen Kämpfen hochzuhalten. Die Gedanken der Delegierten in dieser Stunde faßt ein Vertreter der alten Garde der deutschen Arbeiterbewegung, Georg Schöpflin, in die Worte: ›Darum Treue um Treue innerhalb der Partei, Treue zum deutschen Volk, Treue zum internationalen Proletariat. Wir haben keine Zeit mehr für Gruppen-, Fraktions- und persönliche Interessen. Die Stunde ist zu kostbar. Die Aufgaben, die vor uns stehen, sind zu groß. Lassen Sie uns im Anblick der neuen Fahne das Gelöbnis ablegen, in diesem Sinne zu arbeiten.‹«[1] (S. Abb. 12, S. 20.)

256 Banner der SED von 1946, Grundorganisation von Berlin-Friedrichsfelde. Diese Fahne gehörte ursprünglich der SPD. Sie weist eine handwerklich gute Verarbeitung sowie eine klassische Formgebung auf, wie sie bei alten Kirchenfahnen und traditionell bei Vereinsfahnen aus dem 19. Jahrhundert üblich war. Nach dem Beitritt der Ortsgruppe von Friedrichsfelde zur SED wurde das Kürzel »SPD« in »SED« abgeändert, indem aus dem Buchstaben »P« ein »E« gemacht worden ist. Die alten Nähte der applizierten Goldtresse sind noch zu erkennen

Nahezu identisch nach der Gestaltung dieser Fahne sollten dann die Fahnen für alle Grundorganisationen der SED aussehen. Bevor die Verteilung parteiamtlich genehmigter Fahnen anlief, wurden die Fahnen jener SPD-Ortsgruppen, die in der SED aufgingen, dahingehend verändert, daß der Buchstabe »P« durch ein »E«

257 Wanderfahne des Ministerrates der DDR für Sieger im Wettbewerb der Volkseigenen Betriebe. Ab 1950 stiftete der Ministerrat Auszeichnungsfahnen für Betriebe und Einrichtungen. Bei der Vergabe wurde die kollektiv erbrachte Leistung bewertet. Die abgebildete Fahne war dem Betrieb Siemens Plania (VEB Elektrokohle) aus Berlin-Lichtenberg 1950 erstmalig verliehen worden. Da der Betrieb zu den Sowjetischen Aktiengesellschaften gehörte, die Reparationsleistungen an die Sowjetunion abzuführen hatten, kam der norm- und termingerechten Planerfüllung erstrangige Bedeutung zu. Nachdem der Betrieb den Siegertitel in den vier Quartalen des Jahres 1951 verteidigt hatte, verblieb ihm die Fahne für immer

ersetzt wurde. Ein solcher Eingriff ist am Banner der SPD von Berlin-Friedrichsfelde sehr gut zu erkennen.

Analog der SED führten andere Organisationen und Parteien, wie der FDGB, die FDJ und die Pionierorganisation, die GST und viele weitere, ebenfalls Grundorganisations- und Organisationsfahnen ein. Der Umgang mit Fahnen war inhaltlich an dem der SED ausgerichtet. Er war eine Folge der Dominanz dieser Partei über andere Parteien und über sämtliche gesellschaftlichen Organisationen. Diese Fahnentypen galten als wichtige Darstellungs- und Selbstdarstellungselemente und hatten bei Veranstaltungen und Demonstrationen mitgeführt zu werden. Zwar unterschieden sich die Farben und Symbole in den Fahnen der einzelnen Organisationen, aber der Umgang mit diesen Zeichen wurde uniform gehandhabt, da er über die Jahre des Bestehens der DDR zu den immer wiederkehrenden Ehrentagen und Anlässen rituell gleichbleibend ablief. Vergleiche lassen hier unschwer Einflüsse von sowjetischen Massenveranstaltungen erkennen.

Neben der Staatsflagge, der roten Fahne der Arbeiterbewegung sowie den Fahnen von Parteien, Organisationen und Vereinigungen kam den sogenannten Auszeichnungsfahnen im Alltag eine große Bedeutung zu. Gemeinsam gaben der Ministerrat und der Bundesvorstand des FDGB bis 1989 Wanderfahnen für hervorragende Leistungen heraus, die offiziellen Charakter hatten und zu den staatlichen Auszeichnungen zählten. Der Begriff »Wanderfahne« bedeutete in der DDR, daß damit Betriebe oder Einrichtungen ausgezeichnet werden konnten, die im Rahmen des Wettbewerbes die besten Ergebnisse erzielt

258 a–b
Vorder- und Rückseite der Wanderfahne des Zentralrates der Freien Deutschen Jugend für das beste Jugendkollektiv in den LPG der DDR. Als Kollektivauszeichnungen gelangten von 1955 bis 1963 Fahnen dieser Art zur Verleihung. Die Vorderseite ist mit einem Aufnäher versehen, der den konkreten Verleihungsanlaß erkennen läßt. 1959 hatte die FDJ unter der Losung »10 Jahre DDR – mein Beitrag« den »Kompaßwettbewerb 60«, der auf das Jahr 1960 orientierte, als Masseninitiative ins Leben gerufen

259 a–b
Vorder- und Rückseite der Wanderfahne des FDGB für Wettbewerbssieger im »Wilhelm-Pieck«-Aufgebot. Die Methode, die Werktätigen über »Aufgebote« in der Produktion zu mobilisieren, übernahm die DDR von der Sowjetunion. 1955 fand das mit propagandistischem Aufwand betriebene »Wilhelm-Pieck-Aufgebot« seinen Abschluß, zu dem an die Sieger als Banner bezeichnete Fahnen verliehen wurden

260 Rückseite der Fahne des Zentralvorstandes der IG Bergbau für Bergbau-Jugend-Aktivisten zum Deutschlandtreffen der Freien Deutschen Jugend, Pfingsten 1950. Im Jahr 1950 fand das erste »Deutschlandtreffen der Jugend« in Berlin statt. Inhaltlich waren diese Treffen, die bis 1964 ausgerichtet worden sind, Propagandaveranstaltungen des Kalten Krieges. Diese Fahne gehörte dem VEB Mansfeld Kombinat »Wilhelm Pieck«

261 Vorderseite der Wettbewerbsfahne vom Braunkohlenrevier Welzow für Sieger im Juni-Wettbewerb 1951. 1952 war eine Brigade der Brikettfabrik Kausche, die der Braunkohlenverwaltung Welzow/Niederlausitz unterstand, mit zwei Urkunden für Produktionsleistungen ausgezeichnet worden. Als innerbetriebliche Ehrung kam die Fahne hinzu

hatten. Konnte der 1. Platz im folgenden Jahr nicht erfolgreich verteidigt werden, mußte die Fahne an den neuen Sieger abgegeben werden. Für solche Fahnen wurde ein würdiger Aufbewahrungsort im Betrieb als eine wichtige Voraussetzung angesehen, um sie bei Versammlungen und Demonstrationen der Belegschaft als Zeichen des Anspornes vorführen zu können. Diesem Zweck dienten auch Übergaben von Fahnen auf appellartigen Massenveranstaltungen, das Bilden von Fahnenblöcken bei Demonstrationen, eine Beflaggung öffentlicher Gebäude, Häuser und Straßen mit Transparenten, Fahnen und Wimpeln. Der mit diesen Zeichen verbundene moralische Wert und der ihnen beigemessene Symbolgehalt basierten auf sowjetischen Erfahrungen, die mit ihren Ritualen und Inhalten übernommen wurden. Wie bei der Einteilung des Auszeichnungswesens verzichtete man auch hier auf Überlegungen zur Schaffung eigenständiger Methoden und Mittel.

Erste Auszeichnungen dieser Art waren die seit 1950 verliehenen Wanderfahnen »Siegerbetrieb im Wettbewerb«, die der Ministerrat der DDR für den Bereich der Volkseigenen Betriebe stiftete. Bei der erstmaligen Verleihung verblie-

262 Wettbewerbsfahne des FDGB für die beste Baustelle im innerbetrieblichen Wettbewerb des VEB Bau-Union Gera, Gruppe Hochbau, 1951–1955

263 Rückseite des Karl-Marx-Banners des Zentralvorstandes der IG Eisenbahn für Sieger im Wettbewerb um die grüne Strecke, 1951–1955. Während des ersten Fünfjahrplanes führte die Reichsbahn einen Wettbewerb »um die grüne Strecke«. Das Motto widerspiegelt keine Bepflanzung an den Gleisanlagen, sondern darunter verstand man, daß die Durchlaßfähigkeit des Schienennetzes zu erhöhen und die Pünktlichkeit vor allem im Güterverkehr zu gewährleisten war. Gleise und Gleisbett wiesen vielfach einen schlechten Zustand auf, und einige Strecken waren nur noch eingleisig, da die Schienen als Reparationsleistungen in die Sowjetunion verbracht worden waren

264 Auszeichnungswimpel des Bezirksvorstandes Groß-Berlin der IG Chemie für beste politisch-erzieherische Arbeit in der Kinderferienaktion, um 1969

ben die Fahnen nach einer erfolgreichen Verteidigung pro Quartal des folgenden Jahres dem Betrieb als ständige Auszeichnung. Da es sich um staatlich genehmigte Fahnen handelte, fand als Emblem ein Symbol Verwendung, das aus Teilen des Fünfjahrplanzeichens besteht und als Vorläufer des Staatswappens der DDR angesehen werden kann.[2] Entsprechend den an die Planziele der Wirtschaft gebundenen Inhalten vieler tragbarer Auszeichnungen entstanden Wanderfahnen für Sieger in »Massenwettbewerben« der FDJ, der LPG, der Kreise und Bezirke, die von 1955 bis 1963 verliehen wurden. Vielfach propagierte man »Masseninitiativen« zur Steigerung von Produktionsleistungen als »Aufgebote«, die nach Personen oder Ereignissen benannt waren.

Der kampagnenhaften Führung des Wettbewerbs entsprach in den Jahren nach 1963 die Ausgabe von Ehrenbannern, die in der Regel vom Ministerrat oder dem ZK der SED gemeinsam mit dem Bundesvorstand des FDGB oder dem Zentralrat der FDJ für Leistungen verliehen wurden, die konkret auf Ereignisse und Anlässe, wie etwa Jahrestage der DDR, Parteitage der SED oder Parlamente der FDJ, bezogen waren. Auch betriebsintern wurde eine Vielzahl von Fahnen geschaffen.

Eine ikonenhafte Umsetzung von Formen des stalinistischen Personenkultes verdeutlichen solche Fahnen, die als Abbild Porträts von – zum Teil noch lebenden – Persönlichkeiten zeigten. Ein bildliches Darstellen von Personen auf Fahnen war in der deutschen Arbeiterbewegung ursprünglich nicht üblich. Die deutschen Kommunisten kamen mit diesen Gestaltungsformen erstmals in Berührung, als ihnen in den 20er Jahren »Freundschaftsfahnen« aus der Sowjetunion überreicht wurden. Ein Aufgreifen dieser Gestaltung belegt ein Orientieren an der Sowjetunion auch in der Verwendung äußerer Formen. Seit den 70er Jahren hatten Fahnenhersteller und Stickereien Konjunktur. Zu den fünfjährig gerundeten Jahrestagen und zu den alle fünf Jahre stattfindenden Parteitagen der SED ergoß sich eine Flut von Wettbewerbsfahnen und -wimpeln über das Land. Bei Demonstrationen waren solche Fahnen zusammen mit denen der Betriebsparteigrundorganisation der SED und mit denen der Gewerkschaft vorzuführen.

Der bewußt genutzte Symbolgehalt von Fahnen läßt sich am Beispiel von drei an die Pionierorganisation verliehenen Bannern aufzeigen. Als der Pionierorganisation auf dem I. Pioniertreffen 1952 der Name »Ernst Thälmann« verliehen wurde, erhielt sie ein rotes Banner mit den Bildnissen von Pieck und Thälmann und der Aufschrift »Zum Kampf für die Sache Ernst Thälmanns und Wilhelm Piecks – Seid bereit«. Zu diesem als höchstes Symbol der Organisation ausgewiesenen Zeichen führte das Mitglied des Politbüros Hermann Matern aus: »Die rote Fahne war stets das Zeichen des Kampfes der unterdrückten Arbeiter gegen ihre Ausbeuter und ist heute bereits in vielen Ländern das Banner des Sieges der Werktätigen geworden. Es ist getränkt mit dem Blut vieler Opfer des Kampfes um den Sozialismus.«[3] Dieser moralischen Verpflichtung auf die Traditionen der Arbeiterbewegung folgte mit der Verleihung des Ehrenbanners des Vorsitzenden des Staatsrates ein durch Walter Ulbricht am 1. Juni 1961 formuliertes Bekenntnis zur DDR, das eine nationale Komponente im Sinn des Sozialismus enthält: »Möge das schwarzrotgoldene Banner mit dem Staatswappen der DDR zugleich ein Symbol der engen Verbundenheit unseres sozialistischen Staates mit seinen jüngsten Bürgern sein, die schon tüchtig mithelfen und sich für ihr Schaffen als Bürger des ersten deutschen Arbeiter-und-Bauern-Staates vorbereiten.«[4]

Als weitere Auszeichnung bekamen die Pioniere schließlich ein drittes Ehrenbanner. Dieses – vom Zentralrat der FDJ gestiftet – gemahnte an die Verpflichtung der Pioniere, möglichst

265 Foto vor der Truppenfahne, um 1968. Ein Gefreiter in Paradeuniform steht vor der Truppenfahne, die ein Unterfeldwebel hält, der von zwei Offizieren flankiert wird

geschlossen der FDJ beizutreten. Entsprechende ›Pionierzirkel‹ der 7. Klassen standen dann auch unter dem Motto »Unter der blauen Fahne«. Über Gedichte und Lieder sind einschlägige Ansichten ebenfalls vermittelt worden. Das bringen auch die Zeilen von Martin Hackethal zum Ausdruck:

> »Unsere Fahne ist das Zeichen
> einer neuen Zeit.
> Faßt euch fester an den Händen,
> seht – wir sind bereit.«[5]

Die Grundrichtung der politisch-ideologischen Erziehungsarbeit, die die Pionierorganisation an den Kindern und Jugendlichen zu erfüllen hatte, wird durch den symbolischen Gehalt dieser Fahnen manifestiert. Jede ›Pionierfreundschaft‹ hatte außerdem eine eigene Fahne, und zu jeder Piniergruppe gehörte ein Wimpel, mit dem ein kulthafter Umgang vorgeschrieben war. Ganz nach den in der Sowjetunion gepflegten Ritualen bekamen Fahnen zusätzlich einen individuellen Auszeichnungscharakter mit symbolisch-moralischem Inhalt. Das Foto vor der Truppenfahne galt bei der Armee als besondere Auszeichnungsform überwiegend für Grundwehrpflichtige, für Soldaten und Unteroffiziere auf Zeit sowie für Fähnriche und Offiziersschüler.

Auch in der Pionierorganisation wurden anfangs Auszeichnungsfotos vor der Pionierfahne, verbunden mit einer Eintragung ins Ehrenbuch der Pionierfreundschaft, als moralisch wertvoll angesehen. Der Erziehung zum Kollektivgedanken, nach der das Verhältnis eines Pioniers zum Kollektiv als wichtiger Maßstab für seine Beurteilung angesehen wurde, dienten die als feierliche und festliche Höhepunkte deklarierten Fahnenappelle. Ihrem politisch-erzieherischen Inhalt entsprach ein Zeremoniell, bei dem nach erfolgter Meldung die Fahnenabordnung mit der Freundschaftsfahne und den Gruppenwimpeln mit dem Pioniergruß zu ehren war. Fanfaren und Trommelwirbel begleiteten schließlich das Hissen der Fahne. Auch wenn diese rituellen Maßstäbe im Laufe der Jahre »gelockert« worden sind, gehörten Fahnen zu wichtigen Symbolen, mit denen Organisationen, Parteien oder der Staat versuchten, sich nach außen darzustellen beziehungsweise über vorgeschriebene Formen des Umganges mit ihnen Einfluß auf die Bürger auszuüben.

1 Zinke, Heinz: Die erste Fahne der Sozialistischen Einheitspartei Deutschlands, Legende zur Fahne des Vereinigungsparteitages KPD-SPD im ›Museum für Deutsche Geschichte‹, Inv.-Nr. Fa 60/1 (Katalogkarte der Fahne).

2 Vgl. Schurdel, Harry D.: Flaggen und Wappen Deutschland. Länderkunde, Augsburg 1995, S. 86-88.

3 Zum Zeitpunkt des Pioniertreffens bekleidete Hermann Matern (1893–1971) die Funktion eines Vizepräsidenten der Volkskammer. Zit. n.: Handbuch des Pionierleiters. Eine pädagogisch-methodische Anleitung für den Pionierleiter und Helfer der Jungen Pioniere, hg. v. Pionierorganisation ›Ernst Thälmann‹, Berlin 1961, S. 144.

4 Handbuch (wie Anm. 3), S. 145.

5 Ebenda.

271

## Schaukasten: Militarisierung

Die ersten deutschen Uniformträger, die wieder militärisch gedrillt wurden, waren Angehörige der seit dem 1. Juli 1945 bestehenden ›Deutschen Volkspolizei‹ (DVP). Unter deren Dach bildete man seit Sommer 1948 Einheiten, die eher nach militärischen als nach polizeilichen Erfordernissen ausgebildet und bewaffnet wurden. Der SMAD-Befehl zur Kasernierung von 10 000 Polizeiangehörigen erging am 3. Juli 1948; die Sowjetunion entließ in diesem Zusammenhang 5 000 kriegsgefangene Soldaten und Unteroffiziere sowie 100 Offiziere in die SBZ. Wie die gesamte DVP unterstanden auch die kasernierten ›VP-Bereitschaften‹ der ›Deutschen Verwaltung des Innern‹, dem späteren Innenministerium; sie wurden dort, einschließlich einer seit November 1946 aufgebauten Grenzpolizei, von einer gesonderten ›Hauptverwaltung Ausbildung‹ betreut. Die als Polizeiausbildung vorangetriebene Auswahl und Qualifizierung militärischer Kader war politisch opportun, weil die Propaganda zunächst pazifistische Töne anschlug und in ganz Deutschland nur noch antimilitaristische »Kämpfer für den Frieden« dulden wollte.

Ab 1952 mußte umgesteuert werden, nachdem die SED-Führung Anfang April in Moskau instruiert worden war, daß die begonnene Militarisierung nun zu intensivieren sei. Wilhelm Pieck notierte damals: »Die pazifistische Periode ist vorbei«, nun gehe es darum, »ohne Geschrei« die »Volksarmee [zu] schaffen ... Die FDJ muß schießen lernen.« Daraufhin übernahm die FDJ auf ihrem IV. Parlament in Leipzig die »Patenschaft über unsere Volkspolizei« und richtete Schießkurse ein. Im selben Jahr wurden auch eine dem nationalsozialistischen ›Reichsarbeitsdienst‹ nachgebildete Organisation ›Dienst für Deutschland‹ (ODD) und die ›Gesellschaft für Sport und Technik‹ (GST) gegründet. Die kasernierten ›VP-Bereitschaften‹ wurden umbenannt in ›Kasernierte Volkspolizei‹ (KVP) und in Land-, Luft- und See-»Streitkräfte« gegliedert. 1953 – nach dem 17. Juni – wurde dann mit dem Aufbau von ›Kampfgruppen der Arbeiterklasse‹ begonnen. Fortan mußte die Propaganda, nicht ohne Mühe, begründen, daß militärische Organisation und Bewaffnung unerläßliche Voraussetzungen des »Friedenskampfes« seien. Da jedoch zu

272

266 Die Führungsspitze der ›Deutschen Volkspolizei‹ im Demonstrationszug am 1. Mai 1950 im Ostsektor Berlins (Foto: R. Gyptner)

267 Berliner Volkspolizistinnen am 1. Mai 1950 (Foto: R. Gyptner)

268 Fallschirmspringer der GST in der Maidemonstration 1955

269 Eine Parade der NVA eröffnet die Demonstration zum 1. Mai 1957: Offiziersschüler einer Infanterieschule (Foto: Krueger)

270 Einheiten der Berliner ›Kampfgruppen‹ auf dem Marx-Engels-Platz, 1. Mai 1958 (Foto: Krueger)

268

269

271 Reliefplatte der GST mit einer bildlichen Darstellung des zweiten Gebotes aus den ›Zehn Geboten für den neuen sozialistischen Menschen‹, um 1958

272 Der Beginn der ›Ehrenparade deutsch-sowjetischer Waffenbrüderschaft‹ am 8. Mai 1965 auf dem Berliner Marx-Engels-Platz

273 Kundgebung am 1. Mai 1967. Im Hintergrund das Rote Rathaus und der im Bau befindliche Fernsehturm

274 »Beeindruckend für die Teilnehmer am ›Appell junger Revolutionäre von heute‹ war am Nachmittag des 20. Oktober 1968 der Große Wachaufzug der NVA vor dem Mahnmal für die Opfer des Faschismus und Militarismus Unter den Linden zu Ehren der Helden und Kämpfer der Deutschen Arbeiterbewegung.« (Zeitgenössische Beschriftung; Foto: Ahnert)

270

274

273

267

266

gleicher Zeit auch in der Bundesrepublik eine – heftig umstrittene – Wiederbewaffnung auf der Tagesordnung stand, konnte sie eine Bedrohung von außen an die Wand malen, um Wehrbereitschaft im Innern zu wecken.

Die Gründung der NVA wurde am 18. Januar 1956 gesetzlich festgeschrieben; am folgenden 1. Mai paradierten erste Einheiten in Berlin. Da die NVA bis Anfang 1962 als Freiwilligenarmee bestand, kam der Propaganda wie den mit vormilitärischer Disziplinierung beauftragten Organisationen weiterhin große Bedeutung zu.

Jörn Schütrumpf

# Die Klassik – Mittel zur Alleinherrschaft

275 Das Goethe- und Schiller-Denkmal vor dem wiederaufgebauten Nationaltheater in Weimar, August 1949 (Foto: Thiele)

Sechs Wochen vor Gründung der DDR, am 25. August 1949, verlieh der Vorsitzende des Präsidiums des ›Deutschen Volksrates‹, Wilhelm Pieck, an Wissenschaftler, Techniker, bildende Künstler und Schriftsteller insgesamt 48 Nationalpreise. Dies war die erste Preisverleihung nach dem Kriege. Denn eine als »Nationalpreis« bezeichnete Auszeichnung war keine Erfindung der Nachkriegszeit. Hitler hatte 1936 die Verleihung des Friedensnobelpreises an seinen Gefangenen Carl von Ossietzky mit der Schaffung des ›Deutschen Nationalpreises für Kunst und Wissenschaft‹ beantwortet: »Um für alle Zukunft beschämenden Vorgängen vorzubeugen, verfüge ich mit dem heutigen Tage die Stiftung eines deutschen Nationalpreises. Die Annahme des Nobelpreises wird damit für alle Zukunft Deutschen untersagt.«[1]

Daß sich die SED-Führung ausgerechnet in diese Tradition stellte, war kein Versehen. Dieser Schritt war vielmehr Bestandteil ihrer seit 1948 immer offener betriebenen Politik der Aussöhnung mit den nationalsozialistischen Mitläufern. Und er bedeutete gegenüber einer großen Gruppe von Hitlergegnern eine gezielte Demütigung, mit der die SED-Führung noch einmal unterstrich, daß sie nicht mehr gewillt war, die Interessen und Empfindungen ihrer »antifaschistisch-demokratischen Bündnispartner« auch nur symbolisch zu berücksichtigen. Unter den Nationalsozialisten wurden jährlich drei Nationalpreise verliehen; die Preissumme von 100 000 RM hatten sich mitunter mehrere Personen zu teilen.[2] Der in der SBZ gestiftete Nationalpreis hingegen wurde nicht nur breiter gestreut, er wurde auch in drei Klassen vergeben; die Dotierung in der I. Klasse mit 100 000 Mark orientierte sich allerdings am Nationalpreis der Nationalsozialisten.[3]

Ab 1950 erfolgte die Verleihung der Nationalpreise alljährlich in Berlin. Zur ersten Verleihung jedoch hatte der ›Deutsche Volksrat‹, ein Vorläufer der DDR-Regierung, nach Weimar geladen, ins Deutsche Nationaltheater – jenes Theater, in dem von der Nationalversammlung am 31. Juli 1919 die sogenannte Weimarer Verfassung verabschiedet worden war. In den letzten Kriegswochen, am 9. Februar 1945, durch Bombardement zerstört, wurde dieses Haus mit dem weltbekannten Goethe-Schiller-Denkmal davor nach zwei Jahren Bauzeit am 28. August

1948, dem 199. Geburtstag Goethes, »mit der Aufführung des Ersten Teils von ›Faust‹ als erstes deutsches Theatergebäude nach dem zweiten Weltkrieg wieder eröffnet«, wie es in einer Selbstdarstellung aus DDR-Zeiten nicht ohne Stolz heißt.[4]

Angesichts der durch Kriegshandlungen und Demontagen hervorgerufenen schweren Zerstörungen in der Sowjetischen Besatzungszone und des Mangels an so gut wie allem war die Entscheidung für den Wiederaufbau des Weimarer Nationaltheaters ein außergewöhnlicher Schritt. Damit sollte dreierlei unterstrichen werden: zum einen das allgemeine Bekenntnis der SED, daß der Kultur bei der Überwindung der geistigen Folgen von Nationalsozialismus und Krieg ein hoher Stellenwert zukomme; zum zweiten, daß als zentraler Traditionsspender die deutsche Klassik und nicht etwa die kulturellen Leistungen der linken Milieus vor 1933 angesehen werde; zum dritten wurde mit der Wiedererrichtung des Gebäudes der Weimarer Nationalversammlung betont, daß man sich die Option für einen gesamtdeutschen Staat offenhalte. Den eigentlichen Anstoß zum Wiederaufbau hatte natürlich das 1949 anstehende Goethe-Jubiläum gegeben, bei dessen Ausgestaltung Weimar und die Goethe-Geburtsstadt Frankfurt am Main miteinander konkurrierten. Deshalb war es auch nicht überraschend, daß die Verleihung der ersten Nationalpreise an den Anfang der vom 25. bis 29. August 1949 veranstalteten Weimarer Goethe-Festtage gestellt wurde und zugleich deren Höhepunkt bildete. Für die Gestaltung der Preismedaille wurde ein Goethe-Kopf – in Gold geprägt – gewählt[5] (s. Abb. 421, S. 291).

Die Entscheidung, die Klassik ins Zentrum der Traditionsbildung zu rücken, speiste sich aus verschiedenen Motiven. Man kann Gerd Dietrich nur zustimmen, wenn er schreibt: »Insbesondere für ihre Reputation unter der bürgerlichen Intelligenz spielte die Berufung der Kommunisten auf das klassische Erbe eine wichtige Rolle. Auf nicht wenige Intellektuelle, die noch von der antibürgerlichen Attitüde der Nationalsozialisten verschreckt waren, wirkte diese Haltung anziehend. Doch die Favorisierung der Klassik allein an taktischen Zwecken festzumachen, griffe zu kurz, denn das Kulturverständnis

276 Einen Nationalpreis III. Klasse erhielt das Kollektiv ›Kohlestaub-Lokomotive‹ am 25. August 1949 in Weimar (Foto: Ernst Schäfer)

vieler Funktionäre war vom Bildungsstreben der frühen sozialistischen Bewegung geprägt, wie es sich vor dem Ersten Weltkrieg herausgebildet hatte: Man war also längst auf die Standards der bürgerlichen Kultur, auf das Hochkulturmotiv, eingestellt.«[6]

Und Hochkultur war nach Kriegsende keineswegs nur etwas, an dem sich die bürgerliche Intelligenz begeisterte. Auch und gerade Oberschüler und Studenten entdeckten in den Jahren nach dem Kriege für sich die Klassik. Denn die Nazis hatten während ihrer Herrschaft nicht nur ›Nathan der Weise‹ vom »Judenfreund« Lessing verboten – deshalb eröffneten viele Bühnen in Berlin und anderen Städten ihre erste Nachkriegs-Spielzeit gerade mit diesem Stück. Auch Schillers ›Don Carlos‹ wurde – nach wiederholtem Szenenapplaus für »Geben Sie Gedankenfreiheit, Sire!« – schon früh abgesetzt, obwohl man Schiller selbst zum »ersten Nationalsozialisten« erklärt hatte.[7] Die Verfügung über die Spielpläne sowohl der staatlichen als auch privaten Theater war mit dem Theatergesetz vom 15. Mai 1934 dem Reichsminister für Propaganda und Volksaufklärung übertragen worden, der nach Belieben Stücke absetzen durfte und es auch tat.[8]

Hitler bemühte sich in den ersten Jahren sehr um die Klassik als Legitimationsfolie für das von ihm repräsentierte Regime. Der »Juden-Republik« warf er vor, Weimar durch die Natio-

277 Rückseite des Nationalpreises in der Ausführung von 1949

278 Rede Otto Grotewohls anläßlich der Schiller-Ehrung der deutschen Jugend in Weimar am 3. April 1955

nalversammlung entehrt zu haben.[9] Sein Konzept für den Umgang mit der Klassik wurde im ›Völkischen Beobachter‹ vom 15. November 1934 unter der Schlagzeile »Der Führer ehrt Friedrich von Schiller« wie folgt zusammengefaßt: »Der Liberalismus vergangener Epochen hat immer wieder versucht, die beiden Weimarer Dichterfürsten Friedrich von Schiller und Wolfgang von Goethe für sich in Anspruch zu nehmen. So wurde das Beste und Edelste ihres Schaffens verfälscht und der Nation ein Zerrbild ihres wirklichen Seins gezeigt. Friedrich von Schiller war ein Revolutionär, und so versuchten die Männer der Revolte nach dem Weltkriege aus dem glühenden Nationalisten Schiller einen Jakobiner zu machen. Zeigte er uns den wahren Begriff der Freiheit, der nur in der Gemeinschaft fußen kann, so versuchten sie ihrer Zügellosigkeit den Mantel einer Freiheit Schillerscher Prägung umzuhängen. Erst dem Nationalsozialismus blieb es vorbehalten, den wahren Friedrich von Schiller dem deutschen Volk wiederzugeben und ihn als das zu zeigen, was er wirklich ist: der Vorläufer des Nationalsozialismus, ein deutscher Dichter und Idealist, der jene Worte poetisch formte, die heute den Wesenskern des Nationalsozialismus ausmachen: ›Immer strebe zum Ganzen, und kannst du selber kein Ganzes werden, als dienendes Glied schließ dich dem Ganzen an!‹«[10]

»Reichsdramaturg« Schlösser empfahl die Klassiker sogar als die »eigentliche Substanz« des

Theaterspielplans.[11] Trotzdem folgte während des Krieges das Verbot eines Schiller-Stückes nach dem anderen.[12] Selbst den anfänglich stark bejubelten ›Wilhelm Tell‹ ließ Hitler persönlich am 8. November 1941 aus dem Schulstoff streichen.[13] Die Propagierung des Tyrannenmordes erschien ihm unterdessen heikel.

Doch nicht nur die Klassik wurde so lange nationalsozialistisch uminterpretiert und selektiert, bis von ihr praktisch nichts mehr erkennbar war. Nicht viel besser erging es den nationalsozialistischen Propagandastücken. Das Erfolgsstück ›Schlageter‹, das der Autor Hanns Johst mit der Widmung versehen hatte: »Für Adolf Hitler in liebender Verehrung und unwandelbarer Treue«, wurde am 20. April 1933 uraufgeführt, doch schon im Oktober des gleichen Jahres verboten.[14] Derlei Stücke gerieten »allzu leicht mit den taktischen Wechselfällen der Tagespolitik der Nazis in Widerspruch«.[15] Übrig blieb die »unpolitische Komödie« mit Klamauk und billigem Witz.

In einem solcherart ausgetrockneten Geistesleben bot sich nach Kriegsende der Rückbezug auf die Klassik geradezu von selbst an. Deshalb stand die KPD- beziehungsweise SED-Führung mit ihrer Hinwendung zur Klassik in der Nachkriegsgesellschaft auch keineswegs allein da, sondern kam zweifellos vorhandenen Bedürfnissen entgegen. In den ersten Jahren nach 1945 wurde die Klassik auch noch nicht zur Unterdrückung aller anderen Strömungen benutzt. Ganz im Gegenteil, in der SBZ konnten sich nach 1945 alle Strömungen und deren Vertreter, soweit sie nicht durch die Nazizeit als belastet galten, entwickeln, und sie wurden auch durch die KPD beziehungsweise SED unterstützt. Hochkultur bürgerlicher Provenienz und die Dogmatik des Proletkultes sowie alle Tonlagen und Färbungen zwischen diesen Extremen existierten in dieser Zeit – zwar nicht ohne Reibungen, aber ohne nennenswerte Privilegierungen durch die offizielle Politik – nebeneinander. Die Besatzungsmacht ihrerseits förderte sogar, wenn auch anfangs mit Mißbilligung der deutschen Kommunisten und anderer Hitler-Gegner, einzelne belastete Künstler.[16] Es war die Zeit, »[a]llen zu zeigen, daß die Belange der Kunst und Wissenschaft bei uns am besten vertreten sind und durch uns am einge-

279 Vorder- und Rückseite einer Gedenkmedaille in Silber zum 150. Todestag von Friedrich Schiller, 1955

hendsten beachtet werden bei Aufrechterhaltung der Freiheit von Kunst und Forschung, damit kein Mißtrauen entsteht, das die politische Entscheidung des Beobachters negativ beeinflussen könnte«, wie es der Referent für Bildende Kunst im SED-Parteivorstand, Gerhard Strauss, am 11. November 1946 ausdrückte.[17]

Mitte 1948 begann die Situation sich zu ändern. In der Nachkriegszeit hatte die übergroße Mehrheit der Bevölkerung zwischen politischer Radikalisierung und einem durch Alltagsbedürfnisse erzwungenen Verfolgen individueller Überlebensstrategien geschwankt, sich jedoch spätestens 1947 für letzteres entschieden. Infolge dieser Entwicklung war der Einfluß der KPD/SED, der 1945/46 spürbar gewachsen war, inzwischen wieder zurückgegangen. Weder die Bodenreform noch die Enteignung der Nazi- und Kriegsverbrecher – also die sogenannten Großen Lösungen – hatten die rapide Verschlechterung des Lebensstandards, die zwischen 1946 und 1948 in allen Zonen zu beobachten war, aufhalten können. Hinzu kam, daß die Politik der sowjetischen Besatzungsmacht wie auch das Verhalten der deutschen Sicherheitsinstitutionen nur langsam an Willkür verloren.

1948 war zudem, vor allem bei der mittleren und älteren Generation, ein Tiefpunkt der Entpolitisierung erreicht. Eine zunächst weit verbreitete Bereitschaft zu grundsätzlichen Veränderungen war – wie im Westen – der Sehnsucht nach einem geordneten Leben gewichen. So konnte die SED ihren Führungsanspruch in der Krisensituation des Jahres 1948 endgültig durchsetzen. Zwar war auch bislang in Tausenden von

280 Vorlage zum Einkleben von Spendenmarken der Nationalen Front, 50er Jahre

»Einzelfällen« schon repressive Gewalt angewendet worden, doch nun wurden – so wie schon 1945/46 viele Sozialdemokraten – die bürgerlichen Partner zielstrebig verdrängt und zum Teil auch verfolgt. Die bis dahin trotz Terrors vorhandenen Demokratieansätze wurden gekappt. Die Eigentumsverhältnisse im Lande wurden bis 1953 in mehreren Schüben umgewandelt, vornehmlich durch auf »kaltem Wege« vorgenommene Enteignungen.

Dieser Übergang zur offenen Diktatur wurde von größeren Teilen der Bevölkerung nicht unbedingt als zusätzliche Belastung erfahren, da mit der Beendigung der Entnazifizierung, der beginnenden Entlassung aus den Internierungslagern und verwandten Maßnahmen der bisher ausgeübte Druck stark zurückgenommen wurde. Wenngleich alle pronazistischen Regungen auch weiterhin unterdrückt wurden, verlor der Terror nun einen Teil seiner Unberechenbarkeit. Die Restaurierung autoritärer Politikansätze weckte in den Teilen der Bevölkerung, die politisch in Agonie waren, keineswegs Widerstand, sondern eher Hoffnungen auf die Rückkehr eines geregelten Lebens. Endlich sagte wieder einer, wo es langgeht.

Hinzu kam, daß die SED nun endgültig aufhörte, der eigenen Bevölkerung deren Verhalten in der Nazi-Zeit vorzuhalten. Statt dessen machte sie das Angebot, alle Ostdeutschen zu Antifaschisten zu erklären, wenn sie sich nur am »antifaschistisch-demokratischen Aufbauwerk« beteiligten. Nazis gab es von nun an nur noch im Westen. Das Angebot war attraktiv, befreite es doch den einzelnen von der psychischen Zumutung, sich immer erneut mit seiner Vergangenheit konfrontiert zu sehen. Und es war auch für die SED-Führung von großem Wert: Jemand, der davon befreit wird, sich mit seinem Verhalten unter der vorherigen Diktatur auseinanderzusetzen, gefährdet seine Freistellung nicht, indem er kritisch über die momentane Politik nachdenkt.

Nach 1945 hatte ein mit massiver Unterstützung der Besatzungsmacht geschaffenes Bündnis von mehr oder weniger gleichberechtigten Parteien, in dem die KPD allerdings von Anfang an eine dominierende Rolle zu spielen versuchte, eine Diktatur über die vormals nazitreue Mehrheit der Bevölkerung errichtet. Diese verfolgte zwei Ziele: die Unterdrückung und – nach Schuldeingeständnis – sukzessive Umerziehung einer für unberechenbar gehaltenen Bevölkerung sowie die Entmachtung der traditionellen deutschen Eliten, die zuvor ihren Einfluß in und durch Großgrundbesitz, Großindustrie, Militär, Justiz und höherer Bürokratie gelten gemacht hatten. Im Osten Deutschlands schien sich so etwas wie ein »dritter Weg« zwischen dem traditionellen Kapitalismus und dem stalinistischen Staatssozialismus anzudeuten.

Doch statt diesen Weg zu beschreiten, errichtete die SED-Führung ab 1948 ihre Alleinherrschaft und bot der bisher unterdrückten Bevölkerungsmehrheit die Rolle als Juniorpartner an. Jetzt bekam das Klassik-Konzept einen neuen Stellenwert. Nicht mehr Besinnung auf die besten deutschen Traditionen zur Läuterung einer moralisch heruntergekommenen Bevölkerung war die Aufgabe. Die Berufung auf die Klassik diente nun als Knüppel, mit dem alle nach-klassischen Äußerungen, beginnend mit der Romantik, als dekadent und »formalistisch« niedergehalten wurden. Die theoretische Begründung für eine solche Sicht auf die Kunst- und Kulturgeschichte lag in den Studien von Georg Lukács vor, insbesondere denen über die deutsche Literatur.[18]

Bei dem Versuch zu klären, aus welchen geistigen Quellen sich der deutsche Faschismus speiste, hatte Lukács – von Hegel beeinflußt – ein eigenes Modell entwickelt. Danach war nach der Aufklärung und der klassischen Periode der deutschen Literatur (Lessing, Goethe, Schiller usw.) die deutsche Hochkultur in der »reaktionären« Mystik der Romantik und im Irrationalismus versunken. Alle nachfolgende Literatur und Kunst habe sich letzten Endes davon nicht mehr emanzipieren können und so geistige Wurzeln für den Nationalsozialismus gelegt. Mit diesem Verdikt belegte Lukács selbst die Avantgarde des 20. Jahrhunderts, vor allem den Expressionismus.

Dem Alleinherrschaftsanspruch der stalinistischen Bürokratien über das gesamte geistige Leben kam diese Theorie sehr entgegen, da sie sich gut instrumentalisieren und »weiterentwickeln« ließ: So wie Aufklärung und Klassik

281 Aufsteller zur Volksbefragung in Potsdam, Juni 1954 (Foto: Herbert Dörries)

der Emanzipation des Bürgertums von den feudalen Verhältnissen gedient hätten, gelte es nun eine Kunst zu schaffen, die helfe, die »historische Mission des Proletariats« zu verwirklichen. Dazu sei die Kunst der Avantgarde als Ausdruck des »spätbürgerlichen« Denkens völlig ungeeignet. Eine neue Kunst müsse daher geschaffen werden, ein »sozialistischer Realismus«, für den es nur ein Vorbild geben könne: die Klassik. Von dieser »theoretischen Grundlage« ausgehend, wurden seit den 30er Jahren vor allem in der Sowjetunion Künstler schikaniert, diffamiert und verfolgt. Wortführer dieser Politik war Stalins Stellvertreter Andrej Shdanow.[19] In der SBZ begann eine entsprechende Kampagne im November 1948 mit einem Artikel des SMAD-Kulturoffiziers Alexander Dymschitz gegen die Maler der Moderne; 1950 gerieten die Architekten in die Kritik, und seit dem »Formalismus-Plenum« vom März 1951 sahen sich Künstler aller Sparten einer Hatz ausgesetzt, die nur ein Ziel hatte: Unterwerfung.[20]

Indem die SED-Führung, anknüpfend an Lassalle, sich selbst zum »Vollstrecker« Goethes erklärte[21] – ein Anspruch, gegen den von den anderen »Bündnispartnern« schwerlich argumentiert werden konnte –, versuchte sie, ihren politischen Führungsanspruch »ideologisch« unangreifbar zu machen. Politisch war dieser Schritt klug, denn gegen die Klassik an sich konnte sich niemand stellen, wollte er nicht nationalsozialistischer Uneinsichtigkeit verdächtigt werden. Schon ein Plädieren für die nachklassischen Entwicklungen konnte Argwohn erregen, wurde doch suggeriert: Da alles Nach-Klassische letztlich zum Nationalsozialismus geführt habe, müsse es bekämpft werden. Deshalb war es alles andere als ein Zufall, daß schon im Februar 1949 der Kulturfunktionär im SED-Parteivorstand, Stefan Heymann, die »Säuberung« der Museen »von expressionistischen, surrealistischen, abstrakten und ähnlich formalistischen Kunstrichtungen« forderte: »Ich bin der Auffassung, daß diese Art Museumsgestaltung sofort beseitigt werden muß.«[22] – Und so geschah es.

Mit der Postulierung der Klassik als Höhepunkt aller Kultur und der damit verbundenen Abwertung aller anderen Kunstrichtungen entwaffnete die SED-Führung ihre bisherigen Bündnispartner. Wer weiter geduldet werden wollte, mußte verstummen oder in den Klassik-Kult einstimmen. Da dessen Interpretation durch die SED-Führung – zur Legitimation der eigenen Herrschaft – klar definiert war, wurde die Klassik zur Falle, in die jedes eigenständige, das heißt jedes weitergehende, Denken eingeklemmt wurde. Die deutsche Klassik als Ausdruck von Aufgeklärtheit und Emanzipation wurde so in ein Mittel umgeformt, mit dem das Gegenteil bewirkt wurde. Nicht wenige »Bildungsbürger« klatschten in Verkennung der wirklichen Vorgänge dazu noch Beifall, nicht nur die, die einen Nationalpreis mit Goethe-Kopf erhielten.

1 Führererlaß vom 17. November 1936; vgl. Suhrbier, Elke: Carl von Ossietzky. Eine Biographie, Köln 1988, S. 245.

2 So beispielweise 1937 die Chirurgen August Bier und Ferdinand Sauerbruch, 1938 die Flugzeugkonstrukteure Willy Messerschmitt und Ernst Heinkel; vgl. Der Volks-Brockhaus. Deutsches Sach- und Sprachwörterbuch für Schule und Haus, Leipzig 1941, S. 130.

3 II. Klasse: 50 000 Mark, III. Klasse: 25 000 Mark.

4 Greiner-Mai, Herbert: Weimar. Bilder einer traditionsreichen Stadt, Berlin/Weimar 1981, S. 36.

5 Im Dritten Reich waren es Bruststern und Band.

6 Dietrich, Gerd: Zwischen Klassikmythos und Proletkult. Zur Kulturpolitik der KPD, in: Utopie kreativ, Heft 64, S. 72.

7 Wulf, Josef: Theater und Film im Dritten Reich. Eine Dokumentation, Frankfurt a. M. / Berlin 1989, S. 206.

8 Ebenda, S. 54.

9 So Emil Ludwig 1936 auf dem Kongreß des internationalen PEN-Clubs in Buenos Aires; vgl. Richard, Lionel: Deutscher Faschismus und Kultur. Aus der Sicht eines Franzosen, Berlin 1982, S. 331.

10 Zit. n. Wulf, Josef: Literatur und Dichtung im Dritten Reich. Eine Dokumentation, Frankfurt a. M. / Berlin 1989, S. 391.

11 Kaufmann, Hans: Geschichte der deutschen Literatur. 1917 bis 1945, Berlin 1973, S. 615.

12 Ebenda.

13 In der Täglichen Rundschau v. 15. 3. 1933 wird festgestellt: »Die Tell-Aufführung des Deutschen Theaters vor einigen Tagen nehmen wir als Symbol dafür, daß die letzten Reste alten Geistes im deutschen Theaterwesen zerfallen sind«; hier zit. n. Wulf (wie Anm. 7), S. 206. In einem Schreiben vom 8. 11. 1941 verfügte der Chef der Reichskanzlei, Lammers: »Nach dem Wunsche des Führers soll das Schauspiel ›Wilhelm Tell‹ als Lehrstoff in den Schulen nicht mehr behandelt werden«; hier zit. n. Wulf (wie Anm 7), S. 207.

14 Wulf (wie Anm. 7), S. 189.

15 Kaufmann (wie Anm. 11).

16 Das führte z. B. dazu, daß in der Komischen Oper in den Anfangsjahren bis »zu 80 Prozent West-Berliner an den Pulten saßen, unter ihnen mancher ehemalige NS-Mitläufer-Parteigenosse mit Konzertmeister- und Professoren-Status. Ein Kuriosum, das in der DDR nicht mal hinter vorgehaltener Hand erzählt werden konnte: Während Philharmoniker und Städtische Oper nur Entnazifizierte beschäftigten – auf Geheiß der in diesem Punkte strengen Amerikaner und Briten –, nahmen es die Russen hierin nicht so genau.«; vgl. Klingbeil, Klaus: Nicht nur Opern im Kopf und am Pult, in: Der Tagesspiegel v. 7. 8. 1996.

17 Stiftung Archiv der Parteien und Massenorganisationen der DDR (SAPMO-BArch), IV 2/9.06/170, Bl. 27.

18 Lukács, Georg: Deutsche Literatur im Zeitalter des Imperialismus, Berlin 1945; ders.: Fortschritt und Reaktion in der deutschen Literatur, Berlin 1947.

19 Shdanow, A.: Über Kunst und Wissenschaft, Berlin 1951, S. 3 ff.

20 Ausführlicher dazu Schütrumpf, Jörn: Auftragspolitik in der DDR, in: Flacke, Monika (Hg.): Auftragskunst der DDR 1949–1990, München 1995, S. 14 ff.

21 Manifest. Zur Goethe-Feier der deutschen Nation, in: Dokumente der Sozialistischen Einheitspartei Deutschlands, Berlin (2. Aufl.) 1951, Bd. II, S. 332.

22 SAPMO-BArch, IV 2/9.06/180, Bl. 22.

# Feiern und Schenken

Andreas Michaelis

# Ein Stück DDR-Geschichte – herausgelesen aus dem Nachlaß von Wilhelm Pieck

282 Porzellanvase mit Bildmotiven: ein Geschenk an Wilhelm Pieck zu seinem 75. Geburtstag, 1951

Die Tradition der Überbringung von Gast- und Ehrengeschenken oder Huldigungsgaben an weltliche oder religiöse Herrscher und Gebieter läßt sich bis in die Antike zurückverfolgen. Fürsten füllten ganze Kammern und Gewölbe mit den Geschenken anderer Potentaten und ihrer Untertanen. Zu besonderen Anlässen durften ausgewählte Gäste auch mal einen Blick auf die angehäuften Schätze werfen.

Heute sind die attraktivsten Präsente, die deutsche Kaiser, Könige und Regionalfürsten empfingen, der Hauptanziehungspunkt vieler Museen. Umfang und Glanz der Sammlungen lassen durchaus auch Rückschlüsse auf die historische Bedeutung des ehemaligen Besitzers zu. Wenn die Geschenke, die ein Mensch in der Zeit seines beruflichen Wirkens aus den verschiedensten Anlässen erhalten hat, mehrere Depoträume eines Museums füllen, kann man davon ausgehen, daß es sich bei dem Empfänger – wenn schon nicht um einen Kaiser oder König – um eine bedeutende historische Persönlichkeit handelt.

Wilhelm Pieck, Mitbegründer der Kommunistischen Partei Deutschlands, Reichstagsabgeordneter, Präsidiumsmitglied des Exekutivkomitees der Kommunistischen Internationale und – last, not least – erster und einziger Präsident der DDR erfüllt sicher diesen Anspruch. Sein Nachlaß an Ehren- und Repräsentationsgeschenken läßt sich allerdings nicht mit den Hinterlassenschaften seiner feudalen Vorgänger im Amt eines Staatsoberhauptes messen oder vergleichen, der Charakter der Geschenke hat sich im Laufe der Zeit doch grundlegend geändert. Nicht auszudenken die Reaktion Augusts des Starken, hätte Zar Peter I. ihm statt des standesgemäßen, mit kostbaren Steinen besetzten Zierdegens ein Stück Braunkohle aus eigener Produktion als Gastgeschenk mitgebracht. Wiederum hätte sich Wilhelm Pieck sicher gewundert, wären Molotow oder Chruschtschow mit Gold und Edelsteinen aus Moskau angereist. Die bewußte Abkehr von den materiellen und künstlerischen Wertvorstellungen der feudalen oder der bürgerlichen Gesellschaft ist neben der charakteristischen Symbolik das Hauptmerkmal vieler Repräsentationsgeschenke der sozialistischen Epoche.

Der Nachlaß von Wilhelm Pieck ermöglicht in seiner Gesamtheit vor allem einen tiefen Ein-

283 Festakt für Wilhelm Pieck anläßlich seines 75. Geburtstages in der Werner-Seelenbinder-Halle, 3. Januar 1951 (Foto: Heilig)

blick in die Ikonographie der sozialistischen Festtagskultur in der Mitte des 20. Jahrhunderts. Rote Fahnen und Sterne, Hammer und Sichel, geballte Fäuste, heroische Arbeitergestalten und emanzipierte Frauen, häufig in Verbindung mit klassenkämpferischen Sprüchen, prägen das Erscheinungsbild eines Großteils der proletarischen und sozialistischen Erinnerungsstücke dieser Zeit. Auch Picassos Taube als Symbol der Friedensbewegung und Zeichen, die im nationalen Befreiungskampf der Völker der Dritten Welt Bedeutung hatten, dienen immer wieder als Motiv oder Zierde von Geschenken, die Wilhelm Pieck als führender Repräsentant der DDR beziehungsweise der SED von Staats- oder Parteidelegationen erhielt.

Was heute als Relikt einer untergegangenen Epoche allenfalls museales oder Sammlerinteresse hervorruft und höchstens noch von einigen Nostalgikern und standhaften Idealisten im ursprünglichen Sinne verehrt wird, gehörte über mehrere Jahrzehnte für Millionen Menschen hauptsächlich in Osteuropa und Asien zum alltäglichen Erscheinungsbild des gesellschaftlichen Lebens. Rote Sterne und Fahnen waren allgegenwärtig, zeugten von erfüllten Plänen und von der Zuversicht eines weltweiten Siegeszuges des Sozialismus. Sie »schmückten« Regierungsgebäude, Kulturhäuser, Werkhallen, Sportstätten und natürlich auch eine Vielzahl der zu Tausenden hin und her geschenkten Symbole einer neuen Gesellschaft.

Die Geschenke-Kollektion von Wilhelm Pieck umfaßt sowohl offizielle Staats- und Regierungsgeschenke aus den ersten Jahren der DDR als auch kleine persönliche Präsente zu Geburtstagen oder anderen Jubiläen. Neben unzähligen Skulpturen, Gemälden, Vasen und Wandtellern, Kaffee- und Raucherservices, Schreibtischgarnituren und folkloristischen Ziergegenständen findet sich auch eine in ihrer Geschlossenheit wohl einmalige Sammlung von meist aufwendig gestalteten Fotoalben und -mappen, in denen Parteien und Organisationen, kommunale Institutionen, Theater, Schulen und Sportvereine, ganze Betriebe und einzelne Brigaden dem Präsidenten der Republik von ihren Leistungen und Erfolgen beim Aufbau des Sozialismus berichten.

Die ältesten Stücke der Sammlung stammen aus der Zeit der Emigration. Zu seinem 60. Geburtstag erhielt Wilhelm Pieck 1936 unter anderem von einer Moskauer Werkzeugmaschinenfabrik eine Rauchergarnitur, hergestellt aus stählernen Zahnkränzen und Zylindern, sowie von einer Kugel-

284–285
Berlin, 2. Januar 1956: »Die Jugend Berlins und die besten Jugendlichen aus der DDR, die vorbildliche Leistungen im Wilhelm-Pieck-Aufgebot vollbrachten, ehrten das Vorbild aller jungen Patrioten Deutschlands, den Präsidenten der Deutschen Demokratischen Republik, Wilhelm Pieck, am Vorabend seines 80. Geburtstages mit einem Fackelzug.« (Zeitgenössische Beschriftung) Mit brennenden Fackeln und einem riesigen Hobel ehren die Jugendlichen den ehemaligen Tischler, Wilhelm Pieck (Foto: Klein)

lagerfabrik eine Tischzier mit kämpferischer Widmung in Form eines Kugellagers auf einem Stahlsockel. Diese spezifische Art von Geschenken und Souvenirs, hergestellt von der »herrschenden Klasse« aus Materialien und mit Maschinen der unmittelbaren Produktion, entstand in den 20er Jahren in der Sowjetunion und war vor allem in den 50er Jahren auch für die DDR und die Länder Osteuropas charakteristisch. Die Stücke waren zumeist Einzelanfertigungen und zeugten zumindest von einem ehrlichen Bemühen um Originalität und Authentizität. Offenbar im Zuge der Rationalisierung und Steigerung der Arbeitsproduktivität wurden solche »künstlerischen« Objekte aber mitunter auch in Serie gefertigt. Ein illustres Beispiel hierfür sind die heroischen Bergarbeiterplastiken, von denen Pieck zu seinem 80. Geburtstag mindestens fünf gleichartige Stücke von verschiedenen Bergbaubetrieben der DDR erhielt.

Einer seiner wenigen offiziellen Staatsbesuche führte den Präsidenten 1950 nach Polen. Bei einer Besichtigung der Warschauer Ursus-Werke wurde ihm eine Messing-Plastik überreicht, die Figur

eines muskulösen Arbeiters, der ein mannsgroßes Zahnrad bewegt. Sie verschwand, wie die meisten Gastgeschenke, in der Asservatenkammer der Regierung und später in den Depots des ›Museums für Deutsche Geschichte‹ der DDR. Aufmerksamkeit fand dieses Stück erst wieder, als in den 90er Jahren zunächst von einem Sammler in den Niederlanden und kurz darauf auf einer Auktion fast identische Exemplare offeriert wurden. Diese waren als Erinnerungsstücke an die Grundsteinlegung des VW-Werkes in Wolfsburg 1938 ausgewiesen, deren Symbolik eindeutig an die nationalsozialistische ›Deutsche Arbeitsfront‹ erinnert. Es ist jedoch nicht mehr nachvollziehbar, ob mit der Überreichung dieser Plastik durch polnische Arbeiter anderes als ein Akt freundlicher Unwissenheit vollzogen wurde. Bei seinem Gegenbesuch in der DDR überbrachte Polens Präsident Bierut 1951 eine Nachbildung der berühmten Sigismund-Säule aus Warschau, unmißverständlich ein Zeugnis der polnischen Nationalgeschichte. Ebenfalls fernab jeder revolutionären Symbolik, einen unverfälschten folkloristischen Eindruck vermittelnd, fällt eine prachtvolle Elfenbeinschnitzerei ins Auge, die eine Parteidelegation aus Vietnam 1957 dem Präsidenten der DDR übergab.

287 Arbeiter mit Zahnrad: Geschenk der Warschauer Ursus-Werke für Wilhelm Pieck bei seinem Besuch 1950

Wichtiger Bestandteil der Sammlung sind die persönlichen Geschenke für Wilhelm Pieck, die vor allem zu Geburtstagen, aber auch bei Besuchen von Betrieben, Schulen, Sportveranstaltungen oder anderen gesellschaftlichen Ereignissen überreicht wurden. Viele der Geschenke stammen von Genossen aus dem Ausland. Daneben sind jedoch zahlreiche kommunale Vertretungen, Betriebe und einzelne Brigaden, Kultureinrichtungen und Sportvereine mit einem Wandteller, einer Vase oder einer symbolträchtigen Tischzier vertreten. Die Gaben versprechen oder deklarieren die Erfüllung des Fünfjahrplanes, die Steigerung der Arbeitsproduktivität, hohe Leistungen zu Ehren des Jubilars oder zum Ruhme der Republik und einen unermüdlichen Kampf gegen Imperialismus und Militarismus.

Die Geschenke zu seinem 75. beziehungsweise 80. Geburtstag wurden in Sonderausstellungen der Öffentlichkeit präsentiert. »Im Haus der Weltjugend am Alexanderplatz sahen bereits Hunderttausende die vielfältigen Zeichen der Liebe

286 Bergmann, 1956. Mehrere dieser identischen Gipsskulpturen wurden Wilhelm Pieck von verschiedenen Betriebsbelegschaften zu seinem 80. Geburtstag geschenkt

288 Der Geburtstagstisch Wilhelm Piecks an seinem 70. Geburtstag 1946 (Foto: Otto Donath)

und Verehrung, die unserem Präsidenten Wilhelm Pieck zu seinem 75. Geburtstag dargebracht wurden«, hieß es in einer DEFA-Wochenschau aus dem Jahre 1951. Von der Regierung der DDR erhielt Pieck eine 143bändige Prachtausgabe von Goethes Werken in einem maßgefertigten Bücherschrank. Viele kleine Geschenke kamen auch von westdeutschen Kommunisten, vor allem aus den traditionellen Zentren der deutschen Arbeiterbewegung. Aus der Sowjetunion stammt eine überdimensionale Vase mit dem Porträt von Karl Marx; auch Engels, Lenin, Thälmann, Stalin, Dimitroff, Gottwald und Rákosi lächeln uns aus Piecks Geschenke-Sammlung an.

Einen besonderen Blick auf die Geschichte der DDR in ihrem ersten Jahrzehnt bieten die rund 500 in Alben, Mappen, Kassetten und sonstigen Formen überreichten Bild-Dokumentationen, Danksagungen, Verpflichtungen oder Geburtstagsglückwünsche. Meist liebevoll mit oft verblüffender Originalität und Vielfalt gestaltet und emotional ansprechend betextet, vermitteln sie einen Eindruck von der Aufbruchstimmung und von dem ehrlichen Pathos der 50er Jahre, aber auch von der Atmosphäre des Kalten Krieges, die viele Texte widerspiegeln. Was in den 70er und 80er Jahren zur hohlen Phrase erstarrte und von keinem mehr ernst genommen wurde, ist hier in seiner Urwüchsigkeit überliefert. Natürlich ist vieles dem sowjetischen Muster entlehnt und erinnert in makabrer Weise an den Personenkult um Stalin. Doch man sollte nicht aus einer Distanz von 40 Jahren das Wissen um das Scheitern des sozialistischen Experiments in die Betrachtung und Beurteilung dieser hochinteressanten historischen Dokumente hineinprojizieren, sondern versuchen, diese vor ihrem konkreten historischen Hintergrund zu betrachten.

Es läßt sich an vielen Beispielen verdeutlichen, wie in den Dokumentationen das Fluidum der Amtsperiode von Wilhelm Pieck vermittelt wird. Da danken Junge Pioniere und Schüler aus Dessau mit einer Fotokassette ihrem Präsidenten für die schönen Erlebnisse in einem zum Kinderferienlager umfunktionierten Herrenhaus. Der enteignete Besitzer würde die Sache sicher mit anderen Augen sehen, doch wer mochte sich damals der emotionalen Wirkung spielender und lachender Kinder entziehen? In einem »Buch des Vertrauens«, das Wilhelm Pieck zum 1. Jahrestag der DDR übergeben wurde, erklären mehrere hun-

289 Geschenke, die Wilhelm Pieck zu seinem 80. Geburtstag 1956 erhielt (Foto: Heilig)

290 Schmuckdeckel einer Kassette mit Fotos und Dankschreiben von Schülern aus Dessau, 1955

291 Das ›Buch des Vertrauens‹ der FDJ-Betriebsgruppe des Fettchemiewerkes Chemnitz zum 1. Jahrestag der DDR, 1950

dert Angehörige eines Chemie-Betriebes ihre Unterstützung für die Kandidaten der Nationalen Front bei der bevorstehenden Volkskammerwahl. Die Schulen der sächsischen Kreisstadt Böhlen geben in einem prachtvollen Fotoalbum zum 78. Geburtstag des Präsidenten »ihre Antwort« auf die Ereignisse um den 17. Juni 1953, als »im Auftrag des amerikanischen und deutschen Imperialismus faschistische Horden unsere demokratische Ordnung stürzen wollten, um einen neuen Weltkrieg zu entfachen«. Wie alle Gratulanten verpflichteten sich die Schüler, besser zu lernen, zu singen und Fußball zu spielen – alles für den Erhalt des Friedens und den Aufbau des Sozialismus (s. Abb. 587, Schaukasten: 17. Juni; Abb. 295, Schaukasten: Gute Taten).

Trotzige Parolen und klassenkämpferische Erklärungen, patriotische Bekenntnisse und groteske Selbstverpflichtungen, rührende Anekdoten und lustige Zeichnungen – all das findet sich in den »gesammelten Werken« für Wilhelm Pieck. Sie widerspiegeln einen in diesen Ausdrucksformen unwiederbringlichen Abschnitt der Geschichte des 20. Jahrhunderts mit all seinen Ambivalenzen – im Widerstreit zwischen Erhabenheit und Lächerlichkeit. Der Sozialismus als Gesellschaftsform, ob real existierend oder nur erhofft und idealistisch vorgestellt, ist weitestgehend ad acta gelegt. Seine materiellen Relikte jedoch erfreuen sich in vielen Museen, Ausstellungen und Publikationen, vor allem auf dem Gebiet der ehemaligen DDR, eines wachsenden Interesses.

## Schaukasten: Gute Taten

Ein Anreiz zu mehr Leistung ergibt sich in kapitalistischen Wirtschaftsordnungen aus Konkurrenz und Profit. In der sozialistischen Planwirtschaft sollte an die Stelle dieser als inhuman verpönten Anreize die aus den neuen Eigentumsverhältnissen resultierende Einsicht in gesellschaftliche Notwendigkeiten treten – und die sollte sich im sozialistischen Wettbewerb in freiwillige Leistungssteigerung verwandeln. Die »Freiwilligkeit« mußte allerdings immer wieder stimuliert werden, um den wirtschaftspolitisch geforderten Produktivitätssteigerungen näherzukommen. Dazu waren Selbstverpflichtungen von einzelnen, Gruppen und Betrieben ein vielfach eingesetztes Mittel.
Da man sich oft aus Anlaß eines besonderen Ereignisses zu irgendeinem »Mehr« verpflichtete, war etwa der 10. Jahrestag der Republik ein besonderer Kulminationspunkt. In einem Aufruf der Regierung der DDR und des ›Nationalrats der Nationalen Front des demokratischen Deutschland‹ heißt es: »Zehn Jahre des Bestehens unserer Deutschen Demokratischen Republik, des ersten Staates des Friedens und der Humanität auf deutschem Boden, sind für uns alle eine stolze Verpflichtung und ein Ruf zur großen Volksbewegung der gemeinsamen Tat ... Jeder lege seine persönliche Gabe auf den Geburtstagstisch unserer Republik: seine eigene zusätzliche Leistung an seinem Arbeitsplatz entsprechend seinen besonderen ökonomischen, wissenschaftlichen, künstlerischen, sportlichen und sonstigen Fähigkeiten und Möglichkeiten! Kommt alle mit neuen guten Taten zur Geburtstagsfeier unserer Republik!« Zu den Geburtstagsvorbereitungen gehörte auch eine »Stafette der guten Taten der Werktätigen des Bezirkes Magdeburg«. Von seinen eingegangenen Ver-

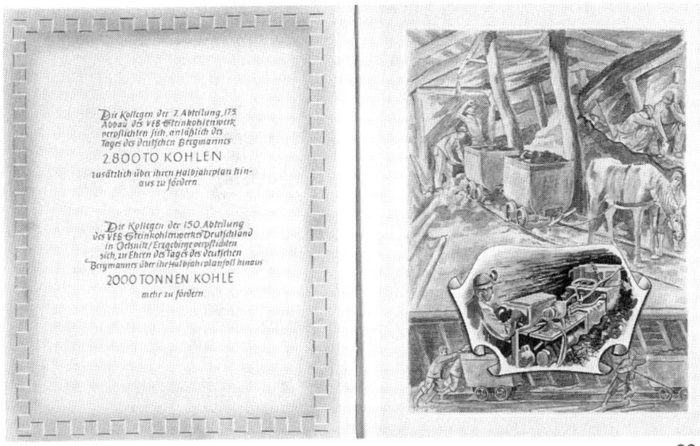
Die Kollegen der 7. Abteilung, 175 Abbau des VEB Steinkohlenwerk verpflichten sich, anläßlich des Tages des Deutschen Bergmannes
2800 TO KOHLEN
zusätzlich über ihren Halbjahrplan hinaus zu fördern.

Die Kollegen der 150. Abteilung des VEB Steinkohlenwerkes Deutschland in Oelsnitz/Erzgebirge verpflichten sich, zu Ehren des Tages des deutschen Bergmannes über ihr Halbjahrplansoll hinaus
2000 TONNEN KOHLE
mehr zu fördern.

294

293

pflichtungen und den erzielten Ergebnissen berichtete zum Beispiel der ›VEB Optik Rathenower Optische Werke, Fertigungsstelle Osterburg‹: »Zu Ehren des 10. Jahrestag der Gründung unserer Deutschen Demokratischen Republik verpflichteten wir uns: 1. Den Volkswirtschaftsplan 1959 bis zum 7. 10. 1959 mit 85 Prozent zu erfüllen. Erreicht wurden von uns 86 Prozent. – 2. Durch die Anwendung von Neuerermethoden und durch Mechanisierung stellten wir uns das Ziel, eine Jahreseinsparung von 25 000 DM zu erreichen. Bis zum 7. 10. 59 können wir eine Einsparung an reinem Fertigungslohn von 21 083 DM melden. – 3. Für den Bau einer Oberschule in der Wische eine Sonderschicht zu leisten. Bis zum 7. 10. 59 wurden 121 Stunden mit einem Wert von 233,83 DM erbracht. – 4. Im NAW 150 Stunden zu leisten. Bis zum 7. 10. 59 wurden 109 Std. geleistet. Zusätzlich wurde von den Kollegen Werkzeugmachern eine Schaukel für den Osterburger Kinderspielplatz nach der Arbeitszeit angefertigt. – 5. In der Paten-LPG 10 Morgen Rüben in persönliche Pflege zu nehmen. Geleistet wurden außerhalb der Arbeitszeit 738 Stunden. – 6. Vier Brigaden der sozialistischen Arbeit zu bilden. Bis zum 7. 10. 59 gründeten wir 5 Brigaden der sozialistischen Arbeit. – gez. Dommel (BGL), Frömel (BL) und Wetzel (BPO).«
Die Ergebnisse der »Stafette« wurden in einer Schmucktrommel gesammelt, die rund 40 solcher, zum Teil mehrseitiger oder plakatartig gestalteter Rechenschaftsberichte über eingegangene Einzel- oder Kollektivverpflichtungen von verschiedenen Betrieben, Produktionsgenossenschaften, FDGB-Ortsgruppen, staatlichen Dienststellen usw. enthält. Sie sind zum Teil als nüchtern-präzise Berichte verfaßt, zuweilen schwingt

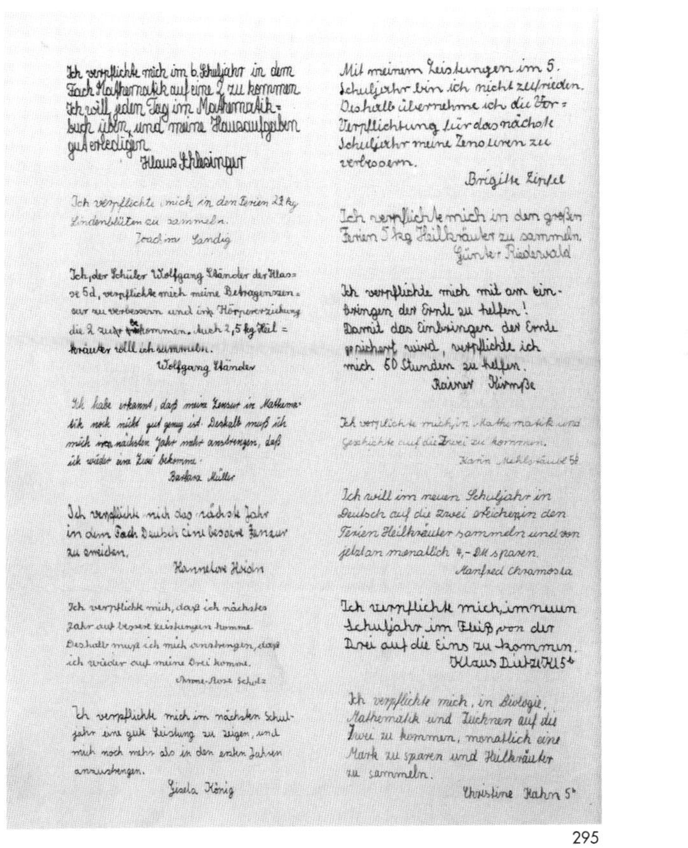
Ich verpflichte mich im 6. Schuljahr in dem Fach Mathematik auf eine 2 zu kommen. Ich will jeden Tag im Mathematikbuch üben, und meine Hausaufgaben gut erledigen.
Klaus Schlesinger

Ich verpflichte mich in den Ferien 2 kg Lindenblüten zu sammeln.
Joachim Sandig

Ich, der Schüler Wolfgang Ständer der Klasse 5d, verpflichte mich meine Betragenzensur zu verbessern und in Körpererziehung die 2 zu bekommen. Auch 2,5 kg Heilkräuter will ich sammeln.
Wolfgang Ständer

Ich habe erkannt, daß meine Zensur in Mathematik noch nicht gut genug ist. Deshalb muß ich mich im nächsten Jahr mehr anstrengen, daß ich wieder eine Zwei bekomme.
Barbara Müller

Ich verpflichte mich das nächste Jahr in dem Fach Deutsch eine bessere Zensur zu erreichen.
Hannelore Houn

Ich verpflichte mich, daß ich nächstes Jahr auf bessere Leistungen komme. Deshalb muß ich mich anstrengen, daß ich wieder auf meine Drei komme.
Anne-Rose Schulz

Ich verpflichte mich im nächsten Schuljahr eine gute Leistung zu zeigen, und mich noch mehr als in den ersten Jahren anzustrengen.
Gisela König

Mit meinen Leistungen im 5. Schuljahr bin ich nicht zufrieden. Deshalb übernehme ich die Verpflichtung für das nächste Schuljahr meine Zensuren zu verbessern.
Brigitte Zinkel

Ich verpflichte mich in den großen Ferien 5 kg Heilkräuter zu sammeln.
Günter Riederwald

Ich verpflichte mich mit am einbringen der Ernte zu helfen! Damit das Einbringen der Ernte gesichert wird, verpflichte ich mich 50 Stunden zu helfen.
Rainer Kirmße

Ich verpflichte mich, in Mathematik und Geschichte auf die Zwei zu kommen.
Karin Mehlhausé 5b

Ich will im neuen Schuljahr in Deutsch auf die Zwei erreichen, in den Ferien Heilkräuter sammeln und von jetzt an monatlich 4,- DM sparen.
Manfred Chramosta

Ich verpflichte mich, im neuen Schuljahr im Fleiß von der Drei auf die Eins zu kommen.
Klaus Dietzsch 5b

Ich verpflichte mich, in Biologie, Mathematik und Zeichnen auf die Zwei zu kommen, monatlich eine Mark zu sparen und Heilkräuter zu sammeln.
Christine Hahn 5a

295

292 »Die Mieter des Hauses Plonzstraße 2 reagierten auf den Aufruf des ZK der SED zum Neuaufbau Berlins mit einer kollektiven Verpflichtung.« (Zeitgenössische Beschriftung; Foto: Thiele), Berlin, Dezember 1951

293 Auf der II. Parteikonferenz der SED im Juli 1952 übergibt eine Bergarbeiter-Delegation aus der Großkokerei Lauchhammer eine Mappe mit Selbstverpflichtungen an Wilhelm Pieck

294 Verpflichtungen des VEB Steinkohlenwerk zum Tag des deutschen Bergmannes, 1954

295 Schüler der 5. bzw. 7. Klasse der Grundschule Böhlen verpflichten sich unter dem Motto: »Wir lehren, lernen und kämpfen für die Einheit unseres Vaterlandes!«, 1953/54

296

ein gewisses Pathos mit, und manchmal werden die Glückwünsche auch direkt an das »Geburtstagskind Deutsche Demokratische Republik« übermittelt. Den schriftlichen Erfolgsmeldungen zufolge konnten sich die Werktätigen des Bezirkes Magdeburg mit ihren »Geschenken« durchaus sehen lassen. Eine überraschende Ausnahme bildet in der Sammlung jedoch der vom ›VEB Bau (K) Wolmirstedt‹ verfaßte »Bericht über die Verpflichtungsbewegung unseres Betriebes«, in dem es heißt: »Bei uns im Betrieb hat die Verpflichtungsbewegung noch nicht den vollen Sinn bekommen, wie es im allgemeinen üblich ist ... Die in der Stafettenbewegung gegebenen Verpflichtungen wurden wie folgt erfüllt:
1.) Von den 160 beschäftigten Kollegen verpflichten sich 96 Produktionsarbeiter, die durch den Winter und schlechten Plananlauf entstandenen Planrückstände von 45 TDM Bauleistungen bis zum Kampftag der Werktätigen (1. Mai)

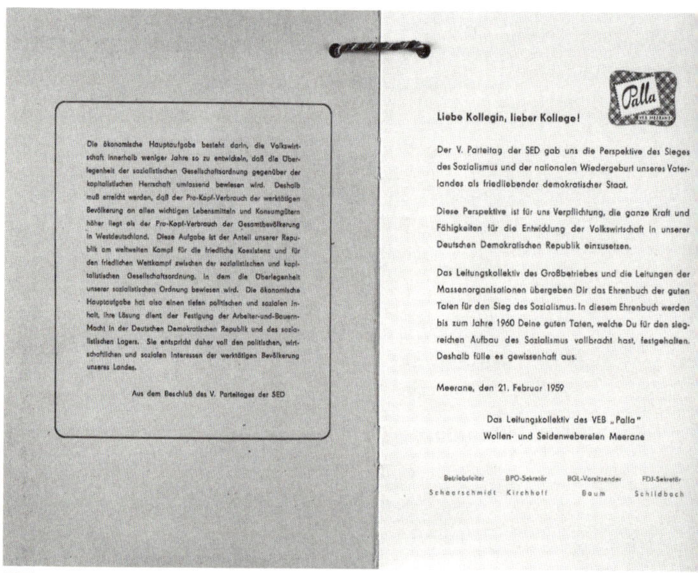
Die ökonomische Hauptaufgabe besteht darin, die Volkswirtschaft innerhalb weniger Jahre so zu entwickeln, daß die Überlegenheit der sozialistischen Gesellschaftsordnung gegenüber der kapitalistischen Herrschaft umfassend bewiesen wird. Deshalb muß erreicht werden, daß der Pro-Kopf-Verbrauch der werktätigen Bevölkerung an allen wichtigen Lebensmitteln und Konsumgütern höher liegt als der Pro-Kopf-Verbrauch der Gesamtbevölkerung in Westdeutschland. Diese Aufgabe ist der Anteil unserer Republik am weltweiten Kampf für die friedliche Koexistenz und für den friedlichen Wettkampf zwischen der sozialistischen und kapitalistischen Gesellschaftsordnung, in dem die Überlegenheit unserer sozialistischen Ordnung bewiesen wird. Die ökonomische Hauptaufgabe hat also einen tiefen politischen und sozialen Inhalt, ihre Lösung dient der Festigung der Arbeiter-und-Bauern-Macht in der Deutschen Demokratischen Republik und des sozialistischen Lagers. Sie entspricht daher voll den politischen, wirtschaftlichen und sozialen Interessen der werktätigen Bevölkerung unseres Landes.

Aus dem Beschluß des V. Parteitages der SED

Palla

Liebe Kollegin, lieber Kollege!

Der V. Parteitag der SED gab uns die Perspektive des Sieges des Sozialismus und der nationalen Wiedergeburt unseres Vaterlandes als friedliebender demokratischer Staat.

Diese Perspektive ist für uns Verpflichtung, die ganze Kraft und Fähigkeiten für die Entwicklung der Volkswirtschaft in unserer Deutschen Demokratischen Republik einzusetzen.

Das Leitungskollektiv des Großbetriebes und die Leitungen der Massenorganisationen übergeben Dir das Ehrenbuch der guten Taten für den Sieg des Sozialismus. In diesem Ehrenbuch werden bis zum Jahre 1960 Deine guten Taten, welche Du für den siegreichen Aufbau des Sozialismus vollbracht hast, festgehalten. Deshalb fülle es gewissenhaft aus.

Meerane, den 21. Februar 1959

Das Leitungskollektiv des VEB „Palla"
Wollen- und Seidenwebereien Meerane

| Betriebsleiter | BPO-Sekretär | BGL-Vorsitzender | FDJ-Sekretär |
|---|---|---|---|
| Schaarschmidt | Kirchhoff | Baum | Schildbach |

297

Du sollst sauber und anständig leben und deine Familie achten.

Meine Auszeichnungen:

| | 1945–1957 | 1958 | 1959 | 1960 |
|---|---|---|---|---|
| Verdienter Aktivist | | | | |
| Aktivist | 7.11.57 | | | |
| Für ausgezeichnete Leistungen | | | | |
| Besondere Leistungen im Wettbewerb | | | | |
| Bester Facharbeiter seines Bereiches | | | | |
| Besondere Leistungen im Fünfjahrplan | 6.11.56 | | | |
| Ausz. für soz. Zukunft unserer Jugend | 1.6.57 | | | |

(Hier sind alle erhaltenen Auszeichnungen einzutragen)

Du sollst dein Vaterland lieben und stets bereit sein, deine ganze Kraft und Fähigkeit für die Verteidigung der Arbeiter-und-Bauern-Macht einzusetzen.

Für meine gute Mitarbeit zur Verteidigung der Heimat und zur ökonomischen Stärkung der Republik erhielt ich folgende Auszeichnung:

Sportabzeichen erhalten am 8.2.1958 in Brauae
Abz. für Gutes Wissen erhalten am 10.11.1958 in "
" " " " erhalten am 26.3.1959 in "
erhalten am in
erhalten am in

Zur Erhöhung der Verteidigungsbereitschaft und zur Erhaltung des Friedens verpflichte ich mich:

| | 1959 | 1960 |
|---|---|---|
| Sportabzeichen | in | in |
| Mehrkampfabzeichen | | |

Günther
Unterschrift des Parteisekretärs

13

Bereit zur Arbeit und Verteidigung unserer Heimat

298

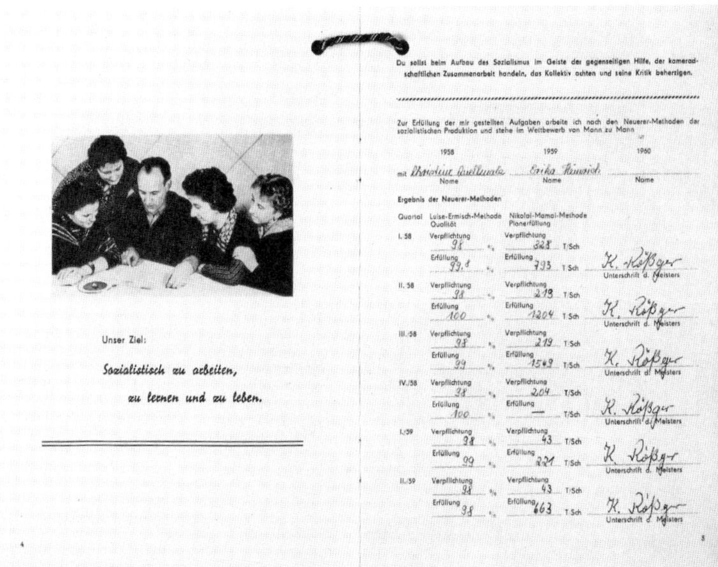
Unser Ziel:

Sozialistisch zu arbeiten,
zu lernen und zu leben.

4

Du sollst beim Aufbau des Sozialismus im Geiste der gegenseitigen Hilfe, der kameradschaftlichen Zusammenarbeit handeln, das Kollektiv achten und seine Kritik beherzigen.

Zur Erfüllung der mir gestellten Aufgaben arbeite ich nach den Neuerer-Methoden der sozialistischen Produktion und stehe im Wettbewerb von Mann zu Mann

| | 1958 | 1959 | 1960 |
|---|---|---|---|
| mit | Christine Quellmalz | Erika Heinrich | |
| | Name | Name | Name |

Ergebnis der Neuerer-Methoden

| Quartal | | Luise-Ermisch-Methode Qualität | Nikolai-Mamai-Methode Planerfüllung | |
|---|---|---|---|---|
| I. 58 | Verpflichtung | 98 % | 328 T/Sch | |
| | Erfüllung | 99,8 % | 793 T/Sch | K. Rößger, Unterschrift d. Meisters |
| II. 58 | Verpflichtung | 98 % | 219 T/Sch | |
| | Erfüllung | 100 % | 1204 T/Sch | K. Rößger, Unterschrift d. Meisters |
| III./58 | Verpflichtung | 98 % | 219 T/Sch | |
| | Erfüllung | 99 % | 1549 T/Sch | K. Rößger, Unterschrift d. Meisters |
| IV./58 | Verpflichtung | 98 % | 204 T/Sch | |
| | Erfüllung | 100 % | — T/Sch | K. Rößger, Unterschrift d. Meisters |
| I./59 | Verpflichtung | 98 % | 43 T/Sch | |
| | Erfüllung | 99 % | 221 T/Sch | K. Rößger, Unterschrift d. Meisters |
| II./59 | Verpflichtung | 98 % | 43 T/Sch | |
| | Erfüllung | 98 % | 663 T/Sch | K. Rößger, Unterschrift d. Meisters |

5

299

300

301

Monatliche Auswertung

| | April | Mai | Juni | Juli | | | | |
|---|---|---|---|---|---|---|---|---|
| Planerfüllung % | 116.5 | 107.4 | 110.5 | 111.- | | | | |
| Selbstkosten % | 96.8 | 97.1 | 97.- | | | | | |
| Arb.-Produktivität | 116.5 | 116.- | 115.3 | 115.- | | | | |
| Planvorsprung /Tage | 8 | 8.37 | 11.6 | 13.9 | | | | |
| Prod. Beratungen | 3 | 4 | 4 | 4 | | | | |
| Verbesserungsvorschl. | - | 2 | 2 | 1 | | | | |
| Unfälle | 1 | 1 | - | - | | | | |
| Krankenstand % | 4.3 | 5.1 | 5.9 | - | | | | |
| Teilnahme-Zirkel | 99 | 101 | 104 | 98 | | | | |
| NAW-Stunden | 300 | 303 | 408 | 206 | | | | |
| Solimarken DM | 200.- | 188.10 | 384.30 | 72.- | | | | |
| Rote Schichten | 1 | - | 1 | - | | | | |
| Stoßschichten | - | 1 | 1 | - | | | | |
| Kampfgruppen-A | 78 | 71 | 72 | - | | | | |

296 ›Stafette der guten Taten der Werktätigen des Bezirkes Magdeburg‹ zu Ehren des 10. Jahrestages der DDR, 1959

297–299 Seiten aus einem ›Ehrenbuch der guten Taten für den Sieg des Sozialismus‹, 1959

300–304 Aus einem ›Ehrenbuch der sozialistischen Taten‹, geführt von der Straßenbau-Komplexbrigade Händel-Kanbach, März bis Oktober 1959

304

aufzuholen. – Konnte nicht erfüllt werden, sondern der Planrückstand hat sich noch erhöht, weil ein Arbeitskräftemangel und Knappheit an Kalk und Zement auftrat. 2.) Die Lehrausbilder und Lehrlinge verpflichten sich alles zu tun, um beim 10. Berufswettbewerb wieder an den 1. Stellen im Bezirksmaßstab mitzuliegen. – Konnte nicht erfüllt werden, da der Betrieb keine geeignete Lehrbaustelle aus der Objektbeauflagung zur Verfügung stellen konnnte. 3.) Der Betriebsleiter verpflichtet sich mit den Brigaden zu diskutieren und sie zur Teilnahme an der sozialistischen Brigadenbewegung zu gewinnen. Bis zum 1. Mai sollen dafür 3 Brigaden gewonnen werden. – Wurde erfüllt, jedoch mit späterem Termin ...« Wieso sich dieser VEB als »schwarzes Schaf« unter all die braven Festtagslämmer mischen konnte, bleibt unklar; kaum fraglich ist allerdings, daß sein Bericht ein realistisches Bild der tatsächlichen Wirtschaftslage liefert.

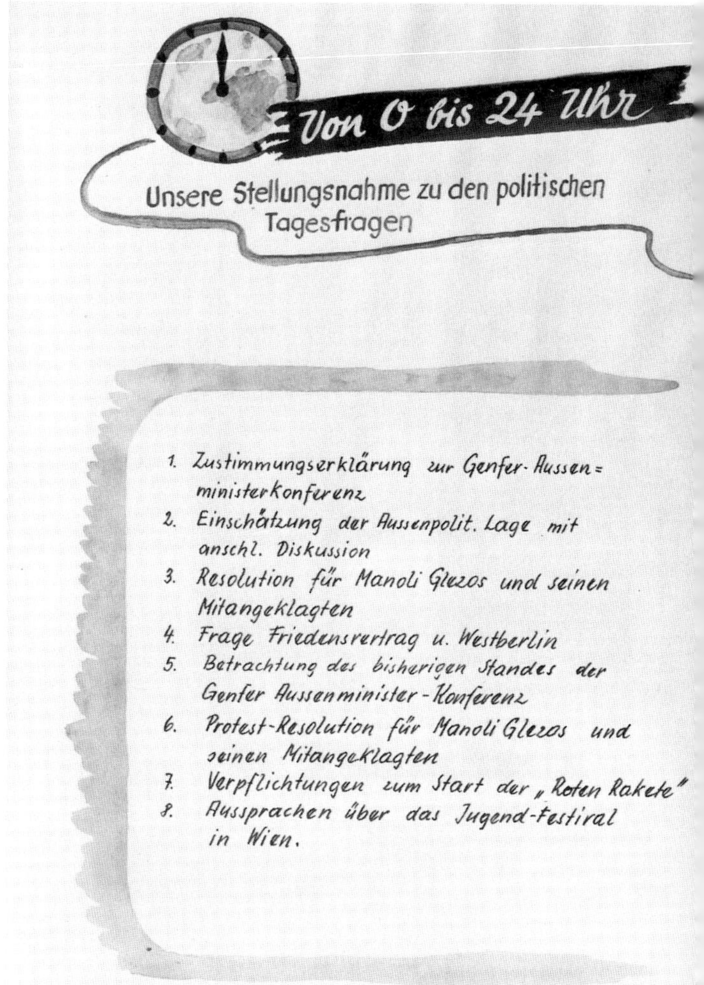


303

302

Monika Gibas

# »Die Republik, das sind wir!« Das propagandistische »Gesamtkunstwerk« Zehnter Jahrestag der DDR als nachholendes Initiationsritual

Der »Exzentriker Mensch« – so Odo Marquard in einem Plädoyer für eine »Philosophie des Festes« – sei ein unvermeidlich feierndes und »festliches« Lebewesen.[1] Feste und Feiern gelten als kulturelle Phänomene, die auf eine ganz spezifische Art von Kommunikation, ja symbolischer, ritueller Berührung zwischen Individuum und Gesellschaft zielen und diese auch ermöglichen. Sie können der Vergewisserung von Gemeinsamkeit dienen, individuelle und kollektive Identität stiften, strukturieren und immer wieder beglaubigen. Sie fungieren als Medien für ideologische Orientierungsangebote und auch als Herrschaftsinstrument. Sie legitimieren Bestehendes durch rituelle Bestätigung und Weihe im Festakt.[2]

Die sozialistische Festkultur der DDR weist alle diese Aspekte auf. Auch sie war der Versuch, Sinn zu stiften und Menschen ideologisch zu konditionieren, und fungierte insofern als Legitimations- und Herrschaftsinstrument.[3] Inhaltlich wie ästhetisch waren die sozialistischen Feier-Rituale bis zuletzt vor allem an den Vorstellungen der führenden Altmänner-Riege orientiert.

»Es lebe und blühe unsere Deutsche Demokratische Republik!«, so begrüßte der Präsident der DDR, Wilhelm Pieck, am Morgen des 7. Oktober 1959 die Bürger des Landes auf der ersten Seite des ›Neuen Deutschland‹. Von Stolz auf und Freude über das gemeinsam Erreichte war dort die Rede, von der DDR als »Erbe des Vermächtnisses von Bebel, Liebknecht, Luxemburg, Mehring und Thälmann« und davon, daß dieser Staat »das seit hundert Jahren ersehnte und erkämpfte Vaterland aller deutschen Sozialisten« sei.[4] Dieser Aufruf des Staatschefs an die Bürger – in Inhalt und Pathos ganz auf die Vermittlung der historischen Bedeutung und Größe des jungen Staates abgestellt – galt an diesem Tage einem besonderen Anlaß. Denn nicht ein »normaler« Staatsfeiertag war – wie in jedem der vergangenen

305 Buch mit ›Verpflichtungen des Industriezweiges der VVB Textilmaschinenbau Karl-Marx-Stadt zum 10. Jahrestag der Deutschen Demokratischen Republik‹, 1959

Jahre seit 1949 – zu begehen: An diesem 7. Oktober 1959 jährte sich die Gründung der DDR zum zehnten Male. Das erste Dezennium im Leben des noch jungen Gemeinwesens DDR war damit vollendet.

Die DDR hatte, allen propagandistischen und handfest-materiellen Anfeindungen des Westens sowie der Distanz und Skepsis eines Teiles ihrer Bürger zum Trotz, die magische Zehn-Jahres-Marke beim Hürdensprint in die als sozialistisch imaginierte Zukunft erreicht.[5] Dieses Faktum wollte die politische Führung des Landes als Besonderheit behandelt und entsprechend vom ganzen Volk der

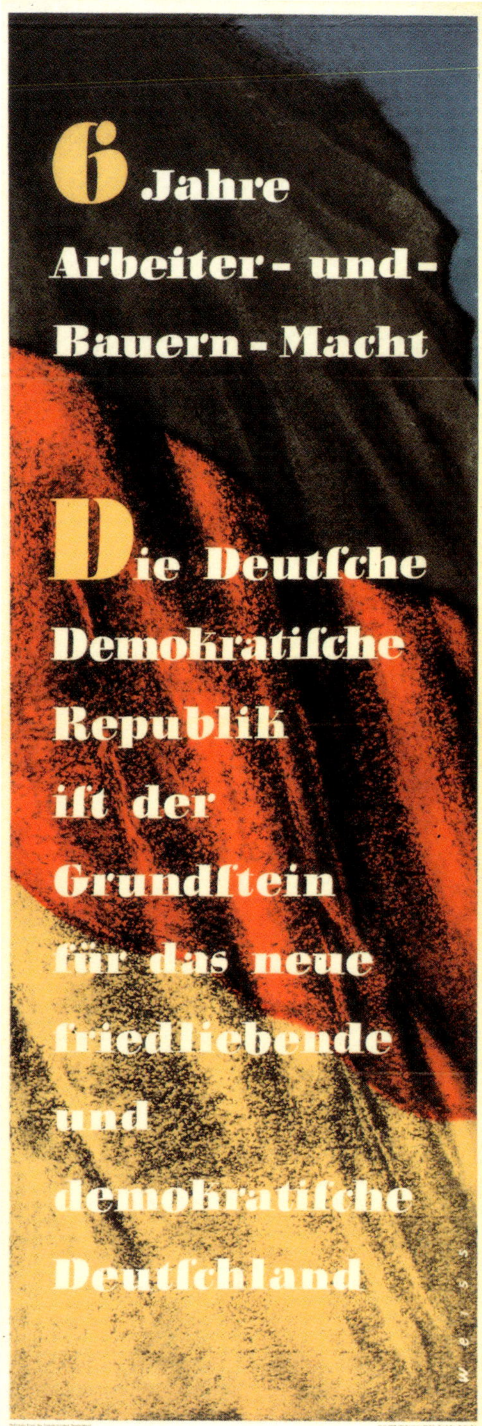

306 Plakat zum 6. Jahrestag der DDR, 1955 (Entwurf: Peterpaul Weiss)

307 Plakat zum 10. Jahrestag der DDR, 1959 (Entwurf: Lothar Ziratzki)

DDR gewürdigt sehen. Das hatte sie schon seit Jahresbeginn mit propagandistischem Aufwand deutlich gemacht. Schließlich sei mit dem Jubiläum, so war allenthalben zu hören und zu lesen, nicht weniger als »der 10. Jahrestag einer nationalen Wende in der Geschichte unseres Volkes«,[6] gar ein »Wendepunkt in der Geschichte Europas« zu begehen.[7] Im Verständnis der politischen Elite bedeutete das: Die Existenz der DDR sei »unwiderrufliche Realität«.[8] Man sah sich in den welthistorischen Fortschrittsprozeß eingereiht, sei nun würdiger Bestandteil des jahrhundertelangen Kampfes des edelsten Teils der Menschheit um eine sozial gerechtere Gesellschaft, ja man wähnte sich gar »in Übereinstimmung mit den grundlegenden historischen Gesetzmäßigkeiten unserer Zeit«.[9] Solches Pathos war durchaus authentisch und nicht nur ein professioneller propagandistischer Kniff der politischen Werbung. Die Jahrestags-Rhetorik kann vielmehr als ein Spiegel des Zeitverständnisses und Zeiterlebens der DDR-Führung und eines Großteils der intellektuellen Elite dieses Staates im Jahre 1959 gesehen werden. Sie war Abbild der inneren wie auch der intersubjektiven Zeit dieser Schicht.[10]

Konditioniert durch eine Sozialerfahrung, die seit der Novemberrevolution im Jahre 1918, in den Jahren der Weimarer Republik und des Faschismus als ein einziges Hinleben auf den Sozialismus, als Auftrag zu lebenslangem Kampf für die sozialistische Weltrevolution verinnerlicht worden war, entwickelten deutsche Kommunisten ganz eigene Zeiterfahrungen und Zeithorizonte. Die Etablierung eines sozialistischen Teilstaates unter ihrer Führung im Jahre 1949 wurde nicht nur als wichtiges Etappenziel des welthistorischen Prozesses

308 Plakat zum 10. Jahrestag der DDR, 1959
(Entwurf: Jahnke/Ballenthin)

309 Plakat zum 15. Jahrestag der DDR, 1964
(Entwurf: Rudolf Skribelka)

gesehen, sondern auch nach all den Niederlagen der deutschen proletarischen Bewegung, nach Verfolgung und Tod vieler Mitstreiter als endlich gelungener eigener Beitrag zum Menschheitsfortschritt verstanden, tief befriedigend erlebt und mit entsprechender Bedeutung aufgeladen.[11]

Die politische wie auch die intellektuelle Elite der DDR waren von Beginn an bemüht, ihre subjektive Weltsicht und Lebensauffassung, die als objektive und einzig moralisch gerechtfertigte nicht nur behauptet, sondern so wohl auch tief empfunden wurde, zu verallgemeinern. Das Zeit-Erleben des DDR-Volkes – in der Sprache der marxistisch-leninistischen Theoretiker der »Bewußtseinsstand der Massen« – sollte mit dem der Führung synchronisiert werden. Das war der Versuch, eine soziale Zeit zu stiften, die Grenzen zwischen individueller und gesellschaftlicher Zeit zu überwinden und mit dem Gleichklang des Zeit-Erlebens den Gleichschritt im Zeit-Gestalten möglich zu machen. Darin sah man die Grundbedingung für eine erfolgreiche weitere Entwicklung in Richtung Sozialismus.

»Nachdem die Grundlagen des Sozialismus in der Deutschen Demokratischen Republik im wesentlichen errichtet sind, wird die sozialistische Erziehung zur Hauptaufgabe«, stellte demgemäß ein Parteibeschluß der SED im Jahr 1958 fest.[12] Als Ziel solcher pädagogischen Anstrengung erwartete die Führung nicht weniger als »die Entwicklung des Menschen der sozialistischen Epoche«, ausgestattet mit neuen moralischen Eigenschaften, wie Gemeinschaftsgeist, Schöpfertum, hoher Kultur, der Fähigkeit zur Völkerfreundschaft und Friedensliebe.[13] So stellte man sich den sozialistischen Muster-Menschen vor, der in der Lage sein würde, eine neue, friedliche, technisch perfekte Welt zu bauen, in der die arbeitende Klasse ihr Glück finden könnte (s. Abb. 28, S. 37).

Den Propagandisten, den Verantwortlichen für die »Erziehung« dieses neuen, sozialistischen Menschen, wies die Partei konkrete Aufgaben zu: Sie müßten unter den Massen wirken, sie begeistern und mobilisieren, ihnen »die Augen für das Neue, Zukunftsträchtige« öffnen, sie lehren, »den

Proletarier aller Länder, vereinigt euch!

# NEUES DEUTSCHLAND

ORGAN DES ZENTRALKOMITEES DER SOZIALISTISCHEN EINHEITSPARTEI DEUTSCHLANDS

14. Jahrgang / Nr. 276 — Berlin, Mittwoch, 7. Oktober 1959 — Republik-Ausgabe / Einzelpreis 15 Pf

## Es lebe und blühe unsere Deutsche Demokratische Republik!

### Aufruf des Präsidenten zum 10. Jahrestag

Männer, Frauen und Jugendliche der Deutschen Demokratischen Republik!

Liebe Freunde und Genossen!

### Eine schöne Menschengemeinschaft

Von Walter Ulbricht

## Staat des Friedens und des Sozialismus

Erhebende Festveranstaltung in der Hauptstadt unserer Republik

Otto Grotewohl begrüßt Ministerpräsident Cyrankiewicz

(Fortsetzung auf Seite 2)

 Titelblatt ›Neues Deutschland‹ vom 7. Oktober 1959

311 »Zum 10. Geburtstag der DDR, 1959. Die Kumpel des Tagebau Sedlitz im Bezirk Cottbus haben bereits einen Planvorsprung von 14 Tagen erreicht. Es ist ihr Ziel, weiterhin einen Tag monatlich Planvorsprung zu erzielen, um am Geburtstag unserer Republik einen zwanzigtägigen Planvorsprung melden zu können.« (Zeitgenössische Beschriftung; Foto: Schutt)

Sozialismus, die Welt des Friedens und der Menschlichkeit, zu lieben – und den Imperialismus, die Welt der Barbarei und des Krieges, zu hassen und zu bekämpfen«.[14] Daß die Ausprägung solch neuer ideologischer Einstellungen und darauf basierender Mentalitätsstrukturen – zumal bei einem Volk, das noch vor fünfzehn Jahren der nationalsozialistischen Beeinflussung erlegen war und sich in unvorstellbare Verbrechen verstricken ließ – nicht auf rein rationalem, argumentativem Weg erreicht werden konnte, dessen waren sich die deutschen kommunistischen »Ingenieure der Seele«, wie Stalin einmal Künstler und Propagandisten bezeichnete, durchaus bewußt. Nur wenn es wirklich gelang, die Menschen für eine derart neue Lebensperspektive zu begeistern und sie in aktive Streiter für diese Vision zu verwandeln, nur dann, das hatte schon Lenin immer wieder erklärt, war das Ziel einer menschlicheren Gesellschaft für alle Schaffenden zu erreichen. Dafür mußte sozialistische Propaganda den ganzen Menschen erreichen, mußte zugleich Intellekt und Gefühl ansprechen, hierüber waren sich sozialistische Propagandatheoretiker und -praktiker einig.

### Der Zehnte Jahrestag als »Gesamtkunstwerk«

Die russischen Kommunisten schworen schon Anfang der 20er Jahre auf die Überzeugungskraft revolutionärer Propaganda-Kunst im Sinne eines Gesamtkunstwerk-Konzeptes, wie es Richard Wagner 1850/51 im Zusammenhang mit der Entwicklung seiner Opernauffassung entworfen hatte.[15] Die Idee des Gesamtkunstwerkes stand zum einen für den Versuch, die in der Moderne verlorengegangene Einheit der Künste durch eine Synthese verschiedener Künste zu einer komplexen, einheitlichen Wirkung wiederzubeleben. Zum anderen verband sich aber damit insbesondere die ideali-

Das Geschenk der 25000 Textilmaschinenbauer zum 10. Jahrestag unserer Republik:

**Eine komplette Wäscherei-Anlage**

die in diesem Gebäude aufgebaut wird. Diese Anlage wird am 1. Mai 1960 in Betrieb genommen und versorgt einen Stadtbezirk sowie eine LPG

312 Blatt aus dem Buch ›Verpflichtungen des Industriezweiges der VVB Textilmaschinenbau Karl-Marx-Stadt‹, 1959

313 »Der Pionierexpress, den die Mitglieder der Pionierorganisation ›Ernst Thälmann‹ vor einem Jahr auf die Reise geschickt haben, traf am Sonntagvormittag, dem 4. Oktober 1959, beladen mit guten Noten und Taten der Pioniere auf dem Bahnhof Friedrichstraße in Berlin ein. Robert Lehmann, der Vorsitzende der Zentralleitung der Pionierorganisation, begrüßt zusammen mit den Jungen Pionieren den Start einer interplanetarischen Station zur weiteren Erforschung des Kosmos durch die Sowjetunion.« (Zeitgenössische Beschriftung; Foto: Zühlsdorf)

sierte Vorstellung einer Einheit von Kunst und Leben, die im Gesamtkunstwerk als ästhetisch-politisches Ereignis scheinhaft inszeniert werden sollte. »Solche Gesamtkunstwerke verwandeln Leben und Tätigkeit in theaterhafte Inszenierungen: die Beteiligten sind weder Kunstproduzenten noch Kunstwahrnehmende, sondern Darsteller; man hebt die Differenz von Ideal und Wirklichkeit auf; man macht Ernst. Es ist der Versuch, ein übergeord-netes Ganzes unmittelbar zu verwirklichen, einen Mythos in praktisches Leben umzusetzen; Geschichte scheint, ans Ziel gekommen, Revue zu passieren.«[16]

Der sowjetrussischen politischen und künstlerischen Avantgarde schwebte ganz in diesem Sinne die ideale Verschmelzung von sozialistischer Revolution und Kunst zu einem neuen Bewußtseinszustand der Massen und zu einer neuen sozialen Realität vor. Der erste sozialistische Staatschef, Lenin, vor allem aber die »Legende der Roten Armee«, Leo Trotzki, forderten zu diesem Zweck eine »Monumentalpropaganda der siegreichen Revolution«.[17] Trotzki sah gesellschaftlichen Aufbau und »psychisch-physische Selbsterziehung« des Menschen als zwei Seiten ein und desselben Prozesses, dem »Wortkunst, Theater, bildende Kunst, Musik und Architektur ... eine herrliche Form verleihen« werden. Ergebnis sei eine »Theatralisierung des Alltags« und eine »Rhythmisierung des Menschen selbst«.[18]

Namen wie Majakowski und Tretjakow stehen für Experimente der sowjetischen künstlerischen Avantgarde der zwanziger Jahre mit solcher »Theatralisierung des Lebens« im Sinne einer künstlerischen Monumentalpropaganda zur Feier und zur Formung des »Neuen Menschen« und der »Neuen Zeit«. So konzipierte zum Beispiel Majakowski zum ersten Jahrestag der Revolution 1919 sein ›Mysterium buffo‹, eine politische Massenrevue zur Feier des Anbruchs der neuen Zeit. Er forderte die Künstler auf, »die Straßen zu ihren Pinseln und die Plätze zu ihren Paletten« zu

314 »Wir bringen die Geburtstagsfracht. Unter diesem Motto übergaben die Werktätigen des Verkehrswesens zu Ehren des 10. Jahrestages der DDR am 3. Oktober 1959 in einer festlichen Veranstaltung am Bahnhof Friedrichstraße den Schwerlastzug, das Schiff und den Lastzug der guten Taten an unsere Regierung.« (Zeitgenössische Beschriftung; Foto: Kohls)

machen und so mittels bildnerischer Großagitation die revolutionäre Umgestaltung der Gesellschaft zu befördern.[19]

Viele deutsche Kommunisten – unter ihnen mit Wilhelm Pieck, Walter Ulbricht und Erich Honecker alle späteren Staats- und Parteichefs der DDR – hatten solche Monumentalpropaganda bei ihren Aufenthalten in der Sowjetunion seit den 20er Jahren selbst erlebt. Sie wurden davon beeindruckt, wenn sie als Delegierte zu Parteitagen der KPdSU und zu Kongressen der Kommunistischen Internationale nach Moskau reisten oder während ihrer Exil- und politischen Schulungszeit in der UdSSR den jährlich wiederkehrenden sowjetischen Feier- und Gedenkritualen beiwohnten. Hier sind die Wurzeln politischer Festkultur der DDR zu suchen. Die alte Führungsgarde hatte diese Ästhetik tief verinnerlicht und wollte sie im eigenen sozialistischen Staat tradiert sehen.

Das Ereignis der zehnten Wiederkehr des Gründungstages der DDR bot sich an, dieser Tradition entsprechend alle Register revolutionärer Propaganda-Kunst bei der Inszenierung eines »Gesamtkunstwerkes« zu ziehen. Dieses Ereignis avancierte daher auch zum Anlaß für einen regelrechten »Geburtstagsfeier-Marathon«, der innerhalb des Arsenals der bis zu diesem Zeitpunkt praktizierten politischen Feierrituale der DDR nicht seinesgleichen hatte – weder hinsichtlich des Zeit- und Materialaufwandes noch in bezug auf die intendierten Effekte und propagandistischen Anstrengungen zur mentalen Einstimmung und Aktivierung der Bürger.[20]

Schon seit Jahresanfang 1959 war das gesamte gesellschaftliche Leben der DDR auf dieses Datum fokussiert worden. Die SED als staatslenkendes Zentrum konstituierte und dirigierte einen gigantischen Organisationsapparat zur propagandistischen und materiellen Inszenierung des »zehnten Geburtstages der DDR«. Über zentrale Planung und detaillierte Weisungen wurden ausnahmslos alle staatlichen und gesellschaftlichen Institutionen in dieses Vorhaben eingebunden.[21] Bereits am 20. März 1959 veröffentlichte die für

315 »Alle Hände voll zu tun haben in diesen Tagen die Mitglieder des Festkomitees auf dem Fortschrittschacht I in Eisleben bei der Vorbereitung der Feierlichkeiten zum 10. Jahrestag der Gründung der DDR. Am Vorabend des 7. Oktober werden die Frauen und Bräute der Kumpel in der festlich geschmückten grossen Lohnhalle an langen Festtafeln bei Kaffee und Torte mit ihren aus dem Schacht kommenden Männern feiern und tanzen. Eigens für das grosse Fest wird für die Bergarbeiter und ihre Gäste eine leckere Riesentorte gebacken.« (Zeitgenössische Beschriftung; Foto: Schmidt)

URKUNDE

für die Erfüllung
Ihrer in das
Goldene Buch der guten Taten
des Stadtbezirks Berlin – Prenzlauer Berg
zu Ehren des
10. Jahrestages der DDR
eingetragenen Verpflichtung

Durch diese gute Tat haben Sie einen entscheidenden Beitrag zur weiteren Festigung unserer Arbeiter-und-Bauern-Macht geleistet

Hierfür sprechen Ihnen die Bezirksverordnetenversammlung und der Stadtbezirksausschuß der Nationalen Front des demokratischen Deutschland des Stadtbezirks Prenzlauer Berg Dank und Anerkennung aus

Wir wünschen Ihnen gleichzeitig viel Erfolg und Schaffenskraft für unsere gemeinsame sozialistische Sache

BERLIN, DEN 7. OKTOBER

316 Urkunde der Nationalen Front anläßlich des 10. Jahrestages der DDR, 1959

317 Abbildung aus einer Werbebroschüre, 1959

die Koordinierung der Vorbereitungen zum Jahrestag zuständige zentrale Regierungskommission einen Aufruf an die Bürger der DDR und einen Beschluß zum Feierritual.[22]

Mit diesem Dokument veröffentlichte das Gremium die Intentionen der Partei- und Staatsführung zur Dramaturgie des Ereignisses und vor allem deren konkrete Erwartungen an die Beteiligung der Bürger, die als eine Art Laiendarsteller den Hauptpart zu geben hatten. Diese wurden »direkt« und »individuell« angesprochen: Arbeiter, Ingenieur und Wissenschaftler, Genossenschaftsbauer, Landarbeiter und Einzelbauer, Handwerker, Gewerbetreibender und Unternehmer, Lehrer und Schüler, Künstler und Schriftsteller nahm man mit dem Aufruf persönlich in die Pflicht zur »Vollbringung guter Taten«.

»Macht das Jahr 1959 zum Jahr des technisch-wissenschaftlichen Fortschritts durch sozialistische Gemeinschaftsarbeit!«, rief die Staatsführung den Arbeitern, Wissenschaftlern und Ingenieuren zu. »Helft des Volkes Brot und das bessere Leben der Gesellschaft sichern!«, forderte sie die Genossen-

318–319 Plakate zum 10. Jahrestag der DDR, 1959 (Entwürfe: Arno Fleischer; Klaus Wittkugel)

schafts- und Einzelbauern auf. »Künstler und Schriftsteller! Gestaltet den 10. Geburtstag unserer Republik durch neue literarische Werke, durch neue Schöpfungen der Musik und der bildenden Kunst, durch neue Filme und Massenlieder, durch meisterhafte Aufführungen neuer und alter Werke, durch Ausstellungen und Feste der Volkskunst zu einem großen Feiertag unserer Nationalkultur! ... Bürger in Stadt und Land! Jeder leiste eine gute Tat für unsere gemeinsame sozialistische Sache.« Die eigene Vision schon in der Realität entdeckend, endete der Appell der Führung optimistisch: »Immer mehr setzt sich unsere neue sozialistische Gemeinschaft der Tat und gegenseitigen Hilfe, der sozialistischen Moral und Ethik in unserem Leben durch. Arbeitet, lernt und lebt auf sozialistische Weise!«[23]

Die Aufforderung zu noch höherem persönlichem Einsatz für die Sicherung einer sozialistischen Zukunft des deutschen Volkes ging aber nicht nur an die eigene Bevölkerung. Auch die »Landsleute in Westdeutschland« erhielten einen Auftrag: »Schaut auf das Leben in der Deutschen Demokratischen Republik, wo der Wohlstand wächst und der Frieden erstarkt, wo durch die Beseitigung der Ausbeutung und der Krisen die Freiheit des Menschen gesichert ist, wo eine sozia-

320 »Begeisternder Höhepunkt der Feierlichkeiten zum zehnjährigen Bestehen des ersten deutschen Arbeiter- und Bauern-Staates war am Vorabend des 7. Oktober die Festveranstaltung des ZK der SED, des Ministerrates der DDR, des Präsidiums der Volkskammer und des Nationalrates der Nationalen Front in der Berliner Werner-Seelenbinder-Halle. Gemeinsam mit den besten Vertretern aller Bevölkerungsschichten der Republik feierten die Repräsentanten der DDR sowie Partei- und Regierungsdelegationen und Vertreter aus über 30 Ländern der Welt den historischen Gründungstag« (Zeitgenössische Beschriftung). Auf dem Präsidium (v. l. n. r.): Józef Cyrankiewicz (VR Polen), Otto Grotewohl, Frol Koslow (UdSSR), Walter Ulbricht, Niä Shung-dschen (VR China), Johannes Dieckmann

listische Kultur erblüht. Bändigt durch Massenaktionen gegen die atomare Aufrüstung den Militarismus, die Geißel des Volkes, diese tödliche Gefahr für den Bestand der Nation!«

Gerade diese Passage läßt ahnen, was für einen Zukunftsoptimismus und welches Bewußtsein eigener Stärke man Ende der 50er Jahre in der DDR-Führung entwickelt hatte. Es blieb nicht bei einem Aufruf an die Bevölkerung: Die Bürger sollten aktiv werden, Leistung zeigen, ihren Beitrag zur Ausgestaltung der Zukunftsvision der kommunistischen Machtelite leisten. Während einer langen »Expositionsphase« des Hinlebens auf den 7. Oktober initiierte und dirigierte die Partei mittels eines zentral konzipierten und organisierten ganzjährigen Kampagnen-Reigens tatsächlich eine große Massenbewegung zur Realisierung ihrer Erwartungen.[24]

Das Themenspektrum der Jahrestagskampagnen umfaßte: Produktionswettbewerbe zur Stärkung der ökonomischen Basis der DDR in Industrie und Landwirtschaft in Form des »Kampfes um den Titel ›Brigade oder Kollektiv der sozialistischen Arbeit‹«; künstlerische und kulturelle Wettstreite wie die Kampagnen »Greif zur Feder Kumpel« oder »Das schöne Dorf«; Jugendinitiativen wie die »Kompaßbewegung« der FDJ oder den »Pionierexpreß der guten Taten«, einen Beitrag der Jüngsten zur Geburtstagsvorbereitung. Als Ziel war intendiert, während langfristiger, fast einjähriger Vorlaufphasen die ganze Bevölkerung, vom Kindergartenkind bis zum Rentner im Altersheim, mental auf das Ereignis Zehnter Jahrestag einzustimmen. Durch Abforderung von individueller Aktivität, ob in der Produktion oder auf kulturellem Gebiet, wollte man die Codices dieses politischen Rituals regelrecht in die Körper der Mitwirkenden einschreiben. Gemäß der intendierten Wirkung eines Gesamtkunstwerkes sollten alle Sinne erfaßt, der ganze Mensch angesprochen und geistig wie physisch in das Geschehen einbezogen werden.[25]

Alle Organisationen und Institutionen sowie die Massenmedien bemühten sich das ganze Jahr 1959 darum, diesen Auftrag »ideenreich und vielfältig« zu erfüllen. Dabei wurden die unterschiedlichsten Formen der politischen und kulturellen Massenmobilisierung eingesetzt. Spruchbänder und Plakate besorgten die Visualisierung des Ereignisses im öffentlichen Raum. In ausnahmslos

321–322 Titelblatt und Innenseite eines Versandhauskataloges, Herbst/Winter 1959/60

allen Zeitungen, Zeitschriften und Illustrierten, im Rundfunk, im Film und im jungen Massenmedium Fernsehen, überall war der zehnte Jahrestag präsent.

Politische, kulturelle und sportliche Massenveranstaltungen wurden zu »Etappen auf dem Weg zum 7. Oktober« erklärt. So wurde etwa für den Bezirk Leipzig vom Bezirksausschuß der ›Nationalen Front des Demokratischen Deutschland‹ und vom Rat des Bezirkes ein »Plan der 183 Tage« beschlossen, in dem jeder Arbeitstag bis zum 7. Oktober 1959 zum »Kampftag für unsere Republik« avancierte und damit ein Hinleben aller werktätigen Bürger auf dieses Datum nicht nur suggeriert, sondern wirklich auch organisiert wurde.[26] Kollektiven verlieh man den Namen »10. Jahrestag« und historisierte das Ereignis, noch bevor es sich real ereignet hatte. »LPG ›10. Jahrestag‹ gegründet!« – so titelte eine Dorfzeitung im September 1959. Der Korrespondent berichtete, daß die Namensverleihung die Gründung einer »Groß-LPG« der drei Dörfer Paaren, Perwenitz und Pausin besiegele. Mit einem Festumzug sowie einem zweitägigen Volksfest sei »dieses große Ereignis im Leben der Genossenschaftsbauern dieser drei Dörfer« gefeiert worden.[27]

In den »Traditionszimmern und -ecken« von Betrieben, Institutionen und Schulen, in den öffentlichen Schaukästen der Städte und Dörfer, überall gab es Wandzeitungen zum Thema. Schulaufsätze wurden dazu geschrieben, Brigadetagebücher geführt, Kinder bastelten und reimten. Auch literarische und andere künstlerische Werke wurden dem Anlaß gewidmet – ganz wie es die Führung gewünscht hatte. Unter dem Titel ›Bericht des Delegierten der Deutschen Demokratischen Republik‹ erschien eine Ode zum Jahrestag.[28] Das Dichtwerk beginnt: »Meine Eltern sind noch sehr jung: / vierzig der Vater, neununddreißig die Mutter. / Ich werde zwanzig, / mein Staat wird erst zehn.« Der Dichter eröffnet den Blick auf ein Geschichtspanorama von der Nazi-

323 Erinnerungstuch, 1959

Zeit über Krieg, Niederlage und Neuanfang – geschildert in individuellen Lebensläufen. Damit führt er paradigmatisch das gewünschte neue Zeitverständnis vor: Nicht von kommunistischen Wurzeln ist da die Rede, sondern von der Erziehung des Vaters zum Juden- und Russenhaß, von seiner Verstrickung in Krieg und Tod, aber auch von seiner Bekehrung und vom Mitwirken am erfolgreichen Neuanfang. Denn, so wird erzählt, »jetzt ist er Hochöfner ... sein Töchterchen heißt Rahel und sein Freund lebt in Leningrad und heißt Aljoscha.« Von den Kindern heißt es: »Rahel und unsere Kinder und Enkel / werden einst lernen, / wie Deutschland durch Krieg und Trümmer / alt und verbraucht war – / und wie unser Deutschland sich östlich der Elbe / verjüngte durch einen Staat: / jung und ganz anders, als jemals ein deutscher Staat war.«

Die Reihe solcher Hymnen ließe sich fortsetzen. Aber nicht nur Gedichte entstanden, auch Künstler anderer Genres steckte der Jahrestagsenthusiasmus an. So wurden zum Beispiel die vom SED-Parteitag 1958 verkündeten ›Zehn Gebote der sozialistischen Moral und Ethik‹ nun in verschiedenen Bildzyklen visualisiert. Der Komponist Paul Dessau widmete dem Jahrestag die Kantate ›Hymne auf den Beginn einer neuen Geschichte der Menschheit‹, und das Tanzspiel ›Vom Ich zum Wir‹ entstand aus gleichem Anlaß.[29]

All diese Aktivitäten gaben Zeugnis davon, daß sich Menschen in der DDR 1959 durchaus noch in die von der Führung erhoffte emotionale Hochstimmung versetzen konnten und sich an der Jahrestagsvorbereitung wirklich aktiv beteiligten. »Belohnt« wurden die Bürger für ihre einjährige »Bewegung der guten Taten zum Jahrestag« schließlich mit einwöchigen Feiern und Vergnügungen um den 7. Oktober. Mit dieser für Staatsfeiertage außergewöhnlichen zeitlichen Ausdehnung der Festlichkeiten sollte die Besonderheit des Ereignisses nochmals hervorgehoben werden.[30] Am eigentlichen Jahrestag zelebrierte man das bekannte Kernritual proletarisch-sozialistischer Staatsfeste: Betriebsfeiern mit Auszeichnung der Wettbewerbssieger, »Aktivisten« und »Bestarbeiter« sowie Fackelzüge der Jugend am Vorabend des Ereignisses, Demonstrationen der Werktätigen und Bürger am Vormittag des 7. Oktober mit Vorbeimarsch an der Ehrentribüne, kulturelle und sportliche Massenveranstaltungen sowie Volksfeste als Umrahmungen des Ganzen mit Bockwurst, Bier und Feuerwerk.[31]

### DDR im Zeitraffer: Die zentrale Ausstellung zum zehnten Jahrestag

War der Bürger, eingebunden in diese zahlreichen Jahrestagskampagnen, zunächst monatelang zum aktiven Mitspieler im großen Propagandaspektakel »Zehnter Jahrestag« bestellt, so gestattete ihm ein anderes Medium, Zuschauer zu sein, innezuhalten, sich zu besinnen und zu reflektieren. Von September bis Mitte Oktober 1959 wurden erstmals große, aufwendig gestaltete Ausstellungen zur Geschichte der DDR veranstaltet, die das staatsoffizielle Traditions- und Selbstbild präsentierten. Die zentrale Ausstellung ›Zehn Jahre Deutsche Demokratische Republik‹ fand in Berlin im Zeughaus Unter den Linden statt, ähnliche Expositionen in allen Bezirksstädten, etwa in Leipzig im Ringmessehaus. Ebenso waren die Heimatmuseen angesprochen, eigene Ausstellungen zu gestalten. Große Präsentationen gab es auch in einigen Hauptstädten sozialistischer Länder, so in Moskau, Peking, Warschau und Prag. In achtzehn weiteren Städten wurden Bildtafelausstellungen gezeigt.[32]

Eine im März 1959 konstituierte ›Zentrale Arbeitsgruppe Ausstellungen‹ war für Konzeption

Im Spiegel jüngster Geschichte:

# WIR

Steppke träumt. Wir stören ihn nicht dabei, wir schauen nur zu, wie sich seine großen Augen am surrenden kleinen Traktor festsaugen. Sie tun es lange und ausgiebig. „Damit möchte ich auch einmal fahren", mag er denken. „Ob es wohl schwer ist?" Das liegt nur an ihm, an seinem Mut, seiner Lernbereitschaft, seiner Ausdauer. So wird man ihm wohl raten. So rieten wir uns selbst zu, wir, die Arbeiter, Bauern, Ingenieure und Wissenschaftler, als wir vor 10 Jahren darangingen, in Deutschland den ersten Staat der Arbeiter und Bauern zu gründen. Damals gab es manchen mit der zweifelnden Frage: Ob wir es wohl schaffen? Wir haben es geschafft. Wir gingen bewußt an die Lösung der schweren Aufgaben heran, rissen Skeptiker mit, machten uns Maschinen nutzbar, bauten neuere, größere und wurden zum Berge versetzenden Riesen. Wir haben neue Städte aus dem Boden gestampft, neue Industriegebiete errichtet. 10 Jahre anstrengender Aufbauarbeit, 10 Jahre Politik zur Sicherung des Friedens waren von reichem Erfolg gekrönt. Die Ausstellung „10 Jahre DDR" im Berliner Museum für Deutsche Geschichte, Unter den Linden, zeigt uns das wie in einem Spiegel: Hier, das war der Weg, das sind unsere stolzen Erfolge, das sind wir.

*Text: Heinz Rosenkranz · Bild: Gerhard Kiesling*

**Hör gut zu, Sohnemann,** das mußt du einmal lernen. – Papa gibt ihm die Hörmuschel, die ihn am Unterricht einer sozialistischen Schule teilnehmen läßt. Der 13jährige Schüler Hans Detlef (rechts) dagegen beschäftigt sich schon intensiv mit der dargestellten Entwicklung unserer Kohle- und Energieindustrie. Er will in seiner Klasse einen Vortrag darüber halten.

NBI 42/1959

324 Seite aus der Zeitschrift ›Neue Berliner Illustrierte‹ (NBI), Oktober 1959

und Organisation dieses Teils der Jahrestagsgestaltung zuständig. Die Besetzung des Gremiums war hochrangig: Der Leiter der ›Staatlichen Zentralverwaltung für Statistik‹ der DDR war Arbeitsgruppenleiter, sein Stellvertreter der Direktor des ›Museums für Deutsche Geschichte‹ in Berlin. Die Abteilung Agitation und Propaganda des ZK der SED, vier Ministerien (Auswärtige Angelegenheiten, Außen- und Innerdeutscher Handel, Kultur, Handel und Versorgung), die ›Kammer für Außenhandel‹, das Staatssekretariat für Hoch- und Fachschulwesen, die Zentrale Arbeitsgruppe Wirtschaft, die Massenorganisationen FDGB und FDJ sowie der Nationalrat der Nationalen Front stellten Vertreter zur Mitarbeit.

Die politischen Grundkonturen des Geschichts- und Selbstbildes der DDR, das man im In- und Ausland propagandistisch wirksam vorzustellen gedachte, wurden in diesem Gremium monatelang intensiv diskutiert und schließlich durch einen Politbürobeschluß der SED legitimiert.[33] Das von der Führung vorgegebene Lehrziel der Ausstellungen erläuterte der Direktor des ›Museums für Deutsche Geschichte‹ in einem Vortrag vor Museumsfachleuten und Propagandisten: »In interessanter und anschaulicher Form soll die Ausstellung den Besucher von der Notwendigkeit, der Richtigkeit und der Überlegenheit unseres sozialistischen Weges überzeugen. Der Besucher muß erkennen, daß die Errichtung der sozialistischen Gesellschaft den Schritt in eine schönere Zukunft für unser Volk darstellt, in der ständig steigender Wohlstand, Glück und dauerhafter Frieden davon künden, daß der Mensch gelernt hat, die Gesetze der gesellschaftlichen Entwicklung zu meistern und den imperialistischen Todeskreis zu durchbrechen, in dem das Glück des Volkes stets aufs Spiel gesetzt wird. Damit leisten wir einen wertvollen Beitrag zur Herausbildung eines sozialistischen Bewußtseins.«[34]

Diese Grundlinien einer auf dichotomischer Weltsicht basierenden Metaerzählung über Traditionen, Wege und Ziele des ostdeutschen Staates sind in den Ausstellungen wirkungsvoll umgesetzt worden, wie zeitgenössischen Korrespondentenberichten, dem als Broschüre gedruckten Ausstellungsführer sowie noch vorhandenem Bildmaterial von der zentralen Ausstellung im Berliner Zeughaus zu entnehmen ist. Mit entsprechendem Pathos und dramaturgischen Hell-Dunkel-Effekten, die ganz auf starke emotionale Wirkung setzten, führten die Ausstellungsregisseure die Anbindung der DDR an die revolutionären Traditionen des Kampfes gegen Militarismus und Faschismus vor; ebenso zeigten sie deren bis dato erfolgreiche sozialistische Entwicklung als »lichte Zukunft«, und sie entlarvten die »finsteren Machenschaften« des alten wie aktuellen Gegners – des deutschen Militarismus, der im westdeutschen Teilstaat noch immer den Ton angäbe.

»Es wird dunkler im Raum, wenn Sie die Abteilung der Ausstellung betreten, die Sie nach Westdeutschland führt, in den Teil unseres Landes, in dem das Licht des Friedens und der Freiheit von den dunklen Kräften des Krieges und der Unfreiheit ausgelöscht wird«, erklärte der Ausstellungsführer dem Besucher das sicher überraschende Spiel der Ausstellungsmacher mit Lichteffekten.[35] Bezogen auf den Übergang in ein Ausstellungsensemble, das die Entwicklung in der DDR präsentierte, suggerierte der Texter: »Es wird Ihnen leichter, wenn Sie aus der gedrückten Atmosphäre dieses Teils der Ausstellung wieder durch das Brandenburger Tor, diesmal von der Westseite, hindurchgehen und sich der hellen freundlichen Halle zuwenden, die sich Ihnen nun auftut.«[36]

Der folgende Hauptteil der Ausstellung war dann auch dem »positiven Kapitel deutscher Geschichte«, der Vorführung des erreichten Ist-Standes der Entwicklung der DDR-Gesellschaft, vorbehalten. Hier wurde ein dynamisch sich entwickelnder junger Staat vorgeführt, dessen Konstruktionsprinzip – zentrale Leitung und Planung durch Partei und Staatsmacht – wie in den vergangenen zehn Jahren auch in Zukunft Wachstum und Wohlstand garantiere. Im Zentrum standen vor allem die ökonomischen, aber auch die sozialen und kulturellen Ergebnisse der Entwicklung seit 1949. Auf zirka 8 000 Quadratmetern Fläche im und um das Berliner Zeughaus wurden die »Errungenschaften« in Gestalt originalgetreuer neuer Maschinen und Fahrzeuge, anhand von Modellen der Industrie- und Städteplanung oder mittels überdimensionaler Schaubilder von Leistungskurven der Wirtschaft und des sozialen Bereichs vorgeführt. Die Bürger sollten sich hier von der gewachsenen und weiter wachsenden Lei-

325–328 Ansichten aus der Ausstellung »10 Jahre DDR« im ›Museum für Deutsche Geschichte‹ in Berlin, 1959

stungsfähigkeit des jungen Staates überzeugen und Zukunftsgewißheit gewinnen.

Die in der Ausstellung wirkungsvoll in Szene gesetzte Erfolgsgeschichte der Republik sollte den Bürger regelrecht hineinziehen in Geschichte und Gegenwart des Staates DDR. Sie machte diese noch einmal aus der Vogelperspektive nacherlebbar und – mit den parteistaatlichen Denkhilfen versehen und nach dem Weltbild der Führung geordnet – auch überschaubar. Dadurch würde, so die Intention, die Bereitschaft der Menschen, sich mit ihrem Staat zu identifizieren, wachsen. Das Ergebnis von zehn Jahren DDR-Entwicklung wurde den Bürgern dabei vorgeführt als ihr ganz persönlicher Erfolg. Den Menschen und seine Arbeitsleistung sowie sein stetes Engagement für den sozialistischen Staat als Garanten für die Entwicklung in Vergangenheit und Zukunft zu zeigen, das war ein weiterer Aspekt des pädagogischen Konzeptes der Ausstellung. »Sie sehen unsere Republik als einen großen Bauplatz, auf dem wir alle gemeinsam unser glückliches Leben, unsere friedliche Zukunft bauen. Sie werden sich selbst in dieser Ausstellung wiederfinden, Ihre Arbeit, Ihre Freizeit, das Leben Ihrer Familie und das Glück Ihrer Kinder«, kommentierte der Ausstellungsführer, den jeder Besucher kostenlos als »Lotsen« an die Hand bekam.[37]

Aber nicht der Bürger als individualisiertes Einzelwesen sollte als Träger der erfolgreichen DDR-Entwicklung gefeiert werden. »Die Republik sind wir!«, »Eine schöne Menschengemeinschaft«

329 Lithographie von Karl-Erich Koch aus einer Präsentmappe des VEB GRW Teltow zum 10. Jahrestag der DDR

– so lasen sich Schlagzeilen der Presse im unmittelbaren Umfeld der Ausstellungseröffnung.[38] »Die Republik, das sind wir!« – so lautete auch das Motto einer der insgesamt dreizehn Abteilungen der Ausstellung. »Wir, das sind alle, die mitplanen, mitarbeiten und mitregieren in unserem Staat. Ihnen wird hier ein Denkmal gesetzt«, klärte der Ausstellungsführer die Besucher auf.[39] Die Propagierung einer »Wir«-Identität spielte in der Ausstellung eine herausgehobene Rolle. Sie wurde in verschiedenen Varianten visualisiert und begegnete dem Besucher in allen Abteilungen.

»Wir«, das war zunächst das Staatsvolk der DDR: als Arbeitskollektiv, das »den großen Schritt vom Ich zum Wir« geht,[40] als Haus-, Wohn- oder Sportgemeinschaft, schließlich als Familie. Die Erfolge der DDR-Entwicklung wurden demonstriert als Erfolgsgeschichte dieser »Wir«-Gemeinschaften. »Wir«, das war vor allem auch »die sozialistische Völkerfamilie«, die Gemeinschaft der »Friedfertigen«, der »antiimperialistischen Nationalstaaten«, in die sich die DDR als »Freund« eingebunden sah.[41] Aber auch inmitten der »anderen« gab es Teile dieses »Wir«. Zwar verdunkelte sich der Raum, wenn der Besucher denjenigen Ausstellungsteil betrat, der den westdeutschen Militarismus darstellen sollte, aber selbst dort wurde ein Teil dieses fortschrittlichen »Wir« gesichtet: »Auch hier kämpft das Volk ... demonstrieren Arbeiter durch die Straßen, werden Flugblätter auf primitiven Maschinen abgezogen und verteilt, streiken Kumpel bei Henschel und Howaldt.«[42]

Eindrucksvoll wurde dieses weltumspannende »Wir« in Szene gesetzt. Überall begegnete der Besucher auf seinem Rundgang Bildern von arbeitenden, lernenden, lachenden Menschengruppen. Der engagiert für den Sozialismus wirkende einzelne, aufgehoben und in seinen Kräften vervielfacht durch das Kollektiv, das war die Botschaft. Eine riesige Weltkarte zeigte, welch bemerkenswerten Raum dieses »kollektive Subjekt der Fortschrittlichen« in der Welt von 1959 schon gewonnen hatte. Wer sich da noch immer »draußen« fühlte, der konnte die Aufnahme in das große Kollektiv noch am Ort der Ausstellung nachholen, konnte diesen Bund mit seiner Unterschrift beglaubigen. »Wir«, so erklärte der Ausstellungsführer, »das sind in der Ausstellung im besonderen noch alle die Besucher, die an einer dafür hergerichteten Wand ihren Namen einschreiben und sich so zu den Millionen aktiven Erbauern des Sozialismus in unserer Republik hinzuzählen.«[43]

»Draußen«, oder wenigstens als nicht so richtig aufgenommen in das große Kollektiv, fühlte sich ganz offenbar die SED, zumindest ihr Erster Sekretär, Walter Ulbricht. Laut Protokoll einer Arbeitsgruppensitzung der Ausstellungsleitung gab er nach seinem Rundgang am Eröffnungstag »Empfehlungen für Änderungen bzw. Ergänzungen«. So wurde unter anderem »empfohlen«, die Rolle der SED in der Geschichte der DDR stärker zu betonen.[44]

Das propagandistische »Gesamtkunstwerk« Zehnter Jahrestag, das in der Einheit von Wort, Bild und Massenaktion erstmals 1959 als derart monumentales, ganzjähriges Szenario gestaltet wurde, kann durchaus als Inszenierung eines nachholenden Initiationsrituals für das Volk der DDR gedeutet werden. Zwar ging es dabei nicht um die Ritualisierung von Generationenübergängen, aber doch wohl, wie der in der Ausstellung den Besuchern nahegelegte Akt der Unterschriftsleistung zeigte, um eine ritualisierte Statusänderung der Bürger.[45] Inszeniert wurden so die metaphorische Einschreibung und Aufnahme in die Geschichte der DDR, in die »Gemeinschaft der fortschrittlichen Menschen der Welt« und damit in die Traditionslinie der kommunistischen Gründerväter. Es war der Versuch, mittels aufwendig gestalteter, emotional ansprechender politischer Feierrituale das nach verlorenem Krieg und Zusammenbruch des Nazireiches entstandene psychische, gewissermaßen chiliastische Vakuum durch die Konstituierung eines neuen kollektiven Subjektes zu füllen.

1 Marquard, Odo: Kleine Philosophie des Festes, in: Das Fest. Eine Kulturgeschichte von der Antike bis zur Gegenwart, München 1988, S. 414.

2 Die Literatur zu Festen und Feiern in Historiographie und Kulturwissenschaft ist vielfältig und hier nicht zu referieren. S. als Überblick: Maurer, M.: Feste und Feiern als historischer Forschungsgegenstand, in: Historische Zeitschrift, 1991, Heft 253, S. 101-130.

3 S. dazu u. a. Rytlewski, Ralf / Kraa, Detlev: Politische Rituale in der Sowjetunion und der DDR, in: Aus Politik und Zeitgeschichte, Beilage 3/1987, S. 33 ff.; Kraa, Detlev: Sozialistische Rituale und kulturelle Überlagerung in der DDR, in: Voigt, Rüdiger: Symbole der Politik, Politik der Symbole, Opladen 1989, S. 197-210.

4 Es lebe und blühe unsere Deutsche Demokratische Republik! Aufruf des Präsidenten zum 10. Jahrestag, in: Neues Deutschland v. 7. 10. 1959, S. 1.

5 S. dazu: Ostermann, Christian F.: Amerikanische Propaganda gegen die DDR. US-Informationspolitik im Kalten Krieg, in: Diesener, Gerald / Gries, Rainer: Propaganda in Deutschland. Zur Geschichte der politischen Massenbeeinflussung im zwanzigsten Jahrhundert, Darmstadt 1996, S. 113-127.

6 Gemeinsame Kommission ›10 Jahre DDR‹ (Hg.): Aufruf der Regierung der Deutschen Demokratischen Republik und des Nationalrates der Nationalen Front des demokratischen Deutschland und Beschluß des Präsidiums des Ministerrates und des Präsidiums des Nationalrates der Nationalen Front des demokratischen Deutschland über die Vorbereitung des 10. Jahrestages der Gründung der Deutschen Demokratischen Republik (Auszug). Arbeitsmaterial, Berlin, am 20. März 1959; Berlin, Deutsches Historisches Museum, Hausarchiv des Museums für Deutsche Geschichte, Bestand Sonderausstellung ›10 Jahre DDR‹ (künftig DHM/HArch MfDG, 10. Jahrestag DDR).

7 Thesen zum zehnten Jahrestag der Gründung der Deutschen Demokratischen Republik. Beschluß des Politbüros des ZK der SED vom 11. August 1959, in: Dokumente der Sozialistischen Einheitspartei Deutschlands, Band VII, Berlin 1961, S. 699.

8 Ebenda.

9 Ebenda, S. 708.

10 S. dazu u. a. Luckmann, Thomas: Zeit und Identität. Innere, soziale und historische Zeit, in: Fürstenberg, Friedrich / Mörth, Ingo (Hg.): Zeit als Strukturelement von Lebenswelt und Gesellschaft, Linz 1986. Zum Thema Zeithorizonte der DDR-Propaganda im Jahre 1959 s. ausführlicher: Gries, Rainer: Virtuelle Zeithorizonte. Deutsch-deutsche Geschichtsbilder und Zukunftsvisionen Ende der fünfziger Jahre, in: Gibas, Monika / Schindelbeck, Dirk: »Die Heimat hat sich schön gemacht ...« 1959 – Fallstudien zur deutsch-deutschen Propagandageschichte (= Comparativ. Leipziger Beiträge zur Universalgeschichte und vergleichenden Gesellschaftsforschung), 4. Jg./1994, Heft 3, S. 9-28.

11 S. dazu die nun schon zahlreichen autobiographischen Äußerungen führender Vertreter der politischen Klasse der DDR, insbesondere aber: Andert, Reinhold / Herzberg, Wolfgang: Der Sturz. Erich Honecker im Kreuzverhör, Berlin/Weimar 1990; Honecker, Erich: Moabiter Notizen, Berlin 1994; sowie Honeckers Statement vor dem Berliner Landgericht, dokumentiert in: Frankfurter Rundschau, Nr. 282 v. 4. 12. 1992, S. 22.

12 »Die Aufgaben der Parteipropaganda bei der sozialistischen Erziehung der Volksmassen«, Beschluß des Politbüros des ZK der SED vom 4. März 1958, in: Dokumente (wie Anm. 7), S. 142.

13 Kommuniqué der 4. Tagung des Zentralkomitees der SED vom 17. Januar 1959, in: Dokumente (wie Anm. 7), S. 540.

14 Die Presse – kollektiver Organisator der sozialistischen Umgestaltung. Beschluß des Politbüros des ZK der SED vom 28. April 1959, in: Dokumente (wie Anm. 7), S. 642.

15 S. dazu ausführlicher das Stichwort »Gesamtkunstwerk« in: Lexikon der Kunst – Architektur, Bildende Kunst, An-gewandte Kunst, Industrieformgestaltung, Kunsttheorie, Band II, Leipzig 1989, S. 717-719; sowie das Stichwort »Kunst/Künste« in: Europäische Enzyklopädie zu Philosophie und Wissenschaften, hg. v. Hans Jörg Sandkühler, Hamburg 1990, Band 2, S. 919-939. Wagner erläutert den Begriff in seinen Züricher Schriften; vgl. ders.: Sämtliche Schriften und Dichtungen, Band 3, Leipzig 1911, S. 60. Vor allem zwei der Wagnerschen Arbeiten wurden in den 20er Jahren in der Sowjetunion rezipiert: Die Revolution und die Kunst, Leipzig 1849; Das Kunstwerk der Zukunft, Leipzig 1850. U. a. erschien seine Arbeit »Die Revolution und die Kunst« mit einem Vorwort des Kommissars für Volksbildung, Anatoli Wassiljewitsch Lunatscharski; Hinweis von Ida Gofman: Kunst und Revolution in der Wagnerschen Theorie des Gesamtkunstwerks und die russische Kultur im ersten Drittel des 20. Jahrhunderts. Vortrag gehalten auf der Tagung »Politische Inszenierung im 20. Jahrhundert« am 6./7. 7. 1996 in Hamburg.

16 So Chup Friemert zur intendierten Wirkung eines Gesamtkunstwerkes in: Europäische Enzyklopädie (wie Anm. 15), S. 929.

17 Am 12. 4. 1918 wurde das ›Dekret über die Denkmäler der Republik‹ erlassen, das als »Leninscher Plan der Denkmalspropaganda« erste Orientierung in diesem Sinne vorgab. Text in: Die ersten Dekrete der Sowjetmacht, Berlin 1987, S. 169 f.

18 Trotzki, Leo: Die Kunst der Revolution und die sozialistische Kunst, in ders.: Literatur und Revolution. Essaysammlung, München 1972, S. 210 u. 213.

19 Siehe dazu den Artikel zu Majakovskij, Vladimir V. in: Lexikon der Kunst (wie Anm. 15), Band IV, Leipzig 1992, S. 475.

20 Zu den in der SBZ/DDR seit 1945–1949 fest institutionalisierten Formen von politischer Festkultur s. u. a.: Rytlewski, Ralf / Sauer, Birgit: Die Ritualisierung des Jahres. Zur Phänomenologie der Feste und Feiern in der DDR, in: Luthardt, W. / Waschkuhn, A. (Hg.): Politik und Repräsentation, Marburg 1988.

21 Das zentrale Dokument war der »Beschluß über die Vorbereitung des zehnten Jahrestages der Gründung der Deutschen Demokratischen Republik«, in: Stiftung Archiv der Parteien und Massenorganisationen der DDR im Bundesarchiv, Bestand SED (künftig SAPMO-BArch, SED), IV 2/9.03/2; vgl. dazu ausführlicher: Gibas, Monika: »Deckt alle mit den Tisch der Republik«. Regie und Dramaturgie des DDR-Dezenniums am 7. Oktober 1959, in: Gibas / Schindelbeck (wie Anm. 10), S. 49-68; sowie Gibas, Monika / Gries, Rainer: Dramaturgie der Dezennien. Die Geburtstage der Republik in Leipzig, in: Keller, Katrin (Hg.): Feste und Feiern. Zum Wandel städtischer Festkultur in Leipzig, Leipzig 1994, S. 326-347.

22 Die ausführliche Bezeichnung der Kommission lautete: ›Gemeinsame Kommission des Ministerrates und des Nationalrates der Nationalen Front des demokratischen Deutschland zur Vorbereitung und Durchführung des 10. Jahrestages der Gründung der Deutschen Demokratischen Republik‹; zu Aufruf und Beschluß s. Gemeinsame Kommission ›10 Jahre DDR‹ (wie Anm. 6).

23 Ebenda, S. 5-7.

24 Zur Funktion und zur Tradition dieses Elementes der Dezennien-Feiern in der Geschichte der DDR-Festkultur zum 7. Oktober siehe ausführlicher: Gibas / Gries (wie Anm. 21).

25 Unter dem Stichwort »Gesamtkunstwerk« ist in Band II des Lexikons der Kunst (wie Anm. 15, S. 717) nachzulesen: »Der Wahrnehmende, der das Gesamtkunstwerk in seine ganze Lebenstätigkeit, praktisch-nützliche und praktisch-geistige Aneignung der Wirklichkeit, einbezieht, wird (im Idealfalle) allseitig angesprochen. Das Gesamtkunstwerk wird deshalb erst mit dem in ihm einbezogenen Menschen und seinem Verhalten vollkommen.«

26 Unser Plan der 183 Tage. Zur Vorbereitung und Durchführung des 10. Jahrestages der Deutschen Demokratischen Republik; Stadtarchiv Leipzig, Stadtverordnetenversammlung und Rat der Stadt, 4119.

27 Sozialistisches Dorf. Dorfzeitung des MTS-Bereiches Zeesow, Jg. 2, Nr. 7, September 1959, S. 1.

28 Preißler, Helmut: Bericht des Delegierten der Deutschen Demokratischen Republik, in: Spiegel unseres Werdens. Mensch und Arbeit in der deutschen Dichtung von Goethe bis Brecht, Berlin 1969, S. 397.

29 Erwähnt in: Die Künste in der Deutschen Demokratischen Republik. Aus ihrer Geschichte in drei Jahrzehnten, Berlin 1979, S. 139 u. 145.

30 S. dazu Gibas/Gries (wie Anm. 21).

31 Zur symbolischen Konnotation der Tribüne s.: Gibas, Monika / Gries, Rainer: »Vorschlag für den ersten Mai: die Führung zieht am Volk vorbei!« Überlegungen zur Geschichte der Tribüne in der DDR, in: Deutschland Archiv, 1995, Heft 5, S. 481-494.

32 Zu den verschiedenen Konnotationsebenen dieser Ausstellungen s. a. den Beitrag von Rainer Gries in diesem Band. Die Quellengrundlage zum Teil Ausstellung im Fond Sonderausstellung ›10 Jahre DDR‹; DHM/HArch MfDG, 10. Jahrestag DDR.

33 Beschluß der Sitzung des Politbüros des ZK der SED vom 5. Mai 1959; SAPMO-BArch, J IV 2/2/645, Blatt 5.

34 Grundsätzliche Gedanken zu einer Ausstellung ›10 Jahre DDR‹; DHM (wie Anm. 32).

35 Der Sozialismus siegt. Ausstellung 10 Jahre Deutsche Demokratische Republik, hg. v. Museum für Deutsche Geschichte Berlin, o. O., o. J. (1959), S. 13.

36 Ebenda, S. 14.

37 Ebenda, S. 4.

38 Titelzeilen von Zeitungsbeiträgen zum Jahrestag, s. Der Morgen, Nr. 228 v. 30. 9. 1959; Tribüne v. 19. 9. 1959 u. Neues Deutschland v. 7. 10. 1959.

39 Der Sozialismus siegt (wie Anm. 35), S. 15.

40 Ebenda, S. 17.

41 Ebenda, S. 10.

42 Ebenda, S. 13.

43 Ebenda.

44 Protokoll der Beratung der Arbeitsgruppe Ausstellungen am 21. September 1959; DHM (wie Anm. 32).

45 S. zum allgemeinen Gebrauch des Begriffs Initiation in den Sozialwissenschaften Hillmann, Karl-Heinz: Wörterbuch der Soziologie, Stuttgart 1994, S. 371.

336

## Schaukasten: Festkalender

In der Sowjetunion wurde wenige Monate nach der Oktoberrevolution mit der Übernahme der westlichen Zeitrechnung ein »Roter Kalender« eingeführt. Er verzeichnete nicht mehr die traditionellen Feste der orthodoxen Kirche, sondern weltliche Feiertage mit unmittelbarem Bezug zur Geschichte der Arbeiterbewegung und zur revolutionären Vergangenheit Rußlands. Auch in der DDR wurde – wie schon zuvor in der SBZ – versucht, ein sozialistisches Feierjahr zu etablieren, um einen kalendarischen Rahmen für die Identifikation mit dem »neuen Deutschland« zu schaffen. Die kirchlichen Feiertage wurden allerdings im Gegensatz zur Sowjetunion beibehalten.

Die wichtigsten Staatsfeiertage waren der 1. Mai, der »Internationale Kampf- und Feiertag der Werktätigen«, und der »Geburtstag« der DDR am 7. Oktober, wobei letzterer nicht jedes Jahr in großem Maßstab öffentlich inszeniert wurde. Außer dem 1. Mai feierte man andere internationale, allerdings nicht arbeitsfreie Tage, die ursprünglich darauf angelegt waren, Aufmerksamkeit auf benachteiligte Bevölkerungsgruppen zu lenken, wie etwa den Frauentag am 8. März. Neben den Jahrestag der Republik traten Jubiläen von Parteien beziehungsweise staatlichen Organisationen oder von staatlichen Maßnahmen wie der Bodenreform und historischen Ereignissen wie der Revolution 1848/49. Weitere wichtige Themen im sozialistischen Festkalender waren der Antifaschismus und die »Deutsch-Sowjetische Freundschaft«. Am ›Tag der Befreiung‹, dem 8. Mai, feierte man die

331

334

330

330 Plakat zum 75. Geburtstag des Präsidenten der DDR, Wilhelm Pieck, am 3. Januar 1951 (Entwurf: Wilhelm Schubert)

331 Plakat für eine Veranstaltung zum Gedenken an Rosa Luxemburg und Karl Liebknecht am 16. Januar 1949. Die Feierlichkeiten fanden alljährlich an dem Sonntag statt, der dem 15. Januar, dem Tag ihrer Ermordung, am nächsten lag

332 Plakat zum dreijährigen Bestehen des FDGB (1948, Entwurf: Wilhelm Schubert). Am 15. Juni 1945 war ein »Vorbereitender Gewerkschaftsausschuß für Groß-Berlin« gebildet worden, der zur Gründung »freier, demokratischer Gewerkschaften« aufrief. Auf dem Gewerkschaftskongreß vom 9. bis 11. Februar 1946 konstituierte sich der FDGB

333 Plakat zum ›Tag der Nationalen Volksarmee‹ (1956?). Der 1. März 1956, an dem das Ministerium für Nationale Verteidigung unter der Leitung von Willi Stoph sowie die Verwaltungen der Militärbezirke ihre Arbeit aufgenommen hatten, galt als offizieller Gründungstag der NVA

334 Abzeichen zum zehnjährigen Bestehen der FDJ. Als Gründungstag galt der 7. März 1946, der Tag der Genehmigung durch die SMAD

332

335

333

Überwindung des Faschismus und die Verbundenheit mit der Sowjetunion gleichermaßen. Der Personenkult zeigte sich in der DDR auch in einer Reihe personenbezogener Gedenktage, etwa in den Feiern anläßlich runder Geburtstage des Präsidenten Wilhelm Pieck oder in der feierlichen Inszenierung der Todestage sozialistischer »Märtyrer«. Zu Ehren Rosa Luxemburgs und Karl Liebknechts wurde sogar alljährlich eine öffentliche Feier abgehalten.
Die sozialistische Feierkultur war darauf angelegt, sowohl das Arbeitsleben als auch den familiären Bereich zu durchdringen. So erhielten in den 40er und 50er Jahren etwa Bergleute, Lehrer, Eisenbahner, Polizisten, Genossenschaftsbauern und später fast jede Berufsgruppe einen eigenen »Ehrentag«, während das Beispiel der Jugendweihe deutlich auf die Absicht verweist, auch Feste, die den persönlichen Lebenslauf strukturierten und traditionell kirchlich geprägt waren, durch sozialistische »Initiationsriten« zu ersetzen.

338

342

340

343

339

341

337

335 Plakat zum ›Internationalen Frauentag‹ am 8. März 1955. 1910 war der ›Internationale Frauentag‹ auf Initiative von Clara Zetkin und Käthe Duncker nach US-amerikanischem Vorbild ins Leben gerufen worden, um der Forderung nach Frauenstimmrecht Nachdruck zu verleihen

336 Plakat zur Jugendweihe 1958. Die Jugendweihefeiern, seit 1955 offiziell in der DDR eingeführt, fanden von Ende März bis Ende Mai statt, also in dem Zeitraum, in dem auch die Konfirmation gefeiert wurde

337 Plakat zum fünfjährigen Bestehen der SED. Der Vereinigungsparteitag von SPD und KPD hatte am 21./22. April 1946 stattgefunden

338 Abzeichen zum 1. Mai 1958. Der Festtag der internationalen Arbeiterbewegung wurde, nach einem Beschluß der II. (Sozialistischen) Internationale seit 1890 gefeiert

339 Plakat zum ›Tag der Befreiung‹. Am 8. Mai 1945 wurden nach der Kapitulation des Deutschen Reiches die Kampfhandlungen in Europa offiziell eingestellt. Im Bildhintergrund ist das große Standbild des Sowjetischen Ehrenmals in Berlin-Treptow zu erkennen

346

347

344

345

340 Abzeichen zum ›Tag der Volkspolizei‹ und zum ›Internationalen Tag des Kindes‹, die 1952 beide am 1. Juni gefeiert wurden. Nach 1953 fand der »Ehrentag« der Volkspolizei am 1. Juli statt; der 1. Juli 1945 galt seitdem als offizielles Gründungsdatum der DVP. Der ›Internationale Tag des Kindes‹ hatte auf Anregung des ›Internationalen Frauenbundes‹ erstmals 1951 stattgefunden, in Anlehnung an die 1921 begründete Tradition der ›Internationalen Arbeiter- und Kinderwochen‹

341 Plakat zum ›Tag des Lehrers‹ am 12. Juni 1952 (Entwurf: Horst Naumann)

342 Abzeichen zum ›Tag des deutschen Eisenbahners‹ am 14. Juni 1953. Der »Ehrentag« der Eisenbahner sollte jeweils am zweiten Sonntag im Juni gefeiert werden

343 Abzeichen zum ›Tag des deutschen Bergmanns‹ am 3. Juli 1955. Der »Ehrentag« des Bergmanns sollte jeweils am ersten Sonntag im Juli gefeiert werden

344 Plakat von 1954 zur Erinnerung an den KPD-Führer Ernst Thälmann, der am 18. August 1944 im KZ Buchenwald ermordet wurde (Entwurf: Klaus Wittkugel)

345 Abzeichen zum 10. Jahrestag der Bodenreform. Vom 3. bis 11. September 1945 erließen die Länder- und Provinzialverwaltungen der SBZ auf Befehl der sowjetischen Besatzungsmacht Verordnungen zur Durchführung einer Bodenreform

346 Plakat zum ›Internationalen Gedenktag für die Opfer des faschistischen Terrors‹ am 12. September 1948 (Entwurf: Hohler). Der Gedenktag sollte nach dem Beschluß »überlebender Kämpfer« von 1946 jeweils am zweiten Sonntag im September gefeiert werden

347 Plakat zum ›Internationalen Gedenktag für die Opfer des faschistischen Terrors‹ am 13. September 1953 (Entwurf: Wagner). Da sich die VVN zu Beginn des Jahres unter dem Druck der SED selbst auflösen mußte, erscheint der charakteristische rote Winkel, den kommunistische Häftlinge im KZ tragen mußten und der danach zum Zeichen der VVN wurde, auf dem Plakat nicht mehr

350

351

348

352

349

353

348 Abzeichen zum 7. Jahrestag der Gründung der DDR am 7. Oktober 1956

349 Plakat zum 10. Jahrestag der Gründung der DDR am 7. Oktober 1959 (Entwurf: Hommola)

350 Plakat zum 34. Jahrestag der Oktoberrevolution (Entwurf: Spicker). Nach der alten julianischen Zeitrechnung des zaristischen Rußlands fand die Revolution am 25. Oktober 1917 statt. Die Umstellung auf den gregorianischen Kalender führte 1918 dazu, daß die Oktoberrevolution am 7. November gefeiert wurde

351 Abzeichen von 1952. Der »Monat der Deutsch-Sowjetischen Freundschaft« wurde im Anschluß an den Jahrestag der Oktoberrevolution mit einer Vielzahl von Arbeitsverpflichtungen und Veranstaltungen begangen

352 Plakat zum fünfjährigen Bestehen der Pionierorganisation ›Ernst Thälmann‹. Am 13. Dezember 1948 wurde für Kinder der Verband der Jungen Pioniere gegründet, am 23. August 1952 erhielt er den Namen Pionierorganisation ›Ernst Thälmann‹

353 Plakat zu Stalins 70. Geburtstag am 21. Dezember 1949 (Entwurf: Wilhelm Schubert)

Rainer Gries und Cordula Günther

# »Jeden Tag ein neues Geschenk« Gedanken zum Geschenkgestus in der DDR

354 Umzug zum 20. Jahrestag der DDR, 1969

Jeden Tag ein neues Geschenk« – der Redakteur der Zeitschrift ›Frau von heute‹ hatte sicherlich die parteiamtliche Ausstellung »Zehn Jahre Deutsche Demokratische Republik« im Sinn,[1] als er, auf die Feierlichkeiten zum ersten runden Geburtstag der Republik im Jahre 1959 zurückblickend, seinem Leitartikel just diese Sentenz voranstellte. Inventur und Imperativ: Der Satz ruft die aus diesem Anlaß arrangierten Bühnen und Podeste mit den zahlreichen Produkten und Erzeugnissen der DDR in Erinnerung, doch der Journalist selbst geht weiter: Er will die Losung nicht nur als Bilanz für das Erreichte interpretiert wissen, sondern stellt darüber hinaus die künftige Entwicklung der Arbeiter- und Bauernmacht unter deren Stern.[2]

»Jeden Tag ein neues Geschenk« – diesen Halbsatz kann man programmatisch für die Gestaltung politischer Rhetorik in der DDR nennen. Denn es hat den Anschein, als hätten die Propagandisten des Sozialismus tagtäglich ein Geschenksoll zu erfüllen gehabt. Während der Volksmund im kapitalistischen Westen immer schon wußte, daß einem »nichts geschenkt wird«, zeigte sich die sozialistische DDR gern großzügig und spendabel. Die Metapher vom »Geschenk«, von der »Gabe«, war in der Propaganda der DDR gang und gäbe, geradezu allgegenwärtig. Allenthalben wurde »geschenkt«, doch wer waren die »Schenkenden«, wer die »Beschenkten«? Wie sahen die »Geschenke« – genau besehen – aus?

Die geläufige Rede vom »Geschenk« entpuppt sich freilich als eine wohlfeile propagandistisch-agitatorische Argumentationsfigur, welche vor allem zu den »Geburtstagen der Republik« am 7. Oktober fröhliche Urständ feierte. Wir wollen hier kursorisch der Geschichte des Geschenkgestus in der DDR nachspüren und über seine politisch-propagandistische wie seine ökonomisch-gesellschaftliche Funktion nachdenken.

### »Für des Volkes Frieden, Wohlstand, Glück! / Deckt alle mit den Tisch der Republik!«

»In unserer Feierstunde am Vorabend des Geburtstages sollten wir Rückblick und Vorschau halten, sollten mit Stolz die großen Leistungen erkennen und anerkennen und durch unsere feierliche Stimmung diese würdigen.

Wir haben unseren wiedergefundenen und gesicherten Arbeitsplatz geschmückt und unser wieder aufgebautes Werk für Menschen sozialistischen Bewußtseins gestaltet. Auf jeden Geburtstagstisch gehören Geschenke und entsprechend der Bedeutung des Geburtstages werden die Geschenke gestaltet.

Wir haben, entsprechend den Verpflichtungen des Kollektivs unseres Werkes, einen Planvorlauf per 30. September 1959 von 3,1 Tagen erreicht, was einem Betrag von 2,921 Millionen DM entspricht, und dabei nicht nur den Produktionsplan übererfüllt, sondern, was das wesentliche dabei ist, auch die Akkumulation und das Ergebnis entsprechend übererfüllen können.« So begann der Generaldirektor des ›VEB Automobilwerk Eisenach‹ seine Festansprache zum Zehnten Jahrestag der Deutschen Demokratischen Republik. Ähnliche Worte dürften im Oktober 1959 die meisten volkseigenen Betriebsdirektoren gefunden haben. Der damalige »Wartburg«-Chef erklärte weiter: »Wie im Leben jedes einzelnen der Geburtstag Veranlassung gibt, Rückschau über das Verflossene und Vorschau auf die Zukunft zu halten, so ist auch dieser Tag dazu angetan, da er nicht nur etwa für das Leben eines einzelnen bestimmend ist, sondern weit darüber hinaus Millionen von Menschen Lebensinhalt und Perspektive gibt.«[3]

Die Redefigur, daß »unsere Republik« Geburtstag habe, daß sie aus diesem Anlaß von den Bürgerinnen und Bürgern, vor allem aber von ihren Werktätigen, insbesondere natürlich von den Arbeitern, zu »beschenken« sei, darf als das Leitmotiv der politischen Kommunikation des Jubeljahres 1959 schlechthin gelten.[4] Hierzu hatten die Parteipropagandisten einen rhetorischen »Tisch« aufgestellt, der mit »Gaben« und »Geschenken« »gedeckt« werden sollte. Wer den schier unaufhörlichen Strom von Meldungen in den Betriebs- und Bezirkszeitungen verfolgte, wer die extensive Agitation am Arbeitsplatz wie auf Straßen und Plätzen wahrnehmen wollte, konnte sich des Eindruckes nicht erwehren, es werde ein gewaltiges Paket »guter Taten zu Ehren der Republik« vorbereitet[5] (s. Abb. 311, S. 221).

»Ein Planvorsprung von 4 ½ Tagen beim Umsatz von Industriewaren – das ist das Geburtstagsgeschenk der Konsumgenossenschaften. Damit verkauften sie bis jetzt gegenüber dem Vorjahr für 530 Millionen DM mehr Industriewaren an die Bevölkerung. Bis Anfang Oktober wurden 6 000 Verkaufsstellen auf Selbst- und Teilselbstbedienung umgebaut.« Genau zehn Tonnen vollsynthetische ›Prelana‹-Fasern, den Rohstoff für mehrere tausend Pullover und Strickjacken, produzierte die Belegschaft des volkseigenen Kunstseidenwerkes Premnitz aus Anlaß des Zehnten Jahrestages der DDR zusätzlich. Die Werktätigen der ›Prelana‹-Abteilung wollten bis zum Jahresende 110 Prozent ihrer Produktionsauflagen für 1959 erreichen. Die Reichsbahn hatte einen »Schwerlastzug der guten Taten« auf die Schienen gebracht, dessen Geschenkefracht aus »Verpflichtungen und großartigen Erfolgsmeldungen aus allen Reichsbahndirektionen« bestand. (s. Abb. 314, S. 223) Ein Hochöfner aus Stalinstadt berichtete stolz: »Zum ersten Mal haben wir im Eisenhüttenkombinat ›J. W. Stalin‹ über 100 000 Tonnen Roheisen produziert und die übernommene Verpflichtung, den Volkswirtschaftsplan 1959 mit 80 Prozent zu erfüllen, eingelöst. Das ist nur eines der vielen hervorragenden

355 Plakat zum 10. Jahrestag der DDR, 1959

Ergebnisse, die unter der Führung der Sozialistischen Einheitspartei Deutschlands von den Werktätigen unseres Bezirkes auf den Geburtstagstisch der Republik gelegt werden können.«

Den Reigen von Geschenkadressen ad infinitum fortzusetzen, können wir uns ersparen, denn schon diese verschwindend kleine Auswahl vermag einen zuverlässigen Eindruck von der sicherlich überbordenden Fülle des Gabentisches der Republik zu vermitteln. Die Geschenkmetapher steht Ende der 50er Jahre ganz im Dienste der Produktionspropaganda.[6] »Deckt alle mit den Tisch der Republik!« – die Losung formulierte auf den ersten Blick zwar freundlich-freiwillige Geschenkgesten. Dahinter stand jedoch das harte und unbeugsame Verlangen der Partei- und Staatsführung, den Volkswirtschaftsplan im ersten Jahr des ehrgeizigen Siebenjahrplanes kräftig überzuerfüllen. Es war die Losung einer Wettbewerbsbewegung mit dem vorgegebenen Ziel, die Arbeitsproduktivität und die industrielle Produktion rasch zu erhöhen und das Tempo sozialistischer Umgestaltung in Industrie und Landwirtschaft zu beschleunigen.

Für die volkseigenen Werke bedeutete dies konkret, daß bis zum 7. Oktober 1959 mindestens 80 Prozent des Jahresplanes erfüllt sein mußten. – Damit wurde eine Gabe gefordert, die keineswegs alle Betriebe darreichen konnten. Für Ost-Berlin mußte Oberbürgermeister Friedrich Ebert beschämt eingestehen: »Wir wären ... gern mit noch wertvolleren Gaben zum Geburtstag unserer Republik gekommen. Trotz größter Anstrengungen ist es aber zu unserem Bedauern einigen für die Entwicklung der Volkswirtschaft der DDR sehr wichtigen Großbetrieben in Berlin nicht gelungen, den Plan bis zum Jahrestag zu 80 Prozent zu erfüllen. Insgesamt erreichte das demokratische Berlin bis zum heutigen Tag [4. Oktober – R. G. / C. G.] 75 Prozent des Jahresplanes.«[7] Auch Geschenkpläne wurden also zuweilen nicht erfüllt.

Nicht ausschließlich unter ökonomischen Gesichtspunkten interpretierte Wilhelm Pieck, der Präsident der DDR, die Geschenkmetapher: »Mit bewegtem Herzen überschaue ich die Früchte der zehnjährigen Arbeit seit der Gründung unseres Staates, die wir hauptsächlich unseren fleißigen Arbeitern verdanken, die aber auch das Werk aller anderen Werktätigen sind. Heute künden nicht nur kühne Produktionszahlen vom Erreichten und Geplanten, heute zeugen Brigaden der sozialistischen Arbeit und sozialistische Arbeitsgemeinschaften von dem hohen Stand unserer Moral und Ethik, die ihren schönsten Ausdruck in der Arbeit für die sozialistische Gesellschaft findet, damit den materiellen und kulturellen Bedürfnissen all ihrer Mitglieder aufs Beste Genüge getan werde. Das ist das neue Antlitz unserer Republik. Das ist das schönste Geschenk, das uns allen zu diesem frohen Festtag beschert werden konnte. Mögen bald alle Bürger von diesem sozialistischen Geist erfüllt sein, damit unsere herrliche Republik noch schneller in Frieden, Wohlstand und Glück gedeihe!«[8]

Die Schenkenden waren im Jahr 1959 die Schaffenden, die erwarteten Geschenke Arbeit und Leistung, und als Beschenkte trat, zuweilen als zehnjähriges Kind personifiziert, das staatliche Gebilde DDR auf, familiär »unsere Republik« genannt. Vor allem die von Wilhelm Pieck ange-

356 Das ›konsument‹-Warenhaus am Leipziger Brühl, März 1972 (Foto: Raphael)

sprochenen materiellen Bedürfnisse der Schenkenden spielten rhetorisch wie real zunächst eine sekundäre Rolle. Die Arbeiter und Bauern sollten die Geschenke des Jahres 1959 als Vor-Leistungen übergeben, konsumtive Geschenke für sie, so die propagandistische Argumentation, würden bis 1961, spätestens aber bis 1965, folgen. Denn bis zum Jahr 1961 sollte, so der Beschluß des V. Parteitages der SED (1958), die sogenannte ökonomische Hauptaufgabe gelöst sein, nämlich Westdeutschland im Pro-Kopf-Verbrauch bei allen wichtigen Lebensmitteln und Konsumgütern bis zum Jahre 1961 einzuholen und zu überholen. Mit dem erfolgreichen Abschluß des Siebenjahrplanes im Jahr 1965 wurde sogar der endgültige, nahezu paradiesische »Sieg des Sozialismus« in der DDR erwartet. Binnen drei respektive sieben Jahren, so die virtuellen Zeithorizonte gegen Ende der 50er Jahre, sollten die Früchte der Vor-Gaben für alle zu ernten sein. Einstweilen jedoch mußte der hoffnungsfrohe Blick ins Schaufenster den konsumtiven Genuß der Schenkungen des Sozialismus ersetzen (s. Abb. 317, S. 224).

### ›Präsent 20‹ – »Ein Spitzenerzeugnis als Präsent zum 20. Jahrestag unserer Republik«

Wirtschaftliche Stabilität und eine relative Prosperität eröffneten den Versorgungspolitikern der DDR spätestens im Laufe der zweiten Hälfte der 60er Jahre Möglichkeiten, auf die materiellen und konsumtiven Wünsche der Bevölkerung besser einzugehen. Diese Entwicklung ist sicher der entscheidende Grund dafür, daß dieses Jahrzehnt gerne als die »goldene Zeit« der DDR erinnert wird. Aus dem bloßen Blick ins Schaufenster wurde der selbstbewußte Einkauf in den zahlreichen neu eröffneten Kaufhäusern und Kaufhallen. Jetzt wurden, beglaubigt mit dem Siegel des 20. Jahrestages der DDR, die neuen konsumtiven »Errungenschaften« als »Geschenke« inszeniert.

In der Messestadt Leipzig zum Beispiel wurde das ›konsument‹-Warenhaus am Brühl umgebaut und noch 1968 der Öffentlichkeit übergeben. »In dem neueröffneten größten und modernsten Warenhaus am Brühl werden auf mehr als 11 000 Quadratmetern Fläche in fünf Verkaufsetagen

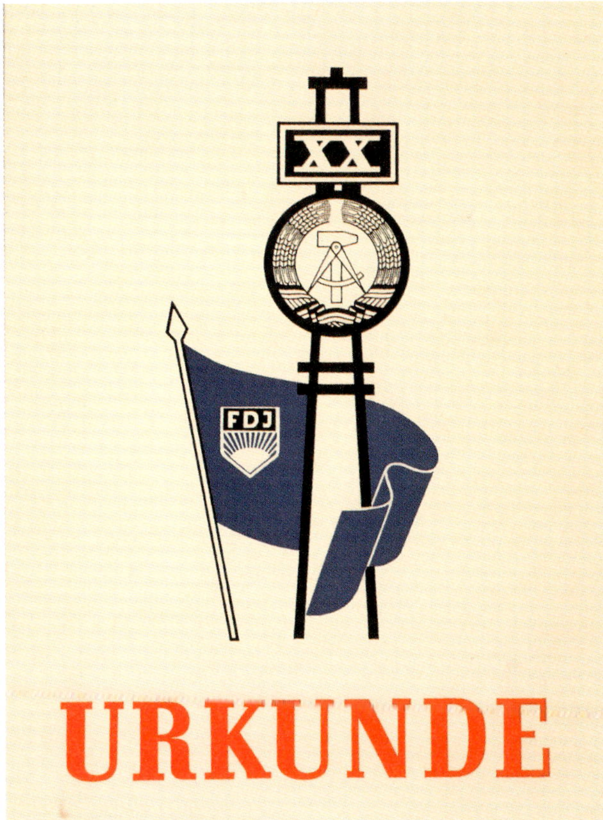

357 FDJ-Urkunde für hervorragende Leistungen, 1969
358 Der Katalog des ›Centrum Versandhauses‹, Herbst/Winter 1969/70
359 Plakat zum 20. Geburtstag der DDR, 1969

rund 50 000 Artikel angeboten.« Neben fachlicher Beratung und freundlicher Bedienung werde Dienstleistung groß geschrieben, wußte die offizielle Propagandabroschüre des Bezirkes Leipzig zum 20. Jahrestag. »Ungestört kann Mutti ihren Einkauf tätigen und ihren Sprößling einer Kindergärtnerin im Spielraum überlassen. Analog den Warenhäusern sprechen auch die Kaufhallen immer mehr an. Ein Geburtstagsgeschenk besonderer Art bereiten sich die Leipziger mit dem Bau von zusätzlich zwölf Kaufhallen zu Ehren des 20. Jahrestages der DDR.« Die Errichtung dieser neuen »Handelsobjekte«, so der Prospekt, »entspricht den Bedürfnissen der Werktätigen und wurde entsprechend einem Vorschlag der SED von der Stadtverordnetenversammlung beschlossen.« Die zwölf spektakulären Geschenke wurden so plaziert, »daß künftig in Schwerpunktgebieten

360 Signet der ›Club-Cola‹

eine komplexe Versorgung gewährleistet ist. Auf 430 Quadratmetern Verkaufsraumfläche kann hier der Kunde 70 Prozent seines täglichen Bedarfes einkaufen.«[9]

»Schöner unsere Städte und Gemeinden – Mach mit!« Im Leipziger Geschenkkorb befand sich überdies ein Plan zur Ausschmückung der City. Die Pleißestadt wünschte man sich künftig als »Stadt der Blumen, der Wasserspiele und des Lichts«; dazu sollte die Innenstadt verschönert werden, indem »repräsentative Blumenbeete und -rabatten mit hochwertigen Bepflanzungen« angelegt wurden; historische Brunnen waren instandzusetzen, neue Springbrunnen zu errichten. Zu den auffallendsten Geschenken an die Bürger der Stadt zählte die Gestaltung der Freifläche Katharinenstraße: Der Sachsenplatz mit Romanushaus und Leipzig-Information erhielt zum 20. Jahrestag sein noch heute gültiges Gepräge.[10]

Natürlich galt es nicht nur, die Bezirksstädte zu möblieren und zu verschönern. In Berlin wurde seit 1966 der Alexanderplatz als »Visitenkarte der Hauptstadt der Deutschen Demokratischen Republik« umgestaltet. Zum Geburtstag der Republik konnten die ›Urania-Weltzeituhr‹ und das höchste Geschenk, »unser Turm«, ihren »Besitzern« übergeben werden. Der »Fernseh- und UKW-Turm« – wo er stehe, hieß es, da sei Berlins Zentrum, als sozialistische »Höhendominante« gereiche er zum Wegweiser in die Hauptstadt.[11] »Die Geburtstagsfeier ist vorüber – der Alltag hat Einzug gehalten – die Berliner haben Besitz ergriffen vom neuen Alex«, vermeldete die Hauptstadt-Illustrierte.[12] Ein Jahr später eröffneten noch das Interhotel ›Stadt Berlin‹ und das ›Centrum‹-Warenhaus, das nunmehr größte Kaufhaus der DDR.

Nicht nur großzügig bemessene Verkaufsflächen, sondern auch neue Produkte gehörten Ende der 60er Jahre zum Geschenkangebot. »So tauchten damals, zumindest in Ostberliner Läden, echte dunkelblaue Levis-Jeans für 56 Mark der Deutschen Demokratischen Republik auf. Alle Welt trank Cola, nur der erste sozialistische Staat auf deutschem Boden nicht. Und so hielten die zuständigen Organe wohl auch die Zeit für gekommen, ›unseren Menschen‹ nun endlich eine Cola zu schenken. Was da die heimischen Labors zusammengeköchelt hatten, war auf den ersten Schluck freilich nicht sonderlich berauschend«, erinnert sich ein gelernter Ostbürger.[13] Nachdem ›Club-Cola‹ 1968 als Schutzmarke eingetragen worden war, wurde für das Cola-Geschenk an die Jugend der DDR in Berlin-Weißensee eigens eine moderne Produktions- und Abfüllanlage errichtet.

Eine eigene Produktionsstätte wurde auch für das wohl spektakulärste Produkt-Geschenk zum 20. Jahrestag der DDR aufgebaut. Der Name des Produktes war Programm: ›Präsent 20‹.[14] Das »Spitzenerzeugnis«, dem mit der Markenbezeichnung ›Präsent 20‹ zugleich die Erinnerung an den 20. Jahrestag der DDR »eingesteppt« wurde, bestand zunächst aus einer Anzug- und Kostümkollektion, die pünktlich zum 7. Oktober 1969 »versorgungswirksam« wurde.[15] ›Präsent 20‹ galt als revolutionäres Produkt der einheimischen Bekleidungsindustrie, denn es war nach dem in der Flächenherstellung völlig neuen Großrundstrickverfahren »nicht gewebt, sondern auf modernsten Maschinen gestrickt«, und es bestand aus der damals hochmodernen texturierten Polyesterfaser, die in der DDR den Namen ›Grisutentextur‹ trug.[16] Den »Anschluß an das Weltniveau« hatte man allerdings nicht ohne westliche Ausrüstung geschafft, aber dieser Sachverhalt blieb bis zum Ende der DDR ein Tabu.[17]

›Präsent 20‹ war genaugenommen ein Geschenk im »Dreierpack«: Es bestand nicht nur aus den Kleidungsstücken, sondern umfaßte das in kürzester Zeit errichtete Textilkombinat Cottbus (TKC) sowie die ›Industrieläden Präsent 20‹, »Handelseinrichtungen«, welche die neuen Pro-

4 *Plakat (zur Serie Abb. 9–12)*

5, 8 *Plakate, das gesellschaftspolitische Anliegen ist mit kommerziellen Aussagen verbunden*

6, 7 *Plakate*

*Die Werbemittel (Bild 4, 9–12) sind Gestaltungselemente eines neuentwickelten Baukastensystems für den genossenschaftlichen Einzelhandel*

**2. Hauptaufgabe: Rationalisierung der Werbearbeit**

Die seit einigen Jahren unter dem Einfluß der wiederholt mit dem Staatstitel ausgezeichneten Sozialistischen Arbeitsgemeinschaft Handelswerbung laufenden erfolgreichen Bemühungen um eine immer wirksamer werdende Rationalisierung der Werbearbeit im sozialistischen Einzelhandel konnten um ein weiteres, sehr wichtiges Ergebnis bereichert werden. Erstmalig zum Zeitpunkt des 20-jährigen Jubiläums unserer Republik wurden Werbemittel entwickelt, die sich nach dem Baukastenprinzip variationsreich kombinieren lassen. Zum Beispiel können die Plakate für den volkseigenen Einzelhandel stets mit darüber- oder daruntergesetzten Textplakaten nach Belieben kombiniert werden (Abb. 1). Und jedes Plakat ist auch allein wirksam. Da für alle Schwerpunktaktionen nach diesem Prinzip gestaltete Plakate entwickelt werden, lassen sich in der Praxis später auch individuell verschiedene Kombinationen mit z. T. bereits früher herausgegebenen Plakaten vollziehen.
Wie variationsreich das für den konsumgenossenschaftlichen Einzelhandel entwickelte Baukastensystem ist, zeigen die Abbildungen 2 und 3. Die Plakate zum Thema „20 Jahre DDR" lassen sich, mit verschiedenen dekorativ wirkenden Gestaltungsformen unterbrochen, nach Belieben reihen und an den unterschiedlichsten Flächen einsetzen — die Abbildungen zeigen zwei beliebig zusammengestellte Kombinationsfriese mit je einem Teil aus den Plakatserien „Gesellschaftliche Themen" und „Konsumgenossenschaftliche Themen". Die Bildmotive sind stets quadratisch, die Textteile abtrennbar und auch allein einsatzbar. Mit den Bildmotiven allein und mit anderen, zum jeweiligen Werbemittelkomplex gehörenden zusätzlichen Text- bzw. Motiv-Ergänzungsbogen, lassen sich wiederum die unterschiedlichsten und variationsreichsten Kombinationen in Schaufenstern, an Fassaden, in Innenräumen, an großen Wandflächen usw. durchführen (Abb. 4, 9—12).

**Nicht auf halbem Wege stehenbleiben**

Die Rationalisierung der Werbegestaltung in den sozialistischen Handelsbetrieben beschränkt sich also nicht allein darauf, mit standardisierten Werbemitteln und -hilfsmitteln zu arbeiten, die nur innerhalb ihres themenbezogenen Sortiments variationsreich kombinierbar sind. Es ist notwendig, für längere Zeiträume komplex-methodisch zu planen und die Gestaltungsarbeit mit wiederholt oder ergänzend einsetzbaren kombinierfähigen Plakaten, Text- und Motivbogen zu erleichtern, welche nach einem für ein Handelsunternehmen einheitlichen Baukastenprinzip entwickelt sein müssen.
Folgende Vorteile ergeben sich daraus für die Zukunft: Bei konsequenter Weiterentwicklung dieses Prinzips wird ein firmentypischer Ge[illegible] die dekorative Gestaltungsarbeit in den Einzelhandelsbetrieben wird weiter erfolgreich rationalisiert — die Effektivität der Werbearbeit

361 Seite aus der ›Fachzeitschrift für Theorie und Praxis der sozialistischen Werbung – Neue Werbung‹, 1969

dukte exklusiv in Cottbus, Berlin, Dresden und Leipzig zum Kauf anbieten durften. Selbstverständlich wurden auch diese neuen Verkaufsstellen zum Geburtstag der Republik 1969 eröffnet. Ein neues Kombinat, neue Maschinen und Technologien, neue Fasern, neue Produkte und neue Läden – sollte ›Präsent 20‹ also ausschließlich ein Präsent von Partei und Staat an die Bürger der DDR darstellen? Betrachtet man die Planvorgaben insgesamt, so legen sie auf den ersten Blick diese Interpretation nahe: »Das Sonderprogramm Cottbus hat für die volkswirtschaftliche Entwicklung der DDR große Bedeutung. Mit ihm ist wissenschaftlich-technischer Höchststand im Bauwesen sowie in der Produktion von textilen Flächen und Konfektionserzeugnissen zu erzielen. Bis zum 20. Jahrestag der DDR sind die neuen Erzeugnisse versorgungswirksam zu machen.«[18]

Findet sich hier der »Versorgungs«-Gedanke als eigentliches Ziel formuliert, so ist dennoch das System von Planauflage und Vollzugsmeldung, wie es schon zum 10. Jahrestag praktiziert wurde, weiterhin gültig. »Der Vorabend des 20. Jahrestages der DDR wird für die Cottbusser Bau- und Textilarbeiter zu einem denkwürdigen Tag. Am 29. September 1969 übergibt Erich Honecker, Mitglied des Politbüros und Sekretär des ZK der SED, den ersten Bauabschnitt des VEB Textilkombinat seiner Bestimmung ... Der Minister für Leichtindustrie meldet Genossen Honecker die volle Betriebsbereitschaft der Produktionsanlagen.«[19] Jetzt erst konnten die Produkte folgen: »Noch im IV. Quartal wird eine Flächenmenge für 70 000 Damenkostüme und 46 000 Herrenanzüge produziert«.[20] Der letzte Slogan des bereits genannten Werbeprospektes für ›Präsent 20‹ läßt die harte ideologische und ökonomische Seite des Geschenkwesens in der DDR anklingen: »Zeitgemäße Kleidung durch konzentrierte Leistung«! – auch »Geschenke« mußten von den Werktätigen erst einmal erarbeitet werden.

»Versorgt« wurde zunächst nur über wenige Spezialläden. Dort konnte man sich des Massenansturms auf das »Präsent« kaum erwehren. Im

362 Werbeprospekt, Warenetikett, Garantiepaß und Vermerk in einem Scheckheft für ein Kleidungsstück aus ›Präsent 20‹, November 1969

Jahr 1970 wurden dann bereits 382 000 Anzüge und 231 000 Kostüme produziert; immer noch zu wenig, um die Nachfrage zu befriedigen.[21] Allerdings war das Geschenk ›Präsent 20‹ keineswegs »geschenkt«: Im Durchschnitt kostten die »Spitzenerzeugnisse« 300 Mark und mehr. Das Geschenk bestand wohl eher in dem politischen Gnadenerweis, Konsum überhaupt zu gewähren.

»Ein Spitzenerzeugnis als Präsent zum 20. Jahrestag unserer Republik hergestellt im VEB Textilkombinat Cottbus«.[22] Die Produktpräsentation von ›Präsent 20‹ läßt keinen Zweifel daran aufkommen, daß auch 1969 vor allem die Republik durch die Werktätigen zu ihrem Geburtstag beschenkt wurde. Der Geschenkgestus war in diesem Fall durchaus zweiseitig zu sehen: Dem Volk wurde etwas Selbstverständliches vergönnt und als Geschenk verkauft, das Volk wiederum konnte und mußte pünktliche Planerfüllung als Gegengeschenk darbringen.

Aber was sollte »die Republik« mit einer Gabe von Abertausenden Anzug- und Kostümeinheiten? Zwar »verkam« ›Präsent 20‹ im Laufe der Jahrzehnte in den Augen vieler DDR-Bürger zum »Stoff der Kaderleiter und Funktionäre«,[23] doch war das 1969 nicht vorhersehbar und mit jenem Geburtstagsgeschenk an »unsere Republik« keineswegs intendiert. Das Possessivpronomen enthält die Lösung: Das Geschenk an die Republik ist ein Geschenk an alle. Hier verfuhren die Großrundstricker aus Cottbus ganz wie Brechts Teppichweber von Kujan-Bulak, die eine gute Tat zu Ehren Lenins ersinnen sollten und etwas vollbrachten, das ihnen selbst zugute kam: »So nützten sie sich, indem sie Lenin ehrten, und ehrten ihn, indem sie sich nützten, und hatten ihn also verstanden.«[24]

Brechts Lehrsatz verdichtet Idealvorstellungen vom Sozialismus. Weder bei Brecht noch bei Lenin steht allerdings geschrieben, daß eine Führungsriege »gute Taten« von allen für alle propagandistisch nutzen und als Geschenk an die Werktätigen in Szene setzen solle.

Die Geschichte des Geschenks ›Präsent 20‹ endet keineswegs mit der Geburt des Produktes, es folgt die Geschichte seiner schrittweisen Entwertung, die hier nicht erzählt werden kann. Festzuhalten bleibt, daß nach dem überwältigenden Erfolg von ›Präsent 20‹ bald andere Konfektionsbetriebe auf Großrundstrickprodukte aus 100 Prozent texturierter Polyesterseide umrüsteten, und fortan das Angebot von Großrundgestricken in der DDR ungewohnt reichlich wurde. Allerdings blieb der Markenname ›Präsent 20‹ den Erzeugnissen des Cottbusser Kombinates vorbehalten.

Im Jahr 1979 vom Leipziger Institut für Marktforschung befragt, kannten über 90 Prozent der Frauen Großrundstrick oder ›Präsent 20‹, was die nachhaltige Wirkung des Jahrestagsgeschenks belegt.[25] Die Umfrage verwendete beide Begriffe synonym, obwohl dies eigentlich nicht korrekt ist.[26] Darin kann ein Zugeständnis an den »Volksmund« gesehen werden, für den alle Großrundgestricke zugleich auch ›Präsent 20‹ darstellten. Bis zum heutigen Tag haftet das Etikett ›Präsent 20‹ also nicht nur in überkommenen Kleidungsstücken, sondern auch im kollektiven Gedächtnis der DDR-Bevölkerung. ›Präsent 20‹ erweist sich damit als eine der einprägsamsten und langlebigsten Geschenkmetaphern.

363 Familienfoto vor dem Alten Rathaus in Leipzig. Alle Kleidungsstücke bestehen aus ›Präsent 20‹, um 1970

Spürt man dem Gebrauch des Geschenktopos Ende der 60er Jahre nach, so zeigt sich, daß als »Geschenk« nicht mehr die bloße Arbeit apostrophiert wird, sondern die Produkte aus dieser Arbeitsleistung. »Geschenke« sind jetzt individuell genießbar, sie sind von jedem einzelnen erlebbar und erwerbbar. Geschenke sind also nicht mehr Konsumgutscheine auf die Zukunft, sondern gewinnen Realität und Gegenwart. Die rhetorische »Geschenk«-Figur steht Ende der 60er Jahre nicht mehr nur im Dienste des Produktionsanreizes, sondern sie garantiert nunmehr ideologisch einwandfreie Konsumtion.

Als Schenkende treten zunächst zwar wiederum die Schaffenden auf, als Adressat der Präsente fungiert jedoch weit weniger die anonyme Republik in toto, sondern an deren Stelle treten – weitaus glaubwürdiger als Ende der 50er Jahre – die

364 Seite aus der ›Fachzeitschrift für Theorie und Praxis der sozialistischen Werbung – Neue Werbung‹, 1969

Werktätigen selbst. Bereichert um die erweiterten konsumtiven Möglichkeiten, steigen die Chancen für eine Akzeptanz des Postulates: »Und wir sind unsere Republik.« Die einstige Losung »Deckt alle mit den Tisch der Republik!« wurde inzwischen ausgetauscht gegen die neue Version: »So decken wir unseren Geburtstagstisch.«

Die Geburtstagspropagandisten ergänzten die traditionelle Argumentationskette um ein weiteres Glied: »Die Republik hat Geburtstag« – »Unsere Republik sind wir« – »Wir sind zwanzig«. Mit der Erweiterung um die letztgenannte Aussage ergab sich die Chance, eine zeitgemäße Definition des »Wir« einzuführen. Wir alle dürfen und sollen uns nämlich so alt wie unsere Republik fühlen: »zwanzig«, also jung und dynamisch, sachlich und selbstbewußt und »der Zukunft zugewandt«. Die Republik gewann so propagandistisch das Gesicht von Zwanzigjährigen. Daß die »Geschenke«, die »wir« uns offerierten, ebendieses Zeitbewußtsein und ebendiese Wertehorizonte repräsentierten, dürfte außer Frage stehen.

### Euphorie und Euphemie paternalistischer Geschenkpolitik

»In dem Maße, wie die res politica zu einer res humana wird, wird sie auch zu einer res poetica. Der Staat, der sich vermenschlicht, der selbst die Gestalt eines menschlichen Wesens annimmt, eines Kollektivwesens, wird in zunehmendem Maße auch eine poetische Gestalt annehmen, und die Sprache der schönen Künste wird auch eines seiner Ausdrucksmittel werden.« Bezeichnenderweise fand sich diese Vision Johannes R. Bechers einer Materialsammlung vorangestellt, die zur Gestaltung von Feierlichkeiten zum 20. Jahrestag zusammengetragen worden war.[27] Diese Phantasie von einem sozialistischen Staat mit menschlichem Antlitz fordert uns heraus, abschließend die »poetischen« und die politischen Gehalte der öffentlichen Geschenkdiskurse in der DDR wenigstens zu skizzieren.

Zunächst scheint uns wichtig festzustellen, daß es sich damals nirgendwo um ein Geschenk im eigentlichen Wortsinne handelte, daß nirgendwo ein Geschenk – eine Gratisgabe, ein Surplus jenseits des Ökonomischen – tatsächlich überreicht wurde. Im Gegenteil, die politischen »Geschenke« kosteten entweder Arbeit und Schweiß oder aber etliche Mark der DDR. ›Präsent 20‹ zum Beispiel wurde jahrelang aus Prestigegründen überteuert angeboten. Demzufolge fand auch nirgendwo ein echter Akt des Schenkens statt. Der Geschenkgestus in der DDR muß als ideologisch geprägtes, symbolisch strukturiertes und rhetorisch organisiertes Ritual begriffen werden.

Gleichwohl ruft solche Rede vom Schenken und Beschenktwerden die Alltagserfahrung des Schenkens, mithin das anthropologische System des Gebens und Nehmens auf und macht sich dessen Struktur zunutze: »Schenken heißt eine Macht erwerben, einen symbolischen Tausch realisieren, Bindungen und Bündnisse initiieren, Rechte und Pflichten attribuieren, subjektive Bedeutungen objektivieren und Alter ego systematisch klassifizieren, heißt strategische Orientierungen in altruistische Motive kleiden, soziale Herausforderungen als Wohltätigkeit stilisieren, beehren, beschämen, hierarchisieren und stratifizieren, solidarisieren, reziproke Anerkennungsformen einfädeln, egalisieren und intimisieren.«[28]

365 20 Jahre DDR – ein Kinderspiel (Foto: Martin Schmidt)

Schenken schafft Beziehungen, fördert im schönsten Fall Dankbarkeit, fordert im schlimmsten Fall »Verpflichtungen«.[29] Welcher Art ist die »Beziehung«, die die Geschenkrhetorik begründen will? Mit Hilfe des Geschenkmythos präsentiert sich der sozialistische Staat nicht nur im Sinne Bechers »als Mensch«, sondern, mit Bezug auf seine Bürger, als ganze Familie, mithin also warm und wohltätig, kleinräumig und abgeschlossen, Emotionalität fördernd, Intimität spendend, Identifikation und womöglich sogar Identität stiftend. Die Geschenkmetapher erzählt stets die Geschichte vom vorsorgenden und versorgenden, zugleich überlegt generösen »Vater Staat«, dem einerseits Geschenke gebühren, wofür er andererseits wiederum Präsente gewährt. »Im Rahmen bürokratischer Herrschaft wird politisch-administrative Macht von der SED-Führung paternalistisch, das heißt hier: mit väterlicher Autorität und Sanktionsgewalt, mit Strenge und mindestens subjektivem Wohlwollen zugleich ausgeübt. In letzter Instanz entscheiden die Machtelite, die vereinigten Exekutiven von Partei und Staat ›fürsorglich und verantwortlich‹, im Stile eines kollektiven Hausvaters alle wichtigen politischen Fragen. Der sozialistische Paternalismus ist eine Herrschaft ›für das Volk‹, nicht ›durch das Volk‹.«[30] Das rhetorische Muster ›Geschenk‹ entpuppt sich als die kommunikationspolitische Kehrseite jener Medaille mit der Aufschrift »sozialistischer Paternalismus«. Selbst ganz und gar Fiktion, hilft sie mit, die Fiktion vom Staat als einer großen Familie aufrechtzuerhalten, vielleicht sogar zu gebären.

366 Während der »Festdemonstration« anläßlich des 15. Jahrestages der DDR am 7. Oktober 1964 zieht ein vom Bezirk Neubrandenburg geschmückter Wagen an der Ehrentribüne vorbei

Zwar gab es keinen Ort, wo Gaben und Geschenke zwischen Führung und Volk tatsächlich ausgetauscht worden wären. Aber es gab Orte und Anlässe, wo der Austausch zwischen politischem »Oben« und gesellschaftlichem »Unten« als symbolischer Akt inszeniert wurde. Dort nämlich, wo sich Führung und Volk regelmäßig physisch begegneten, beispielsweise bei den Demonstrationen zu den Staatsfeiertagen der DDR, also zum 1. Mai oder eben zu den Geburtstagen der Republik. Genaugenommen fand dieses denkwürdige Vis-à-vis in dem Moment statt, wenn das Volk die »Ehrentribüne« passierte.[31]

Die Werktätigen brachten dann ihre »Verpflichtungen«, ihre Versprechen und »ihre Erfolge, ihre geistigen und materiellen Produkte« dar.[32] Sie demonstrierten, die vorgegebenen Pläne erfüllt oder gar übererfüllt zu haben, und bekräftigten die ausgegebenen Losungen. Und die Betriebe präsentierten als Gaben die herausragenden Erzeugnisse aus der laufenden Produktion. Es ist wiederum kein Zufall, daß die Wirtschaft zum 20. Jahrestag von den Leipziger Festregisseuren ermahnt wurde, »besser Originalprodukte als Leistungsbeweis vorzuführen, als mit unzulänglichen Mitteln kopierte Produkte aus Pappmaché«.[33] Do ut des (Gib, damit man Dir gebe!) – auf der Tribüne repräsentierend, nahm die Partei- und Staatsführung die Opfergaben des Volkes ab. Ihr väterlicher, kontrollierender und wohlwollender Blick versprach im Gegenzug, auch künftig für soziale Sicherheit und materielle Prosperität »in den Farben der DDR« zu sorgen. Dieses Versprechen wurde umgehend durch die Volksfeste bestätigt, die, sobald ein Demonstrationszug die Tribüne passiert hatte, gleich dahinter arrangiert waren.

Es war im Kern dieses kollektiv aufgeführte symbolische Geben und Nehmen, das in regelmäßigen zeitlichen Abständen den real existierenden »Gesellschaftsvertrag« zwischen Führung und Volk der DDR besiegelte. Über fast 40 Jahre war das propagandistische »Geschenk«-Modell integrierender Teil der politischen Kultur der DDR, half mit, Loyalität und Legitimität zu stiften.

1 S. den Beitrag von Monika Gibas: »Die Republik, das sind wir!« – Das propagandistische »Gesamtkunstwerk« Zehnter Jahrestag der DDR als nachholendes Initiationsritual in diesem Band.

2 Frau von Heute, 14/1959, Heft 41, S. 2.

3 Der Motor. Betriebszeitung des VEB Automobilwerk Eisenach, 10/1959, Nr. 38/39, S. 4 f.

4 Zum propagandistischen Geschehen des Jahres 1959 s. den vom ›DFG-Projekt Propagandageschichte Freiburg & Leipzig‹ erarbeiteten Band: Gibas, Monika / Schindelbeck, Dirk (Hg.): »Die Heimat hat sich schön gemacht ...« – 1959. Fallstudien zur deutsch-deutschen Propagandageschichte, Leipzig 1994 (zugleich: Comparativ. Leipziger Beiträge zur Universalgeschichte und vergleichenden Gesellschaftsforschung, 4/1994, Band 3). Einen ersten Überblick über die Geschichte der Dezennien in der DDR bieten Gibas, Monika / Gries, Rainer: Dramaturgie der Dezennien. Die Geburtstage der Republik in Leipzig, in: Keller, Katrin (Hg.): Feste und Feiern. Zum Wandel städtischer Festkultur in Leipzig, Leipzig 1994, S. 326-347.

5 Die folgende, minimale Zusammenstellung stützt sich hauptsächlich auf die Presse-Informationen zur Festwoche, hg. vom eigens im ›Berolina-Haus‹ am Alexanderplatz eingerichteten Pressezentrum ›10 Jahre DDR‹.

6 Zur Geschichte der Produktionspropaganda in der DDR s. auch Gries, Rainer: »Deine Hand für Dein Produkt«. Zur Produktionspropaganda in der DDR nach dem V. Parteitag der SED, in: Diesener, Gerald / Gries, Rainer (Hg.): Propaganda in Deutschland. Zur Geschichte der politischen Massenbeeinflussung im 20. Jahrhundert, Darmstadt 1996, S. 128-145.

7 Presse-Informationen (wie Anm. 5) vom 5. Oktober 1959.

8 Aufruf des Präsidenten zum 10. Jahrestag, in: Presse-Informationen (wie Anm. 5) vom 7. Oktober 1959; abgedruckt in: Neues Deutschland v. 7. 10. 1959, S. 1, unter der Überschrift: »Es lebe und blühe unsere Deutsche Demokratische Republik!«.

9 Rat des Bezirkes Leipzig (Hg.): Und der Zukunft zugewandt. Der Bezirk Leipzig im 20. Jahr der Deutschen Demokratischen Republik, o. O., o. J. (Leipzig 1969), S. 36, in: Stadtarchiv Leipzig (StadtAL), Sammlung Sozialismus, Nr. 1416.

10 Auszugsweise Abschrift eines Beschlusses des Sekretariats der SED-Stadtleitung vom 13. September 1968; Festlegungsprotokoll über die Beratung der ›Koordinierungsgruppe 20. Jahrestag der Gründung der DDR‹ am 13. August 1969, in: StadtAL, Stadtverordnetenversammlung und Rat der Stadt (StVuR), 4129.

11 Gummich, Karl Heinz: Der Alexanderplatz, Berlin 1971, S. 48 f.

12 Alex-Bummel 69, in: Neue Berliner Illustrierte, 1969, Nr. 44, S. 12-15.

13 Kohrt, Wolfgang: Ein eigener Schluck, in: Die Zeit – Zeit-Magazin Nr. 31 v. 30. Juli 1993, S. 22 ff. Die Erinnerung trügt jedoch leicht, denn es gab bereits eine DDR-eigene Colamarke, nämlich ›Vita-Cola‹.

14 Feine Maschen präsentieren sich in Anzug und Kostüm. Werbeprospekt des VEB Textilkombinat Cottbus für ›Präsent 20‹; zur Kulturgeschichte von ›Präsent 20‹ s. ausführlicher Günther, Cordula: ›Präsent 20‹. Der Stoff, aus dem die Träume sind, in: Universitas. Zeitschrift für interdisziplinäre Wissenschaft, 51/1996, Heft 2, S. 116-126. Von Cordula Günther wird im ›Kulturwissenschaftlichen Institut e.V.‹ Leipzig ein Forschungsprojekt zum Thema »Ersatzstoffe und Wunderfasern. Alltags- und Kulturgeschichte von Kunstfasern und synthetischen Fasern im 20. Jahrhundert« durchgeführt.

15 Betriebsparteiorganisation des VEB Textilkombinat Cottbus-Stammbetrieb (Hg.): VEB Textilkombinat Cottbus, Stammbetrieb, Chronik 1969 bis 1975, Teil I, S. 5.

16 Werbeprospekt (wie Anm. 14).

17 Die Textilbranche in Cottbus gestern und heute. Dokumentarisches über Aufstieg und Niedergang eines traditionsreichen Berufszweigs, hg. v. ACOL – Gesellschaft für Arbeitsförderung mbH, Cottbus 1995.

18 Chronik (wie Anm. 15), S. 5.

19 Ebenda, S. 11.

20 Ebenda, S. 13.

21 Geschäftsbericht des VEB Textilkombinat Cottbus. Planjahr 1971. Kombinatsleitung. VS Hauptstelle. 6. März 1972, in: Brandenburgisches Landeshauptarchiv, Potsdam, Signatur 3676, Bd. 15, unpag.

22 Werbeprospekt (wie Anm. 14).

23 Interview mit Frau K., die sich als Zeitzeugin und »Gegnerin« von ›Präsent 20‹ gemeldet hatte, geführt im März 1996.

24 Bertolt Brecht: Die Teppichweber von Kujan-Bulak ehren Lenin, in: Hundert Gedichte. 1918–1950, Berlin 1968, S. 135.

25 Matern, Dieter: Analyse wichtiger Tendenzen des Verbrauchs bei ausgewählten Positionen der Damenoberbekleidung. Ergänzungsmaterial: Meinungen und Auffassungen zu Damenoberbekleidung aus Großrundgestricken (Präsent 20), 31. Januar 1978, in: Bundesarchiv, Abteilungen Potsdam, Signatur DL 102, Anlage 2, unpag.

26 Ebenda, S. 1, S. 4, Fragebogen S. 6.

27 Becher, Johannes R.: Das poetische Prinzip, zit. n.: Des Volkes Riesenschritte. Material für die sozialistische Fest- und Freizeitgestaltung, hg. anläßlich des 20. Jahrestages der Deutschen Demokratischen Republik, Leipzig 1969, S. 7.

28 Berking, Helmuth: Schenken. Zur Anthropologie des Gebens, Frankfurt / New York 1996, S. 10.

29 Ebenda, S. 46 ff.

30 Meyer, Gerd: Sozialistischer Paternalismus in der Ära Honecker. Lebensweise zwischen sozialer Sicherheit und politischer Bevormundung, in: Riege, Gerhard / Meyer, Gerd: In der DDR leben. Interdisziplinäre Studien aus Jena und Tübingen, Jena 1991, S. 75-89, hier S. 78.

31 S. dazu ausführlich Gibas, Monika / Gries, Rainer: »Vorschlag für den Ersten Mai: die Führung zieht am Volk vorbei!« Überlegungen zur Geschichte der Tribüne in der DDR, in: Deutschland Archiv, 28, 1995, Heft 5, S. 481-494, hier bes. S. 486 ff.

32 Ideenprojekt für die Festdemonstration aus Anlaß des 20. Jahrestages der DDR in der Stadt Leipzig vom 14. August 1969, S. 14, in: StadtAL, StVuR, 4132.

33 Ebenda.

# »Unsere Menschen«

Helga Gotschlich

# Auf dem Weg zur »Einheitsjugend« – Die Anfänge der ›Freien Deutschen Jugend‹ in der SBZ

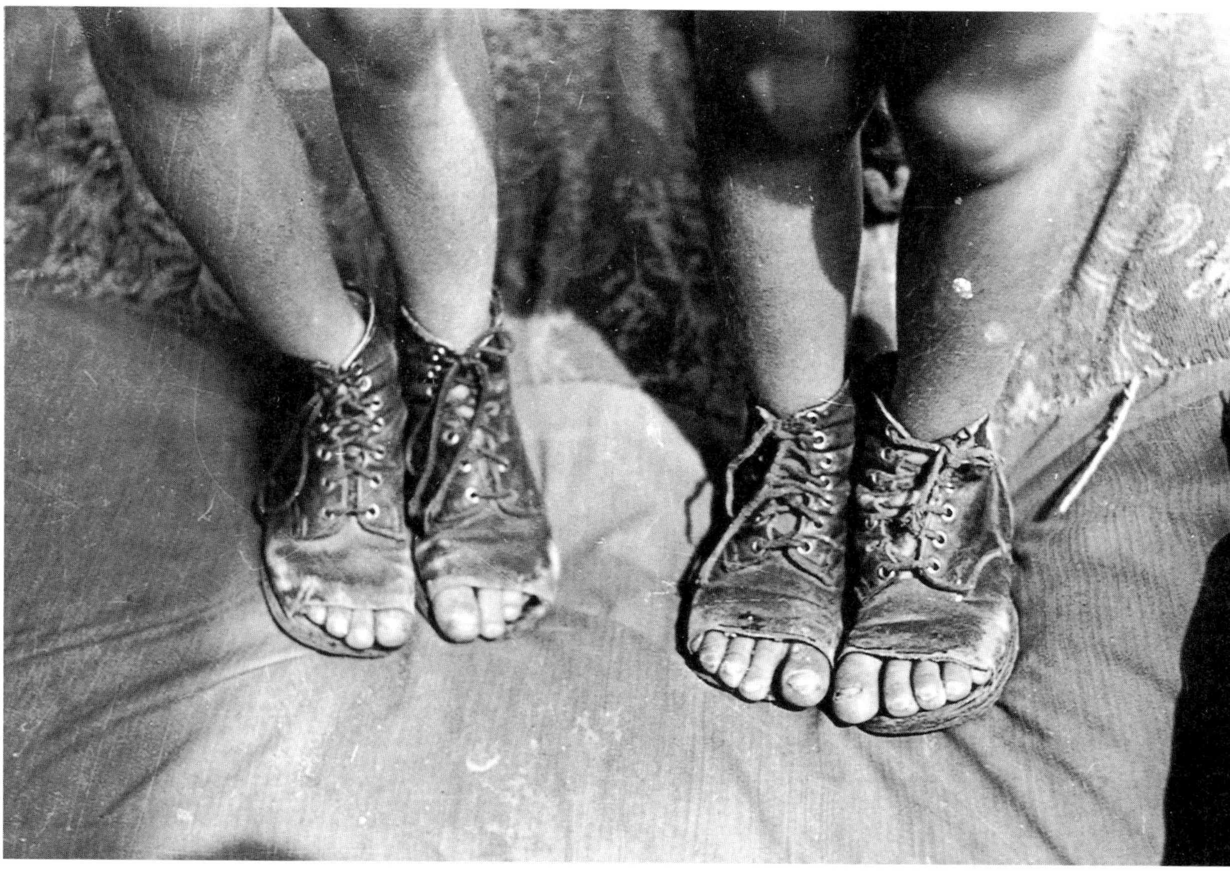

367 Aus den Kinderschuhen herausgewachsen, 1946 (Foto: Donath)

## Zur Ausgangssituation nach dem Krieg

Historiographische Darstellungen versuchen das Ausmaß der Verwüstungen und den Zusammenbruch jeglicher Ordnung unmittelbar nach Ausgang des Krieges zu dokumentieren. Auch das Elend der Menschen, die sich – kaum daß grollende Bombengeschwader verstummt waren und die Waffen schwiegen – aus Bunkern und Kellerlöchern wieder ans Licht wagten. Fotos zeigen Gesichter der Überlebenden, darunter die von Kindern und Jugendlichen, denen die erlebten Schrecknisse sichtlich noch in allen Gliedern steckten. Abgebildet wurden »Heimkehrer«, oft kriegsversehrt und noch jung an Jahren. Aber ihre zusammengesunkenen Gestalten im abgewetzten Soldatenmantel wirkten alt und müde. Auch endlose Trecks von Heimatvertriebenen und Flüchtlingen – darunter immer wieder Heranwachsende –, die sich über unwegsame Straßen, durch heruntergewirtschaftete, verwüstete Dörfer und zertrümmerte Städte wälzten, sind fotografisch festgehalten. Und schließlich die Züge der Kinder und Jugendlichen aus den KLV-Lagern, die bei Kriegs-

368 Berlin 1945. Evakuierte Berliner kehren zurück (Foto: Gerhard Gronefeld)

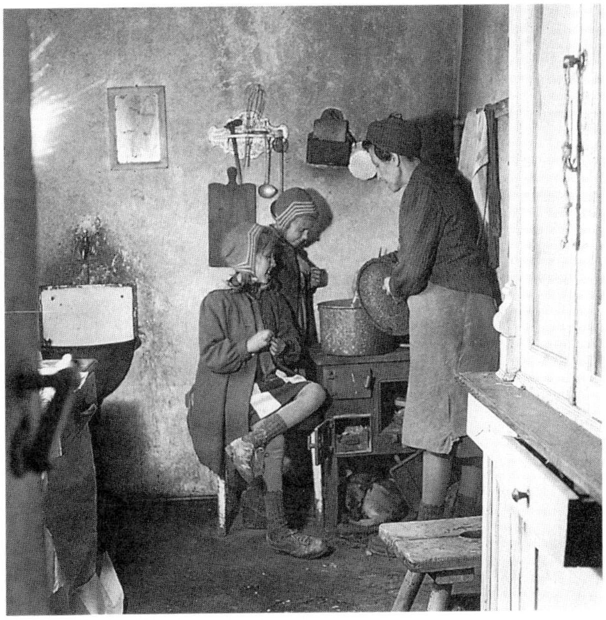

369 Familienleben auf kleinem Raum, um 1946

ende auf dem Weg nach Hause in das Chaos der sich auflösenden Fronten geraten waren.[1]

Zeitzeugen erinnern sich vielfach ihrer gemischten Gefühle angesichts ratternder Militärfahrzeuge oder marschierender Kolonnen der Sieger, die sie überholten und die das Land in Besatzungszonen einzuteilen begannen und alsbald administrativ den Alltag neu zu organisieren suchten. Historiker recherchieren immer neue Details, um das Ende des Krieges, das auch ein Anfang im Frieden war, plastisch zu beschreiben. Aber aus keinem Geschichtsbuch wird jemals die unerbittliche Alltagswirklichkeit gänzlich zu erfahren sein. Besonders schwierig ist es, der inneren Verfaßtheit der Menschen oder gar Geist und Psyche der Jugendlichen von damals nachzuspüren. Ihr Sinnen und Trachten mußte notgedrungen darauf gerichtet sein zu überleben. Das hieß für die Halbwüchsigen, etwas Eßbares, Kleidung oder Brennmaterial für sich oder die Familie, deren Ernährer häufig gefallen oder noch im Kriegsgefangenenlager war, zu ergattern. Sehr viele wurden dabei zu Dieben, Prostituierten, Schwarzhändlern, Wegelagerern. So jedenfalls nannten sie die Berichterstatter der Presse.[2] Die Polizei griff Jugendliche auf und steckte sie in überfüllte Gefängnisse und Verwahranstalten.[3]

Amtliche Statistiken signalisierten 1945/46 das Dilemma. Die von vielerlei Nöten gezeichneten Mädchen und Jungen waren deutliche Opfer des Dritten Reiches und des Zweiten Weltkrieges. Aber trotz ihrer Jugend waren sie in unterschiedlichem Maße auch zu Mittätern geworden. Diese Last der Mitschuld wurde dem einzelnen zu verschiedener Zeit mehr oder weniger bewußt – oder auch nicht. Manche grübelten schon während des Krieges nach, vielleicht nur für kurze Momente.[4] Andere wurden erstmals im Nachkriegschaos, als sie die Kluft der Hitlerjugend oder die Uniformen des Arbeitsdienstes und der Wehrmacht abstreiften, gewahr, daß sie einer absurden Ideologie der »Herrenrasse« und verhängnisvollen Prophezeiungen nationalsozialistischer »Welteroberer« aufgesessen waren. Es offenbarte sich ihnen der Aberwitz eines menschenverachtenden Regimes, das die Begeisterungsfähigkeit und den natürlichen Elan der Jugend mißbraucht hatte.

370 Bei Schwarzmarktgeschäften aufgegriffene Kinder auf der Polizeistation, 1946 (Foto: G. Gronefeld)

371 Hinterlassenschaft des Krieges, um 1946

In welchem Maße junge Menschen schon unmittelbar während oder kurz nach dem Fiasko des »braunen Systems« eigenes Verhalten zu hinterfragen vermochten, muß dahingestellt bleiben.[5] Die individuelle Fähigkeit zur Verarbeitung des Erlebten ist ohnehin von vielen, in der jeweiligen Persönlichkeit veranlagten und begründeten Faktoren abhängig – auch vom differenzierten Erfahrungshintergrund der 14- bis 25jährigen. Demzufolge war das Erscheinungsbild divergierend: Jugendliche suchten sich in billigen Tanzbars und Kneipen zu vergnügen und erlebte Schrecknisse zu vergessen. Andere Mädchen und Jungen schienen wie gelähmt. In Situations- und Stimmungsberichten der seit Juni 1945 erlaubten Parteien und der Kirchen, wie sie sich auch in der Aktenablage der SMAD finden, wird 1945 immer wieder eine verwirrte, orientierungslose, depressive, teilnahmslose oder resignierende Nachkriegsjugend charakterisiert und deren Politikverdrossenheit hervorgehoben.[6]

Nur eine verschwindende Minderheit fand sich im Wohngebiet in spontanen Jugendgruppen zusammen, nannte sich »antifaschistisch« und suchte offenkundig zu machen, daß sie mit dem alten Regime gebrochen hatte. Das waren oft eine Art kommunaler Selbsthilfegemeinschaften. Sie entstanden auch im Gefolge der Parteien oder in christlichen Gemeinden. An diese initiativreichen Jugendlichen, aber auch an alle übrigen jungen Menschen war gedacht, als die SMAD am 31. Juli 1945 mit einer Verlautbarung in »enger Fühlungnahme mit den Volksbildungsämtern« die Schaffung antifaschistischer Jugendausschüsse und die Sammlung und Aktivierung »aufbauwilliger junger Menschen« anordnete und in einem Kommentar von deren erforderlicher »Umerziehung« sprach.[7] Dabei wollten sich die sowjetischen Militärs erklärtermaßen besonders auf den Einsatz jener Minderheit der Deutschen verlassen, die Zuchthäuser und Konzentrationslager überlebt hatten, vielleicht auch aus dem Exil beziehungsweise als Angehörige der alliierten Armeen zurückkehrten und seit Jahren das Ende des Dritten Reiches und ein »Neubeginnen« herbeisehnten.

### Der Jugend muß geholfen werden

Wörtlich hieß es im Kommentar der sowjetischen Militärverwaltung: »Den Jugendausschüssen ist eine große Verantwortung für die Erziehung der deutschen Jugend übertragen. Ihre Aufgaben bestehen darin, in der deutschen Jugend das von den Nazis getötete Gefühl für Recht und Unrecht, Wahrheit und Lüge, Sittlichkeit und Verbrechen neu zu erwecken, die Nazi-Ideologie aus ihren

372 Eine Sängergruppe auf dem 1. Jugendtag in Bautzen, 1946 (Foto: Donath)

Köpfen zu entfernen und die Jugendlichen zu ehrlich denkenden Menschen zu erziehen, damit sie mit jugendlicher Begeisterung mitarbeiten an der großen Aufgabe der antifaschistischen, demokratischen Erneuerung Deutschlands.«[8]

Die SMAD-Verlautbarung zählte zu den Anstrengungen der Besatzungsmacht, den Alltag in der SBZ neu zu organisieren: Erste Notprogramme der sofort ins Leben gerufenen Jugendausschüsse suchten den Heranwachsenden über das Ärgste hinwegzuhelfen.[9] Dazu gehörte beispielsweise, die heimat- und beschäftigungslose Jugend von der Straße zu holen, mit ihrem Einsatz Jugenddurchgangslager und die Jugend-Bahnhofsfürsorge für Heimatlose und Waisen zu unterstützen, eine Aktion »Rettet die Kinder« zu organisieren. Vor allem aber sollten Heranwachsende in eigener Regie Jugendheime einrichten und diese mit einem Freizeitangebot, das junge Menschen nach entbehrungsreicher Kriegszeit auch wieder jung sein ließ, zu anziehenden Sammelpunkten für 14- bis 25jährige entwickeln.[10] Zudem wurden Jugendliche häufig bei Aufräumungs- und Instandsetzungsarbeiten gebraucht und eingesetzt, bei der Einbringung der Ernte, bei der Sicherstellung der Lebensmitteltransporte, bei der Instandsetzung von Schulräumen – überall, wo zupackende Hände nötig waren.[11]

Jüngste Forschungsergebnisse bestärken die Annahme, daß die SMAD über weitergehende pädagogische oder jugendpolitische Konzept kaum verfügte und sich mit entsprechender Problemstellung vorzugsweise auf die deutschen Kommunisten stützte.[12] Sie verließ sich insbesondere auf jene Führer der KPD, die aus dem sowjetischen Exil mit einem in Moskau abgestimmten Programm heimgekehrt waren, das dem Wortlaut nach zunächst die Schaffung antifaschistisch-demokratischer Verhältnisse vorsah, die zusammen mit bündnisbereiten und tatkräftigen Deutschen aus allen Schichten der Bevölkerung erreicht werden sollten.

In Übereinstimmung mit der sowjetischen Außen- und Deutschlandpolitik weiteten maßgebliche KPD-Funktionäre ihre Vorstellungen auf alle Besatzungszonen aus, aber kalkulierten auch mit

373 Instandsetzung der Bahnstrecke bei Rostock, 1946 (Foto: Hildegard Westerholz)

ihrer exponierten Position in der SBZ. Dort versuchten sie nun Bündnisangebote pragmatisch auf eine Zusammenführung der Jugendlichen auszurichten, dabei Bündnisbereitschaft zu wecken, sich selbst jedoch maximalen Handlungsspielraum und bestimmenden Einfluß zu sichern. In den Leitungsgremien der Ausschüsse, die den Anordnungen der SMAD gemäß mit Vertretern aller Institutionen (Parteien und Kirchen) und möglichst aus traditionellen Antifaschisten gebildet werden sollten, besetzten sie die entscheidenden Funktionen. Jene KPD-Mitglieder, die anfangs für eine Wiederbelebung des KJVD plädierten, wurden zurückgewiesen.[13] Dem Anliegen der KPD-Führung entsprach darum die SMAD auch mit einem kategorischen Verbot jeder Jugendorganisation jenseits der Ausschüsse.[14] Damit waren ganz offensichtlich die »jugendpflegerische« Begleitung der Behörden und die Überwachung jedweder Regung der aktionsbereiten jungen Menschen, die ihre Abkehr von der Nazi-Ideologie und den Willen zum Aufbruch in ein »anderes« Deutschland bereits bekundeten, bezweckt.

Während die spontan entstandenen Jugendgruppen in den Kommunen sich im Sommer 1945 relativ problemlos in den zuständigen Ausschüssen durch ihre amtliche Registrierung legitimieren konnten und nunmehr eher dankbar institutionelle Förderung genossen, löste die SMAD-Verlautbarung unter jugendlichen Parteimitgliedern sowie in kirchlichen Jugendgruppen nicht nur Zustimmung, sondern auch Widerspruch aus. Darin zeigte sich nicht zuletzt die Furcht vor einer neuerlichen Bevormundung nach den Erfahrungen des Dritten Reiches und auch ein Anspruch auf eigene Entscheidungsfreiheit.[15] Über den Sinn und Widersinn eines jugendpolitischen Miteinanders unter den erkennbaren Vorzeichen kommunistischer Dominanz in den zuständigen Volksbildungsämtern und in den sich bildenden Leitungen der Jugendausschüsse entspannen sich in Parteiführungen der CDU und LDP wie unter Sozialdemokraten und in den Kirchenleitungen interne Auseinandersetzungen: Einerseits erschien das Risiko groß, durch die Mitwirkung im Jugendausschuß in kommunistische Abhängigkeit zu geraten und instrumentalisiert zu werden. Andererseits überwog am Ende der Wunsch nach jugendpolitischem Einfluß über den »Kontakt zu kompetenten Stellen«.[16] Und dafür hielt man die Jugendausschüsse allemal.

374 Gründungsfeier der FDJ-Berlin am 2. November 1947 im Friedrichstadtpalast (Foto: Kolbe)

So warben exponierte Vertreter aller Parteien und der Kirchen im Spätsommer und Herbst 1945 um die Zusammenführung der jungen Generation auf Kundgebungsplätzen und in den Versammlungssälen der Jugendausschüsse.[17] Die Gruppen aus CDU, LDP und den christlichen Gemeinden folgten schließlich der behördlichen Weisung oder beherzigten die Ratschläge ihrer institutionellen Obrigkeiten. Sie ordneten sich den Jugendausschüssen formal unter, zumal schon bald spürbar war, daß sich dadurch weder die Zusammensetzung der Gruppe noch der gemeinschaftliche Alltag wesentlich veränderten. Die Verweigerung der amtlichen Erfassung hätte andernfalls die Auflösung ihrer Jugendgruppe bedeutet.

Am 1. September 1945 drängten vor allem Kommunisten bei Gelegenheit einer Sitzung der Zentralverwaltung für Volksbildung auf die Schaffung eines Zentral-Jugendausschusses für die gesamte SBZ. Sie wußten sich dabei im Einklang mit dem Bestreben der SMAD zur Zentralisierung von Politik und Wirtschaft.[18] Paul Wandel, Leiter dieses Volksbildungsamtes, und Erich Honecker als jugendpolitischer Sprecher der KPD hatten dafür viele Argumente: Ein zentrales Leitungsorgan sollte die Landesjugendausschüsse »lenken«, den Erfahrungsaustausch ermöglichen, die antifaschistische Umerziehung der Jugend befördern und eine Schulung künftiger Jugendfunktionäre zuwege bringen.[19] Nachdrücklich unterstützten gerade jene Vertreter aus KPD und SPD, die zur gleichen Zeit eine Vereinigung ihrer Parteien anstrebten, den Vorschlag. Schließlich wirkten im September 1945 im Zentral-Jugendausschuß sechs Bevollmächtigte der KPD, vier aus der SPD, einer aus der CDU und jeweils ein Vertreter aus der evangelischen und katholischen Kirche.[20]

»Der Jugend muß geholfen werden« – mit diesem fürsorglich anmutenden Grundtenor umwarben alle Leitungsmitglieder die Jugend als »Hoffnungsträger der Nation« und formulierten Erwartungshaltungen der Erwachsenengeneration. Ihr Anliegen, das vielschichtige Dilemma der jungen Nachkriegsgeneration zu mildern oder

375 Plakat der FDJ, 1946 (Entwurf: Wolgram)

nach Möglichkeit von ihr abzuwenden, einte sie, wie auch der offenbare, immer wieder formulierte Wunsch, die Jugend möge künftig in einem friedliebenden, demokratischen Deutschland ihren Platz finden und darin mitwirken. Aber wie allerorts verdeutlichte das Zusammentreffen der Exponenten unterschiedlicher Parteien und Konfessionen auch in den Führungsgremien der Jugendausschüsse ein auseinanderklaffendes Demokratieverständnis, voneinander abweichende Vorstellungen vom »besseren« Deutschland, vor allem aber von dem Weg dahin. Jugendpolitische Aspekte dieser Meinungen wurden bald konfrontativ, dann wieder einlenkend und kompromißbereit ausgetragen. Insgesamt wurden dabei Demokratiedefizite und -potentiale spürbar.

### Die Einheitsjugend

Am 2. und 3. Dezember 1945 tagten die Jugendausschüsse Groß-Berlins, der Zentral-Jugendausschuß und Vertreter der Landesjugendausschüsse in Berlin-Pankow.[21] Kommunisten unterbreiteten dabei den Vorschlag zur Gründung der ›Freien Deutschen Jugend‹ (FDJ). Die Rede war von einer gesamtdeutschen Organisation, der sich Jugendliche aller sozialen Schichten mit unterschiedlichem parteipolitischem oder weltanschaulichem Hintergrund anschließen könnten. Überparteilich solle die FDJ sein und verschiedene Standpunkte der Mitglieder respektieren. Gemeinschaftliches Streben nach antifaschistisch-demokratischen Verhältnissen müßte allerdings vorausgesetzt werden.[22]

Ein Für und Wider entspann sich. Mit Oswald Hanisch, einem Vertreter der evangelischen Jugend, bezweifelten auch andere Teilnehmer, daß die Meinungsvielfalt und die Freiheit der Persönlichkeit in einer Einheitsjugendorganisation gewahrt bleiben könnten.[23] Dagegen verwiesen die Befürworter der FDJ vordergründig auf generationsspezifische Interessen, die Basis genug seien, vereint und damit nachdrücklicher ein künftiges Mitspracherecht der Jugend im »anderen« Deutschland zu erreichen. Nicht immer konnten die im Austausch unterschiedlicher Auffassungen ungeübten Redner ihre Gedanken zu Ende bringen. Erregte Zwischenrufe oder gezielte Störmanöver forderten die Kritik des anwesenden SMAD-Offiziers Bejdin heraus. Er forderte einen angemessenen und achtungsvollen Umgangston der Diskutanten und suchte die turbulente und ausufernde Debatte mit dem Hinweis auf die Weisungsbefugnis der Militäradministration zu ordnen. Jugendarbeit, so betonte Bejdin, sei ohnehin nach deren Bestimmungen zu gestalten.[24]

Am 23. Januar 1946 erwirkte die KPD-Führung bei der SMAD »grünes Licht« für die FDJ. Zustimmend reagierten auch jene prominenten Sozialdemokraten, die eben dabei waren, die Zusammenführung ihrer Partei mit der KPD zur SED vorzubereiten. Sie unterstützten nun auch den Plan der FDJ-Gründung. Am 24. Januar 1946 einigte sich der KPD-Vorsitzende Wilhelm Pieck mit den SPD-Funktionären Otto Grotewohl, Max Fechner und dem in der Partei für Jugendpolitik zuständigen Fritz Schreiber. Sie versprachen sich die paritätische Besetzung künftiger Führungspositionen in der neuen Jugendorganisation.[25] Am 7. Februar 1946 akzeptierten beide Seiten den Entwurf der Organisationssatzungen und die formulierte Zielsetzung der Einheitsjugendorganisation.[26]

Schwieriger waren die übrigen »Bündnispartner« zu gewinnen, die vor nicht akzeptabler Hektik warnten. Die Vertreter von CDU, LDP und den Kirchen sahen aber schließlich nicht tatenlos

376 Junge Pioniere grüßen den »Jungaktivistenkongreß« in Erfurt, 23. November 1948

zu, als Kommunisten und Sozialdemokraten im Zentral-Jugendausschuß und in den Landesjugendausschüssen bereits organisatorische Vorkehrungen zur FDJ-Gründung trafen. Sie nahmen Einfluß auf die Formulierungen der Gründungsdokumente. Am 20. Februar 1946 legten Domvikar Robert Lange, Jugendpfarrer Alfred Schröder, Pfarrer Oswald Hanisch und der Katholik Manfred Klein als Vertreter der CDU gemeinsam unterzeichnete »Bedingungen« für ihre Mitwirkung in der FDJ vor.[27] Das ganze lief auf die Idee eines Dachverbandes hinaus, der eigenständige Jugendgruppen pluralistisch zusammenführen, aber deren Autonomie nicht antasten sollte.[28] Die daraufhin nochmals überarbeiteten Satzungen sanktionierten dann zumindest das Recht auf Bildung religiöser Gemeinschaften und sahen »für kirchliche Angelegenheiten« in der FDJ-Leitung Verbindungsstellen vor.

Am 26. Februar 1946 unterzeichneten ein potentielles und sechs eingetragene Mitglieder der KPD, vier der SPD, eines der CDU und jeweils ein Vertreter der evangelischen und katholischen Kirchen den Gründungsbeschluß der FDJ und betonten darin ihren »einmütigen Willen«.[29] Am 7. März 1946 erteilte die SMAD – nach einer Rückversicherung in Moskau – den zustimmenden Bescheid. Die Gründung der FDJ hatte nun ein Datum.[30] Pfingsten 1946 billigte das erste FDJ-Parlament in Brandenburg die Satzungen und das Statut und wählte den Zentralrat.[31] Alle 650 Delegierten votierten für die von Erich Honecker postulierten und bald schon populären vier Grundrechte der jungen Generation: Gefordert wurden die politische Mitbestimmung junger Menschen, ihr Recht auf Arbeit und Erholung, gleiche Bildungschancen für alle Heranwachsenden und eine jugendgemäße, freudvolle Freizeitgestaltung.[32]

377 »Zur Fahnenträgerin unserer [Pionier-]Freundschaft wurde ich vorgeschlagen und gewählt. Im ersten Augenblick konnte ich das kaum glauben, aber dann war ich stolz, die Fahne tragen zu dürfen. Ich mußte dabei an die Pioniere der Sowjetunion denken, die lieber ihr Leben als ihre Fahne den Faschisten überließen. In diesem Sinne gelobte ich, die Fahne niemals aus den Händen zu geben. Die Wahl [des Freundschaftsrates] war beendet und wir gingen in Marschordnung dem Lager zu. An ihrer Spitze durfte ich unsere Lagerfahne, die fröhlich im Wind flatterte, tragen.« Seite aus einem Fotoalbum, das von den Jungen Pionieren der Pionierrepublik ›Wilhelm Pieck‹ gestaltet und Otto Grotewohl zu seinem 60. Geburtstag geschenkt wurde, 1954

### Jugend in Bewegung

Es ist statistisch nicht erfaßt, wie viele Mädchen und Jungen der schätzungsweise 150 000 Angehörigen antifaschistischer Jugendgruppen im März 1946 einer – oft sehr formal gehandhabten – Übernahme in die FDJ bewußt zustimmten, die »Angliederung« geschehen ließen oder sich verweigerten und zurückzogen.[33] Gesichert ist aber insgesamt ein rasanter Mitgliederzuwachs der FDJ. Am Ende des Jahres 1946 zählte die FDJ bereits 413 005 Mitglieder, 217 676 Jungen und 195 329 Mädchen.[34] Damit waren 16 Prozent der jugendlichen Gesamtbevölkerung in der SBZ zwischen 14 und 25 Jahren mit unterschiedlicher sozialer Herkunft, unterschiedlichem politischem oder weltanschaulich geprägtem Hintergrund und überwiegend ohne Parteizugehörigkeit in der FDJ organisiert. Die ansteigende Tendenz hielt zunächst bis 1948 an.[35]

Eine repräsentative Zeitzeugenbefragung ergab, daß die erste Generation der FDJ die Anfänge nicht als »Zugriff Erwachsener oder politischer Repräsentanten auf die Jugend« erlebte.[36] Nach ihrem Zeugnis »änderte sich der gemeinschaftliche Alltag im Vergleich zu jenem der antifaschistischen Jugendgruppen kaum oder unmerklich. Er blieb von Außeneinflüssen weitgehend verschont und nicht durch Vorschriften aus dem Berliner Zentralrat beeinträchtigt. Jugendpolitische Konzepte der ›FDJ-Gründer von oben‹, Auseinandersetzungen darum, taktisches Kalkül und Querelen der Spitzenfunktionäre waren dem einfachen FDJ-Mitglied in der Regel unbekannt. Freiräume und Handlungszwänge der Funktionäre im Rahmen gesellschaftlicher Strukturen der SBZ oder von der SMAD erlassener Bestimmungen erschienen zumindest undurchsichtig.«[37]

Beschrieben wird die »Unschuld des Beginnens« als Gruppenzustand einer Jugendorganisation, wie sie nach großen gesellschaftlichen Zusammenbrüchen wiederholt in der Geschichte anzutreffen ist – allerdings nur für kurze Zeit, mitunter nur für Monate. Auch in den späten 40er Jahren ging die Geschichte über dieses – heute fast naiv anmutende – Selbstverständnis der frühen FDJler hinweg. Die Jugendorganisation entwickelte sich in Abhängigkeit von nationalen wie internationalen Kräftekonstellationen. Die Spaltung Deutschlands und der Kalte Krieg hatten Auswirkungen. In der SBZ nutzten Kommunisten die führende Position ihrer Partei und die Nähe zur SMAD für die Durchsetzung hegemonialer Ansprüche in der FDJ. Bereits 1948/49 war die FDJ, deren »überparteilichen Charakter« Erich Honecker vor dem ersten Parlament wie seinen Augapfel zu hüten gelobt hatte, kaum noch dem Scheine nach eine demokratische Organisation.[38]

378 Sichtagitation an der Schloßruine anläßlich des Deutschlandtreffens, Mai 1950

Vor dem Hintergrund der gesamtgesellschaftlichen Entwicklung in der SBZ/DDR trafen »Bündnispartner« in den FDJ-Leitungen zunehmend konfrontativ aufeinander, bis die Jugendorganisation schließlich zur erklärten Nachhut nur einer Partei und zur »Kampfreserve der SED« geworden war.

1 KLV – Kinderlandverschickung. Zwischen 1940 und 1945 wurden auf Geheiß der Hitler-Regierung mehr als fünf Millionen deutscher Kinder aus den bombengefährdeten Städten aufs Land (auch in die Protektorate) evakuiert. Bei der Rückkehr fanden viele weder ein Zuhause noch die Eltern vor.

2 Vgl. Tägliche Rundschau v. 1., 5. u. 15. 6., 28. 7., 28. 8., 5. u. 17. 9., 6. 10., 16. 11. u. 8. 12. 1946.

3 Vgl. Deutsche Volkszeitung v. 8. 12. 1945; Start v. 29. 11. 1946.

4 Vgl. Gotschlich, Helga: Aufbruch in ein »anderes« Deutschland, in: Gotschlich, Helga / Herms, Michael / Lange, Katharina / Noack, Gert: »Das neue Leben muß anders werden ...« Studien zur Gründung der FDJ, Berlin 1996, S. 90.

5 Auch Alexander und Margarete Mitscherlich behaupteten in ihrem Buch ›Die Unfähigkeit zu trauern – Grundlagen kollektiven Verhaltens‹ (1967) nicht, daß eine Bewältigung des deutschen Traumas sofort und unmittelbar nach Kriegsende möglich gewesen sei.

6 Vgl. Gotschlich (wie Anm. 4), S. 95; vgl. auch Alltagsgeschichtliche Dokumentensammlung am ›Institut für zeitgeschichtliche Jugendforschung‹ (ADS am IzJ), Archiv des IzJ.

7 Verlautbarung über die Bildung von Jugendausschüssen vom 31. Juli 1945, in: Jugend auf neuem Wege, hg. v. Zentral-Jugendausschuß für die sowjetische Besatzungszone. Berlin 1945, S. 7; Die Ziele der neuen Jugendausschüsse. Kraftquellen neuen Lebens, Nachrichtenbüro der SMV, Berlin, 31. Juli (1945), in o. a. Verlautbarung, S. 8.

8 Die Ziele der neuen Jugendausschüsse (wie Anm. 7).

9 Die ›Tägliche Rundschau‹ kommentierte beispielsweise am 27. 3. 1946 das erfolgreiche Winterhilfsprogramm des Hauptjugendausschusses für 33 000 beschäftigungslose 14- bis 18jährige Mädchen und Jungen Berlins.

10 Vgl. Offene Tore für die Jugend, in: Deutsche Volkszeitung v. 27. 9. 1945; vgl. Dahrendorf, Gustav: Gebt der Jugend Aufgaben. Vortrag vom 20. Oktober 1945, in: Jugend auf neuem Wege (wie Anm. 7), S. 22.

11 Vgl. Honecker, Erich: Die Jugend vor neuen Aufgaben, in: Deutsche Volkszeitung v. 3. 8. 1945; Schreiber, Fritz: Jugendarbeit der Gegenwart, in: Das Volk v. 7. 9. 1945; Koch, Thilo: Jugend im Umbruch, in: Das Volk v. 3. 10. 1945.

12 Vgl. dazu die Konferenzbeiträge von Katharina Lange und Elke Scherstjanoi in: Gotschlich, Helga / Lange, Katharina /

Schulze, Edeltraud: Aber nicht im Gleichschritt. Zur Entstehung der Freien Deutschen Jugend. (Der Konferenz-Reader erscheint voraussichtlich im Herbst 1996.)

13 KJVD – ›Kommunistischer Jugendverband Deutschlands‹; die im Oktober 1918 gegründete ›Freie Sozialistische Jugend‹ (FSJ) wurde am 11./12. September 1920 während des Reichsausschusses der deutschen Jugendverbände in KJVD umbenannt. 1933 erfolgte das Verbot durch die Hitler-Regierung.

14 Vgl. Verlautbarung über die Bildung von Jugendausschüssen (wie Anm. 7).

15 Vgl. Mischnik, Wolfgang: Von Dresden nach Bonn. Erlebnisse – jetzt aufgezeichnet, Stuttgart 1991, S. 206 f.; Der Morgen v. 12. 8. u. 7. 9. 1945; Gotschlich, Helga: Ein hoffnungsvoller Anfang. Zum Engagement der Christen im antifaschistischen Jugendausschuß (erscheint demnächst im Berliner Metropol-Verlag); vgl. auch Alltagsgeschichtliche Dokumentensammlung (wie Anm. 6).

16 Vgl. Klein, Manfred: Jugend zwischen den Diktaturen, Mainz 1968, S. 24 f.

17 Vgl. Dost, Herbert: Jugend auf neuem Wege. Bericht über die erste Tagung des Jugendausschusses am 10. 8. 1945 in Leipzig. Unveröffentlichte Dokumentation, D. 6. im Archiv des IzJ; Buchholz, P.: Alles wirkliche Leben entfaltet sich in echter Gemeinschaft, in: Neues Leben. Zeitschrift der freien deutschen Jugend, Nr. 1 von November 1945.

18 Vgl. SAPMO-BArch, NY 4036/726, Blatt 80 ff.

19 Ebenda.

20 Mitglieder des Zentral-Jugendausschusses waren die Kommunisten Erich Honecker, Heinrich Külkens, Eva Fritsche, Horst Kirchner, Heinz Keßler, Atenne Borchardt, die Sozialdemokraten Theo Wiechert, Fritz Wohlrabe, Fritz Schreiber, Rudi Zimmermann, das CDU-Mitglied Manfred Klein, der Katholik Domvikar Robert Lange und der Jugendpfarrer der evangelischen Kirche Oswald Hanisch (SAPMO-BArch, NY 4036/726, Blatt 80); in einer davon abweichenden Aufstellung des Zentral-Jugendausschusses vom Januar 1946 werden zudem die Kommunisten Gerhard Rolack und Kurt Böhme, die Sozialdemokraten Edith Baumann, Herbert Klemmer, Willi Gleitze, Fritz Votava als Mitglieder des Zentral-Jugendausschusses aufgeführt, während die Namen Horst Kirchner, Atenne Borchardt und Rudi Zimmermann nicht erwähnt sind (SAPMO-BArch, NY 4036/726, Blatt 338).

21 Vgl. Wortprotokoll der Konferenz in: SAPMO-BArch, DY 24/3350.

22 Ebenda.

23 Ebenda.

24 Ebenda.

25 Vgl. SAPMO-BArch, NY 4036/726, Blatt 356 ff.

26 Das Treffen der kommunistischen und sozialdemokratischen Funktionäre fand am 7. Februar 1946 im Parteihaus der SPD statt; ein kurzes Protokoll liegt vor (SAPMO-BArch, DY 24/796). Heinz Westphal, ein Gegner der FDJ-Gründung, verließ den Sitzungssaal vorzeitig (Westphal, Heinz: Jugend braucht Demokratie. Demokratie braucht Jugend. Mein jugendpolitisches Engagement 1945–1974, Erinnerungen, Rostock 1994, S. 34).

27 Vgl. SAPMO-BArch, NY 4036/726, Blatt 409.

28 Schon während der Weimarer Republik wurden Versuche unternommen, Jugendorganisationen in Dachverbänden zu vereinen. Sie scheiterten kurzzeitig. Der Reichsausschuß der deutschen Jugendverbände (1919–1933), eine staatliche Initiative, grenzte die Kommunisten von vornherein aus. In Paris gründeten deutsche Exilanten im Jahre 1935 die FDJ als einen Dachverband der antifaschistischen Jugend unterschiedlicher Provenienz; Herms, Michael / Lange, Katharina / Noack, Gert: Zur Geschichte der Freien Deutschen Jugend in Frankreich, der CSR und Großbritannien, in: Gotschlich, Helga / Herms, Michael / Lange, Katharina / Noack, Gert: Das neue Leben (wie Anm. 4), S. 173 ff.

29 Als Mitglieder der KPD unterzeichneten: Erich Honecker, Paul Verner, Gerhard Rolack, Rudolf Meißner, Rudolf Böhm, Heinrich Külkens, zudem der noch parteilose Kommunist Heinz Keßler. Als Mitglieder der SPD unterzeichneten: Theo Wiechert, Edith Baumann, Emil Amft, Fritz Votova; als Mitglied der CDU: Manfred Klein; für die evangelische Kirche: Oswald Hanisch; für die katholische Kirche: Robert Lange. Das Original der Gründungsurkunde befindet sich in der ›Stiftung Archiv der Parteien und Massenorganisationen der DDR‹ im Bundesarchiv, vgl. SAPMO-BArch, DY 24/1.

30 Vgl. SAPMO-BArch, NY 4036/726, Blatt 433.

31 Vgl. ›Erstes Parlament der Freien Deutschen Jugend. Brandenburg an der Havel. Pfingsten 1946‹, Berlin 1946, S. 198 ff.

32 Ebenda, S. 204 f.

33 Die Zahl 150 000 erwähnt Erich Honecker in einem Brief an Wilhelm Pieck (SAPMO-BArch, NY 4036/726, Blatt 352); in den Unterlagen der Behörden werden Versammlungs- und Kundgebungsteilnehmer nur geschätzt; verschiedentlich existieren Zahlenangaben zur Situation der regionalen Jugendausschüsse.

34 Vgl. Schulze, Edeltraud: Das Jahr 1946 – ein statistischer Lagebericht, in: Gotschlich, Helga / Lange, Katharina / Schulze, Edeltraud: Aber nicht im Gleichschritt (wie Anm. 12).

35 Ebenda.

36 Vgl. Gotschlich, Helga: Aufbruch (wie Anm. 4), S. 111.

37 Ebenda.

38 Vgl. Honecker, Erich: Die Freie Deutsche Jugend und die Grundrechte der jungen Generation, in: ›Erstes Parlament der Freien Deutschen Jugend‹ (wie Anm. 31), S. 52 f.

387

## Schaukasten: Weltfestspiele

Nach Ende des Zweiten Weltkrieges wurden die ersten Weltjugendfestspiele 1947 in Prag veranstaltet. An dem zweiten Festival, das 1949 in Budapest stattfand, nahm schon eine Delegation der FDJ teil. Als Austragungsort der III. ›Weltfestspiele der Jugend und Studenten für den Frieden‹ war Berlin vorgesehen. In der Zeit vom 5. bis 19. August 1951 nahmen 26 000 Delegierte aus mehr als 100 Ländern und rund zwei Millionen Jugendliche aus ganz Deutschland an diesem Treffen teil, das vor dem Hintergrund des Koreakrieges stattfand. So sollte in Ost-Berlin demonstriert werden, daß die Menschheit »dasjenige Instrument geschaffen hat, das geeignet ist, die Pläne der Kriegstreiber zunichte zu machen: die organisierte Friedensbewegung, die unter Führung der Sowjetunion steht«.
Diese Absicht wurde bekräftigt durch die am Eröffnungstag vorgenommene Einweihung des Stalin-Denkmals an der im Bau befindlichen Stalinallee. Wie das ›Neue Deutschland‹ am 5. August dazu schrieb, ehrte man damit »den besten Freund des deutschen Volkes«, dem man es zu verdanken habe, »daß die friedliebenden Völker der Erde wieder Vertrauen zu uns haben und ihre Söhne und Töchter zu uns kommen«.
Die Berliner Weltfestspiele wurden am 5. August im ›Walter-Ulbricht-Stadion‹ mit dem Einzug der Delegationen und sportlichen Darbietungen eröffnet. Das weitere Programm enthielt unter anderem einen ›Internationalen Kulturwettbewerb‹, eine Kundgebung zum ›Tag der jungen Mädchen‹, die ›Großsportschau der demokratischen Sportbewegung‹ sowie am 12. August – als propagandistischen Höhepunkt – die »Demonstration der jungen Friedenskämpfer Deutschlands gegen Remilitarisierung und für den Abschluß eines Friedensvertrages 1951«. Laut ›Neues Deutschland‹ dauerte die längste Friedensdemonstration, »die es je gegeben hat«, mehr als acht Stunden.
Daß Festspielteilnehmer sich auch für das interessierten, was man in West-Berlin zur Betreuung und Unterhaltung von Jugendlichen vorbereitet hatte, wurde seitens der Ost-Berliner Veranstalter nicht gern gesehen. Offenbar hatten sie aber nichts dagegen, daß rund 10 000 FDJler am

381

382

379 Plakat zu den III. Weltfestspielen, 1951 (Entwurf: Wilhelm Schubert)
380 Erinnerungstuch anläßlich der III. Weltfestspiele, 1951
381 Postkarte zu den Weltfestspielen, 1951
382 Vorbereitung auf die III. Weltfestspiele im Mansfeld-Kombinat ›Wilhelm Pieck‹, Juli 1951
383 »Ankunft westdeutscher Freunde in Erkner«, 4. August 1951 (Zeitgenössische Beschriftung; Foto: Herbert Görzig)
384 Einzug ausländischer Teilnehmer bei der Eröffnungsfeier im Walter-Ulbricht-Stadion am 5. August 1951
385 Die chinesische Delegation während der Eröffnungsfeier, 5. August 1951 (Foto: Heilig)
386–387 Massengymnastik im Zeichen des ›Fünfjahrplanes‹

384

380

383

386

379

385

15. August nach Neukölln, Kreuzberg und Wedding einmarschierten, um dort lauthals Parolen zu verkünden und Flugblätter zu verteilen. Zur Aufrechterhaltung von »Ruhe und Ordnung« setzte die West-Berliner Polizei gegen die »Störer« Gummiknüppel und Wasserwerfer ein. Das wiederum versetzte die östlichen Propagandamühlen in heftige Umdrehungen.

388

389

390

391

393

392

394

388 Zum Abschluß des ›Tages der jungen Mädchen‹ am 9. August 1951 singt das Präsidium ein Freundschaftslied (Foto: Willy Jacobson)
389 »Zur Aufführung des sowjetischen Kulturprogramms auf dem Marx-Engels-Platz erhalten die sowjetischen Freunde ein Bild Erich Honeckers« (Zeitgenössische Beschriftung; Foto: Höhne-Pohl)
390 »FDJler und ungarische Jugend auf dem Marx-Engels-Platz beim fröhlichen Tanz« (Zeitgenössische Beschriftung; Foto: Höhne-Pohl)
391 Teilnehmer tragen das Motto der Demonstration am 12. August 1951 vor sich her

392–396 »Demonstration der jungen Friedenskämpfer Deutschlands gegen Remilitarisierung und für den Abschluß eines Friedensvertrages 1951« auf dem Marx-Engels-Platz am 12. August 1951 (Fotos: Thiele)
397 Zuschauer auf dem Denkmal Alexander von Humboldts während des »Friedensmarsches der ganzen Welt«, 12. August 1951 (Foto: W. Stiehr)

397

395

396

401

## Schaukasten: FDJ-Aufgebote

Am 22. Dezember 1948 veröffentlichte die ›Junge Welt‹ ein von Brecht geschriebenes und von Dessau vertontes »Aufbaulied«.
Der Zeitpunkt der Veröffentlichung war genau kalkuliert, denn genau sieben Tage später wurde an gleicher Stelle zu einem freiwilligen Arbeitseinsatz für die Maxhütte in Unterwellenborn aufgerufen. Unter dem Motto »Max braucht Wasser« wurden Jugendliche aufgefordert, eine fünf Kilometer lange Kühlwasserleitung von der Saale zum damals einzig produktionsfähigen Hochofenwerk der DDR zu verlegen. Die Resonanz war groß, nach 90 Tagen hieß es: »Max hat Wasser!«
Im April 1948 forderte die SED die Einbeziehung der Jugend in die Aktivistenbewegung; im Februar 1949 begann die Aktion »Jugend auf die Traktoren«, zeitig genug, um im folgenden April die ersten aus der UdSSR gelieferten Traktoren für die MAS von FDJlern in Empfang nehmen zu lassen. Damals wurden auf dem zweiten »Jungaktivistenkongreß« in Erfurt auch schon 1 000 Jugendliche mit der Aktivistennadel ausgezeichnet. Im Mai des Jahres faßte der Sächsische Landtag den Beschluß, den Bau des Trinkwasserspeichers »Sosatalsperre« im Rahmen eines »zentralen Jugendobjektes« zu organisieren, den das III. Parlament der FDJ bald darauf bestätigte. Da die Jugend »Baumeister einer neuen Welt« werden sollte, übertrug man ihr mit diversen »Jugendobjekten« immer wieder einen Teil der Verantwortung für den wirtschaftlichen

402

399

Aufbau der DDR. Dabei erwartete man vom freiwilligen – später allerdings auch vergüteten – Einsatz der Jugendlichen neben der wirtschaftlichen Aufbauleistung gleichfalls Fortschritte in der Erziehung zur »sozialistischen Gemeinschaftsarbeit«.

Die Einsätze für »Jugendobjekte« und andere wirtschaftsfördernde Aktivitäten spielten sich im Rahmen des sozialistischen Wettbewerbs ab, in dem die FDJ eine Vorreiterrolle übernehmen sollte. »Aufgebote« dienten hingegen vornehmlich der ideologischen Erziehung und einem verstärkten politischen Engagement innerhalb des Jugendverbandes. Ein erstes Aufgebot mit »vier Schwerpunktaufgaben« beschloß der Zentralrat der FDJ im Herbst 1948 zur Vorbereitung des III. Parlaments. Das folgende ›Max-Reimann-Aufgebot‹ ließ dann schon – wie später die ›Stalin-‹, ›Pieck-‹ oder ›Thälmann-Aufgebote‹ – den Brauch erkennen, besondere Leistungen »zu Ehren« von bestimmten Persönlichkeiten einzufordern. Am 17. August 1961 verkündete der Zentralrat der FDJ allerdings ein »Aufgebot der Freien Deutschen Jugend: Das Vaterland ruft! Schützt die Republik«, mit dem ältere FDJler aufgerufen waren, »sich in dieser Stunde freiwillig zum Ehrendienst in den bewaffneten Kräften der DDR zu verpflichten«. Schon am 26. des Monats meldete ›Neues Deutschland‹, daß 39 000 »Jugendfreunde« dem »Kampfaufruf« gefolgt seien.

398

400

398 Plakat der Nationalen Front des demokratischen Deutschland, 1950 (Entwurf: Werner Hofmann)

399 Seiten aus einem Mitgliedsbuch der FDJ mit den Beitragsmarken für die Jahre 1953 bis 1962

400 »Laßt uns pflügen, pflügen unseren Heimatboden« – FDJ-Mitglieder aus Sachsen-Anhalt bei einem Arbeitseinsatz, um 1949

401 »Die Jugendbrigade ›Fortschritt‹, Siegerin im Wettbewerb der Jugend-Brigaden, beim Straßenbau. Sie errang damit die Wanderfahne des Eisenhüttenkombinats«, 8. Dezember 1950 (Zeitgenössische Beschriftung; Foto: Quaschinsky)

402 »Am 15. November 1961 wurde im Potsdamer Bezirksjugendobjekt ›Rhin-Havel-Luch‹ nach dreijähriger Arbeit, an der fast 15 000 Jugendliche beteiligt waren, der 1 000. km Graben fertiggestellt und feierlich übergeben. Bisher wurden im ›Rhin-Havel-Luch‹ für fast neun Millionen Mark Werte geschaffen.« (Zeitgenössische Beschriftung; Foto: Krueger)

Albrecht Döhnert

# Jugendweihe
# Die Familie als Feld der SED-Kirchenpolitik

403 27. März 1955: »In den Bezirken der Hauptstadt Berlin fanden in festlichem Rahmen die ersten Jugendweihen statt. Im Stadtbezirk Köpenick wurde die Jugendweihe im Festsaal der Klubhauses ›Erich Weinert‹ an der Wuhlheide durchgeführt. Die Ansprache hielt der Sekretär des ZK der SED, Dr. h. c. Paul Wandel.« (Zeitgenössische Beschriftung; Foto: Weiß)

## Hintergründe und Gestaltungen eines als Konfirmationsersatz eingeführten staatlichen Übergangsrituals

»Die Jugendweihe ist eine uralte Tradition der Menschheit ... Die Feiern und Weihen der Jugend einschließlich ihrer Vorbereitungszeit sind folglich aus der Notwendigkeit heraus entstanden, die heranwachsende Generation auf das Leben, auf ihre gesellschaftlichen Aufgaben vorzubereiten ...«[1] Wenige Jahre nach Einführung der Jugendweihe in der DDR geschrieben, erwecken diese Zeilen den Eindruck einer langen und bruchlosen Tradition bis in die Urgründe der Menschheitsgeschichte. Dabei handelt es sich bei der Jugendweihe um eine neuzeitliche Erscheinung, die an die Konfirmations- und Firmpraxis der Kirchen anknüpft, nach einer wechselvollen Geschichte 1954 in der DDR eingeführt und nach heftigen gesellschaftlichen Konflikten durchgesetzt wurde. An dem Konflikt um die Jugendweihe wird exemplarisch der Anspruch deutlich, den die DDR auf die Erziehung und Bildung der Jugend unter Ausschaltung aller nicht-systemkonformen Einflüsse erhob. Damit wurde ein weiteres Kapitel des »Kampfes um die Jugend« im 20. Jahrhundert aufgeschlagen. Zugleich tritt in der Jugendweihe die Tendenz des DDR-Staates hervor, eine politisch-ideologische und kulturelle Hegemonie auszuüben und ein alle Lebensbereiche umfassendes ideologisches System zu bilden. Mittels eines jahreszeitlich und lebenszyklisch orientierten Feierkalenders sollte das Leben der Familien strukturiert und in den übergreifenden Sinnhorizont der sozialistischen Gesellschaft eingebunden werden. Dabei wurde bewußt und zum Teil aggressiv die Nachfolge der christlichen Kultur und Überlieferung angetreten.

### »... ein alter schöner Brauch ...« – Geschichtliche Aspekte[2]

Der Begriff »Jugendweihe« taucht erstmals 1852 im Zusammenhang einer freireligiösen Konfirmation auf. Durchsetzen konnte sich diese Bezeichnung für die Konfirmationsfeiern der freireligiösen Gemeinden – zwischen 1844 und 1848 von den Großkirchen abgespaltener Vereinigungen mit zunehmend naturreligiöser und atheistischer Weltanschauung – allerdings erst um 1900. Unter dem Druck des Sozialistengesetzes strömten viele sozialdemokratische Arbeiter in die freireligiösen Gemeinden, und so trat die Jugendweihe, die bisher als Aufnahmeritus in die freireligiöse Gemeinde und zur Einübung in die »freie Religion« veranstaltet wurde, zunehmend mit der Idee einer politischen Erziehung der Jugend in Kontakt. Freireligiöse Gemeinden und Freidenkerverbände (bürgerlich seit 1881, seit 1908 auch als proletarische Zusammenschlüsse) sahen in der Jugendweihe mit vorbereitendem Unterricht eine gute Möglichkeit, die Jugend antikirchlich, atheistisch zu erziehen und sie so den als kapitalistische Repressions- und Verdummungsanstalten gedeuteten Kirchen zu entziehen.

Teilnahme an der Jugendweihe war somit Klassen- und Kulturkampf und erforderte zumindest den Kirchenaustritt des »Jugendweihlings«. Etwas andere Akzente setzte die seit 1906 verstärkte Bildungsarbeit der SPD, die mittels »Frühlings-« oder Schulentlassungsfeiern möglichst viele (auch konfirmierte) Jugendliche für die Sozialistische Arbeiterjugend gewinnen wollte. Gemäß der SPD-Maxime »Religion ist Privatsache« stand nicht Kirchenkritik, sondern das Bemühen im Vordergrund, die Jugend für die Sache des Sozialismus zu begeistern. Bis zum Ende des Ersten Weltkrieges quantitativ unbedeutend, nahmen die Kirchenaustrittsbewegung und damit verbunden die Jugendweihe bis Anfang der 30er Jahre zu.[3] Die Jugendweihe, von unterschiedlichsten Organisationen angeboten, war neben dem Kirchenaustritt sichtbarstes Zeichen einer atheistischen Lebenseinstellung, für die die Kirche ihre religiös-kulturelle Prägekraft verloren hatte.

Mit dem Verbot der Parteien und freidenkerischen Organisationen hörte die Jugendweihe 1933 praktisch auf zu existieren. Um einen Konfirmationsersatz für konfessionslose Jugendliche kümmerten sich seitdem zunächst die ›Deutsche Glaubensbewegung‹ und ab 1937/38 zunehmend örtliche NSDAP- und HJ-Stellen. Im Zuge einer allgemeinen Vereinheitlichung der NS-Feiergestaltung nach 1940 ersetzte die ›Verpflichtung der Jugend‹ als feierliche Aufnahme aller Jugendlichen in HJ beziehungsweise BDM die bis dahin unterschiedlich bezeichneten Feiern.[4] Nun sollte diese Feier »zur führenden und alleinigen Feier für den 14jährigen Deutschen« werden und damit die Konfirmation verdrängen.[5] Dies gelang, auch angesichts der Kriegssituation, nicht.

Nach 1945 knüpften einzelne Freidenkerfunktionäre und die Gemeinden an ihre Jugendweihepraxis vor 1933 wieder an und richteten ein entsprechendes Feierangebot an die konfessionslose Jugend. Bereits 1947 trat die SED jedoch aus dem Gesamtberliner Ausschuß für Jugendweihe aus – unter anderem aus Rücksicht auf die auch gegenüber der christlichen Bevölkerungsmehrheit angestrebte breite Bündnispolitik. Statt der freidenkerischen Jugendweihe im Frühjahr bevorzugte sie sozialistisch geprägte Schulentlassungsfeiern am Ende des Schuljahres im Sommer. Als dennoch weiterhin Jugendweihen organisiert wurden, erließ das Sekretariat des Politbüros der SED am 13. Februar 1950 ein regelrechtes Verbot der von SED und Massenorganisationen veranstalteten Jugendweihen.[6] Die Schulentlassungsfeier, als »Aufnahme in die Kampfgemeinschaft aller patriotischen Kräfte«[7] verstanden, zeigt, daß die SED zu dieser Zeit in ihrem öffentlichen Auftreten nicht an weltanschaulichen Auseinandersetzungen mit den Kirchen interessiert war.

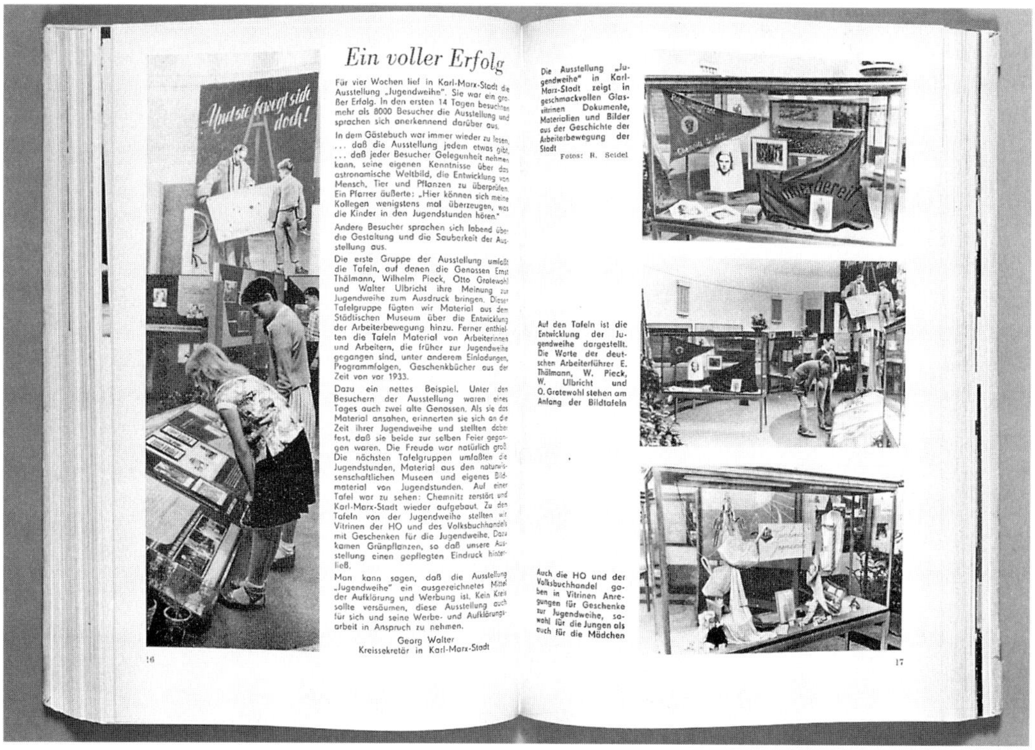

## Ein voller Erfolg

Für vier Wochen lief in Karl-Marx-Stadt die Ausstellung „Jugendweihe". Sie war ein großer Erfolg. In den ersten 14 Tagen besuchten mehr als 8000 Besucher die Ausstellung und sprachen sich anerkennend darüber aus.

In dem Gästebuch war immer wieder zu lesen, ... daß die Ausstellung jedem etwas gibt, ... daß jeder Besucher Gelegenheit nehmen kann, seine eigenen Kenntnisse über das astronomische Weltbild, die Entwicklung von Mensch, Tier und Pflanzen zu überprüfen. Ein Pfarrer äußerte: „Hier können sich meine Kollegen wenigstens mal überzeugen, was die Kinder in den Jugendstunden hören."

Andere Besucher sprachen sich lobend über die Gestaltung und die Sauberkeit der Ausstellung aus.

Die erste Gruppe der Ausstellung umfaßt die Tafeln, auf denen die Genossen Ernst Thälmann, Wilhelm Pieck, Otto Grotewohl und Walter Ulbricht ihre Meinung zur Jugendweihe zum Ausdruck bringen. Dieser Tafelgruppe fügten wir Material aus dem Städtischen Museum über die Entwicklung der Arbeiterbewegung hinzu. Ferner enthielten die Tafeln Material von Arbeiterinnen und Arbeitern, die früher zur Jugendweihe gegangen sind, unter anderem Einladungen, Programmfolgen, Geschenkbücher aus der Zeit von vor 1933.

Dazu ein nettes Beispiel. Unter den Besuchern der Ausstellung waren eines Tages auch zwei alte Genossen. Als sie das Material ansahen, erinnerten sie sich an die Zeit ihrer Jugendweihe und stellten dabei fest, daß sie beide zur selben Feier gegangen waren. Die Freude war natürlich groß. Die nächsten Tafelgruppen umfaßten die Jugendstunden, Material aus den naturwissenschaftlichen Museen und eigenes Bildmaterial von Jugendstunden. Auf einer Tafel war zu sehen: Chemnitz zerstört und Karl-Marx-Stadt wieder aufgebaut. Zu den Tafeln von der Jugendweihe stellten wir Vitrinen der HO und des Volksbuchhandels mit Geschenken für die Jugendweihe. Dazu kamen Grünpflanzen, so daß unsere Ausstellung einen gepflegten Eindruck hinterließ.

Man kann sagen, daß die Ausstellung „Jugendweihe" ein ausgezeichnetes Mittel der Aufklärung und Werbung ist. Kein Kreis sollte versäumen, diese Ausstellung auch für sich und seine Werbe- und Aufklärungsarbeit in Anspruch zu nehmen.

Georg Walter
Kreissekretär in Karl-Marx-Stadt

16

Die Ausstellung „Jugendweihe" in Karl-Marx-Stadt zeigt in geschmackvollen Glasvitrinen Dokumente, Materialien und Bilder aus der Geschichte der Arbeiterbewegung der Stadt
Fotos: R. Seidel

Auf den Tafeln ist die Entwicklung der Jugendweihe dargestellt. Die Worte der deutschen Arbeiterführer E. Thälmann, W. Pieck, W. Ulbricht und O. Grotewohl stehen am Anfang der Bildtafeln

Auch die HO und der Volksbuchhandel gaben in Vitrinen Anregungen für Geschenke zur Jugendweihe, sowohl für die Jungen als auch für die Mädchen

17

404 In der Zeitschrift ›Jugendweihe‹ wird eine Ausstellung zu diesem Thema besprochen und allen Kreisen für ihre Werbe- und Aufklärungsarbeit empfohlen, 1959

Die weiterhin veranstalteten Jugendweihen der freireligiösen Gemeinden in Magdeburg und Leipzig wirkten daher mit ihrer ungebrochen freidenkerischen Ausrichtung störend. Sie wurden behindert, aus der Öffentlichkeit verdrängt und schließlich 1952/53 als »sektiererisch« bezeichnet. In den ersten Jahren der DDR wurde also eine gegen die Kirchen gerichtete Ersatzhandlung für die Konfirmation als politisch falsch angesehen. Mit der forcierten »Schaffung der Grundlagen des Sozialismus« ab 1952 glaubte man, den kirchlichen Einfluß auf die Jugend mit administrativen Mitteln – die Erziehung zum Sozialismus an der »demokratischen Schule«, die Kriminalisierung der »Jungen Gemeinde« und andere – unterbinden zu können.

Die Krise im Juni 1953 brachte auch einen »Neuen Kurs« in der Kirchenpolitik hervor (Kommuniqué vom 10. Juni 1953). Statt offen repressiver Maßnahmen verstärkte man nun die politisch-ideologische und weltanschauliche Aufklärung. In dem grundlegenden »Bericht über die Tätigkeit der Kirchen« für das Politbüro (erste Fassung vom 8. März 1954) zeichnen sich die Umrisse der neuen Kirchenpolitik ab: die Gewinnung einer breiten Massenbasis unter der gläubigen Bevölkerung einerseits, die Isolierung der reaktionären Kreise in der Kirchenhierarchie andererseits (»Differenzierung«). In diesem Bericht (zweite, beschlossene Fassung vom 14. März 1954) findet sich auch erstmals ein Passus über die geplante Einführung einer Jugendweihe.[8]

Zwischen dieser ersten aktenkundigen Notiz einer zentral angeordneten Einführung der Jugendweihe und der öffentlichen Bekanntgabe (Aufruf eines ›Zentralen Ausschusses für Jugendweihe‹ am 12. November 1954) lagen intensive Vorbereitungen interner Art. Auf höchster Ebene (im Politbüro beziehungsweise in dessen Sekretariat) wurden der Text des Aufrufes, die Zusammensetzung des ›Zentralen Ausschusses‹ (ZA), die Bereitstellung finanzieller Mittel und die Bildung einer Kommission für den Lehrplan beschlossen.[9] Die Kreisleitungen der SED wurden von Ulbricht vorab informiert mit dem Hinweis: »Die Partei begrüßt diese Initiative und betrachtet ihre Unterstützung als eine Aufgabe aller Parteigruppen, aller Parteimitglieder.«[10]

Besondere Operativstäbe bei den Bezirksleitungen sollten den Aufbau der geplanten Struktur von Jugendweihe-Ausschüssen forcieren und die nötige Unterstützung im Apparat sichern. Von dieser zentralen Lenkung sollte jedoch möglichst wenig transparent werden: »Wir weisen jedoch darauf hin, daß das parteimäßige Einwirken auf die in breitester Form zu bildenden Ausschüsse und deren Arbeit nicht dazu führen darf, daß praktisch die Partei die Jugendweihe durchführt. Nur wenn der breite Rahmen gewahrt und sichtbar wird, kann der erwartete Erfolg erreicht werden.«[11] Ein zweites Moment der Verschleierung kam hinzu. Man betonte, daß die Teilnahme an der Jugendweihe allen jungen Menschen »ungeachtet ihrer Weltanschauung« offenstehe.[12] Suggeriert wurde damit die weltanschauliche Neutralität der Feiern, gemeint war jedoch, möglichst viele christliche Jugendliche zu gewinnen.

Die Fiktion, die Jugendweihe sei eine aus einer breiten Volksbewegung kommende, weltanschaulich neutrale Feier ohne staatliche Unterstützung, wurde bis Mitte 1957 pro forma aufrechterhalten. Die Organisationsstruktur der Jugendweihe spiegelt dies wider. Als »gesellschaftliche« – nicht staatliche – Einrichtung leitete der ZA die nachgeordneten Ausschüsse auf Bezirks-, Kreis- und Orts- (beziehungsweise Schul-)Ebene an. Ein ausgeprägtes Berichtswesen sicherte den Informationsfluß von unten nach oben, während der ZA die Vorgaben des Zentralkomitees der SED durch Richtlinien und Anleitungen (unter anderem in der Zeitschrift ›Jugendweihe‹) in die Bezirke und Kreise vermittelte.

Die Verbreitung einer materialistischen und sozialistischen Weltanschauung hätten Schule und FDJ durchaus allein leisten können, zur Gestaltung eines neuen, kultur- und mentalitätsprägenden Übergang-Rituals jedoch griff man auf die Struktur von Ausschüssen zurück.[13] Dabei gab es 1959 offensichtlich Tendenzen, aus der punktuellen Ausschußarbeit eine längerfristige Jugendarbeit mit eigenen Abzeichen und Organisationsstrukturen zu machen. Dem wurde allerdings energisch widersprochen, um eine Konkurrenz zu den Jugendorganisationen zu verhindern.[14] Die formale Eigenständigkeit der Ausschüsse wurde durch Vereinbarungen mit den Gewerkschaften (1957), mit Pionierorganisation und FDJ (1957 und 1960) sowie durch Verankerung im Jugendgesetz und Finanzierung aus dem Staatshaushalt (1965) wieder eingeschränkt. Damit war die Etablierung der Jugendweiheausschüsse im Gesellschaftssystem der DDR zu einem gewissen Abschluß gekommen. Deren Arbeit war fortan auch offiziell anerkanntes staatliches, erzieherisches Handeln.

### »Ja, das geloben wir!« – Jugend im ritualisierten Übergang zur Welt der Erwachsenen: Die neue Gesellschaft – der neue Mensch – die neue Feier

Nicht nur auf politischem und ökonomischem Gebiet veränderte man überkommene Traditionen und Strukturen, man versuchte dasselbe zugleich auch in jenem, im weitesten Sinne als kulturell verstandenen, Sektor persönlicher Lebensgestaltung. Das Leitziel der neuen, sozialistischen Gesellschaft erforderte dabei vor allem den »neuen Menschen«. Bürgerliche Einstellungen und religiöse Orientierungen standen dem im Weg. Die Einführung der Jugendweihe zielte auf konkrete Veränderung überkommener familiärer Feiergewohnheiten. Die Konfirmation, seit Pietismus und Aufklärungszeit in allen evangelischen Kirchen Deutschlands verbreitet, hatte verschiedene religiöse wie gesellschaftliche Funktionen auf sich vereinigt (Zulassung zu Abendmahl und Patenamt, Tauferinnerung, Abschluß des kirchlichen Unterrichts und Schulentlassung) und war eine der am stärksten in der Volkssitte verankerten Feiern überhaupt. Die Jugendweihen vor 1933 hatten die mündigkeitsstiftenden Elemente dieses »rite de passage« (Arnold van Gennep) übernommen und im vorbereitenden Unterricht eine weltanschauliche Alternative angeboten. Trotz Beteuerung eines anderen Charakters knüpfte die DDR-Jugendweihe in Zielsetzung und Formgebung genau dort an. In wenigen Jahren entwickelte sich ein festgefügtes »Jugendweihejahr« mit Werbungsphase, Eröffnungsfeier, Jugendstunden, Vorfeiern am Vorabend und der eigentlichen Feier.

Für die Gewinnung von Jugendlichen hatte die Werbung größte Bedeutung. Neben Agitation in den Medien und durch Plakate versuchte man,

405 Werbeplakat für die Jugendweihe, 1956

die Kinder und Eltern in den Schulen und Großbetrieben systematisch zu erfassen. Dabei wurde in »Aussprachen« und Hausbesuchen sowohl gelockt (unter anderem mit interessanten Jugendstunden und Geldgeschenken) als auch gedroht (mit Nachteilen bei der Berufsfindung).[15] Die Methoden der Werbung im einzelnen darzustellen, überstiege den hier gesetzten Rahmen. Genutzt wurden dafür ebenso die Ferienlager zwischen der 7. und 8. Klasse wie die Einflußmöglichkeiten der Frauenorganisation DFD, die sich um die mehr traditionsorientierten Mütter kümmern sollte, oder auch konzertierte Aktionen aller »gesellschaftlichen Kräfte«, so daß schließlich die gesamte DDR mit einem Geflecht agitatorisch-repressiver Beeinflussung überzogen wurde. Diese nahm ab Frühjahr 1958 überdies Wettbewerbscharakter zwischen den Kreisen und Bezirken an.

In den Jahren 1955 bis 1958/59 wurde das Werben zugleich durch eine erbitterte politische Auseinandersetzung mit den Kirchen ergänzt. Die Kirchen lehnten die Teilnahme an der Jugendweihe mit religiöser Begründung ab: Das Bekenntnis zum Sozialismus und die naturwissenschaftlich-materialistische Ausrichtung der Jugendstunden impliziere ein Bekenntnis zum Atheismus. Zugleich kritisierten sie den dabei angewendeten Zwang und trugen damit auch einen klaren politischen Protest vor. Die staatliche Propaganda kehrte den Vorwurf des Zwanges um: Mit der Entweder-Oder-Forderung (Konfirmation oder Jugendweihe) übe die Kirche Gewissenszwang aus und verstoße gegen die verfassungsmäßige Freiheit der Bildung und Religion (Artikel 34 f., 41 f.). Diese Argumentation war wirkungsvoll, konnte der Staat doch weiterhin offiziell Toleranz gegen die Konfirmation propagieren, intern aber jede Anmeldung zur Jugendweihe als weltanschauliche Entscheidung begreifen, wohl wissend, daß diese praktisch eine Abmeldung von der Konfirmation bedeutete.[16] Trotz massiver Werbung dauerte es mehrere Jahre, bis der staatliche Konfirmationsersatz mit teilweise sakralen Zügen ein von der Mehrheit akzeptierter Ritus wurde – vor allem, weil die Kirchen dies klar ablehnten.[17]

Den Auftakt des Jugendweihejahres bildete eine Eröffnungsveranstaltung, bei der spätestens seit 1960 Eltern und Jugendliche im September eingeladen, das kommende Jugendstundenprogramm vorgestellt und die Jugendstunden-Lehrer »verpflichtet« wurden. Nach diesem halb-öffentlichen Start begann die regelmäßige Schulung der angemeldeten Teilnehmer entsprechend dem jeweiligen Jugendstunden-Programm. Dieses wurde aufgrund wechselnder politischer Vorgaben häufig verändert, so daß hier nur einige seiner Schwerpunkte erörtert werden können. Konstitutiv waren stets die Behandlung wissenschaftlicher und technischer Themen auf dem Hintergrund des materialistischen Weltbildes[18] sowie die Entfaltung des Geschichts- und Gesellschaftsbildes der SED.[19] Hinzu kamen Themenfelder wie Kunst (nationales Erbe und sozialistische Gegenwartskunst) oder die Beziehung der Geschlechter zueinander. Diese Jugendstunden knüpften in Form wie Inhalt an den Unterricht der Freireligiösen und Freidenker vor 1933 an und sind herkunftsgeschichtlich dem kirchlichen Konfirmandenunterricht nachgebildet. Für die Umsetzung der ideologischen Vorgaben hatten die ausdrücklich nicht im trockenen Schul-

Konfirmationstermin. Bereits am Vorabend der eigentlichen Feier sollten vor einer möglichst großen Öffentlichkeit Aufmerksamkeit und Wertschätzung für die Teilnehmer an der Jugendweihe demonstriert werden: durch festliche Empfänge der örtlichen Staatsorgane (Bürgermeisterei, Rat der Stadt) oder großer Betriebe, Kultur-, Spiel- und Sportfeste (»Fest des Liedes und des Tanzes«), Fackelzüge (»Fest des Lichtes«), Konzerte sowie Lesungen von Schriftstellern.

Den Charakter der Feiern zu benennen, fiel den Organisatoren nicht leicht: »Die Jugendweihe ist eine neue Form einer Veranstaltung; sie ist weder eine Kult- noch eine Kulturveranstaltung und bedarf einer neu zu entwickelnden Form. Alle unseren bisherigen Formen waren Nummernveranstaltungen ... Es ist notwendig, die Feier als ein geschlossenes Ganzes zu nehmen, wie z. B. in einem Oratorium von Bach oder Brahms, wo vom Anfang bis zum Ende in einem lückenlosen ununterbrochenen Fluß die Feier komponiert ist ...«[20]

Über Sinn und Gehalt dieser neuen Form der Feier hieß es 1961: »Erstens bilden die Jugendweihefeiern einen festlichen, würdigen Abschluß der

406 Eine Jugendstunde führt die Schüler und Schülerinnen der 2. Oberschule Berlin-Treptow in die Mahn- und Gedenkstätte Sachsenhausen, 12. Dezember 1961

stil zu haltenden Jugendstunden größte Bedeutung. Bei Exkursionen, Filmvorträgen und Unterhaltungen mit »Gesprächspartnern« sollten die Vorzüge des Sozialismus und die Aufbauleistungen der DDR deutlich werden. Daß diese sozialistische Erziehung nicht allein dem normalen Unterricht der Schule überlassen blieb, zeigt, daß hier zur kirchlichen Konfirmandenarbeit, die sich ihrerseits zunehmend um attraktive Angebote an junge Menschen bemühte, eine Alternative geschaffen werden sollte.

Nach den gemeinschafts- wie bewußtseinsbildenden Kursen nahte der Tag der eigentlichen Jugendweihefeier. Statt am Ende des Schuljahres, wie die von 1948 bis 1954 favorisierten Schulentlassungsfeiern, organisierte man die Jugendweihen wieder im Frühjahr – in zeitlicher Nähe zu Ostern, denn Palmsonntag vor Ostern war traditioneller

407 In Vorbereitung auf die Jugendweihe besichtigen Schüler die Schulsternwarte Rodewisch / Kreis Zwickau, um 1963

408 Jugendweihe 1957 in Britz bei Eberswalde

Kindheit. Sie spiegeln in feierlicher Form all das Gute und Wertvolle wider, das den Jungen und Mädchen im Elternhaus, in der Pionierorganisation, in der Schule und in den Jugendstunden gegeben wird. Zweitens vereinen sich in den Jugendweihefeiern jung und alt in dem Bekenntnis zu unserem Arbeiter-und-Bauern-Staat, zum Frieden, zur Völkerfreundschaft und zum Sozialismus. Drittens erleben Zehntausende Werktätige anschaulich und eindrucksvoll, wie gut und würdig es sich auf neue, auf sinnvolle, eben auf sozialistische Art feiern läßt. Die Jugendweihefeiern tragen wesentlich dazu bei, den Menschen die Maßstäbe einer neuen sozialistischen Ethik und Moral bewußtzumachen.«[21]

Das (ideologische) Mehr gegenüber einer bloßen Kulturveranstaltung zeigt sich demnach in einer Art Resonanzfunktion staatlichen Handelns an der Jugend, die insofern auch Selbstdarstellungs- und Inszenierungspotential für den Staat DDR bot. In der traditionell bedeutsamen Lebensphase der Vierzehnjährigen stellt sich der Staat als Helfer und Garant der Ordnung zwischen den Generationen dar. Eindeutig kultischer Herkunft ist zudem der Gedanke eines Bekenntnisses mit dem Ziel, den einzelnen zu einer möglichst weitgehenden Zustimmung zu veranlassen – hier zum Staat und zu seinen Idealen. Neben der öffentlichen Darstellung von Staat und Sozialismus und dem Bekenntnis zu diesem übergeordneten und quasi-religiösen Sinnzusammenhang rundeten Aspekte einer neuen Feierkultur wie auch einer eigens propagierten Ethik und Moral die Inauguration des neuen Ritus ab.[22]

Die These, daß die Jugendweihe sowohl in der Anknüpfung an die Freidenkertradition als

Jugendweihe - sozialistischer Festtag

Jugendweihe 1958 im „Theater des Friedens" in Halle (Saale), auf der der Kandidat des Polit-Büros und Sekretär des ZK der SED, Genosse Erich Honecker, die Festansprache hielt. Anschließend weilte Genosse Honecker im Kreise der Familie des Betriebsmaurers Oelschläger. Bernd will Fernmeldemonteur und Klaus Brauer und Mälzer werden.

Fotos: Giebel, Halle/S.

18

19

409 Große propagandistische Anstrengungen wurden unternommen, aus der Jugendweihe auch ein familiäres und häusliches Fest zu machen, 1958

auch im Rahmen der damaligen SED-Kirchenpolitik als Ersatz für die kirchliche Konfirmation geplant war, bestätigt sich auch, wenn man einmal die Abläufe und Elemente beider Feiern miteinander vergleicht. Neben allgemeinen Gestaltungsmerkmalen wie dem Einzug der Jugendlichen, hinführenden Elementen (Begrüßung beziehungsweise Eingangsliturgie) und gemeinsamem Gesang entsprechen sich drei Feierelemente in besonders auffallender Weise: die Ansprache der Predigt – beide stellen jeweils die persönliche Situation der Jugendlichen und Eltern in einen umfassenden Sinnzusammenhang und Wertehorizont (Sozialismus beziehungsweise christliche Theologie); das Gelöbnis dem Konfirmationsgelübde – beide haben Bekenntnischarakter und beinhalten Verpflichtungen für das zukünftige Leben; schließlich das Zusprechen eines »Kernspruches« dem eines Konfirmationsspruchs. Die Schlußformel des Gelöbnisses ist mit ähnlich lautenden Formulierungen der unierten Konfirmationsagende vergleichbar, mit denen die Gemeindeglieder ermahnt wurden, den Konfirmierten in Hilfsbereitschaft und Fürbitte beizustehen.[23] Zugleich kann man darin eine verweltlichte Form des, Gottes Schutz und Hilfe verheißenden, Segens der Konfirmation sehen. Auch der feierliche Handschlag vor den Anwesenden ist bei der Konfirmation vereinzelt geübt worden, doch gehörte dieser, wie andere oben genannte Gestaltungselemente, bereits vor der speziellen Entwicklung in der DDR zur Formensprache der Jugendweihen.

Insgesamt orientierte man sich am lebensweltlichen Bezug der Konfirmation, der in der Sicht der Rezipienten wesentlich im Erwachsenwerden in Glaubens- und gesellschaftlichen Dingen bestand.[24] Mit diesen Elementen versuchte man, eine funktional der Konfirmation weitgehend entsprechende Feier anzubieten und auch möglichst flächendeckend durchzusetzen (durch »Dezentrali-

*Wer das Schicksal bezwingen, wer seiner Zeit*
*neue Wege weisen,*
*wer sein Volk in die bessere Zukunft*
*führen will,*
*wer Auftrag und Berufung in sich fühlt,*
*den Feuerbrand seiner Seele*
*herauszuschleudern,*
*der stellt sich gegen eine Welt*
*des Nichtverstehens,*
*der Ablehnung, ja der Feindschaft.*
*Denn nur der Kampf hat im Leben Sinn.*

ERNST THÄLMANN

G·E·L·Ö·B·N·I·S

*Liebe junge Freunde!*

*Seid Ihr bereit, für ein glückliches Leben der werktätigen Menschen und ihren Fortschritt in Wirtschaft, Wissenschaft und Kunst zu wirken?*

**Ja, das geloben wir!**

*Seid Ihr bereit, für ein einheitliches, friedliebendes, demokratisches und unabhängiges Deutschland mit Euerem ganzen Wissen und Können einzutreten?*

**Ja, das geloben wir!**

*Seid Ihr bereit, im Geiste der Völkerfreundschaft zu leben und restlos Euere Kräfte einzusetzen, um gemeinsam mit allen friedliebenden Menschen den Frieden zu verteidigen und zu sichern?*

**Ja, das geloben wir!**

*Mit den besten Wünschen für Deine Zukunft*

*, den*

KREISAUSSCHUSS FÜR JUGENDWEIHE

410 Innenseite einer Urkunde zur Jugendweihe, 1955–1957

sierung« sollten Feiern möglichst in jedem Dorf stattfinden). Die Veröffentlichung von Feierhandbüchern sollte von Anfang an überall einen gewissen Standard sichern helfen. Hinweise zu Bühnengestaltung, Programmgestaltung und zur Gesamtregie haben einer vorhandenen, hier aber nicht darstellbaren regionalen Vielgestaltigkeit zu steuern versucht.

### Entwicklungstendenzen der Feiergestaltung

In der Entwicklung von 1954 an lassen sich grob drei unterschiedliche Phasen ausmachen. Die Feiern 1955 bis 1957 trugen in der Tendenz einen eher patriotischen und klassischen Charakter, um den Anspruch einer weltanschaulich offenen Feier zu dokumentieren. Die Säle sollten mit Blumen, Grün sowie schwarzrotgoldenen Fahnen geschmückt und eine von zwei vorgeschlagenen Losungen angebracht werden: »Wachse über dich selbst hinaus, indem du in die menschliche Gesellschaft hineinwächst« (Otto Grotewohl) oder »Es gilt, den Traum durch die Tat zu vollenden, wir wollen lernen und Vorbild sein« (Johannes R. Becher). 1957 wurde eine dritte Losung hinzugefügt: »Den Gedanken Licht – den Herzen Feuer – den Fäusten Kraft« (Erich Weinert).

Besonders die »Kernsprüche«, die als »Richtschnur für Dein Leben« gelten sollten, verdeutlichen den vorerst klassischen und patriotischen Einschlag. Mehr als die Hälfte der für 1956 vorgeschlagenen 47 Sprüche enthielten Lebensweisheiten und Vaterlandspathos aus der klassischen und bürgerlichen Literatur (von Goethe über Arndt bis Wagner), der kleinere Teil entstammte dem Schrift- und Spruchgut der Arbeiterbewegung (Marx, Thälmann, Becher) und war ebenfalls meist patriotisch und weisheitlich gestimmt – mit erstaunlich geringem revolutionärem Einschlag.[25] Dieser Eindruck verfestigt sich, liest man einige dokumentierte Musterreden dieser Jahre und das von 1955 bis 1957 verbindliche erste Gelöbnis, welches dazu verpflichtete, für den Frieden und ein einheitliches, unabhängiges Deutschland zu kämpfen und sich einzusetzen für den Fortschritt in Wirtschaft, Wissenschaft und Kunst.

Auch die vorgeschlagenen Musikprogramme enthalten neben einigem neuen Liedgut vorwiegend klassische Quartette und Konzerte. Staatstragend und patriotisch wirkte das (von 1955 bis 1989) obligate Abspielen der Nationalhymne. Die vorsichtige Beschränkung auf eher klassisches und patriotisches Repertoire hatte ihre Gründe in der Absicht, möglichst viele Menschen zu gewinnen,

411 Dieses Beispiel einer Bühnengestaltung weist insgesamt eine »parteilich-kämpferische Grundstimmung« auf. Das Staatsemblem mit roter Stoffdrapierung steht im Zentrum, 1959

aber auch darin, daß die Linie der Partei noch keineswegs festgeklopft war. Angesichts der wenig erfolgreichen Jugendweihekampagnen 1955 und 1956 und der erheblichen Unruhe in der christlichen Bevölkerung gab es Kräfte, die 1956/57 eine Abmilderung des Konfrontationskurses in Erwägung zogen. Neben der Ost-CDU, die (vergebliche) Hoffnungen hegte, daß die atheistische Komponente abgemildert, das Buch ›Weltall–Erde–Mensch‹ nicht mehr verbreitet und die Feier zu einer »Jugendfeier« als Schuljahresschluß umgestaltet würde, war es vor allem ein Mitglied des ›Zentralen Ausschusses für Jugendweihe‹, der ZK-Sekretär Paul Wandel, der statt des atheistischen mehr den patriotischen Charakter stärken wollte. Handgreiflichsten Ausdruck fand diese Absicht in der Herausgabe eines neuen Jugendweihe-Buches ›Unser Deutschland‹ (1957), das Vaterlandsliebe und Stolz auf die Heimat wecken wollte und das nationale Erbe von Luther über Goethe bis Marx und Brecht für die neue Republik beanspruchte.[26]

Die Überlieferung, daß als einziges Politbüromitglied Walter Ulbricht dieses Buch zunächst nicht kannte, weil Wandel ihm »aus Versehen« kein Exemplar überstellt hatte,[27] zeigt politische Meinungsverschiedenheiten auf, die erst mit dem 33. Plenum des ZK (Oktober 1957) im Sinne Ulbrichts entschieden wurden: Damals wurde Wandel als ZK-Sekretär abberufen. Bereits im Mai 1957 hatte Ulbricht öffentlich einen atheistischen Akzent gesetzt, als er seine Rede zur Jugendweihe in Dessau unter die Überschrift »Wissen ist besser als Glauben« stellte. Vollends zeigte Ulbricht mit der Sonneberger Rede zur Eröffnung des Jugendweihejahres 1957/58, daß er das patriotische Intermezzo Wandels nicht billigte und daß fortan die Jugendweihe andere Akzente setzen sollte: Die Teilnahme aller Jugendlichen werde angestrebt, die Jugendweihe sei »ein alter schöner Brauch ... [der] sozialistischen Arbeiterbewegung« – sie wird damit in die Tradition der Freidenkerbewegung gestellt – und solle zum Sozialismus erziehen.

Damit ist eine neue Phase markiert, in der die Jugendweihe einen offen parteilich-sozialistischen, atheistischen Kurs erhält. Nun wird zugegeben, daß sie nicht nur eine Sache der Gesellschaft, sondern ebenso des Staates und seiner Organe ist. Auch die Rede von weltanschaulicher Toleranz klingt aggressiver, wenn es statt »ungeachtet ihrer Weltanschauung« nun heißt: »Gleichgültig welche Weltanschauung ihre Eltern haben oder in welcher Weltanschauung sie bisher erzogen wurden«.[28] Die Feiergestaltung paßte sich dem neuen Kurs an, indem nun neben der schwarzrotgoldenen auch die rote Fahne der Arbeiterbewegung und die blaue Fahne der FDJ drapiert wurden; entsprechend bekamen die Losungen explizit sozialistischen Inhalt, zum Beispiel: »Der Sozialismus – das ist Friede, das ist Arbeit, das ist Freude und

412 Vermutlich eine »Normalausstattung« der Bühne ab 1958 mit sozialistischer Losung

413 Plakat zur Jugendweihe, 1959

höheres Lebensglück« (1959). Vor allem wurde ab 1958 ein neues Gelöbnis verwendet, das die eher allgemeinen Formulierungen des ersten Gelöbnisses aufgab und nun forderte, als «treue Söhne und Töchter unseres Arbeiter-und-Bauern-Staates ... Eure ganze Kraft für die große und edle Sache des Sozialismus einzusetzen«.[29]

Die »Kernsprüche«, soweit sie noch verwendet wurden, stellten die Einordnung in das Kollektiv, den Kampf für den Sozialismus und den Wert der sozialistischen Arbeit in den Vordergrund.[30] Bezüglich der musikalischen Gestaltung gab es vor allem nach der Bitterfelder Kulturkonferenz (1960) Diskussionen über die Anteile klassischer und neuer, »sozialistischer« Musik. Daß sich dabei ein Kompromiß abzeichnete zwischen der Wahrung der »Parteilichkeit« der Feiern durch Kampf- und Friedenslieder beziehungsweise zeitgenössische Kompositionen und der Pflege des Erbes an klassischer Musik, zeigt, daß man auch weiterhin den Hörgewohnheiten und -erwartungen der Feiergäste entgegenkommen mußte.

Das nunmehr offene staatliche Eintreten für die Jugendweihe und die ab Herbst 1957 verstärkte Werbetätigkeit bewirkten ein Anschwellen der Anmeldezahlen für das Jahr 1958, von dem selbst die SED insofern überrascht war, als nicht genügend Exemplare des Buches ›Weltall–Erde–Mensch‹ gedruckt worden waren.[31] Die Gründe für das plötzliche Anwachsen der Zahlen 1958 und 1959 sind nicht ohne weiteres offenliegend. Im Zusammenhang mit der Wettbewerbs-Hysterie (»50 Prozent Anmeldungen bis zum V. Parteitag Juli 1958« – »75 Prozent Anmeldungen bis zum 7. 10. 1958«) hatte die Jugendweihe nun offensichtlich eine Eigendynamik entwickelt. Wenn mehr als die Hälfte einer Klasse bereits angemeldet war, erhöhte sich der politische wie soziale Druck auf die restlichen Jugendlichen und Familien dermaßen, daß sie der Zerreißprobe zwischen Staat und Kirche innerhalb ihrer eigenen Biographie nicht länger gewachsen waren.

Da der Durchbruch für die SED geschafft war, konnten die aggressiv atheistischen Klänge ab 1960 vorsichtig gemildert werden. Damit einher ging ein leichtes Absinken der Teilnahmezahlen von zirka 90 Prozent 1961/62 auf zirka 87 Prozent 1964/65, so daß ab 1965 neue Anstrengungen unternommen wurden. Auch in den 60er und 70er Jahren blieb die Teilnahme an der Jugendweihe ein wichtiger Gradmesser für die politisch-ideologische und religiöse Einstellung der Jugendlichen und wurde als Mittel der atheistischen Propaganda begriffen.[32] Die breite gesellschaftliche Akzeptanz, die offiziöse Verankerung in Jugendgesetz und Staatshaushalt sowie das durch die Situation erzwungene Arrangement der Kirchen, Teilnehmer an der Jugendweihe nach einer Frist von 12 Monaten auch zur Konfirmation zuzulassen, haben den gesamtgesellschaftlichen Konflikt um die Jugendweihe erkalten lassen, ohne jedoch die persönliche Brisanz einer Entscheidung für oder gegen die Jugendweihe in den einzelnen Familien zu beseitigen. Im öffentlichen Bewußtsein war die Jugendweihe nun weit weniger als vorher auf das Gegenüber der Konfirmation bezogen. Diese dritte Phase nach der allgemeinen Durchsetzung brachte eine gewisse Routine in die Arbeit der Jugendweihe-Ausschüsse, die freilich immer noch durch Aktualisierungen der Jugendweihe-Bücher[33], neue Jugendstundenprogramme, ein neues Gelöbnis 1969 (im Zusammenhang mit der neuen Verfassung) und die jährliche Sorge der Klassenlehrer, möglichst 100 Prozent ihrer Schüler zu gewinnen, in Bewegung gehalten wurde.

### Wirkungen

Daß die Jugendweihe nach 1990 nicht wie viele andere DDR-Einrichtungen verschwand, daß sich vielmehr, nach starkem Einbruch 1990/91, die Teilnahme in den neuen Bundesländern auf zirka 35 Prozent aller Vierzehnjährigen einpegelte,[34] zeigt einen vorhandenen lebensweltlichen Bezug der Jugendweihe, der sich nun unabhängig von ideologischer und pädagogischer Instrumentalisierung seitens des DDR-Staates behauptet. Sie ist als »Lebensabschnittsfest«, mindestens in zweiter Generation gefeiert, aus den konfessionslosen Familien zur Zeit nicht wegzudenken. Wenn heute so gut wie niemand mehr sowohl Jugendweihe als auch Konfirmation feiert, so wird daran deutlich, daß nach dem »Ableben« der DDR sich die Jugendweihe wieder auf ihre ursprüngliche Kernfunktion reduziert hat: eine Alternative, ein Ersatz für die Konfirmation zu sein.

Es entspricht der historischen Entwicklung, wenn man die heutige Jugendweihepraxis in den neuen Bundesländern vor allem als eine langfristige Folge der SED-Kirchenpolitik begreift. Vergleicht man die Phasen der Jugendweihekampagnen mit den Kirchenaustrittszahlen, so ergeben sich eindeutige Korrelationen.[35] Auch der Vergleich mit der alten Bundesrepublik zeigt, daß die Jugendweihe dort nur ein Phänomen von freireligiösen und freidenkerischen Randgruppen war, obwohl stärker säkularisierungsfördernde Gesellschaftsbedingungen (Modernisierung, Individualisierung, Pluralisierung) herrschten. Im Kontext der gesamten SED-Kirchenpolitik war die Einführung der Jugendweihe ein entscheidender »Transmissionsriemen«, über den – in Verbindung mit anderen Maßnahmen zur Marginalisierung und Minorisierung der Kirchen – atheistische Politik und Propaganda in jede Schule, jeden Betrieb und jede betroffene Familie hineinwirkten.[36] Während es auf dem Gebiet der naturwissenschaftlich-atheistischen Aufklärung und Propaganda zeitweise eine enge Zusammenarbeit mit der Sowjetunion gab, konnte hinsichtlich der Jugendweihe auf kein direktes sowjetisches Vorbild zurückgegriffen werden. Vielmehr knüpfte die SED-Kirchenpolitik an eine deutsche Tradition an, die sich am Gegenüber der evangelischen Konfirmation ausbildete, und leistete insofern einen spezifischen Beitrag zur Gestaltung eines »neuen Deutschlands«.

1 Billerbeck, Wolfgang: Die Jugendweihe – eine revolutionäre Tradition der deutschen Arbeiterklasse, in: Pädagogik, 17/1962, S. 257 f.

2 Ulbricht, Walter: Wissen ist besser als Glauben (Jugendweiherede Dessau Frühjahr 1957), in: Jugendweihe, 3/1957, Nr. 5, S. 2.

3 Die reichsweite Zahl der Konfessionslosen stieg von 0,3% (1917) auf 3% (1930) der Bevölkerung.

4 »Alle übrigen Bezeichnungen wie z. B. ›Überweisungsfeier‹, ›Lebenswendefeier‹, ›Jugendweihe‹ usw. fallen fort.« Bormann, Martin: Bekanntgabe B 25/41, in: Reichsverfügungsblatt der Parteikanzlei der NSDAP, Folge 32/41 v. 19. 7. 1941.

5 Richtlinien für die Vorbereitung und Durchführung der Verpflichtung der Jugend. Anhang zur Anordnung A 3/42, in: Reichsverfügungsblatt der Parteikanzlei der NSDAP, Folge 2/42 v. 13. 1. 1942.

6 »Von der Partei, den Gewerkschaften, der FDJ usw. sollen Jugendweihen im Sinne der früheren Freidenkerverbände nicht durchgeführt werden. Insbesondere ist jeder sogenannte weltanschauliche Unterricht, wie er von einzelnen Parteiorganisationen ... erteilt wird, zu unterlassen.« Arbeitsprotokoll des Sekretariats des Politbüros der SED Nr. 84 v. 13. 2. 1950. SAPMO-BArch, DY 30, J IV 2/3 A-67.

7 Heymann, Stefan: Warum keine Jugendweihe?, in: Neues Deutschland v. 31. 3. 1950.

8 »Durch die Freie Deutsche Jugend ist der ideologische Kampf unter der Jugend zu verstärken ... Die kulturelle Massenarbeit muß dabei zum entscheidenden Mittel zur Heranführung christlicher Jugendlicher werden ... Gegenwärtig werden von vielen Eltern, die keine innere Bindung zur Kirche haben, Kinder in die Kurse zur Vorbereitung der Konfirmation und Kommunion geschickt, da keine andere Einrichtung zur feierlichen Einführung der Kinder in den neuen Abschnitt ihres Lebens nach dem Verlassen der Grundschule vorhanden ist. Um diesen Umstand zu beenden, wird im Interesse der Verstärkung der staatsbürgerlichen Erziehung schon in diesem Jahr mit der Vorbereitung und Durchführung von Jugendweihen ab 1955 begonnen. Der konkrete Plan zur Durchführung der Jugendweihen ist bis zum 15. April 1954 dem Politbüro vorzulegen.« Anlage Nr. 6 zum Protokoll Nr. 15/54 v. 14. 3. 1954. SAPMO-BArch, DY 30, J IV 2/2 A-341.

9 Beschluß des Politbüros der SED Nr. 10 v. 6. 7. 1954. SAPMO-BArch, DY 30, J IV 2/2 A-363.

10 Walter Ulbricht an die 1. Sekretäre der Bezirks- und Kreisleitungen der SED, in: Wilke, Manfred / Goerner, Martin / Laude, Horst: SED-Kirchenpolitik 1953–1958. Arbeitspapiere des Forschungsverbundes SED-Staat, Berlin, Nr. 1/1992, S. 52.

11 Wilke, Manfred (wie Anm. 10), S. 53.

12 Den Schritt ins Leben feierlich begehen. Aufruf des Zentralen Ausschusses für Jugendweihe in der DDR, in: Neues Deutschland v. 13. 11. 1954.

13 Jugendweihe-Ausschüsse sollten Ende der 20er Jahre in einigen Städten (Berlin, Leipzig, Hamburg) die parteimäßige Zersplitterung der Jugendweihen überwinden. Eine ähnliche Aufgabe hatten die Ausschüsse in der DDR: möglichst viele Jugendliche und Eltern einzubinden.

14 »Die einzige Organisation der Kinder ist die Pionierorganisation ›Ernst Thälmann‹. Alles, was zur Förderung des Gedankens einer Jugendweiheorganisation beiträgt, ist zu vermeiden. Es sind dies Abzeichen und Gedenkplaketten, die teilweise schon herausgegeben wurden. Organisationsabzeichen für Jungen und Mädel sind die Pionierabzeichen.« Walter Muth auf einer Arbeitstagung des Zentralen Ausschusses für Jugendweihe 1959, in: Jugendweihe, 5/1959, Heft 1, S. 6.

15 Beide »Überzeugungs«-Methoden wurden gelegentlich als »bloß administratives« (und nicht politisch überzeugendes) Vorgehen kritisiert, doch gerade die Kritik weist auf deren Verbreitung hin.

16 »Der Erfolg der Jugendweihen ist aber nicht nur an der Zahl der Teilnehmer zu erkennen, sondern liegt im wesentlichen darin, dass ein Teil der Bevölkerung sich in den Fragen der Weltanschauung klar entscheiden musste.« Einschätzung der Jugendweihe 1955. SAPMO-BArch, DY 30, IV/2/14/26.

17 Offizielle Zahlen sprechen von 17,7% (1955), 23,7% (1956), 26,4% (1957), 44,1% (1958) und erst 1959 von 80,4% sowie 1964 von 89,3% aller 14jährigen Jugendlichen. Die in den ersten Jahren auch für ältere Jugendliche bestehende Teilnahmemöglichkeit »schönt« diese Angaben vermutlich.

18 Themenkomplexe wie »Die Entstehung des Lebens auf der Erde«, »Von der Beherrschung der Natur durch den Menschen« im Programm 1955 oder: »Die wissenschaftlichen Erkenntnisse helfen uns im Kampf gegen Geister- und Aberglauben die Gesetze der Natur und der Gesellschaft zu beherrschen und zum Wohle der Menschheit anzuwenden« (Programm 1957/58).

19 »Die neue Ära in der Geschichte der Gesellschaft« (Programm 1955) oder: »Wir bauen in unserem Vaterland den Sozialismus auf und kämpfen für die Sicherung des Friedens in internationaler Solidarität mit den friedliebenden Völkern der Welt« (Programm 1957/58).

20 Jugendweihe: Feiergestaltung. Zentraler Ausschuß für Jugendweihe, Berlin 1956, S. 3.

21 Die Jugendweihe in der Deutschen Demokratischen Republik, hg. v. Heinz Arnold, Berlin 1961, S. 75.

22 Vgl. u. a. die ›Zehn Gebote der sozialistischen Moral‹ von Walter Ulbricht (1958), Abb. in diesem Band S. 37.

23 »Wir haben euer Gelöbnis vernommen. Nehmt nun das Versprechen der Gemeinschaft aller Schaffenden unseres Volkes entgegen, Euch zu schützen, zu fördern, zu helfen, damit ihr das hohe Ziel, das ihr euch gestellt habt, erreichen werdet.« (Gelöbnis 1955 und 1956).

24 Der kirchlich-theologische Begriff der Konfirmation geht über den Aspekt des Erwachsenwerdens hinaus und berührt weitere religiöse und seelsorgerische Aspekte.

25 Einige Beispiele: »Ich habe nur ein Vaterland, daß heißt Deutschland. Freiherr v. Stein«; »Ans Vaterland, ans teure schließ dich an, das halte fest mit deinem ganzen Herzen. Schiller«; »Das ganze deutsche Volk muß sich die Freiheit erringen. Und diese Zeit ist nicht ferne. Wilhelm Pieck«; »Jedem redlichen Bemühn sei Beharrlichkeit verliehn. Goethe«; »Auf welcher Straße des Lebens du auch in der Zukunft gehen wirst, Vorbedingung für dein Verhalten ist dein Charakter. Ernst Thälmann«; »Es gilt nicht zu zagen. Es gilt zu beenden die Herrschaft des Alten, denn Friede muß sein. Becher«; zit. n. Jugendweihe: Feiergestaltung (wie Anm. 20), S. 26 ff.

26 Im Vorwort schrieb Wilhelm Pieck: »An diesem Tage übergeben wir Euch ein Buch, das von Deutschland, unserer Heimat, unserem Vaterlande, erzählt, ein Buch der Liebe zu dem Volk, dem wir angehören, ein Buch des Stolzes auf das Land, das so viel großes, das einen Marx und einen Goethe hervorgebracht hat, ein Buch der Freude an den Errungenschaften und Schönheiten rund um uns her.« Unser Deutschland, Berlin 1957, S. 5.

27 Vermerk über die Aussprache mit Genossen Neugebauer 1. 8. 1957 in den persönlichen Akten Ulbrichts. SAPMO-BArch, NY 4182/930.

28 Ulbricht, Walter: Lernen für das Leben – lernen für den Sozialismus. (Sonneberg, 29. 9. 1957); zit. n. Urban, Detlef / Weinzen, Hans Willi: Jugend ohne Bekenntnis, Berlin 1984, S. 73.

29 Aus Platzgründen wird hier auf eine Synopse der Gelöbnisse von 1955, 1958 und 1969 verzichtet; vgl. z. B. Urban / Weinzen (wie Anm. 28), S. 58 f. Im Jahr 1957 gab es eine dem Gelöbnis 1955 ähnliche Variante.

30 »Nur derjenige handelt sittlich und wahrhaft menschlich, der sich aktiv für den Sieg des Sozialismus einsetzt. Ulbricht«; »Wer sein Leben der sozialistischen Arbeit weiht, der verändert das Leben, er kämpft, reißt Altes nieder, schafft Neues. Kalinin«; »Jede Handlung, die nicht die Interessen des Kollektivs in Betracht zieht, schadet der Gesellschaft und damit auch mir. Makarenko« usw. in: Die Jugendweihe in der Deutschen Demokratischen Republik (wie Anm. 21), S. 16, 53, 83.

31 W. Neugebauer, Abteilung Volksbildung, an W. Ulbricht, 6. 3. 1958. SAPMO-BArch, NY 4182/930.

32 Dies belegen z. B. die Studien des Zentralinstituts für Jugendforschung Leipzig zum Thema.

33 ›Weltall–Erde–Mensch‹ erlebte zwischen 1955 und 1974 fünf Neubearbeitungen, ›Der Sozialismus – Deine Welt‹ wurde zwischen 1975 und 1982 mehrfach überarbeitet. ›Vom Sinn unseres Lebens‹ (1983–1989) erfuhr nur kleinere Aktualisierungen.

34 Degen, Roland / Elsenbast, Volker: Konfirmieren – Aspekte und Perspektiven in Ostdeutschland, Münster 1996, S. 137.

35 Anstieg der Austritte 1955 (66 000), leichtes Abnehmen 1956/57 (55 000), die höchste Zahl im Jahr 1958 (132 000), hohes Niveau auch 1959 (87 000), dann Absinken bis 1967 (25 000). Quelle: Pollack, Detlef: Kirche in der Organisationsgesellschaft, Stuttgart 1994, S. 383.

36 U. a. Herausdrängung aus der Öffentlichkeit, Unterbindung kirchlichen Unterrichts in den Schulen, berufliche Benachteiligung von Christen, Abschaffung des Kirchensteuereinzugs durch Finanzämter, ansatzweise Etablierung weiterer »Ersatzriten« (sozialistische Namensweihe, sozialistische Ausgestaltung der Eheschließung, Maßnahmen gegen das »Ausnutzen des Beerdigungsmonopols der Kirche«).

## Weiterführende Literatur:

Hallberg, Bo: Die Jugendweihe. Zur deutschen Jugendweihetradition, Göttingen 1978.

Isemeyer, Manfred / Sühl, Klaus (Hg.): Feste der Arbeiterbewegung – 100 Jahre Jugendweihe, Berlin 1989.

Neubert, Ehrhart: Die postkommunistische Jugendweihe, in: Zur Konfessionslosigkeit in (Ost-)Deutschland. Ein Werkstattbericht, in: Begegnungen, 4/5, hg. v. Studien- und Begegnungsstätte Berlin der EKD, Berlin 1994, S. 34-86.

Richter, Klemens: Jugendweihe – ein Initiationsritus in der sozialistischen Industriegesellschaft der DDR, in: Theologische Revue, 83/1987, S. 1-14.

Sauer, Birgit: Mythen einer real-sozialistischen Gesellschaft. Ein Beitrag zur Analyse politischer Deutungsmuster in Fest- und Feiertagen der DDR. Diss. an der Freien Universität Berlin 1993.

Wentker, Hermann: Die Einführung der Jugendweihe in der DDR – Hintergründe, Motive und Probleme, in: Mehringer, Hartmut (Hg.): Von der SBZ zur DDR. Studien zum Herrschaftssystem in der Sowjetischen Besatzungszone und in der Deutschen Demokratischen Republik, München 1996, S. 139-165.

416

## Schaukasten: Gutes Wissen

Der Zentralrat der FDJ beschloß am 13. Juli 1950 das ›Studienjahr der FDJ‹, mit dem erstmals im Januar 1951 begonnen wurde. In diesen Studienjahren sollten Mitglieder der FDJ wie auch nicht im Jugendverband organisierte Jugendliche mit dem Marxismus-Leninismus vertraut gemacht und ihnen zugleich die aktuelle Politik der SED erläutert werden. Ort dieser Massenschulung waren die ›Zirkel junger Sozialisten‹, die in den an Grund-, Berufs-, Fach- und Hochschulen bestehenden Grundorganisationen der FDJ gebildet wurden. Die Abteilung Agitation und Propaganda des Zentralrats der FDJ gab dazu jedes Jahr Studienpläne heraus, die für die Zirkelleiter – meist ältere SED-Mitglieder – verbindlich sein sollten. In einer Vorstufe, dem Pionierzirkel »Unter der blauen Fahne«, wurden Schüler der 7. Klassen auf den Eintritt in die FDJ vorbereitet; darauf folgten drei Stufen fortschreitender Unterrichtung.

In mehreren »Zirkelreihen« wurden, je nach tätigkeitsbedingtem Interesse und unterschiedlichem Bildungsstand der Jugendlichen, Themen behandelt wie Geschichte der FDJ und des ›Komsomol‹; die Biographien von Marx, Engels, Lenin und Thälmann; Grundfragen der marxistisch-leninistischen Philosophie, der politischen Ökonomie und der sozialistischen Gesellschaft;

418

415

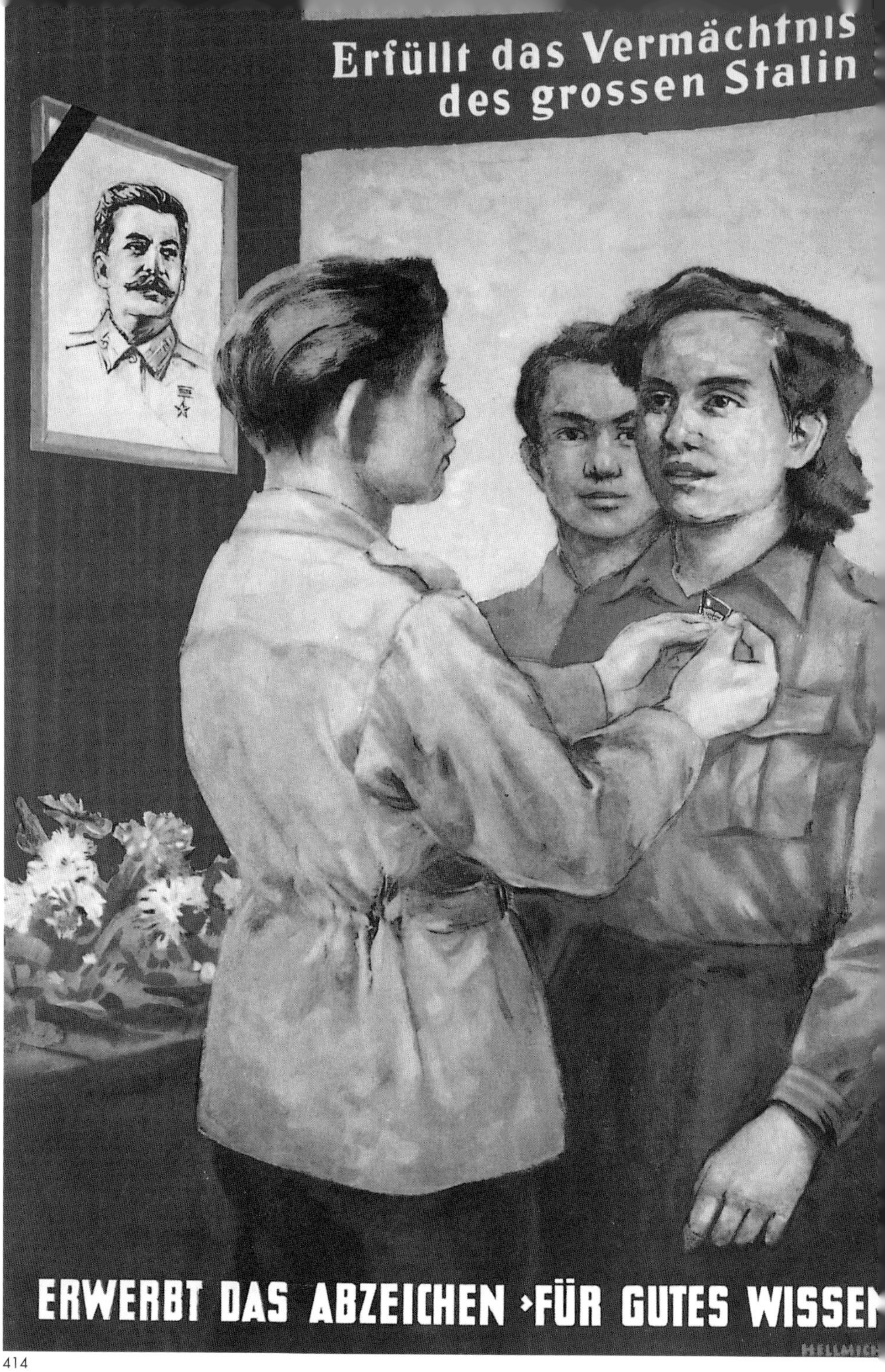


414

414 Plakat der FDJ, 1953 (Entwurf: Hellmich-Weber)
415 Seite aus einem Fotoalbum der Grund- und Oberschule Böhlen, 1953/54
416 Prüfung zum Erwerb des Abzeichens ›Für gutes Wissen‹ bei der FDJ-Organisation der Berliner Volkspolizei, vor 1954 (Foto: R. Gyptner)
417 Urkunde zum Abzeichen ›Für gutes Wissen‹ in Bronze, 15. August 1950
418 Das FDJ-Abzeichen ›Für gutes Wissen‹ in Gold, Silber und Bronze, 1955

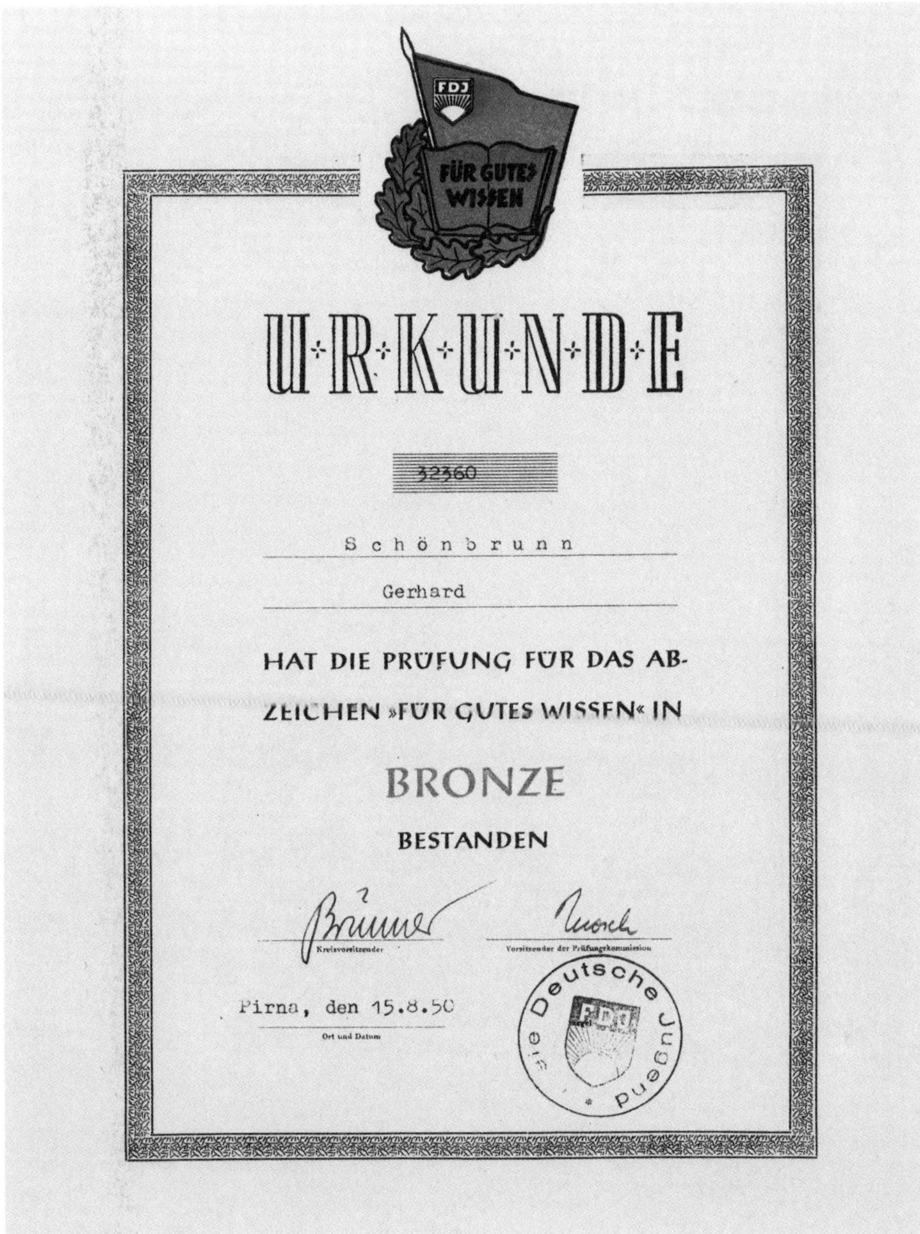
FDJ

FÜR GUTES WISSEN

URKUNDE

32360

Schönbrunn

Gerhard

HAT DIE PRÜFUNG FÜR DAS AB-
ZEICHEN »FÜR GUTES WISSEN« IN

BRONZE

BESTANDEN

Kreisvorsitzender

Vorsitzender der Prüfungskommission

Pirna, den 15.8.50

Ort und Datum

417

Jugend- und Wissenschaftspolitik der SED sowie Grundprobleme der Leitung der sozialistischen Gesellschaft. Die Beteiligung an der »Zirkelarbeit« wurde stimuliert durch das in Bronze, Silber und Gold ausgegebene Abzeichen ›Für gutes Wissen‹. Man konnte eines nach dem anderen »erringen«, indem man die jeweils erworbenen Kenntnisse in Prüfungsgesprächen unter Beweis stellte. Die alljährlich bekanntgegebenen Zahlen derer, die für ihr »gutes Wissen« ausgezeichnet wurden, waren allerdings nicht sehr verläßlich, zumal die theoretisch völlig überfrachteten Studienpläne von vielen Zirkelleitern ignoriert wurden und man es vorzog, sich über lebensnähere Fragen zu unterhalten. In der kurzen Phase innovativer Jugendarbeit zwischen Herbst 1963 und dem 11. ZK-Plenum konnte im ›Neuen Deutschland‹ sogar eine kritische Betrachtung des Auszeichnungsrituals ›Für gutes Wissen‹ erscheinen: »Macht besseres Wissen Besserwisser? Das Vorbild überzeugt.«

Klaus-Peter Merta

# Bedeutung und Stellenwert des Auszeichnungswesens in der Gesellschaft der DDR

419 Wilhelm Pieck überreicht Bertolt Brecht die Urkunde zum Nationalpreis I. Klasse, 7. Oktober 1951

## Auszeichnungen in der SBZ

Bereits vor der Gründung der DDR gab es auf dem Territorium der SBZ Auszeichnungen. Daß seit dem 12. Juni 1945 alljährlich der ›Tag des Lehrers‹ begangen wurde, bedeutete nicht nur eine bloße Übernahme sowjetischer Gepflogenheiten, durch die in der UdSSR einer ganzen Reihe von volkswirtschaftlich wichtigen Berufsgruppen eine Ehrung widerfuhr. Vor allem legten die Sowjetische Militäradministration und Vertreter der neuen deutschen Behörden in der SBZ nachhaltig Wert auf die Schaffung veränderter Bildungsstrukturen und auf den Einsatz von nicht durch die nationalsozialistische Ideologie belasteten Lehrkräften. Am 31. Januar 1949 erfolgte die Stiftung des Ehrentitels ›Verdienter Lehrer des Volkes‹. Zwei Monate darauf kam der Ehrentitel ›Verdienter Arzt des Volkes‹ hinzu.

Zur Würdigung des Lebenswerkes von Goethe fanden in Deutschland aus Anlaß seines 200. Geburtstages im Jahre 1949 Feierlichkeiten und Kulturveranstaltungen statt. Das Goethe-Jahr bot eine Möglichkeit für die Deutschen, das durch die nationalsozialistische Herrschaft diskreditierte Ansehen mit der Besinnung auf humanistische Kulturtraditionen sowie mit einem Bekenntnis zu demokratischen Werten zu heben. In diesem Sin-

420 a–c
Medaillen zu den Ehrentiteln:
a) ›Verdienter Arzt des Volkes‹, gestiftet am 31. März 1949, Form 1959–1973
b) ›Verdienter Lehrer des Volkes‹ mit der Jahreszahl 1952, gestiftet am 31. Januar 1949, Form 1949–1958
c) ›Hervorragender Wissenschaftler des Volkes‹, gestiftet am 8. November 1951, Form 1951–1972

ne äußerte sich auch der ›Deutsche Volksrat‹ am 31. März 1949 bei der Stiftung des »Deutschen National-Preises im Goethe-Jahr 1949«. Zwei kleine emaillierte Abzeichen, geschaffen auf Initiative des FDGB, nahmen in Titelwahl, Vergabemodalitäten und Gestaltung ebenfalls Elemente vorweg, die das Auszeichnungswesen der DDR später prägen und kennzeichnen sollten.

Nachdem der Wirtschaftsausschuß des ›Deutschen Volksrates‹ am 21. September 1948 den Zweijahrplan angenommen hatte, wurden von 1949 an Aktivistenabzeichen für die Industrie und für die ›Maschinenausleihstationen‹ (MAS) in der Landwirtschaft vergeben. Dem intendierten Planziel einer Steigerung der Industrieproduktion entsprach die Übernahme der Aktivistenbewegung aus der Sowjetunion, die mit einer Übererfüllung der Arbeitsnorm durch den Bergmann Adolf Hennecke propagandistisch eingeführt wurde. Zwar waren die beiden Aktivistenabzeichen keine staatlichen Auszeichnungen, aber sie hatten einen wirtschaftspolitischen Inhalt. Verleihungen solcher Auszeichnungen standen bereits vor Gründung der DDR in Zusammenhang mit Gedenktagen. Seit dem 13. Oktober 1948 wurden der ›Tag des Aktivisten‹ und seit dem 3. Juli 1949 der ›Tag des Bergmannes‹ begangen. Auch der vor 1918 beziehungsweise vor 1945 in Deutschland im Auszeichnungswesen nicht existierende Begriff »Ehrentitel« wurde in der DDR eingeführt und vielfältig verwendet.

421 a–b
a) Nationalpreis im Goethe-Jahr 1949 (Nachbildung), gestiftet am 31. März 1949
b) Deutscher Nationalpreis mit der Jahreszahl 1951, Form 1950–1959

## Auszeichnungskategorien und Abstufungen

Führende Repräsentanten der DDR haben Bedeutung und Stellenwert von Auszeichnungen für ein Staatswesen erkannt und sie als ein Mittel angesehen, die Bürger für die Republik einzunehmen. Ein neu geschaffenes Auszeichnungswesen sollte den Interessen der Politik dienen und eine soziale wie moralische Funktion erfüllen. Leistungen, Erfahrungen und Erfolge werden durch die Verleihung von Orden und Ehrenzeichen äußerlich umgesetzt und heben den Beliehenen aus der Gemeinschaft heraus. Auszeichnungen gehören zum Erscheinungsbild eines Staates, und ihre Vergabe soll identitätstiftende Wirkung bei den Bürgern erzielen. »Der Stifter und Verleiher von Auszeichnungen verbindet in der Regel mit ihrer Vergabe an den Beliehenen die Erwartung von Dankbarkeit, Treue und Ergebenheit, den Ansporn zu neuen Leistungen oder wenigstens ein Loyalitätsverhalten.«[1]

Diese Beweggründe mochten bei den Verantwortlichen in der DDR ausschlaggebend gewesen sein, die beiden bereits in der SBZ existierenden

422 a–c
a) Aktivistenabzeichen für die Volkseigenen Betriebe der Industrie, 1949–1951
b) Abzeichen zum Ehrentitel ›Meister der Arbeit‹ der Sowjetisch-Deutschen Aktiengesellschaft Wismut, 1949–1953
c) Aktivistenabzeichen für die Landwirtschaft (Maschinenausleihstationen), 1949

423 a–b
Medaillen zum Ehrentitel ›Held der Arbeit‹, gestiftet am 19. April 1950, in zeitlichen Varianten:
a) in Form einer kreisrunden Medaille an einer Spange, 1952
b) in Form eines fünfarmigen Sternes ab 1953 in einer Variante von 1961–1972

Ehrentitel und den ›Deutschen Nationalpreis‹ als staatliche Auszeichnungen zu übernehmen.[2] Diese Auszeichnungen stehen am Anfang aller weiteren Stiftungen und begründen das Auszeichnungswe-

424 a–d
Eine Auswahl von ersten staatlichen Auszeichnungen für die bewaffneten Organe der DDR:
a) Medaille ›Ehrenzeichen der Deutschen Volkspolizei‹, gestiftet 1949, Form 1949–1955
b) Medaille für treue Dienste in der Kasernierten Volkspolizei, gestiftet am 28. April 1954
c) Medaille für vorbildlichen Grenzdienst, gestiftet am 30. Mai 1953, Form 1953–1956
d) Verdienstmedaille der Nationalen Volksarmee in Bronze, gestiftet am 1. Juni 1956, Form 1960–1976

sen des Staates. Mit dem am 19. April 1950 gestifteten Ehrentitel ›Held der Arbeit‹ setzte die Führung der DDR die aus der Sowjetunion übernommene Tradition fort. Die alten deutschen Auszeichnungssysteme konnten aus damaliger Sicht kein Vorbild für die DDR sein, da für eine »antifaschistisch-demokratische Ordnung mit sozialistischer Zielstellung« keine Übernahme in Frage kam. Deshalb orientierte man sich bei der Schaffung von Preisen und Ehrentiteln an der Sowjetunion.

Entsprechend der Wichtigkeit, die den für den Schutz der neuen Ordnung verantwortlichen bewaffneten Kräften zukam, gab es seit 1949 die Medaille ›Ehrenzeichen der Deutschen Volkspolizei‹. Der am 30. April 1953 gestiftete ›Karl-Marx-Orden‹ schließlich war der erste Orden der DDR. Damit lagen alle im staatlichen Auszeichnungswesen der DDR gebräuchlichen Kategorien vor: In der Reihenfolge ihrer Wertigkeit gehörten dazu Orden, Preise, Ehrentitel und Medaillen, die anfangs nur der Ministerrat, später auch der Staatsrat

425 a–d
Eine Auswahl der ersten gestifteten Orden der DDR:
a) Orden ›Stern der Völkerfreundschaft‹ in Gold, gestiftet am 20. August 1959, Form 1973–1989
b) ›Karl-Marx-Orden‹, gestiftet am 30. April 1953, Form 1960–1972
c) Orden ›Banner der Arbeit‹, gestiftet am 4. August 1954, Form 1960–1969
d) ›Vaterländischer Verdienstorden‹ in Gold, gestiftet am 21. April 1954, Form 1960–1973

und der Nationale Verteidigungsrat stifteten. Der Nationalpreis wurde in drei Klassen vergeben, und den seit 1954 verliehenen ›Vaterländischen Verdienstorden‹ gab es in Gold, Silber und Bronze. Viele der später vergebenen Orden und Medaillen waren ebenfalls in drei bis sechs Stufen eingeteilt. Zu den tragbaren Auszeichnungen gehörte eine Urkunde über die Verleihung, in vielen Fällen überdies ein Trägerausweis oder eine Geldprämie.[3]

Neben den von höchsten staatlichen Instanzen verliehenen Auszeichnungen gab es eine Anzahl anderer Auszeichnungen, die von Ministern, Leitern zentraler Staatsorgane, den Räten der Bezirke, von Kreisen oder Städten herausgegeben wurden. Deren Stiftung bedurfte jedoch der Zustimmung durch den Ministerrat. Auch Parteien, gesellschaftliche Organisationen, Betriebe und Genossenschaften machten in vielfältiger Form von der Möglichkeit Gebrauch, zahlreiche Ehrennadeln und Preise, Titel und Medaillen, Bestenabzeichen, Erinnerungs- und Leistungsabzeichen oder Ähnliches zu vergeben.

### Stiftungsinhalte und Verleihungsanlässe

Verallgemeinernd ausgedrückt, hatten alle Auszeichnungen im Staatsinteresse eine politisch-moralische Funktion zu erfüllen. Dem Inhalt nach waren besonders die Ehrentitel eine Folge der Aufgabenstellungen, die die Wirtschaft und die Planerfüllung in Industrie und Landwirtschaft betrafen. Bereits während der Erziehung der Kinder versuchte der Staat, ein Interesse an Auszeichnungen im späteren Arbeitsleben zu wecken. In einem Propagandablatt der Pionierorganisation heißt es: »Wie oft sprecht ihr von Heldentum und großen Taten und träumt davon, selbst einmal eine Heldentat zu vollbringen ... Ich denke dabei an jene Menschen, die Tag für Tag an der Werkbank stehen, die im Bergwerk Kohle und Erz fördern, die am Zeichenbrett arbeiten oder unsere

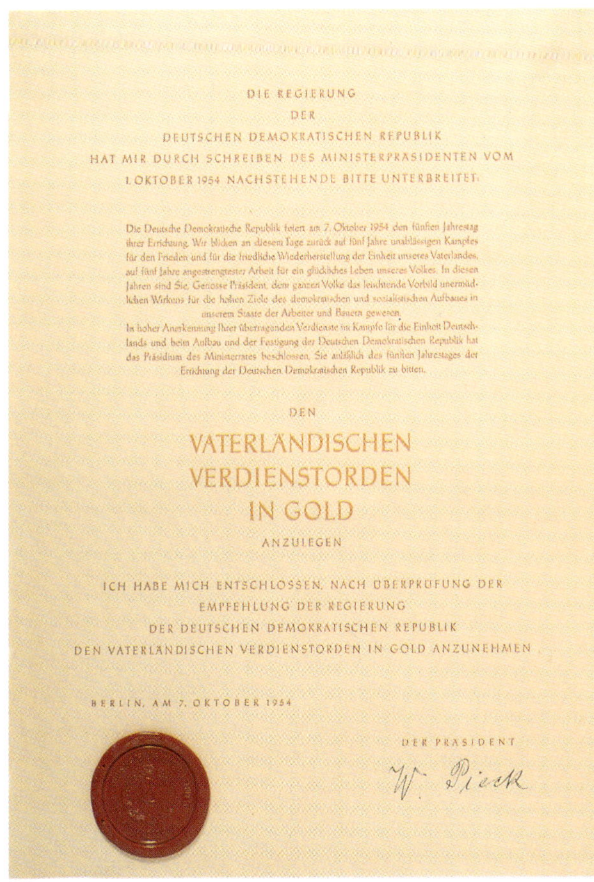

DIE REGIERUNG
DER
DEUTSCHEN DEMOKRATISCHEN REPUBLIK
HAT MIR DURCH SCHREIBEN DES MINISTERPRÄSIDENTEN VOM
1. OKTOBER 1954 NACHSTEHENDE BITTE UNTERBREITET:

Die Deutsche Demokratische Republik feiert am 7. Oktober 1954 den fünften Jahrestag ihrer Errichtung. Wir blicken an diesem Tage zurück auf fünf Jahre unablässigen Kampfes für den Frieden und für die friedliche Wiederherstellung der Einheit unseres Vaterlandes, auf fünf Jahre angestrengtester Arbeit für ein glückliches Leben unseres Volkes. In diesen Jahren sind Sie, Genosse Präsident, dem ganzen Volke das leuchtende Vorbild unermüdlichen Wirkens für die hohen Ziele des demokratischen und sozialistischen Aufbaues in unserem Staate der Arbeiter und Bauern gewesen.
In hoher Anerkennung Ihrer überragenden Verdienste im Kampfe für die Einheit Deutschlands und beim Aufbau und der Festigung der Deutschen Demokratischen Republik hat das Präsidium des Ministerrates beschlossen, Sie anläßlich des fünften Jahrestages der Errichtung der Deutschen Demokratischen Republik zu bitten,

DEN
VATERLÄNDISCHEN
VERDIENSTORDEN
IN GOLD
ANZULEGEN

ICH HABE MICH ENTSCHLOSSEN, NACH ÜBERPRÜFUNG DER
EMPFEHLUNG DER REGIERUNG
DER DEUTSCHEN DEMOKRATISCHEN REPUBLIK
DEN VATERLÄNDISCHEN VERDIENSTORDEN IN GOLD ANZUNEHMEN.

BERLIN, AM 7. OKTOBER 1954

DER PRÄSIDENT
W. Pieck

426 Urkunde zur Verleihung des ›Vaterländischen Verdienstordens‹ an Wilhelm Pieck, 7. Oktober 1954. In diesem speziellen Fall ist Wilhelm Pieck Ausgezeichneter und Auszeichnender in einer Person

427 a–e
Eine Auswahl von Medaillen zu Ehrentiteln:
a) ›Verdienter Züchter‹, gestiftet am 10. April 1952, Form 1961–1963
b) ›Verdienter Tierarzt‹ (Rückseite) mit der Jahreszahl 1959, gestiftet am 27. November 1952, Form 1952–1959
c) ›Verdienter Aktivist‹, gestiftet am 19. April 1950, Form 1952–1955
d) ›Verdienter Erfinder‹, gestiftet am 19. April 1950, Form 1953–1954
e) ›Meisterhauer‹ mit der Jahreszahl 1951, gestiftet am 10. August 1950, Form 1950–1952

Felder bestellen ... Ihr meint, das sei kein Heldentum? Gehört etwa kein Mut dazu, mit neuen Maschinen oder neuen Methoden zu arbeiten, wenn dabei in der ersten Zeit Schwierigkeiten auftreten, wenn die Leistung sinkt und die Kollegen spotten? ... Ja, schaut euch nur richtig um, dann werdet ihr sehen, wie viele Menschen es in unserer Republik gibt, die große Leistungen vollbracht haben. Ladet sie zu euch in die Pioniergruppen ein und laßt euch von ihnen erzählen, wofür sie als Held der Arbeit ausgezeichnet wurden.«[4]

Es ist bezeichnend, daß außer dem Titel ›Held der Arbeit‹ am gleichen Tag vier weitere Ehrentitel als erste staatliche Auszeichnungen im Bereich der Volkswirtschaft gestiftet werden.[5] Die Titel ›Verdienter Bergmann‹ und ›Meisterhauer‹, beide am 10. August 1950 geschaffen, stellen die Bedeutung von speziellen Berufsgruppen für die Volkswirtschaft heraus. Der Werktätige sollte seinem Beruf mit Stolz und Achtung gegenübertreten und höchste Leistungen für den Aufbau des Sozialismus erbringen. Stein- und vor allem Braunkohle, Kalisalze und in geringem Umfang Kupferschiefer gehörten zu den wenigen Rohstoffen und Bodenschätzen, über die die DDR auf ihrem Territorium verfügen konnte. Für die Schaffung einer materiell-technischen Basis und den Aufbau einer Schwerindustrie waren sie von großer Bedeutung. Partei- und Staatsführung hatten ein außerordentliches Interesse daran, daß in diesen Bereichen die Normen und Planvorgaben reibungslos erfüllt wurden.

428 a–c
Medaillen zu den Ehrentiteln ›Aktivist des Fünf- bzw. Siebenjahrplanes‹ in zeitlichen Varianten:
a) mit der Jahreszahl 1954, gestiftet 1951, Form 1952–1955
b) Rückseite, Form 1951–1952
c) mit der Jahreszahl 1962, gestiftet am 12. Mai 1960, Form 1960–1967

Eine sozialistische Umgestaltung in der Landwirtschaft, als deren Höhepunkt die Kollektivierung angesehen wurde, setzte ungeachtet des ideologisch-politischen Druckes dennoch Bereitschaft und Motivation der Landbevölkerung voraus. Für die Landwirtschaft entstanden 1951 und 1952 mit den Ehrentiteln ›Meisterbauer‹, ›Verdienter Züchter‹, ›Verdienter Tierarzt‹ und 1954 mit ›Hervorragender Genossenschaftler‹ ebenfalls berufsspezifische Ehrungen. Durch das 1950 in Kraft getretene »Gesetz der Arbeit« erlangte die Förderung der Aktivistenbewegung, die als wesentliche Voraussetzung für den Übergang zur sozialistischen Planwirtschaft angesehen wurde, Gesetzescharakter. Im Jahr 1951 trat an die Stelle der bereits genannten Aktivistenabzeichen der Ehrentitel ›Aktivist des Fünfjahrplanes‹. Die zu diesem Titel gehörende Medaille wurde anfangs vom FDGB verliehen, am 1. November 1953 jedoch, entsprechend der ihr zugedachten Rolle, in eine staatliche Auszeichnung umgewandelt. Von einigen Veränderungen in Größe und Aussehen abgesehen, bestand diese Medaille für die Fünf- beziehungsweise Siebenjahrplanperioden bis 1969. Die Anbindung an Perioden der Planwirtschaft drückt Bedeutung und Stellenwert aus, die Partei und Staat den Aktivistenauszeichnungen beimaßen.

Im Rahmen des sozialistischen Wettbewerbs wurde besonderes Augenmerk auf jene Arbeitsleistungen gelegt, die im Abteilungs- und Brigadebereich erreicht wurden. Nicht unabhängig erbrachte Leistungen von Einzelpersonen standen im Mittelpunkt der Würdigung; Produktions- und Arbeitsergebnisse sollten in gemeinsamer Arbeit erreicht werden. Der sozialistische Kollektivgedanke kennzeichnete auch die nachfolgend genannten Ehrentitel. Die Errungenschaft, gemeinsam Aufgaben zu bewältigen und angestrebte Ziele zu erreichen, fand in den Ehrentiteln ›Brigade der sozialistischen Arbeit‹, ›Gemeinschaft der sozialistischen Arbeit‹ (beide 1960 bis 1962) und ›Hervorragende Jugendbrigade der Deutschen Demokratischen Republik‹ (1955 bis 1963) ihren Ausdruck. Die Auszeichnungen ›Kollektiv der sozialistischen Arbeit‹ und ›Hervorragendes Jugendkollektiv‹ verweisen auf die zunehmende Vereinheitlichung und Normierung in Gebrauch und Inhalt der Kollektivauszeichnungen.

Die Kategorie der Preise war in den Bereichen Wissenschaft und Forschung, Kunst und Literatur von Bedeutung. Dem alle Fachdisziplinen übergreifenden Nationalpreis folgte 1951 der ›Heinrich-Greif-Preis‹ für Verdienste um das Filmwesen. Die 15 gestifteten Preise, die sich mengenmäßig gegenüber der Zahl von 73 Ehrentiteln bescheiden ausnehmen, sind vom jeweiligen Verleihungsinhalt her Ausdruck der Kulturpolitik der SED. Der Zeitpunkt für die Stiftungen wurde in den meisten Fällen übereinstimmend mit den

429 a–c
Medaillen zu Ehrentiteln für kollektive Leistungen in zeitlichen Varianten:
a) ›Gemeinschaft der sozialistischen Arbeit‹, gestiftet am 28. April 1960, Form 1960–1962
b) ›Brigade der sozialistischen Arbeit‹ (Rückseite), gestiftet am 6. August 1959, Form 1959–1960
c) ›Kollektiv der sozialistischen Arbeit‹, gestiftet am 15. März 1962, Form 1970–1974

430 a–f
Auswahl von im ersten Jahrzehnt des Bestehens der DDR gestifteten Preisen:
a) ›Heinrich-Greif-Preis‹ III. Klasse, gestiftet am 17. Mai 1951, Form 1951–1972
b) ›Preis für künstlerisches Volksschaffen‹ I. Klasse mit der Jahreszahl 1964, gestiftet am 18. Mai 1955, Form 1959–1968
c) ›Ćišinski-Preis‹ I. Klasse, gestiftet am 2. Juli 1956, Form 1956–1972
d) ›Heinrich-Heine-Preis‹, gestiftet am 17. Februar 1956, Form 1973–1978
e) ›Lessing-Preis‹, gestiftet am 22. Januar 1954, Form 1954–1973
f) ›Johannes-R.-Becher-Preis‹ mit der Jahreszahl 1961, gestiftet am 16. Oktober 1958, Form 1960–1972

Todes- oder Geburtsdaten der Personen, nach denen der Preis benannt war, gewählt.[6]

Das Jahr 1953 wurde als ›Karl-Marx-Jahr‹ begangen und bot der SED Anlaß, den ersten und zugleich höchsten Orden der DDR zu stiften.[7] Die Gründe für die Verleihung des ›Karl-Marx-Ordens‹ waren von vornherein politisch-ideologische. Es heißt dazu: Er kann »für außerordentliche Verdienste in der revolutionären deutschen Arbeiterbewegung, bei der schöpferischen Anwendung des Marxismus-Leninismus, bei der Gestaltung der entwickelten sozialistischen Gesellschaft und im Kampf um die Sicherung des Friedens verliehen werden«.[8] Durch die Namensgebung schloß der dreistufige ›Vaterländische Verdienstorden‹ zusätzlich eine – im Sinne der DDR – nationale Komponente ein.

Neben volkswirtschaftlichen Aufgabenstellungen oder politisch-ideologischen und kulturellen Erfordernissen wurden auch konkrete politische Ereignisse zum Anlaß für die Stiftung einer Auszeichnung genommen. Dafür soll hier als Beispiel aus dem großen Bereich der gesellschaftlichen Auszeichnungen die Medaille ›Kampfauftrag der

431 a–c
Auswahl nichtstaatlicher Auszeichnungen der Freien Deutschen Jugend:
a) Abzeichen ›Für gutes Wissen‹ für das Jahr 1955 in Bronze, gestiftet im Oktober 1949, Form 1955–1957
b) Medaille ›Bereit zur Arbeit und zur Verteidigung der Heimat‹ (sog. Thälmann-Medaille), Spange fehlt, gestiftet 1951
c) Medaille ›Kampfauftrag der FDJ August 1961‹, gestiftet 1961

FDJ August 1961‹ genannt sein. Diese aus Anlaß des Mauerbaus geschaffene Auszeichnung hatte den Hintersinn, das Werben von Jugendlichen aus den Reihen der FDJ zum Dienst in der damals noch auf Freiwilligkeit beruhenden NVA zu unterstützen.

### Symbole und Gestaltung, Material und Herstellung

Mit der Entscheidung, das sowjetische Auszeichnungssystem in seiner Einteilung zu übernehmen, folgte man auch in der Gestaltung vieler Auszeichnungen den dort verwendeten Formen und Symbolen. So standen Faust und Schraubenschlüssel oder ein Traktor neben Ähren und Fahnen als Bildmotive der Aktivistenabzeichen von 1949 im Zusammenhang mit dem Verleihungsinhalt für erbrachte Arbeitsleistungen.[9] Erscheint die Verwendung von Motiven aus der Arbeitswelt noch sinnvoll und verständlich für Auszeichnungen, mit denen hervorragende Arbeitsleistungen gewürdigt werden sollten, so entsprechen Namen wie der für den Orden ›Banner der Arbeit‹ oder ein Ehrentitel wie ›Held der Arbeit‹ weder Sprachgebrauch noch Mentalität der Deutschen.[10]

Wie sehr ein inhaltliches und gestalterisches Kopieren gewünscht war, belegt die äußere Form des Abzeichens zum Titel ›Held der Arbeit‹. In seiner ersten Verleihungsform handelte es sich um eine kreisrunde Silbermedaille mit eigenständig gestalteter Symbolik. Zwei Jahre später wurden die bereits verliehenen Medaillen gegen einen fünfarmigen Stern nach dem sowjetischen Vorbild der Medaille ›Hammer und Sichel‹ umgetauscht. In dieser Form bestand die Auszeichnung dann bis zum Jahre 1989.[11]

Auszeichnungen der bewaffneten Organe der DDR wurden hinsichtlich der Tragespangen analog den Auszeichnungen in der Sowjetunion geschaffen. Die auf altrussische Vorbilder zurückgehenden pentagonalen Bandspangen kopierte man in einem nicht ausgewogenen Größenverhältnis von 1:1 zur Medaille, so daß sie nicht besonders ästhetisch wirken.[12] Bei den Auszeichnungen für Arbeitsleistungen kommen Hammer, Zirkel und Ähre, die das spätere Staatswappen vorwegnehmen, in Gestaltungsvarianten vor.[13] Entsprechend dem »Friedensgedanken«, den die DDR als stehende Formel ihrer Propaganda mitführte, erhielten sie auf der Rückseite die Friedenstaube von Picasso. Nach 1959 wurde diese allmählich durch das Staatswappen ersetzt.

Die politisch ausgerichteten Inschriften vieler Auszeichnungen, vor allem bei den ›Aktivisten des Fünfjahrplanes‹, lauteten von 1951 bis 1955: »Frieden und Wohlstand aus eigener Kraft«. Das Motto verdeutlicht eine zum Staatsgedanken erhobene

432 a–c
a) ›Medaille für Kämpfer gegen den Faschismus 1933–1945‹, gestiftet am 22. Februar 1958, Form 1958
b) ›Medaille für Teilnahme an den bewaffneten Kämpfen der deutschen Arbeiterklasse in den Jahren 1918–1923‹, gestiftet am 15. August 1957
c) ›Hans-Beimler-Medaille‹, gestiftet am 17. Mai 1956, Form 1956–1972

433 a–e
Auswahl von nach Persönlichkeiten benannten Medaillen:
a) ›Clara-Zetkin-Medaille‹, gestiftet am 18. Februar 1954, Form 1954–1958
b) ›Carl-Friedrich-Wander-Medaille‹ in Bronze, gestiftet am 4. März 1954
c) ›Hufeland-Medaille‹ in Gold, gestiftet am 13. November 1958, Form 1961–1990
d) ›Pestalozzi-Medaille‹ für treue Dienste in Bronze, gestiftet am 15. November 1956, Form 1956
e) ›Dr.-Theodor-Neubauer-Medaille‹ in Silber, gestiftet am 20. August 1959, Form 1962–1970

Zielstellung und appelliert an den Stolz der Werktätigen. Ab 1956 ersetzte man es durch die Inschrift: »Auf sozialistische Art zu leben, erfordert auf sozialistische Art zu arbeiten«, die bis 1989 auch für die Auszeichnung ›Aktivist der sozialistischen Arbeit‹ erhalten blieb. Sie drückt Zweck und Inhalt der Auszeichnung aus, wie sie ihr durch die Stifter beigemessen wurden. Die Kategorien der Orden und Ehrentitel waren zum überwiegenden Teil in der Titelwahl wie auch in der Gestaltung an der Sowjetunion orientiert und enthielten eindeutig sozialistische Aussagen.

Bei den Preisen griff man hingegen auf klassische Formen der Medaillengestaltung zurück. Mit der Titelwahl setzten die Stifter auf solche humanistischen Traditionen, die es wert erschienen, im Sozialismus fortgeführt beziehungsweise durch ihn vereinnahmt zu werden und die als Vorbild dienen sollten. Von den Medaillen zu den 15 Preisen zeigen elf das Kopfbild desjenigen Vertreters aus Wissenschaft oder Kultur, nach dem der jeweilige Preis benannt ist. Die sogenannten Klassiker des Marxismus-Leninismus sind durch den ›Karl-Marx-Orden‹ und den ›Friedrich-Engels-Preis‹ bei den staatlichen Auszeichnungen vertreten; sie kommen aber auch mit Bildnissen bei nichtstaatlichen Auszeichnungen gesellschaftlicher Organisationen vor.

Obwohl die DDR den Stalinkult hauptsächlich in den Anfangsjahren pflegte, tritt das Bildnis des Generalissimus nur zweimal auf Auszeichnungen auf.[14] Besonders auf den Medaillen für Verdienste aller Art erscheinen in großer Zahl Bildnisse von Persönlichkeiten der deutschen Arbeiterbewegung. Stellvertretend sollen dafür die ›Hans-Beimler-Medaille‹ für Spanienkämpfer der Internationalen Brigaden (1936–1939) und die ›Medaille für Kämpfer gegen den Faschismus‹ genannt sein. Eine Vielzahl anderer Medaillen war nach Personen benannt, die für das humanistische Erbe einstanden, oder nach Vertretern der Arbeiterbewegung, die als Leitbilder fungierten.

Die politische Haltung der DDR-Führung zur Frage der deutschen Einheit läßt sich an der Gestaltung der höchsten Auszeichnung des ›Nationalrates der Nationalen Front‹ nachvollziehen, der ›Ernst-Moritz-Arndt-Medaille‹, die als Ehrenzeichen mit ausgesprochen nationalem Inhalt von 1955 bis 1975 existiert hat. Entsprechend der offiziellen Propaganda, die lange an dem Ziel der deutschen Einheit festhielt, zeigt die Medaille das Kopfbild Ernst Moritz Arndts und dazu mit den Worten »Das ganze Deutschland soll es sein« die letzte Zeile seines Gedichtes ›Des Deutschen Vater-

434 a–e
Zeitliche Varianten der ›Ernst-Moritz-Arndt-Medaille‹ des Nationalrates der Nationalen Front, gestiftet am 9. März 1955:
a) 3. Form, rückseitig ohne Inschrift und ohne Verleihungsnummer, 1964–1967
b) Rückseite der 1. Form, mit Inschrift, Verleihungsnummer und Silberstempel, 1955–1963
c) 4. Form, ohne Fahnenband, 1968–1973
d) Ehrenmedaille der Nationalen Front, Form 1975–1985, sie löste die Ernst-Moritz-Arndt-Medaille seit 1975 ab
e) 5. und letzte Form, ohne Inschrift auf der Vorderseite, 1973–1974

land‹ sowie die Farben Schwarz-Rot-Gold. Auf der Rückseite ist mit den Worten: »Für patriotische Leistungen im Kampf für das einige, friedliebende, demokratische Deutschland« der Zweck der Verleihung festgehalten. 1963 fiel zuerst dieses Motto fort; seit 1967 fand das Fahnenband keine Verwendung mehr, und ziemlich spät erst verschwand die Gedichtzeile. Als Ersatz ersann der Nationalrat dann ab 1975 die ›Ehrenmedaille der Nationalen Front‹.[15]

Aus politisch gegebenen Anlässen wechselten Auszeichnungen ihren Titel. Mit dem Verkünden des Sieges der sozialistischen Produktionsverhältnisse in der Landwirtschaft wandelte sich im Jahre 1960 der Titel ›Meisterbauer‹ in ›Meisterbauer der genossenschaftlichen Produktion‹. Nach 1970 wurden Auszeichnungen verstärkt in der Weise bezeichnet, daß der offizielle Staatsname in die Beschriftung aufgenommen wurde, wie zum Beispiel bei der Medaille zum Ehrentitel ›Verdienter Werktätiger des Bereiches der haus- und kommunalwirtschaftlichen Dienstleistungen der Deutschen Demokratischen Republik‹.

Zu den Auszeichnungen aus den 50er Jahren gehörten sorgfältig gestaltete Urkunden und zum Teil auch Trägerausweise. Die Medaillen dazu – neben einer gediegenen Ausführung in Edelmetall gab es Ausführungen in vergoldetem oder versilbertem Metall – zeichnen sich durch eine gute Prägequalität aus und genügen ästhetisch-gestalterischen Ansprüchen. Viele Auszeichnungen waren rückseitig mit einer Verleihungsnummer versehen, was für eine seriöse Verleihungspraxis in den ersten Jahren spricht. Massenverleihungen der Ehrentitel für Aktivisten und Kollektive führten zur Verwendung billigerer Materialien und zur Anwendung einfacherer Fertigungsmethoden. An die Stelle von Email traten Lackierungen; in den 70er Jahren dann täuschte eine zusätzliche Plastbeschichtung Emaillierung vor. In den 80er Jahren waren nur noch der ›Karl-Marx-Orden‹ und die Medaille zum Ehrentitel ›Held der DDR‹ aus

435 »Die erste Kosmonautin der Welt, Held der Sowjetunion, Leutnant Valentina Wladimirowna Tereschkowa, und der erste Kosmonaut der Welt, Held der Sowjetunion, Oberstleutnant Juri Alexejewitsch Gagarin, sind am 21. Oktober 1963 im Amtssitz des Staatsrates der DDR mit der höchsten Auszeichnung der Deutschen Demokratischen Republik, dem Karl-Marx-Orden, geehrt worden.« (Zeitgenössische Beschriftung; Foto: Junge)

Edelmetall.[16] Besonders die Neustiftungen ließen in der Gestaltung zu wünschen übrig. Sie weisen eine geringe Prägequalität auf. Um etwa »zu Ehren« des Parteitages von 1976 genügend Berufsgruppen zusätzlich bedenken zu können, wurden allein 1975 13 Ehrentitel und zehn Medaillen für hervorragende Leistungen neu herausgegeben.[17] Gestalter, Medailleure und Hersteller waren bei solchen Mengen überfordert. Durch die massenhaften Verleihungen kam die Firma ›VEB Staatliche Münze Berlin‹, der die Fertigung hoher staatlicher Auszeichnungen oblag, mit der Produktion nicht mehr nach, so daß zunehmend auf die Betriebsteile von ›Präwema‹ in Markneukirchen, die traditionell der Abzeichenherstellung verpflichtet waren, ausgewichen werden mußte. Mit einer jährlichen Summe von schließlich 40 Millionen Mark, inbegriffen die Geldprämien, ließ sich die DDR ihr Auszeichnungswesen etwas kosten. Noch im Jahr 1989 produzierte die Münze 47 000 staatliche Auszeichnungen und 550 000 Verdienstmedaillen.

### Praxis der Verleihungen

Wert und Ansehen von Auszeichnungen können am Umgang mit ihnen gemessen werden. Über die Art und Weise von Verleihungen und vor allem über deren Anzahl bestimmte die Führung der DDR. Wie das verallgemeinernd und mit hehren Worten in der sozialistischen Terminologie begründet wurde, belegt folgendes Zitat auf eindrucksvolle Weise: »Weil die sozialistische Gesellschaft wie keine andere vor ihr daran interessiert ist, unter ihren Mitgliedern persönliche Einsatzbereitschaft, Treue, gewissenhafte Pflichterfüllung, Schöpfertum und andere menschenveredelnde Eigenschaften massenhaft und dauerhaft herauszubilden, und weil solche Eigenschaften im Sozialismus in unzähligen Fällen mit Auszeichnungen belohnt und geweckt werden, kann ihre moralisch stimulierende Funktion, ihre Rolle bei der Persönlichkeits- und Kollektivformung nicht hoch genug eingeschätzt werden.«[18]

Es wurde der Anschein erweckt, daß Auszeichnungen unabhängig von sozialer Herkunft, Rang und Funktion jedem gleichermaßen zustanden, vorausgesetzt, man brachte sich in die sozialistische Gesellschaft ein. Sie waren pauschal allen zugedacht, Arbeitern und Bauern, Angehörigen der bewaffneten Organe und Veteranen der Arbeiterbewegung, Wissenschaftlern und Kulturschaffenden, Funktionären und Politikern. Die Anzahl der Verleihungen resultierte in der DDR aus den Inhalten und Anlässen der Stiftungen, sie sind aber auch in Beziehung zu der großen Zahl vorhandener Auszeichnungen zu setzen. Hinsichtlich der Vielfalt und Menge der Verleihungen hielt die DDR nach der Sowjetunion mit Gewißheit einen Spitzenplatz in der Welt, obwohl in den 50er Jahren zunächst bescheidenere Ansätze erkennbar waren. Noch bis in die Mitte der 60er Jahre kann das Auszeichnungswesen, zumindest was die staatlichen Auszeichnungen betraf, als relativ übersichtlich eingeschätzt werden. Die Verleihung von Orden wurde sparsam gehandhabt, und in der Kategorie der Preise erweist sich sogar bis 1989, daß sie im Vergleich zu anderen Auszeichnungen seltener vergeben wurden, was den Schluß zuläßt, daß ihr Ansehen im Laufe der Jahre kaum beeinträchtigt worden ist.

Vor allem in den Aufbaujahren identifizierte sich ein großer Teil der Werktätigen mit den Auszeichnungen, weil mit deren Verleihung Arbeitsergebnisse, die der Verbesserung des Lebens dienten, gewürdigt wurden. Dem Verleihwesen selbst kann man jedoch seinen politisch disziplinierenden Charakter nicht absprechen. Hier sei auf die in den 50er Jahren im Rahmen des NAW erbrachten Aufbauleistungen verwiesen, die mit einer Vielzahl von Abzeichen mit Auszeichnungscharakter bedacht wurden. Ab 1951 entstanden über 250 dieser Aufbaunadeln, die auf zentraler, bezirklicher oder örtlicher Ebene vergeben wurden.

URKUNDE

Kollege Heinrich Westerfeld
Dresden

HAT BEI DER UNTERSTÜTZUNG IM
AUFBAU DER STRASSE DES FRIEDENS, DER STALINALLEE
IN UNSERER DEUTSCHEN HAUPTSTADT
BESONDERE LEISTUNGEN
VOLLBRACHT

DIESE GROSSE PATRIOTISCHE TAT IST EIN HERVORRAGENDER BEITRAG IM KAMPF ALLER DEUTSCHEN FÜR DEN FRIEDEN UND DIE EINHEIT UNSERES VATERLANDES

DAFÜR SPRECHEN WIR IHNEN UNSEREN BESONDEREN DANK AUS.

BERLIN, DEN 6.2.54

NATIONALES KOMITEE
FÜR DEN NEUAUFBAU
DER HAUPTSTADT DEUTSCHLANDS

VORWÄRTS ZU NEUEN PATRIOTISCHEN TATEN FÜR DEN FRIEDLICHEN AUFBAU!

436 Urkunde für Heinrich Westerfeld für »Besondere Leistungen« beim »Aufbau der Straße des Friedens, der Stalinallee« vom 6. Februar 1954 mit dem Symbol des Abzeichens vom ›Nationalen Aufbauwerk Berlin‹ für Helfer aus den Bezirken in Gold

Im Jahr 1989 hatte die Republik 155 staatliche Auszeichnungen. Berücksichtigt man jedoch die Mehrstufigkeit vieler Dekorationen, so kommt man auf die Zahl 273. Mit über 10 000 Exemplaren erweiterten und ergänzten die gesellschaftlichen Auszeichnungen das staatliche Kontingent in einer Art und Weise, die inflationären Charakter hatte und als Spiegelbild von Verfallserscheinungen angesehen werden muß. Statistisch gesehen erhielt jeder Bürger der DDR während seines Lebens zehn Auszeichnungen.

Die wirtschaftspolitisch ausgerichteten Ehrentitel waren in den Augen der SED-Führung ein wesentliches Mittel, die Werktätigen zu stimulieren. In dem Maße wie einerseits die sozialistische Umgestaltung in Industrie und Landwirtschaft vor-

437 Karikatur von Heinz Behling im ›Eulenspiegel‹ (Nr. 8/1990) auf die übermäßig hohe Zahl an Auszeichnungsverleihungen an führende Persönlichkeiten der NVA

angetrieben wurde und andererseits Rückschläge und Fehlentwicklungen eintraten, die Korrekturen erforderlich machten, kamen neue Ehrentitel hinzu oder alte wurden mit neuem Inhalt gefüllt. Bei der Verleihungspraxis von Ehrentiteln wurden zwei parallel verlaufende Wege beschritten: Zum einen wurde, da die Anzahl der einer bestimmten Berufsgruppe pro Jahr zustehenden Ehrentitel in der Regel begrenzt war, einfach die Anzahl der Titel erhöht, indem man für zusätzlich entwickelte Berufsbilder neue Ehrentitel stiftete. Diese bekamen zugleich ihren in jedem Kalender ausgewiesenen Ehrentag. In den letzten beiden Jahrzehnten der DDR gesellten sich zu 24 gültigen Ehrentiteln auf diese »stille« Art noch 27 weitere hinzu.[19] In das Jahr 1975 fielen allein 13 Neustiftungen, wie die Ehrentitel ›Verdienter Energiearbeiter‹, ›Verdienter Metallurge‹ oder ›Verdienter Mitarbeiter des Handels‹. Solche Zahlen erwecken den Eindruck, bei monatlich aufeinanderfolgenden Verleihungen sei das ganze Jahr mit Ehrentagsfeierlichkeiten ausgefüllt gewesen. Man könnte ironisch fragen, wann eigentlich die Leistungen für die Auszeichnungen erbracht wurden. Es bleibt überdies anzumerken, daß es für viele Berufsgruppen in der Regel analoge, vielfach dreistufige Medaillen für Verdienste gab, mit denen nach 1970 noch 45 Berufe beehrt worden sind.[20]

Zum zweiten wurde, um möglichst viele Werktätige mit Auszeichnungen »beglücken« zu können, bei bestimmten Auszeichnungen die Menge der jeweils zu verleihenden Ehrentitel erhöht. Der damit bewußt geförderte Massencharakter entsprach dem Wunsch der SED-Führung, über Kampagnen und Initiativen möglichst alle in den sozialistischen Wettbewerb einzubeziehen. Dazu schien die Aktivisten- und Kollektivbewegung am besten gegeignet zu sein. Bereits bei der Vergabe des Aktivistenabzeichens von 1949 gab es bis zum Mai 1950 insgesamt 81 714 mit dem Aktivistentitel ausgezeichnete Personen – eine recht hohe Rate von Verleihungen für den kurzen Zeitraum seit Oktober 1949!

Eine mengenmäßige Steigerung griff schließlich auch auf solche Auszeichnungen über, die man zunächst nur begrenzt verliehen hatte. So blieb bis 1964 die Zahl der jährlichen Verleihungen des Titels ›Verdienter Aktivist‹ auf 600 Stück beschränkt und wurde seitdem auf 1000 gesteigert. Nach 1978 hob man jede Festlegung einer bestimmten Anzahl auf, was zu einem Ansehensverlust für die Auszeichnung führte. Nach 1959 kam den Ehrentiteln für kollektive Leistungen eine zentrale Bedeutung zu, weil die Aktivistenleistungen einzelner auf die gesamte Brigade beziehungsweise das Kollektiv übergreifen sollten. Vielfach kam es infolge von entsprechenden Kampagnen zu hohen Verleihungszahlen.

Nach der Strategie des V. Parteitages der SED von 1958, den Aufbau des Sozialismus zu vollenden und eine Überlegenheit über die Bundesrepublik zu erzielen, gab die Jugendbrigade ›Nikolai Mamai‹ aus dem Elektrochemischen Kombinat Bitterfeld einen neuen Anstoß. Unter dem Motto »Auf sozialistische Weise arbeiten, lernen und leben!« wurde nun gefordert, den sozialistischen Wettbewerb im Rahmen der Brigaden zu führen. Bis 1989 erreichte die Kollektivbewegung flächendeckende Ausmaße, und eine Wettbewerbslosung

438 Karl Schirdewan erhält eine Auszeichnung. »Am 6. Mai 1955 verlieh Präsident Pieck in seinem Amtssitz in Berlin-Niederschönhausen zu Ehren des 10. Jahrestages der Befreiung vom Faschismus den Vaterländischen Verdienstorden in Gold an hervorragende Persönlichkeiten für ihren Kampf gegen den Faschismus und ihre Verdienste um den Aufbau der Deutschen Demokratischen Republik.« (Zeitgenössische Beschriftung; Foto: Heilig)

folgte der anderen. Für das Jahr 1988 wurde angegeben, daß um den Ehrentitel ›Kollektiv der sozialistischen Arbeit‹ 310 025 Arbeitskollektive mit 5,4 Millionen Werktätigen kämpften.[21]

Bei einer derart massenhaften Propagierung konnte von einer differenzierten Leistungsbewertung und einer stimulierenden Wirkung von Auszeichnungen keine Rede mehr sein. Das Bestreben, alle Bereiche und Berufsgruppen zu bedenken, zog ein ausuferndes staatliches Auszeichnungswesen nach sich und führte dazu, daß die in nichtstaatlichen Bereichen vorgenommenen Auszeichnungen nicht mehr kontrollierbar waren. Die Ehrentitel zur Aktivisten- und Kollektivbewegung wurden ab den 70er Jahren zu allgegenwärtigen Auszeichnungen mit Durchhaltecharakter. Sie erfaßten alle Berufsgruppen und -ebenen gleichermaßen. Ein Entziehen war nahezu unmöglich, da es die Medaillen für eine eigentlich mit der Entlohnung abgegoltene Erfüllung der »normalen« Alltagsarbeit gab. Schließlich fand nur noch die mit der Ehrung verbundene Geldprämie Beachtung. Da es jedoch für alle möglichen Bereiche und Arbeiten ohnehin Geldprämien – in diversen Abstufungen – gab, verloren die Aktivisten- und Kollektivtitel an Ansehen in der Öffentlichkeit. Das traf insbesondere auf den ab 1969 verliehenen Ehrentitel ›Aktivist der sozialistischen Arbeit‹ zu.

Ein alle Bereiche durchdringendes Auszeichnungswesen bedurfte zuständiger Stellen, die Verleihungen organisierten und auch überwachten. Im Laufe der Jahre hatte sich das Auszeichnungswesen institutionalisiert und vor allem bürokratisiert, indem es zunehmend statistisch und formal gehandhabt wurde. Die satirische Zeitschrift ›Eulenspiegel‹ konnte dazu kaum treffender for-

439 Eine Oberschülerin aus Pankow erhält eine Auszeichnung, 1963 (Foto: Martin Schmidt)

mulieren: »Einmal hatten sie bei uns ein Kollektiv für ›Banner der Arbeit‹ zusammengestellt, dann kam die Information, einer sei zuviel. Haben sie also den jüngsten rausgenommen, weil der noch Zeit hatte. Plötzlich kam die Botschaft, beim Vaterländischen in Silber sei noch was frei. Peng! Hat doch der Kumpel, der vorher wegen Überfüllung durch den Rost gefallen war, den ›Vater‹ abgefaßt. Hatte sich natürlich noch mehr gelohnt als Banner ... Grundsätzlich muß man anerkennen, daß in den Auszeichnungskommissionen Heroisches geleistet wurde. Die Jungs hätten selbst einen Orden nach dem anderen verdient. Für einen bestimmten Anlaß benötigte man beispielsweise einen Helden der Arbeit. Einen weiblichen, nicht älter als zwanzig, aktive FDJlerin, nicht Parteimitglied, weil schon genug vertreten waren, hübsch, kulturell interessiert, Tanzzirkel oder so. Das war Schwerstarbeit.«[22]

Dem von der Partei- und Staatsführung propagierten hohen Stellenwert der Auszeichnungen widersprach die von ihr selbst betriebene Verleihungspraxis. Verleihungen sollten in würdiger und festlicher Form am 7. Oktober, dem Nationalfeiertag, am 1. Mai oder am Ehrentag der entsprechenden Berufsgruppe erfolgen. Selbst diese Veranstaltungen erzielten infolge massenhafter Verleihungen kaum die erwartete Wirkung des Feierlichen oder Besonderen. Bei Auftritten in der Öffentlichkeit sollten, ganz nach sowjetischer Manier, alle Auszeichnungen angelegt werden. »Ein und dieselbe Auszeichnung konnte man mehrfach erhalten; bei mehrstufigen Auszeichnungen wurde die niedrigere fortgetragen, wenn man die höhere bekam; man trug die ganze Reihe der Treuemedaillen, wo doch eigentlich logisch war, daß man bei absolvierten 30 Dienstjahren ... auch 5, 10, 15, 20 und 25 Dienstjahre hinter sich gebracht haben mußte.«[23] Folge dieses Prinzips waren lächerlich wirkende vollbestückte Ordensbrüste.

Auch die Politiker gingen keineswegs leer aus. Zu politischen Anlässen wie zu persönlichen Geburtstagen war es »gute Sitte«, sich gegenseitig mit Verleihungen zu beschenken. Normalerweise sollte der ›Karl-Marx-Orden‹, wie im Fall von Wilhelm Pieck, nur einmal verliehen werden. Walter Ulbricht brachte es jedoch auf drei Exemplare. Noch augenfälliger war der Umgang mit dem 1975 gestifteten Ehrentitel ›Held der DDR‹.[24] Leonid I. Breshnew erhielt 1976 aus Anlaß seines 70. Geburtstages die Auszeichnung zusätzlich mit Brillanten. Nach Protesten von Heinz Hoffmann, Erich Mielke und Friedrich Dickel, die den Titel vor Breshnew ohne Brillanten bekommen hatten, fand für sie ein Umtausch statt.[25] Fortan wurden die Medaillen grundsätzlich in dieser Ausstattung gefertigt. Nebenbei bemerkt sieht die Medaille zum Ehrentitel ›Held der DDR‹ der des ›Helden der Arbeit‹ zum Verwechseln ähnlich. Offenbar ist den Gestaltern nichts Originelles mehr eingefallen.[26]

Sowjetischer Praxis entsprechend erhielt ein ›Held der DDR‹ ab 1978 gleichzeitig den ›Karl-Marx-Orden‹, womit sich die Geldprämie von 15 000 auf 25 000 Mark erhöhte.[27] Bisherige Träger erhielten den KMO nachgereicht.[28] Mit dieser Verfahrensweise erzielten die führenden Politiker keine Vorbildwirkung. Die Vielzahl der Auszeichnungen und die Häufigkeit der Verleihungen führten dazu, daß Werktätige den Stellenwert ihrer Auszeichnung kaum bemessen konnten. Es fehlten Vergleichsmöglichkeiten und Informationen über die Auszeichnungspraxis. Im Umgangssprachgebrauch hieß es lapidar, man hat einen »Orden« bekommen. Die zur Normalität gewordene Verleihung von Auszeichnungen führte dazu, daß diese in den Augen vieler Beliehener sowie der Mehrheit der Bevölkerung begrifflich und inhaltlich nicht mehr als eine solche angesehen wurden.

1 Merta, Klaus-Peter: Auszeichnungen im Museum. Aus der Geschichte einer Sammlung, DHM-Magazin, Heft 13, hg. v. Deutsches Historisches Museum, Berlin 1995, S. 2.

2 Für den Nationalpreis wurden der Titel präzisiert, das Aussehen verändert sowie die Verleihungsbedingungen neu formuliert; vgl. Bartel, Frank: Auszeichnungen der Deutschen Demokratischen Republik von den Anfängen bis zur Gegenwart, Berlin 1979, S. 110.

3 Einige Preise und Ehrentitel wie der ›Guts-Muths-Preis‹ oder der Ehrentitel ›Brigade der besten Qualität‹ hatten kein tragbares Zeichen.

4 Werbe- oder Propagandablatt »Für ausgezeichnete Leistungen in der sozialistischen Produktion«, o. O., o. J.

5 Dazu zählen der Ehrentitel ›Verdienter Erfinder‹ für Verdienste um die Verbesserung des Standes der Technik, der Technologie und der Rationalisierung, der ›Verdiente Aktivist‹ für Einzelleistungen und die ›Brigade der besten Qualiät‹ für kollektiv erbrachte Leistungen.

6 Vgl. Bartel (wie Anm. 2), S. 110 f.

7 Im Jahr 1953 jährten sich der 135. Geburtstag und zugleich der 70. Todestag von Karl Marx.

8 Tautz, Günter: Orden und Medaillen. Staatliche Auszeichnungen der Deutschen Demokratischen Republik, Leipzig 1983, S. 44.

9 Die an sowjetische Vorbilder angelehnte gestalterische Umsetzung von Arbeitssymbolen wird noch deutlicher bei dem 1949 von der Sowjetisch-Deutschen-Aktiengesellschaft ›Wismut‹ geschaffenen Abzeichen zum Ehrentitel ›Meister der Arbeit‹, das nach der Gründung der DDR in diesem Bereich weiter verliehen wurde, jedoch sieben gestalterischen Änderungen bis 1989 unterlag. In seiner ersten Form zeigt es einen Bergmann mit Preßluftbohrer vor einem Förderturm.

10 Seit 1928 bestanden in der Sowjetunion der ›Orden des Roten Arbeitsbanners‹ und ab 1940 die goldene Medaille ›Hammer und Sichel‹ zum Titel ›Held der sozialistischen Arbeit‹, die eine ähnliche Gestaltung wie die Pendants der DDR aufweisen; vgl. Herfurth, Dietrich: Sowjetische Auszeichnungen. Ein Katalog, Berlin 1993, S. 24 f. u. 30 f.

11 Vgl. Feder, Klaus H. / Gietzelt, Michael: Die Ehrentitel ›Held der Arbeit‹. Auszeichnungen der DDR, in: Orden-Militaria-Magazin, 11/1992, Heft 51, S. 4-7.

12 Die Höhe der Spangen ist bei den russischen bzw. sowjetischen im Verhältnis zur Medaille um 1/3 größer, wodurch sie elegant wirken.

13 Vgl. Schurdel, Harry D.: Flaggen und Wappen Deutschland. Länderkunde, Augsburg 1995, S. 86 f.

14 Stalins Kopf befand sich zusammen mit dem Wilhelm Piecks sowohl auf der ›Friedensmedaille der FDJ‹ von 1950 als auch auf den beiden Stufen der Ehrennadel der ›Gesellschaft für Deutsch-Sowjetische Freundschaft‹ von 1954.

15 Vgl. Sauer, Werner / Scharfenberg, Gerd: Die Ernst-Moritz-Arndt-Medaille der Nationalen Front der Deutschen Demokratischen Republik. Zur Stiftungs- und Verleihungsgeschichte eines nichtstaatlichen DDR-Ehrenzeichens, in: Orden-Militaria-Magazin, 14/1995, Heft 65, S. 1-20.

16 Der ›Karl-Marx-Orden‹ und die Medaille ›Goldener Stern‹ zum Ehrentitel ›Held der DDR‹ waren die einzigen Auszeichnungen, die nach dem Ableben des Trägers durch die Erben bzw. die Hinterbliebenen an den Staat zurückgegeben werden mußten.

17 Vgl. Bartel (wie Anm. 2), S. 134-139 u. 172-175.

18 Bartel (wie Anm. 2), S. 8 f.

19 Zahlen ermittelt nach: Bartel, Frank: Staatliche Auszeichnungen der DDR 1949–1990. DDR-Spezialkatalog, Band I, Berlin 1990; in der Zahlenangabe für die Medaillen ist die Zahl der bei vielen vorkommenden Stufen nicht enthalten.

20 Zu diesen Medaillen zählen u. a. die ›Für Verdienste in der Energiewirtschaft‹ (1971) und ›Für hervorragende Leistungen in der Metallurgie‹ (1975).

21 Vgl. Herbst, Andreas / Ranke, Winfried / Winkler, Jürgen: So funktionierte die DDR. Lexikon der Organisationen und Institutionen, Band 2, Reinbek bei Hamburg 1994, S. 930.

22 Berlin, Hartmut: An wem bleibt alles hängen? Eiskalte Fakten und wilde Spekulationen zu einem heißen Thema, in: Eulenspiegel, 1990, Nr. 8, S. 9.

23 Scharfenberg, Gerd: 40 Jahre staatliche Auszeichnungen der DDR. Eine Retrospektive, in: Orden-Militaria-Magazin, 9/1990, Heft 37, S. 4.

24 Vgl. Feder, Klaus / Feder, Uta: Auszeichnungen der Nationalen Volksarmee der Deutschen Demokratischen Republik 1954–1990, Rosenheim 1994, S. 30-34.

25 H. Hoffmann, Minister für Nationale Verteidigung; E. Mielke, Minister für Staatssicherheit; F. Dickel, Minister des Innern.

26 Entwurfsmuster, vgl. Feder (wie Anm. 24), S. 30 f.

27 In der UdSSR war die Verleihung der Medaille ›Goldener Stern‹ zum Titel ›Held der Sowjetunion‹ mit der Verleihung des höchsten Ordens, des ›Lenin-Ordens‹, gekoppelt.

28 Eine Aufstellung der Träger des Ehrentitels ›Held der DDR‹ in: Feder (wie Anm. 24), S. 34.

440–441 Abzeichen der DDR, 1945–1961

## Schaukasten: Abzeichen

Traf man in der DDR auf Delegationen aus der Sowjetunion, wurde man beschenkt: mit Abzeichen. Die Hoffnung des Schenkenden allerdings, seinerseits ebenso beschenkt zu werden, wurde meist enttäuscht. In der DDR wurden Abzeichen eher sparsam verwendet.
Dabei herrschte an diesem Gut nicht etwa Mangel. Eine ganze Industrie hatte ständig volle Auftragsbücher, Graphiker und Designer wurden reich, und in jeder Organisation fanden sich Spitzenfunktionäre, die das Begutachten von Entwürfen für Arbeit hielten.

Sieht man von den frühen 70er Jahren ab, als auch in der DDR die Buttons aufkamen, die jeder nach Belieben gestalten konnte, verschwanden Abzeichen, Medaillen, selbst Orden meist in irgendwelchen Schubladen. Nur ganz Staatstreue holten zu Feiertagen einen beliebigen Orden hervor und hefteten ihn sich ans Kleid. Das einzige Abzeichen, das zwischen 1946 und 1989 in der DDR – bis auf die Tage um den 17. Juni 1953 – ständig präsent war, zeigte die verschlungenen Hände.

1945 1948
3 JAHRE
FDGB
3 JAHRE
AUFBAU
KREIS LEIPZIG
3. SEPT.
1955
III. WELTFESTSPIELE DER JUGEND U. STUDENTEN FÜR DEN FRIEDEN
BERLIN
1951
WELTFRIEDENSFRONT
10.9.50.
GEGEN KRIEG U. FASCHISMUS
1848
1948
KAMPF FÜR DEMOKRATIE
FÜR FRIEDEN-EINHEIT
UND UNABHÄNGIGKEIT
AM 15.OKTOBER 1950
10 JAHRE DDR
VEB
V. PARTEITAG der SED
ALLES FÜR DAS VOLK
SED
ALLES DURCH DAS VOLK
SOZIALISTISCHE EINHEITSPARTEI DEUTSCHLANDS

443

## Schaukasten: Parteidokument

Die SED war in den ersten zwei Jahren ihres Bestehens eine buntscheckige Partei, deren Mitgliedschaft noch keineswegs auf die Führung eingeschworen und somit beliebig einsetzbar war. Der SMAD gab dieser Zustand Anstoß zu ständiger Kritik, die aber keine Veränderung bewirkte. Als es im Juni 1948 zum Bruch mit Tito kam, nutzte Stalin die Gelegenheit, um die »Bruderparteien« im entstehenden Ostblock endlich zu disziplinieren. Obwohl die Kommunisten in ihrem Aufruf zur Neugründung der KPD wie bei Gründung der SED dem Typus einer leninistischen Kaderpartei offiziell abgeschworen hatten, wurde der SED nun die Umwandlung in eine »Partei neuen Typus« verordnet, also die Rückkehr zum leninistischen Modell, das sich an Organisationsstrukturen mittelalterlicher Orden orientierte. Daraufhin wurde das Prinzip des »demokratischen Zentralismus« durchgesetzt, eine als Kreis-, Bezirks- beziehungsweise Zentrale Parteikontrollkommission bezeichnete parteiinterne Ermittlungs- und Bestrafungsbehörde gebildet und – neben anderen Maßnahmen – für neu aufzunehmende Mitglieder eine »Kandidatenzeit« eingeführt.

»Nach Ablauf der Kandidatenzeit stellt der Kandidat einen schriftlichen Antrag auf Aufnahme in die Partei, wofür eine Empfehlung von zwei Mitgliedern der Partei, die mindestens zwei Jahre Mitglied der Partei sein müssen, vorliegen muß. Die Entscheidung wird von der Mitgliederversammlung der Grundeinheit gefällt, in der der Kandidat tätig war. Die Aufnahme muß durch den Kreisvorstand bestätigt werden, auf Grund dessen die Aushändigung des Mitgliedsbuches der Partei erfolgt.« Unbotmäßigen Mitgliedern wurde zugleich gedroht: »Die Einführung der Kandidatenzeit wird auch die Möglichkeit geben, Parteimitglieder in den Kandidatenstand zu versetzen.« Auf diese Weise sollte die »Einheit und Reinheit der Partei«, das heißt die absolute Ergebenheit der Mitgliedschaft gegenüber der jeweiligen Führung, gesichert werden.

445

442 ›Übergabe des Parteidokumentes‹, Gemälde von Hans Mrozcinski, um 1953
443 Übergabe des Parteidokumentes durch eine Kreisleitung der SED, um 1957 (Foto: Höhne-Pohl)
444 Mitgliedsbuch der SED, 10. August 1946
445 Aushändigung des Parteibuches, nach 1955 (Foto: Höhne-Pohl)

444

442

Monika Gibas

# Vater Staat und seine Töchter
# Offiziell propagierte Frauenleitbilder der DDR und ihre Sozialisationswirkungen

446 Seite aus einem Album über die Arbeit des DFD im Kreis Bautzen, 9. Juli 1950

Wir wissen, daß es schwer ist, die Frau aus ihrer nazistischen Kochtopfpolitik herauszureißen.« Das stellte eine Teilnehmerin der ersten Bezirksfrauenkonferenz der Mark Brandenburg in einem Diskussionsbeitrag am 30. März 1946 fest. Die Mehrzahl der Frauen stehe ein Jahr nach dem Ende des Krieges dem Neuen noch immer »abwartend, zögernd, oft sabotierend« gegenüber. Die antifaschistischen Frauenausschüsse hätten daher die Aufgabe, »helfend, beratend und durch ideologische Erziehung die Frau ins neue Leben hineinzuführen«.[1]

Die Frage, auf welche menschlichen Ressourcen sich ein Neuanfang für Deutschland denn stützen könne, bewegte nach dem Krieg alle politisch Verantwortlichen. Klar war, daß eine administrative Entnazifizierung von Verwaltungsstrukturen des Dritten Reichs in Form eines Elitenwechsels vorgenommen werden mußte, dabei aber nicht das gesamte Volk ausgetauscht werden konnte, ganz gemäß dem Stalinschen Ausspruch: »Die Hitler kommen und gehen, aber das deutsche Volk bleibt!« Wer jedoch war dieses deutsche Volk? Der Neuanfang und Wiederaufbau Deutschlands mußte mit Menschen gewagt werden, die in ihrer Mehrheit bis zum Schluß dem NS-Regime nicht nur widerstandslos, sondern vielfach auch gläubig gefolgt waren und von denen der größte Teil sich bei Kriegsende keineswegs der eigenen Mitschuld an den Verbrechen dieses Regimes sowie der Katastrophe des endgültigen Zusammenbruchs bewußt war.

447 »Es steht und fällt ein Volk mit seinen Frauen« – Versammlung des DFD, um 1947/48 (Foto: Jacobson-Sonnenfeld)

»... das Volk ist rettungslos dumm und gedächtnislos. Es denkt jetzt nur: ›Vorher haben wir weniger gehungert‹, und alles andere ist vergessen. Es wird bald denken: all diese Hitlergreuel sind erfundene Propaganda.«[2] Victor Klemperer hielt diesen Eindruck im Sommer 1945 in seinem Tagebuch fest. Sensibel registrierte er, was die Menschen um ihn bewegte. Es schien ihm, als säße die Nazi-Ideologie noch fest in den Köpfen: »Nazistische Propaganda wirkt noch, wird wohl auch heimlich fortgesetzt. Ist Dresden besonders kleinbürgerlich, besonders nazistisch – oder ist ganz Deutschland so gerichtet?«, fragte er besorgt. Der Schriftsteller Stephan Hermlin, Anfang Juli 1945 aus der Emigration zurückgekehrt, hatte ähnliche Eindrücke. Er konstatierte bei seinen Landsleuten statt Schuldgefühlen und Scham »Selbstmitleid und stumpfe Arroganz«.[3] Nicht so sehr die von Mitscherlich festgestellte »Unfähigkeit zu trauern«, eher waren wohl der Hang zum Selbstmitleid und mangelnde Einsicht in die eigene Mitschuld an den Verbrechen des NS-Regimes kennzeichnend für die psychische Lage der Nation.

Die alliierten Siegermächte waren sich der Tatsache des Weiterlebens nazistischer Ideologie bewußt. Sie hielten schon im Potsdamer Abkommen vom 2. August 1945 die Notwendigkeit intensiver ideologischer Beeinflussung der Bevölkerung mit dem Ziel der Konstituierung antinazistischer Bewußtseinsinhalte fest.[4] Versucht wurde das mittels des Reeducation-Programms der Amerikaner in den Westzonen und mit dem Konzept der antifaschistisch-demokratischen Erziehung in der Sowjetischen Besatzungszone.

Frauen waren als Zielgruppe dieser Umerziehung von Beginn an besonders im Blick, denn sie vor allem bestimmten das Alltagsverhalten im Chaos des Überlebenskampfes der unmittelbaren Nachkriegszeit. Wie in ganz Deutschland stellten sie auch in der Sowjetischen Besatzungszone die Mehrheit der Bevölkerung.[5] Sie waren es, die die Reste der Familien zusammenhielten und das Überleben organisierten, die als Trümmerfrauen den Kriegsschutt wegräumten und mühsam Stein um Stein für den Neuaufbau präparierten. Diese Frauen für den Umbau der Gesellschaft im Osten

448 In der Zentralschule des DFD in Glienicke wird in einem Seminar im Februar 1949 die »unterschiedliche Wirtschaftsentwicklung in Ost- und Westdeutschland« behandelt (Foto: Thiele)

Deutschlands zu mobilisieren, darauf zielten die Konzepte der neuen politischen Elite. Aber die Frauen sollten nicht nur mittun bei der Umwandlung der alten Gesellschaft in eine neue, sozialistische, sie selbst sollten sich wandeln zu einer dieser Gesellschaft gemäßen neuen, sozialistischen Frauenpersönlichkeit. Das neue Frauenbild, das in SBZ und DDR propagiert wurde, war über die 40 Jahre hinweg, bei aller Nuancierung in den einzelnen Jahrzehnten, bestimmt durch zwei Kernaussagen, die die gewünschte Grundkonstitution des weiblichen »Neuen Menschen« imaginierten.

### Die Frau als Kämpferin und Mitstreiterin für den Sozialismus

Der II. Parteitag der SED veröffentlichte im September 1947 eine ›Resolution zur Frauenfrage‹, die das Leitbild der Frau skizzierte, wie es sich die deutschen Kommunisten für die neue Gesellschaft vorstellten: die Kämpferin und Mitstreiterin für den Sozialismus. »Die Frauen und Mädchen haben das Recht und die Pflicht, an der Gestaltung der deutschen Zukunft entscheidend mitzuwirken. Sie müssen dabei alle Vorurteile, die eine Folge jahrhundertelanger Zurücksetzung sind, überwinden und selber die entschiedensten Kämpferinnen für ihre Gleichberechtigung werden ... Durch ihre tätige Teilnahme am öffentlichen Leben werden die Frauen und Mädchen immer mehr in den politischen Kampf unseres Volkes hineingezogen ... So werden die Frauen zu Mitstreiterinnen für den Sozialismus.«[6]

Historische Frauengestalten, die dieses Leitbild der politischen Kämpferin und Mitstreiterin für die Realisierung der Idee des Sozialismus ideal verkörperten, wurden zum festen Bestand des Traditionsarsenals der neuen Gesellschaft: Kommunistische Politikerinnen wie Rosa Luxemburg und Clara Zetkin, Lebensgefährtinnen kommunistischer Führer wie Jenny Marx, Nadeshda Konstantinowna Krupskaja und Rosa Thälmann oder antifaschistische Widerstandskämpferinnen wie Sophie Scholl, Käte Niederkirchner, Olga Benario Prestes oder Lilo Hermann wurden mittels massenmedialer Propaganda, aber auch durch Literatur und bildende Kunst, als politische und moralische Heldinnen ins Bewußtsein gehoben. Sie wurden als weibliche Leitfiguren zu Lehrstoff im Schulunterricht, ihre Namen wurden für hohe Arbeitsleistun-

449 ›Internationaler Frauentag‹ beim Deutschen Sportausschuß, 8. März 1950

450 Monatsblatt März aus dem FDJ-Taschenkalender für das Jahr 1951

gen als Ehrentitel an sozialistische Kollektive verliehen und auf Straßenschildern oder als Eigennamen von sozialistischen Betrieben und Schulen in den neuen Alltag eingeführt.

Die Aufforderung, diesen Vorbildern nachzueifern, war eine der propagandistischen Dauerbotschaften an die Adresse der Frauen im Osten Deutschlands. Als Vermächtnis dieser historischen Frauenfiguren galten ihr politisches Engagement für den »Fortschritt der Menschheit zum Sozialismus«, ihre Treue zur und ihre Hingabe an die »Sache der Arbeiterklasse« und der kommunistischen Bewegung sowie Kämpfertum, Mut und Unbeugsamkeit in der Auseinandersetzung mit den »Feinden des Fortschritts«, den Kapitalisten und Faschisten. Frauen zu solch aktivem politischem Engagements für die sozialistische Zukunft zu gewinnen, das konnte nur gelingen, wenn sie sich aus der traditionell engen Familienfixierung lösen und am gesellschaftlichen Leben interessiert und selbstbewußt teilnehmen würden. Voraussetzung dafür war, sie neben den Männern als gleichberechtigte Mitbürgerinnen zu akzeptieren und ihnen die chancengleiche Teilnahme am gesellschaftlichen Leben so überhaupt erst zu ermöglichen. Darüber war sich die DDR-Führung immer klar, und darauf richteten sich die Konzepte ihrer Frauenpolitik.

»Mann und Frau sind gleichberechtigt. Alle Gesetze und Bestimmungen, die der Gleichberechtigung der Frau entgegenstehen, sind aufgehoben«, bestimmte daher auch Artikel 7 der ersten Verfassung der DDR aus dem Jahre 1949.[7] Der Taschenkalender der ›Freien Deutschen Jugend‹ von 1951 zitierte diesen Verfassungsgrundsatz ganzseitig als Motto für den Monat März.[8] Interessant ist das dem Text beigeordnete Foto: Es zeigt eine junge Frau bei konzentrierter Arbeit an einer Werkzeugmaschine. Die Wahl gerade dieses Fotos zur Visualisierung des Themas »Gleichberechtigung« versinnbildlicht ideal das damals verbreitete Verständnis von der Gleichberechtigung der Geschlechter. Gleichstellung von Frau und Mann wurde vorrangig verstanden als Möglichkeit der gleichberechtigten Teilhabe am gesellschaftlichen Prozeß der Produktion. Das dazugehörige neue Frauenleitbild,

451 ›Traktoristin‹, Plastik von Walter Arnold, 1952

452 »Erleichterungen für berufstätige Frauen beim Konsum. Viele berufstätige Frauen, die Haushalt und Kinder versorgen müssen, verlieren abends beim Einkaufen der Lebensmittel viel Zeit. Um diesen Werktätigen zu helfen, haben einige Konsumverkaufsstellen in Berlin eine praktische Einrichtung, die ›Frühbestellung‹, eingeführt.« März 1952 (Zeitgenössische Beschriftung; Foto: Gielow)

das seit Gründung der DDR über alle Medien, auch durch Literatur und bildende Kunst breit propagiert wurde, zeigte die in die Produktionsarbeit eingebundene Frau: als Arbeiterin in der neuen, jetzt volkseigenen Industrie oder als Traktoristin in der kollektivierten Landwirtschaft.

### Die Frau als Heldin der sozialistischen Produktion und Mitgestalterin der neuen Gesellschaft

Die SED hatte diesen Aspekt ihres neuen Frauenbildes und des Gleichberechtigungsgedankens schon seit ihrer Gründung offensiv vertreten. In einer Informationsbroschüre für die Schulung von Referenten der Partei zum Thema »Frauen« wurde festgestellt: »Unser Ziel ist die Sicherung des Rechts der Frau auf Arbeit, das heißt Gleichstellung der Frau in der Wirtschaft und im gesellschaftlichen Leben. Den Frauen muß der Zugang zu allen Berufen geöffnet werden, zu denen Interesse und Fähigkeiten vorhanden sind.«[9] Diese Vorstellungen der SED zu frauenpolitischen Schwerpunktsetzungen wurden als Ideen zu einer Verfassung für ein neues Deutschland im November 1946 erstmals in einem Entwurf festgehalten und dann in der 1949 verabschiedeten Verfassung der DDR kodifiziert.[10] Auch 19 Jahre später, 1968, betonte Artikel 20, Absatz 2, der zweiten, »Sozialistischen Verfassung« der DDR vor allem diesen Aspekt: »Die Förderung der Frau, besonders in der beruflichen Qualifizierung«, sei eine »gesellschaftliche und staatliche Aufgabe«.[11]

Die Fokussierung der Gleichberechtigungsidee auf die Durchsetzung gleicher Beteiligungschancen von Frauen an der gesellschaftlichen Produktionsarbeit zieht sich durch die gesamte Geschichte der DDR. Das war nicht allein, ja nicht einmal in erster Linie pragmatischen Kalkülen der Sicherung des notwendigen Arbeitskräftepotentials für die zentral gelenkte Volkswirtschaft geschuldet. Vielmehr ist auch hinsichtlich der in der DDR-Zeit entwickelten Emanzipationsvorstellungen mit Christa Wolf festzuhalten: »Paradieshoffnung vermischte sich im Kommunismus mit nüchternem ökonomischem Denken zu einer nicht mehr auflösenden Verbindung.«[12] Die Eintrittskarte zum Paradies sei für Frauen – so jedenfalls wurde es von den politischen Vordenkern des Staates DDR angenommen – die ökonomische Unabhängigkeit, die durch gleichberechtigte Teilnahme an bezahlter Produktionsarbeit erlangt werden könne. Frauenpolitik in der DDR war darauf ausgerichtet, die gesellschaftlichen Rahmenbedingungen dafür zu schaffen.

Das hieß konkret Beseitigung der Qualifikationsdefizite von Frauen für diesen Bereich der Arbeit zum einen durch die staatliche Regelung des gleichen Zugangs zur Bildung, durch gesetzliche Garantie von Chancengleichheit auf dem Arbeitsmarkt und durch Gewährung von »gleichem Lohn für gleiche Arbeit«, zum anderen aber auch durch Entlastung der Frauen von ihren »natürlichen« Pflichten, die Mutterschaft und Familie mit sich bringen, sowie durch gesellschaftliche Regelungen der Kinderbetreuung und Haus-

453 Eine Wandtafel in der Ausstellung »10 Jahre DDR«, 1959. Unter dem Motto »Das Leben, das wir unsern Kindern bau'n, braucht auch die Kraft der vielen tausend Frau'n, die noch am Kochtopf und am Nähkorb schwitzen, statt ihre Gleichberechtigung zu nützen« sollen die angeblichen Argumente gegen eine Erwerbstätigkeit von Frauen entkräftet werden

haltsentlastung. Diese ökonomistische Verkürzung des Gleichstellungsgedankens hatte ihren Ursprung in der verengten Perspektive des marxistischen Denkens auf die Produktionsarbeit, das allein in dieser das bewegende Moment gesellschaftlicher und individueller Entwicklung sah und insofern darin den eigentlichen Sinn des Lebens vermutete.[13]

Der marxistische Theoretiker Friedrich Engels hatte im 19. Jahrhundert schon festgestellt: »Die Befreiung der Frau wird erst möglich, sobald diese auf großem gesellschaftlichem Maßstab an der Produktion sich beteiligen kann und die häusliche Arbeit sie nur noch in unbedeutendem Maß in Anspruch nimmt. Und dies ist erst möglich geworden durch die moderne große Industrie, die nicht nur Frauenarbeit auf großer Stufenleiter zuläßt, sondern förmlich nach ihr verlangt, und die auch die private Hausarbeit mehr und mehr in eine öffentliche Industrie aufzulösen strebt.«[14] Auch August Bebel, auf dessen Schrift ›Die Frau und der Sozialismus‹ aus dem Jahre 1879 sich theoretische Überlegungen zur Emanzipation der Frau in der DDR immer wieder beriefen und die bis zuletzt noch als der »Klassiker« in frauentheoretischen Fragen galt, hat diese Perspektive nicht verlassen.

Als anstrebenswerter Zustand galt die Einbeziehung der Frauen in die Produktion. Frauen sollten »ihren Mann stehen können« in dieser Sphäre des Lebens. Diese Sicht auf das Problem der Gleichstellung von Mann und Frau wurde erst in den letzten Jahren der DDR vorsichtig hinterfragt.[15] Utopieüberschuß gab es in dieser Frage kaum, schon die Erlangung der Vollberufstätigkeit von möglichst vielen Frauen galt als erkämpfens-

Eine einfache Frau, mit den Augen einer Mutter und den Händen einer Arbeiterin, das ist Frida Hockauf.

Paragraphen atmen Leben in unserer Republik. Wenn es im Gesetz über die Rechte der Frau, § 20, heißt, daß die Betriebsleitungen für die berufliche Qualifizierung der Frauen verantwortlich sind, dann bezeugt Irmgard Rönz die Wahrheit dieser Worte. Sie ist nämlich die erste Webemeisterin der Republik.

In der Mitte des Bildes, das ist die Lehrausbilderin Elsa Hentschke. Sie ist Volkskammerabgeordnete und beschloß auch mit das Gesetz über den Mutter- und Kinderschutz und die Rechte der Frau.

454 a–c Seiten aus einer Broschüre ›Frauen und schöne Kleider‹, welche das Leben Frida Hockaufs und ihre Verdienste nachzeichnet

wertes Ziel. Und die allmähliche Annäherung an einen solchen Zustand im Laufe der DDR-Geschichte führte regelmäßig zu euphorischen Statements der politischen Führung. »Mit unserer jungen Republik, in der die Arbeiterklasse die Macht im Bündnis mit den werktätigen Bauern und anderen werktätigen Schichten ausübt, sind auch die Arbeiterinnen gewachsen«, erklärte der Erste Sekretär der SED Walter Ulbricht 1959, im zehnten Jahr der DDR. Die frauenpolitischen Errungenschaften würdigend, stellte er fest, daß »die Arbeiter- und Bauernmacht – erstmalig in der Geschichte des deutschen Volkes – den Frauen nicht nur die formale Gleichberechtigung gegeben, sondern auch die ökonomische Gleichberechtigung, die in dem Recht auf Arbeit, in dem Grundsatz ›Gleicher Lohn für gleiche Arbeit‹ und im Recht auf Bildung ihren Ausdruck findet, verwirklicht« habe.[16]

Als neue Heldinnen, als lebendige Vorbilder für die Frauen der DDR, die diese bescheidene und für Frauen doppelt anstrengende »Utopie« der DDR-Arbeitsgesellschaft lebten, galten Aktivistinnen der Arbeit wie die Textilarbeiterin Frida Hockauf, die erste Webemeisterin Irmgard Rönz oder die Lehrausbilderin Elsa Hentschke. Medien, Kunst und Literatur propagierten in der DDR den engagierten Einsatz solcher Frauen zur Produktivitätssteigerung der sozialistischen Volkswirtschaft unermüdlich als die erstrebenswerte Haltung der neuen, der sozialistischen Frau.

»Wir können den Sozialismus nicht nur mit Friseusen aufbauen ...!«[17] Diese durchaus ernst gemeinte Feststellung des DDR-Staatsoberhauptes Walter Ulbricht aus dem Jahre 1962 etwas ins Groteske gehoben, läßt ein Horrorbild aufscheinen, wie es George Orwell erdacht haben könnte: Ein Heer von Friseusen überschwemmt den sozialistischen deutschen Arbeiter-und-Bauern-Staat und stürzt sich ondulierend und blondierend auf die »sozialistische Menschengemeinschaft«! Und die geht daraufhin – immerhin aber in Schönheit – unter, weil die großen Planaufgaben der sozialistischen Volkswirtschaft so natürlich nicht zu meistern sind.

Ein solches Horrorszenario ist nicht eingetreten. An einer Überdosis Friseusen ist die DDR jedenfalls nicht gescheitert. Vielmehr ließen sich die Frauen davon überzeugen, sich auch solchen Berufen zuzuwenden, die bislang als Männerdomänen galten. Der frauenpolitischen Propaganda der 60er Jahre sind sie in großer Zahl gefolgt: Anstatt nur in typische Frauenberufe zu strömen, hielten sie es für besser, die »Höhen der Technik zu stürmen« und damit einen Beitrag zur Entwicklung der sozialistischen Wirtschaft zu leisten.[18]

### »Frauen erobern die Technik!«

Das war der zentrale Slogan frauenpolitischer Propaganda der 60er Jahre. Zu Heldinnen der sozialistischen Gesellschaft avancierten nun die technisch interessierten und technisch versierten Frauen: Ingenieurinnen und Wissenschaftlerinnen, die den neuen Anforderungen der modernisierten Volkswirtschaft gewachsen waren. Es waren Frauen, die – genauso wie ihre männlichen Kollegen – in der Lage waren, komplizierte Maschinen zu bedienen und wissenschaftliche Probleme zur besseren Meisterung der Technikentwicklung zu lösen. Seit Beginn der 60er Jahre wurde dieses Frauenleitbild in Reportagen und Bildern, in Romanen und Gedichten breit propagiert.

455 Plakat des FDGB zum ›Tag des Aktivisten‹, 13. Oktober 1951

Zu einer der herausragenden propagandistischen Leitfiguren und zugleich zu einem wirklich auch angenommenen Vorbild vieler, vor allem junger DDR-Frauen wurde die Kosmonautin Valentina Tereschkowa, die im Jahre 1963 als erste Frau einen Weltraumflug unternahm. Sie wurde von den Medien als »Pionierin des technischen Fortschritts« vorgestellt und auf überzeugende Weise als eine Frau beschrieben, die mit ihrem Weltraumflug nicht nur Mut und physische Kraft, sondern vor allem hohe, den Männern ebenbürtige technische Leistungsfähigkeit unter Beweis gestellt habe. Entsprechend euphorisch wurde sie gefeiert (s. Abb. 435, S. 300).

Viele Frauen der DDR haben das Leitbild der werktätigen Frau, die sich engagiert und gesellschaftlich interessiert im Berufsleben verwirklicht, angenommen und tatsächlich auch verinnerlicht. »Mein Vorbild ist Valentina Tereschkowa. Sie war die erste Frau im Kosmos, und sie bewies, daß Frauen keinen Deut weniger können als Männer«, erklärte eine junge Frau 1963 in der Zeitschrift ›Frau von heute‹.[19] Und eine Schülerin antwortete auf eine Umfrage der ›Wochenpost‹ im Jahre 1964: »Meine Heldin ist die moderne, selbstsichere, intelligente Frau.«[20]

Am Ende hatte die DDR ein sowohl quantitativ als auch qualitativ bemerkenswertes Potential an Industriearbeiterinnen mit Fach- und Meisterabschlüssen sowie Ingenieurinnen, Ökonominnen, Wissenschaftlerinnen, Ärztinnen, Lehrerinnen, Richterinnen. Frauen hatten sich nicht nur in der Männerwelt der Berufsarbeit, sondern auch in Männerberufen eingerichtet.[21] Ein Vergleich dieser Tatsache mit den zentralen Inhalten der während der 40 DDR-Jahre verbreiteten frauenpolitischen Propaganda zeigt, daß sie im Ergebnis dem Kern jener Visionen entspricht, die die Gründerväter der DDR von der neuen Stellung der Frau in einer sozialistischen Gesellschaft hatten.

457 Die »beste Näherbrigade im innerbetrieblichen Wettbewerb« im VEB Feinstrumpfwerk Oberlungwitz, Bezirk Karl-Marx-Stadt, 15. Februar 1954

456 Titelseite der ›Zeitschrift für die Interessen der werktätigen Frau – Die Arbeiterin‹, Januar 1960

### Die werktätige Frau und Mutter

Die seit den 70er Jahren aufgrund des rückgängigen Bevölkerungswachstums vom Staat sozialpolitisch stark geförderte und auch propagandistisch wieder hervorgehobene Bedeutung der Frau als Mutter und damit Trägerin der Reproduktion der Gesellschaft produzierte das Leitbild der werktätigen Frau und Mutter. Die gesellschaftlich engagierte, hochqualifizierte, im Beruf anerkannte Mutter von – möglichst – drei Kindern war die Heldin der letzten beiden Jahrzehnte der DDR. Da ein solches, von beträchtlichen sozialpolitischen Maßnahmen flankiertes Leitbild wegen der unzureichenden Wirtschaftskraft der DDR immer noch eine enorme Doppelbelastung für die Frauen bedeutete, wurde es auch selbstbewußt und kritisch hinterfragt, und zwar nicht nur von Schriftstellerinnen, Bürgerrechtlerinnen und Wissenschaftlerinnen, die in den 80er Jahren zunehmend den noch fehlenden, aber möglichen Uto-

458 ›Aufbauhelferin‹, Plastik von Fritz Cremer, 1954

pieüberschuß einer wirklich emanzipatorischen Gesellschaft für Männer und Frauen thematisierten und die Beschränktheiten der herrschenden Emanzipationsvorstellungen zu erkennen begannen. Auch ganz »normale« Frauen haben sich mit den offiziell propagierten Leitbildern auseinandergesetzt.

Die Publizistin und Schriftstellerin Maxi Wander hat das in ihren Interviews sensibel festgehalten: »Jede Zeit verlangt doch einen anderen Menschen ... heute verlangt unsere Ökonomie die berufstätige Frau. Das verstehe ich, aber ich versuche, mich drum herumzumogeln. Ich will eine Frau sein, so wie ich mir das vorstelle und wie ich mich wohlfühle. Solange man Berufstätigkeit als Ideal für jede Frau propagiert, kann man ihr nicht viele Kinder aufschwatzen, da bleibt die Frau mit Kindern benachteiligt.«[22]

1 Friedrich, Helene: Wie wir am Aufbau arbeiten. Diskussionsbeitrag auf der ersten Bezirksfrauenkonferenz der Mark Brandenburg, in: Frauen bauen auf. Bezirks-Frauenkonferenz der Mark Brandenburg in Potsdam am 30. und 31. März 1946, Schriften des Informationsamtes der Provinzverwaltung Mark Brandenburg, Heft 4/1946, S. 14 f.

2 Klemperer, Victor: Und so ist alles schwankend. Tagebücher Juni bis Dezember 1945, hg. v. Gunter Jäckel u. Mitarb. v. Hedwig Klemperer, Berlin 1995, S. 63.

3 Stephan Hermlin: Rückkehr, in: ders., Erzählende Prosa, Berlin 1990, S. 472.

4 »Das Erziehungswesen in Deutschland muß so überwacht werden, daß die nazistischen und militaristischen Lehren völlig entfernt werden und eine erfolgreiche Entwicklung der demokratischen Ideen möglich wird«, hieß es im Potsdamer Abkommen; zit. n.: Um ein antifaschistisch-demokratisches Deutschland, Berlin 1968, S. 109/110.

5 1946 standen hier 10 628 771 Frauen 7 859 545 Männern gegenüber. Der Frauenanteil an der Bevölkerung betrug 57,49% ; zit. n.: Trappe, Heike: Emanzipation oder Zwang? Frauen in der DDR zwischen Beruf, Familie und Sozialpolitik, Berlin 1995, S. 47.

6 Resolution des II. Parteitages zur Frauenfrage, in: Dokumente der Sozialistischen Einheitspartei Deutschlands, Band I, Berlin 1952, S. 231 f.

7 Gesetzblatt der Deutschen Demokratischen Republik, 1949, S. 5.

8 Taschenkalender der Freien Deutschen Jugend 1951, Verlag Neues Leben, Berlin.

9 Frauen. Referentenmaterial Heft 5. Sozialistische Einheitspartei Deutschlands. Landesvorstand Groß-Berlin, Berlin o. J. (1946).

10 Entwurf einer Verfassung für die Deutsche Demokratische Republik. Beschluß der außerordentlichen Tagung des Parteivorstandes der SED vom 14. November 1946, in: Dokumente (wie. Anm. 6), S. 115.

11 So formuliert erstmals in der Verfassung von 1968; hier zit. nach: Gesetzblatt der Deutschen Demokratischen Republik, Teil I, Nr. 47, Ausgabetag: 27. September 1974, S. 439. Zur Frauenpolitk und ihrer Gesetzespraxis s. Helwig, Gisela / Nickel, Hildegard Maria (Hg.): Frauen in Deutschland 1945–1992, Bonn 1993.

12 Wolf, Christa: Auf dem Weg nach Tabou. Texte 1990–1994, Köln 1994, S. 235.

13 Haug, Frigga: Entweder Geschlecht oder Arbeit – eine rätselhafte Disjunktion, in: Das Argument, Nr. 214, Heft 2/1996, S. 239 ff.

14 Engels, Friedrich: Der Ursprung der Familie, des Privateigentums und des Staates, in: MEW, Band 21, S. 158.

15 Vor allem von Schriftstellerinnen, aber auch von Wissenschaftlerinnen wie Irene Dölling, Hildegard Maria Nickel u. a.

16 Ulbricht, Walter: Zum Geleit. Grußwort aus Anlaß des Erscheinens der ersten Nummer der Zeitschrift ›Die Arbeiterin. Zeitschrift für die Interessen der werktätigen Frau‹, hg. v. ZK der SED, in: Die Arbeiterin, Nr. 1/1959, S. 1.

17 Partei- und Staatschef Walter Ulbricht in seinem Referat auf einer zentralen Frauenkonferenz 1962, in: Die Frau, der Frieden und der Sozialismus. Konferenz des ZK der SED, Berlin 1962, S. 16.

18 Zur zentralen frauenpolitischen Kampagne der 60er Jahre s. Gibas, Monika: »Die Frau, der Frieden und der Sozialismus«. Erziehungspropaganda oder Emanzipationskampagne? Zur DDR-Propaganda in den sechziger Jahren, in: Diesener, Gerald / Gries, Rainer: Propaganda in Deutschland. Zur Geschichte der politischen Massenbeeinflussung im zwanzigsten Jahrhundert, Darmstadt 1996, S. 158-176.

19 Frau von heute, Nr. 39/1963.

20 Wochenpost, Nr. 42/1964.

21 Im Jahr 1989 waren von den in der DDR lebenden 8 560 496 Frauen (52,09% der Bevölkerung) 80,8% erwerbstätig. Angaben nach: Statistisches Amt der DDR (1990), S. 129 u. 390.

22 Brot und Kaviar. Interview mit Steffi, in: Maxi Wander: Guten Morgen, Du Schöne. Protokolle nach Tonband, Berlin/Weimar 1980, S. 143 f.

# Agitation und Propaganda

Katharina Klotz

# Führerfiguren und Vorbilder
# Personenkult in der Ära Ulbricht

459 »An einer für die deutsche Arbeiterbewegung historischen Stätte, der Berliner Werner-Seelenbinder-Halle, fand am Abend des 21. April 1961 eine Festveranstaltung des ZK der SED als Höhepunkt der Feierlichkeiten zum 15. Jahrestag der Gründung der geeinten Arbeiterpartei statt.« (Zeitgenössische Beschriftung; Foto: Junge/Sturm)

Eine der fulminanten Filmszenen der Kalten-Kriegs-Komödie ›Eins, Zwei, Drei‹ von Billy Wilder zeigt Liselotte Pulver im ›Grandhotel Potemkin‹ (laut Film das vormalige ›Grandhotel Göring‹, das vormalige ›Grandhotel Bismarck‹) im Ostsektor Berlins auf dem Tisch tanzend. Durch die Erschütterungen ihrer Schritte und die Lautstärke der Musik rutscht das an exponierter Stelle hängende Chruschtschow-Porträt aus dem Rahmen, darunter wird das Antlitz Stalins sichtbar. Im allgemeinen pointiert Billy Wilders Satire von 1961 mit dieser Sequenz ein Klischee der Selbstdarstellung kommunistischer und sozialistischer Staatssysteme: die Austauschbarkeit der Verehrung einer Führerfigur bei Systemwechsel oder interner Machtverschiebung; im speziellen weist dieser Ausschnitt auf die Halbherzigkeit des Bildersturms im Zuge der Entstalinisierung hin.

Das Phänomen »Personenkult« ist in seiner äußeren Erscheinungsweise wie seiner begrifflichen Bestimmung eng mit der Person J. W. Stalins verbunden. Die Verehrung, die dem Generalsekretär des Zentralkomitees der Kommunistischen Partei der Sowjetunion (KPdSU) seit Ende der 20er Jahre entgegengebracht wurde, bildete einen zentralen Bestandteil der mündlich wie schriftlich sowie in Form von Sichtagitation betriebenen Propaganda der KPdSU.[1] Mit der Übertragung des sowjetischen Staats- und Gesellschaftssystems auf die Sowjetische Besatzungszone (SBZ) und spätere DDR wurden auch die Strategien von Agitation und Propaganda der Sowjetunion weitgehend übernommen. Die kultische Überhöhung des Vorbilds Stalin als des »besten Freundes des deutschen Volkes« kam in den Feierlichkeiten, die von der SED zum 70. Geburtstag J.W. Stalins am 21. Dezember 1949 veranstaltet wurden, deutlich zum Ausdruck; sie gipfelte im Zeremoniell der Staatstrauer zu seinem Tod am 5. März 1953.

Zum Problem wurde die institutionalisierte Personenverehrung für die SED-Führung jedoch erst, als Nikita S. Chruschtschow am 25. Februar 1956 in seiner vor dem XX. Parteitag der KPdSU gehaltenen »Geheimrede« dem Personenkult um Stalin theoretisch ein Ende setzte. Die Grundaussagen dieses Referates gingen im Juni 1956 in eine Beschlußfassung des ZK ein.[2] Chruschtschow hatte den Begriff »Personenkult« in pejorativer Zuspitzung für alle Symptome der politischen Vergangenheit verwendet, die mit Stalinscher Willkürherrschaft und Stalinschem Terror in Verbindung zu bringen waren. Im Kult um Stalin wurde die Ursache politischer und gesellschaftlicher Fehlentwicklungen gesehen. Der Begriff avancierte dadurch »zur grundlegenden Kategorie der Stalinismusanalyse«, meinte also mehr als die sichtbare Seite allgemeiner Herrscherverherrlichung.[3] Indem Chruschtschow einzelne negative Charaktermerkmale Stalins wie »launenhaftes und despotisches Wesen, ... Überheblichkeit, ... Selbstvergötterung usw.« verurteilte, benutzte er den Begriff als Folie, vor der sich seine Person und Politik abhoben, so daß er seine eigene Position innerhalb der Parteispitze festigen und gleichzeitig die Frage der Mitschuld an den negativen Auswirkungen stalinistischer Herrschaft ganz in seinem Sinne deuten konnte.[4]

Schon vor Chruschtschows »Geheimrede« hatte der stellvertretende Vorsitzende des Ministerrats der UdSSR, Anastas I. Mikojan, vor dem Parteitag eine seit Stalins Tod vollzogene Änderung der sowjetischen Politik behauptet, als er in einem Redebeitrag äußerte, »daß es in den letzten drei Jahren gelungen [sei], die Leninschen Prinzipien der Parteiführung, das Prinzip der kollektiven Leitung durchzusetzen«.[5] Die von den Ereignissen auf dem XX. Parteitag überraschte und in Erklärungszwang geratene SED-Führung argumentierte ähnlich. Da man bemüht war, eine direkte Verurteilung des Personenkults zu umgehen, wich man auf die positive Darstellung der Entwicklung der SED zur »Partei Leninschen Typus« aus. Ausgehend von Chruschtschows Enthüllungen, referierte Walter Ulbricht im ›Neuen Deutschland‹ vom 4. März 1956 »Über die Leninschen Normen des Parteilebens« und bezog sich dabei auf das von Mikojan präzisierte Leninsche Führungsprinzip. Es besagte, »daß ausnahmslos alle Parteiangelegenheiten – unmittelbar oder durch Vertreter – von allen Parteimitgliedern gleichberechtigt wahrgenommen werden, wobei alle leitenden Funktionäre, alle führenden Kollegien, alle Parteiinstanzen wählbar, rechenschaftspflichtig und absetzbar sind.«[6]

Das Ziel, dieses Prinzip allgemeinen Reformen der Parteiarbeit zugrunde zu legen, verfolgte vor allem Karl Schirdewan, der seit Mitte 1953 Mitglied des Politbüros und Sekretär des ZK der SED war. Doch sowohl auf der vom 24. bis zum 30. März 1956 stattfindenden III. Parteikonferenz als auch auf den ZK-Tagungen im März, April und Juli des Jahres wandte sich Ulbricht gegen jeden ernsthaften Versuch einer »Fehlerdiskussion«. Es gelang ihm so, eine Debatte über die Grundlinien der bisherigen Politik und um den Personenkult in der SED wie auch direkte Kritik an seinem Verhalten durch Marginalisierung des Problems zu verhindern.[7] Die damit verfolgte Strategie des Machterhalts war schon nach dem 17. Juni 1953 deutlich geworden. Damals war Rudolf Herrnstadt für eine Partei eingetreten, in der an die Stelle des Persönlichkeitskultes das Prinzip der kollektiven Arbeit treten müsse. Ulbricht hatte darauf mit dem Vorwurf des »Fraktionismus« reagiert, der die Einheit der Partei gefährde, und es war ihm gelungen, Herrnstadt und seinen Mitstreiter Wilhelm Zaisser aus dem Politbüro ausschließen zu lassen.

Die plötzliche Abkehr vom »größten Genius aller Zeiten«, die Ulbricht durch sein – vielfach zitiertes – Statement: »... zu den Klassikern des Marxismus kann man Stalin nicht rechnen« ausdrückte und damit deutlich ins ideologisch Absolute rückte, ging einher mit einer Leugnung der Verehrung Stalins, die seit der Gründung der SED bis nach dem Tode des »Übervaters« ein zentraler Bestandteil der politischen Öffentlichkeit der SBZ/DDR gewesen war.[8] Das Politbüro betonte in einem ND-Artikel über »Die leninistische Geschlossenheit unserer Partei«, »daß trotz objektiv gegebener Möglichkeiten für das Entstehen des Personenkultes in dieser Zeit [gemeint sind die Jahre 1946–1949] in unserer Parteiführung es keine solchen Auswüchse gegeben hat. In unserer Partei wirkten die historischen Auseinandersetzungen der Klassiker mit dem Personenkult.«[9]

Was aber zeigt ein Blick auf diese »Auseinandersetzungen der Klassiker«? Nach den Vorstellungen von Karl Marx und Friedrich Engels sollte die Eigenaktivität der Arbeiterklasse die Autorität von Führungsgruppen und Einzelpersönlichkeiten ablösen.[10] Ungeachtet dieser »antiautoritären« Einstellung erfolgten Äußerungen zu frühen Erscheinungen des Personenkultes jedoch eher sporadisch und situationsgebunden, in Form von Briefen und kurzen Mitteilungen.[11] So ist dem Briefwechsel von Karl Marx mit Wilhelm Blos im November 1877 etwas über die Abneigung zu entnehmen, die Marx angesichts des »Autoritätsaberglaubens« empfand: »Wir beide [Marx und Engels] geben keinen Pfifferling für Popularität. Beweise z. B. im Widerwillen gegen allen Personenkultus, habe ich während der Zeit der Internationalen die zahlreichen Anerkennungsmanöver, womit ich von verschiedenen Ländern aus molestiert ward, nie in den Bereich der Publizität dringen lassen.«[12]

Scharf kritisiert wurde von Marx und Engels auch der beginnende Kult um Ferdinand Lassalle (1825–1864), der sich im 1863 gegründeten ›Allgemeinen Deutschen Arbeiterverein‹ (ADAV) mit diktatorischen Vollmachten ausstatten ließ. Er prägte als einer der ersten in Deutschland Formen der proletarischen Öffentlichkeit, indem er Familienfest und Agitation fest miteinander verband. Er ließ es aber auch zu, daß seine Person immer deutlicher in den Mittelpunkt der Festlichkeiten rückte, und trug dazu bei, daß der Ablauf der Feiern mit pseudoreligiöser Symbolik und Metaphorik ausgestaltet wurde. Die nach seinem Tode veranstalteten »Lassalle-Feiern« nahmen den Charakter eines Rituals an, in dem die von Blumenarrangements und drapierten Fahnen umgebene Büste Lassalles einen zentralen Platz erhielt.[13]

Marx und Engels lehnten die sinnlich-symbolische Funktion des Rituals ab, und auch Lenin wandte sich gegen das »völlig unmarxistische Herausstreichen der Person«. Er wehrte sich zeitlebens dagegen, das Kollektiv der Führung durch seinen Namen und sein Bild zu vertreten. Allerdings gestattete er einigen Künstlern und Fotografen, Skizzen und Porträts von ihm anzufertigen und auszuwerten. Die zweifellos vorhandene Hochachtung der politischen Fähigkeiten Lenins wandelte sich jedoch erst nach seinem Tod in eine an kultische Verehrung grenzende Idealisierung.[14]

Die Stilisierung von Taten und Werken der Arbeiterführer zu einem heroischen Führerbild und dessen Inszenierung als personifizierte Ideologie bildeten sich in der politischen Festkultur der Arbeiterbewegung seit dem späten 19. Jahrhundert aus. In den politischen Auseinandersetzungen der Weimarer Republik wurde die Tradition von der KPD aufgegriffen und weiterentwickelt. Fasziniert vom öffentlichen Auftreten der linken Parteien, nahm Adolf Hitler viele Elemente der mit Fahnen, Transparenten, Bildnissen und politischen Symbolen in Szene gesetzten Massenaufmärsche und Kundgebungen in sein Propagandainstrumentarium auf.[15] Der nationalsozialistische »Führerkult« um Hitler stellte sich in denselben äußeren Formen der Bild- und Wortpropaganda dar wie der »Personenkult« um sozialistische und kommunistische Führerpersonen.

Die Forschung weist jedoch auf inhaltliche Besonderheiten des »Führerprinzips« hin, die den Führerkult strukturell vom Personenkult unterscheiden.[16] Die Organisation des nationalsozialistischen Staates nach dem Führerprinzip legitimierte Hitler nicht in einem begrenzten, institutionell bestimmbaren Amt, sondern definierte ihn nach Theorie und realer Macht als alleinigen Repräsentanten des Volkes auf allen Gebieten des politischen und sozialen Lebens. Die Legitimation sozialistischer und kommunistischer Führer stützte sich hingegen auf das »Parteiprinzip«. Sich auf die Erkenntnisse der marxistisch-leninistischen Geschichtsphilosophie berufend, vertrat die Partei die absolute historische Wahrheit, handelte also im Sinne eines vorgegebenen Geschichtsablaufs. Und die Parteiführer verkörperten diesen Anspruch in ihrer Person. In allen Fällen totalitärer und zentralistischer Staatsgestalt trug jedoch die straffe Organisation einer staatstragenden Massenpartei entscheidend dazu bei, die Bilder der jeweiligen Führer allgegenwärtig sein zu lassen und den so vorgestellten Personen den Nimbus von Unfehlbarkeit, Lauterkeit und historischer Größe zu verleihen.[17]

Die Vorstellung, die man von den Leitfiguren der DDR erhalten sollte, wurde sowohl durch schriftliche Propaganda als auch durch die sogenannte Sichtagitation verbreitet. In Festschriften, Broschüren, Gedichtbänden, Biographien und vor allem in Artikeln der Parteipresse und der zahlreichen Betriebszeitungen führte man der Bevölkerung vorbildliche Lebensweise und verehrungswürdige Eigenschaften der Parteispitze vor Augen. Die anschauliche Seite der staatlich kontrollierten Öffentlichkeit der DDR wurde in der Ära Ulbricht vor allem bei den Umzügen, Aufmärschen und Großveranstaltungen der SED sichtbar. Plakate, Transparente, Aufsteller und Flugblätter zeigten durchgängig in allen Farben und Formen variierte Ikonen: Bildnisse der Führer.

Fotografen, Gebrauchsgrafiker und bildende Künstler lieferten im Auftrag des Amtes für Information, das 1953 im ›Presseamt beim Ministerpräsidenten der DDR‹ aufging, die Vorlagen für Porträtplakate oder -plastiken. Die thematischen Grundlinien für die Sichtagitation wurden in der ›Abteilung Agitation und Propaganda beim ZK der SED‹ ausgearbeitet. Die Angaben, die diese Abteilung zur Ausgestaltung von Parteitagen, Maifeiern, Geburtstagen, Sportfesten und anderem lieferte, waren sehr detailliert in bezug auf Plazierung, Mengen und Qualität von Porträts jener »Größen« der deutschen Arbeiterbewegung, die entweder historische Traditionen beglaubigten oder politische Aktualität repräsentierten.

In den Anfangsjahren der DDR war entscheidend, neben den Bildern Stalins eine von Walter Ulbricht, Wilhelm Pieck und Otto Grotewohl gebildete Troika in Szene zu setzen. Sie galten einerseits aufgrund ihrer Biographien als legitime Enkel der ideologischen Vorbilder und symbolisierten andererseits als Gründerväter der SED in der Dreier-Konstellation die Überwindung der Spaltung der Arbeiterbewegung in Deutschland (s. Abb. 104, 144, Schaukasten: Parteitage). Nach dem Tode von Pieck und Grotewohl sowie einem zögerlichen Sturz der Stalin-Bilder konzentrierte sich die bildhafte Präsenz der Partei- und Staatsführung ganz auf Walter Ulbricht.

Bis zum Tode Piecks am 7. September 1960 hatte seine Person im Schatten des Präsidenten gestanden, doch unmittelbar danach wurde das Amt des Präsidenten abgeschafft und durch einen Staatsrat ersetzt, dessen Vorsitz Ulbricht übernahm. Damit sah er sich auf dem Höhepunkt der politischen Macht. Er vereinigte in seiner Person drei Funktionen: Erster Sekretär des ZK der SED, Vorsitzender des Staatsrates der DDR sowie – seit dem 11. Februar 1960 – Vorsitzender des Nationalen Verteidigungsrates.

In seiner Eigenschaft als Staatsratsvorsitzender wurde er mit großem Medieneinsatz unter beflissenem Herausstreichen seiner persönlichen Eigenschaften präsentiert. Das Politbüro erklärte den 30. Juni, Ulbrichts Geburtstag, zu einem offiziellen Gedenktag. Nachdem die Feier anläßlich seines 60. Geburtstages aufgrund der Ereignisse um den 17. Juni 1953 nicht in geplanter Weise stattgefunden hatte, verlief dann die Ausgestaltung des 70. Geburtstages am 30. Juni 1963 in gewünscht pompösem Umfang. Der Ablauf der Festivitäten wurde durch detaillierte Festzugspläne sowie minutiös geplante Geschenkübergaben, Rednerlisten und eine vorgeschriebene Reihenfolge des Gästeempfangs sorgfältig vorbereitet und verwirklicht. Fackelzüge, Feuerwerk und Fahnenschmuck taten ein übriges, um die nationale Bedeutung des Festes hervorzuheben.

Bereits im Vorfeld wurde in der Parteipresse die politische Einzigartigkeit des Genossen betont: »Welche Wirkung aber durch die Reportage erzielt werden kann, beweist die ›Volkswacht‹: In einer wirklich lesenswerten Reportage wird die Entwicklung der Max-Hütte geschildert, dabei versteht es die Zeitung glänzend, die Rolle des Genossen Ulbricht zu zeigen, insbesondere seine Leitungstätigkeit und seine Zusammenarbeit mit der Intelligenz ... Solche Beiträge sind z. B. in der ›Freien Presse‹ der Artikel ›Wir bauen leicht und schön‹, der den Aufbau des Stadtzentrums von Karl-Marx-Stadt behandelt. In einer richtigen Art und Weise hebt die Leitung hervor, daß die Hinweise des Gen. Ulbricht entscheidende Impulse für den Aufbau gegegen haben. Die ›Lausitzer Rundschau‹ behandelt sehr ansprechend in dem Beitrag ›Klei-

460 Walter Ulbricht und seine Frau Lotte bei der Zeitungslektüre, 26. Juni 1967

ner Knirps mit Großer Zukunft‹ die Ehrenpatenschaften des Vorsitzenden des Staatsrates. Und als letztes Beispiel von vielen, die ›Märkische Volksstimme‹ zeigt in dem Artikel ›Im Blickpunkt der Welt‹ die wachsende internationale Autorität der DDR. Dabei weist die Zeitung nach, daß Genosse Ulbricht einen großen Anteil an dieser Entwicklung hat.«[18] In diesen »Kurzen Einschätzungen zu den Vorbereitungen zum 70. Geburtstag des Genossen Ulbricht in der Bezirkspresse«, vom Sektor Presse der Abteilung Agitation zusammengestellt, kann man den Versuch erkennen, alle für die Agitation irgendwie geeigneten Themen mit diesem Feiertag zu verbinden. Die Leistungen der Kollektive sollten in ursächlich direkten Zusammenhang mit den persönlichen Leistungen Walter Ulbrichts gebracht werden, um dessen Vorbildwirkung zu steigern und ihn im höchsten Amt des Staatsratsvorsitzenden noch zu überhöhen.

Wie und in welcher Form um Ulbricht ein Kult errichtet werden sollte, zeigt auch der »Plan der Maßnahmen zur Würdigung des 70. Geburtstages des 1. Sekretärs des ZK der SED und Vorsitzenden des Staatsrates, Walter Ulbricht« der Abteilung Agitation vom 30. Juni 1963.[19] Grundlage aller Maßnahmen war die Konzeption, »das Leben, die Arbeit und den Kampf des Genossen Walter Ulbricht für die Partei, für die Arbeiterklasse, für das Volk, sein Wirken für die deutsche Nation zu würdigen. Gen. Ulbricht ist als Arbeiterfunktionär, als Marxist-Leninist, als Internationalist, als Revolutionär, als Wissenschaftler und als Staatsmann, als deutscher Patriot zu zeigen.« Die daraus folgenden weiteren Maßnahmen werden dann aufgeführt: »1. In Zeitungen, Zeitschriften, Fernsehen, Rundfunk ... Würdigung des Lebens und Wirkens, 2. Neuauflage der Biographie von J. R. Becher, 3. Eine Massenbroschüre für die Bevölkerung, 4. Grundmaterial für Referate und Feiern, 5. Dokumentarfilm, 6. Buchreihe des IML, Herausgabe eines Bildbandes, 7. Schaffung eines Porträts und einer Büste durch Auftragserteilung an einen auszuwählenden Kreis bildender Künstler, Schaffung eines Historienbildes mit Gen. W. U., Produktion künstlerisch wertvoller Wandbilder (Graphiken, Fotos, Farbfotos).«[20]

461 10. September 1960: »Nach einer Gedenkfeier in Gubin, dem polnischen Teil der Geburtsstadt Wilhelm Piecks, wurde unter reger Anteilnahme der Bevölkerung eine Straße in ›Wilhelm-Pieck-Straße‹ umbenannt.« (Zeitgenössische Beschriftung)

Die unter Punkt 2 aufgeführte Neuauflage der Biographie ›Walter Ulbricht – Ein deutscher Arbeitersohn‹ von Johannes R. Becher, dem Präsidenten des Kulturbundes, zeichnete sich schon in der ersten Auflage sowohl im Hauptteil wie auch in einer Nachbemerkung durch eine nicht mehr zu überbietende Glorifizierung des Staatsratsvorsitzenden aus: »Die deutsche Arbeiterklasse zählt ihn zu ihren Besten. Die Partei der Arbeiterklasse, das schöpferische Kollektiv des Politbüros sind stolz auf ihn. Die Deutsche Demokratische Republik erblickt in ihm ein Vorbild an Fleiß, Energie, Arbeitskraft – als menschlichen Inbegriff unschätzbarer Errungenschaft ..., und wir alle, die wir den Frieden lieben, lieben dich, Walter Ulbricht, den deutschen Arbeitersohn.«[21]

Unter »staatlichen Maßnahmen« wurden unter anderen auch die Erstellung einer Diapositiv-Serie über Ulbricht für Lichtbildervorträge in den Schulen durch das Ministerium für Volksbildung und die Herausgabe von Material zur Ausgestaltung von Schulfeiern angeführt. Weiterhin heißt es in dem erwähnten Plan zu Ulbrichts 70. Geburtstag: »Alle örtlichen Maßnahmen – wie Veranstaltungen, Aufgebote, nützliche Taten – sind durch die Nationale Front zu koordinieren, Beginn der Maßnahmen am 15. 5. 1963 ... In jedem Ort der DDR wird am 29. 6. bzw. 30. 6. eine Festveranstaltung durchgeführt, in allen Betrieben, LPG, VEG und staatlichen Organen finden Belegschaftsversammlungen statt unter der Losung ›Uns allen zum Nutzen – W. Ulbricht zu Ehren‹.«[22]

Selbstverpflichtungen und Normenerfüllungsversprechen, wie sie die letztgenannte Losung zum 70. Geburtstag Ulbrichts in einer Generalformel ausdrückte, waren auch die am häufigsten dargebrachten Geschenke. In einer Art selbstreferentiellem System wurden diese Verpflichtungen – meist in Form von Grußkarten – dann wieder in einer Ausstellung der Öffentlichkeit gezeigt, »um damit viele Werktätige zu neuen Taten für die Entwicklung der nationalen Wirtschaft zu inspirieren«.[23] Durch alle diese Maßnahmen wird die Bemühung der SED-Regierung offensichtlich, Ulbricht zum unbedingten Vorbild zu stilisieren und die Bevölkerung an dieses Vorbild zu binden.

462 Die Kumpel des Mansfelder Kombinats schmücken am 8. September 1960 das Bild des verstorbenen Präsidenten Wilhelm Pieck mit Trauerflor und Blumen

In einem Brief Horst Sindermanns, den der damalige Leiter der Abteilung Agitation beim ZK der SED am 15. Februar 1961 nach einem Besuch der Ausstellung in der Gedenkstätte KZ Sachsenhausen an das ›Institut für Marxismus-Leninismus‹ schrieb, hieß es: »Bei der Darstellung des Vereinigungsparteitages 1946 ist ein großes Bild der Genossen Pieck und Grotewohl. Ich schlage vor, dieses Bild auszuwechseln durch das Bild, auf dem die Genossen Pieck, Ulbricht und Grotewohl dargestellt sind. Dieses Bild war am Sonntag, dem 12. 2. 61, im Neuen Deutschland auf der ersten Seite abgedruckt. Das entspricht besser der Herstellung der Arbeitereinheit in der DDR.«[24] Es wurde also auch versucht, die Bedeutung Walter Ulbrichts für die frühe Parteigeschichte der SED im nachhinein aufzuwerten. Nach 1961 begann man sogar damit, Ulbricht in seiner Privatsphäre zu zeigen, offenbar um sein Image als Landesvater zu stärken.[25]

Der Tod von Führungspersönlichkeiten setzte in fast allen Fällen eine Flut von Maßnahmen zur Ehrung des Toten in Gang. So war zum Beispiel der Maßnahmenkatalog zu Wilhelm Piecks Tod sehr umfangreich. Schon am 10. September 1960 kam als Zeichen der Trauer über den Tod des ersten Präsidenten der Republik eine in Schwarz gerahmte Pieck-Briefmarke heraus. Seine Geburtsstadt Guben an der Oder ehrte ihren berühmten Sohn, indem sie sich fortan ›Wilhelm-Pieck-Stadt Guben‹ nannte.[26] Eine im Politbüro 1953 geführte Diskussion über die Verwendung von Namen noch lebender Personen für die Benennung von Institutionen, Straßen und Plätzen hatte zu dem Beschluß geführt, es könnten nur postum Namen vergeben werden.[27] Daraufhin kam es nach dem Tode Piecks in geradezu inflationärer Weise zu Namensverleihungen – sowohl im Inland als auch in den »sozialistischen Bruderländern«. Von der

Militärpolitischen Hochschule ›Wilhelm Pieck‹ über den VEB Mansfeldkombinat ›Wilhelm Pieck‹ bis zu Motorschulschiff ›Wilhelm Pieck‹ der Volksmarine Rostock wurden Institutionen aller Art mit seinem Namen bestempelt.[28] Weitere Vorschläge zur Ehrung des Verstorbenen finden sich in der Anlage zu einem Protokoll des Politbüros: »2. In den Städten Berlin und Guben ist ein Denkmal des Gen. W. P. aufzustellen. 3. Die Universität Rostock ist in W. P.-Universität umzubenennen, 4. Im Museum für Deutsche Geschichte ist eine ständige Abteilung zu Ehren des Genossen Pieck einzurichten, 5. Die Schaffung einer Wilhelm Pieck-Stiftung, 6. Errichtung einer Gedenkstätte in der Pionierrepublik W. P. am Werbellinsee« usw.[29]

Das Zeremoniell der Staatstrauer sollte unter größtmöglicher Publikumsbeteiligung stattfinden. Die Aufbahrung des Leichnams im Kongreßsaal des Hauses des ZK in Berlin bis zum 10. September 1960 sollte vielen Menschen die Möglichkeit geben, von Pieck Abschied zu nehmen. An jenem Tage folgte dann die Überführung zum Krematorium Baumschulenweg. Die Route des Trauerzuges wurde rechtzeitig bekanntgegeben, denn »die gesamte Bevölkerung« sollte hier Spalier stehen. »Um den Werktätigen die Teilnahme am Trauerspalier zu ermöglichen, schließen Betriebe, Schulen, Verwaltungen, Institutionen ab 13 Uhr.«[30] Durch quasireligiöse Elemente verstärkt, bekamen die Trauerfeierlichkeiten Kultcharakter, etwa durch die Anfertigung einer Totenmaske Piecks, dessen »Einschreinung ins Herz des Volkes« und die Plazierung seiner Urne im »Olymp« der Arbeiterführer.[31] Dort, in der Gedenkstätte der Sozialisten in Berlin-Lichtenberg (Friedrichsfelde), wurden seine sterblichen Reste vor dem Mahnmal und neben den Grabplatten von Karl Liebknecht und Rosa Luxemburg beigesetzt. Diese Vorgänge wurden ergänzt und bekräftigt von dem moralischen Anspruch der zahlreichen Selbstverpflichtungen, die anläßlich seines Todes in Formeln gebracht wurden, die Bußversprechen gleichkamen.[32]

Vorbereitung und Durchführung von Parteitagen und Parteikonferenzen boten Gelegenheit zur Inszenierung parteiamtlicher Traditionspflege. Hier standen neben den aktuellen Parteiführern vor allem die ideologischen Väter und »Größen« der Arbeiterbewegung im Mittelpunkt der Sichtagitation (s. Abb. 108, Schaukasten: Parteitage).

463 Aufsteller am Alexanderplatz zur Vorbereitung der III. Weltfestspiele 1951

Zum V. Parteitag wollte man der Bevölkerung 1958 die Losung »Der Sozialismus siegt!« nicht nur inhaltlich, sondern auch visuell nahebringen: »... sie müssen nicht nur wissen, daß der Sozialismus siegt, sondern sie müssen es sehen.« Dieses »Bild aus Tausend und Zehntausend Fahnen und Transparenten, Blumenschmuck, Aufstellern, Ausstellungen usw.« sollte größtenteils durch plakatierte Bildnisse gestaltet werden. »In allen Kreisen sind die Bilder der Führer der Arbeiterbewegung und der Mitglieder und Kandidaten des Politbüros an mehreren verkehrsreichen Stellen in Gruppen mit Fahnenschmuck aufzustellen.«[33]

Von der Abteilung Agitation wurden aus diesem Anlaß jeweils 2 500 Stück Plakate von Grotewohl, Pieck und Ulbricht, je 1 500 von den übrigen Mitgliedern und Kandidaten des Politbüros, je 2 500 von »Marx–Engels–Lenin« und 2 500 von Chruschtschow in Auftrag gegeben. Gerade für die Kundgebung sollten die Bezirksleitung von Berlin und die Kreisleitungen darauf achten, »daß genü-

464 Plakat mit dem Bildnis Otto Grotewohls und einem Zitat aus seiner Rede auf dem III. Parteitag der SED 1950

gend große Bilder der Arbeiterführer und des Politbüros mitgeführt werden. Insgesamt kommt es darauf an, einige große und originelle Dekorationsstücke mitzuführen.« Laut Abteilung Agitation waren fünf verschiedene Plakate in Farb- und Bilddruck vorbereitet worden, so daß während des Parteitages ein markanter Satz aus dem Tagungsbericht eingedruckt werden und der Versand noch vor Abschluß der Beratungen erfolgen konnte.

Auch Großveranstaltungen wie das Deutschlandtreffen der FDJ oder die Weltfestspiele der Jugend und Studenten dienten dazu, die »herausragende« Rolle der »Führer« mittels präziser Planung und Choreographie zu visualisieren (s. Abb. 138, 149, Schaukasten: Deutschlandtreffen). Der Unterschied lag hier darin, daß die »Schau der Köpfe« kommunistischer oder sozialistischer Partei- und Staatsführer sich ins Internationale erweiterte. Bei solchen Gelegenheiten diente sie zur Demonstration der Verbundenheit mit den »sozialistischen Bruderländern«.

Wie Wilhelm Pieck bei der Wiedereinweihung des Denkmals der kommunistischen Märtyrer auf dem Friedhof in Friedrichsfelde am 14. Januar 1951 äußerte, wurde durch die Verehrung der verstorbenen Führer der Arbeiterbewegung und der ideologischen Väter die »unverbrüchliche Treue zur großen sozialistischen Idee« ausgedrückt.[34] Deshalb »verewigte« man die historischen Vorbilder auch durch ein Großporträt, eine Briefmarke, ein Denkmal, eine Gedenkstätte oder einen Straßennamen. In solchen Gesten sollte die offiziell verordnete Identität mit der politischen Vergangenheit Ausdruck finden. Die Funktionalisierung des mit diesen historischen Personen betriebenen Kultes spielte für die Bildung eines Traditionsbewußtseins keine geringe Rolle.

Im Pantheon des Personenkultes der DDR stand Ernst Thälmann an erster Stelle. Zur Leitfigur war er aufgrund seiner Zugehörigkeit zum Kreis der Gründerväter des deutschen Kommunismus, aber mehr noch durch die Tatsache seiner Verfolgung und Ermordung durch die Nationalsozialisten prädestiniert. In seiner Person vereinten sich kämpferischer Kommunismus nach sowjetischem Vorbild und Antifaschismus, den er mit dem Leben bezahlen mußte. Die Instrumentalisierung als pädagogisches Vorbild erreichte ihren Höhepunkt, als der staatlichen Jugendorganisation der ›Jungen Pioniere‹ am 19. August 1952 der Ehrenname »Ernst Thälmann« verliehen wurde. Die aus diesem Anlaß eingeführte Verpflichtungs-

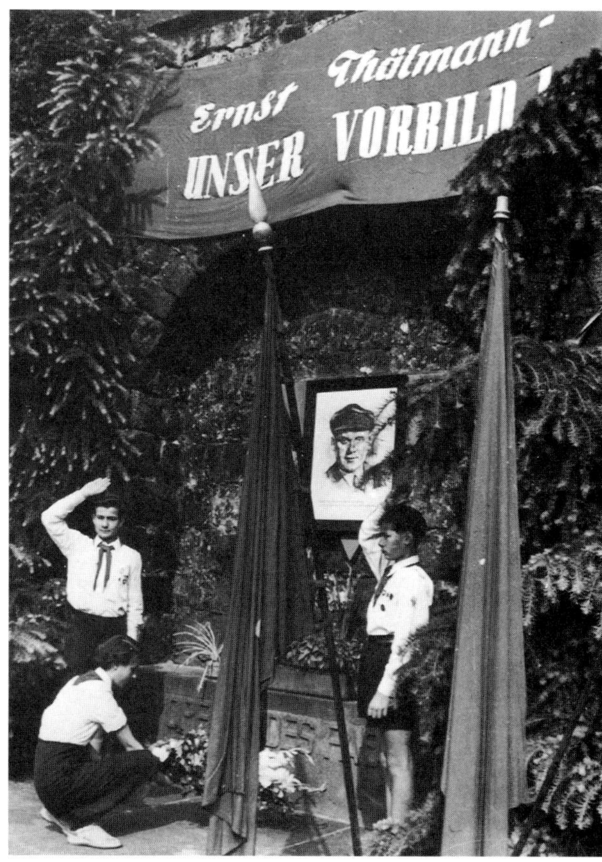


465 Thälmann-Ehrung in Dresden, um 1965

466 Einweihung des Thälmann-Denkmals in Bautzen, 11. September 1960 (Foto: Schmidt)

formel forderte von den Jugendlichen, »stets zu lernen, zu arbeiten und zu kämpfen wie E. Thälmann es tat«.[35] Die verbreiteten Konterfeis zeigten ihn meistens als jungen Kämpfer (vermutlich zu Zeiten des Hamburger Aufstandes). Der Ostberliner Magistrat beschloß im August 1949, den Wilhelmplatz in »Thälmannplatz« umzubenennen. Zahlreiche Namensgebungen von Straßen, Parks, Plätzen und Betrieben folgten.

Da der Marxismus-Leninismus in der DDR als Staatsideologie galt, kam den Vordenkern entsprechende Aufmerksamkeit zu. 1953 jährte sich der Geburtstag von Karl Marx zum 135. Mal – Grund genug, ein »Karl-Marx-Jahr« auszurufen und zu feiern. Neben zahlreichen Publikationen und der Herausgabe einer Briefmarkenserie drückte sich die staatliche Verehrung vor allem darin aus, daß die Leipziger Universität in ›Karl-Marx-Universität‹ und die Stadt Chemnitz in ›Karl-Marx-Stadt‹ umbenannt wurden. Letzteres geschah aus politisch-strategischen Gründen, da keinerlei tatsächliche biographische Verbindung zwischen Namensgeber und Stadt bestand.

Da die Lehren von Karl Marx für die Legitimation von Staatswesen und Gesellschaftsform der DDR von grundlegender Bedeutung waren, verstand es sich von selbst, daß sein Name für fast alle agitatorischen Zwecke benutzt wurde. Zu den Vätern des wissenschaftlichen Sozialismus gehörte aber auch Friedrich Engels. Sein Name erschien allerdings meistens in Verbindung mit dem von Marx, wie zum Beispiel in »Marx-Engels-Platz«. Trat er allein in Erscheinung, wie auf einer 1955 zu seinem 60. Todestag erschienenen Briefmarkenserie, so wurden vor allem seine Verdienste für die Revolution von 1848 hervorgehoben.[36] Immerhin wurde zum Gedenken an seinen Tod 1955 auch zum ›Friedrich-Engels-Jahr‹ erklärt.

Mit dem Vorbild W. I. Lenin erinnerte man hauptsächlich an die Bedeutung einer kommunistischen revolutionären Partei, die unter Lenins Führung die Sowjetunion geschaffen hatte. Eine Bezugnahme auf Lenin diente insofern auch zur Demonstration der deutsch-sowjetischen Freundschaft. Dieses Vorbild wurde daher zu dem Zeitpunkt »ins Denkmal gesetzt«, als politisch die

467 Lenin-Denkmal in Eisleben, flankiert von den Bildnissen Wilhelm Piecks und Otto Grotewohls, 1950 (Foto: Thiele)

Abkehr von einem »deutschen Weg zum Sozialismus« klar wurde: Im Mai 1948 enthüllte man das Lenin-Denkmal in Eisleben wieder.

Die Maßnahmen zum 90. Geburtstag Lenins 1960 bezeugen den Umfang, den die staatlich vorgeschriebene Lenin-Verehrung annahm: Der Plan des ›Instituts für Marxismus-Leninismus‹, der am 22. April 1960 an das Büro des Politbüros ging, enthält folgende Vorschläge (in Auszügen): »1. Feierliche Zentrale Veranstaltung in Berlin, 2. Veranstaltungen in den Bezirkshauptstädten, vor allem auch in Leipzig – Ziel: Verbesserung des Besuches der Lenin- und ›Iskra‹-Gedenkstätte, 3. Veranstaltungen an Universitäten und Hochschulen, 4. Zentrale wissenschaftliche Konferenz oder Propagandistenberatung für [die gesamte] DDR, 5. Durchführung von Vorträgen und Lektionen ..., 6. Herausgabe von Büchern und Broschüren von und über Lenin, 7. Kennzeichnung der Lenin-Gedenkstätten in Berlin (Tafeln anbringen) ... und Zusammenstellung einer Serie von Bildern mit Lenin, die für kleinere Ausstellungen der Betriebe, Bildungsstätten usw. zur Verfügung gestellt und bei Vorträgen Verwendung finden können.«[37] Die Gestaltung der Gedenkfeiern aus Anlaß des Lenin-Geburtstages ähnelte der Gestaltung von Geburtstagen noch lebender Parteiführer. Besonders nach dem Sturz der Stalin-Bilder wurde Lenin als Vater der Oktoberrevolution und als Person, in der die Ideen der Sowjetunion verkörpert seien, inthronisiert.

In den Gestalten und Biographien der Gründerväter der deutschen Sozialdemokratie und des deutschen Kommunismus wurde, aus der Sicht der SED, das Erbe der deutschen Arbeiterbewegung repräsentiert. In zahlreichen Ausstellungen und Plakaten, ebenfalls einer Briefmarkenserie, und durch regelmäßige Gedenktage wurden August Bebel, Wilhelm und Karl Liebknecht, Franz Mehring – der Historiograph der Arbeiterbewegung –, Rosa Luxemburg und Clara Zetkin zur Konstituierung von Tradition und kollektiver Erinnerung geehrt. In Rosa Luxemburg sah man nicht nur die kommunistische Märtyrerin, an deren wie auch an Karl Liebknechts Ermordung im Januar 1919 jährlich mit einem Demonstrationszug erinnert wurde, sie galt zunächst auch als eine bedeutende marxistische Theoretikerin. Aufgrund ihrer Beiträge zur revolutionären Theorie konnte sie in den Anfangsjahren der DDR noch als eine Vertreterin des »deutschen Wegs zum Sozialismus« verehrt werden. Aber ihre Bedeutung verringerte sich mit zunehmender Stalinisierung, und im Pantheon der DDR wurde sie zunehmend in den Hintergrund gedrängt. Zu ihrem 80. Geburtstag 1951 wurde keine Briefmarke herausgegeben, und anläßlich einer Gedenkausstellung zu Ehren der in Polen gebürtigen Jüdin hieß es im ›Neuen Deutschland‹ vom 6. März 1951: »Rosa Luxemburg – die große Vorkämpferin der deutsch-polnischen Freundschaft«.[38]

Geburtstage der Parteiführer, Staatstrauer und Parteitage waren Anlässe, die Bedeutung der Führer sichtbar zu machen. Deren monumentale Konterfeis waren in Innenräumen meist an der Stirnseite der Versammlungshalle fixiert, bei Außenveranstaltungen schwebten die mitgeführten Großporträts wie auf einer zweiten Ebene über den Köpfen der »Volksmasse«. Der Bildausschnitt zeigte zumeist Porträts in Frontalansicht, maximal als

468 Festakt zum 80. Geburtstag Wilhelm Piecks in der Deutschen Staatsoper Berlin am 3. Januar 1956

Brustbildnis. Auf die »Hoheitsformel des Profilbildnisses« wurde weitgehend verzichtet.[39] Ausnahme ist ein Porträtmedaillon, das zum 75. Geburtstag Piecks entworfen wurde. Bezüge zur feudalen Herrscherikonographie wie zu »bürgerlichen Porträts« versuchte man sonst zu vermeiden.

Auf den Bildnissen werden Gesten sichtbar, die an tatsächliche Erscheinungsbilder der in der Arbeiterbewegung bekannten Führer anknüpfen sollten. Lenins Rednerpose mit ausgestrecktem Arm gerann zum Symbol, das Fortschritt und Kämpfertum bezeugte und zugleich den richtigen Weg wies. Die Geste war 1924 im monumentalen Lenin-Standbild von Georgi Alexejew erstmals so dargestellt worden. 1951 wurde sie von Johannes Friedrich Rogge für die erste deutsche Lenin-Statue aufgegriffen und so allmählich kanonisiert. Nicht nur Lenin selber wurde meistens in dieser Weise abgebildet, sondern man versuchte – wie die graphische Bearbeitung einer Fotografie zeigt – Ulbricht mit ähnlicher Gestik abzubilden. In Frontalansicht wird der Appellcharakter solcher aus dem Bild herausweisenden Gestik verstärkt. Durch sie wird versucht, eine Verbindung zwischen abgebildeter Person und Betrachter zu schaffen.

Die parteiamtliche Presse der DDR umgab die »Führer« meist mit einem Pathos, das sich ebenfalls auf Traditionen der Arbeiterbewegung stützte. So wurde die Verbundenheit mit den Arbeitern demonstriert, indem sich die Parteileitung »im Gespräch mit den Werktätigen« und bei der gemeinsamen Ansicht von Plänen und Skizzen ablichten ließ. Am häufigsten sind Abbildungen der Parteispitze auf der Rednertribüne. Ein ikonographischer Vergleich mit Herrscherdarstellungen monarchischer Systeme ließe vermuten, daß die Rednertribüne den erhöhten Thron ersetzen und damit verdeutlichen sollte, wer der eigentliche Entscheidungsträger sei.[40] Die visuelle Omnipräsenz der Staatsführung auf den verschiedensten Zeichenträgern bewirkte, daß die Bildinhalte in Formelhaftigkeit erstarrten. Eine Verfestigung zum Symbol läßt sich auch an den Parteitagsemblemen aufzeigen. Die »Ahnengalerie« Marx–Engels–Lenin–(Stalin), die die geistige und pseudo-genealogische Kontinuität für den, der als letzter in die-

469 Walter Ulbricht als Redner. Die graphische Bearbeitung des Fotos zeigt das Bemühen, die Haltung Ulbrichts der bekannten Rednerpose Lenins anzugleichen, Mai 1959 (Foto: Mellahn)

470 Das Porträt von Nikita S. Chruschtschow an einem Haus der Stalinallee anläßlich seines dreitägigen Besuchs in Berlin, 7. März 1959

ser Reihe auftrat, verkörpern sollte, präsentierte sich in piktogrammartiger Verkürzung[41] (s. Abb. 105, Schaukasten: Parteitage). Auf anderen Symbolträgern wurde hingegen eine zeichnerische oder malerische Abbildungstechnik eingesetzt. Zeichenhafte Verknappung oder epische Ausführlichkeit der Darstellung wurden je nach Kommunikations-zusammenhang verwendet. Mappenwerke über Marx oder Stalin, die der Dietz-Verlag herausgab und deren Inhalt eine aufmerksame Lektüre forderte, verzichteten nicht auf eine malerische Darstellung im Stile bürgerlicher Bildnisse. Aber für Massenkundgebungen und Parteitage setzte man die emblematisch verfestigte Ahnenreihe wie ein Schild mit Schutzmarkencharakter ein.

Monumentalität, Formelhaftigkeit und Pathos zeichnen die Bildnisse der Parteiführer in der DDR aus. Unterstützt wird die Wirkung durch den Appellcharakter der eingesetzten Gesten und die Allgegenwärtigkeit der Porträts. Die Stellvertreterfunktion der Bildnisse, aber auch die erwünschte Überhöhung der abgebildeten Personen werden dadurch besonders deutlich. Neben den Porträts treten andere Symbolträger auf, die eindeutig mit einer zu verherrlichenden Person verbunden sind und zudem eine ausgeprägte Gebrauchsfunktion haben, etwa Straßenschilder, Briefmarken und Geldscheine. Diese gewährleisten eine optimale mediale Verbreitung der zu popularisierenden Person.[42]

An der Art der Darstellung von Parteiführern änderte sich in der Sowjetunion wie in der DDR bis zum Zusammenbruch des Systems wenig. Die Inszenierung der Führerpersönlichkeiten und die

Verbreitung ihrer Abbilder waren für die Staatsführung der DDR während der Amtszeit Ulbrichts ein Mittel der Selbstrepräsentation und -legitimation. Mit Hilfe einer politischen Symbolik, die eine Akkumulation der Wertvorstellungen auf jeweils eine Person anschaulich machen und damit zum Vorbild erhöhen wollte, wurde die öffentliche Festkultur strukturiert. Die aufwendigen Trauerfeierlichkeiten zu Stalins wie zu Piecks Tod belegen das. Aber auch zu Lebzeiten der Führerfiguren bediente man sich, wie an Vorbereitung und Durchführung von Geburts- und Ehrentagen abzulesen ist, des Mittels, durch Idealisierung persönlicher Eigenschaften Gestalten von mythischer Größe und Entrücktheit zu schaffen. In Wort und Bild gefeiert, gewannen die »Einzigen«, »Besten« und »Größten« den Status von Kultobjekten.

Nach dem XX. Parteitag der KPdSU 1956 sollte generell – also in Theorie und Praxis – mit dem »Personenkult« abgeschlossen werden. Aber die politische Ikonographie zeigt, insbesondere im Bereich der öffentlichen Fest- und Gedenkkultur der SED, ein anderes Bild. Die dem Traditionskanon der Arbeiterbewegung zugehörigen Personen, Stalins Nachfolger in der Sowjetunion und die Parteiführung in der DDR, allen voran Walter Ulbricht, wurden auch weiterhin zu erhabenen Führerfiguren und unbedingten Vorbildern stilisiert. In der DDR existierte weiterhin eine sprachlich wie bildhaft praktizierte Form des Personenkultes.

Es ist anzunehmen, daß es »diese spezifische Mischung von staatlichem Repräsentanten, Parteichef und ideologischem Führer« war, die das Phänomen im Bereich des »real existierenden Sozialismus« besonders förderte.[43] Im Gegensatz zu dem

471 Walter Ulbricht diskutiert mit Arbeitern in Leipzig, 27. September 1958

stark von persönlicher Ausstrahlung abhängigen Starkult, wie er sich um Persönlichkeiten aus dem Showbusiness oder der Sektenszene entfaltet, begünstigte der Personenkult sozialistischer Systeme gleichsam ein »Amtscharisma«,[44] welches stark an institutionelle Gebilde wie Parteien oder Regierungsämter gebunden war und deshalb auch die am Anfang beschriebene Auswechselbarkeit einzelner »Führerbilder« erlaubte.

1 Eine genaue Untersuchung zu Entstehung und Ausprägung des Kultes um Stalin liefert Löhmann, Reinhard: Der Stalinmythos. Studien zur Sozialgeschichte des Personenkultes in der Sowjetunion (1929–1935), Münster 1990 (Politische Soziologie, Band 3).

2 Chruschtschow referierte am letzten Tag des Parteitages vor einem ausgewählten Auditorium; die Mitglieder der Gastdelegationen waren größtenteils ausgeschlossen, so auch die Abordnung aus der DDR, bestehend aus Walter Ulbricht, Karl Schirdewan, Otto Grotewohl und Alfred Neumann. Erst in der folgenden Nacht wurde die deutsche Delegation durch einen sowjetischen Parteigenossen vom Inhalt der Rede unterrichtet. So erinnert sich Karl Schirdewan in: Aufstand gegen Ulbricht, Berlin 1994, S. 76 ff. Der ZK-Beschluß vom 30. 6. 1956 ist überschrieben: »Über die Überwindung des Personenkults und seiner Folgen«. Der Wortlaut weist auf die Hoffnung der Parteiführung hin, glauben machen zu können, man sei strukturelle Änderungen in der Parteiprogrammatik bereits angegangen; vgl. dazu Gabert, Josef / Prieß, Lutz (Hg.): SED und Stalinismus. Dokumente aus dem Jahre 1956, Berlin 1990. Die Literatur zum XX. Parteitag der KPdSU und dessen Auswirkungen ist im Bibliotheksbrief 5/1996 der ›Stiftung Archiv der Parteien und Massenorganisationen der DDR im Bundesarchiv‹ (künftig: SAPMO-BArch) in einer Kurzbibliographie zusammengefaßt. Als wichtigste Veröffentlichungen der Dokumente ist die o. a. Publikation von Gabert/Prieß (1990) anzuführen; außerdem: Die Geheimrede Chruschtschows. Über den Personenkult und seine Folgen, Berlin 1990.

3 Löhmann (wie Anm. 1), S. 6.; Koenen, Gerd: Die großen Gesänge. Lenin, Stalin, Mao, Castro. Sozialistischer Personenkult und seine Sänger von Gorki bis Brecht – von Aragon bis Neruda, Frankfurt a. Main 1987, S. 214 ff.

4 Zit. nach: Die Geheimrede Chruschtschows (wie Anm. 2), S. 68 ff.; zur Intention Chruschtschows vgl. Leonhard, Wolfgang: Kreml ohne Stalin, Köln 1959, S. 271.

5 SAPMO-BArch, FBS 363/15316 Pos. 1209.

6 Lenin, W. I.: Sozialdemokratie und Dumawahlen. in: Lenin Werke, Band 11, S. 438; hier zit. n.: Die Geheimrede Chruschtschows (wie Anm. 2), Anm. 20.

7 In den Redebeiträgen von Kurt Hager, Otto Buchwitz und Paul Wandel auf der 26. Tagung des ZK der SED am 22. 3. 1956 wurde die Frage, wie man auf der III. Parteikonferenz die Erkenntnisse über den Stalinkult behandeln solle, zum Anlaß genommen, über konkrete Änderungen der Parteiarbeit der SED zu diskutieren; vgl. Hoffmann, Dierk / Schmidt, Karl-Heinz / Skyba, Peter (Hg.): Dokumente zur Geschichte des anderen deutschen Staates, München 1993, S. 233 ff. Fred Oelßner, Mitglied des Politbüros, attackierte am 3. 7. 1956 in einer Erklärung Walter Ulbricht: »... gibt es in der SED einen Personenkult? Jawohl, es gibt ihn und im Zusammenhang damit ein persönliches Regime, das hauptsächlich vom Genossen Ulbricht ausgeübt wird.« Zit. n.: Stern, Frank: Dogma und Widerspruch. SED und Stalinismus in den Jahren 1946 bis 1958, Diss. München 1992, S. 179, Anm. 5. Während des 28. Plenums des ZK der SED vom 27. bis 29. 7. 1956 lautete Ulbrichts Aussage dazu: »Auf dem XX. Parteitag der Kommunistischen Partei der Sowjetunion war die Frage des Personenkultes keineswegs die Hauptfrage und konnte es auch gar nicht sein.« Zit. n.: Aus Politik und Zeitgeschichte, XI/1957, Heft 8 v. 20. 3. 1957, S. 173 ; vgl. Staritz, Dietrich: Geschichte der DDR, erweiterte Neuausgabe Frankfurt a. M. 1996, S. 147 ff.

8 Neues Deutschland v. 4. 3. 1956.

9 Neues Deutschland v. 29. 4. 1956.

10 Vgl. Löhmann (wie Anm. 1), S. 5.

11 Eine genauere, theoretische Bestimmung und Relativierung der »Rolle großer Persönlichkeiten in der Geschichte« im Sinne der marxistischen Geschichtstheorie versuchte G. W. Plechanow erst 1938. Die deutsche Übersetzung dieser Schrift erschien in der ›Kleinen Bücherei des Marxismus-Leninismus‹ des Dietz-Verlages. Plechanow, G. W.: Über die Rolle der Persönlichkeit in der Geschichte, Berlin 1951.

12 K. Marx an W. Blos, Brief v. 10. 11. 1877. in: MEW, Bd. 34, S. 308; hier zit. n.: Löhmann (wie Anm. 1), Anm. 5, S. 6.

13 Herzig, Arno: Die Lassalle-Feiern in der politischen Festkultur der frühen deutschen Arbeiterbewegung, in: Düding, Dieter: Öffentliche Festkultur. Politische Feste in Deutschland von der Aufklärung bis zum Ersten Weltkrieg, Reinbek 1988, S. 321 ff., zu den »Lassalle-Feiern« bes. S. 325; Friedrich, Thomas: »Welch eine Kraft es gab, als Stalin sprach«. Personenkult und SED, Mainz 1992, S. 12 ff.

14 Kämpfer, Frank: Der Rote Keil. Das politische Plakat – Theorie und Geschichte, Berlin 1985, S. 248, 256.

15 Paul, Gerhard: Der Aufstand der Bilder. Die NS-Propaganda vor 1933, Bonn 1992, S. 25.

16 Vgl. hierzu Zitelmann, Rainer: Hitler. Selbstverständnis eines Revolutionärs, Stuttgart 1987, S. 433; Ruck, Michael: Führerabsolutismus und polykratisches Herrschaftsgefüge. Verfassungsstrukturen des NS-Staates; und Longerich, Peter: Nationalsozialistische Propaganda; beide in: Bracher, Karl-Dietrich / Funke, Manfred / Jacobsen, Hans-Adolf (Hg.): Deutschland 1933–1945. Neue Studien zur nationalsozialistischen Herrschaft, Düsseldorf 1992, S. 32 ff. u. 291 ff.; Kaiser, Monika: Die Zentrale der Diktatur. Organisatorische Weichenstellungen, Strukturen und Kompetenzen der SED-Führung in der SBZ/DDR 1946 bis 1952, in: Kocka, Jürgen (Hg.): Historische DDR-Forschung, Berlin 1993, S. 58; Damus, Martin: Sozialistischer Realismus und Kunst im Nationalsozialismus, Frankfurt a. M. 1981, S. 27; Als Hitler das Reichspräsidentenamt übernahm, erhielt die Bezeichnung »Führer« durch das Gesetz vom 1. 8. 1934 auch amtliche Geltung; damit sollte der Adolf Hitler vorbehaltene Titel »Führer des deutschen Volkes« gewissermaßen verfassungsrechtlich festgeschrieben werden; vgl. Broszat, Martin: Deutsche Geschichte seit dem II. Weltkrieg, Band I, Stuttgart 1971, S. 757.

17 So äußert sich Thomas Friedrich (wie Anm.13), S. 63: »Indem man die Auseinandersetzung um den Stalinismus gezielt auf die Problematik des Personenkultes, die man zugleich herunterspielte, ausrichtete, rettete man das stalinsche Partei- und Gesellschaftsmodell, welches den Personenkult zwangsläufig hervorbringen muß.«

18 SAPMO-BArch, Abt. Agitation, Sektor Presse, IV A 2 902 40.

19 SAPMO-BArch, Abt. Agitation, IV A 2 902 40.

20 SAPMO-BArch (wie Anm.19).

21 Becher, Johannes R.: Walter Ulbricht – ein deutscher Arbeitersohn, Berlin 1958, S. 225, hier zit. n.: Podewin, Norbert: Walter Ulbricht. Eine neue Biographie, Berlin 1995, S. 307.

22 SAPMO-BArch (wie Anm. 20).

23 SAPMO-BArch (wie Anm. 20).

24 Brief Horst Sindermanns an das IML, SAPMO-BArch, Abt. Agitation, IV 2 902 32.

25 Stern, Carola: Ulbricht. Eine politische Biographie, Köln/Berlin 1964, S. 237 ff.

26 Darin zeigt sich der für den verstorbenen ersten Staatspräsidenten gewünschte Stellenwert. Vor der Umbenennung von Guben war nur Wittenberg in ›Martin-Luther-Stadt-Wittenberg‹ umbenannt worden. Nun wurde eine ganze Stadt samt ihrer Bevölkerung im umgangssprachlichen wie schriftlichen Gebrauch der Wohnortbezeichnung zu einer Gedenkmanifestation für eine eben noch gegenwärtige Person.

27 SAPMO-BArch, Akten des Politbüros, J IV 2 2 288, Protokoll vom 9. 6. 1953.

28 Luuk, Ernst: Traditionspflege in der DDR, Berlin 1988, S. 164.

29 SAPMO-BArch, Akten des Politbüros, J IV 2 2 722, Anlage Nr. 3 zum Protokoll Nr. 41 vom 9. 9. 1960.

30 SAPMO-BArch, Akten des Politbüros, J IV 2 2 721, Protokoll der Sitzung vom 7. 9. 1960.

31 Neues Deutschland v. 10. 9. 1960.

32 Berliner Zeitung v. 11. 9. 1960.

33 SAPMO-BArch, Abt. Agitation, IV 2 902 1, Bericht über die agitatorische Ausgestaltung der Stadt Berlin während des V. Parteitages, S. 1, 5.

34 Zit. n. Azaryahu, Maoz: Von Wilhelmplatz zu Thälmannplatz. Politische Symbole im öffentlichen Leben der DDR, Diss. an der Universität Tel Aviv, Schriftenreihe des Instituts für Deutsche Geschichte, Tel Aviv 1988, S. 149.

35 Neues Deutschland v. 20. 8. 1952.

36 Auch in der Bundesrepublik wurde Friedrich Engels 1960 auf einer Briefmarke bezeichnenderweise als junger Mann nach einem wenig bekannten Porträt abgebildet.

37 SAPMO-BArch, Abt. Agitation, IV 2 902 32.

38 Azaryahu (wie Anm. 34), S. 174 ff.

39 Hagenow, Elisabeth von: Porträtgalerie, in: Flacke, Monika (Hg.): Auftrag Kunst 1949–1990. Bildende Künstler in der DDR zwischen Ästhetik und Politik (Ausst.-Kat.), Berlin 1995, S. 394.

40 Kämpfer (wie Anm. 14), S. 253.

41 Der Versuch, Stalin in diese Reihe aufzunehmen, war so lange einleuchtend, wie es darum ging, seine historische und ideologische Legitimität zu verankern. Nach seiner Diskreditierung verschwand er 1956 wieder aus dem Emblem.

42 Azaryahu (wie Anm. 34), S. 20 ff.

43 Fromm, Eberhard: Der Kult der großen Männer, Berlin 1991, S. 9.

44 Weber, Max: Wirtschaft und Gesellschaft. Grundriss der verstehenden Soziologie, 2. Halbband, Tübingen 1956, S. 682.

## Schaukasten: Stalin-Kult

1950 wurde der Historiker und spätere Nestor der vergleichenden Revolutionsforschung, Walter Markov, nach einer Rede an der Leipziger Universität von einem sowjetischen Kontrolloffizier befragt, was er gegen Stalin habe – er habe ihn nur viermal erwähnt. Der Delinquent, ein Kommunist, der nach elf Jahren Haft 1945 den Häftlingsaufstand im Zuchthaus Siegburg organisiert hatte, erbleichte. Kurze Zeit später wurde er, allerdings nicht nur wegen dieses »Fehlers«, als »Parteifeind« aus der SED ausgeschlossen. Es war die Zeit der Hetzjagd auf SED-Mitglieder, die man verfolgte, weil sie selbstbewußt agierten und sich damit auch die Achtung solcher Menschen erwarben, die Kommunisten eigentlich nicht mochten.

Der Stalin-Kult war ein Resultat des militärisch-bürokratischen Zentralismus und diente dessen Aufrechterhaltung. Durch die Vergottung der Person an der Spitze wurde das Herrschaftsgebäude legitimiert. Wer Stalin bejahte, bejahte das System, wer ihn verneinte, wurde als Feind des Ganzen stigmatisiert. So irrational der Kult auch war, so kalkuliert war seine Funktion. Er machte den diktatorischen Anspruch auf Alleinherrschaft allumfassend. Chruschtschows Versuch, Stalins Verbrechen offenzulegen und soweit wie möglich wiedergutzumachen oder doch dem System seinen exzessiven Charakter zu nehmen, beraubte nicht nur Stalin seiner Aura – er gefährdete das gesamte System. Deshalb blieb die Entstalinisierung mit Notwendigkeit auf halbem Wege stecken und mündete in einen »sanften« Stalinismus ohne überzeugende Kultfigur oder, anders formuliert, in ein stilles, dreißigjähriges Siechtum.

475

472 Demonstrationszug vor dem Zeughaus in Berlin während des Deutschlandtreffens 1950 (Foto: Thiele)

473 Josef W. Stalin auf der Festsitzung anläßlich der Inbetriebnahme der Moskauer Untergrundbahn am 14. Mai 1935

474 Sportler grüßen Stalin während des »Friedensmarsches« am 12. August 1951 im Rahmen der Weltfestspiele der Jugend und Studenten (Foto: Bernhard Braun)

475 Plakat mit einem Porträt Stalins, 1950. Vorlage für dieses Plakat von Ulansk war ein identischer sowjetischer Entwurf von Iwanow, der den Titel ›Zum Überfluß und Reichtum‹ trägt

476 Eine Ausstellung sowjetischer Malerei im ›Haus der Kultur der Sowjetunion‹ in Berlin, Juni 1949 (Foto: Gerhard Gronefeld)

477 »Hausaltar« zu Ehren Stalins, um 1950 (Foto: Martin Kruschel)

474

Es lebe der beste Freund und Helfer
des deutschen Volkes – Josef W. Stalin!
WEISSBUCH
WEISSBUCH

477

473

476

DES WELTFRIEDENSLAGERS!

479

478

478 »Ein Arbeiter der ›Thüringer Volk‹-Druckerei beim Selbststudium. Das Partei-Schuljahr der SED begann am 1. November 1950. Damit wird zum ersten Male eine systematische Schulung aller Parteimitglieder eingeleitet. Auch viele Parteilose nehmen die Gelegenheit wahr, den Marxismus-Leninismus zu studieren.« (Zeitgenössische Beschriftung), 3. November 1950

479 Walter Ulbricht vor dem Stalin-Denkmal, das anläßlich der Weltfestspiele der Jugend und Studenten am 4. August 1951 in der Stalinallee eingeweiht wurde

## Schaukasten: »Freundschaft siegt!«

Daß Schreckliches zu gewärtigen sei, falls die Rote Armee Deutschland erobern sollte, hatte nationalsozialistische Hetzpropaganda den Deutschen an der »Heimatfront« immer wieder eingehämmert. Doch wenn in den letzten Kriegsmonaten die Parole aufkam: »Genieße den Krieg, denn der Friede wird furchtbar«, so fand sie auch deshalb Gehör, weil viele ahnten, daß die von Einsatzgruppen, SS und Wehrmacht im Osten begangenen Gewalttaten und Verbrechen Rache und Vergeltung auslösen würden. Für die östlich der Elbe lebende Bevölkerung wurde die erste Zeit der Besetzung furchtbar. Daß Stalin im Frühjahr 1945 sein Feldherrnversprechen, die deutsche Frau könne als Freiwild angesehen werden, schon nach den ersten Exzessen gegen die deutsche Bevölkerung zurückgenommen hatte, kümmerte nur wenige der siegreichen Rotarmisten. Insbesondere deutsche Frauen bezahlten für die von ihren Brüdern, Männern und Söhnen getöteten Mütter und Schwestern der Soldaten mit dem roten Stern an der Mütze. 1947 belebte eine kleine Gruppe von Intellektuellen um den Wirtschaftshistoriker Jürgen Kuczynski die 1933 verbotene ›Gesellschaft der Freunde des neuen Rußland in Deutschland‹ wieder, diesmal unter dem Namen ›Gesellschaft zum Studium der Kultur der Sowjet-Union‹. Ihr Ziel war es, die traditionelle Russophobie und den zwölf Jahre lang propagandistisch verbreiteten Antisowjetismus abzubauen. Die Vereinigung, die sich ab 1949 ›Gesellschaft für Deutsch-Sowjetische Freundschaft‹ (DSF) nannte und sich nach dem FDGB zur zweitstärksten

480

481

483

480 Seite aus einem Fotoalbum, das zum ›Monat der Deutsch-Sowjetischen Freundschaft‹ 1952 gestaltet wurde

481 Blick auf das Präsidium während der Festveranstaltung zum 34. Jahrestag der »Großen Sozialistischen Oktoberrevolution« am 6. November 1951 (Foto: Quaschinsky)

482 »Überraschend stattete Präsident Wilhelm Pieck der Pionierrepublik ›Wilhelm Pieck‹ am 24. November 1954 einen Besuch ab (...) Auf der Kulturveranstaltung im Speisesaal spricht Präsident Wilhelm Pieck. Vor dem Rednerpult ein Fernsehapparat, den der Präsident den Jungen Pionieren zum Geschenk machte.« (Zeitgenössische Beschriftung; Foto: Heilig)

484

486

483 Programmhefte für Veranstaltungen im ›Haus der Kultur der Sowjetunion‹ aus den Jahren 1951/52
484 Bildserie der DSF über die Vorreiterrolle der Sowjetunion auf dem Gebiet der Landwirtschaft, 1951
485 Bildserie der DSF, die das sowjetische Ehrenmal in Berlin-Treptow vorstellt, 1951
486 Plakat zum 33. Jahrestag der »Großen Sozialistischen Oktoberrevolution«, 1950

485

488

Organisation in der DDR entwickelte, verkam jedoch in der Praxis schnell zu einem Instrument der Stalin-Vergötzung. Die ursprüngliche Botschaft: »Von Stalin lernen, heißt siegen lernen!« wurde allerdings 1956 modifiziert; sie lautete fortan: »Von der Sowjetunion lernen, heißt siegen lernen!«
Für viele DDR-Bürger war die propagierte Freundschaft mit der Sowjetunion, das heißt das Angebot einer Juniorpartnerschaft, nicht unattraktiv. Nach der Verstrickung in die barbarische Kriegführung im Osten, der Erfahrung, den »russischen Untermenschen« im Kampfe unterlegen zu sein, und nicht zuletzt der bedrückenden Besetzung bedeutete eine wie auch immer geartete Freundschaft eine wesentliche Verbesserung der Lage. Denn die Proklamation von Freundschaft stellte eine Minderung der Belastungen in Aussicht und eröffnete so wieder Perspektiven. Außerdem war mit dieser Freundschaft die Absolution für das Handeln von gestern verbunden.
Viele Angehörige der nachwachsenden Generationen nahmen in der Schulzeit, durch die DSF vermittelt, Briefwechsel mit Gleichaltrigen in der Sowjetunion auf; später reisten sie in ›Freundschaftszügen‹ zu Zehntausenden in die UdSSR. Diese Politik hatte vor allem eine Wirkung: Zwischen den frühen 50er Jahren und der Zeit nach 1980, als die Honecker-Führung aus Angst vor der Gewerkschaft ›Solidarność‹ wieder begann, die Polonophobie anzustacheln, existierte im Osten Deutschlands eine breite Rezeption der russischen Kultur und ein demonstratives Interesse an den slawischen Nachbarvölkern.

487 Plakat zum 41. Jahrestag der ›Großen Sozialistischen Oktoberrevolution‹, 1958 (Entwurf: Mütze)
488 Plakat zum ›Monat der Deutsch-Sowjetischen Freundschaft‹ vom 7. November bis 5. Dezember 1952

487

Jörg Roesler

# Planwirtschaft und Produktionspropaganda

489 Die Vorteile des »Sozialistischen Wettbewerbs« werden im Stahl- und Walzwerk Hennigsdorf diskutiert, um 1950

## Das Siebenjahrplanziel, die Bundesrepublik einzuholen und zu überholen: Propagandabluff oder Glaube an den Plan?

Fast auf den Tag genau zehn Jahre nach der Gründung der ostdeutschen Republik beschloß die Volkskammer der DDR das ›Gesetz über den Siebenjahrplan‹. Nach dem Willen der SED, die die entsprechende Direktive drei Wochen zuvor auf einer Tagung des Zentralkomitees verabschiedet hatte, sollte mit der Verwirklichung des Planes das noch nicht aufgegebene Ziel, die Arbeiter-und-Bauern-Macht auf ganz Deutschland auszudehnen, wesentlich vorangetrieben werden. Diesem Zweck diente die sogenannte ökonomische Hauptaufgabe des Planes, »durch Erhöhung der Arbeitsproduktivität und Steigerung der Produktion Westdeutschland im Pro-Kopf-Verbrauch bei den meisten industriellen Konsumgütern und Lebensmitteln bis Ende 1961 einzuholen und zu überholen«. Die Erfüllung dieser Aufgabe, so wurde in der Präambel des Gesetzes ausdrücklich hervorgehoben, sei »ein Teil der großen geschichtlichen Aufgabe, in Deutschland die Überlegenheit der sozialistischen Gesellschaftsordnung über die kapitalistische Gesellschaftsordnung zu beweisen«.[1]

490 »Am 4. und 5. Februar 1949 trafen sich auf Einladung des FDGB in Berlin 1200 Hennecke-Aktivisten aus der sowjetisch besetzten Zone Deutschlands und aus Berlin. Zum Themenkreis der Konferenzteilnehmer, von denen 25 Jugendliche sind, gehören u. a. Fragen des Leistungslohnes und die Entwicklung der Aktivistenbewegung zu einer Massenbewegung.« (Zeitgenössische Beschriftung)

Die »ökonomische Hauptaufgabe« enthielt Momente eines Propagandabluffs. Das war erstens daran zu erkennen, daß die zu bewältigende Aufgabe als erreichbar, sogar als 1958/59 bereits halb gelöst dargestellt wurde. Während niemand sagte, wie weit die DDR eigentlich in der Produktivität hinter Westdeutschland zurücklag – spätere Berechnungen des Deutschen Instituts für Wirtschaftsforschung (DIW) ergaben im Jahre 1959 für die DDR einen Rückstand von 25 Prozent der Arbeitsproduktivität im Vergleich zur Industrie der Bundesrepublik –, wurde bei der Propagierung der »ökonomischen Hauptaufgabe« in den Vordergrund gestellt, daß die Steigerungssätze des westdeutschen Volkseinkommens zwischen 1955 und 1958 nur zwei Drittel des Zuwachses der DDR erreicht hätten.[2]

Bei Ober- und Untertrikotagen, so konnte man in einem Artikel aus der Flut der 1958/59 in der DDR publizierten Vergleiche des Lebensniveaus in beiden Teilen Deutschlands nachlesen, hätte man ebenso wie bei Haushaltsnähmaschinen bereits 1958 pro Kopf Westdeutschland übertroffen – wobei die Statistiker zu erwähnen vergaßen, daß die Versorgung in der DDR weitgehend aus der eigenen Produktion erfolgen mußte, der Einzelhandel der Bundesrepublik aber im Bereich der Textilindustrie in zunehmendem Maße auch Importe anbot. Bei anderen Waren, wie Lederschuhen, Fernsehgeräten und Wollgewebe, sollte 1961 weitaus mehr pro Kopf erzeugt werden als in der Bundesrepublik – im Jahre 1958. Daß auch die westdeutsche Industrie nicht stillstehen würde, wurde dem Leser unterschlagen.[3] Zum Thema Lebensmittel konnte der DDR-Bürger erfahren, »daß bei vielen Nahrungsmitteln, vor allem bei wichtigen Grundnahrungsmitteln, der Verbrauch unserer Bevölkerung schon 1958 höher war als der Pro-Kopf-Verbrauch Westdeutschlands«. Genannt wurden: Butter, tierische Fette, Zucker,

Getreideerzeugnisse, Hülsenfrüchte, Kartoffeln und Fisch.[4]

Die Bezeichnung Bluff für die »ökonomische Hauptaufgabe« trifft zweitens zu, weil die Verantwortlichen für die Aufstellung des Siebenjahrplanes schon wenige Monate nach Verkündung dieser Hauptaufgabe durch die Volkskammer nicht mehr mit Ende 1961, sondern mit dem Jahre 1965 (dem letzten Jahr des Siebenjahrplanes) als Zeitpunkt des Überholens rechneten.[5] Parteichef Ulbricht, der jene DDR-Bürger, die vermutlich zu 90 Prozent wegen des höheren Lebensstandards über die noch offene Grenze nach West-Berlin flüchteten, stoppen wollte, hielt das Jahr 1965 für zu fern, um Schwankende, vor allem junge Leute, im Osten zu halten.[6] Das Jahr 1961 paßte da schon eher. Ulbrichts Kalkulation ging, zunächst wenigstens, teilweise auf. Im Jahre 1959 fiel die Zahl der »Republikflüchtigen« auf 144 000 zurück. Das waren 60 000 weniger als noch im Jahr zuvor.[7] Manch einer entschloß sich doch, erst einmal abzuwarten. Jener Satz, der sich gleich auf der ersten Seite in einer Propagandabroschüre zum Siebenjahrplan »für Berliner Arbeiter« befand, verhallte nicht ungehört: »Der Siebenjahrplan der DDR zeigt allen Schichten unserer Bevölkerung den Weg zu einem herrlichen Ziel. Wir beweisen vor dem ganzen deutschen Volke: Frieden, soziale Sicherheit, dauerhaften Wohlstand bietet nur der Sozialismus!«[8]

Doch es wäre sicherlich eine unzulässige Vereinfachung, wollte man die im Siebenjahrplan festgeschriebene Absicht, die Bundesrepublik einzuholen und zu überholen, nur als Propagandabluff betrachten. Wenn die SED-Führung auch, um die Bevölkerung zu gewinnen, die Aufholaufgabe verniedlichte und das Aufholdatum vorverlegte, von der generellen Erreichbarkeit des gestellten Zieles waren die Partei- und Wirtschaftsfunktionäre damals überzeugt. Die Planwirtschaft (der DDR) war nach ihrer Auffassung der Marktwirtschaft (der Bundesrepublik) überlegen. Die Regulierung der Wirtschaft im nachhinein durch den Markt mußte einer vorausschauenden Regelung durch den Plan auf die Dauer unterlegen sein. Das Ersetzen der »unsichtbaren Hand«, der »hinter dem Rücken der Menschen« wirkenden Marktkräfte, durch die Nutzung des menschlichen Verstandes nicht nur im Rahmen des Betriebes, sondern der gesamten Volkswirtschaft, mußte zu einer höheren Effizienz des Wirtschaftens führen.

491 Plakat zur Aktivistenbewegung, 1948 (Entwurf: Hohler)

Diejenigen, die 1959 in der DDR-Wirtschaft das Sagen hatten, waren in den 20er und 30er Jahren groß geworden, hatten die Auswirkungen des

492 Diskussion über eine Werkzeugmaschine im VEB Niles-Werke, Juni 1950 (Foto: Thiele)

493 Aufstellung des Aktivistenplanes im Betrieb Nagema in Halle, Oktober 1950 (Foto: Thiele)

Auf- und Abschwungs der Konjunktur oft in ihrem persönlichen Leben erfahren, vor allem während der Weltwirtschaftskrise 1929 bis 1933. Sie konnten sich unschwer ausrechnen, daß der deutschen Volkswirtschaft Milliardenwerte durch unzureichende Kapazitätsauslastung der Fabriken, die Stillegung von Bergwerken, vor allem aber durch das Brachliegen der Fähigkeiten und Fertigkeiten jener Berufstätigen, die zu Millionen arbeitslos wurden, entgangen waren.

»Die Planwirtschaft aber«, so äußerte sich der langjährige DDR-Industrieminister Fritz Selbmann, »ist das Gegenteil der kapitalistischen Marktwirtschaft.«[9] Sie ermöglicht die Ersetzung des Zyklus von Konjunktur und Krise durch einen gleichförmigen Produktionsanstieg, macht die Ausbeute betriebswirtschaftlich nicht mehr nutzbarer, aber für das Funktionieren der DDR-Volkswirtschaft notwendiger Bodenschätze und Rohstoffe möglich und erlaubt die Wiedereingliederung von Arbeitslosen in die Produktion. Die Planwirtschaft würde der »Konkurrenz und Anarchie des Kapitals« ein Ende setzen. Nicht mehr verschiedene Firmen würden ähnliche Erzeugnisse gegeneinander produzieren, sondern der gesamte volkswirtschaftliche Bedarf könnte in einem Unternehmen hergestellt werden – in ganz anderen Losgrößen und mit den durch die neuen Größenordnungen möglichen Kosteneinsparungen.

»Jede Wirtschaft, die nicht geplant wird«, so warb Selbmann für die Planwirtschaft, »bedeutet Fehlleitung großer wirtschaftlicher Werte und bedeutet Verlust wirtschaftlichen Kapitals.«[10] Daher war man in der SED-Führung Ende der 40er Jahre, als die Bundesrepublik unter Führung Ludwig Erhards die Wirtschaftsplanversuche der ersten Nachkriegsjahre hinter sich ließ, zuversichtlich, daß die DDR den einsetzenden wirtschaftlichen Wettlauf gewinnen würde: »Wir werden bis zur letzten Maschine, bis zur letzten Produktionseinheit der volkseigenen Industrie durchplanen, und dann werden wir sehen, wer ist stärker: die

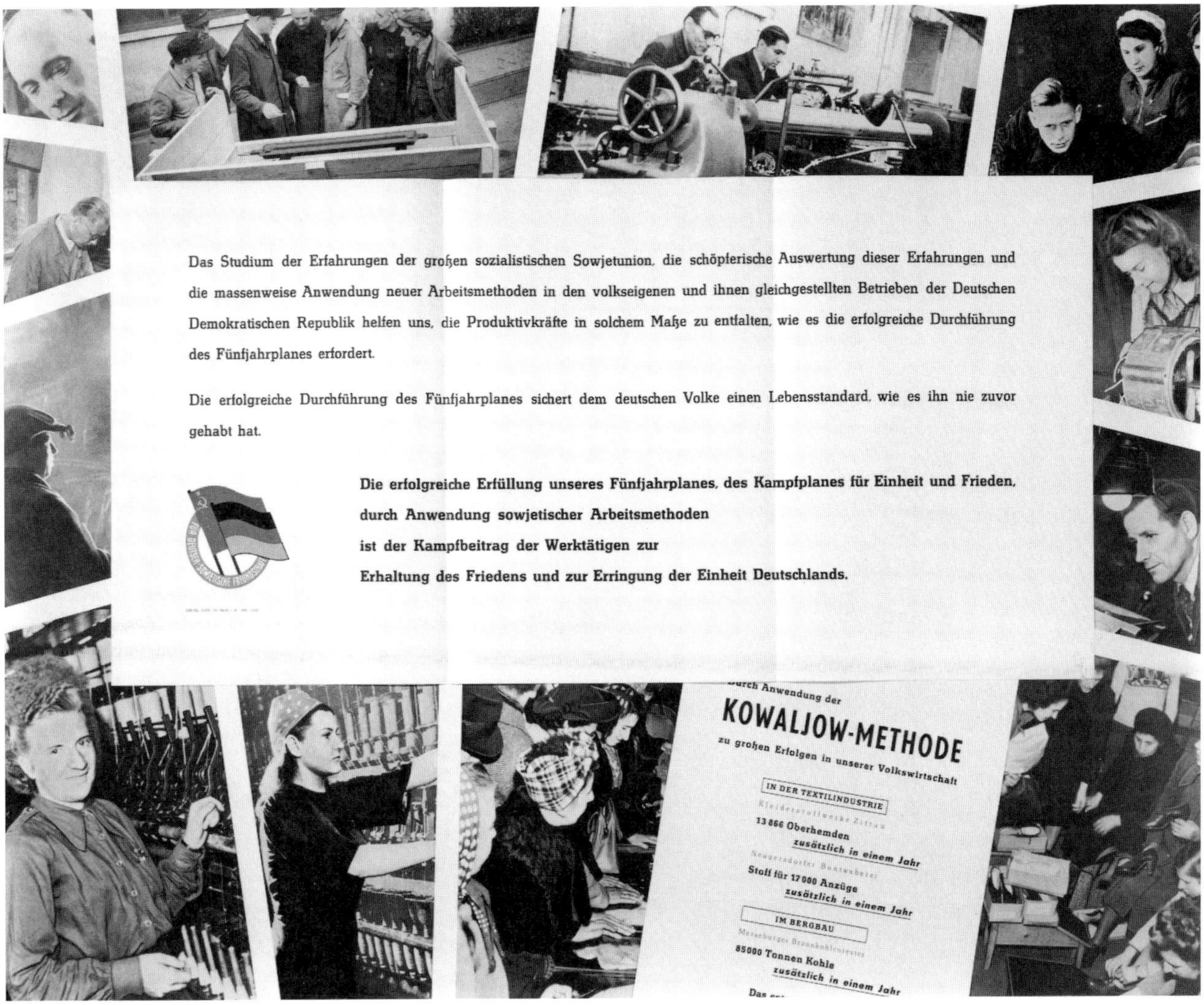


494 Bildserie der DSF »Durch Anwendung sowjetischer Arbeitsmethoden zu einem besseren und glücklichen Leben«, 1951

geplante volkseigene Industrie oder die nichtgeplante freie Marktwirtschaft ... Natürlich ist die geplante Wirtschaft stärker, natürlich werden die Dinge dort, wo sie der Mensch mit seiner Vernunft anpackt, besser vorwärtskommen.«[11] Nach dem Willen der SED-Führung sollte im »Kampf zwischen freier Wirtschaft und geplanter volkseigener Industrie« während des Siebenjahrplanes für die DDR der entscheidende Sieg errungen werden.

#### Das Scheitern des Siebenjahrplanes und die Defizite der Planwirtschaft

Anfang 1961 kursierte unter der Bevölkerung der DDR ein Witz: »Es werden an alle Filzpantoffeln ausgegeben.« »Warum denn das?« »Damit die Westdeutschen nicht hören, daß wir sie überholen.« – Der Witz rief ein Versprechen ins Gedächtnis zurück, von dem die SED-Führung hoffte, daß es schon vergessen sei. Im Jahre 1961 befand sich die DDR-Wirtschaft in einer krisenhaften Situation. An große Sprünge, an ein »Einholen und Überholen« war überhaupt nicht mehr zu denken. Anfang Mai 1961 zog die Staatliche Plankommission aus der entstandenen Krisensituation die Schlußfolgerung, die Siebenjahrplanziele im wesentlichen aufzugeben. Auch nach dem Bau der Mauer, als die Arbeitskräfte, mit denen der Plan rechnete, nicht mehr über die Grenze abströmen konnten, gingen die Zuwachsraten der industriel-

495 1. Mai 1952 Unter den Linden in Berlin (Foto: Igel)

len Bruttoproduktion weiter zurück. Das industrielle Wachstum erreichte 1963 mit vier Prozent nur noch ein Drittel des Wertes von 1959, als die SED-Funktionäre voller Zuversicht das »Einholen und Überholen« proklamiert hatten.[12] Was war geschehen?

Erstens hatte sich die Wirtschaft in der Bundesrepublik nicht so entwickelt, wie die Wirtschaftswissenschaftler und Wirtschaftsfunktionäre in Ostdeutschland das erwartet hatten. Schon 1948 hatte Fritz Selbmann voraussehen wollen, »daß wir gar nicht sehr weit von einer neuen kapitalistischen Wirtschaftskrise in der ganzen Welt entfernt sind«.[13] Diese blieb jedoch zunächst aus, bis sich dann 1957/58 die Zeichen zu mehren schienen, daß nunmehr die erste Nachkriegskrise in der Bundesrepublik einsetzen würde. Die ostdeutschen Wirtschaftswissenschaftler beobachteten bei den Nachbarn im Westen »in Zusammenhang mit der Verschärfung der krisenhaften Entwicklung vor allem Produktionsrückgänge bei den Verbrauchsgüterindustrien«.[14]

Im Maßstab der gesamten Volkswirtschaft kam es, gemessen am Bruttoinlandsprodukt der Bundesrepublik, 1958 jedoch zu keinem Rückgang, sondern nur zu einer beachtlichen Verlangsamung des Wachstums (auf weniger als vier Prozent gegenüber fast zwölf Prozent 1955). Die Flaute wich aber bereits im Jahr darauf, als die Wirtschaftsfunktionäre die Wirtschaft der Bundesrepublik noch in einer tiefen Krise vermuteten, einem erneuten Wachstumsschub (mit Zuwachsraten von sieben Prozent 1959 und mehr als acht Prozent 1960).[15] Hatte der Konkurrent die ihm im Einholplan zugedachte Rolle schon nicht übernommen, so erwies sich überdies auch die Planung für den eigenen Wirtschaftsbereich als falsch. War von den Planern vorgesehen, »die geamte Industrieproduktion soll jährlich im Durchschnitt um neun bis zehn Prozent erhöht werden«, so waren es 1959 zwar zwölf Prozent, aber 1960 nur noch acht Prozent und 1961, dem Jahr, in dem man den Siebenjahrplan faktisch aufgab, nur noch sechs Prozent.[16]

Ohne Zweifel – es hatte sich Unerhörtes vollzogen: In der Marktwirtschaft der Bundesrepublik hatte sich das wirtschaftliche Wachstum schon mehr als ein Jahrzehnt lang (und es sollten noch weitere sechs Jahre folgen) ohne ernsthafte Rückschläge entwickelt, nach einer vorangegangenen »nahezu dreißigjährigen Periode politischer und ökonomischer Instabilität, ... einer Periode relativer ökonomischer Stagnation, wiederholter Krisen, Inflation, andauernd hoher Arbeitslosigkeit ...«[17] Die Planwirtschaft der DDR hatte an der Wende von den 50er zu den 60er Jahren dagegen über eine ganze Reihe von Jahren Wachstumseinbußen erlitten, wie sie zuvor kein SED-Funktionär für möglich gehalten hätte. Die Vorzüge, die man der Planwirtschaft zugesprochen hatte, waren nicht realisiert worden. Zwar hatte man in der DDR die Marktwirtschaft beseitigt und damit auch deren Defizite, die in der Zeit zwischen Erstem und Zweitem Weltkrieg so deutlich geworden waren, aber die von dem Übergang zur »weitsichtigen Planung«, zu einer »bewußten Lenkung des gesellschaftlichen Fortschritts«[18] erhofften Wachstumsimpulse für die Wirtschaft hatten sich in der Regel nicht verwirklicht. Denn die Planwirtschaft wies, für die SED-Funktionäre völlig unerwartet, ihre eigenen Defizite auf.

Produktionsunterbrechungen (Warte- und Stillstandszeiten) infolge Materialmangels oder ausbleibender Zulieferungen hatten es nicht zu der geplanten hohen Kapazitätsauslastung kommen lassen. Materialverschwendung als Resultat von »Tonnenideologie« und Zulieferungsprobleme führten zur uneffektiven Nutzung von Roh- und Hilfsstoffen. Warte- und Stillstandszeiten verhinderten auch, daß die Arbeitskräfte ausgelastet wurden. Es gab zwar keine offene Arbeitslosigkeit mehr im Lande, aber Unterbeschäftigung in den Betrieben. Auch die Effizienzgewinne, die sich die Wirtschaftler aus der Nutzung des Gesetzes der großen Serie erhofft hatten, stellten sich kaum ein. Weil die Zulieferungen nicht klappten, wurde in den Betrieben, in denen das Endprodukt montiert wurde, auch die Erzeugung von Einzelteilen unter eigener Regie aufgezogen, was nur ineffektive Kleinserien erlaubte.

Doch weitaus unangenehmer als dies erwies sich, daß sich die Wirtschaftstheoretiker und -funktionäre der Planwirtschaft in jener Triebkraft geirrt hatten, die die vermeintlichen Vorzüge der Planung durch hohes Wirtschaftswachstum realisieren sollte – dem sozialistischen Wettbewerb der Produktionsarbeiter. Der sollte im volkswirtschaftlichen Rahmen als Motor der Produktion die Konkurrenz der Unternehmen ablösen, dort wo das Privateigentum an den Produktionsmitteln dem staatlichen Eigentum an den Industriebetrieben gewichen war, wie das in Ostdeutschland zwischen 1945 und 1950 überwiegend durchgesetzt wurde. Partei- und Wirtschaftsfunktionäre hatten zwar nicht erwartet, daß mit der Veränderung der Eigentumsverhältnisse sich bei den Arbeitern automatisch auch die Bereitschaft, nunmehr selbst für die Produktionssteigerung zuständig zu sein, einstellen würde. Jedoch hatten sie fest damit gerechnet, daß unter ihrer Anleitung nach und nach »einfache Arbeiter in selbstloser Weise, harte Arbeit bewältigend, sich Sorgen machen um die Erhöhung der Arbeitsproduktivität, ... die nicht den Arbeitenden persönlich und nicht den ihnen ›Nahestehenden‹ zugute kommt, sondern ›Fernstehenden‹, d. h. der ganzen Gesellschaft in ihrer Gesamtheit«.[19]

496 Plakat über die Erfolge, die der Fünfjahrplan erzielen wird, 1951 (Entwurf: Jentsch)

497-500 Aus einer Plakatserie zu den »Bauten des Fünfjahrplanes«: Eisenhüttenkombinat Ost, 1952; Talsperre Sosa, 1953 (Entwurf: Werner Maack); Großkokerei ›Mátyás Rákosi‹ Lauchhammer, 1955; Stahlwerk Gröditz, 1956

Nachdem im Oktober 1948 mit Henneckes Sonderschicht die Wettbewerbsbewegung in Ostdeutschland gestartet worden war, standen »Aktivisten« und »Bestarbeiter«, »Rationalisatoren« und »Neuerer« im Mittelpunkt der Produktionspropaganda. Sie wurden hervorgehoben und gefördert, materiell und ideell belohnt. Aber, so resümierte Gerhard Schürer, seit dem Ende der 40er Jahre Wirtschaftsfunktionär und für zweieinhalb Jahrzehnte Leiter der obersten Planungsbehörde der DDR: »Der Mensch ist, wie er ist. Auch in volkseigenen Betrieben und in sozialistischen Brigaden denkt er zuerst an sich und seine Familie und dann an die Gesellschaft.«[20]

## Die Arten der Pläne: ihre Bedeutung für die Wirtschaftsplanung

Es hatte also seinen tiefen (plan-)ökonomischen Sinn, wenn Aktivisten und Bestarbeiter, als hervorragende Einzelkämpfer oder kollektive Protagonisten des sozialistischen Wettbewerbs in der Brigade, neben der Darstellung der Planerfordernisse und -ziele wichtigster Gegenstand der Produktionspropaganda waren. Dies galt allerdings, da Plan nicht gleich Plan war, vor allem für die Volkswirtschaftspläne und die darauf basierende zentrale Produktionspropaganda, weniger hingegen für die zahllosen Einzel- und Sonderpläne, die sonst noch aufgestellt wurden – Regional- oder Branchenpläne, Betriebspläne und Dorfwirtschaftspläne und andere. Volkswirtschaftspläne existierten für drei Zeithorizonte: als lang-, mittel- und kurzfristige Pläne. Der langfristige Plan wurde gewöhnlich für 15 Jahre erarbeitet, der mittelfristige für fünf, und der kurzfristige galt für ein Jahr. In der Anfangszeit der DDR-Planwirtschaft kamen für die mittelfristige Planung auch abweichende Zeiträume in Frage: Neben dem ersten und zweiten Fünfjahrplan gab es den Zweijahrplan und den uns schon bekannten Siebenjahrplan.

Die Funktion dieser damals Perspektivpläne genannten Programme unterschied sich wesentlich von den Jahresplänen. Die Perspektivpläne spielten eine wichtige Rolle hinsichtlich der Herausarbeitung solch strategischer Fragen wie des Verhältnisses von Investitionen und Konsumsteigerung, der Einschätzung von Schwerpunkten der Wirtschaftsentwicklung und damit der Festlegung von größeren Neuinvestitionen, die die Wirtschaftsstruktur des Landes verändern sollten. So wurde der Grundstein für das an der Oder zu errichtende Eisenhüttenkombinat Ost (EKO) im ersten Jahr des ersten Fünfjahrplanes gelegt. Der Aufbau sollte am Ende des Perspektivplanzeitraumes beendet sein. Ebenfalls zu Beginn des ersten Fünfjahrplanes begann die Errichtung der Eisenhüttenwerke West in Calbe an der Saale sowie der Großkokerei Lauchhammer, zweier weiterer »Großbauten des ersten Fünfjahrplanes«.[21]

Der zweite Fünfjahrplan sah den Bau neuer Kraftwerke in Trattendorf und Berzdorf sowie den Aufbau der Gaserzeugung im Kombinat ›Schwarze Pumpe‹ in der Lausitz vor, das für viele Jahre das größte Investitionsobjekt in der Industrie werden sollte.[22] Der Beginn des Siebenjahrplanes war mit der Entscheidung über den Aufbau bedeutender Investitionsobjekte der chemischen Industrie wie des Erdölkombinats Schwedt an der Oder, des Werkes Leuna II, der Gipsschwefelsäurefabrik Coswig und des Kunstfaserkombinats in Guben verbunden.[23] Charakteristische Teile der geplanten Werksanlagen wurden auf Plakaten, die für die Perspektivpläne warben, abgebildet. Im Vordergrund lächelten die Aktivisten, im Hintergrund zeichneten sich bereits die Konturen des zu bauenden beziehungsweise bereits im Bau befindlichen Werkes ab.

In engem Zusammenhang mit den mittelfristigen Plänen standen perspektivische Industriezweigprogramme, die gewissermaßen das industrielle Rückgrat der volkswirtschaftlichen Perspektivpläne bildeten, wie das 1957 gestartete Kohle- und Energieprogramm, das in engem Zusammenhang mit dem zweiten Fünfjahrplan stand, und das 1959 begonnene Chemieprogramm, das die Entwicklung des wichtigsten Industriezweiges während des Siebenjahrplanes regelte. Für das Funktionieren der Planwirtschaft hatten die immer wieder genannten Perspektivpläne allerdings nicht die Bedeutung, die man ihnen aufgrund der Rolle, die sie in der Produktionspropaganda spielten, zuschreiben möchte. In den 50er Jahren, aber auch später, war die zukünftige Wirtschaftsentwicklung über mehrere Jahre nie so exakt erfaß- und voraussehbar, daß sie in verbindlichen Kennziffern über fünf oder sieben Jahre hinweg festgelegt werden konnte. Auch wenn die Direkti-

501 ›Plandiskussion‹, Gemälde von Willi Gerike und Hans Zank, um 1950

ven für die Perspektivpläne grundsätzlich auf Parteitagen der SED beschlossen wurden und als Grundlage der später von der Volkskammer verabschiedeten Gesetze über den Fünfjahrplan usw. dienten, das Hauptsteuerungsinstrument der DDR-Wirtschaftsplanung war der Jahresplan.[24]

Das Konzept für den Jahresplan wurde während der 50er Jahre gewöhnlich bis Mai eines laufenden Jahres für das kommende Jahr erarbeitet. Grundlagen waren die bereits im Perspektivplan enthaltenen oder zusätzlich vorgegebenen Direktiven der SED-Führung, die Analyse des Wirtschaftsablaufs im vorangegangenen Jahr sowie die Einschätzung des Plananlaufs für das laufende Jahr. Entsprechend den in der Planungszentrale entwickelten Vorstellungen wurden Produktionsanforderungen nach Art und Menge des Erzeugnisses an die Industriezweigministerien gegeben. Die Planziele waren im Bereich der Grundstoffindustrie häufig sehr detailliert, bis hin zu einzelnen Produkten im Plan (zum Beispiel Feinbleche unter 3 mm in Tonnen); für die Konsumgüterindustrie waren sie dagegen meist allgemeiner gefaßt (zum Beispiel Streichgarngewebe, Wolle, in 1 000 qm). In den 50er Jahren schwankte die Anzahl der im Staatsplan enthaltenen Erzeugnisse zwischen 440 und 950. Die Erzeugnismenge insgesamt und der vom Zweigministerium für den einzelnen Betrieb vorgesehene Produktionsumfang waren zunächst noch in bestimmtem Maße verhandlungsfähig. Über die Planhöhe konnte und sollte diskutiert werden.

In der Produktionspropaganda spielte die Plandiskussion, an der sich nach Möglichkeit das Werkskollektiv in seiner Gesamtheit ebenso wie die Arbeiter jeder Produktionseinheit (Brigade) für den auf ihre Abteilung aufgeschlüsselten Plan mit eigenen Vorschlägen beteiligen sollten, die herausragende Rolle. Das traf so die Realität nicht. Es wäre aber falsch anzunehmen, daß es zum Planprojekt keine Diskussionen, Auseinandersetzungen oder Beratungen gegeben hätte. Jedoch beteiligte sich daran hauptsächlich das wirtschaftleitende Personal.[25] Im September erreichte das in den Betrieben diskutierte Planprojekt wieder die Plankommission, die es aufgrund der eingegangenen

502 Tischzier mit Emblem des Fünfjahrplanes, 1956

Vorschläge überarbeitete. Voraussetzung für deren Berücksichtigung war, daß diese Vorschläge der volkswirtschaftlichen Zielvorgabe entsprachen. Von den Betrieben erhobene Forderungen nach Bewilligung zusätzlicher Arbeitskräfte oder Investitionsmittel, die zum Schwerpunktzweig des Jahres- beziehungsweise Fünfjahrplanes gehörten, hatten bessere Chancen berücksichtigt zu werden, als Wünsche von Unternehmen in Branchen, für die keine zusätzlichen Mittel vorgesehen waren. Ob der einzelne Betrieb gut oder schlecht gewirtschaftet, Gewinn gemacht oder Verluste eingefahren hatte, spielte dabei kaum eine Rolle. Die Gegenüberstellung von Aufwand und Ertrag war praktisch aufgehoben.

Bevor der von der Plankommission zusammengestellte Plan der Volkskammer zur Beschlußfassung vorgelegt und im Gesetzblatt veröffentlicht werden konnte, beschäftigte sich das Politbüro der SED noch einmal mit ihm. Nach den Aussagen des langjährigen Planungschefs Schürer wurden zu diesem Zeitpunkt die vorgesehenen Zuwachsraten meist willkürlich erhöht. Dabei wurde von den SED-Funktionären gegenüber den nüchtern bilanzierenden Planern immer wieder auf Leistungsreserven, die durch die Mobilisierung der Betriebsbelegschaften erschlossen werden könnten, hingewiesen. War der Plan dann zu hoch, reichte die Reaktionsskala in den Betrieben, die ihren Teil an dem Jahresplan zu erfüllen hatten, von Lethargie und Interesselosigkeit bis zum – selten anzutreffenden – offenen Protest.[26]

Produktionsziele, die von den Betrieben offensichtlich nicht zu erfüllen waren, zum Beispiel weil nicht genügend Material oder Zulieferungen zu beschaffen waren, wurden im Laufe des Jahres überwiegend wieder zurückgenommen. Dieser Vorgang nannte sich »Planpräzisierung«; er war für die Betriebsbelegschaften deshalb besonders wichtig, weil von der Erfüllung des Jahresplanes (niemals des Perspektivplanes) die zusätzlich zum Lohn gezahlten Prämien abhingen. Da aufgrund von Materialknappheit und Zulieferproblemen ständig die Gefahr bestand, daß die Pläne nicht erfüllt wurden, war einer der Hauptinhalte des sozialistischen Wettbewerbs – »von Mann zu Mann, von Brigade zu Brigade und von Betrieb zu Betrieb« –, daß die laufenden Pläne übererfüllt wurden. Das geschah meist ohne Rücksicht auf

503 Broschüre, die den Fünfjahrplan der breiten Bevölkerung bekannt machen soll, 1951

504 Grußbotschaft an Wilhelm Pieck am 1. Mai 1951 in Chemnitz (Text: »Tewu« / Sächsische Schrauben- und Mutternfabrik / Unserem Wilh. Pieck zum Gruß die Meldung / Sämtl. Planziffern des 1. Quartals / erfüllt / und übererfüllt!)

zusätzliche Kosten und oft auch unter Mißachtung der Qualitätsstandards.

Wichtiger war, wieviel Tage Planvorsprung die Kollektive herausgearbeitet hatten. Damit kam man in die Medien. Das wurde auch auf der Maikundgebung laut verkündet, wenn die Mitarbeiter des Betriebes an der Tribüne vorbeizogen. Gefeiert wurden besonders jene Betriebe, denen es gelungen war, mehrere Jahre hintereinander den (»präzisierten«) Plan zu erfüllen.

Ein langfristiger Plan wurde für die DDR erstmals am Ende der 50er Jahre, parallel zum Siebenjahrplan, ausgearbeitet. Dieser Plan, Generalperspektive genannt, beinhaltete eine erste »vorläufige Zusammenfassung der Grundzüge der Entwicklung der Volkswirtschaft der DDR bis 1975«.[27] Er enthielt grundlegende Zielvorstellungen, die sich vor allem an der prognostizierten Entwicklung von Wissenschaft und Technik und an den Aussichten der Kooperation mit der Sowjetunion und anderen Ländern der Planwirtschaft orientierten. Aus ihm sollten die schon detaillierteren Ziele für die Perspektivpläne abgeleitet und über Jahrespläne schließlich realisiert werden. Aber diese Kombination von lang-, mittel- und kurzfristigen Wirtschaftsplänen war in der DDR überwiegend eine Wunschvorstellung. So wurde die »Generalperspektive« bald ein Opfer der 1960 in der DDR einsetzenden krisenhaften Entwicklung. Die Arbeiten an diesem langfristigen Plan wurden von der Staatlichen Plankommission im Herbst 1960 eingestellt, ein halbes Jahr bevor auch der Siebenjahrplan ad acta gelegt werden mußte.

### Die Arten der Pläne: ihre Bedeutung für die Produktionspropaganda

Die langfristigen Pläne wurden von einer relativ kleinen Gruppe von Experten erarbeitet und der SED-Führung vorgelegt. Sie waren in der Regel nur den Fachleuten bekannt. In der Produktionspropaganda spielten sie kaum eine Rolle. Diese konzentrierte sich sehr stark auf die mittelfristige Planung, von der wir wissen, daß sie ein relativ unverbindliches Programm darstellte. Warum die Perspektivpläne und nicht das »Hauptsteuerungs-

505 Leistungsnachweis der Maschinenausleihstation (MAS) Grimma, um 1950: »Unsere Aktivisten Horst Stephan, der im vergangenen Jahr seine große Leistung vollbrachte und das Maschinensoll mit 112 Prozent übererfüllte und der Aktivist Arthur Bonnewitz, der mit seinem Traktor bei Feld- und Ackerarbeiten das Soll mit 127 Prozent übererfüllte, wollen in diesem Jahr noch größere Erfolge erzielen.« (Zeitgenössische Beschriftung; Foto: Pohl/Höhne)

instrument« Jahresplan im Mittelpunkt der Produktionspropaganda standen, mag zunächst verwundern. Es leuchtet jedoch ein, daß der Perspektivplan weit besser als der Jahresplan geeignet war, markante, einprägsame, für jeden Bürger leicht faßbare Ziele vorzuführen. Beeindruckende Investitionsobjekte brauchten mehrere Jahre Bauzeit, um die Produktion aufzunehmen und die dringend benötigten beziehungsweise schon geraume Zeit entbehrten Produkte liefern zu können. So versprach das Kohle- und Energieprogramm ein Ende der störenden Stromabschaltungen für Haushaltungen, das Chemieprogramm eine Erweiterung der Erzeugnispalette chemischer Produkte vom Dünger über synthetische Kleidung bis zu pharmazeutischen Erzeugnissen und damit »Brot, Wohlstand und Schönheit«. Der erste Fünfjahrplan versprach, »daß wir pro Kopf der Bevölkerung sogar mehr Fleisch, Zucker, Milch usw. zur Verfügung haben als 1936«,[28] der Siebenjahrplan bei vielen Konsumgütern westdeutsches Verbrauchsniveau.

Derart einprägsame Ziele konnten Jahrespläne nicht bieten. Sie beinhalteten, wenn es mit der Verbindung von kurz- und mittelfristiger Planung klappte, Etappen auf dem Weg ins Ziel, fungierten als »Jahresscheiben«. Die für das Arbeitstempo und das Einkommen der Betriebsbelegschaften so wichtigen Jahrespläne wurden hauptsächlich von der betrieblichen Produktionspropaganda angesprochen: Planerfüller und -übererfüller fanden ihren Platz in der ›Straße der Besten‹, wurden öffentlich gelobt, erhielten Orden, Medaillen, Preise und Ehrentitel, wurden »Aktivist« (ab 1949) oder erhielten die ›Medaille für ausgezeichnete Leistungen‹ (ab 1951). Diese Auszeichnungen waren außer mit Urkunde und Abzeichen mit einer Geldprämie verbunden. Wenn solche Belohnungen auch vorbildlichen Leistungen bei der Erfüllung des Jahresplanes gewidmet waren, so

506 Selbstverpflichtung zur Planerfüllung auf dem III. Parteitag der SED in Berlin, 20. Juli 1950 (Foto: Quaschinsky)

blieb die stärkere Orientierung auf die Perspektivpläne doch in gewisser Weise gewahrt: Man wurde ›Aktivist des Fünfjahrplanes‹ (ab 1953) beziehungsweise (ab 1960) ›Aktivist des Siebenjahrplanes‹[29] (s. u. a. Abb. 428, S. 295).

Ein wesentlicher Unterschied zwischen der Produktionspropaganda für mittel- und für kurzfristige Pläne lag in der Breite der angesprochenen Zielgruppe. Die Jahresplanziele sollten den jeweiligen Betriebsbelegschaften in den volkseigenen Betrieben bekannt sein, den potentiellen Teilnehmern am sozialistischen Wettbewerb. Die Propagierung der Perspektivplanziele erfolgte dagegen mit Blick auf die gesamte Bevölkerung. Es war kein Zufall, daß die mit einer Vielzahl von Grafiken, Zeichnungen und einigen Fotografien aufgemachte Broschüre über den ersten Fünfjahrplan, die an alle Haushalte der DDR verteilt wurde, eine lächelnde Familie unter blauem Himmel zeigte und Walter Ulbrichts einleitende Bemerkungen mit »Lieber Bürger, liebe Bürgerin« begannen.[30] Ulbrichts Rede vor der Volkskammer zur Verabschiedung des Perspektivplanes 1959–1965 erhielt nebst Plandokument in einer in 800 000 Exemplaren aufgelegten Broschüre den Titel ›Der Siebenjahrplan des Friedens, des Wohlstands und des Glücks des Volkes‹.

### Bergbau und Schwerindustrie: ihre Bedeutung für die DDR-Wirtschaft und ihre Hervorhebung in der Produktionspropaganda

Geht man nach den Berufen, die die auf den Plakaten abgebildeten Aktivisten und Bestarbeiter verkörpern, dann sind wohl der Kumpel und der Stahlwerker am häufigsten vertreten. Sie stehen für den Bergbau und die Schwerindustrie. Letztere umfaßte vor allem die Metallurgie, die Energieerzeugung, die Herstellung von Produktionsausrüstungen für andere Industriezweige, damals als Schwermaschinenbau bezeichnet und von dem Allgemeinen oder Leicht-Maschinenbau abgeho-

507 Plakat zum Zweijahrplan, 1948? (Entwurf: Heinz Becker)
508–510 Plakate informieren über den erreichten Leistungsstand im Rahmen des Zweijahrplanes, 1949

511 Plakatpropaganda zum Siebenjahrplan, 1959

ben, sowie die Grundstoffchemie. Die Abschnitte über Bergbau und Energie leiteten das Kapitel ›Industrie‹ in jedem der Perspektivplandokumente ein. Es folgte die Metallurgie. Der erste Fünfjahrplan wurde als Plan der Schwerindustrie bezeichnet. »War die Deutsche Demokratische Republik bisher vorwiegend ein Land der Leichtindustrie, so wird nach Durchführung des Fünfjahrplanes ihr Gesicht durch die Schwerindustrie bestimmt«, verkündete im ersten Jahr des Fünfjahrplanes der damalige Chef der Staatlichen Plankommission, Heinrich Rau, bei der Begründung des Planes vor der Volkskammer.[31]

Es war jedoch nicht so, daß Bergbau und Metallurgie das Gesicht der DDR-Industrie in den 50er Jahren bestimmten. Noch im Jahre 1955, als die DDR nach Rau bereits ein Land der Schwerindustrie sein sollte, arbeiteten in der Leicht- und Lebensmittelindustrie fast eine Million Menschen, mehr als in der metallverarbeitenden Industrie. In der Grundstoffindustrie (Energie, Bergbau, Metallurgie, chemische und Baumaterialienindustrie zusammengenommen) war es hingegen nur eine Dreiviertelmillion. Der größte Industriezweig war, gemessen an der Anzahl der Beschäftigten, nach wie vor die Textilindustrie, gefolgt vom Allgemeinen Maschinenbau und vom Schwermaschinenbau. Wäre es in der Produktionspropaganda um die tatsächliche Repräsentation der in der Industrie Beschäftigten gegangen, so hätte die Textilarbeiterin am häufigsten plakatiert werden müssen, gefolgt vom »Leicht«-Maschinenbauer, der zum Beispiel Maschinen für die Lebensmittelherstellung und die Textilindustrie erzeugte.[32]

Und doch hatte die Hervorhebung des Bergmanns und des Stahlwerkers in der Produktionspropaganda einen realen wirtschaftlichen Hintergrund: Als im Jahre 1948 der Zweijahrplan ausgearbeitet wurde, waren die Kapazitäten des Maschinenbaus nur zu 60 Prozent ausgelastet.[33] Die Auslastung der Textilindustrie war in großen Bereichen noch geringer. Den Maschinenbauern fehlte es vor allem an dem wichtigsten Material, Stahl, um die Produktion rasch voranzubringen. Da die Stahllieferungen aus dem Rheinisch-Westfälischen Industriegebiet mit dem Fortschreiten des Kalten Krieges immer unzureichender und unsicherer wurden, aber auch die Sowjetunion und die anderen osteuropäischen Länder nicht genügend Stahl in die DDR liefern konnten beziehungsweise im Austausch dafür materialintensive Produkte des Schwermaschinenbaus wie Schiffe und Waggons verlangten, war der rasche Ausbau der Metallurgie enorm wichtig. Der eigene Bergbau aber hatte für die Hüttenindustrie zumindest einen Teil der Eisenerze zur Verfügung zu stellen, koste es, was es wolle. So wurden zum Beispiel der Abbau in wegen Unrentabilität 1926 aufgegebenen Erzgruben in Elbingerode im Harz wieder aufgenommen und zur Verhüttung der niedrigprozentigen Eisenerze des Harzes und Harzvorlandes die speziell für dieses Erz konstruierten Niederschachtöfen in Calbe/Saale angeblasen.[34]

Wenn auch Grube und Hüttenwerk unter betriebswirtschaftlichen Gesichtspunkten unrentabel arbeiteten, volkswirtschaftlich war der mit dem zusätzlichen Roheisen geschmolzene Stahl für den nunmehr besser auslastbaren Maschinenbau ein großer Gewinn. Durch die ebenfalls im ersten Fünfjahrplan durchgeführte Umrüstung von 24

Maschinenbaubetrieben auf Erzeugnisse des Schwermaschinenbaus wurden die Voraussetzungen geschaffen, um aus der Sowjetunion Steinkohle und Koks, aber auch Wolle und Baumwolle, für die Textilindustrie dringend benötigte Rohstoffe, importieren zu können.

Von diesen Überlegungen wurde auch die Verteilung der Investitionen in den Perspektivplänen bestimmt. Während des ersten Fünfjahrplanes gingen mehr als zwei Drittel der zentral vergebenen Investitionen in die Grundstoffindustrie, während sich metallverarbeitende und Leichtindustrie das verbleibende Drittel teilen mußten. Im Jahre 1955 entfielen drei Viertel aller Investitionen innerhalb der Industrie auf die Grundstoffindustrie. Bis zum Jahre 1961 hatte sich dieses Grundverhältnis, ungeachtet der Verschiebungen innerhalb der Schwerindustrie von Erzbergbau und Metallurgie zur Energie-, Brennstoff- und chemischen Industrie entsprechend den wechselnden Schwerpunkten des ersten und zweiten Fünfjahrplanes und des Siebenjahrplanes, kaum verändert.[35] Die Konzentration von zwei Dritteln bis drei Vierteln der Investitionsmittel auf den schwerindustriellen Bereich war nur deshalb möglich, weil Gewinne und Abschreibungen aus der gesamten Volkswirtschaft in der Industrie abgeliefert werden mußten und innerhalb der Industrie wiederum die Leichtindustrie die Schwerindustrie mitfinanzierte. So sah der Plan für 1949, das erste Jahr des Zweijahrplanes, vor, daß die Metallurgie das Siebenfache der Abschreibungen auf vorhandene Anlagen investieren sollte, die Kohleindustrie das Anderthalbfache, die Leichtindustrie hingegen nur ein Fünftel.[36]

Es hätte aus rein volkswirtschaftlichen Erwägungen nahegelegen, die Arbeiter und Angestellten, Aktivisten und Bestarbeiter in der Textil- und Bekleidungsindustrie, in der Lebensmittelindustrie und im Textilmaschinenbau genauso öffentlich zu ehren wie die Bergleute und Stahlwerker, denn die Mittel für die Erschließung von Erzgruben und den Aufbau von Stahlwerken wurden zu einem beträchtlichen Teil in jenen Industriezweigen erarbeitet. Aber der Produktionspropaganda ging es nicht in erster Linie um die Ehrung von Fleiß und Einsatz einzelner Arbeiter oder von Brigaden an sich, sondern – ähnlich wie bei der 1951 eingeführten Staffelung der Industriezweigtarife – um die Hervorhebung derjenigen, die in »Schwerpunktzweigen« besondere Leistungen vollbrachten. So mußte der erste groß propagierte Aktivist, Hennecke, aus dem Bergbau kommen. Die erste sozialistische Brigade, die zwei Monate nach der Verabschiedung des Siebenjahrplanes und des Chemieprogramms entstand, mußte in einem Chemiebetrieb arbeiten. Aus der Bevorzugung der Schwerindustrie ergab sich, daß die Wettbewerbe der Stahlwerker während der 50er Jahre viel mehr im Mittelpunkt der Aufmerksamkeit der DDR-Medien standen als die der Textilarbeiterinnen.

512 Die Stahlwerker des Ofens IV als Sieger eines Sonderwettbewerbs im Stahlwerk Gröditz, September 1951

### Die Orientierung der Pläne auf das ganze Deutschland

Der Historiker und Publizist Peter Bender charakterisiert in seinem Buch zur Geschichte des geteilten Deutschland die 50er Jahre so: »Das Gefühl, daß Deutschland eins sei, war so stark und selbstverständlich, daß alle darauf Rücksicht nehmen mußten. So verlief der Prozeß der Teilung mit fataler Gleichartigkeit auf beiden Seiten: Nahezu alles geschah im Namen der Einheit ... Da jeder am Modell für den Gesamtstaat arbeitete, behauptete er, die weitere Vollendung des eigenen Modells diene dem künftigen gemeinsamen Vaterland ...«[37]

513 Plakatpropaganda für die »sozialistische Friedensproduktion«, 1959 (Entwurf: Ballenthin)

Hinsichtlich der DDR traf diese Beobachtung Benders vielleicht in besonderem Maße für die Wirtschaftsplanung zu. Seitdem sich die Ostzone und die Westzonen 1948 für konträre Wirtschaftsformen entschieden hatten, entfernte sich die ostdeutsche Wirtschaft von Jahr zu Jahr weiter von der westdeutschen, sowohl bezüglich der Lenkungsmethoden und der Eigentumsverhältnisse wie auch der Produktionsstruktur. Ungeachtet dessen wurde von der SED-Führung immer wieder beschworen, daß der Wirtschaftsplan der Einheit Deutschlands diene.

»Unser Ziel bleibt ... ein gesamtdeutscher Plan«, verkündete Walter Ulbricht, als er im Frühsommer 1948 den Zweijahrplan für die Ostzone vorstellte. Ein solcher Plan sei im Augenblick noch nicht zu verwirklichen. Aber der Zweijahrplan würde die gesamtdeutsche Planung näherbringen, denn »die Durchführung unseres Zweijahrplanes wird dem ganzen deutschen Volke beweisen, daß ... die Wirtschaftsordnung, wie sie in der sowjetischen Besatzungszone verwirklicht ist, der kapitalistischen Wirtschaftsanarchie Westdeutschlands überlegen ist und damit für ganz Deutschland ein lebendiges Beispiel gibt«.[38] Ähnliche Töne waren bei der Veröffentlichung des ersten und zweiten Fünfjahrplanes zu hören. Anläßlich der Verabschiedung des Siebenjahrplanes durch die Volkskammer erklärte Walter Ulbricht, auf die »ökonomische Hauptaufgabe« des Perspektivplanes anspielend, im Oktober 1959: »In wenigen Jahren werden wir in Deutschland die Überlegenheit der sozialistischen Gesellschaftsordnung über die imperialistische Herrschaft in Westdeutschland beweisen. Wer kann daran zweifeln, daß unserer gerechten Sache die Zukunft gehört? ... Unser Plan dient der friedlichen Lösung der deutschen Frage.«[39]

1 Gesetz über den Siebenjahrplan zur Entwicklung der Volkswirtschaft der Deutschen Demokratischen Republik in den Jahren 1959 bis 1965, in: Ulbricht, Walter: Der Siebenjahrplan des Friedens, des Wohlstands und des Glücks des Volkes, Berlin 1959, S. 159.

2 Bendrath, S. / Müller, K. / Schrott, G.: Durch Aufbau der sozialistischen Industrie zur bedeutenden Industriemacht Europas, in: Vierteljahreshefte zur Statistik der Deutschen Demokratischen Republik, 3-4, 1959, S. 96.

3 Ebenda, S. 100.

4 Schönborn, Heinz: Durch hohe Leistungen im Handel zur besseren Versorgung der Bevölkerung, in: Vierteljahreshefte zur Statistik der Deutschen Demokratischen Republik, 3-4, 1959, S. 119.

5 Roesler, Jörg: Wende in der Wirtschaftsstrategie, in: Cerny, Jochen (Hg.): Brüche – Krisen – Wendepunkte. Neubefragung von DDR-Geschichte, Leipzig/Jena/Berlin 1990, S. 179.

6 Vgl. Staritz, Dietrich: Geschichte der DDR. Erweiterte Neuausgabe, Frankfurt am Main 1996, S. 172.

7 Weber, Hermann (Hg.): DDR. Dokumente zur Geschichte der Deutschen Demokratischen Republik 1945–1985, München 1986, S. 252.

8 SED-Bezirksleitung Groß-Berlin. Abteilung Agitation/Propaganda (Hg.): Die große nationale Bedeutung des Siebenjahrplanes der Deutschen Demokratischen Republik, Berlin 1960.

9 Fritz Selbmann: Planwirtschaft oder Wirtschaftsplanung, in: ders.: Demokratische Wirtschaft, Dresden 1948, S. 93.

10 Selbmann, Fritz: Planung und Wirtschaftspolitik, in: ders.: Reden und Tagebuchblätter 1933–1947, Dresden 1947, S. 110 f.

11 Selbmann: Planwirtschaft (wie Anm. 9), S. 109.

12 Roesler, Jörg: Zwischen Plan und Markt, Berlin 1991, S. 18-20.

13 Selbmann: Planwirtschaft (wie Anm. 9), S. 109.
14 Bendrath/Müller/Schrott (wie Anm. 2), S. 100.
15 Glastetter, Werner: Die wirtschaftliche Entwicklung der Bundesrepublik Deutschland im Zeitraum 1950 bis 1975. Befunde und Aspekte, Berlin/Heidelberg/New York 1977, S. 73.
16 Ulbricht (wie Anm. 1), S. 171; Roesler (wie Anm. 12), S. 18.
17 Klemm, B. / Trittel, G. J.: Vor dem »Wirtschaftswunder«. Durchbruch zum Wachstum oder Lähmungskrise?, in: Vierteljahreshefte für Zeitgeschichte, 4/1987, S. 574.
18 Ulbricht, Walter: Planmäßige Wirtschaft sichert die Zukunft des deutschen Volkes, in: Der deutsche Zweijahrplan für 1949–50, Berlin 1948, S. 8.
19 Lenin, W. I.: Die große Initiative, in: Werke, Bd. 29, Berlin 1961, S. 417.
20 Schürer, Gerhard: Gewagt und verloren. Eine deutsche Biografie, Frankfurt/Oder 1996, S. 66.
21 Rau, Heinrich: Der Fünfjahrplan – ein Plan des Volkes, in: ders.: Für die Arbeiter- und Bauern-Macht. Ausgewählte Reden und Aufsätze 1922–1961, Berlin 1984, S. 260, 262.
22 Direktive für den zweiten Fünfjahrplan zur Entwicklung der Volkswirtschaft in der Deutschen Demokratischen Republik 1956 bis 1960, Berlin 1956, S. 15-17.
23 Gesetz über den Siebenjahrplan, in: Ulbricht (wie Anm. 1), S. 173-194.
24 Gesetz über den Volkswirtschaftsplan 1951, das erste Jahr des Fünfjahrplanes der Deutschen Demokratischen Republik, vom 14. März 1951, Berlin 1951.
25 Vgl. Wenzel, Siegfried: Wirtschaftsplanung in der DDR. Struktur – Funktion – Defizite, in: Berliner Arbeitshefte und Berichte zur sozialwissenschaftlichen Forschung, Nr. 75, 1992, S. 14.
26 Vgl. Schürer (wie Anm. 20), S. 69.
27 Roesler, Jörg: Von der Generalperspektive zum Neuen Ökonomischen System, in: Mannheimer Berichte, 33/1987, S. 9.
28 Gesetz über den Fünfjahrplan zur Entwicklung der Volkswirtschaft der Deutschen Demokratischen Republik 1951–1955, Berlin 1951, S. 4.
29 Vgl. Tautz, Günter: Orden, Preise und Medaillen. Staatliche Auszeichnungen der Deutschen Demokratischen Republik, Leipzig 1980, S. 7.
30 Fünfjahrplan 1951–1955 (wie Anm. 28), S. 2.
31 Rau (wie Anm. 21), S. 255.
32 Statistisches Jahrbuch der Deutschen Demokratischen Republik 1955, Berlin 1956, S. 121.
33 Ulbricht (wie Anm. 18), S. 25.
34 Vgl. Autorenkollektiv: Ökonomische Geographie der Deutschen Demokratischen Republik, Gotha/Leipzig 1969, S. 202-204.
35 Baar, Lothar / Müller, Uwe / Zschaler, Frank: Strukturveränderungen und Wachstumsschwankungen. Investitionen und Budget in der DDR 1949 bis 1989, in: Jahrbuch für Wirtschaftsgeschichte, 2/1959, S. 68; Roesler, Jörg: Die Herausbildung der sozialistischen Planwirtschaft in der DDR, Berlin 1978, S. 68.
36 Vgl. Zentralverordnungsblatt der Deutschen Demokratischen Republik, Teil I/1949, Nr. 49, S. 424.
37 Bender, Peter: Episode oder Epoche? Zur Geschichte des geteilten Deutschland, München 1996, S. 147.
38 Ulbricht (wie Anm. 18), S. 8.
39 Ulbricht (wie Anm. 1), S. 153 f.

517

## Schaukasten: Aktivisten

Um die ausgepowerte und verunsicherte Volkswirtschaft wieder in Gang zu bringen, zugleich aber auch die geplante Veränderung der Eigentumsordnung unter Kontrolle zu halten, setzte die SMAD im Juni 1947 die ›Deutsche Wirtschaftskommission‹ (DWK) als Zentralbehörde ein. Der 2. Parteitag der SED rief im September dazu auf, sich verstärkt für den wirtschaftlichen Aufbau einzusetzen, und gab die Losung aus: »Mehr produzieren, gerechter verteilen, besser leben!« Am 10. Oktober 1947 erließ die SMAD ihren Befehl Nr. 234 »Über Maßnahmen zur Erhöhung der Arbeitsproduktivität und zur weiteren Verbesserung der materiellen Lage der Arbeiter und Angestellten der Industrie und des Verkehrswesens«. Darin wurden Verbesserungen der allgemeinen und innerbetrieblichen Versorgung verknüpft mit einschneidenden Veränderungen von Arbeitsordnung und Lohnsystem (Einführung von Arbeitsnormen). Der Einfluß der Betriebsräte wurde beschränkt, denn gewerkschaftliche Arbeit sollte sich künftig vor allem auf die Steigerung von Arbeitsproduktivität und -disziplin konzentrieren. Als die SED im Sommer 1948 den Zweijahrplan beschloß, war darin als »Planziel« für 1950 eine Zunahme der Arbeitsproduktivität von 30 Prozent, aber nur ein Anwachsen der Gesamtlohnsumme von 15 Prozent vorgesehen.

Das Dilemma bestand von Anfang an. Wo in der kapitalistischen Wirtschaftsordnung Anreiz und Entgelt für gesteigerte Arbeitsleistung durch Profiterwartung und Konkurrenz bestimmt wurden, mußte unter grundlegend veränderten Produktionsbedingungen ein anderes Prinzip wirksam werden. Wo das »Volkseigentum« an Produktionsmitteln sklavische Schufterei in »sozialistische Arbeit« verwandelte, sollten die »Werktätigen« gemäß marxistisch-leninistischer Theorie im sozialistischen Wettbewerb die »umfassendste Form ihrer schöpferischen Teilnahme an der Planung und Leitung der Produktion« erfahren. Da man sich aber erst auf dem Weg dorthin befand, ging es im wirtschaftlichen Alltag der DDR vorrangig immer um Steigerung der Arbeitsproduktivität und eine entsprechend intensive Produktionspropaganda. Es begann 1947 mit der sowjetischem Vorbild nacheifernden »Aktivistenbewegung«, deren bekanntester Held der Bergmann Adolf Hennecke wurde. Der erste Aktivist hieß Sepp Weniger, dessen Name sich aber schlecht für eine Kampagne zur Mehrarbeit eignete. Daraus entwickelten sich die »Neuererbewegung« beziehungsweise die »Rationalisatoren- und Erfinderbewegung«. 1953 verkörperte die Weberin Frida Hockauf die Parole: »So wie wir heute arbeiten, wird morgen unser Leben sein!« Zu einer Fortsetzung des Wettbewerbs auf »höherer Stufe« kam es 1959, als die vorbildlichen Einzelleistungen zur kollektiven Norm der ›Brigaden der sozialistischen Arbeit‹ werden sollten. Die vielen Anstrengungen brachten den Wettbewerbssiegern Belobigungen, Auszeichnungen, Ehrentitel und -banner oder die öffentliche Zurschaustellung in der ›Straße der Besten‹ ein, aber auch Geldprämien und andere Vergütungen. In den 60er Jahren kam während der Experimente mit dem »neuen ökonomischen System« zeitweilig sogar ein »Prinzip der materiellen Interessiertheit« zu offizieller Geltung im Wirtschaftsprozeß.

515

514

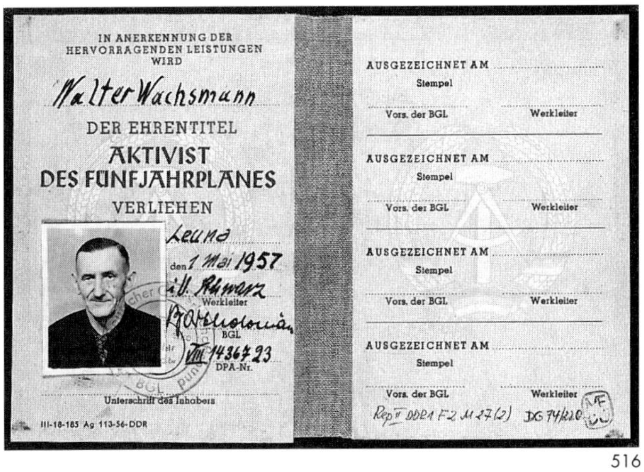
IN ANERKENNUNG DER HERVORRAGENDEN LEISTUNGEN WIRD

Walter Wachsmann

DER EHRENTITEL

AKTIVIST DES FÜNFJAHRPLANES

VERLIEHEN

Leuna

den 1 Mai 1957

Werkleiter

BGL

VIII 1436723

DPA-Nr.

Unterschrift des Inhabers

III-18-185 Ag 113-56-DDR

AUSGEZEICHNET AM

Stempel

Vors. der BGL — Werkleiter

AUSGEZEICHNET AM

Stempel

Vors. der BGL — Werkleiter

AUSGEZEICHNET AM

Stempel

Vors. der BGL — Werkleiter

AUSGEZEICHNET AM

Stempel

Vors. der BGL — Werkleiter

516

518

Neue, bessere Arbeitsmethoden tragen dazu bei, den Aufbau des Sozialismus zu fördern und zu beschleunigen.

Als äußere

ANERKENNUNG

für

SEHR GUTE ARBEITSLEISTUNGEN

überreichen wir diesen

SPARGUTSCHEIN

über

DM --20.--

mit der Bitte, auch weiterhin alle Kräfte für die Erfüllung der uns gestellten Aufgaben im Fünfjahrplan einzusetzen und damit zur Erreichung eines glücklichen Lebens in Frieden und Wohlstand beizutragen.

Berlin, den 27.4.1953

BGL — Betriebsleitung

521

514 Erntefest der MAS Baruth (Brandenburg) am 23. September 1950

515 Trümmerbeseitigung in Berlin, 1948/49 (Foto: Gerhard Gronefeld)

516 Ausweis zum Ehrentitel ›Aktivist des Fünfjahrplanes‹ von Walter Wachsmann, 1. Mai 1957

517 Eine Gruppe von Aktivisten und Aktivistinnen während einer Demonstration anläßlich der II. Parteikonferenz am 11. Juli 1952 (Foto: Sturm)

518 Rückseite eines Spargutscheines, 27. April 1953

519 Aktivisten-Schärpe mit dem Emblem des Fünfjahrplanes, 1952–1954

520

519

522

523

524

520 Plakat zum ›Tag der Aktivisten‹ am 13. Oktober 1951 (Entwurf: Ehmer/Kupsch)

521 Friedrich-Engels-Banner des Zentralvorstandes der IG Eisenbahn für Sieger im Wettbewerb um die grüne Strecke, 1951–1955

522 Wettbewerbsfahne der FDJ-Bezirksleitung Halle für die beste Jugendbrigade des Jugendflügels ›Wilhelm Pieck‹, 1954

523 Tischwimpel für ›Kollektive der sozialistischen Arbeit‹, 1962

524 Wettbewerbsfahne des Braunkohlereviers Welzow für Sieger im Juni-Wettbewerb 1951

525

526

528

525 Adolf Hennecke (links) und Friedrich Ebert (rechts) auf der 1. Aktivistenkonferenz in Berlin am 4. und 5. Februar 1949

526 Ein ›Held der Arbeit‹ verliest unter den Kollegen den ›Tschutkich-Brief‹ und macht den Vorschlag, nach sowjetischem Vorbild einen Wettbewerb um den Titel ›Brigade der ausgezeichneten Qualität‹ zu organisieren, 26. Februar 1950

527 Zwei Schmiede des VEB Nagema in Halle erhalten den Titel ›Brigade der ausgezeichneten Qualität‹, Oktober 1950 (Foto: Thiele)

528 Die erfolgreiche ›Jugendbrigade Röhr‹ des VEB Leuna-Werke ›Walter Ulbricht‹, um 1955

527

Doris Müller

# »Wir bauen die erste sozialistische Straße Berlins«[1] Die Stalinallee in der politischen Propaganda im ersten Jahr des ›Nationalen Aufbauprogramms Berlin 1952‹

529 Blick auf die Tribüne am Strausberger Platz, 7. Januar 1953

Auf Schritt und Tritt begegneten den Berlinern und ihren Besuchern im Sommer 1996 die Werbeplakate für die »Schaustelle Berlin«. Eine clowneske, ziehharmonikaspielende weibliche Erscheinung forderte den Betrachter mit keckem Blick auf, die Baustellen der Hauptstadt zu besuchen. Die Baustelle wurde zum Ereignis, zum Symbol für eine glänzende Zukunft Berlins als deutsche Hauptstadt. Das erlebte diese Stadt nicht zum ersten Mal, wenngleich auch unter gänzlich anderen politisch-historischen und wirtschaftlichen Bedingungen als 1952. In diesem Jahr berichtete das ›Neue Deutschland‹ (ND), daß die Berliner ihre Sonntags-, Oster- und Weihnachtsausflüge anstatt ins Grüne lieber zu den Baustellen der Stalinallee unternahmen. 1952 begann der Neuaufbau der Straße, das erste Großprojekt im Rahmen des ›Nationalen Aufbauprogramms Berlin‹ (NAP), das wiederum Teil des ersten Fünfjahrplanes war. Von der Regierung der DDR, der SED und dem Magistrat von Groß-Berlin wurde das ambitionierte Bauvorhaben als Auftakt für den Aufbau eines neuen, besseren Deutschland und eines neuen, schöneren Berlin als Hauptstadt propagiert. Doch die Berliner sollten nicht nur schauen, sondern sich vor allem aktiv am Aufbau beteiligen. Um dies zu erreichen, mußte ihnen der politisch-ideologische Charakter des Neuaufbaus und der »neuen« Architektur gezielt vermittelt werden, damit er im Sinne seiner Initiatoren aus Regierung und Partei verstanden wurde. Diese staatsoffizielle propagandistische Seite des NAP stellt der folgende Beitrag in den Mittelpunkt. Auf die architektonisch-städtebaulichen Rahmenbedingungen und Konzeptionen wird daher nur kurz hingewiesen.

530 Diese Konstruktion stand 1952 inmitten der Trümmerlandschaft auf dem Bersarinplatz (Frankfurter Tor). Das Motiv der Aufbauhelfer vor dem Haus an der Weberwiese geht auf einen Entwurf für die Plakatserie zur Aufbaulotterie zurück

531 Blick über die Baustelle Stalinallee 1952. Rechts ist der bereits fertiggestellte Komplex rund um das Haus an der Weberwiese zu erkennen

Die Planungen für ein neues Berlin, die in den ersten Nachkriegsjahren von der Idee der aufgelockerten Stadt geprägt waren, erfuhren spätestens 1950 entscheidende Veränderungen.[2] In der Folgezeit wurde die Bedeutung des städtischen Zentrums in den Mittelpunkt der zukünftigen Planung gestellt und versucht, einen neuen und zugleich die »guten« Traditionen berücksichtigenden nationalen Baustil zu definieren.[3] Das Grundgerüst der städtebaulichen Konzeption stellte für das Ost-Berliner Zentrum die Magistrale vom Brandenburger Tor über den Alexanderplatz und die Stalinallee bis zum Bahnhof Lichtenberg dar. Der eigentliche Zentrumsbereich erfuhr erst seit Anfang der 60er Jahre eine Neugestaltung.

Die Frankfurter Allee erhielt am 21. Dezember 1949, anläßlich des 70. Geburtstages von Josef Wissarionowitsch Stalin, den Namen »des besten Freundes des deutschen Volkes«. In der Propaganda zum NAP 1952 schlug sich diese Namensgebung immer wieder als besondere Verpflichtung für alle am Aufbau Beteiligten nieder. Ausschlaggebend für den an dieser Stelle einsetzenden und propagandistisch besonders begleiteten Aufbau war zum einen der politische Symbolcharakter der Straße, auf der die Rote Armee nach Berlin einmarschiert war, zum anderen besaß gerade der Bau von Wohnungen in der Nachkriegssituation einen besonderen Stellenwert. Friedrichshain hatte vor dem Krieg eine dichte Bebauung mit Mietskasernen. Der programmatische Bau von Arbeiter-»Wohnpalästen«, die sich durch ausreichenden Einlaß von Licht und Luft sowie durch eine moderne Ausstattung mit Bädern, Müllschluckern und Zentralheizung auszeichnen sollten, bot sich hier an. Daß die Mieten auf Vorkriegsniveau gehalten werden konnten, war nur durch massive staatliche Subventionierung möglich. Zugleich favorisierte man unter Berufung auf das »Schönheitsempfinden« der zukünftigen Mieter eine repräsentative Gestaltung und polemisierte gegen die »Wohnmaschine« des Weimarer Siedlungsbaus sowie die »Schlichtwohnung« im westdeutschen sozialen Wohnungsbau der Nachkriegszeit.[4]

Die ersten Bauten, die an der Stalinallee beziehungsweise in deren Umgebung entstanden, waren vier Laubenganghäuser (1948–1950), die sich noch am modernen Bauen der 20er Jahre orientierten, was im Jahr ihrer Fertigstellung heftige Kritik hervorrief.[5] Von 1950 bis 1952 wurden der Komplex mit dem Hochhaus an der Weberwiese und anläßlich der III. Weltjugendfestspiele 1951 die Deutsche Sporthalle errichtet, der gegenüber das Stalin-Denkmal am 3. August 1951 seinen Platz fand. An diesen Gebäuden wurde bereits der Wandel in der architektonischen Formensprache deutlich. Zwischen 1952 und 1958 entstand der erste Abschnitt der Stalinallee zwischen Proskauer Straße und Strausberger Platz auf der Grundlage der überarbeiteten Entwürfe von Egon Hartmann, Hanns Hopp, Richard Paulick, Kurt-W. Leucht, Karl Souradny und dem später hinzugekommenen Hermann Henselmann.

#### Das Nationale Aufbauprogramm Berlin

Direkte Vorbilder für das NAP in Berlin waren die Wiederaufbauprojekte in Stalingrad und Warschau. In der polnischen Hauptstadt stand der Wiederaufbau unter dem Motto »Ein Volk baut seine Hauptstadt«. Hier fanden die Initiatoren des NAP Berlin 1952 Orientierungshilfen für die architektonisch-städtebauliche Konzeption, die Anwendung neuer Arbeitsmethoden und die organisierte Mobilisierung der Bevölkerung. Die Losung »Warschauer Tempo« galt nun auch für Berlin

Das ND veröffentlichte am 25. November 1951 den Vorschlag des ZK der SED zum Aufbau Berlins und proklamierte damit das NAP Berlin 1952. Am 22. Dezember 1951 wurde das ›Nationale Komitee für den Neuaufbau der Hauptstadt Deutschlands, Berlin‹ (Nationales Komitee) unter dem Vorsitz von Lothar Bolz, Minister für Aufbau, ins Leben gerufen, das für die Durchführung des NAP zuständig sein sollte. Dem Komitee gehörten jeweils ein Vertreter der Regierung, der Parteien und Massenorganisationen, der Oberbürgermeister (OB) sowie sieben Berliner Bürger an. Am 2. Januar 1952 begann das Aufbauprogramm mit einem Arbeitseinsatz zur Trümmerbeseitigung. Am 3. Februar 1952 wurde der Grundstein zum Aufbau der Stalinallee gelegt. Bereits am 12. Juli 1952 konnte bei den Blocks C-, E- und F-Süd und am 27. September 1952 an den Hochhäusern des Strausberger Platzes Richtfest gefeiert werden. Die ersten Mieter zogen am 7. Januar 1953 in die Stalinallee ein. In nur einem Jahr Bauzeit waren über 1000 fertige und weitere 1000 im Rohbau befindliche Wohnungen an einem Straßenzug von 1,85 km Länge zwischen Strausberger Platz und Frankfurter Tor entstanden. Die Arbeiten wurden 1953 in Berlin mit dem zweiten Abschnitt zwischen Frankfurter Tor und Proskauer Straße fortgesetzt. Nach 1952 weitete man das NAP auf die großen Städte der DDR aus, und ab 1953 wurde es durch das ›Nationale Aufbauwerk‹ der Städte, Bezirke und Kreise ergänzt.

### Initiatoren der Propagandaarbeit zum NAP

Das ZK der SED gab die Richtlinien für die Propaganda vor, wie im vorliegenden Fall schon das Punkteprogramm im Aufruf zum Aufbau Berlins vom November 1951 zeigt. Auf institutioneller Ebene waren im wesentlichen das Ministerium für Aufbau, die Deutsche Bauakademie, das Nationale Komitee und der Magistrat von Groß-Berlin (Magistrat) mit der Propagierung des NAP befaßt. Des weiteren arbeitete die SED-Landesleitung

532 Beim Auftakt zum NAP am 2. Januar 1952 legte auch der Berliner Oberbürgermeister Friedrich Ebert an einem Enttrümmerungsschwerpunkt der ›Gesellschaft für Deutsch-Sowjetische Freundschaft‹ mit Hand an

Groß-Berlin an Mobilisierungskonzepten. Bei der Frage nach Zuständigkeiten fällt es zuweilen schwer, genaue Kompetenzgrenzen zu ziehen. Ihren Segen erhielten die auf dieser Ebene angesiedelten und konkretisierten Maßnahmen durch die Vorlage beim Sekretariat des ZK der SED. Die höchste Instanz stellte das Politbüro dar, das die Vorschläge des Sekretariats des ZK bestätigte.

Grundsätzlich unterschieden werden muß zwischen der Agitationsarbeit vor Ort, das heißt auf den Baustellen und in den Betrieben, und der Agitationsarbeit für die breite Bevölkerung, um die es in diesem Beitrag vorrangig geht. Für erstere waren speziell dafür geschulte Agitatoren der SED-Kreisleitung Friedrichshain zuständig, deren Aufgabe es in erster Linie war, die Arbeiter auf die ideologische Bedeutung des Aufbauwerkes und den Einsatz neuer Arbeitstechniken einzuschwören sowie Mitglieder zu werben.

Noch im Oktober 1950 herrschte bei der Berliner Landesleitung der SED offensichtlich Unklar-

533–536 Eindringlich warben die Plakate für die Mitwirkung am Wiederaufbau der Stadt. 1952 erschienen Anschläge, die die bisherige Arbeit bilanzierten. Das Juni-Plakat faßte die Ergebnisse des 1. Halbjahres des NAP Berlin zusammen heit darüber, wie den Berlinern und insbesondere den Bauarbeitern die Bedeutung der anstehenden Aufbauarbeit klargemacht werden sollte. Im November 1951 wurde Hans Jendretzky, der erste Sekretär der SED-Landesleitung, ausgehend von einem Beschluß des Politbüros mit der Ausarbeitung eines Planes zur Mobilisierung der Bevölkerung für das NAP beauftragt. 14 Tage später lag ein vierseitiger Mobilisierungsplan der Abteilung Agitation der SED-Landesleitung Berlin vor, der in 34 Punkten dezidierte Vorstellungen zur Propagandaarbeit formulierte, die eine ausführlichere Darstellung verdienen.[6] Er richtete sich an die Kreisleitungen der SED und der Massenorganisationen sowie an die Ausschüsse der Nationalen Front. Der Vorschlag des ZK zum Aufbau Berlins sollte mittels Sichtwerbung und Selbstverpflichtungen an Werkbänken, Fabriktoren und im Straßenbild propagiert werden. Der Einsatz von Lautsprecherwagen unter der Leitung des Berliner Ausschusses der Nationalen Front wurde ebenso gefordert wie die Durchführung von Diskussionen, Lichtbildvorträgen, Bauausstellungen usw. in den »Aufklärungslokalen« der Nationalen Front. In jedem Haus sollte ein Plakat zu dem Thema »Wir bauen mit am nationalen Aufbauprogramm!« angebracht werden. Angeregt wurden die Herstellung von Bildstreifen mit Fotografien, persönlichen Erklärungen und Verpflichtungen zum NAP von Aktivisten, Haus- und Straßenvertrauensleuten, Intellektuellen usw. sowie die Herausgabe von Broschüren mit dem Tenor »Jeder kann mithelfen!«. Gefordert wurde die Aufstellung von Sichtwerbungstafeln an den Sektorengrenzen mit Losungen zum NAP. Für die Durchführung dieser Maßnahmen sollte das Amt für Information beim Magistrat verantwortlich sein. Weitere Anregungen betrafen unter anderem Lesungen und das Anbringen von Klebezetteln in West-Berlin, die Herstellung eines Kurzfilms der DEFA zum Aufbau Berlins und den verstärkten Einsatz von Begleitfilmen über den Aufbau und die neuen Arbeitsmethoden in den Kinos. In den Schulen sollten Aufsätze zu den Themen Neubau Berlins und Fünfjahrplan geschrieben werden. Die SED-Landesleitung stellte sich die Aufgabe, den Vorschlag des ZK jedem Berliner bekannt zu machen und die Berliner Bevölkerung für die Teilnahme am Aufbau zu gewinnen.

Während die wesentlichen Inhalte und Maßnahmen der Propaganda also auf oder »oberhalb« der Landesebene konkretisiert wurden, war ihre Propagierung vor Ort Angelegenheit der Kreisleitungen von Parteien und Massenorganisationen sowie der Kreisausschüsse der Nationalen Front, die sich zu diesem Zweck um die Bildung und Betreuung von Hausgemeinschaften kümmerten und republikweit in ihren »Aufklärungslokalen« Veranstaltungen zum NAP durchführten. Die FDJ wiederum war zuständig für die Bildung von Schulkomitees, und die Betriebsgewerkschaftsleitungen sorgten in Zusammenarbeit mit dem FDGB für die Einrichtung von Betriebskomitees. Das Nationale Komitee war natürlich ebenfalls für werbende Maßnahmen im Rahmen des NAP zuständig und gab Broschüren, Plakate, Illustrierte, Postkarten und die Aufbaukarten sowie spezielles Schulungsmaterial für die Agitatoren der Betriebsparteigruppen und die »Aufklärer« der Nationalen Front heraus.[7] Ferner kümmerte es sich um den Kontakt zu Presse, Funk und Film, organisierte Ausstellungen und arbeitete mit Malern, Graphikern und Musikern an der künstlerischen Gestaltung des NAP. Darüber hinaus war es für die Propagierung des NAP unter der West-Berliner und westdeutschen Bevölkerung zuständig. Nicht zuletzt kam auch dem Magistrat eine Rolle bei der Werbung für das NAP Berlin 1952 zu. Das Berliner Amt für Information veröffentlichte zum Beispiel Schulungsmaterial in Form von Broschüren, das in einfachen Worten Anleitungen zur Propagierung des ZK-Vorschlages gab.

Wieviel die Propagandaarbeit den Initiatoren des NAP wert war, zeigen die Kostenpläne des Ministeriums für Aufbau für das Jahr 1952. Die Aufwendungen für den Druck von Aufbaukarten, schriftlichen Arbeitsanleitungen, Flugblättern und Broschüren, die Sichtwerbung, die Beschallung der Enttrümmerungsstellen und die kulturelle Betreuung der Aufbauhelfer veranschlagte das Ministerium mit 650 000 DM.[8] Innerhalb der für das NAP Berlin 1952 kalkulierten Gesamtkosten von 140 158 800 DM, die für die gesamte Bauaufgabe aufgewendet wurden, scheint das zwar wenig zu sein, aber für eine Propagandakampagne unter den Bedingungen der damals schwierigen ökonomischen Grundsituation war es doch eine erstaunlich hohe Summe.

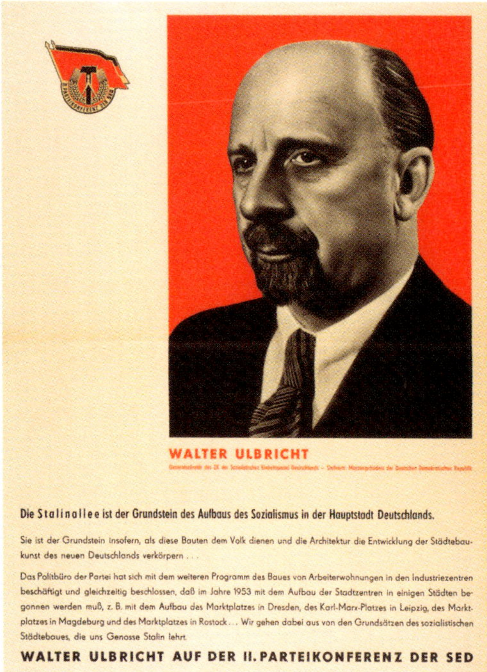


537 Walter Ulbrichts Äußerung über die Bedeutung der Stalinallee für den Aufbau des Sozialismus wurde auch in einer Plakatserie zur II. Parteikonferenz der SED im Juli 1952 veröffentlicht

Die Akten der SED-Landesleitung Berlin und der Kreisleitung Friedrichshain lassen immer wieder Schwächen in der Propagandaarbeit der örtlichen Leitungen der Partei wie der Massenorganisationen durchscheinen. Mal versagten die Betriebsgewerkschaftsleitungen, mal fehlte es an Agitatoren in den Betrieben. Dann wieder verlief die Gründung von Haus- und Betriebsaufbaukomitees schleppend, und zuweilen wurden Aufforderungen der Landes- und Kreisleitung der Partei, die Sichtwerbung im öffentlichen Raum zu verbessern, nicht oder nur zögerlich umgesetzt.

### Die Propaganda: Kernaussagen, Mittel, Funktionen

Den politischen Hintergrund der Propaganda zum NAP Berlin 1952 markierten die II. Parteikonferenz 1952 und die sogenannte Stalin-Note vom März 1952. Der Beschluß, den Sozialismus in der DDR planmäßig aufzubauen, wirkte sich auch auf die Architektur und das Bauwesen aus. Walter Ulbricht erklärte die Stalinallee in diesem Zusammenhang zum Grundstein für den Aufbau des Sozialismus in der DDR, eine Formulierung, die sich in mehr oder weniger abgewandelter Form durch die Propaganda für das NAP zieht. Auch die Forderung nach dem Abschluß eines Friedensvertrages mit Deutschland ließ sich propagandistisch nutzen. So druckte das ND wiederholt Aussagen von Bauarbeitern und Aufbauhelfern aus der Stalinallee, die die Note der UdSSR begrüßten.

Die Propaganda erhob die Stalinallee in den Rang eines politischen Symbols, das für Frieden, Einheit, Aufbau, ein neues Deutschland und eine schönere Hauptstadt stand. In diesem Sinne funktionierte das Motiv Stalinallee auch auf Plakaten, Postkarten etc., die nicht vordergründig ihren Aufbau oder das NAP thematisierten. Die Mittel zur Propagierung des NAP waren so vielfältig, daß in diesem Rahmen nicht mehr als ein Überblick möglich ist. Die gebotene Beschränkung bedingt auch eine gewisse Negierung spezifischer Eigenheiten der unterschiedlichen Medien. Manchen Aspekten der Propagandaarbeit konnte gar nicht nachgegangen werden, zum Beispiel der Tätigkeit von Künstlern im Rahmen des NAP.

Es lassen sich fünf Kernaussagen der Propaganda zum NAP 1952 formulieren: 1. die Deutung der Stalinallee als »erste sozialistische Straße in Berlin«, die 2. zugleich als Sinnbild für den Aufbau einer neuen Gesellschaft und 3. als Ausdruck von »Friedenssehnsucht« und für den »Friedenswillen« der Menschen verstanden werden sollte. Dann steht 4. die behauptete Wandlung der Beteiligten zu »neuen Menschen« durch das Aufbau-Erlebnis im Mittelpunkt,[9] und 5. spielte die Betonung, daß Berlin die Hauptstadt Deutschlands sei, eine wichtige Rolle. Bereits in Artikel 2 der ersten Verfassung der DDR hieß es: »Die Hauptstadt der Republik ist Berlin.« Das NAP sollte diesen Status der Stadt – wohlgemerkt als Hauptstadt eines gesamten Deutschlands – wieder fest in den Köpfen der Menschen verankern.

Den Auftakt zum NAP, auch für die propagandistische Behandlung des Themas, machte der bereits erwähnte Vorschlag des ZK der SED »Für den Aufbau Berlins!«, den das ND am 25. November 1951 veröffentlichte und der auch als Flugblatt kursierte. Hierin hieß es unter anderem: »Wir schlagen vor, die durch Kriegseinwirkungen zerstörte Hauptstadt Deutschlands innerhalb weniger

Jahre neu aufzubauen, und zwar schöner und großzügiger, als sie bestand. Erforderlich dazu ist die Entfaltung einer nationalen Initiative. ... Ein Aufbaufieber wird die Menschen erfassen ... Zehntausende in Berlin, Hunderttausende außerhalb Berlins werden mit dem Namen der deutschen Hauptstadt auf den Lippen enttrümmern, mauern, schmelzen, gießen, fällen, forsten, transportieren ... Die neuerstehende deutsche Hauptstadt wird zum Symbol des Lebens der deutschen Nation werden ... Die deutsche Hauptstadt ... wird ... eine aktive Rolle bei der Herstellung der Einheit und des dauerhaften Friedens übernehmen. Wäre das schön? Es wäre schön. Ist es möglich? Natürlich ist es möglich. Wenn das Volk seine Sprache, die Sprache des Fortschritts zu reden beginnt, ist jede Kulturtat möglich.« Dann folgten die einzelnen Punkte des Vorschlags, die unter anderem auch propagandistische Maßnahmen betrafen.

539 Wandzeitung zum NAP Berlin, 1952

538 Hausgemeinschaften sorgten nach dem Aufruf des ZK der SED für das Anbringen von Verpflichtungstafeln, wie hier in der Plonzstraße 2 in Lichtenberg im Dezember 1951 (Foto: Thiele)

Die Losungen und Themen, die die Propaganda zum NAP beherrschten, sind hier bereits vorgezeichnet. Zu den Grundideen des NAP gehörte die Mobilisierung der Bevölkerung. Der Aufbau sollte nicht nur Sache der Fachleute, sondern Angelegenheit der gesamten Bevölkerung sein. Dahinter standen verschiedene Erwägungen. Zu den praktischen gehörten die Finanzierung, die Enttrümmerungsarbeit, die Ausbildung des bauhandwerklichen Nachwuchses und das Umlernen der »alten Hasen« auf dem Bau. Zu den psychologischen Überlegungen zählten die Identifikation mit dem Aufbau einer neuen Gesellschaft, die Stärkung des Selbstbewußtseins durch die Aufforderung, aktiv zu werden, eigene Vorschläge einzubringen, und die Möglichkeit, eine Auszeichnung zu erhalten. Für »Schlachtenbummler und andere geschäftige Leute« dagegen, die nur herumstanden und Maulaffen feil hielten, hatte man nicht viel übrig, wie es im ›Neuen Deutschland‹ hieß.[10]

### Propaganda in Wort, Ton und Bild

Unmittelbar nach dem Aufruf des ZK wurden in der Berliner Ausgabe des ND zahlreiche Aufrufe zur Mitarbeit von Massenorganisationen sowie Verpflichtungserklärungen von Einzelpersonen und Kollektiven veröffentlicht. Die Berliner waren nach Darstellung des ND begeistert, fanden das NAP »knorke«, und der Kulturleiter der ›HO Industriewaren Berlin‹ dichtete: »Ein Aufbauprogramm der Deutschen Nation, das stellt die Partei zur Diskussion; Gibt's da noch die Frage: ob ja

540 Motive wie dieses schmückten viele Broschüren zum NAP. Die Aussage des Transparents betont die »Bereitschaft«, die baulichen Errungenschaften zu verteidigen, um 1952

541 Eine der Spenden, die das NAP Berlin 1952 aus der Republik erhielt, war eine Lokomobile aus dem Gaswerk Brandenburg, mit der in der Stalinallee unter anderem Baumaterialien transportiert wurden

oder nein? Ich glaube, es treten alle für [sic] ein. Drum sag' ich schon heute, ich bin bereit; ich stell zur Verfügung das Geld und die Zeit. Mach' dreihundert Stunden im nächsten Jahr, zahl' 3 Prozent des Gehaltes in bar. Und weil dieser Vorschlag jeden betrifft, will ich dafür werben in Wort und in Schrift. Berliner! Helft alle am Aufbauprogramm! Berlin, im November gezeichnet Ernst Damm.«[11]

Das NAP Berlin blieb auch weiterhin ständiges Thema im ND. Eine über die bereits aufgelisteten Kernaussagen der Propaganda hinausgehende Aufzählung der wiederholt auftauchenden Inhalte zeigt, in welche unterschiedlichen politisch-ideologischen Zusammenhänge das NAP Berlin 1952 eingeordnet werden konnte. Durchgängig war in Broschüren, Zeitungsmeldungen, Wochenschauberichten immer wieder die Rede von »Palästen«, die von Arbeitern für Arbeiter gebaut werden. Die neuen Wohnungen wurden vor- und oft den »dunklen Löchern« des »kapitalistischen Wohnungsbaus« gegenübergestellt. Dann wurde die Freiwilligkeit des Arbeitseinsatzes unterstrichen, an dem Menschen aller Berufe, Schichten und Altersgruppen teilnahmen, und deren Begeisterung und Bereitschaft zur Übernahme von Verpflichtungen sowie die Freude am Gemeinschaftserlebnis betont. Die neuen Arbeitsmethoden und die Technisierung der Bauarbeiten wurden propagiert. Dazu wurde festgestellt, daß bei deren Anwendung die Jugend vorangehe, daß sich letztlich aber auch die zunächst mißtrauischen älteren Arbeiter von den Vorbildern aus der UdSSR und aus Polen überzeugen ließen.

Im Zusammenhang mit der Darstellung der Aufbau- als Friedensarbeit hieß es, daß sie der Stärkung der DDR diene, und zugleich wurde die Bereitschaft zur »Verteidigung der Heimat«, der »demokratischen Errungenschaften« und der »Bauten des Friedens« eingefordert. Ferner beschwor man das Bündnis zwischen Intelligenz, Arbeiter und Landbevölkerung sowie die Unterstützung des NAP Berlin durch die gesamte Republik mittels Spenden und der Übererfüllung von Produktionsplänen. Immer wieder war vom Wettbewerb die Rede, in den die Werktätigen zum Aufbau Berlins getreten seien, und nicht vergessen werden durften die Hinweise auf den Auftaktcharakter, den das NAP Berlin 1952 für die ande-

542 Eine Auswahl an Propagandamaterialien, die das Nationale Komitee und die SED-Landesleitung Berlin 1952 herausgaben

ren Städte der DDR habe. Von Bedeutung war ebenso die Signalwirkung gen Westen. West-Berliner, westdeutsche und ausländische Besucher wurden beim Besuch der Stalinallee gezeigt, und man ließ diese ein ebensolches Programm für ihre zerstörten Städte fordern.

Die ausführliche Behandlung einiger dieser Punkte in der Propaganda zum NAP läßt auch auf die realen Probleme beim Aufbau der Stalinallee schließen, als da waren: schlechte Materiallage und nachlässige Arbeit, mangelnde Bereitschaft der Bauarbeiter, die neuen Arbeitsmethoden zu akzeptieren, und die Kritik an einer Bevorzugung Berlins. Die Broschüre ›Ganz Deutschland baut Berlin‹ (1952) liest sich zum Beispiel eher wie eine Beschwörung denn wie ein Tatsachenbericht. Die Menschen zweifelten auch durchaus daran, daß die Häuser wirklich von ihresgleichen bewohnt werden sollten. In der Broschüre ›Wir wohnen im schönsten Haus Berlins‹ (1952) reagiert ein Brigadier auf die Zweifel seiner Frau mit den Worten: »Illusionen – wieso Illusionen? Ist das Hochhaus vielleicht eine Illusion? Oder mein gutes Geld, das ich nach Hause bringe? Ist der Warmwasserspeicher in der neuen Küche oder der Elektroherd eine Illusion? Nee, Mutti, für uns nicht mehr! Jetzt wird für uns arbeitende Menschen das wahr, wovon wir jahrzehntelang nur träumen durften!«

Vor allem 1952, im ersten Jahr des NAP, war die Stalinallee für die Berliner ständig präsent. Es entstanden zahlreiche Broschüren und Plakate über die »erste sozialistische Straße«, und ein umfangreicher Bildband erschien 1953.[12] Sie wurden in den meisten Fällen vom Nationalen Komitee beziehungsweise dessen Sekretariat herausgegeben. Daneben fungierten die Berliner Landesleitung der SED, das Amt für Information und die Abteilung Aufbau des Magistrats, die Nationale Front, die Massenorganisationen und zuweilen auch das Amt für Information der Regierung der DDR und das ZK der SED als Herausgeber. Die Broschüren trugen Titel wie ›Was jeder Deutsche wissen muss / Das Nationale Aufbauprogramm Berlin / ein wesentlicher Teil unseres nationalen

543 1952 bastelte Frau Pankratz aus Weißenfels Papphochhäuser. Deren Fassaden konnten mit »Bausteinen« beklebt werden, die für je 20 Pf. zu erwerben waren. Jedes fertige Modell sollte dem NAP 43 DM einbringen. Diese Idee gab die Anregung für die vom Nationalen Komitee seit 1953 herausgebrachten Mosaikplakate mit dem Bild einer Hochhausfassade an der Stalinallee. Hier überreicht Frau Pankratz dem Sekretär des Nationalen Aufbaukomitees ihr erstes »Hochhaus«

Kampfes um den Abschluß eines Friedensvertrages mit Deutschland‹, ›Das Nationale Aufbauprogramm Berlin 1952 / eine große patriotische Tat aller Deutschen‹ und ›Vorwärts zum Aufbau des Sozialismus. Die Stalinallee – die erste sozialistische Straße der Hauptstadt Deutschlands Berlin. Wir bauen Deutschlands Hauptstadt‹. Die SED-Landesleitung veröffentlichte seit 1950 eine Broschürenreihe mit einem vereinheitlichten Layout des Deckblatts, auf dem das Emblem des Fünfjahrplanes prangte. Ein Großteil der Broschüren war zur Weitergabe gedacht.

Nicht immer scheinen die Propagandamedien auf der politischen Höhe ihrer Zeit gewesen zu sein, was folgendes Beispiel veranschaulichen soll: Die eingangs erwähnten Laubenganghäuser wurden auch nach 1951 ohne negative Deutungen in einzelnen Broschüren abgebildet. Andere Broschüren, die 1951 entstanden, widmeten sich dagegen eindeutig dem »neue[n] Gesicht der Stalinallee« und propagierten den Wandel in der architektonischen Auffassung.

Die Bildpropaganda illustrierte die bereits aufgezählten Inhalte. Häufig erschienen die Facharbeiter, »Neuerer«, Lehrlinge, Aktivisten und Aufbauhelfer. Frauen standen mit Hilfe der neuen Arbeitsmethoden »ihren Mann« oder arbeiteten sogar in führender Position als Bauleiterin. Fröhliche Aufbauhelfer wurden beim Enttrümmern von Wilhelm Pieck, Walter Ulbricht und Otto Grotewohl, von Architekten, FDJ-Gruppen, Sportlern, Schauspielern und Gästen aus den »sozialistischen Bruderländern« unterstützt. Die Plakatmotive zeigen vor allem Menschen vor der Kulisse der neuen Bauten der Stalinallee oder des Hauses an der Weberwiese. Dabei tauchen auch hier in erster Linie die Trümmerfrau, der Geselle und der Maurer auf. Als pars pro toto erscheinen die Hand, die einen Ziegelstein hält, und das riesenhafte Gesicht eines Maurers hinter der Häuserfront der Stalinallee. Diese Monumentalisierung der menschlichen Figur findet sich auch in Form von ganzfigurig abgebildeten Bauarbeitern. Sie erinnert an das politische Plakatschaffen der Arbeiterbewegung, beispielsweise an den das Gute verkörpernden »Riesen Proletariat«.

Überwiegend befinden sich Personen im Vordergrund, die mit Blick oder Geste auf ihr Werk hinweisen oder die – vor allem wenn es sich um Plakate handelt, die zur Mitarbeit aufrufen sollen – in direktem Blickkontakt mit dem Betrachter stehen. Die Aufforderungen zur Mitarbeit richteten sich sowohl an den einzelnen – häufig taucht die Parole »Bau mit!« auf – wie an bestimmte Personengruppen, zum Beispiel Sportler. Neben diesen Plakaten, auf denen die Übermittler der Botschaft selbst auftraten, gab es auch solche, die eher »informativen« Charakter hatten und allein Ansichten der neuen Straße und ihrer Gebäude zeigten. Eine ganze Serie brachte 1952 perspektivische Zeichnungen der einzelnen Blöcke. Bei anderen verband sich die Ansicht der fertigen Straße mit Parolen wie »Der Abschluß eines Friedensvertrages bedeutet Nationales Aufbauprogramm in ganz Deutschland« (s. Abb. 577, S. 398). Darüber hinaus gab es Wandzeitungen, die über das Baugeschehen, Vorbilder, Absichten, Ziele und bereits Geleistetes »informierten« sowie zum Wettbewerb aufriefen. Andere wieder thematisierten die Hilfe

544 Dokumentenauswahl zum NAP Berlin: Aufbaukarten von 1952 und 1953, ein Los für die Aufbaulotterie mit dem Ulbricht-Zitat zur Stalinallee von der II. Parteikonferenz und eine Anerkennungsurkunde, wie sie aktive Aufbauhelfer von den Betriebsaufbaukomitees erhielten

der Republik für den Berliner Aufbau. Eine besondere Rolle spielten die Plakate für das Kleben von Spendenmarken, die das Nationale Komitee 1953 herausbrachte. Manche der Motive finden sich auf den Aufbaukarten, in der Sichtwerbung oder in den Publikationen wieder, zum Beispiel der eine Kelle schwingende Maurerlehrling (Aufbaukarte des NAP 1952) oder zwei schippende Aufbauhelfer vor der Kulisse des Hauses an der Weberwiese (Aufsteller 1952 am Bersarinplatz, Frankfurter Tor).

Auch im Rundfunk und in der Wochenschau ›Der Augenzeuge‹ wurde regelmäßig über das NAP und die Stalinallee berichtet. Nicht nur die großen Ereignisse wie die Grundsteinlegung und die Richtfeste fanden hier einen Sendeplatz, sondern auch all die bereits erwähnten Themen und Motive, mittels derer man die Menschen davon überzeugen wollte, daß sie an einem Ereignis ohne Vergleich in der deutschen Geschichte teilhaben konnten. Der Berliner Rundfunk berichtete regelmäßig über den Fortgang der Arbeiten und sendete Spezialprogramme für die Bauarbeiter und Aufbauhelfer. Alle 14 Tage gab es ein musikalisches Wunschprogramm, das die besten Brigaden zusammengestellt hatten, mit dem Titel »Musik in der Werkpause«. In Film und Funk erklangen Aufbauschlager wie »Mein Berlin, wie haste Dir verändert« und »Berlin, in Deinen Mauern wird das Glück zuhause sein«. Lieder dieser Art, deren erklärtes Ziel es war, den »verderblichen Einflüssen der Boogie-Woogie-Unkultur« aus dem Westen entgegenzutreten, wurden auch in Liedersammlungen veröffentlicht.[13]

#### »Das Glück ist mit dem Tüchtigen« – Auszeichnungen und Verpflichtungen

Das von der Propaganda vermittelte Bild läßt kaum Rückschlüsse auf deren Erfolg zu. Man sollte jedoch den bereits erwähnten psychologischen Faktor nicht unterschätzen. Den durch Krieg und

545 Fahne des NAP-Aufbaustabes Bezirk Prenzlauer Berg für den »Siegerbetrieb im Wettbewerb« der freiwilligen Enttrümmerung 1952

Entbehrungen gebeutelten Menschen wurde suggeriert, daß sie etwas Großes schaffen könnten, und dies zu ihrem eigenen Nutzen. Sie konnten sich gebraucht, »wichtig« fühlen. Das mag durchaus anspornend gewirkt haben. Bruno Flierl spricht für das erste Jahr des NAP von einem in der DDR nie wieder erreichten Enthusiasmus, von Hoffnungen und der Bereitschaft zur Mitwirkung bei der Bevölkerung.[14] Die Auszeichnungen verbanden den Aspekt der Mobilisierung und Identifikation mit der Anerkennung für erbrachte Leistungen; zu einigen wurden auch Prämien gezahlt. Der Verleihung solcher Auszeichnungen waren häufig Verpflichtungserklärungen vorausgegangen, wie sie Brigaden, Baustellen-Belegschaften und Betriebsparteigruppen oft anläßlich von Geburtstagen der politischen Prominenz abgaben, so zum Beispiel zu Walter Ulbrichts 59. Geburtstag am 30. Juni 1952, oder auch aus Anlaß von Ereignissen, etwa der II. Parteikonferenz.

Bereits in Punkt IX des ZK-Vorschlags wurde das Ableisten freiwilliger Aufbauarbeit angeregt. Jedem Aufbauhelfer wurde zum Auftakt der Enttrümmerung von den Betriebs-, Schul- und Hauskomitees eine Aufbaukarte ausgehändigt, die das Nationale Komitee herausgab und in die alle in einem Jahr geleisteten Halbschichten durch Stempel einzutragen waren. 1952 trug sie die Losung »Baut mit!«. Der Besitz dieser Karte beziehungsweise die darin nachgewiesene Aufbauarbeit war die Voraussetzung zur Teilnahme an der Aufbaulotterie und an den Wettbewerben sowie zur Erlangung des Aufbauabzeichens.

Integrative und mobilisierende Wirkung versprach man sich besonders von der Aufbaulotterie, der »Friedenssparkasse des deutschen Volkes«, die schon im Aufruf vom November 1951 angeregt worden war. Auf diese Weise sollten die über den Plan hinaus erforderlichen finanziellen Mittel für das NAP bereitgestellt werden. Die Propaganda sprach von einer »Lotterie ohne Nieten«, bei der es im Unterschied zu den Lotterien in den kapitalistischen Ländern nicht um die persönliche Bereicherung des einzelnen, sondern um die solidarische Mithilfe an einem großen Gemeinschaftswerk ginge. Die Durchführung der Lotterie oblag dem

Nationalen Komitee. Wer im Jahr 1952 von seinem Bruttomonatslohn drei Prozent zeichnete, konnte vom 31. Januar bis 4. Februar 1953 an der Verlosung von 1 000 im NAP Berlin 1952 entstandenen Neubauwohnungen, davon 150 in der Stalinallee, teilnehmen.

Für die Werbung zur Aufbaulotterie stellte die Abteilung Agitation der SED-Bezirksleitung Berlin im Februar 1952 einen »Agitationsplan« auf, dessen Ziele die Erfüllung noch ausstehender Verpflichtungen und eine generelle Steigerung der Beteiligung um ein Drittel waren, denn offensichtlich brachte die Aufbaulotterie nicht den von ihr erwarteten Erfolg.[15] Die Kontrolle der Maßnahmen sollten sich das Nationale Komitee und die Abteilung Agitation der SED-Landesleitung teilen. Angeregt wurden unter anderem die Herausgabe einer Sonderbriefmarke und dreier verschiedener Plakate sowie die Fortsetzung einer Bildpostkartenserie zum NAP. Diese Vorschläge wurden in die Tat umgesetzt. Zur Popularisierung der Aufbaulotterie veröffentlichte das ND aufmunternde Artikel, das Nationale Komitee und die Nationale Front führten zum Beispiel eine »Woche der Aufbaulotterie« durch, und es wurden Merkblätter mit Hinweisen und Erläuterungen herausgegeben. Das Nationale Komitee ergänzte diese Maßnahmen auch mit Broschüren wie ›Hurra, wir gewinnen alle‹, in der der Steppke Fritze nicht nur seine Eltern vom Nutzen der Lotterie überzeugte. Das Staatliche Rundfunkkomitee führte allmonatlich eine »Aufbaulotterie im Funk« durch, deren erste Sendung am 28. Mai 1952 ausgestrahlt wurde. In den Ratespielen wurden Fragen zum NAP gestellt, und es gab Geld- und Sachprämien, wie Haushaltsgeräte, zu gewinnen.

Eine weitere Auszeichnung erwartete die Berliner Aufbauhelfer, die 50, 100 und 150 Halbschichten à drei Stunden erreicht hatten. Sie wurden erstmals im Rahmen einer Kreiskonferenz der Nationalen Front im Bezirksamt Friedrichshain am 19. März 1952 mit der Ehrennadel des NAP Berlin in drei Stufen ausgezeichnet.[16] Zuständig für die Verleihung der Auszeichnung war wiederum das Nationale Komitee. Zur Ehrennadel erhielt der Ausgezeichnete eine Urkunde, die den patriotischen Einsatz des Aufbauhelfers im Kampf um den Abschluß eines Friedensvertrages und die deutsche Einheit lobte. Für Nicht-Berliner gab es die Ehrennadel ›Die DDR hilft Berlin‹. Später veränderte man die Stufen und die notwendige Anzahl der Halbschichten; dann gab es bereits für zwölf Halbschichten eine Aufbaunadel.

546 Übergabe des Wanderpreises ›Rotes Banner der Stalinallee‹ im Wettbewerb der Baustellen an der Stalinallee 1952

Die besten Betriebs-, Haus- und Schulkomitees der einzelnen Bezirke im Wettbewerb der Enttrümmerung wurden vom Nationalen Komitee mit Fahnen, Urkunden und Geschenken geehrt. Anläßlich des Tages der Aktivisten am 13. Oktober 1952 fanden Zwischenbewertungen statt. Die Endauswertung folgte im Dezember. Die bedeutendste Auszeichnung für eine Brigade beziehungsweise Baustelle war sicherlich die mit dem ›Roten Banner der Stalinallee‹, einer Wanderfahne, die in mehreren Etappen von Sieger zu Sieger wechselte und deren Verleihung mit einer Prämie von 1 000 DM verbunden war. Die erste Verleihung fand am 30. April 1952 statt. Daneben gab

547 »Stolz betrachtet die Kleinbäuerin Olga Hartmann die Eintragungen im Ehrenbuch der Familie über die geleistete freiwillige Unterstützung des Nationalen Aufbauprogramms«, 1953 (Zeitgenössische Beschriftung; Foto: Biscan)

es auch ein ›Jugendbanner der Stalinallee‹, um das auf den Lehrlingsbaustellen gewetteifert wurde. Den Wettbewerb bereitete der Zentralrat der FDJ vor. Er begann am 20. Mai 1952. Die Sieger der ersten Etappe trugen das Banner auf der Demonstration anläßlich des IV. Parlaments der FDJ in Leipzig.

Im Betrieb, in der Schule und in der Hausgemeinschaft waren die Menschen für das NAP »erfaßt« – es fehlte nur noch die Familie. Diese Lücke schloß sich, als im Frühjahr 1952 das ›Ehrenbuch der Familie‹ vom Nationalrat der Nationalen Front herausgegeben wurde. Vorbild für seine Einführung war das polnische Heft ›Mütterchen Warschau‹.[17] Eingetragen wurden in das blaue Büchlein alle unentgeltlich und ehrenamtlich für das NAP erbrachten Leistungen, die Aufbauschichten, Geld- und Sachspenden, Selbstverpflichtungen, aber auch das Engagement in Aufklärungsgruppen und ähnliches. Die Eintragungen wurden von den Leitungen der Betriebs-, Schul- und Haus-Komitees, der Aufklärungslokale oder den Pionierleitern kontrolliert. Der Nationalrat der Nationalen Front gab 1952 in Form einer Broschüre eine »Anleitung für die Arbeit mit dem Ehrenbuch der Familie« heraus.

### Sichtagitation – Die Baustelle als Ort der Propaganda – Feiergestaltung

Auch der öffentliche Raum wurde für die Propagierung des NAP genutzt. Der Versuch einer genauen Rekonstruktion der Zuständigkeiten für die Durchführung von Maßnahmen zur Sichtagitation an der Stalinallee im Rahmen des NAP Berlin 1952 ist kaum möglich. Die Akten des Magistrats und der SED-Landesleitung bieten Einblicke in sehr begrenzte Vorgänge, die sich aber schwerlich verallgemeinern lassen. Die Lage wird dadurch erschwert, daß bei der Durchführung der Sichtagitation eine große Zahl an Institutionen eine Rolle spielte, denn hier waren in besonderem Maße die städtischen Einrichtungen mit ihren Abteilungen betroffen, zum Beispiel die Verkehrs-, Hoch- und Tiefbauämter. Ziel der Sichtagitation war – wie gehabt – die Mobilisierung der Menschen für das NAP. Über deren Notwendigkeit wurde öffentlich diskutiert.

Das ND brachte zuweilen Beispiele für »gute« und »schlechte« Sichtagitation, und in der Zeitschrift ›Deutsche Architektur‹ wurde angeregt, auf allen Baustellen große Tafeln aufzustellen, die täglich den Stand der Arbeit anzeigten.[18] Solche gab es an der Stalinallee zum Beispiel für die Tagessieger im Wettbewerb der Baustellen. Auch die miteinander im Enttrümmerungswettbewerb stehenden Brigaden stellten Schilder mit der Angabe ihrer Arbeitsleistung und ihrer Verpflichtungen auf. Die Tafeln und Transparente trugen oft das Zeichen des Fünfjahrplanes, zeigten Darstellungen der neuen Straße und waren mit Losungen wie »Unsere Verpflichtung: Noch billiger, schneller, besser!« versehen. Die Lehrlinge vom Block E-Süd spornten sich und andere mit dem Versprechen an: »Unser Beitrag im Kampf um den Friedensvertrag ... die Richtkräne 10 Tage früher auf's Dach!«. Auf anderen Tafeln, die an der Stalinallee

548 »Erholungsuchende alte Leute sitzen auf den Sockeln von Aktivistenbildern, solange die Grünanlagen der Umgebung nur Ablageplatz von Baumaterial sind«, 1952 (Zeitgenössische Beschriftung)

aufgestellt waren, prangten die überlebensgroßen Porträts von Aktivisten.

Nicht nur Tafeln und Transparente, auch Aktionen vor Ort dienten der Propagierung des NAP. So gehörten die regelmäßig durchgeführten Aufbausonntage ebenfalls zur Propaganda und hatten zugleich einen ganz direkten Nutzeffekt. Aufrufe starteten unter anderen die Massenorganisationen sowie die Brigaden und Hauskomitees. Pate standen hierfür die in der UdSSR »Subbotniki« genannten Tage mit freiwilliger Enttrümmerungs- und Aufbauarbeit, zu denen erst Lenin und dann später Stalin aufgerufen hatte.[19] Das ND berichtete zum Beispiel über den Trümmereinsatz am Internationalen Frauentag. Aus diesem Anlaß hatten die Frauen ihre blauen Kopftücher umgebunden, die der DFD zum NAP herausgegeben hatte. An einem Aufbausonntag der FDJ über-

549 Anläßlich des ›Internationalen Frauentages‹ am 8. März 1952 titelte das ND: »Berlin ist stolz auf seine Frauen / Tausende Berlinerinnen enttrümmerten am Aufbautag der Frauen am Schwerpunkt I«

550 Diese Kopftücher verteilte der Demokratische Frauenbund Deutschlands zum ›Internationalen Frauentag‹ 1952 an die Aufbauhelferinnen. Sie zeigten das Hochhaus an der Weberwiese mit dem Emblem des Fünfjahrplans

reichte deren Vorsitzender, Erich Honecker, den Jugendlichen Geschenke wie Akkordeons und Fußbälle. Häufig fanden sich im ND auch Berichte über »geläuterte« West-Berliner, die bei der Aufbauarbeit mithalfen. Die Bau- und Enttrümmerungsstellen waren mit Radiolautsprecheranlagen ausgerüstet, und die Rundfunksender übertrugen spezielle Musikprogramme für die Bau- und Enttrümmerungsarbeiter. Nach getaner Arbeit besuchte – wer noch die Kraft hatte – die Sondervorführungen der Theater und Kinos.

Eine weitere Propagandamaßnahme vor Ort stellten die organisierten Führungen für Gruppen aus der DDR, aber auch für West-Berliner und westdeutsche Besucher an der Stalinallee dar, über die im ND ebenfalls berichtet wurde. Vom 19. Januar bis zum 23. November 1952 verzeichnete der Berliner Ausschuß der Nationalen Front, deren Delegationsbüro die Fahrten zur Stalinallee organisierte, insgesamt 95 Besichtigungsfahrten mit 38 471 Teilnehmern, davon 63 Fahrten mit 33 730 West-Berlinern.[20] Die Besucher konnten außerdem die ständige Ausstellung besuchen, die am 1. Mai 1952 inmitten des Geschehens in der Sporthalle eröffnet worden war und für deren Ausgestaltung das Ministerium für Aufbau und die Deutsche Bauakademie verantwortlich zeichneten. Im Mittelpunkt der Ausstellung stand ein 32 Meter langes Modell der Stalinallee vom Strausberger Platz bis zum Frankfurter Tor.

Gute Möglichkeiten für die Förderung des Gemeinschaftsgefühls und das kollektive Schulterklopfen boten die großen feierlichen Ereignisse an der Stalinallee, die traditionelle und propagandistische Elemente miteinander verbanden. Dazu gehörten Reden, das Tragen und Anbringen von Fahnen und Porträts politischer Führer, das Singen bestimmter Lieder und das Mitführen von Auszeichnungen. Zentral war in der Berichterstattung die Betonung der großen Gemeinschaft aus allen Schichten, die hier ihre Leistungen feierte und sich zu neuen Großtaten verpflichtete. So wählte das ND anläßlich der ersten großen Enttrümmerungsaktion am 2. Januar 1952 die Schlagzeile: »Das hat Berlin noch nicht gesehen / Der Aufbauwille der Berliner übertraf alle Erwartungen / 45 000 freiwillige Helfer in den ersten Stunden des Nationalen Aufbauprogramms / Glänzende Stimmung auf allen Bauplätzen«. Lothar Bolz, OB Friedrich Ebert und Hans Jendretzky hielten kurze Anspra-

551 Im Foyer der Sporthalle an der Stalinallee war in der Ausstellung zum NAP ein 32 m langes Modell der Stalinallee aufgestellt, das den baulichen Veränderungen entsprechend ständig erweitert wurde (Foto: A. Kolbe)

chen, dann zogen alle zu den Enttrümmerungsstellen. Auch Otto Grotewohl und die in Berlin weilenden Mitglieder des Nationalen Komitees schwangen den Abputzhammer. Die Kommentatoren überboten sich in der Schilderung der herbeiströmenden Menschenmassen, die Fahnen und Transparente mitführten, auf denen Losungen zu lesen waren wie »Wir bauen ein neues, schöneres Berlin auf« oder, etwas volkstümlicher formuliert, »Ran an den Speck, die Ruinen müssen weg«. Einen Tag später hatte Wilhelm Pieck Geburtstag und besuchte die Enttrümmerungsstellen, sein »schönstes Geburtstagsgeschenk«, wie das ›Neue Deutschland‹ titelte.

Ein weiteres feierliches Ereignis war die Grundsteinlegung am 3. Februar 1952. An diesem Tag jährte sich einer der schwersten Luftangriffe auf Berlin zum siebten Mal. Das gab der Grundsteinlegung im Kontext der Aufbaupropaganda die besondere symbolische Bedeutung. Otto Grotewohl versenkte im Beisein von OB Ebert eine kupferne Kassette im Fundament des Blocks E-Süd, die unter anderem Zeitungsartikel vom Beginn des NAP, Urkunden, Pläne und Münzen enthielt. Nach der Feier folgten die Menschen dem Aufruf des ND zu einem »Aufbautag ganz Berlins« und zogen zu den Enttrümmerungsstellen. Die Grundsteinlegung wurde über alle Sender direkt übertragen.

Die Festdekoration bei den Richtfesten verknüpfte wiederum traditionelle Elemente wie das Hochziehen der Richtkrone, den Richtspruch und die Zimmermannstänze mit Mitteln zeitgenössischer Agitation. An den Gerüsten wurden Porträts der politischen Führer (Marx, Engels, Lenin, Stalin, Pieck, Ulbricht, Grotewohl), schwarzrotgol-

552 »Demonstration der Aufbau-Helfer zum Block E-Süd in der Karl-Marx-Allee [damals Stalin-Allee], wo die Grundsteinlegung dieses ersten Gebäudes der neu zu errichtenden Straße am 3. 2. 1952 stattfand.« (Beschriftung von 1967)

553 Richtfest am 12. Juli 1952 an den »vorfristig« im Rohbau fertiggestellten Blöcken C-, E- und F-Süd. Die Fassade schmückten neben roten und schwarzrotgoldenen Fahnen in der oberen Reihe die Porträts von Marx, Engels, Lenin und Stalin, darunter Grotewohl, Pieck und Ulbricht

dene und rote Flaggen sowie Fahnen der Massenorganisationen angebracht. Die Bauarbeiter trugen laut zeitgenössischen Beschreibungen das ›Rote Banner‹ und ihre Auszeichnungen. Die Aktivisten hatten sich ihre Fünfjahrplanschärpen umgelegt, die Aufbauhelfer die Ehrennadel angesteckt und die Frauen des DFD ihre blauen Kopftücher umgebunden. .

Das Richtfest am 12. Juli 1952, »zu Ehren« der II. Parteikonferenz der SED, enthielt einen Programmpunkt, der die Aspekte Aufbau, Frieden, Schutz der Heimat propagandistisch eng verknüpfte. Im Anschluß an die Rede Piecks wurde den jungen Bauarbeitern, die ihren »Ehrendienst« bei der ›Deutschen Volkspolizei‹ antraten, Buch und Gewehr als »Symbole des Schutzes des sozialistischen Aufbaus und des Lernens« überreicht. Dementsprechend formulierte Pieck am Schluß seiner Ansprache: »Nun zieht die Richtkronen hoch ... Sie rufen allen Berlinern, allen friedliebenden Menschen zu: Bereit zur Arbeit und zur Verteidigung des Friedens!« Als die Richtkronen aufgezogen wurden, ertönte das Weltjugendlied, und der Bauleiter vom Block E-Süd sprach den Richtspruch. Es folgten Ansprachen einzelner Bauarbeiter. Nach dem Abspielen der ›Internationale‹ zog man zum Richtschmaus in die Sporthalle.

Feierlich ging es auch am 21. Dezember 1952 in der Deutschen Staatsoper zu, als OB Ebert die ersten 1 148 Wohnungen, davon 70 in der Stalinallee, übergab. Unter den Glücklichen waren laut ND 442 ›Verdiente Aktivisten‹, ›Verdiente Erfinder‹ und ›Aktivisten‹, 474 ›Bestarbeiter‹, 97 Brigadiere, ein Nationalpreisträger, ein ›Held der Arbeit‹ und zwei ›Verdiente Lehrer des Volkes‹. 677 der Wohnungsempfänger waren Arbeiter, 322 Angestellte und 149 Angehörige der Intelligenz. Die ersten Mieter der Stalinallee zogen am 7. Januar 1953 in ihre Wohnungen ein, ein Ereignis, das wie die Grundsteinlegung und die Richtfeste einen entsprechenden Rahmen erhielt. Die neuen Mieter wurden vom Stellvertretenden OB, Alfred Neumann, am Strausberger Platz begrüßt. Dann überreichte ihm ein Maurerbrigadier auf der Tribüne unter dem Konterfei von Stalin und Pieck den Schlüssel zum Block C-Süd. Im Beisein von Lothar Bolz wurde unter einem Ehrentor mit der Aufschrift »Es lebe der Friede zwischen den Völkern! Nieder mit den Kriegsbrandstiftern« das traditionelle Einweihungsband durchschnitten.

### Ausblick

Nach 1952 wurde die Bebauung der rückwärtigen Teile der Stalinallee und ihre Fortsetzung Richtung Osten vorangetrieben. Zwischen 1959 und 1962 entstand der Anschluß an die Stadtmitte mit der Fortsetzung der Neubauten, nun als »Platte«, bis zum Alexanderplatz. Die oben vorgestellten Propagandamittel und -methoden wurden, zuweilen in modifizierter Form, in den folgenden Jahren des NAP weiter eingesetzt. Doch ihre Werbewirkung mag, vor allem nach dem Aufstand vom Juni 1953, der im wesentlichen von den Bauarbeitern der Stalinallee ausgegangen war, kaum noch durchschlagenden Erfolg gehabt haben. Die Propaganda rund um das NAP konzentrierte sich nach 1952 nicht mehr in erster Linie auf die Stalinallee, sondern auch auf den weiteren Aufbau von Wohngebieten sowie die Planungen für das Berliner Zentrum. Ab 1953 wurde die Verbilligung und Beschleunigung des Wohnungsbaus verstärkt diskutiert. Die Umorientierung auf industrialisierte und damit effizientere, den funktionalen Aspekt betonende Bauweisen bedeutete letztlich auch eine Kritik an der Stalinallee, die sich nach anfänglichem Zögern ab 1955/56 durchsetzte.[21]

Die Propaganda veränderte sich sicherlich spätestens nach der »Geheimrede« Chruschtschows 1956, in deren Folge dem Stalin-Kult auch in der DDR klammheimlich abgeschworen wurde. 1961 verschwand das Stalin-Denkmal in einer Nacht-und-Nebel-Aktion, und die Straße wurde in Frankfurter Allee und Karl-Marx-Allee zurück- beziehungsweise umbenannt. Die Stalinallee verlor den Status eines Aufbau-Symbols. Der aufmunternde Konjunktiv »Wäre das schön? Es wäre schön!« vom November 1951 verblaßte. Bestehen blieb das Bildmotiv Stalinallee, doch dessen Inhalt hatte sich verändert. Nicht mehr der Aufbruch, der Beginn einer Erfolgsgeschichte wurde nun vermittelt, sondern die trotzige Behauptung, erfolgreich (gewesen) zu sein. In diesem Sinn läßt sich auch die Abbildung der Straße auf einem Plakat zum V. Parteitag der SED 1958 deuten, der unter dem Motto stand »Der Sozialismus siegt«.

554 Plakat zum V. Parteitag 1958

1 Losung zum NAP Berlin 1952, die als Titel u. a. Broschüren und Transparente zierte.
2 Reise einer Architekten-Delegation in die UdSSR, an der auch Vertreter des Magistrats von Groß-Berlin unter der Leitung des Ministers für Aufbau, Lothar Bolz, teilnahmen.
3 Diese Konzeption wurde im Juni 1950 niedergelegt in den ›16 Grundsätzen des Städtebaus‹, die die Richtlinien für die städtebauliche Entwicklung in der DDR vorzeichneten. Sie fanden im gleichen Jahr ihre Verankerung in den ›Grundsätzen für die Neugestaltung Berlins‹ (August), wodurch sie zur Grundlage für das NAP wurden, und im ›Aufbau-Gesetz‹ (September).
4 Collein, Edmund: Das Nationale Aufbauprogramm – Sache aller Deutschen!, in: Deutsche Architektur (DA), 1, 1952, Heft 1-4, S. 13-19, S. 18. Hier weist er der Architektur die Aufgabe zu, die Sprache zu sprechen, die den Menschen vertraut sei.
5 Auf dem III. Parteitag der SED im Juli 1950 verwarf Walter Ulbricht diesen Baustil und stellte zugleich ein neues architektonisches Programm für die Stalinallee vor.
6 Landesarchiv Berlin (LA), Bezirksparteiarchiv, Bestand SED-Landesleitung, Rep. BPA IV L-2/15/479, unpag.
7 Z. B. die Broschüre ›Hinweise für die betrieblichen Aufbaukomitees in Berlin‹, Berlin 1952, hg. v. Sekretariat des Nationalen Komitees.
8 Kostenplan für die bei der freiwilligen Enttrümmerung Berlins entstehenden Unkosten für das Jahr 1952, vom Ministerium für Aufbau, Staatssekretär für Bauwirtschaft, 6. 3. 1952, gez. Lux. Bundesarchiv (BA), Bestand Ministerium für Aufbau, DH-1/43696, unpag.
9 Eine Propagandaschrift trug z. B. den Titel ›Die große Wandlung‹, Dresden 1952, hg. v. Sekretariat des Nationalen Komitees.
10 Neues Deutschland, Berliner Ausgabe (ND-B), 9. 1. 1952, Nr. 7, S. 6.
11 ND-B, 27. 11. 1951, Nr. 275, S. 3.
12 Es handelte sich um die in ihrer Art offenbar einmalig gebliebene, reich bebilderte und aufwendig gestaltete Publikation ›Die Stalin-Allee. Nationales Aufbauprogramm 1952‹ von Gerhard Puhlmann. Sie brachte Kommentare und Fotos zu allen wichtigen Stationen und Themen des NAP Berlin 1952.
13 ›... und an der Stalin-Allee. Eine Sammlung neuer Lieder- und Textmaterialien zum Nationalen Aufbauprogramm Berlin 1952‹, Berlin 1952, hg. v. FDGB Groß-Berlin, Abt. Kulturelle Massenarbeit.

14 Flierl, Bruno: Stalinallee in Berlin, in: Zodiac 5, März 1991, S. 76-115, S. 91.
15 LA, Bezirksparteiarchiv, Bestand SED-Landesleitung, Rep. BPA IV L-2/15/480, unpag.
16 ND-B, 20. 3. 1952, Nr. 68, S. 6. Anderen Quellen zufolge wurden die ersten Auszeichnungen am 1. 5. 1952 verliehen.
17 Broschüren-Reihe ›Was jeder Deutsche wissen muß‹, Heft 29: ›Das Nationale Aufbauprogramm Berlin 1952 / ein wesentlicher Bestandteil unseres nationalen Kampfes um den Abschluß eines Friedensvertrages mit Deutschland‹, o. O. 1952, hg. v. Büro des Präsidiums des Nationalrats der Nationalen Front, S. 22 f.
18 DA, 1. 1952, Heft 1-4, S. 42, Chronik.
19 Broschüre: Unser Nationales Aufbauprogramm Berlin 1952, o. O. 1952, hg. v. ›Kulturbund zur demokratischen Erneuerung Deutschlands‹, S. 22-26.
20 Aufstellung über die bisherigen Besichtigungsfahrten mit Westberlinern und bestimmten Bevölkerungskreisen zu den Bauten in der Stalin-Allee, vom Berliner Ausschuss der Nationalen Front, Abt. AWS – Statistik, 2. 12. 1952. LA, Bezirksparteiarchiv, Bestand SED-Landesleitung, Rep. BPA IV L-2/15/479, unpag.
21 Geist, Johann Friedrich / Kürvers, Klaus: Das Berliner Mietshaus 1945–1989 (Bd. 3), München 1989, S. 387.

## Schaukasten: Sichtagitation

Die Besetzung des öffentlichen Raumes mit Parolen und Symbolen war von Anfang an in der SBZ und dann während der vier Jahrzehnte des Bestehens der DDR ein durchgängig genutztes Mittel der Propaganda. Agitation und Propaganda sollten sich nicht nur auf die »klassischen« Wortmedien Rundfunk und Presse beschränken, sondern durch allgegenwärtige Anschaulichkeit zum festen Bestandteil des Alltags in SBZ und DDR werden. Bestimmte Themen der allgemeinen politischen Propaganda wurden durch die Sichtagitation besonders hervorgehoben und zugespitzt. Dazu gehörten von den 40er bis in die 60er Jahre die Forderung nach einem Friedensvertrag und der Ruf nach der Einheit Deutschlands; beides jedoch immer verbunden mit einer »Entlarvung« von Gegnern und Störenfrieden der SED-Politik, »Kriegsbrandstiftern«, »Steigbügelhaltern« des Militarismus, profitgierigen Kapitalisten und anderen Schreckensgestalten aus dem Panoptikum des Kalten Krieges.
Um die Bevölkerung an den Staat der »Arbeiter-und-Bauern-Macht« und deren »führende Partei« zu binden, bedurfte es andererseits in den ersten Jahren noch der Wahlwerbung sowie andauernd der rühmenden und zugleich verpflichtenden Forderungen zur Leistungssteigerung für Wiederaufbau und gesellschaftlichen Neuanfang, der Beteuerung unverbrüchlicher Freundschaft zur Sowjetunion und der Verherrlichung der sozialistischen Vaterfiguren wie der die Gegenwart bestimmenden politischen Führer.
Für die Gestaltung agitatorischer Symbole und Bildmotive wie für die Verbreitung von Losungen und Kampfparolen gaben das ZK der SED beziehungsweise das Politbüro Direktiven aus, die

556

558

559

557

560

555

561

566

565

555 Wahlwerbung der SED verhüllt ein darunterliegendes Denkmal, um 1946

556 »Unweit der Zonengrenze liegt friedlich das Dörfchen Alvensleben im Kreise Gattersleben. Seine Bewohner gehen friedlicher Arbeit auf den umliegenden Feldern und der Tabakfabrik Tegsa nach. Über allem wird aber nicht vergessen, daß es Kräfte gibt, die gewillt sind unser Volk in neues Unglück zu stürzen, dagegen arbeiten die Einwohner in ihrem Ortsausschuß der Nationalen Front unter der tätigen Mitarbeit der Lehrer Müller und Bürgermeister Otto Kunze, dem jüngsten Bürgermeister des Kreises. Zum Volksfest der Nationalen Front wurde das Friedenswerk an der belebtesten Stelle des Ortes erbaut. Es ist nicht nur eine Sichtwerbung, sondern auch dörflicher Mittelpunkt und der Diskussionsplatz der Aufklärungsgruppen des Ortsausschusses. Das Aufklärungslokal ist wenig besucht, die Hauptarbeit der Aufklärung wird durch die Gruppen von Haus zu Haus getragen. Was wir in Alvensleben vermissen, waren Hinweisschilder zum Aufklärungslokal. Trotz allem hier ist Initiative sichtbar, hier wird für Frieden und Einheit unseres Vaterlandes gearbeitet.« (Zeitgenössische Beschriftung, um 1951)

557 Im Schulhof werden die Jungen Pioniere an das 5. Gesetz ihrer Organisation erinnert, um 1954

558 Wahlpropaganda vor Ruinen, um 1946

559 Straßenansicht eines Werbelokals der SED in Berlin, um 1946

560 In Walbeck wird für die Freundschaft zur Sowjetunion geworben, um 1950

561 Aufsteller mit politischen Plakaten, Dezember 1951

562 Mitarbeiter des Verlags »Volk und Wissen« werben für ihre Bücher, 1951

563 Ein Festwagen während des Umzuges zur 750-Jahr-Feier des Kupferschieferbergbaus in Eisleben am 2. September 1950

564 Vorgaben der Abteilung Massenagitation der SED in Sachsen für Transparente und Aufsteller zum 1. Mai 1950

565–567 Schmuck am ›Haus der Einheit‹ zu verschiedenen Anlässen: zum 110. Geburtstag August Bebels am 22. Februar 1950, während der Weltfestspiele im August 1951 und zum 34. Jahrestag der »Großen Sozialistischen Oktoberrevolution« im November 1951

567

564

563

dann über die Ämter für Information der Zentral- und Landesregierungen, das spätere ›Presseamt beim Vorsitzenden des Ministerrats der DDR‹ oder über die jeweiligen Agitpropabteilungen der Parteien und Massenorganisationen auf allen Ebenen verbreitet und umgesetzt wurden. Bei übergreifenden Themen kam auch der ›Nationalen Front des demokratischen Deutschland‹ und deren regionalen wie lokalen Ausschüssen eine wichtige Funktion zu. Die DEWAG, einer der organisationseigenen Betriebe der SED, entwickelte unter Anleitung der Agitpropabteilung des Zentralkomitees vor allem Festdekorationen für zentrale Veranstaltungen und Gestaltungselemente für die Propaganda im öffentlichen Raum. Vielfach belegen aber Fotos von handgemalten Parolen oder politischen Schaufensterdekorationen, daß auch die Sichtagitation Sache der stets einsatzbereiten Sozialisten an der Basis sein sollte.

572

## Schaukasten: Zu Ehren …

Die sozialistischen Vaterfiguren Marx, Engels und Lenin wurden in der DDR vielfach geehrt – anläßlich ihrer Geburts- oder Todestage auch durch Ausstellungen. So fand beispielsweise 1950 aus Anlaß des 80. Geburtstages Lenins im ›Haus der Presse‹ in der Berliner Friedrichstraße eine vom Parteivorstand der SED veranstaltete Ausstellung statt. Die dazu erschienene Broschüre verband die Lenin-Ehrung eng mit dem Stalin-Kult und stellte fest, daß diese »größten Menschen des 20. Jahrhunderts von den breiten Massen der Werktätigen aller Länder geehrt und geliebt« würden. Lenin selbst wurde als volksverbundener politischer Führer geschildert, der sein ganzes Leben der Sache der Arbeiterklasse, dem Sieg des Sozialismus und dem Frieden gewidmet habe.

Am 2. Mai 1953 eröffnete das 1952 gegründete ›Museum für Deutsche Geschichte‹ anläßlich des 70. Todestages von Marx seine erste Ausstellung im frisch renovierten Lindenflügel des ehemaligen Zeughauses. Sie umfaßte »Leben und Wirken« von Karl Marx und Friedrich Engels, die »Weiterentwicklung ihrer Lehren« durch Lenin und Stalin und schließlich deren »Anwendung« in der DDR. Dementsprechend begegneten dem Besucher gleich in der Eingangshalle die Büsten der vier Ahnherren des »wissenschaftlichen Sozialismus«: Marx, Engels, Lenin und Stalin. Die Präsentation hatte Lehrbuchcharakter, und so waren die Objekte entsprechend der vorbestimmten ideologischen Aussage ausgewählt, arrangiert und mit nicht-authentischem Material, wie Nachbildungen, Modellen etc., ergänzt.

569

570

Die Inszenierung erhob einzelne Objekte geradezu in den Rang von verehrungswürdigen Gegenständen. So bettete man zum Beispiel ›Das Kapital‹ allein in eine Glasvitrine unter einem Gemälde, das Marx arbeitend an einem Tisch zeigte; zu beiden Seiten waren Büsten von Marx und Engels aufgestellt. Dieses Ensemble wurde noch mit blühenden Hortensien geschmückt – eine in der Ausstellungsgestaltung des MfDG neben dem Gummibaum und der Sanseveria sehr beliebte Dekorpflanze.

571

568

568 Titelblatt des Ausstellungskataloges zur Lenin-Ausstellung 1950 im Haus der Presse in der Berliner Friedrichstraße

569 Gestaltung des Foyer während der Karl-Marx-Ausstellung 1953 mit den Büsten von Marx, Engels, Lenin und Stalin sowie ausgewählten Zitaten (Foto: Heinz Nixdorf)

570 »Altar« zum »Kapital« in der Ausstellung. Der Katalog zitiert Engels: »Solange es Kapitalisten und Arbeiter in der Welt gibt, ist kein Buch erschienen, welches für die Arbeiter von solcher Wichtigkeit wäre wie das vorliegende.« (Foto: Heinz Nixdorf)

571–572 Der Weiterentwicklung der Lehren von Karl Marx durch Lenin und Stalin waren in der Karl-Marx-Ausstellung eigene Bereiche gewidmet. Zu Stalins Rolle heißt es im Katalog: »Die Kommunistische Partei unter der Führung des Zentralkomitees mit J. W. Stalin, dem großen Fortsetzer des Werkes W. I. Lenin, an der Spitze, zerschmetterte die Verräter und Kapitalisten, behauptete den Leninismus und führte das Sowjetvolk zum Aufbau des Sozialismus.« (Fotos: Heinz Nixdorf)

Holger Stoecker

# »Stalin, das ist der Frieden!« – Die Stalin-Note vom 10. März 1952 und die friedenspolitische Propaganda in der DDR

Im Spätsommer 1951 begann sich die Deutschlandpolitik der Sowjetunion zu bewegen. Im Fernen Osten tobte der Koreakrieg, innenpolitisch war der XIX. Parteitag vorzubereiten, der erste nach dem Kriegsende und seit 1939. Im Westen drohte die Integration der Bundesrepublik in das westliche Militärbündnis. Angesichts dessen schlug die Sowjetregierung am 10. März 1952 in gleichlautenden Noten an die USA, an Großbritannien und an Frankreich vor, unter Einbeziehung einer noch zu bildenden gesamtdeutschen Regierung unverzüglich einen Friedensvertrag mit Deutschland auszuarbeiten. Der beigefügte, inhaltlich bis dahin am weitesten gehende Entwurf eines Friedensvertrages sah in seinen politischen und territorialen Leitsätzen ein unabhängiges, einheitliches, demokratisches und neutrales Deutschland in den Grenzen vor, wie sie das Potsdamer Abkommen bestimmt hatte. Ehemalige Wehrmachtsangehörige und NSDAP-Mitglieder sollten in ihren bürgerlichen und politischen Rechten den anderen deutschen Bürgern gleichgestellt werden. Entsprechend den »Militärischen Leitsätzen« sollte es Deutschland zwar gestattet werden, eigene nationale Streitkräfte zur Landesverteidigung zu besitzen und eine ganz und gar auf diesen Zweck begrenzte Rüstungsproduktion aufzubauen, doch dürfte es keinerlei Koalition oder Militärbündnis beitreten.[1]

573 Plakat zum »Stalin-Kult«, 1952 (Entwurf: Hellmich-Weber)

Formal reagierte die Sowjetregierung mit ihrer Noten-Initiative auf ein Schreiben der DDR-Regierung an die vier Großmächte vom 13. Februar 1952, in dem um den beschleunigten Abschluß eines Friedensvertrages, auf den das deutsche Volk sieben Jahre nach Kriegsende ein Recht besäße, gebeten wurde. Auch hier wurde ein Bild von einem einheitlichen, friedliebenden und demokratischen Deutschland entworfen, das einen Friedensvertrag für den friedlichen Wiederaufbau, für die Überwindung der Spaltung und für die Normalisierung der völkerrechtlichen Beziehungen zu anderen Staaten benötige.[2]

Gleichwohl verbanden die beiden östlichen Verbündeten mit ihren diplomatischen Vorstößen unterschiedliche Vorstellungen. Über die Motive der sowjetischen Führung, deren Rekonstruktion durch eine komplizierte Quellenüberlieferung erschwert wird, ist in der Historiographie lange gerätselt worden. Während die einen in der Stalin-Note und der mit ihr begonnenen Notenkampagne (weitere Noten folgten am 9. April, 24. Mai

574 Erinnerungstuch zum ›Friedenstag‹ am 1. September, um 1951

und 23. August 1952) lediglich einen Schlußpunkt der sowjetischen Wiedervereinigungspolitik gegenüber Deutschland sehen, mit dem die Schuld an der Teilung Deutschlands den Westmächten zugewiesen und die Integration der DDR in den Ostblock erleichtert werden sollte,[3] wenden sich andere gegen die Annahme, die Sowjets hätten 1952 nur ein taktisches Propagandamanöver betrieben.[4] Zumindest die Note vom 10. März sei durchaus von der Bereitschaft getragen, für die Wiedervereinigung Opfer zu bringen. Da es für Stalin in der DDR (noch) keinen Sozialismus gab, konnte dieser auch nicht aufgegeben werden.[5] Würde die Neutralisierung Deutschlands im Zentrum Europas gelingen, so wäre die Marginalisierung der deutschen Bruderpartei ein vertretbarer Preis.[6] Zudem war der sowjetische Machtbereich in seinen Augen mit Polen und der Tschechoslowakei im Grunde arrondiert. Stalin veranschlagte für eine kurze Zeit die erhoffte außenpolitische Loyalität eines neutralen Gesamtdeutschland höher als seine Gesellschaftsform; gleichwohl sollte die unterdessen in der DDR erreichte gesellschaftliche Transformation soweit wie möglich auf Westdeutschland übertragen werden.[7]

Für die DDR-Führung hingegen stand sehr viel mehr auf dem Spiel. Ihr ging es in erster Linie um die Verhinderung der drohenden Einbindung der Bundesrepublik in die Europäische Verteidigungsgemeinschaft und des Abschlusses des Generalvertrages.[8] Soweit deckten sich ihre Interessen völlig mit denen der sowjetischen Regierung, da diese ein neutrales Deutschland wünschte. Sie machte sich zudem Hoffnungen auf eine Ablösung der Adenauer-Regierung durch »gesamtdeutsche demokratische Wahlen ..., denn auch in Westdeutschland werden die patriotischen und demokratischen Kräfte täglich stärker«.[9] Doch wurde auch mit offenkundiger Besorgnis in internen Gesprächen ein möglicher Rückzug der sowjetischen Schutzmacht angedeutet.[10]

Diese drohenden politischen Unwägbarkeiten hinsichtlich der Haltbarkeit der eigenen Position, denen sich die SED-Führung im Frühjahr 1952

575–576 Plakate zur Popularisierung der ›Stalin-Note‹, 1952

nach Stalins Tauschangebot »Deutschland gegen Neutralität« an den Westen gegenübersah, sind jedoch offensichtlich nur im innersten Kreis der obersten Führungsspitze diskutiert worden. Jedenfalls finden sich weder in den Protokollen des Sekretariats des Zentralkomitees noch in denen des Politbüros jener Monate Anhaltspunkte für Überlegungen, wie man sich verhalten würde, wenn die sowjetische Initiative von den drei Westmächten positiv aufgenommen werden würde und Deutschland durch den Abschluß eines Friedensvertrages tatsächlich nicht nur wieder ein gleichberechtigtes Mitglied der europäischen Völkerfamilie werden sollte, sondern auch die nationale Einheit wiedererlangte. Und für die ostdeutsche Öffentlichkeit waren solche Erwägungen gar völlig tabu.

Parallel zu den diplomatischen Aktivitäten hinter den Kulissen wurde in der DDR eine friedenspolitische Propagandakampagne zur Popularisierung des Friedensvertrages unter Mobilisierung vielfältiger agitatorischer Ressourcen entwickelt. Jede gesellschaftliche Organisation hatte ihren Anteil an ihr zu übernehmen. Bereits in dem am 14. Februar 1952 vom Sekretariat des ZK beschlossenen »Kampagneplan zum Schreiben der Regierung der DDR zwecks Abschluß eines Friedensvertrages mit Deutschland« wurde der Akzent der zu entfaltenden Agitation gegenüber der Bevölkerung ausschließlich auf die nationale und entspannungspolitische Bedeutung gesetzt.[11] Alle Parteimitglieder in verantwortlichen Positionen wurden dazu verpflichtet, eine »umfassende und systematische Massenerklärung« zu organisieren und nach folgender Linie zu argumentieren: Das deutsche Volk habe entsprechend dem Völkerrecht sieben Jahre nach Kriegsende einen Anspruch auf einen Friedensvertrag, zumal die Alliierten mit den ehemaligen Verbündeten Hitlerdeutschlands bereits fünf Jahre zuvor Friedensverträge abgeschlossen hätten; ein Friedensvertrag vermindere die Gefahr eines dritten Weltkrieges und überwinde die nationale Spaltung; er führe zu einer allgemeinen Entspannung der Lage in Europa, liege im Interesse der deutschen Wirtschaft, Kultur und Außenpolitik und sei mithin »eine wahrhaft nationale Forderung«. »Alle friedliebenden und patriotischen Deutschen müssen sich daher um die Forderung der Regierung auf beschleunigten Abschluß eines Friedensvertrages wie ein Mann zusammenschließen und überall diese Forderung erheben.«[12]

577 Plakat mit einem Blick in die Stalinallee, 1952

Dementsprechend seien in der tagespolitischen Berichterstattung der DDR-Presse »ständig auf der ersten Seite die individuellen und kollektiven Stellungnahmen der Bevölkerung aus dem Westen und aus der Deutschen Demokratischen Republik zu veröffentlichen«.[13] Auf die Reaktionen der vier Großmächte, an die das Schreiben der DDR-Regierung ja eigentlich gerichtet war, wurde in dem Kampagneplan kein Wert gelegt. Daher fanden sich in der Presse kaum Stellungnahmen aus diesen Ländern wieder. Zumindest von seiten der drei Westmächte waren solche auch nicht zu erwarten, wären sie doch ein Schritt in Richtung Anerkennung der DDR gewesen. Statt dessen wurde über die Tageszeitungen hauptsächlich Bonn zu einer baldigen Antwort gedrängt.[14]

Die Abteilung Agitation des ZK wurde beauftragt, einen thematischen Plan für Presse und Rundfunk zu erstellen, nach dessen Vorgaben »die Genossen im Nationalrat ... unverzüglich die Herausgabe von Referentenmaterial sowie einer Serie von Traktätchen« zu veranlassen hatten.[15] Das Amt für Information wurde mit der öffentlichen Plakatierung der Regierungserklärung beauftragt. Es hatte auch die Belieferung jedes Haushaltes zu gewährleisten und eine Serie von Schrift- und Bildplakaten herauszugeben. Für die Sichtagitation hatten die SED-Parteileitungen vor Ort »in der Form von Transparenten, Plakaten, Tafeln und Großflächen in Text und Bild die Losungen und die Forderung auf Friedensvertrag darzustellen. Besonders sind die Bahnhöfe, Straßen, Bahnen, die S- und U-Bahn in Berlin, die Schaufenster der HO, der Konsumgenossenschaften und des Einzelhandels in würdiger Form mit den Mitteln der Sichtagitation auszugestalten.«[16] Bei der mündlichen Aufklärung sei dafür Sorge zu tragen, daß ab sofort alle Aufklärungslokale der Nationalen Front täglich für Vorträge, Diskussionen, Beratungen und kulturelle Veranstaltungen geöffnet werden. Auch die betrieblichen und örtlichen Friedenskomitees sollten »öffentliche Vorträge und Lektionen zur Erläuterung des Schreibens der Regierung der DDR« organisieren.[17] Das Ziel der individuellen Agitation in den Betrieben, Dörfern und städtischen Wohngebieten sei, »jeden Bürger der DDR ... zur verstärkten Anteilnahme am friedlichen Aufbau zu gewinnen«. Schließlich hatte die DEFA einen Kurzfilm zu produzieren, der im Vorprogramm aller Filmveranstaltungen vorgeführt werden sollte. Auch durch den Einsatz des Films ›Das verurteilte Dorf‹ im Landspieldienst sollte die Problematik des Friedensvertrages hervorgehoben werden.[18]

Die vom Amt für Information und von der Abteilung Agitation herausgegebenen, während der Kampagne als Mittel der Sichtagitation zum Einsatz gekommenen Schrift- und Bildplakate stellten zum einen eine Verbindung zwischen dem in greifbare Nähe gerückten Friedensvertrag und einer idealisiert sinnerfüllten und erfolgreichen Arbeit in der (Schwer-)Industrie, in der Landwirtschaft und im Städtebau her. Alles solle dafür getan werden, daß die werktätigen Arbeiter und Bauern die Früchte ihrer Arbeit in Frieden genießen könnten. Kein Zweifel wurde daran gelassen, daß der Frieden im sowjetischen Machtbereich seine Heimstatt habe und sich zuvörderst in J. W. Stalin, mit dessen Namen die Friedensvertragsofferte in Ost und West verbunden wurde, personifiziere. (s. Abb. 497, S. 352) Zum anderen fixierten sie die »Kriegsbrandstifter« im Westen Deutschlands und ihre amerikanischen Verbündeten als die Feinde des friedlichen Aufbaus.

Über die Resonanz der Propagandakampagne geben einige vom Amt für Information, Abteilung Informationskontrolle, erstellte »Inform-Mitteilungen« Auskunft. Das ›Amt für Information beim Ministerpräsidenten der DDR‹ (AfI), geleitet von Gerhart Eisler und eigentlich zuständig für offiziöse Regierungsverlautbarungen und Presseinformationen sowie für die Herausgabe von Propagandamaterial, fertigte für die Partei- und Staatsführung mehrmals wöchentlich streng vertrauliche Berichte über die Stimmung in der Bevölkerung an. Anhand von Befragungen in Betrieben und auf der Straße wurden Ansichten und Haltungen zu verschiedenen innenpolitischen Maßnahmen und zu gesamtdeutschen Fragen aufgezeichnet, die oftmals unter Angabe von Namen, Adresse, Alter, Beruf und (ehemaliger) Parteizugehörigkeit der Befragten mitgeteilt wurden. Die Berichte, die auf das Schreiben der DDR-Regierung folgten, beginnen mit der stereotypen Feststellung, daß dieses »von den breitesten Schichten der Bevölkerung begrüßt« werde, doch werden dann unter der Rubrik »unklare Argumente« Zweifel an den Erfolgsaussichten des Schreibens, von ehemaligen Umsiedlern geäußerte Hoffnungen auf Rückkehr in ihre Heimat sowie einfach politisches Desinteresse notiert.[19] Dieser Mangel wurde von den durchweg anonym bleibenden Berichtsverfassern interpretiert als Folge »ungenügender Aufklärung ..., die sich in einer gewissen Interessenlosigkeit und Gleichgültigkeit ausdrückt«.[20]

Doch anstatt nun die der Stalin-Note vom 10. März folgende Propagandakampagne auf die mit dem Friedensvertragsentwurf verbundenen »Unklarheiten« in der Bevölkerung auszurichten, setzten die Verantwortlichen einfach nur auf die forcierte Fortführung der im Februar begonnenen Kampagne. Denn, so hieß es zur Begründung, »noch verstehen große Schichten nicht, daß die Erfüllung des sehnlichsten Wunsches aller Deutschen nach einem gerechten Frieden ... bereits in greifbare Nähe gerückt ist und jetzt alles davon abhängt, wie das deutsche Volk selbst seine große nationale Forderung in die Hände nimmt«.[21]

Nun wurde ein präziser, detaillierter Plan über die »Aufklärungs- und Versammlungstätigkeit« vorgelegt, unter anderem mit dem Ziel, in Verantwortung des Nationalrates »bis Ende März in jedem Dorf und jedem Aufklärungslokal wenigstens eine Versammlung mit dem Thema ›Der Vorschlag der Sowjetregierung für einen Friedensvertrag mit Deutschland und die Zukunft Deutschlands‹ durchzuführen«.[22] Die Elternversammlungen in den Schulen, die Versammlungen des Konsum (einer Einzelhandelsorganisation auf Genossenschaftsbasis), die Straßen- und Hausvertrauensleute wurden angehalten, die Fragen des Friedensvertrages zu thematisieren, um »die Massen täglich von der Richtigkeit der Politik unserer Partei und unserer Regierung zu überzeugen«. Der Entwurf der Sowjetunion sei das Musterbeispiel eines demokratischen Friedensvertrages – im Gegensatz zur »imperialistische[n], aggressive[n] Politik des amerikanischen Monopolkapitals, wie sie im Friedensvertrag mit Japan zum Ausdruck kommt«. Die Kampagne für den Abschluß eines Friedensvertrages sei zu verbinden mit »dem verstärkten Kampf gegen das Abhören feindlicher Sender«.[23]

Die als Störfaktor beargwöhnten evangelischen Kirchenleitungen sollten zur Einberufung einer außerordentlichen Generalsynode gedrängt werden, die sich mit dem Friedensvertragsentwurf befassen müsse. Durch die Ministerpräsidenten der Länder seien die Bischöfe darauf hinzuweisen, daß Pfarrertagungen mit den ›Christlichen Arbeitskreisen für den Frieden‹ geplant würden und »daß jedes direkte oder indirekte Verbot [der Kirchenleitungen] an die Pfarrer, sich an diesen Konferenzen zu beteiligen, als schwerer Affront gegen den Staat angesehen werden müßte«.[24] »Fortschrittliche Pfarrer und kirchliche Persönlichkeiten aus den Kreisen der Laienchristen« sollten Gelegenheit erhalten, sich in Zeitungsartikeln und im Rundfunk zustimmend zu dem Vorschlag der Sowjetregierung zu äußern.[25]

Zu den kulturpolitischen Aufgaben des Aufklärungsplans zählte, die »Dichter Bert Brecht, Zweig, Uhse und Anna Seghers ... zu veranlassen, einen Brief an die Bevölkerung Frankreichs und Englands zu schreiben ... Zu jeder Theatervorstellung soll einer der Hauptdarsteller in seinem Kostüm eine kurze Erklärung zur Note abgeben.« Zudem seien »Gedichte, Lieder, Kantaten und

578 »Plakatbürger« bekunden ihre Zustimmung zur ›Stalin-Note‹, 1952

Oratorien mit dem Thema Friedensvertrag« in Auftrag zu geben.[26] Die bildenden Künste wurden in dem Kampagneplan zwar nicht bedacht, doch erhielt der Maler Max Lingner wenige Tage darauf, am 26. März 1952, vom DDR-Ministerrat offiziell den Auftrag für die Gestaltung eines Wandbildes am Haus der Ministerien in Berlin mit dem barocken Titel »Die Bedeutung des Friedens für die kulturelle Entwicklung der Menschheit und die Notwendigkeit des kämpferischen Einsatzes für ihn«.[27]

Gerade in jener Zeit, sieben Jahre nach Kriegsende in Europa sowie angesichts der heißen Kriege in Südostasien und des Kalten Krieges in Europa, hätte jemand, der politisch etwas anderes gefordert hätte als Frieden, keine Chance auf ernsthafte politische Resonanz gehabt. Fragt man sich also, welchem Ziel die Friedenspropaganda-Kampagne im Frühjahr 1952 eigentlich diente beziehungsweise welche Zielgruppen ins Auge gefaßt wurden, so drängt sich der Eindruck auf, daß die ostdeutsche Bevölkerung eher zu einem allgemein positiven Bekenntnis zum neuen Staat und zu dessen Regierung bewegt werden sollte. Die bislang noch wenig verbreitete Überzeugung, daß die staatliche Führung moralisch und politisch legitimiert sei, die Teilrepublik aus dem Provisorium herauszubringen, sollte gestärkt, die Bürger sollten zu Zustimmung und Mitarbeit veranlaßt werden.

Daß dies jedoch nicht in dem gewünschten und erwarteten Umfang gelang, zeigen wiederum einige Berichte des Amtes für Information über die »Argumentation der Bevölkerung zur Note der Sowjetregierung an die Westmächte«, die immer auch den Stand der Kampagne bilanzierten. In der Inform-Mitteilung vom 5. April wurde eine zwischen dem 15. und 20. März in den Ländern der DDR durchgeführte Befragung unter 1 524 Bürgern resümiert.[28] Von diesen äußerten sich 935 (das heißt etwa 61 Prozent) allgemein oder zu einzelnen Punkten der Sowjet-Note ohne Einschränkung positiv. 437 der Befragten begrüßten zwar die Initiative insgesamt, hatten aber Bedenken gegen einzelne Punkte. So richteten sich 381 gegen die Aufstellung nationaler Streitkräfte, denn dies käme einer Remilitarisierung ganz Deutschlands gleich, bedeute die Wiedereinführung der Wehrpflicht und beschwöre die Gefahr eines neuen Krieges herauf. Weitere 89, überwiegend als Neubürger (das heißt Umsiedler aus den ehemaligen deutschen Ostgebieten) bezeichnete Befragte lehnten die im sowjetischen Vorschlag festgelegte territoriale Regelung ab, wobei sie darauf verwiesen, daß laut Potsdamer Abkommen die endgültige Grenzregelung erst beim Abschluß eines Friedensvertrages getroffen werde, also noch offen sei. Die Lösung der deutschen Frage sahen 61 Bürger aus den Kreisen an der Demarkationslinie in Sachsen-Anhalt ausschließlich in der Aufhebung der Zonengrenzen, weitere 19 Bürger glaubten von vornherein an die Erfolglosigkeit der Note. 13 Befragte erklärten ihr politisches Desinteresse und 17 »argumentierten offen gegnerisch«. Das

bedeutete, daß etwa 39 Prozent nicht voll hinter dem standen, wofür die Propaganda-Apparate von Partei und Staat doch sehr massiv warben: angesichts der aufwendigen Propagandakampagne und der täglichen Präsenz der Friedensvertragsproblematik in der Presse ein als wenig befriedigend zu bezeichnendes Ergebnis. Die Befragung im ›VVB Pharma Schering‹ in Berlin-Adlershof ergab, daß sogar »2/3 aller Belegschaftsmitglieder des Betriebes zu den Punkten: Nationale Verteidigung und Territorium, ablehnend Stellung« nahmen.[29]

Die größten Probleme hatte also die Bevölkerung, darunter auch – wie in den AfI-Berichten ausgewiesen – einfache SED-Mitglieder, mit der in den militärischen Leitsätzen der Stalin-Note konzedierten Aufstellung nationaler Streitkräfte und mit der »Oder-Neisse-Friedensgrenze«. Letztere war zwischen der DDR und Polen im »Görlitzer Abkommen« vom 6. Mai 1950 festgelegt worden; der damit verbundene Verzicht auf die östlichen Gebiete des Deutschen Reiches war in der Bevölkerung sehr umstritten. Diese beiden Punkte durchziehen alle Meinungsberichte des AfI als »Unklarheiten«, jedoch sucht man sie vergeblich in den Argumentationshilfen für die Instrukteure der zentralen und regionalen Agitationsabteilungen und in den Anleitungen für die massenhaft durchgeführten Propagandaveranstaltungen.

Von einer Schulung in Schönbrunn (Kreis Marienberg, Sachsen) Ende März 1952 vermerkte das AfI in einem Sonderbericht, daß der Zirkelleiter Neumann – sogleich als früherer Angehöriger der Hitler-Jugend gebrandmarkt – unter allgemeiner Zustimmung dafür plädierte, »an die Vernunft und das Bewusstsein des polnischen Volkes zu appellieren, um die Oder-Neisse-Grenze zu revidieren. Wir müssen immer wieder fordern, daß die Menschen in ihre alte Heimat zurückkehren können.« Natürlich gab Neumann zu, »dass er seine Argumente vom RIAS hat: ›Der RIAS hat gestern abend eine 1/2stündige Sendung für die Angestellten des Staatsapparates der DDR gebracht, wo der Sprecher die Angestellten aufgefordert hat, die Fragen in der Reihenfolge an den Zirkelleiter zu richten, wie es auch heute teilweise geschehen ist. Um mich vorher zu informieren, musste ich diese Sendung, die den ganzen Tag popularisiert wurde, anhören.‹«[30]

Inwieweit die Berichte des AfI von den für die Propagandakampagne Verantwortlichen in der Abteilung Agitation des ZK zur Kenntnis genommen wurden, läßt sich aus den archivalischen Quellen nicht rekonstruieren. Offensichtlich sind sie kaum beachtet worden, denn in der weiteren Gestaltung der Friedenspropaganda blieben die heiklen Punkte nach wie vor ausgeklammert. Lediglich die Veranstaltung eines Monats der Deutsch-Polnischen Freundschaft im April 1952 war wohl ein etwas kraftloser Versuch, für die »Oder-Neiße-Friedensgrenze« zu werben, denn die schlecht organisierten Kundgebungen in einigen grenznahen Städten wurden von den Bürgern nur mäßig besucht.[31]

Unter den gesellschaftlichen Großereignissen und Veranstaltungen im Frühjahr 1952, die wie der Frauentag am 8. März[32] oder der 1. Mai in die

579 Trainingslager der Teilnehmer an der ›V. Internationalen Radfernfahrt für den Frieden Warschau–Berlin–Prag‹ in Bollmannsruh, 1952 (Foto: Jochen Moll)

580 Postkarte anläßlich der »V. Friedensfahrt«, 1952

Friedenskampagne eingebunden waren, nahm die vom 30. April bis 13. Mai 1952 stattfindende V. ›Internationale Radfernfahrt für den Frieden Warschau–Berlin–Prag‹ einen herausragenden Platz ein. Die Friedensfahrt, offiziell veranstaltet von den Zeitungen der staatstragenden Parteien ›Trybuna Ludu‹, ›Rudé Právo‹ und ›Neues Deutschland‹, führte in diesem Jahr zum ersten Mal durch das Gebiet und durch die Hauptstadt der DDR. Unter dem Aspekt der Massenwirksamkeit versprach man sich von dieser »Friedenskundgebung der Freundschaft« einen breiten Propagandaeffekt.[33] In dem vom Sekretariat des ZK beschlossenen Organisationsplan heißt es dazu: »Ziel der Friedensfahrt ist es, sämtliche Werktätigen, Jugendlichen, Jungen und Mädel aus den Schulen unserer Republik im Rahmen dieser Radfernfahrt für den Frieden für eine verstärkte Durchsetzung unserer politischen Ziele (Abschluß eines Friedensvertrages) zu mobilisieren. (Zum Vergleich: in Polen wurden in die letzte Friedensfahrt 8,5 Millionen Menschen einbezogen.)«[34]

581 Durchfahrt eines »Friedenstores« in Wolfen auf der 7. Etappe von Berlin nach Leipzig am 9. Mai 1952 (Foto: Quaschinsky)

Wieder wurde eine breite Kampagne in Presse, Funk und Filmwochenschauen aufgerollt – zu großen Teilen unter der Verantwortung des AfI. Es hatte neben der rechtzeitigen Herstellung einer Sonderbriefmarke dafür zu sorgen, daß für die Sichtwerbung in den Dörfern und Städten entlang der Fahrtstrecke in der DDR »genügend Portraits der Führer des Weltfriedenslagers, der Arbeiterführer aus den kapitalistischen Ländern ..., vor allem Stalin, Bierut, Gottwald, Pieck« zur Verfügung standen.[35]

Am 25. März hatten die Westmächte die Stalin-Note mit der Forderung beantwortet, daß vor einer weiteren Erörterung der sowjetischen Vorschläge eine gesamtdeutsche Regierung gebildet werden müsse, die aus freien Wahlen hervorgehen solle. Deren Voraussetzungen solle eine UN-Kommission prüfen. Zudem akzeptierten die Westmächte die Neutralitätsforderung nicht. Dies bedeutete im Grunde bereits das Scheitern der sowjetischen Initiative, auch wenn die Sowjetregierung in einigen folgenden Noten noch weiter auf Viermächte-Verhandlungen über einen Friedensvertrag drängte. Adenauer hatte erfolgreich jegliche Konzessionsbereitschaft der Westmächte verhindert.[36] Stalin, der Ende März / Anfang April 1952 von Pieck, Grotewohl und Ulbricht in Moskau zu Beratungen über die Vorbereitung der II. Parteikonferenz der SED aufgesucht wurde, ging nun von einer länger anhaltenden Teilung Deutschlands aus und schwenkte Anfang April auf den Erhalt der DDR um.[37] Die SED-Führung ihrerseits befestigte die Teilung Deutschlands mit dem auf der II. Parteikonferenz (9. bis 12. Juli 1952) proklamierten »planmäßigen Aufbau der Grundlagen des Sozialismus in der DDR«, zu dem sich das Politbüro erst kurz vor Konferenzbeginn im Juni 1952 entschloß.[38] Dennoch blieb ihre Propaganda bis Mitte der 60er Jahre auf die Überwindung der Spaltung orientiert.

In welchem Umfang die Propagandakampagne zur Popularisierung des Friedensvertrages im Frühjahr 1952 das Meinungsbild in der DDR zu politischen Grundfragen mitbestimmte, auf Ablehnung beziehungsweise Gleichgültigkeit stieß oder gar offene Türen einrannte, wie effektiv sie also

582 Faltblätter als Teil der Friedenspropaganda, 1951

tatsächlich war, läßt sich schwer einschätzen. Klar ist jedoch, daß die umstrittenen Punkte – von den Organisatoren der Kampagne entweder nicht reflektiert oder nur nicht angesprochen – nicht offen vor der Bevölkerung thematisiert wurden. Zudem fällt im Rückblick nach mehr als 40 Jahren auf, wie wenig der Sprachduktus der in der Propaganda eingesetzten Formulierungen sich während der Existenz der DDR veränderte. Manchen Friedenslosungen ist auf den ersten Blick nicht anzusehen, ob sie in den 50er oder in den 80er Jahren verwendet wurden. Neben der personellen Kontinuität – zum Beispiel wirkten Kurt Hager und Hermann Axen, beide bereits Anfang der 50er Jahre führend im Propaganda-Apparat der SED tätig, bis zum Ende der DDR in der Parteispitze – ist eine Ursache sicher auch in der rituellen Formelhaftigkeit des öffentlichen Sprachgebrauchs in der DDR zu suchen, zumal ihm in gleichem Maße die unflexiblen, beschränkten Auffassungen dieser Generation von Parteifunktionären vom »Kampf um die Köpfe und Herzen der Menschen« zugrunde lagen.

Entscheidender aber dürfte gewesen sein, daß die Grundmuster der offiziösen Parteisprache bereits in den 20er und 30er Jahren entstanden waren und aus vielfältigen Gründen, darunter solchen, die mit den strukturellen Eigenarten des Herrschaftssystems zusammenhingen, kaum den aktuellen Bedürfnissen angepaßt wurden. Die Formulierungen blieben normiert, kaum variabel und wenig informativ. Ideologische Grundbegriffe wie »antifaschistische Demokratie«, »nationale Einheit«, »Frieden«, »Arbeiterklasse« oder »historische Gesetzmäßigkeit« wurden ohne nähere inhaltliche Bestimmung in einen vagen und deklamatorischen Bezug zum konkreten Anliegen gebracht.[39] Gleichwohl nahm die herrschende Partei das Deutungsmonopol für sich in Anspruch. Dies führte nicht nur in der tagespolitischen Propaganda, sondern auch in der Kommunikation innerhalb des Apparates sowie zwischen Führung und Bevölkerung zu einem Leistungsverlust und trug nicht unerheblich zu dem gegen Ende offensichtlich werdenden Schwund der politischen und moralischen Legitimation bei, um die sich die SED in der Frühphase der DDR so vehement bemüht hatte.

1 Vgl. Abdruck der Note und des Entwurfs mit einem groß aufgemachten Stalin-Porträt in: Neues Deutschland (ND) v. 12. 3. 1952, S. 1.

2 Vgl. Schreiben der Regierung der Deutschen Demokratischen Republik an die vier Großmächte, Abdruck in: ND v. 14. 2. 1952, S. 1.

3 Vgl. exemplarisch Graml, Hermann: Nationalstaat oder westdeutscher Teilstaat. Die sowjetischen Noten vom Jahre 1952 und die öffentliche Meinung in der Bundesrepublik Deutschland, in: Vierteljahreshefte für Zeitgeschichte, 25, 1977, S. 840 ff.; Wettig, Gerhard: Der Standpunkt der UdSSR zur deutschen Frage, in: Wagenlehner, Günther (Hg.): Die deutsche Frage und die internationale Sicherheit, Koblenz 1988.

4 Vgl. Loth, Wilfried: Ost-West-Konflikt und deutsche Frage, München 1989, S. 19 f.

5 Vgl. Loth, Wilfried: Stalins ungeliebtes Kind. Warum Moskau die DDR nicht wollte, Berlin 1994, S. 181 f.

6 Vgl. Podewin, Norbert: Walter Ulbricht. Eine neue Biographie, Berlin 1995, S. 221.

7 Vgl. Loth, Wilfried: Die Teilung der Welt. Geschichte des Kalten Krieges 1941–1955, München 1990, S. 295.

8 Im EVG-Vertrag, unterzeichnet am 27. 5. 1952 in Paris, wurde die Schaffung supranationaler westeuropäischer Streitkräfte mit deutschen Kontingenten festgelegt. Er scheiterte 1954 im französischen Parlament. Der einen Tag zuvor in Bonn unterzeichnete Deutschland- oder Generalvertrag (von der DDR als »Generalkriegsvertrag« bezeichnet) regelte die begrenzte Souveränität der Bundesrepublik innerhalb der westeuropäischen Gemeinschaft und über Zusatzverträge das Verhältnis zu den drei Besatzungsmächten. Mit ihm begründete der Ministerrat der DDR seine Verordnung über eine 5 km breite Sperrzone entlang der Demarkationslinie (vgl. Gesetzblatt der DDR, Nr. 65, 27. 5. 1952).

9 Bericht über den Stand der Aufklärungsarbeit über die Note der Sowjetregierung. Anlage Nr. 1 zum Protokoll Nr. 104 der Sitzung des Politbüros der SED vom 25. März 1952, in: Stiftung Archiv der Parteien und Massenorganisationen der DDR im Bundesarchiv, Berlin (künftig: SAPMO-BArch), DY 30/IV 2/2-204, Bl. 22 f.

10 Vgl. die Äußerungen von W. Pieck, W. Zaisser und W. Ulbricht in: Loth, Stalins ungeliebtes Kind (wie Anm. 5), S. 182.

11 Anlage Nr. 1 zum Protokoll Nr. 140 vom 14. Februar 1952, in: SAPMO-BArch, DY 30/J IV 2/3-269, Bl. 15-22.

12 Ebenda, Bl. 19.

13 Ebenda, Bl. 20.

14 Vgl. Berliner Zeitung v. 16. 2. 1952, S. 1: »Bonn wird offiziell Stellung nehmen«; dies. v. 5. 3. 1952, S. 1: »Bonn muß jetzt Farbe bekennen«.

15 Anlage Nr. 1 zum Protokoll Nr. 140 vom 14. Februar 1952, in: SAPMO-BArch, DY 30/J IV 2/3-269, Bl. 19 f.

16 Ebenda, Bl. 21.

17 Lokale und betriebliche Unterkomitees des ›Deutschen Friedenskomitees‹, das seinen Ursprung im ostdeutschen Organisationskomitee für den im April 1949 in Paris und Prag veranstalteten Weltfriedenskongreß hatte. Gegründet im Mai 1949 als ›Deutsches Komitee der Kämpfer für den Frieden‹, nannte es sich seit Ende 1950 ›Deutsches Friedenskomitee‹, ab 1953 ›Deutscher Friedensrat‹ und ab 1963 schließlich ›Friedensrat der DDR‹. Ihm gehörten Vertreter aller Parteien und gesellschaftlichen Organisationen sowie Personen des öffentlichen Lebens an. Es gab kurz nach der Gründung seine anfänglich angestrebte Unabhängigkeit auf und repräsentierte die offizielle Friedensbewegung in der DDR (vgl. Klein, Angelika: Das Deutsche Komitee der Kämpfer für den Frieden, in: Scherstjanoi, Elke (Hg.): Provisorium für längstens ein Jahr. Protokolle des Kolloquiums ›Die Gründung der DDR‹, Berlin 1993, S. 172-177).

18 Regie: Martin Hellberg; Drehbuch: Jeanne und Kurt Stern. Das westdeutsche Dorf Bärenweiler ist von der Räumung bedroht, ein amerikanischer Militärflugplatz soll auf seinen Feldern angelegt werden. Doch die Dorfbewohner verbünden sich mit den Arbeitern einer nahegelegenen Stadt gegen die Landesregierung, den Landesbischof und die amerikanische Militärpolizei, die sich schließlich zurückziehen muß. Hier wird nicht der dekadente Westen gezeigt, es treten vielmehr engagierte Werktätige auf, mit denen sich der Aufbau eines vereinigten Deutschland lohnt. Der spätere Thälmann-Darsteller Günther Simon hatte hier sein Filmdebüt. Der Film wurde mit dem Weltfriedenspreis und mit dem Nationalpreis I. Klasse ausgezeichnet.

19 Vgl. Inform-Mitteilung Nr. I/69/52 v. 20. 2. 52, in: SAPMO-BArch, DY 30/IV 2/9.02-71, Bl. 199 f.

20 Inform-Mitteilung Nr. I/87/52 v. 4. 3. 52, in: SAPMO-BArch, DY 30/IV 2/9.02-72, Bl. 1-3.

21 Plan des Zentralkomitees der SED für die Aufklärung der Bevölkerung über die Vorschläge der Sowjetregierung für einen Friedensvertrag mit Deutschland und die Entfaltung einer breiten Massenbewegung für den baldigen Abschluß eines solchen Friedensvertrages. Anlage Nr. 1 zum Protokoll Nr. 146 vom 17. März 1952, in: SAPMO-BArch, DY 30/J IV 2/3-275, Bl. 22-31.

22 Ebenda, Bl. 24.

23 Ebenda, Bl. 20. Gegen das Hören der westlichen Sender wurde in Presse und Funk der DDR seit Ende der 40er bis in die 70er Jahre ein vergeblicher Kampf geführt; vgl. hier die vom Politbüro beschlossene Vorlage »Kampagne und Maßnahmen gegen das Abhören des feindlichen Rundfunks und gegen die feindliche Lügen- und Verleumdungskampagne«. Anlage Nr. 4 zum Protokoll Nr. 87 vom 15. 1. 1952, in: SAPMO-BArch, DY 30/IV 2/2-187, Bl. 24-27; vgl. auch ND v. 11. 3. 1952: »Über das Abhören feindlicher Sender. Eine Antwort auf Beschwerden der Bevölkerung. Von Gerhart Eisler«; Junge Welt v. 4. 4. 1952: »RIAS-Sendungen verbreiten – heißt Kriegshetze verbreiten«.

24 Die ›Christlichen Arbeitskreise‹ gehörten zum ›Deutschen Friedenskomitee‹, vgl. Anm. 17.

25 Wie Anm. 21, Bl. 29.

26 Ebenda, Bl. 30 f.

27 Vgl. den Beitrag von Friedrich Rothe in: Auftrag: Kunst. Bildende Künstler in der DDR zwischen Ästhetik und Politik, (Ausst.-Kat.), Berlin 1995, S. 61.

28 Inform-Mitteilung-Nr. I/147/52 vom 5. 4. 52, in: SAPMO-BArch, DY 30/IV 2/9.02-72, Bl. 148-158.

29 Inform-Mitteilung-Nr. I/119/52 vom 14. 3. 52, in: SAPMO-BArch, DY 30/IV 2/9.02-72, Bl. 77-79.

30 Inform-Mitteilung-Nr. I/138/52 vom 29. 3. 52 (Sonderbericht), in: SAPMO-BArch, DY 30/IV 2/9.02-72, Bl. 130.

31 Inform-Mitteilung-Nr. I/161/52 vom 19. 4. 52, in: SAPMO-BArch, DY 30/IV 2/9.02-72, Bl. 220-222.

32 ND v. 8. 3. 1952: »Gesamtdeutsche Frauenkundgebung fordert Friedensvertrag. 7 000 Frauen aus allen Teilen Deutschlands in der Werner-Seelenbinder-Halle. Berlin und NRW Sieger im DFD-Wettbewerb«.

33 Chronik der Friedensfahrt 1952, in: VI. Internationale Radfernfahrt für den Frieden, Berlin 1953, S. 9.

34 Organisationsplan für die V. Internationale Friedensfahrt Warschau–Berlin–Prag. Anlage Nr. 8 zum Protokoll Nr. 152 vom 7.4.1952, in: SAPMO-BArch, DY 30/J IV 2/3-281, Bd. 2, S. 293-299.

35 Ebenda.

36 Vgl. Staritz, Dietrich: Geschichte der DDR 1949–1985, Frankfurt a. M. 1985, S. 73.

37 Vgl. Reise nach Moskau vom 29. 3. bis 10. 4. 1952, in: Badstübner, Rolf / Loth, Wilfried (Hg.): Wilhelm Pieck – Aufzeichnung zur Deutschlandpolitik 1945–1953, Berlin 1994, S. 382-399; Loth (wie Anm. 5), S. 185 ff., S. 277.

38 Vgl. Staritz, Dietrich: Die SED, Stalin und der »Aufbau des Sozialismus« in der DDR, in: Deutschland-Archiv, 24, 1991, S. 697 f.

39 Vgl. Jessen, Ralph: Diktatorische Herrschaft als kommunikative Praxis. Überlegungen zum Zusammenhang von »Bürokratie« und Sprachnormierung in der DDR-Geschichte. Vortragsmanuskript zur Konferenz ›What is the Text of the Text?‹ in Washington D. C. am 14./15. 10. 1994, S. 13.

583

## Schaukasten: 17. Juni

Nach dem Scheitern seines deutschlandpolitischen Vorstoßes vom 10. März 1952 ließ Stalin stärker als zuvor die Unvermeidlichkeit eines dritten Weltkrieges propagieren. Damit war die DDR nicht mehr länger Verhandlungsmasse, sie konnte nun wieder zum künftigen Schlachtfeld werden, aber auch zu einem Alliierten, der, um neuerliche Verwüstungen abzuwenden, sowohl Leistungen auf dem Gebiet der Rüstungsproduktion zu erbringen als auch Truppen »für die erste Welle« zu stellen hatte. Auf der II. Parteikonferenz der SED faßte Walter Ulbricht im Juli 1952 die neue Linie der sowjetischen Deutschlandpolitik in der Formel zusammen: »Schaffung der Grundlagen des Sozialismus«.
Mit der ›Kasernierten Volkspolizei‹, der Organisation ›Dienst für Deutschland‹ und der ›Gesellschaft für Sport und Technik‹ wurde sieben Jahre nach dem letzten Krieg die Militarisierung der Gesellschaft neuerlich forciert und zugleich die staatliche Verwaltung durch Abschaffung der Länder weiter zentralisiert. Zur Finanzierung dieser Maßnahmen wurden auch Wirtschaftspläne »korrigiert«, das heißt, Investitionen, Roh- und Brennstoffe sowie Halbfertigprodukte wurden der Konsumgüterindustrie entzogen und bevorzugt in die Rüstungsproduktion umgeleitet. Noch bestehende Privatbetriebe in Industrie, Handwerk und Handel wurden brutaler als zuvor durch hohe Besteuerung, Razzien und die Beschränkung von Zulieferungen unter Druck gesetzt, in den Ruin getrieben beziehungsweise kriminalisiert. In der Landwirtschaft begann man, selbständige Bauern in Genossenschaften zu drängen.
Nachdem Stalin am 5. März 1953 gestorben war, wurde diese Politik nicht nur beibehalten, sondern deren soziale Kosten auch immer

584

583 Der Arbeiteraufstand am 17. Juni 1953
584 Vor dem Potsdamer Bahnhof brennen DDR-Plakate und ein HO-Kiosk
585 Plakat der Abteilung Agitation beim ZK der SED zum 17. Juni
586 Die Reaktion der Parteiführung der SED auf die Ereignisse am 17. Juni, veröffentlicht im ›Neuen Deutschland‹, 22. Juni 1953
587 Vorsatzblatt aus einem Album der Grund- und Oberschule Böhlen, Januar 1953/54

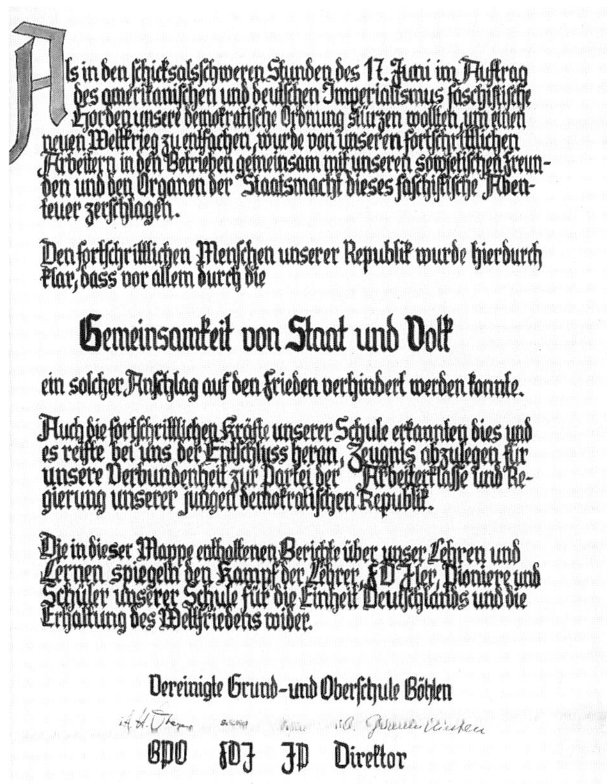

Als in den schicksalsschweren Stunden des 17. Juni im Auftrag des amerikanischen und deutschen Imperialismus faschistische Horden unsere demokratische Ordnung stürzen wollten, um einen neuen Weltkrieg zu entfachen, wurde von unseren fortschrittlichen Arbeitern in den Betrieben gemeinsam mit unseren sowjetischen Freunden und den Organen der Staatsmacht dieses faschistische Abenteuer zerschlagen.

Den fortschrittlichen Menschen unserer Republik wurde hierdurch klar, dass vor allem durch die

Gemeinsamkeit von Staat und Volk

ein solcher Anschlag auf den Frieden verhindert werden konnte.

Auch die fortschrittlichen Kräfte unserer Schule erkannten dies und es reifte bei uns der Entschluss heran, Zeugnis abzulegen für unsere Verbundenheit zur Partei der Arbeiterklasse und Regierung unserer jungen demokratischen Republik.

Die in dieser Mappe enthaltenen Berichte über unser Lehren und Lernen spiegeln den Kampf der Lehrer, FDJler, Pioniere und Schüler unserer Schule für die Einheit Deutschlands und die Erhaltung des Weltfriedens wider.

Vereinigte Grund- und Oberschule Böhlen

BPO FDJ JP Direktor

587

585

EXTRA-AUSGABE

# NEUES DEUTSCHLAND

ORGAN DES ZENTRALKOMITEES DER SOZIALISTISCHEN EINHEITSPARTEI DEUTSCHLANDS

Berlin, Montag, 22. Juni 1953

Erklärung des Zentralkomitees der SED:

## Über die Lage und die unmittelbaren Aufgaben der Partei

Das Zentralkomitee der Sozialistischen Einheitspartei Deutschlands hat in seiner Tagung vom 21. Juni 1953 die Lage in der Deutschen Demokratischen Republik geprüft und den folgenden Beschluß gefaßt:

### I. Die Entwicklung der Ereignisse

### II. Die gegenwärtige Lage

### III. Unsere Partei und die Arbeiterklasse

### IV. Die nächsten Maßnahmen

## Kommuniqué der 14. Tagung des Zentralkomitees der SED



stärker auf die Arbeiterschaft abgewälzt. Auf Proteste reagierte das Ministerium für Staatssicherheit, »Schild und Schwert der Partei«, zunehmend mit offenen Drohungen und Verhaftungen. Den Versuch Moskaus, die herannahende Katastrophe durch einen »neuen Kurs« abzuwenden, verzögerte Ulbricht, da ihm klar war, daß eine von ihm kommandierte Kursänderung kaum glaubhaft erscheinen würde. Daraufhin kam es am 16. und 17. Juni 1953 im ganzen Land zu Arbeitsniederlegungen, Demonstrationen und Kundgebungen, vereinzelt auch zu Plünderungen und Gefangenenbefreiungen, die nur durch das Auffahren sowjetischer Panzer schnell beendet wurden. Im Mitteldeutschen Revier dauerte es allerdings Monate, bis wieder »Ruhe« hergestellt war. »Provokateuren« und »Rädelsführern« wurde der Prozeß gemacht. Stalins Tod und der 17. Juni 1953 retteten die DDR-Bevölkerung jedoch vor der vollständigen Durchsetzung sowjetischer Verhältnisse, wie sie die Gruppe um Ulbricht angestrebt hatte. Politische Machtkämpfe in Moskau ermöglichten diesem zwar, seine Führungsposition zu behaupten, doch mußte er den Aufbau des Sozialismus künftig etwas vorsichtiger betreiben.

## Schaukasten: »Staatsfeinde«

»Feinde« hatte die DDR genug – vor allem im eigenen Land. Um eine juristische Handhabe im Umgang mit den Gegnern ihres Sozialismus zu gewinnen, bediente sich die SED einer willfährigen Justiz. Der Umschulungsprozeß dauerte bis 1950. Danach war weitgehend eine »sozialistische Rechtspflege« geschaffen worden, die sich dem Diktat der Parteiführung jeweils anzupassen wußte.
Unrechtmäßige Verhaftungen, die oft böswilliger Denunziation entsprangen, charakterisieren die ersten Nachkriegsjahre. Es waren zunächst vor allem Ärzte, Anwälte, Handwerker, Beamte, Fabrik- und Gutsbesitzer, die als »Klassenfeinde« oder »Nazis« dem Klassenkampf zum Opfer fielen. Der instrumentalisierte Antifaschismus wurde ein Machtfundament des zukünftigen SED-Staates.
Seit 1947, als der Kalte Krieg offensichtlich wurde, kam die Verfolgung Andersdenkender hinzu. Vorgebliche Spionage- und Agententätigkeit waren willkommene Bezichtigungen, um insbesondere Mitglieder der Ostbüros der SPD juristisch zu belangen. Weder die Besatzungsmacht noch die SED hatten Berührungsängste dabei, die gerade befreiten KZ und Zuchthäuser des NS-Staates mit ihren politischen Häftlingen neu zu belegen. Bis 1950 starben hier Zehntausende. Darüber hinaus wurden fast 20 000 in sowjetische Lager deportiert.
Nach der Auflösung der Internierungslager des NKWD waren noch 3 400 Sprüche über bisher nicht verurteilte Insassen zu fällen. In der Stadt Waldheim (Sachsen) wurden von April bis Juni 1950 insgesamt 3 392 Urteile verkündet, darunter 33 Todesurteile. In der Regel wurde ohne Beweis und ohne Verteidigung auf Geheiß von Parteibeauftragten geurteilt. Teils gab auch das Politbüro die Anweisung für die Prozeßführung vor, so zum Beispiel gegen leitende Mitarbeiter

591

589

590

der ›Deutschen Continental-Gas-Gesellschaft‹ im Winter 1949: »Der Prozeß ist so zu führen, daß die Rolle des Monopolkapitals, seine Zersetzungsarbeit mit Hilfe käuflicher Elemente und deren verbrecherischen Tätigkeit in der DDR deutlich zu Tage tritt.« Eine Pressekampagne, 130 000 Resolutionen sowie Hunderttausende von Einzelunterschriften begleiteten den vom Generalstaatsanwalt Ernst Melsheimer und der Vizepräsidentin des Obersten Gerichts, Hilde Benjamin, geführten Prozeß in Dessau. »Wie zu Freislers Zeiten« kommentierte die westdeutsche Illustrierte ›Stern‹ diesen ersten Schauprozeß der DDR.

Für die Fehler der Planwirtschaft mußten sich gerade in den 50er Jahren immer wieder »Agenten und Saboteure« vor den Gerichten der DDR verantworten. Seit 1948 aus der Demarkationslinie zwischen Ost- und Westzonen eine Währungsgrenze geworden war, wurden auch »Grenzverletzer« mit zunehmender Härte verfolgt.

593

588 Anhörung eines Zeugen im Prozeß gegen Leonhard Moog, den ehemaligen Finanzminister Thüringens, und sieben weitere »Wirtschaftsverbrecher« am 4. Dezember 1950. Moog war im Januar 1950 aus der DDR geflüchtet und wurde in Abwesenheit verurteilt (Foto: Heilig)

589 »Täglich wohnten über 500 Werktätige dem Prozeß gegen Wirtschaftsverbrecher Moog und Konsorten in Erfurt bei« (Zeitgenössische Beschriftung, 7. Dezember 1950)

590 Die Vizepräsidentin des Obersten Gerichts der DDR, Dr. Hilde Benjamin, führt den Prozeß gegen den Solvay-Konzern in Bernburg, 16. Dezember 1950

591 Prozeß gegen »Tillich-Agenten«. Am 8. August 1952 verhandelte das Oberste Gericht gegen »vier Agenten der vom amerikanischen Geheimdienst geleiteten Mord- und Terrororganisation, der sogenannten ›Kampfgruppe gegen Unmenschlichkeit‹, die Sabotageakte, Mord- und Terroranschläge geplant hatten. Generalstaatsanwalt Melsheimer vernimmt einen Angeklagten, der seine Beschäftigung in der Landesfinanzdirektion Brandenburg im Auftrag der Tillich-Gruppe dazu benutzte, um planmäßig Spionage zu treiben und die Finanzpläne der Verwaltungen und Betriebe der DDR zu desorganisieren.« (Zeitgenössische Beschriftung; Foto: Junge)

592 Ein West-Berliner wird vom Stadtbezirksgericht Pankow zu sieben Jahren Zuchthaus verurteilt, »weil er als aktiver Täter an einer Zusammenrottung am 17. Juni 1953 im demokratischen Sektor von Groß-Berlin teilgenommen hatte, bei der mit vereinten Kräften Gewalttätigkeiten gegen Sachen und Personen begangen wurde.« (Zeitgenössische Beschriftung; Foto: Quaschinsky)

593 Prozeß gegen die Zeugen Jehovas unter Vorsitz von Hilde Benjamin im Oktober 1950 (Foto: Donath)

592

Gunter Holzweißig

# SED-Agitation im Widerspruch zwischen Einheitspropaganda und »sozialistischer Landesverteidigung«

594 Das »1. Erfurter FDJ Regiment« während des IV. Pioniertreffens in Erfurt im August 1961

Auferstanden aus Ruinen und der Zukunft zugewandt, laß uns dir zum Guten dienen, Deutschland, einig Vaterland«, textete 1949 Johannes R. Becher für die Nationalhymne der soeben gegründeten DDR. 20 Jahre später durften Bechers Zeilen nicht mehr gesungen werden. Zwei weitere Jahrzehnte sollten noch verstreichen, bis Anfang 1990 der letzte SED-Ministerpräsident der DDR, Hans Modrow, wieder Bechers Vermächtnis öffentlich beschwor. Beide gehörten zwar verschiedenen Generationen an. Den aus München stammenden expressionistischen Dichter mit bürgerlichem Hintergrund, der später zum DDR-Kulturminister aufsteigen sollte, und den jungen idealistischen FDJ-Funktionär Modrow verband seinerzeit jedoch vermutlich die gleiche Sehnsucht: ein nach ihren gesellschaftspolitischen Vorstellungen erneuertes und vereintes Deutschland.

Den meisten Deutschen in Ost und West erschien zunächst die Aufteilung Deutschlands in vier Besatzungszonen nur als ein kurzes Zwischenspiel. Dabei dürfte der Einheitsgedanke in der SBZ angesichts der allgemein verbreiteten Aversion gegen die sowjetische Besatzungsmacht besonders tief verankert gewesen sein. Nicht zuletzt deshalb suchten auch deutsche Kommunisten nach eigenen Ansätzen. So propagierte im Februar 1946 das Mitglied des KPD-Sekretariats Anton Ackermann einen »besonderen deutschen Weg zum Sozialismus«, den er jedoch schon zwei Jahre später widerrufen mußte.

Auch Johannes R. Becher gehörte bald – ebenso wie Arnold Zweig, Bertolt Brecht oder Helene Weigel – für die SED-Führung zu den deutschlandpolitisch unsicheren Kantonisten. Sie würden, so hieß es mißbilligend in einem parteiinternen ZK-Bericht vom Juni 1951 über die Aktivitäten der Akademie der Künste, die Akademie als eine repräsentative Vertretung für ganz Deutschland betrachten und deren Hauptaufgabe darin erblicken, eine Brücke zum Westen zu bauen.[1] Andere Akademie-Mitglieder, wie beispielsweise Anna Seghers, Wolfgang Langhoff oder Friedrich Wolf, wären demgegenüber der Ansicht, das Schwergewicht der Akademie müsse auf der »Herausarbeitung der Grundlagen einer fortschrittlichen deutschen Kultur in Anlehnung an die Sowjetunion« liegen. Die ZK-Abteilung Kultur verlangte statt dessen in ihrem Rapport, es müsse eingesehen werden, daß beide Aufgaben wichtig wären.

Dieser nicht zu beherrschende Spagat wirft ein Schlaglicht auf den Widerspruch zwischen der von Walter Ulbricht verbal mit Vehemenz betriebenen Einheitspropaganda und dem bereits 1947 gefaßten Entschluß Stalins, militärische Kader für die kasernierten Polizeieinheiten in der SBZ aufzubauen, wie es in der Folgezeit dann auch unter strikter Geheimhaltung geschah. Aus Stalins Sicht entbehrte dieser Widerspruch allerdings nicht einer gewissen Logik. Schließlich hatte der Kreml-Chef Anfang Februar 1947 dem in Moskau weilenden Ulbricht bereits den Auftrag erteilt, die kommunistische Herrschaft in der SBZ durch einen schärferen Kurs zu stabilisieren. Dadurch sollte sich die SED nach Stalins illusionären Vorstellungen zugleich politischen Einfluß in den Westzonen verschaffen.[2]

### »Deutsche an einen Tisch«

Mit dieser auf den ersten Blick eingängigen Parole aus dem Repertoire ihrer Einheitspropaganda versuchte die DDR, Anfang der 50er Jahre als gleichberechtigter Partner von der Bundesrepublik anerkannt zu werden (s. Abb. 642, Schaukasten: Agitprop). Die Marschrichtung für die mehrfach unterbreiteten Verhandlungsangebote von seiten der SBZ/DDR an den Westen stand jedoch im Grunde schon seit 1947 fest: Einen Neuaufbau Deutschlands konnten sich SED-Funktionäre – wie parteiinterne, aber auch öffentliche Äußerungen belegen – nur analog dem in der Ostzone eingeschlagenen Weg vorstellen.[3]

Ulbricht machte als ein beflissener Erfüllungsgehilfe und Vertrauensmann Stalins bereits am 22. Dezember 1945 vor KPD-Funktionären kein Hehl aus seinen taktischen Winkelzügen auf dem Wege zur endgültigen Machtergreifung: »Wir müssen den Weg finden, daß es demokratisch aussieht, nicht preußisch.«[4] Kurz vor seiner Entmachtung bekannte sich Ulbricht rückblickend noch offener zu seinen damaligen Täuschungsmanövern. Der SPD-Vorsitzende Kurt Schumacher und selbst Jakob Kaiser, der Vorsitzende der Ost-CDU, hätten seinerzeit einen viel radikaleren Sozialismus als die Kommunisten gefordert, doch den letzteren sei es lediglich um eine »antifaschistisch-demokratische Ordnung« gegangen.[5] Was Ulbricht tatsächlich damit gemeint hatte, räumte er anschließend ohne Umschweife ein: »Wir wollten nur die Staatsmacht haben, weiter nichts. Die antifaschistisch-demokratische Staatsmacht genügt[e] uns. Wir sagten uns: Wie es dann weitergeht, das werden wir schon sehen.«[6] Ulbricht lieferte hier einen schlagenden Beweis dafür, daß die seit den 50er Jahren ritualisierten Schuldzuweisungen an den »Klassenfeind«, für den Ausbruch des sogenannten Kalten Krieges verantwortlich zu sein, nur als durchsichtige Ablenkungsversuche anzusehen sind.

In der Konstituierungsphase der DDR meldeten deren Machthaber, am deutlichsten in der ersten Verfassung, eigene gesamtdeutsche Ansprüche an. Ebenso wie die Bundesrepublik reklamierten sie ihren Staat als Kern- und Modellstaat eines künftigen Gesamtdeutschlands.[7] Das hieß, die »antifaschistisch-demokratische« Staatsordnung der DDR sollte auch für die Organisierung eines neuen deutschen Staates verbindlich sein. Vor diesem Hintergrund verwundert es nicht, daß die Bundesregierung Anfang der 50er Jahre sämtliche Offerten der DDR-Regierung zur Aufnahme

595–596 Plakate, die im Zusammenhang mit dem Aufbau einer »sozialistischen Landesverteidigung« stehen, 1952

gesamtdeutscher Gespräche und Verhandlungen abschlägig beschied oder gar nicht erst darauf reagierte, zumal die DDR-Regierung freie Wahlen unter Aufsicht der Vereinten Nationen beharrlich ablehnte.

Die Deutschlandpolitik der SED unterlag auch nach der DDR-Gründung einer strengen sowjetischen Observanz. Moskau diktierte die mit großem propagandistischem Aufwand unterbreiteten Vorschläge der SED-Führung zum Abschluß eines Friedensvertrages oder zur Einsetzung eines mit Vertretern aus beiden Teilen Deutschlands paritätisch besetzten Rates, der Vorbereitungen zur Bildung einer gesamtdeutschen »Provisorischen Regierung« treffen sollte. Dahinter stand die erklärte Absicht, die Westintegration der Bundesrepublik und insbesondere deren Einbindung in das westliche Verteidigungsbündnis zu verhindern. Ungeachtet der in der SBZ unter Verletzung des Potsdamer Abkommens schon längst aufgestellten militärischen Verbände polemisierte die SED-Propaganda unermüdlich gegen die »Remilitarisierung« in der Bundesrepublik.

### Entscheidende Weichenstellungen im Jahre 1952

Die sowjetischen Hoffnungen auf eine Wiedervereinigung Deutschlands unter kommunistischem Vorzeichen schwanden seit dem Frühjahr 1952 in zunehmendem Maße. Obwohl Ulbricht noch bis zur Mitte der 60er Jahre vorgab, eine Konföderation beider deutscher Staaten zu favorisieren, und die Intensität der gesamtdeutschen SED-Rhetorik noch lange Zeit ungebrochen zu sein schien, markierte bereits die Stalin-Note an die drei Westmächte vom 10. März 1952 die entscheidende Weichenstellung für die Zementierung der deutschen Spaltung. Denn neben dem Abzug der Besatzungsmächte und einer Neutralisierung Deutschlands schlug Stalin auch die Aufstellung einer Nationalarmee in einem vereinigten Deutschland vor. Damit fiel unvermittelt ein strikt beachtetes Tabu der kommunistischen Nachkriegspropaganda, die eine Wiederbewaffnung von Deutschen bislang grundsätzlich ausgeschlossen hatte. Die SED-Führung nutzte diese neu eröffnete Perspektive sogleich für ihre Zwecke. Sie nahm von der

Idee einer gesamtdeutschen Nationalarmee Abstand und verlangte statt dessen die baldige Schaffung von »nationalen Streitkräften der DDR«. Die »Verteidigung der Heimat« erhielt nunmehr höchste Priorität.[8]

Das vom 27. bis 30. Mai 1952 stattfindende IV. Parlament der FDJ stand völlig im Zeichen der Mobilisierung zur Wehrbereitschaft. Zuvor hatte das Politbüro bereits die Gründung einer für vormilitärische Ausbildungszwecke bestimmten ›Gesellschaft für Sport und Technik‹ und die Bildung einer Organisation ›Dienst für Deutschland‹ (ODD) beschlossen. Die ODD sollte Jugendliche beiderlei Geschlechts für die Lagerausbildung anwerben und sie zum Bau von militärischen Einrichtungen einsetzen. Im Frühjahr 1953 endete das Unternehmen in einem Fiasko. Die katastrophalen Zustände in den Lagern veranlaßten sogar Politbüromitglieder, erstmals offen gegen Ulbricht zu opponieren.

Ungeachtet der Widerstände in den eigenen Reihen forcierte die SED ihre Militarisierungskampagnen. Auf dem FDJ-Parlament forderte der Vorsitzende Erich Honecker mit Nachdruck die Jugend auf, das Schießen zu erlernen. Der Leiter der westdeutschen FDJ-Delegation, Jupp Angenfort, verstieg sich gar dazu, aus »ganzem Herzen« zu begrüßen, »daß unsere [sic] Deutsche Demokratische Republik darangeht, die bewaffnete Verteidigung der Errungenschaften der Republik zu organisieren«.[9] Deshalb betrachte die »fortschrittliche Jugend Westdeutschlands« die bewaffneten Streitkräfte der DDR auch als »ihre Streitkräfte«.

Im Jahre 1952 überschlug sich die Rechtfertigungs-Propaganda der SED für die Notwendigkeit einer »sozialistischen Landesverteidigung«. Die Unterzeichnung des Vertrages über die Europäische Verteidigungsgemeinschaft durch die Bundesrepublik bot einen willkommenen Anlaß hierzu. Diese Vertragsunterzeichnung diente auch als Begründung für die militärische Abriegelung der innerdeutschen Grenze am 26. Mai 1952. In den folgenden Tagen wurden unter dem zynischen Decknamen ›Aktion Ungeziefer‹ fast 8 400 Personen bei Nacht und Nebel aus dem Grenzgebiet zwangsevakuiert.[10]

In ihrer menschenverachtenden Sprache hatte die SED bereits in der Entschließung der 8. ZK-

597 Ehrenurkunde für hervorragende Leistungen im Dienst der ›Kasernierten Volkspolizei‹, 11. Mai 1954

Tagung vom 23. Februar die Jugend dazu aufgefordert, »Feinde des Volkes, Saboteure, Schädlinge, Diversanten und sonstige Agenten des amerikanischen Imperialismus zu entlarven« und die Volkspolizei und das Ministerium für Staatssicherheit dabei nach Kräften zu unterstützen. Beide Organe litten infolge ihrer miserablen Reputation unter erheblichem Nachwuchsmangel. Deshalb unternahm man verstärkte Anstrengungen zur Anwerbung von jungen Männern, deren freigewordene Arbeitsplätze dann Frauen einnehmen sollten.[11] Ein hoher Personalbedarf bestand auch bei der Grenzpolizei und bei den Einheiten der am 1. Juli 1952 offiziell geschaffenen Kasernierten Volkspolizei, der Volkspolizei-See und der Volkspolizei-Luft, die entgegen der ursprünglichen Absicht der SED, bereits 1952 »nationale Streitkräfte« aufzustellen, erst vier Jahre später in der Nationalen Volksarmee aufgingen.

598 a–b Vorder- und Rückseite des 3. Märzheftes 1952 der Satirezeitschrift ›Frischer Wind‹

Am 14. September 1952 fand die offizielle Eröffnung der Lager der Organisation ›Dienst für Deutschland‹ statt. Auf Beschluß des Ministerrates verband man damit einen ›Tag der Mobilisierung der nationalen Verteidigung‹. Paraden der Kasernierten Volkspolizei und militärische Übungen der FDJ in allen Bezirken gehörten zum Rahmenprogramm. Die Behörden hatten aufgrund der »ernsten Bedeutung dieses Tages« Unterhaltungs- und Tanzveranstaltungen untersagt[12] – ein seltsamer Kontrast zur gelegentlich sogar humoristisch-satirisch angelegten Einheitspropaganda der SED. So gestaltete die Wochenzeitung ›Frischer Wind‹, das Vorgängerblatt des ›Eulenspiegel‹, ihre 3. Märzausgabe 1952 komplett zu einem imaginären Reiseprospekt für das »einheitliche, demokratische, friedliebende Deutschland«.

### Konfliktfeld: Sozialismus, Pazifismus und Patriotismus

Zur »Popularisierung« der Stalin-Note beschloß das SED-Zentralkomitee am 17. März 1952 einen Sofortplan zur Aufklärung der Bevölkerung über die sowjetischen Vorschläge für einen Friedensvertrag mit Deutschland und die »Entfaltung einer breiten Massenbewegung für den baldigen Abschluß eines solchen Friedensvertrages«.[13] Zuvor hatten die Parteiführung bereits beunruhigende Berichte von Betriebsversammlungen und von öffentlichen Veranstaltungen erreicht. Dazu vermeldete die ZK-Abteilung Agitation am 12. März: »Es gibt einen Kardinalpunkt in allen Diskussionen über die Note der Sowjetregierung an die drei Westmächte, der heiß umstritten wird. Die Frage der Zulassung von nationalen Streitkräften für Deutschland. Es tauchen dabei bis in die Reihen unserer Parteimitgliedschaft pazifistische Tendenzen auf. Wie wird darüber diskutiert? Die Genossin Zschörnitz von der SVK sagte: ›Nun wird der preussische Kadavergehorsam wieder beginnen.‹ Der AG-Leiter, Genosse Franke, von den LES in Lindenau meinte: ›Warum brauchen wir Militär?‹ Ein Techniker der SAG Unruh & Liebig erklärte: ›Hiermit beweist sich, wie recht Adenauer hat, wenn er die Remilitarisierung durchführt.‹ Der Landessender Leipzig meldet, dass selbst in der Besprechung des Rundfunkhauses die Frage gestellt wurde: Warum wieder Remilitarisierung? Es war eine längere Aussprache notwendig, um die bestehenden Unklarheiten zu beseitigen.«[14]

599 Rudi Dutschke als Schüler, um 1957

Dies gelang jedoch nicht auf allen Betriebsversammlungen. Auch Parteimitglieder verweigerten ihr Votum für die ihnen vorgelegten Resolutionen. Die SED-Propagandisten hatten sich in ihren eigenen Netzen verfangen. Der bislang von ihnen gepredigte Antifaschismus und Antimilitarismus, verbunden mit diesbezüglichen Vorwürfen an die Adresse der Westmächte und insbesondere der Bundesrepublik, wirkte unversehens noch unglaubwürdiger und erwies sich als kontraproduktiv. Hinzu kam, daß die Wiedervereinigungsrhetorik der SED von der DDR-Bevölkerung durchaus ernstgenommen worden war und einen unerwünschten Patriotismus bewirkt hatte.

Ein exemplarischer Fall soll dieses Dilemma veranschaulichen: Rudi Dutschke (Jahrgang 1940), der spätere APO-Führer in West-Berlin, wuchs in Luckenwalde auf. Seine Konflikte als Oberschüler mit den Vertretern der herrschenden Ideologie werfen ein bezeichnendes Schlaglicht auf die Orientierungslosigkeit, in die ein noch jugendlicher, auf dem Wege zur Selbstfindung wandelnder Sozialist geraten konnte. Dutschke verstand sich damals zudem als Christ und Pazifist, der nicht bereit war, eine zweijährige Verpflichtung zum freiwilligen Dienst in der NVA zu unterschreiben – eine unabdingbare Voraussetzung für die Zulassung zum Studium. Mit einer flammenden Rede in der Schulaula verteidigte Dutschke seinen Standpunkt.[15] Er bekannte sich zur deutschen Einheit, aber auch zum Sozialismus, allerdings nicht zu dem in der DDR praktizierten. Seine Weigerung, in die NVA einzutreten, untermauerte er mit früheren Argumenten seiner Lehrer gegen den Militarismus und die Wiederbewaffnung sowie mit pazifistischen Gedichten aus inzwischen überholten Schulbüchern.

In einem Brief an den Schuldirektor vom 4. Februar 1958, den das MfS archivierte, schilderte Rudi Dutschke seine persönliche Entwicklung.[16] Schon früh habe er die Schrecken des von Adolf Hitler ausgelösten Krieges durch den Tod seines Onkels erfahren müssen. Dies dürfe nicht noch einmal geschehen, denn: »Meine Mutter hat uns vier Söhne nicht für den Krieg geboren. Wir has-

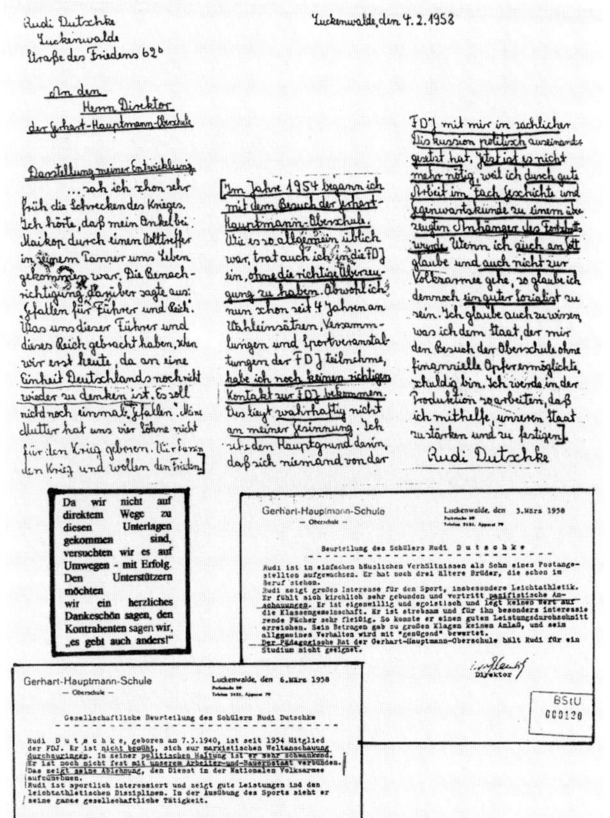

Rudi Dutschke
Luckenwalde
Straße des Friedens 62b

Luckenwalde, den 4. 2. 1958

An den
Herrn Direktor
der Gerhart-Hauptmann-Oberschule

Darstellung meiner Entwicklung

... sah ich schon sehr früh die Schrecken des Krieges. Ich hörte, daß mein Onkel bei Maikop durch einen Volltreffer in seinem Panzer ums Leben gekommen war. Die Benachrichtigung darüber sagte aus: „Gefallen für Führer und Reich". Was uns dieser Führer und dieses Reich gebracht haben, sehen wir erst heute, da an eine Einheit Deutschlands noch nicht wieder zu denken ist. Es soll nicht noch einmal „Gefallen" heißen. Meine Mutter hat uns vier Söhne nicht für den Krieg geboren. Wir hassen den Krieg und wollen den Frieden]

[Im Jahre 1954 begann ich mit dem Besuch der Gerhart-Hauptmann-Oberschule. Wie es so allgemein üblich war, trat auch ich in die FDJ ein, ohne die richtige Überzeugung zu haben. Obwohl ich nun schon seit 4 Jahren an Wahleinsätzen, Versammlungen und Sportveranstaltungen der FDJ teilnehme, habe ich noch keinen richtigen Kontakt zur FDJ bekommen. Das liegt wahrhaftig nicht an meiner Gesinnung. Ich sehe den Hauptgrund darin, daß sich niemand von der

FDJ mit mir in sachlicher Diskussion politisch auseinandergesetzt hat. Jetzt ist es nicht mehr nötig, weil ich durch gute Arbeit im Fach Geschichte und Gegenwartskunde zu einem überzeugten Anhänger des Fortschritts wurde. Wenn ich auch an Gott glaube und auch nicht zur Volksarmee gehe, so glaube ich dennoch ein guter Sozialist zu sein. Ich glaube auch zu wissen was ich dem Staat, der mir den Besuch der Oberschule ohne finanzielle Opfer ermöglichte, schuldig bin. Ich werde in der Produktion so arbeiten, daß ich mithelfe, unseren Staat zu stärken und zu festigen].

Rudi Dutschke

Da wir nicht auf direktem Wege zu diesen Unterlagen gekommen sind, versuchten wir es auf Umwegen - mit Erfolg. Den Unterstützern möchten wir ein herzliches Dankeschön sagen, den Kontrahenten sagen wir, „es geht auch anders!"

Gerhart-Hauptmann-Schule
– Oberschule –

Luckenwalde, den 3. März 1958

Beurteilung des Schülers Rudi D u t s c h k e

Rudi ist in einfachen häuslichen Verhältnissen als Sohn eines Postangestellten aufgewachsen. Er hat noch drei ältere Brüder, die schon im Beruf stehen.
Rudi zeigt großes Interesse für den Sport, insbesondere Leichtathletik. Er fühlt sich kirchlich sehr gebunden und vertritt pazifistische Anschauungen. Er ist eigenwillig und egoistisch und legt keinen Wert auf die Klassengemeinschaft. Er ist strebsam und für ihn besonders interessierende Fächer sehr fleißig. So konnte er einen guten Leistungsdurchschnitt erreichen. Sein Betragen gab zu großen Klagen keinen Anlaß, und sein allgemeines Verhalten wird mit "genügend" bewertet.
Der Pädagogische Rat der Gerhart-Hauptmann-Oberschule hält Rudi für ein Studium nicht geeignet.

Direktor

BStU
000120

Gerhart-Hauptmann-Schule
– Oberschule –

Luckenwalde, den 6. März 1958

Gesellschaftliche Beurteilung des Schülers Rudi Dutschke

Rudi D u t s c h k e, geboren am 7.3.1940, ist seit 1954 Mitglied der FDJ. Er ist nicht bemüht, sich zur marxistischen Weltanschauung durchzuringen. In seiner politischen Haltung ist er sehr schwankend. Er ist noch nicht fest mit unserem Arbeiter-und-Bauernstaat verbunden. Das zeigt seine Ablehnung, den Dienst in der Nationalen Volksarmee aufzunehmen.
Rudi ist sportlich interessiert und zeigt gute Leistungen in den leichtathletischen Disziplinen. In der Ausübung des Sports sieht er seine ganze gesellschaftliche Tätigkeit.

FDJ-Sekretär

9.

600 Der ›Fall Dutschke‹ an der Gerhart-Hauptmann-Oberschule in Luckenwalde, 1958/1995

sen den Krieg und wollen den Frieden.« Er sei nach der Aufnahme in die Oberschule 1954 in die FDJ eingetreten, allerdings, wie es allgemein üblich gewesen wäre, »ohne die richtige Überzeugung zu haben«. Obwohl er trotz eigenen Bemühens keinen richtigen Kontakt zur FDJ gefunden habe, sei er »durch gute Arbeit im Fach Geschichte und Gegenwartskunde zu einem überzeugten Anhänger des Fortschritts« geworden. Auch wenn er an Gott glaube, halte er sich dennoch für einen guten Sozialisten. Abschließend versprach Dutschke, nach dem Abitur vorbildlich in der Produktion zu arbeiten. Mit dieser Zusicherung erhoffte er sich, in Leipzig Sportjournalistik studieren zu dürfen.

Die gesellschaftspolitischen Beurteilungen des Direktors und des FDJ-Sekretärs der Schule waren dennoch vernichtend. Rudi Dutschkes Abiturgesamtnote stuften sie von »gut« auf »genügend« herab. Lob gab es lediglich für seine sportlichen Leistungen. Wegen seiner kirchlichen Bindungen und »pazifistischen Anschauungen« sowie seiner Weigerung, in der NVA zu dienen, sprach der Pädagogische Rat der Gerhart-Hauptmann-Oberschule Dutschke die Eignung zum Studium ab. Die Erfahrungen und die Verhaltensweise des 18jährigen Rudi Dutschke im stalinistisch verkrusteten DDR-Sozialismus ähneln in bemerkenswerter Weise denen vieler Bürgerrechtler in den 80er Jahren.

### Rückzug in die Defensive – die Genesis des »antifaschistischen Schutzwalls«

In ihrer Mauerpropaganda argumentierte die SED von Beginn an aus der Defensive. Alljährlich zum 13. August erschien in den Zeitungen dasselbe Foto der mit entschlossenem Blick und festem Griff an der Maschinenpistole vor dem Brandenburger Tor posierenden Kampfgruppenangehörigen (s. Abb. 605, Schaukasten: Staatsgrenze). Im Festumzug zur 750-Jahr-Feier Berlins im Jahre 1987 war dieses Motiv den Veranstaltern sogar einen besonderen Wagen wert. Die »Genossen Kämpfer« in vorderster Front sollten den vermeintlichen Rückhalt der Partei in der Arbeiterschaft symbolisieren, die sich jedoch seinerzeit, im Gegensatz zur technischen und künstlerischen Intelligenz, in weitaus geringerem Maße mit dem Mauerbau abgefunden hatte. Während die eigentlichen Ursachen des Volksaufstandes am 17. Juni 1953 – wenn auch wenig glaubwürdig – mit dem teilweise gewaltsamen Vorgehen einiger Demonstranten verschleiert werden konnten, so putschte im Sommer 1961 die Führung gegen das Volk. Sie zog dabei alle Register der Desinformation.[17]

Aber nicht nur die Bevölkerung, sondern auch die SED-Führung litt unter dem »Mauersyndrom«. Walter Ulbricht hatte zwar erstmals auf einer Pressekonferenz im Juni 1961 davon gesprochen, niemand habe die Absicht, eine Mauer zu bauen – was zu diesem Zeitpunkt möglicherweise noch ernst gemeint war, denn es standen auch andere Varianten zur Abriegelung Ost-Berlins zur Debatte. Doch der Makel der Mauer beschädigte permanent das innen- und außenpolitische Renommee der Partei- und Staatsführung. Deshalb geriet die Bezeichnung der Grenzanlagen als »Mauer« im öffentlichen Sprachgebrauch umgehend auf die Tabu-Liste.

Bei den Vorbereitungen zum ersten Jahrestag des Mauerbaus entfaltete die nervös gewordene SED-Führung eine hektische Betriebsamkeit. Die Koordination sämtlicher Aktivitäten nahm der für die Medien und die Westarbeit zuständige ZK-Sekretär Albert Norden wahr. Er leitete auch die Agitationskommission beim Politbüro, die am 28. Juli 1962 eine Vorlage für das Politbüro unter dem Betreff »Vorschläge für eine offensive politische Kampagne gegen Westberlin und Westdeutschland« erstellte.[18] Detailliert wurden darin die Medien angewiesen, mit Unterstützung durch die für die Westarbeit zuständigen Partei- und Regierungsstellen und insbesondere des MfS, die »Bonner Ultras« anzugreifen und schwerpunktmäßig anzuprangern, »daß Adenauer den Eisernen Vorhang vollends heruntergezogen hat«. Der westdeutsche Bundeskanzler fürchte jedes nationale Denken und jede nationale Regung, was mit den von der Bundesregierung erlassenen Kontaktverboten für Westdeutsche zu Bürgern und Organisationen der DDR belegt werden sollte. Dies kam jedoch in Wahrheit den nach dem Mauerbau veränderten deutschlandpolitischen Interessen der SED entgegen. Im Vordergrund ihrer Propaganda stand jetzt ihr – allerdings vergebliches – Bemühen, Unruhe und Verunsicherung in der westdeutschen Öffentlichkeit zu erzeugen.

Die Agitationskommission regelte am 28. Juli ebenfalls verbindlich, wie ausländische Besucher »mit unseren Grenzsicherungsmaßnahmen bekanntgemacht und an die Staatsgrenze geführt« werden sollten. Für deren Bezeichnung glaubte man eine elegante Lösung gefunden zu haben: »Dabei verwenden wir den in der Diplomatie bekannten Ausdruck: Cordon sanitaire.« Dieser Begriff erschien Norden bei der Überarbeitung der Politbürovorlage am 31. Juli wohl doch zu hochgestochen. In der endgültigen Fassung vom 1. August hieß es deshalb: »Die günstigen Auswirkungen des antifaschistischen Schutzwalls – dieser Ausdruck soll für die Grenzsicherungsanlagen gebraucht werden – auf die Entwicklung der Hauptstadt der DDR sind hervorzuheben.«[19]

Die Entstehung des Begriffs »antifaschistischer Schutzwall« läßt sich somit auf den Tag genau festlegen. Das Parteiorgan ›Neues Deutschland‹ begann sich bereits in seiner Ausgabe vom 4. August 1962 vorsichtig an ihn heranzutasten. Es ließ den Präsidenten des burmesischen Schriftstellerverbandes erklären, der »DDR-Schutzwall« hätte vor Jahresfrist die Militaristen gestoppt.

Mit dieser neuen Argumentationslinie hob die SED zwar den Widerspruch zwischen ihrer Propaganda für die Einheit Deutschlands und der Propaganda für die »sozialistische Landesverteidigung« zugunsten der letzteren auf. Widersprüche produzierte sie jedoch weiterhin zuhauf. Nur einer davon war der »antifaschistische Schutzwall« – wollte die SED-Regierung mit ihm doch nur den Flüchtlingsstrom eindämmen und sich selbst vor »ihrem Volk« und dessen permanenter »Abstimmung mit den Füßen« schützen.

1 Stiftung Archiv der Parteien und Massenorganisationen im Bundesarchiv (künftig SAPMO-BArch), DY 30/IV 2/2026/28.
2 Wettig, Gerhard: Neue Erkenntnisse aus sowjetischen Geheimdokumenten über den militärischen Aufbau in der SBZ/DDR 1947–1952, in: Militärgeschichtliche Mitteilungen, 53, 1994, Heft 2, S. 399-419, S. 402 f.
3 Weber, Hermann: Der Kalte Krieg und die DDR, in: Deutschland im Kalten Krieg 1945–1963 (Ausst.-Kat.), Berlin 1992, S. 29-50, S. 32.
4 Zit. n.: Overesch, Manfred: Die Gründung der DDR als nationales Kerngebiet und der gesamtdeutsche Anspruch von KPD und SED, in: Materialien der Enquete-Kommission ›Aufarbeitung von Geschichte und Folgen der SED-Diktatur in Deutschland‹, Frankfurt am Main 1995, Band V/2, S. 1927-1966, S. 1928.
5 Schlußwort Walter Ulbrichts am 17. 12. 1970 auf der Sitzung einer ZK-Kommission, die mit der Vorbereitung des 25. Jahrestages der SED beauftragt worden war; in: SAPMO-BArch, NY 4182/787, Bl. 8.
6 Ebenda.
7 Korte, Karl-Rudolf / Weidenfeld, Werner: Deutsche Einheit, in: dies. (Hg.): Handbuch zur deutschen Einheit, Frankfurt am Main 1994, S. 130-138, S.131.
8 Vgl. dazu: Wettig (wie Anm. 2), S. 408.
9 Zit. n. Herms, Michael: Heinz Lippmann, Portrait eines Stellvertreters, Berlin 1996, S. 119.
10 Vgl. dazu Bennewitz, Inge / Potratz, Rainer: Zwangsaussiedlungen an der innerdeutschen Grenze. Analysen und Dokumente, Berlin 1994.
11 Bericht der zentralen Kommission zur Werbung für die Polizei (Beschluß des SED-Politbüros vom 1. Juli 1952), in: SAPMO-BArch, DY 30/IV 2/2/218, Bl. 35.
12 SBZ von 1945 bis 1954. Die sowjetische Besatzungszone Deutschlands in den Jahren 1945–1954, hg. v. Bundesministerium für gesamtdeutsche Fragen, Bonn 1956, S. 209.
13 SAPMO-BArch, NY 4036/782, Bl. 77-86.
14 Ebenda, Bl. 58.
15 Vgl. dazu Miermeister, Jürgen: Rudi Dutschke. Mit Selbstzeugnissen und Dokumenten, Reinbek 1986, S. 17f.
16 Der Brief Dutschkes und die daraufhin seitens der Schule erfolgten Beurteilungen sind faksimiliert in: Parisavativ, 5/95 (Sonderausg. über Rudi Dutschke), hg. v. Schülern des Gymnasiums Luckenwalde, Luckenwalde 1995, S. 9.
17 Vgl. dazu Holzweißig, Gunter: Bilder im Westen, Sprachregelung im Osten. Die Darstellung des Mauerbaus in den deutschen Medien, in: Unsere Medien – Unsere Republik, 2, hg. v. Adolf-Grimme-Institut Marl, Heft 3, November 1992, S. 20-22; u. ders.: Honeckers Mauer. Vom Bau und Einsturz eines Berliner Bauwerks, in: Das Parlament, Nr. 32 v. 2. 8. 1991.
18 SAPMO-BArch, DY 30/IV2/902/13.
19 Ebenda.

601

## Schaukasten: Staatsgrenze

Während der Potsdamer Konferenz hatte sich Stalin in der Reparationsfrage schließlich zu dem Zugeständnis bereitgefunden, daß jede Besatzungsmacht ihre Ansprüche in erster Linie aus der eigenen Zone zu befriedigen habe. Daraufhin wollten auch die Amerikaner großzügig sein. Ohne Not erklärten sie deshalb den Sowjets, die sich hinsichtlich einer deutschen Ostgrenze schon mit einem Grenzverlauf an der Glatzer Neiße abgefunden hatten, ihr Einverständis mit einer deutsch-polnischen Grenze an der Lausitzer Neiße. Damit wurde ganz Schlesien polnisch; weitere Millionen Deutsche wurden vertrieben. Die SED, die in die Wahlen 1946 noch mit der Forderung nach Rücknahme der Oder-Neiße-Grenze gezogen war, war danach bemüht, jede Diskussion um das Problem der Grenze und der Vertriebenen zu unterdrücken. 1950 bestätigte die DDR im Görlitzer Vertrag die fortan als »Friedensgrenze« deklarierte Oder-Neiße-Grenze. Im gleichen Jahr wurde allen staatlichen Stellen untersagt, weiterhin das Problem der Umsiedler zu thematisieren – selbst aus den Statistiken verschwanden sie.
Im Westen bestand zunächst nur eine »Demarkationslinie« zwischen der SBZ und den Zonen der Briten und Amerikaner. Der Verkehr wurde auf beiden Seiten überwacht. Mit den in Ost und West getrennt durchgeführten Währungsreformen wurde im Juni 1948 aus der »Demarkationslinie« eine Währungs- und Handelsgrenze, die während der Berlin-Blockade 1948/49 nur noch für den Berlin-Verkehr der westlichen Besatzungsmächte durchlässig war. Mit Verordnung vom 26. Mai 1952 wurde sie geschlossen und gegen »Grenzverletzer« gesichert. Auf Veranlassung der Sowjets wurden Verkehrswege abgeriegelt, eine fünf Kilometer breite Sperrzone eingerichtet und dort lebende Menschen systematisch aus ihren Wohnorten vertrieben. Für die Bewohner der DDR war ein mehr oder weniger ungehinderter Verkehr nach Westen nur noch über die Sektorengrenzen in Berlin möglich – bis zum Mauerbau am 13. August 1961.

604

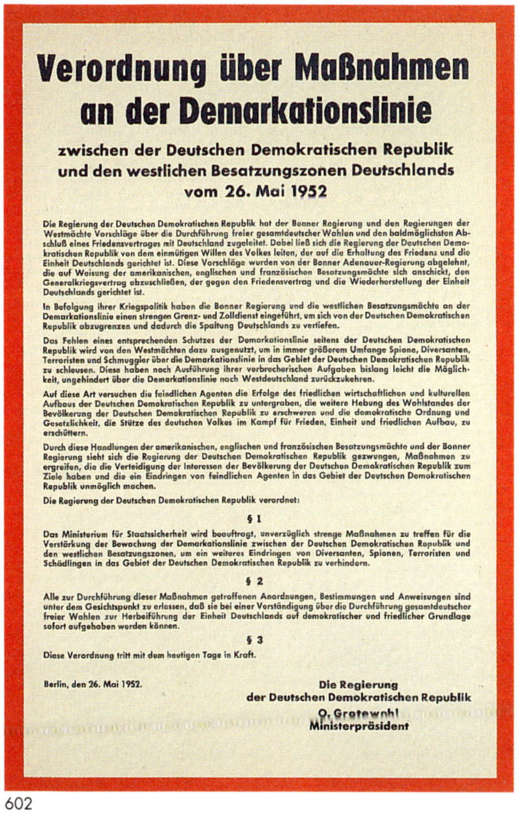

# Verordnung über Maßnahmen an der Demarkationslinie

**zwischen der Deutschen Demokratischen Republik und den westlichen Besatzungszonen Deutschlands vom 26. Mai 1952**

Die Regierung der Deutschen Demokratischen Republik hat der Bonner Regierung und den Regierungen der Westmächte Vorschläge über die Durchführung freier gesamtdeutscher Wahlen und den baldmöglichsten Abschluß eines Friedensvertrages mit Deutschland zugeleitet. Dabei ließ sich die Regierung der Deutschen Demokratischen Republik von dem einmütigen Willen des Volkes leiten, der auf die Erhaltung des Friedens und die Einheit Deutschlands gerichtet ist. Diese Vorschläge wurden von der Bonner Adenauer-Regierung abgelehnt, die auf Weisung der amerikanischen, englischen und französischen Besatzungsmächte sich anschickt, den Generalkriegsvertrag abzuschließen, der gegen den Friedensvertrag und die Wiederherstellung der Einheit Deutschlands gerichtet ist.

In Befolgung ihrer Kriegspolitik haben die Bonner Regierung und die westlichen Besatzungsmächte an der Demarkationslinie einen strengen Grenz- und Zolldienst eingeführt, um sich von der Deutschen Demokratischen Republik abzugrenzen und dadurch die Spaltung Deutschlands zu vertiefen.

Das Fehlen eines entsprechenden Schutzes der Demarkationslinie seitens der Deutschen Demokratischen Republik wird von den Westmächten dazu ausgenutzt, um in immer größerem Umfange Spione, Diversanten, Terroristen und Schmuggler über die Demarkationslinie in das Gebiet der Deutschen Demokratischen Republik zu schleusen. Diese haben nach Ausführung ihrer verbrecherischen Aufgaben bislang leicht die Möglichkeit, ungehindert über die Demarkationslinie nach Westdeutschland zurückzukehren.

Auf diese Art versuchen die feindlichen Agenten die Erfolge des friedlichen wirtschaftlichen und kulturellen Aufbaus der Deutschen Demokratischen Republik zu untergraben, die weitere Hebung des Wohlstandes der Bevölkerung der Deutschen Demokratischen Republik zu erschweren und die demokratische Ordnung und Gesetzlichkeit, die Stütze des deutschen Volkes im Kampf für Frieden, Einheit und friedlichen Aufbau, zu erschüttern.

Durch diese Handlungen der amerikanischen, englischen und französischen Besatzungsmächte und der Bonner Regierung sieht sich die Regierung der Deutschen Demokratischen Republik gezwungen, Maßnahmen zu ergreifen, die die Verteidigung der Interessen der Bevölkerung der Deutschen Demokratischen Republik zum Ziele haben und die ein Eindringen von feindlichen Agenten in das Gebiet der Deutschen Demokratischen Republik unmöglich machen.

Die Regierung der Deutschen Demokratischen Republik verordnet:

§ 1

Das Ministerium für Staatssicherheit wird beauftragt, unverzüglich strenge Maßnahmen zu treffen für die Verstärkung der Bewachung der Demarkationslinie zwischen der Deutschen Demokratischen Republik und den westlichen Besatzungszonen, um ein weiteres Eindringen von Diversanten, Spionen, Terroristen und Schädlingen in das Gebiet der Deutschen Demokratischen Republik zu verhindern.

§ 2

Alle zur Durchführung dieser Maßnahmen getroffenen Anordnungen, Bestimmungen und Anweisungen sind unter dem Gesichtspunkt zu erlassen, daß sie bei einer Verständigung über die Durchführung gesamtdeutscher freier Wahlen zur Herbeiführung der Einheit Deutschlands auf demokratischer und friedlicher Grundlage sofort aufgehoben werden können.

§ 3

Diese Verordnung tritt mit dem heutigen Tage in Kraft.

Berlin, den 26. Mai 1952.

**Die Regierung der Deutschen Demokratischen Republik**
**O. Grotewohl**
**Ministerpräsident**

602

605

601 Das Territorium der DDR im »Friedenslager«, Plakat, 1955
602 Bekanntmachung der »Verordnung über Maßnahmen an der Demarkationslinie«, 26. Mai 1952
603 Kassette für ein Geschenk der ›Kasernierten Volkspolizei‹ zum 80. Geburtstag Wilhelm Piecks, 1956
604 »Westberliner Bürger blicken in die Hauptstadt der DDR am Nachmittag des 23. August 1961, nachdem der Westberliner Senat die von der DDR auf 2 Westberliner Bahnhöfen eingerichteten Passierscheinbüros für friedliche Westberliner Bürger von seiner Polizei hat schließen lassen« (Zeitgenössische Beschriftung)
605 »Unsere Kampfgruppen stehen auf der Wacht für den Frieden«, Broschüre, 1961
606 Am »Ende des demokratischen Sektors von Groß-Berlin«, 22. August 1961
607 Der »Antifaschistische Schutzwall« am Brandenburger Tor, 24. November 1961

603

606

607

## Schaukasten: Briefe

Im gesamtdeutschen Briefverkehr wurden häufig auch unerwartete oder unerwünschte Mitteilungen hin- und hergeschickt. Auf höchster Ebene griff Ministerpräsident Otto Grotewohl am 30. November 1950 die kurz zuvor beschlossene »Prager Deklaration« auf und schlug in einem Brief an die Bundesregierung vor, Besprechungen über die Bildung eines paritätischen »Gesamtdeutschen Konstituierenden Rates« aufzunehmen, der auch die Vorbereitung »freier gesamtdeutscher Wahlen« übernehmen könne. Obwohl man in Bonn die Gegenforderung erhob, der erste Schritt zur Wiedervereinigung müsse in von der UNO kontrollierten, freien gesamtdeutschen Wahlen bestehen, stellte die DDR ihre Einheitspropaganda weiterhin unter das Motto: »Deutsche an einen Tisch!«. Um ihre Bereitschaft zu »gesamtdeutschen Beratungen« möglichst vielen Deutschen in der BRD mitzuteilen, wurde 1951 die Aktion »Dein Brief nach drüben« gestartet. Das Präsidium der ›Nationalen Front des demokratischen Deutschland‹ gab dazu die Broschüre heraus: ›Dein Brief, eine scharfe Waffe der Aufklärung im Kampfe für Einheit und Frieden‹; Plakate warben ebenso für die Briefaktion; in den Massenorganisationen wurden die Mitglieder und in den Schulen die Schüler angehalten, an bereitgestellte Adressen Briefe zu schreiben, in denen für die in der DDR betriebene Deutschlandpolitik geworben wurde. Die dadurch im »Wirtschaftswunderland« Bundesrepublik hervorgerufene Gegenreaktion entsprach nicht unbedingt den Erwartungen der Staats- und Parteiführung.

»Über alle Grenzen und Hindernisse hinweg ...« – unter dieser Überschrift informierte schon um 1950 ein Flugblatt der ›Kampfgruppe gegen Unmenschlichkeit‹ über die schlechte Versor-

608

609

611

**gungslage in der DDR und die geltenden Vorschriften für Hilfssendungen dorthin. Bald danach forderte ein Plakat des ›Büros für gesamtdeutsche Hilfe‹ in Bonn: »Briefe, Päckchen, Pakete nach drüben«; ein anderes mahnte noch dringlicher: »Lebensmittel in der Zone knapp. Helft – Helft – Helft durch Päckchen und Pakete«. 1953 ließ sich die in Bonn firmierende Vereinigung »›Freiheit‹ – Aktion der Jugend« als Verbundenheitsgeste für den im »Gefängnis DDR« eingesperrten Landsmann einfallen: »Schickt ihm ein Stückchen Freiheit! Schickt ihm ein Buch!«.**

608 Auslage von Informationsmaterial in Aufklärungslokalen, Dezember 1951 (Foto: Höhne/Pohl)
609 Plakatwerbung der Nationalen Front, 1952
610 Junge Pioniere der Pfaffenhainer Schule bei Chemnitz schreiben an westdeutsche Schüler, 20. März 1951 (Foto: Seidel)
611 Eine Familie schreibt an eine Bundestagsabgeordnete (Foto: Josef Schmidt)

Andreas Michaelis

# Der Leistungssport der DDR im Spannungsfeld der Systemauseinandersetzung in den 50er und 60er Jahren

612 Plakat zum Vorbild Sowjetunion – auch im Sport, 1951

In wohl keinem Land der Welt war die Verbindung zwischen Sport und Politik so eng und vordergründig wie in der DDR. Dies jedoch allein auf die Allmacht und das Geltungsbedürfnis einer Partei oder auf die Eitelkeiten einzelner Politiker und Funktionäre zurückzuführen, hieße die konkreten historischen Bedingungen, unter denen sich der Sport in der DDR aus den ideellen und materiellen Trümmern des Dritten Reiches zur »Weltmacht« entwickelte, zu ignorieren oder zu unterschätzen. Der DDR-Sport war, wie so vieles in jener Zeit Entstandene, ein Kind des Kalten Krieges. Von Geburt an den Zwängen der Politik ausgeliefert, war eine »gesunde« Entwicklung an Körper und Geist kaum möglich. In jener Gesellschaft, in jener Zeit gab es keine Alternative zu der im nachhinein gebrandmarkten Symbiose zwischen (Partei-)Politik und Leistungssport in der DDR. Ein von DDR-Sportlern errungener internationaler Meistertitel, ein Weltrekord, eine Olympische

Medaille waren im behandelten Zeitraum Politik, sie mußten nicht erst dazu gemacht werden. Die Sportler waren vor die Entscheidung gestellt, entweder mit ihren Leistungen die DDR zu repräsentieren oder sie zu verlassen. Vergleichsweise wenige wählten den zweiten Weg. Wer blieb, wurde häufig zum Idol, das von einem Großteil der Bevölkerung als Identifikationsfigur angenommen wurde. Die Spitzensportler der 50er Jahre sind für viele ehemalige DDR-Bürger heute noch in positiver Erinnerung, während die Masse der gezüchteten Stars der 80er Jahre längst in Vergessenheit geraten ist.

Kaum mehr als 40 Jahre lagen zwischen der 1948 erfolgten Begründung einer »demokratischen Sportbewegung« in der Sowjetischen Besatzungszone und dem totalen Zusammenbruch des ausgeklügelten Systems sportlicher Erfolgsproduktion im Sog der »Wende« von 1989/90. Die in diesem Zeitraum auf dem Gebiet des Hochleistungssports erzielten Ergebnisse standen in keinem Verhältnis zur politischen, wirtschaftlichen und kulturellen Bedeutung des Landes und werden – trotz aller Kehrseiten der Medaillen, die nach 1990 offengelegt wurden – die Existenz der DDR lange überdauern.

Nach der vollen internationalen Anerkennung Ende der 60er Jahre und den sportlichen Erfolgen bei den Olympischen Spielen 1972 in Sapporo und München erkannten die führenden Funktionäre in Sport und Politik, daß auf sportlichem Gebiet etwas zu erreichen war, was für die DDR auf anderen Gebieten ein unerfüllbarer Traum bleiben mußte: eine Spitzenposition in der Welt. Mit gewaltigem gesellschaftlichem Aufwand wurde ein komplexes System der Förderung des Hochleistungssports aufgebaut, das schon bald die erhofften Ergebnisse brachte. Bei den Olympischen Spielen 1976 in Montreal belegte die DDR hinter der UdSSR und vor den USA den zweiten Platz in der inoffiziellen Länderwertung. Diese Position wurde mit allen zur Verfügung stehenden, oft auch fragwürdigen Mitteln und Methoden bis zum Zusammenbruch des Sozialismus gehalten. Die Grundlagen für den Höhenflug des DDR-Sports wurden jedoch bereits in den 50er und 60er Jahren – allerdings unter ganz anderen Prämissen – geschaffen.

### Die Anfänge der »demokratischen Sportbewegung« im Osten Deutschlands

Nach der Auflösung der nationalsozialistischen Sportverbände vollzog sich in der SBZ der Neuanfang des Sports zunächst auf kommunaler Ebene, und dort oft sporadisch und mit regionalen Unterschieden. Für den Aufbau einer »einheitlichen antifaschistisch-demokratischen Sportbewegung«, wie er vor allem von der KPD propagiert wurde, war zunächst kein Konzept vorhanden. Erst 1948, als deutlich wurde, daß die Entwicklung nicht in den von der Besatzungsmacht und der SED gewünschten Bahnen verlief, nahmen sich SED, FDGB und FDJ intensiv der Sache an. Am 1. Oktober 1948 wurde der ›Deutsche Sportausschuß‹ gegründet, unter dessen Leitung die Umgestaltung der Sportbewegung forciert und abgeschlossen wurde.

Ende 1948 wurden die ersten Betriebssportgemeinschaften gegründet, die das Rückgrat der »demokratischen Sportbewegung« bilden und die überkommenen Strukturen kommunaler Sportvereine überwinden sollten. Innerhalb eines Jahres entstanden rund 800 Betriebssportgemeinschaften mit einer halben Million Mitglieder. Sie standen unter direkter Anleitung der Betriebsorganisationen der SED beziehungsweise des FDGB, wodurch der Einfluß der »alten« (bürgerlichen) Sportfunktionäre Schritt für Schritt zurückgedrängt wurde. Mit der Gründung des ›Deutschen Sportausschusses‹ und der grundlegenden Veränderung der Organisationsstruktur wurde der Sport fest in die gesamtgesellschaftliche Entwicklung im Osten Deutschlands eingebunden.

Als beim ›Deutschlandtreffen der Jugend‹ zu Pfingsten 1950 erstmals Spitzenathleten aus dem sozialistischen Ausland in der inzwischen gegründeten DDR weilten, warteten diese mit Leistungen auf, die für die DDR-Sportler unerreichbar schienen. Doch in dieser Zeit standen noch immer ideologische und organisatorische Aufgaben bei der Umgestaltung der Sportbewegung im Vordergrund, eine zielgerichtete Entwicklung des Leistungssports dagegen nicht auf der Tagesordnung. Daß dieser Aspekt jedoch nicht völlig außer acht gelassen wurde, beweisen, neben der Konstituierung des ›Nationalen Olympischen Komitees‹ 1951, einige Punkte des im Februar 1950 verabschiedeten ersten Jugendgesetzes der DDR. So wurde neben dem Wiederaufbau und Neubau von zentralen Sportstätten auch die Einrichtung einer Hochschule für Körperkultur beschlossen. Bereits im Oktober 1950 begannen die ersten Kurse in Leipzig – mit zehn Lehrkräften und 96 Studenten. Im Mai 1952 erfolgte die Grundsteinlegung für den großzügigen Ausbau der ›Deutschen Hochschule für Körperkultur‹ (DHfK), die sich zur wichtigsten Institution für den internationalen Aufstieg des DDR-Leistungssports entwickelte.

Auf der II. Parteikonferenz der SED im Juli 1952 formulierte Walter Ulbricht erstmals einen vagen Leistungsauftrag an den Sport: »Die Spitzensportler der Deutschen Demokratischen Republik haben jetzt die Möglichkeit, sich im sportlichen Wettstreit mit den sowjetischen, ungarischen, polnischen, tschechoslowakischen und anderen Sportlern zu messen. Dabei werden sie viel lernen und Höchstleistungen erreichen, die sie befähigen, in nicht allzu ferner Zeit in allen entscheidenden Sportarten den höchsten Leistungsstand in Deutschland zu erreichen.«[1] Auf Beschluß der Parteikonferenz wurde das ›Staatliche Komitee für Körperkultur und Sport‹ gegründet, das sich fortan verstärkt den Belangen des Leistungssports widmete. Es dauerte jedoch einige Jahre, ehe sich die ersten internationalen Erfolge einstellten.

Noch bei den Nordischen Skiweltmeisterschaften 1954 in Falun starteten die Athleten der DDR unter dem vielzitierten olympischen Motto »Teilnahme entscheidet«. Der bekannte DDR-Sportjournalist Manfred Seifert erinnert sich an eine Karikatur in einer schwedischen Zeitung: Am Ziel der Langlaufloipe saßen die Kampfrichter mitten in der Nacht an einem Lagerfeuer. Die deprimierende Bildunterschrift lautete: »Wir warten auf die ostdeutschen Skiläuferinnen ...«[2]

In dieser Zeit, als mit den Leistungen ihrer Sportler noch kein Staat zu machen war, konzentrierte sich die Propaganda der DDR vorrangig auf die Bestrebungen, in der olympischen Bewegung und den internationalen Sportverbänden Fuß zu fassen. Darüber hinaus spielte der Sport in der Einheitspropaganda der SED eine zentrale Rolle. In einem ZK-Beschluß über die »Aufgaben auf dem Gebiet von Körperkultur und Sport« vom 17. März 1951 heißt es: »Eine ihrer Hauptaufgaben sieht die demokratische Sportbewegung in der Führung des Kampfes um die Herstellung eines einheitlichen, demokratischen, friedliebenden und unabhängigen Deutschlands.«[3]

Aufgrund der immer mehr auseinanderdriftenden deutschlandpolitischen Vorstellungen der Alliierten und der von ihnen protegierten Regierungen in den beiden deutschen Staaten gab es jedoch – im Gegensatz zur beiderseitigen Propaganda – bereits zu diesem Zeitpunkt kaum noch Ansatzpunkte für eine einheitliche Sportbewegung. Die Unvereinbarkeit der Positionen widerspiegelte sich nicht zuletzt in der Besetzung der Führungspositionen: Während in der Bundesrepublik fast durchweg ›bewährte‹ Funktionäre aus der Sporthierarchie des Dritten Reiches das Heft in die Hand nahmen, wurden in der DDR die Schlüsselpositionen von SED-Kadern besetzt. Die von beiden Seiten geäußerte Polemik, mit »diesen Leuten« nicht zu verhandeln, machte schon in den ersten Jahren der deutschen Zweistaatlichkeit deutlich, daß der Sport lediglich ein Nebenschauplatz der Politik jener Zeit war.

### Die Umorientierung des DDR-Sports zu einem Instrument der Systemauseinandersetzung

In der zweiten Hälfte der 50er Jahre setzte die Politik neue Prämissen. Der bis dahin in der offiziellen Darstellung von Politik im Vordergrund stehende Einheitsgedanke wurde von der zunehmenden Orientierung auf die Eigenstaatlichkeit der DDR und den Antagonismus der Systeme verdrängt. Dazu mußte auch der Sport zunächst »auf Kurs« gebracht werden. Auf der III. Sportkonferenz im November 1955 in Karl-Marx-Stadt forderte Ulbricht erstmals ausdrücklich, die »Überlegenheit« des gesellschaftlichen Systems der DDR auch auf dem Gebiet des Sports zu beweisen. Noch deutlicher wurde er in der Frage der staatlichen Hoheitssymbole: »Auch welche Hymne gespielt wird, ist nicht gleichgültig, das ist eine große politische Frage. ›Deutschland, Deutschland über alles – von der Maas bis an die Memel‹, die Hymne, die der Aufhetzung zum Kriege dient, oder unsere Nationalhymne, die Hymne des Friedens, der Demokratie und des sozialistischen Aufbaus – das ist doch ein Unterschied! Es ist Zeit, diese Frage in den Sportgemeinschaften offen und grundsätzlich zu stellen!«[4] Im Februar 1956 wurde in einem Ministerratsbeschluß der Leistungsauftrag präzisiert: Es komme jetzt darauf an, »möglichst bald die Mehrzahl der deutschen Rekorde und Bestleistungen zu erreichen«.[5]

Mit der Gründung des ›Deutschen Turn- und Sportbundes‹ (DTSB) im April 1957 und der Reorganisation des ›Staatlichen Komitees für Körperkultur und Sport‹ wurde die Organisationsstruktur des DDR-Sports den neuen Anforderungen angepaßt. In seinem Gründungsdokument bekannte sich der DTSB zwar noch zur »Wiedervereinigung Deutschlands auf friedlicher und demokratischer Grundlage«,[6] forderte in seinem Statut aber gleichzeitig zum »Kampf gegen den Mißbrauch des Sports in Westdeutschland durch die Imperialisten und Militaristen« auf.[7] Im März 1958 wurde auf der 3. Bundesvorstandssitzung des DTSB konstatiert, daß der Leistungssport keine Privatsache sei, sondern »ein Teilgebiet der Auseinandersetzung zwischen Sozialismus und Kapitalismus«. Daraus resultierte der Auftrag an die Spitzensportler der DDR, bis 1960 »durch hohe sportliche Leistungen die Überlegenheit der sozialistischen Körperkultur gegenüber Westdeutschland zum Ausdruck zu bringen«.[8] In ähnlicher Weise äußerte sich im Juli 1958 auch der V. Parteitag der SED. Die Politisierung des Leistungssports in der DDR war somit bereits Ende der 50er Jahre voll ausgeprägt.

Im gleichen Maße, wie das Streben um die sportliche Vormachtstellung in Deutschland zum »Klassenkampf« erhoben wurde, setzte auch eine verstärkte Propaganda für die Bedeutung der allgemeinen Körperertüchtigung und des Massensports unter militärischen Gesichtspunkten ein. Vor dem Hintergrund der Integration der beiden deutschen Staaten in gegnerische Militärbündnisse tauchten in der DDR im Zusammenhang mit der Förderung des Sports immer häufiger Begriffe wie »patriotische Erziehung«, »Vaterland« oder »Verteidigungsbereitschaft« auf. Die Bedingungen für den Erwerb des 1950 eingeführten Sportabzeichens wurden um die Disziplinen Gepäckmarsch, Überwinden einer Hindernisbahn, Kleinkaliberschießen und Keulenzielwurf erweitert; gleichzeitig erhielt das Abzeichen auch einen neuen Namen: »Bereit zur Arbeit und zur Verteidigung der Heimat«.

Als eine der grundsätzlichen Aufgaben des DTSB wurde formuliert, er solle »die sozialistischen Errungenschaften festigen und schützen helfen und den Frieden gegen die Todfeinde des deutschen Volkes, die Imperialisten und Militaristen, verteidigen«.[9] Der bürgerlichen These vom »unpolitischen Sport« – die sich ohnehin schon als Illusion erwiesen hatte – wurde energisch der Kampf angesagt. Die politischen Rahmenbedingungen für die nationale Entwicklung des Sports sowie für die internationalen Sportbeziehungen einschließlich der olympischen Bewegung lieferte der Ost-West-Konflikt.

613 Mitglieder der Sportvereinigung ›Dynamo‹ in einer Parade während des Leipziger Turn- und Sportfestes, 2. bis 5. August 1956

### Das Ringen der DDR um die gleichberechtigte Teilnahme an Olympischen Spielen

Die Gründung des ›Nationalen Olympischen Komitees der DDR‹ am 22. April 1951 und der am 8. Mai des Jahres eingereichte Antrag auf Mitgliedschaft im IOC waren die ersten Kampfansagen an den Alleinvertretungsanspruch des bundesdeutschen Sports. Diese Schritte erfolgten auf Drängen der Sowjetunion, die ihrerseits erst Ende der 40er Jahre ihre ablehnende Haltung gegenüber Olympia aufgegeben hatte. Das IOC nahm jedoch am 22. Mai 1951 nur das westdeutsche ›Nationale Olympische Komitee für Deutschland‹,

614 Die gesamtdeutsche Mannschaft bei ihrem Einmarsch in das Stadion von Melbourne anläßlich der XVI. Olympischen Sommerspiele, 22. November 1956

dessen Antrag wesentlich früher vorgelegen hatte, als Mitglied auf. Den Sportlern der DDR wurde die Möglichkeit eingeräumt, unter der Leitung des bundesdeutschen NOK an den Olympischen Spielen 1952 teilzunehmen, was die SED-Führung jedoch ablehnte.

Indessen stellte das NOK der DDR regelmäßig neue Aufnahmeanträge an das IOC, bis 1955 in Lausanne ein Teilerfolg erzielt wurde. »Wortführer für die Aufnahme Ostdeutschlands waren die Sowjetunion und die anderen Oststaaten, deren Argumente wesentlich mehr Eindruck als bei früheren Aufnahmedebatten machten, da sie auf Polemik verzichteten und das Hauptgewicht auf die ausgezeichneten Leistungen ostdeutscher Athleten in jüngster Zeit legten«, schrieb dazu die Züricher Zeitung ›Sport‹.[10] Die provisorische Anerkennung des NOK der DDR war an die Auflage gekoppelt, gemeinsame deutsche Olympiamannschaften für die Spiele 1956 in Cortina d'Ampezzo und Melbourne aufzustellen. Dieser Kompromiß, dem beide Seiten zustimmten, um ein aus ihrer Sicht größeres »Übel« zu vermeiden, bestimmte über ein Jahrzehnt das Verhältnis des deutschen Sports zu Olympia.

Die Führung des IOC, die den Kompromiß nur als Übergangsvariante bis zur Wiederherstellung der Einheit Deutschlands betrachtete, glaubte das deutsch-deutsche Olympiaproblem damit gelöst zu haben. Doch die ›Querelle d'Allemagne‹, wie sie schon bald in internationalen Sportkreisen genannt wurde, hatte noch längst nicht ihren Höhepunkt erreicht.[11] Im Vorfeld der Olympischen Spiele von 1960 kam es zu einem deutsch-deutschen Disput über die Fahne der gemeinsamen Olympiamannschaft, der groteske Ausmaße annahm. Eine Intervention der Bundesregierung und die damit verbundene Medienkampagne gegen die vom IOC vorgeschlagene schwarzrotgoldene Flagge mit den Olympischen Ringen beantwortete die DDR, die sich durch den IOC-Beschluß legitimiert fühlte, mit einer maßlosen Polemik gegen die »Einmischung der Politik in

615 Polemische Broschüre zu dem Verhalten des westdeutschen NOK, 1960

616 Goldmedaillengewinner während eines Umzuges zum IV. Pioniertreffen in Erfurt, August 1961 (Foto: Martin Schmidt)

den Sport«, der sich das – zuvor massiv befehdete – westdeutsche NOK ausgesetzt sehe. Als die Bonner Regierung daraufhin schließlich einlenkte, wurde das in der DDR als politischer Triumph gefeiert.

Die internen Querelen, die das Maß an »Gemeinsamkeit« in den deutschen Olympiamannnschaften bestimmten, interessierten das IOC natürlich nicht. So mußten zum Beispiel bei den Spielen 1960 in Rom die Medaillengewinner aus der DDR die für sie aus Bonn eingegangenen Glückwunschtelegramme an Bundesinnenminister Schröder zurückschicken.[12] Das Verhältnis der DDR zu den gesamtdeutschen Olympiamannschaften war stets ambivalent und von Opportunismus geprägt. In der offiziellen Propaganda zeigte man sich den Beschlüssen des IOC verpflichtet, um keine Ansatzpunkte für ein eventuelles Scheitern der gemeinsamen deutschen Olympiateilnahme zu liefern. Das weltpolitische Kräfteverhältnis vor Augen, sahen die Funktionäre in Politik und Sport in der gegebenen Situation das Maximum des Erreichbaren und vermieden alles, was den Status quo gefährden konnte.

Nach dem vergleichsweise lächerlichen »Flaggenstreit« 1960 war die Aufstellung gesamtdeutscher Mannschaften für die Winter- und Sommerspiele 1964 durch den Abbruch der Sportbeziehungen nach dem Bau der Mauer im August 1961 jedoch akut gefährdet. Vermutlich aus taktischen Gründen forcierte die DDR in dieser brisanten Situation nicht ihren Anspruch auf eine eigene Olympiamannschaft, sondern setzte auf die Verwirklichung der IOC-Beschlüsse. In einer Propagandabroschüre heißt es dazu: »Als am 6. Februar 1963 in Lausanne der Schlußpunkt unter das Kommuniqué nach den Verhandlungen zwischen den beiden deutschen NOKs und dem IOC gesetzt wurde, stand fest, daß es zu den Olympischen Spielen 1964 in Innsbruck und Tokio eine

617 Eröffnungsfeier der XIX. Olympischen Sommerspiele in Mexiko-Stadt am 12. Oktober 1968: »Unter den 108 Mannschaften aus allen Kontinenten marschierte zum ersten Mal bei Sommerspielen auch eine selbständige Vertretung der DDR, angeführt von der Fahnenträgerin Karin Balzer, in die Arena ein.« (Zeitgenössische Beschriftung)

gemeinsame deutsche Mannschaft geben wird. Damit hatten sich die Bemühungen des NOK der DDR, das sich ausschließlich von olympischen Idealen leiten ließ, durchgesetzt.«[13]

Diese offizielle Lesart hinderte allerdings Karl-Eduard von Schnitzler nicht daran, in einem offiziösen Kommentar nach den Spielen in Innsbruck das in aller Offenheit auszusprechen, was den Politikern und Funktionären nicht opportun erschien: »Die gesamtdeutsche Mannschaft besteht nur aus Verkleisterungen, Täuschungen, Illusionen und Verleugnungen der Realitäten. Deutschland ist heute nur noch ein nationaler und geografischer Begriff, nicht mehr aber ein politischer und völkerrechtlicher. Deshalb muß eine gemeinsame deutsche Mannschaft eine irreale Konstruktion unter Verwendung von Phantasiefahnen und -hymnen sein.«[14]

Um den deutsch-deutschen Querelen endlich ein Ende zu setzen, stimmten 1965 in Madrid auf der 63. IOC-Session 59 der anwesenden IOC-Mitglieder – bei fünf Gegenstimmen – dem Antrag der DDR zu, künftig eigene Mannschaften zu Olympischen Spielen entsenden zu dürfen. Zwar blieb die protokollarische Selbständigkeit zunächst noch eingeschränkt, doch die DDR ließ gerade in diesem Punkt nicht locker. Mit ebenso deutlicher Mehrheit befürwortete das IOC schließlich auf der Sitzung 1968 in Mexiko-Stadt den Antrag des Olympischen Komitees der DDR, mit eigener Flagge und Hymne aufzutreten. Damit hatte die DDR auf dem Gebiet des Sports ein Maß an internationaler Anerkennung erreicht, das im politischen Bereich noch in weiter Ferne schien. Besondere Genugtuung bereitete den DDR-Offiziellen die Aussicht, 1972 bei den Olympischen Sommerspielen in München, im Lande ihres politischen und sportlichen Hauptgegners, die Leistungsfähigkeit der sozialistischen Gesellschaft unter eigener Flagge demonstrieren zu können.

618 »Die erste selbständige und souveräne Olympiamannschaft der DDR bei Olympischen Sommerspielen zieht am 26. August 1972 unter ihrer Staatsflagge in das Olympiastadion in München ein.« (Zeitgenössische Beschriftung)

### »Diplomaten im Trainingsanzug« – Der Sport als Katalysator der politischen Anerkennung der DDR

Zu dem Zeitpunkt, als die volle Souveränität im olympischen Sport erreicht war, unterhielt die DDR zu nicht mehr als 13 Staaten diplomatische Beziehungen und war in nur wenigen weltumfassenden Organisationen als vollwertiges Mitglied anerkannt. In dieser Situation bot sich natürlich an, den Sport gezielt als Wegbereiter und Katalysator für die internationale Anerkennung der DDR einzusetzen. Dies gelang nicht nur durch die Leistungen der Athletinnen und Athleten, sondern auch durch eine – vor allem in bezug auf die Staaten der Dritten Welt – rege Sportdiplomatie, die Mitarbeit zahlreicher Funktionäre in den internationalen Sportverbänden, die vorbildliche Organisation großer Sportereignisse wie etwa der Leipziger Turn- und Sportfeste und nicht zuletzt durch die weltweit anerkannte Arbeit der DHfK in Leipzig.

Der in den 60er Jahren aufgekommene und häufig strapazierte Slogan von den »Diplomaten im Trainingsanzug« – die Urheberschaft wurde seinerzeit Walter Ulbricht zugeschrieben – spiegelt treffend die Rolle wider, die den Sportlerinnen und Sportlern der DDR bei ihren Auftritten im Rahmen internationaler Wettkämpfe zugedacht war.[15] Jeder Start im Ausland wurde von den Funktionären zu Hause gründlich vorbereitet. Sportler und Trainer wurden regelmäßig geschult, wie sie sich auf ihrem »diplomatischen« Parkett zu bewegen hatten. Zur akribischen Einstimmung auf das jeweilige Gastgeberland wurden Gesten vorbereitet, die an der jeweiligen historischen Befindlichkeit der Gastgeber orientiert waren, um damit positive Aufmerksamkeit einer möglichst breiten Öffentlichkeit zu erreichen.

Ein bekanntes Beispiel hierfür sind die Kranzniederlegungen an der Gedenkstätte der französischen Widerstandsbewegung in Grenoble anläßlich der Wintersportwoche 1967 und der Olympischen Winterspiele 1968. In Frankreich wurde dar-

619 Turn- und Sportfest in Leipzig, August 1956

über zwar nur in der kommunistischen ›L'Humanité‹ ausführlich berichtet, doch die hatte damals mehrere Millionen Leser.[16] Darüber hinaus pflegten die Sportler und Funktionäre der DDR bei Auslandsauftritten stets Kontakte mit der Bevölkerung des Gastgeberlandes, die bereits im voraus mit der Unterstützung von Freundschaftsgesellschaften, Ortsgruppen der kommunistischen Parteien oder von Arbeitersportvereinen organisiert wurden. »Freundschaftstreffen« und Besuche in Betrieben, Schulen und Kindergärten, Demonstrationswettkämpfe und andere Formen der Öffentlichkeitsarbeit gehörten ebenso fest zum Programm der DDR-Delegationen wie der eigentliche sportliche Wettkampf.

Dem Bestreben der SED-Führung und der DDR-Regierung, aus den Leistungen und dem Auftreten ihrer Sportlerinnen und Sportler politisches Kapital zu schlagen, waren jedoch enge Grenzen gesetzt. Die Sympathie, die Helga Haase und Ingrid Krämer, Helmut Recknagel und »Täve« Schur bei ihren Auftritten im westlichen Ausland bezeugt wurde, galt meist ausschließlich ihrer sportlichen Leistung oder ihrer Person, kaum jedoch dem von ihnen repräsentierten Staat oder Gesellschaftssystem. Natürlich gelang es, in interessierten Kreisen Aufmerksamkeit für die Entwicklung in »Ostdeutschland« zu wecken und auf die Existenz eines zweiten deutschen Staates, der um seine internationale Reputation rang, hinzuweisen. Manch einer mag so die drei Buchstaben »DDR« zum ersten Mal auf einem Trainingsanzug gelesen haben, und es wurden über den Sport viele Freunde gewonnen, die sich in ihren Ländern für die diplomatische Anerkennung der DDR engagierten.

Insgesamt jedoch darf der Einfluß des Sports auf den politischen Prozeß der Anerkennung der DDR auf internationaler Ebene nicht überbewertet werden. Die kraft der politischen und vor allem wirtschaftlichen Vormachtstellung der Bundesrepublik bis Anfang der 70er Jahre aufrechterhaltenen Barrieren wurden durch sportliche Erfolge nicht nennenswert durchlöchert, die »Hallstein-Doktrin« ließ sich nicht auf der Aschenbahn oder im Schwimmbecken überwinden. Dazu bedurfte es veränderter politischer Rahmenbedingungen, die unter anderem mit der »neuen Ostpolitik« der sozial-liberalen Regierung der Bundesrepublik eingeführt wurden. Erst der Abschluß des Grundlagenvertrages zwischen den beiden deutschen Staaten im Dezember 1972 und die Aufnahme voller diplomatischer Beziehungen zu fast allen Ländern in der ersten Hälfte der 70er Jahre ebneten auch dem Sport der DDR endgültig den Weg in die »Normalität«.

### Die sportlichen Erfolge der DDR und deren Reflexion in der Öffentlichkeit

»Wenn ein sozialistischer Staat wie der unsere aus zutiefst humanistischen Gründen seiner Jugend

620 Das Zentralstadion während des Turn- und Sportfestes in Leipzig, 26. Juli 1969

alle Möglichkeiten zu sportlichen Höchstleistungen erschließt und damit Erfolg hat – und wenn dieser sozialistische Staat dann damit an Achtung in der Welt gewinnt, wie das eben mit uns nach München geschah –, dann ist das alles ein Ergebnis der sozialistischen Entwicklung von Körperkultur und Leistungssport«, heißt es im offiziellen Standardwerk der DDR zu den Olympischen Spielen 1972 in München.[17] Würdigungen dieser Art erfuhren die erfolgreichen Sportlerinnen und Sportler der DDR stets nach Olympischen Spielen, Welt- oder Europameisterschaften. Dabei wurde immer der gesellschaftliche Zusammenhang betont, der sportliche Erfolg als Sieg des ganzen Landes und nicht selten als Verdienst der Partei- und Staatsführung dargestellt.

»Sie haben den ersten deutschen Friedensstaat, die Deutsche Demokratische Republik, ... würdig vertreten und haben gezeigt, welche hohe Leistungen unsere Jugend vollbringen kann in dem Staat, ... in dem alle Möglichkeiten für die Entfaltung der Körperkultur und des Sports und für die Entwicklung des Leistungssports bestehen«, sagte Walter Ulbricht auf dem Regierungsempfang für die DDR-Teilnehmer der Olympischen Spiele 1960 in Rom.[18] Auch den Schwimmern und Wasserspringern wurde nach den Europameisterschaften 1962 in Leipzig noch einmal vor Augen gehalten, wo die Wurzel ihrer sportlichen Leistungskraft liege: »Dieser große Erfolg zeigt den Aufschwung, den der Schwimmsport der Deutschen Demokratischen Republik durch die Förderung unseres Arbeiter- und Bauern-Staates genommen hat.«[19]

Walter Ulbricht ließ sich gern als Mäzen der sportlichen Erfolge darstellen und feiern. Als ehemaliger Arbeitersportler hatte er in der Tat einen hohen Anteil an der zielgerichteten und großzügigen Förderung des Sports in der DDR, ob er sich nun aus politischem Kalkül oder persönlichem Interesse dafür einsetzte. Die Gründung der DHfK und die kontinuierliche Bereitstellung erheblicher finanzieller Mittel für deren Ausbau sowie für Lehre und Forschung gehen nicht zuletzt auf das persönliche Engagement von Ulbricht zurück. Viele Spitzensportler der 50er und 60er Jahre empfingen aus seinen Händen hohe staatliche und gesellschaftliche Auszeichnungen.

Die Berichterstattung in den Medien der DDR war vor allem im ersten Jahrzehnt von echtem Stolz auf die Leistungen ihrer Sportler geprägt. Deutsche Rekorde und internationale Meistertitel nährten bei vielen die Hoffnung auf eine erfolgversprechende Perspektive im Sozialismus. Wenn es möglich war, »Westdeutschland« auf der Aschenbahn und im Schwimmbecken zu überholen, warum sollte dies nicht auch auf anderen Gebieten gelingen? »Zehn Jahre ist unsere Sportbewegung alt. Sie ist klug geworden und stark. Klug, weil sie sich von der Wissenschaft des Marxismus-Leninismus leiten läßt, und stark, weil sie auf den Grundlagen des Sozialismus aufbaut. Sie wird stetig wachsen und weitere Anerkennung erringen. Sie wird noch größere Leistungen zum Ruhme unserer Deutschen Demokratischen Republik vollbringen«, hieß es voller Euphorie und Pathos in einem im Jahre 1958 erschienenen Buch über das erste Jahrzehnt der »demokratischen Sportbewegung«.[20]

Im zweiten Jahrzehnt – den Jahren zwischen Mauerbau und Grundlagenvertrag – hielten die besten Sportlerinnen und Sportler der DDR das Banner mit Hammer, Zirkel und Ährenkranz höher als alle anderen offiziellen Vertreter ihrer Republik. Sie erfüllten pflichtbewußt ihre Mission als »Diplomaten im Trainingsanzug«. In den 70er Jahren, als der sportliche »Klassenauftrag« bei den Olympischen Spielen 1972 in München erfolgreich »erledigt« war und die DDR eine weltweite diplomatische Anerkennung erreicht hatte, wurden die Ziele des Leistungssports neu bestimmt: Die absolute Weltspitze wurde zum einzig gültigen Maßstab. Mit welchen Mitteln und Methoden diese erreicht und gehalten wurde und wie schließlich alles zusammenbrach, kann hier nicht dargestellt werden. Was jedoch bleibt, sind Erinnerungen an großartige sportliche Leistungen – trotz aller Bedenken hinsichtlich ihres Zustandekommens. Bei deren Beurteilung ist nostalgische Verklärung ebenso fehl am Platze wie rigorose Verdammung. Schließlich wurden nicht wenige der in Atlanta von deutschen Sportlern errungenen Olympiaerfolge in dem komplexen Sportfördersystem der untergegangenen DDR vorbereitet.

1 Erbach, Günter (Hg.): Sport frei. Walter Ulbricht – Vorbild, Lehrer und Freund der deutschen Sportler, Berlin 1963, S. 265.
2 Seifert, Manfred: Ruhm und Elend des DDR-Sports, Woltersdorf 1990, S. 121.
3 Zit. n.: Schulz, Walter: Die Stellung der Kultur- und Sportpolitik im System der auswärtigen Politik der Deutschen Demokratischen Republik und ihre Bedeutung für das Staatsbewußtsein der DDR-Bevölkerung, Bonn 1978, S. 131.
4 Erbach (wie Anm. 1), S. 301.
5 Vgl. Pabst, Ulrich: Sport – Medium der Politik?, Berlin 1980, S. 210.
6 Das erste Jahrzehnt. Der Aufbau der sozialistischen Sportbewegung, Berlin 1958, S. 60.
7 Pabst (wie Anm. 5), S. 208.
8 Zit. n.: Pabst (wie Anm. 5), S. 210.
9 Das erste Jahrzehnt (wie Anm. 6), S. 60.
10 Zit. n.: Schulz (wie Anm. 3), S. 228.
11 Vgl. Pabst (wie. Anm. 5), S. 221 ff.
12 Vgl. Erbach (wie. Anm. 1), S. 137.
13 Das unolympische Spiel, Berlin 1964, S. 3.
14 Zitiert nach: Knecht, Ulrich: Die geborstenen Ringe, Berlin 1964, S. 20.
15 Vgl. Holzweißig, Gunter: Diplomatie im Trainingsanzug, München/Wien 1981, S. 3 ff.
16 Vgl. Schulz (wie Anm. 3), S. 125.
17 Zit. n.: Seifert (wie Anm. 2), S. 132.
18 Erbach (wie Anm. 1), S. 355.
19 Ebenda, S. 382.
20 Das erste Jahrzehnt (wie Anm. 6), S. 63.

Jürgen Michael Schulz

# Medien und Propaganda

621 Eröffnung der 4. Journalistenkonferenz des ZK am 11. Dezember 1964 in Berlin. Grundlage der Beratungen bildete das Referat des Politbüromitgliedes Albert Norden zum Thema »Die ideologische Waffe der Partei – Presse, Rundfunk und Fernsehen beim umfassenden Aufbau des Sozialismus in der DDR«

Es ist ein Merkmal der Diktaturen des 20. Jahrhunderts, daß geregelte Verfahren zur Lenkung und Kontrolle der öffentlichen Kommunikation integraler Bestandteil der Ausübung von Herrschaft waren. In der Regel bestanden hochrangige, der Regierung beziehungsweise einer allein regierenden Partei zugeordnete Institutionen, die sich darum bemühten, besonders die Tätigkeit von Medien zu organisieren, über deren Themen und Inhalte exklusiv und umfassend zu bestimmen und den Erfordernissen der eigenen Politik entsprechend zu gestalten. Dieser Praxis lag die Überzeugung zugrunde, daß mit Hilfe der Kontrolle der veröffentlichten Meinung auch die Kontrolle der öffentlichen Meinung erreicht werden könne. Der Begriff »Propaganda« beziehungs-

622

624

625

623

626

627

622–626 Werbeplakate für Zeitungen und Zeitschriften aus der Zeit von 1949 bis 1959

627 Werbeplakat für den Berliner Rundfunk und den Deutschlandsender, 1950

weise das Begriffspaar »Agitation und Propaganda« boten einen Rahmen für die Aufgaben, die sich mit der Abstimmung des Verhältnisses von Politik und öffentlicher Meinung zu befassen hatten. Der Ansatz, den Begriff »Propaganda« zu beschreiben als »geplante Versuche, durch Kommunikation die Meinung, Attitüden, Verhaltensweisen von Zielgruppen unter politischer Zielsetzung zu beeinflussen«, greift zu kurz.[1] Denn »Propaganda« bedeutete fast immer, daß die Arbeit der Medien organisatorisch eng in ein übergeordnetes Konzept eingebunden wurde, ein Zusammenhang, der beispielsweise mit der leninistischen Beschreibung der Presse als »kollektivem Organisator« angedeutet wird, der aber zugleich dazu beiträgt, daß der Begriff »Propaganda« sich definitorisch nicht überzeugend eingrenzen läßt.[2]

Auf dem Gebiet der DDR entwickelten sich eine Medienlandschaft[3] und das organisatorische Umfeld einer Propagandaorganisation in einer Reihe von Schritten, bei denen bislang strittig ist, ob und zu welchen Zeitpunkten sie noch in verschiedene Richtungen hätten weitergeführt werden können.[4] Im Bereich der Presse präsentierte sich die sowjetische Zone im Jahr 1945 als Vorreiter für eine frühzeitige neuerliche politische Beteiligung der Deutschen nach der Befreiung Europas vom nationalsozialistischen Regime und erreichte somit einen strategischen Vorsprung in der Beeinflussung der öffentlichen Kommunikation im Nachkriegsdeutschland. Während die westlichen Besatzungsmächte noch bis zum Herbst 1945 mit der Genehmigung eigenständiger deutscher Zeitungen zögerten und zunächst nur eigene Blätter verkauften, ließ die Sowjetische Militäradministration (SMAD) neben ihrer eigenen Zeitung, der ›Täglichen Rundschau‹, schon im Frühsommer 1945 eine Reihe von deutschen Zeitungen zu, die langfristig Bestand haben sollten.[5] Es gehörte offenbar zum politischen Kalkül jener medienpolitischen Grundsatzentscheidungen, auch vereinzelt private Zeitungsgründungen zuzulassen, dennoch erhielten politisch leichter kontrollierbare Parteiorgane den mit Abstand größten Anteil am ostdeutschen Pressemarkt – ein Zustand, der bis 1990 beibehalten wurde.[6]

Von Anfang an überwogen dabei nach Zahl, Umfang und Auflage Zeitungen der Linksparteien KPD und SPD beziehungsweise seit ihrer Fusion im Frühjahr 1946 die SED-Blätter. Ende der 50er Jahre verfügten sie bei 17 Titeln über eine Gesamtauflage von knapp vier Millionen.[7] Hinzu kamen die Organe von FDJ (›Junge Welt‹) mit 300 000 und FDGB (›Tribüne‹) mit 250 000 Exemplaren. Hoch bewertet werden muß wegen ihres Verbreitungsgrades, aber auch wegen anderer oder erweiterter Zielgruppen die Bedeutung von Illustrierten wie der ›Neuen Berliner Illustrierten‹ (NBI), die 1950 bereits eine Auflage von 800 000 erzielte,[8] oder von berufsgruppenorientierten Wochenblättern wie des ›Freien Bauern‹ mit einer Auflage von 700 000 (1950)[9] – Periodika, die ebenfalls von der SED kontrolliert wurden. Dagegen waren die 19 Zeitungen der Blockparteien CDU, LDP, DBD und NDPD gerade mit 800 000 Stück auf dem Markt vertreten.[10] Die Zahlen deuten bereits darauf hin, daß mit dem Genehmigungsverfahren für Presseprodukte über den Weg der Zuteilung von Lizenzen und Papierkontingenten wichtige medienpolitische Steuerungsinstrumente vorhanden waren, die die SED aus der sowjetischen Besatzungszeit übernahm und bis Anfang 1990 gebrauchte.

Anders war die Lage beim Rundfunk. Hier entstand zunächst unter sowjetischer Anleitung und Kontrolle – trotz der Erfahrungen mit dem Staatsrundfunk der NS-Zeit – wieder ein von deutschen Verwaltungsbehörden zentral gelenktes System mit Sendern in Berlin und Leipzig. Im August 1946 gab es bereits ein eigenständiges politisches Lenkungsorgan, das zunächst als »Generalintendanz« den ›Berliner Rundfunk‹ und fünf Landessender anleitete, die 1949 noch um den überregionalen ›Deutschlandsender‹ erweitert wurden. Im Gegensatz zu der Organisation der Presselandschaft ließ sich die Vorherrschaft der SED beim Rundfunk schon allein durch eine gezielte Personalpolitik für die Leitungsgremien und wichtige redaktionelle Bereiche sichern. Früher als bei den Printmedien ließ sich der Rundfunk auf diese Weise strukturell zu einem Instrument einer politischen Richtung ausbauen, auch wenn das Programm in den ersten Jahren nach Kriegsende zur eigenen Legitimation noch Raum für unterschiedliche Meinungen oder begrenzte Sendezeit für andere Parteien zuließ.

Die Entscheidung der SED auf der ersten Parteikonferenz 1947, die staatlichen Einrichtungen

628 Werbeplakat für sowjetische Zeitschriften, um 1951

der Parteiführung direkt zu unterstellen, führte beim Rundfunk trotz vorgeschobener staatlicher Institutionen faktisch zu einer direkten Unterstellung der Sendetätigkeit unter die Kontrolle der Partei. Der bedingt föderativen Phase der Landessender folgte eine straffe Zentralisierung, um die »führende Rolle der Partei« stärker durchzusetzen, womit auch eine Verschärfung der Personalpolitik gemeint war.[11] Mit einer geringfügigen Stärkung der zu Bezirkssendern umorganisierten Landesstudios bei weiterhin zentraler Verwaltung reagierte die SED noch vor dem V. Parteitag auf Nachteile, die die Konzentration der Produktion in Berlin mit sich gebracht hatte. Dennoch blieben die Hörfunksender und später auch das Fernsehen äußerlich einem »Staatlichen Rundfunkkomitee« untergeordnet. Damit sollte der Außenwelt und sogar den nachgeordneten Rundfunkmitarbeitern suggeriert werden, daß der Rundfunk und später auch das Fernsehen organisatorisch Einrichtungen des Staates seien.[12] Faktisch aber war neben die SED-Presse längst auch ein SED-Rundfunk getreten, der seine Anweisungen vom Zentralkomitee entgegennahm.

### Der geopolitische Rahmen: Die DDR im europäischen Kommunikationsraum

Eine Untersuchung der Kommunikationsgeschichte der DDR muß berücksichtigen, daß sich das Mediensystem der DDR zu keiner Zeit isoliert entwickeln konnte. Vielmehr war die DDR Teil eines europäischen Kommunikationsraums, der in den Jahren zwischen 1949 und 1990 allerdings vielfältigen Wandlungen unterworfen war. So überwogen in der europäischen öffentlichen Kommunikation der 50er Jahre unter dem Einfluß der politischen Polarisierung auf nahezu allen gesellschaftlichen Gebieten eher desintegrative Tendenzen, die mit einer stärkeren Betonung spezifisch west- oder osteuropäischer Gemeinsamkeiten einhergingen. Die medienpolitische Hegemonie der UdSSR schuf in den Staaten Ostmittel-, Ost- und Südosteuropas einen nach außen scheinbar abgeschirmten öffentlichen Raum. Dessen wichtigstes Merkmal bestand in einer einheitlichen strukturellen und inhaltlichen Ausrichtung der Medien mit Hilfe von international verbindlichen Sprachregelungen und zwischenstaatlichen Vereinbarungen. Die Koordination der internationalen Medienpolitik, für die in der DDR vor allem die ZK-Abteilungen ›Internationale Verbindungen‹ und ›Außenpolitik‹ zuständig waren, diente vor allem dazu, ein einheitliches Auftreten der sozialistischen Staaten gegenüber dem Westen zu sichern. Sie wurde aber auch zu einem Mittel der Innenpolitik, wenn mit den »befreundeten« Staaten die Art und Weise abgesprochen wurde, wie über die Partnerländer berichtet werden durfte.[13] So erhielt im Januar 1953 eine Gruppe von Mitgliedern des DDR-Rundfunkkomitees in Moskau die Zusicherung der sowjetischen Kollegen, »daß die Übertragung wichtiger Materialien der DDR über die zahlreichen Sender und Wellen des deutschsprachigen Auslandsdienstes [des sowjetischen Rundfunks] nach unseren Wünschen geführt werden kann«.[14] Und ein für Ulbricht angefertigter Bericht der Abteilung Agitation vom November 1961 zeigt,

629 SED-Plakat gegen das Hören von RIAS-Sendungen, 1952 (Entwurf: Alfred Beier-Red)

daß die DDR-Berichterstattung in den Partnerländern, von der sich die SED eine »Massenarbeit zur Popularisierung der DDR« erwünschte, bei Bedarf sorgfältig verfolgt und ausgewertet wurde.[15]

Trotz der Einbindung in ein besonderes osteuropäisches Kommunikationssystem blieb die DDR auf der anderen Seite stärker als die mit ihr verbündeten Staaten weiterhin Bestandteil eines gesamtdeutschen oder sogar gesamteuropäischen Kommunikationsraums. Gründe hierfür bestanden in vorhandenen und teilweise sogar weiterentwickelten materiellen Zusammenhängen wie den zahlreichen ökonomischen und institutionellen Verflechtungen in Gesamtdeutschland oder in Berlin. So waren etwa Großorganisationen wie die christlichen Kirchen noch in beiden Teilstaaten mit rechtlich abgesicherten Positionen präsent.[16] Die SED war über die KPD und einige gesellschaftliche Organisationen weiterhin aktiv in der Politik Westdeutschlands vertreten. Fast in Vergessenheit geraten ist der Umstand, daß demgegenüber auch die SPD noch bis zum Mauerbau in beiden Teilen Berlins mit Ortsvereinen und eigenen Medien geduldet werden mußte.[17] Von besonderem Gewicht war die alliierte Präsenz, die in Berlin und auf den Transitwegen zur Viersektorenstadt für jedermann sichtbar blieb.

Stärker als materielle Bedingungen prägten die Bindungen im immateriellen Bereich den gesamtdeutschen Kommunikationsraum: So mußte auf gesamtdeutsche Gefühle der Deutschen Rücksicht genommen werden, die von familiären Bindungen weiter verstärkt wurden. Auf kulturellem und sportlichem Gebiet gab es Gemeinsamkeiten. Die innenpolitische und die ökonomische Entwicklung der DDR konnte nicht ohne Blick auf die Lage in der Bundesrepublik diskutiert werden. Schließlich war da auch die jüngere gemeinsame deutsche Geschichte, die bis in die Gegenwart wirkte. Die Verbrechen des nationalsozialistischen Deutschlands nahmen trotz aller Verdrängungsversuche beide deutsche Staaten gleichermaßen in die Verantwortung gegenüber einer internationalen Nachkriegsöffentlichkeit.

Es herrschten also Bedingungen vor, die das Mediensystem in der DDR in eine europäische öffentliche Kommunikation einbanden, an der die DDR-Bürger auch über Medien partizipieren konnten, die sich dem administrativen Zugriff der SED weitgehend entzogen. Hierzu zählte eine

630 Werbeplakat für eine Sendereihe des Deutschlandsenders, 1949

Anzahl von westlichen Rundfunkanstalten wie der deutschsprachige Dienst der BBC aus London oder der ›Rundfunk im amerikanischen Sektor‹ Berlins (RIAS), später auch – zunächst noch mit geringerer Verbreitung – das westliche Fernsehen. Darüber hinaus bestand in Ost-Berlin bis zum Bau der Mauer die Möglichkeit, Zeitungen aus dem Westteil der Stadt zu beziehen, während jüdische und christliche Wochenzeitungen und Zeitschriften wenigstens in den ersten Jahren der DDR sogar noch in beiden Teilen Deutschlands vertrieben werden konnten.

Die SED beachtete diese Situation in mehrfacher Weise. Zum einen war sie bemüht, ihrerseits aktiv an der westdeutschen öffentlichen Kommunikation teilzunehmen. Der im Frühjahr 1949 gebildete ›Deutschlandsender‹ fungierte ausdrücklich als gesamtdeutsches Programm, zu dessen Zielgruppe auch die Menschen in der Bundesrepublik gehörten – ein Konzept, das in Berlin der ›Berliner Rundfunk‹ auf vergleichbare Weise verfolgte. Schließlich war in Berlin noch bis zum Mauerbau ein begrenzter Informationsfluß möglich, der zum einen den Menschen aus dem Ostteil der Stadt den Zugriff auf die West-Berliner Presse ließ, zum anderen aber noch Raum für unkontrollierte interpersonale Kommunikation der Berliner Bevölkerung bot. Auf diesen Zustand reagierte die SED, indem sie die 1945 als Zeitung des Magistrats gegründete ›Berliner Zeitung‹ weiterhin für beide Teile Berlins herausgab, eine Zeitung, die offiziell noch immer kein Parteiorgan der SED war. Noch auf dem Höhepunkt der Berlinkrise, in der es der UdSSR und der SED darum ging, West-Berlin politisch zu isolieren und den Einfluß des Westens mit dem Konzept der »Freien Stadt Westberlin« einzudämmen, formulierte die Redaktion der ›Berliner Zeitung‹ ein »Konzept« für eine Zeitung für die Menschen in Ost- und West-Berlin. Für die Zielgruppe im Westteil der Stadt sah sie eine Aufgabe redaktioneller Arbeit darin, »die Auseinandersetzung mit der bürgerlichen Ideologie zu suchen, schnell die feindlichen Argumente zu zerschlagen und dem Gegner keine Atempause zu lassen«.[18] Gleichzeitig erhoffte die Redaktion der ›Berliner Zeitung‹ von ihrer Arbeit, die Ost-Berliner Leserschaft gegenüber dem Westeinfluß zu immunisieren, denn die »Argumentation« der Zeitung sollte dazu beitragen, »daß jeder Bewohner des demokratischen Teils beim Zusammensein mit Westberlinern zu einem Agitator für die entmilitarisierte Freie Stadt wird«.

Eine andere Möglichkeit, an der öffentlichen Kommunikation in Westdeutschland teilzunehmen, stand der SED über jene Zeitungen zur Verfügung, die nach außen hin von der KPD und ihren Nachfolgeorganisationen herausgegeben wurden. Tatsächlich bestimmte das Zentralkomitee über Vorgaben der »Westkommission« und der Abteilung ›Agitation‹ Form und Inhalt der Berichterstattung der KPD-Organe.[19] Damit schöpfte sie die Mittel aus, die auch für die Lenkung der Medien in der DDR zur Verfügung standen, einschließlich der bedarfsgerechten Steuerung über die Papierzuteilung.[20]

Zu den wenigen Steuerungsmöglichkeiten, die der SED gegenüber der Berichterstattung westlicher Medien verblieben, gehörte es, westlichen Journalisten die Einreise in die DDR zu verbieten oder zumindest die Bewegungs- und Informationsfreiheit der in der DDR akkreditierten Korrespondenten zu beschränken. So beschloß das Sekretariat des Zentralkomitees im April 1953, die Tätigkeit ausländischer Korrespondenten durch ein Maßnahmenpaket in ein wirksames Kontrollsystem einzubinden.[21] Die in Ost-Berlin ansässigen Medienvertreter hatten ihre Berichte nun vor der Veröffentlichung »in zwei Exemplaren« bei der Abteilung ›Presse und Information‹ des Außenministeriums »zur Durchsicht« vorzulegen. Der Telefonkontakt über West-Berlin wurde ihnen untersagt, ebenso der freie Bezug von Westzeitungen. Diese Reglementierung sollte den Nachrichtenfluß in den Westen beherrschbar machen. Für die Korrespondenten »befreundeter« Organe, die offenbar bereit waren, sich freiwillig an die Spielregeln des Mediensystems der DDR zu halten, war Zensur hingegen nicht nötig, hier genügten die Mittel der »Anleitung und Beratung«.

Die skizzierten gesamtdeutschen und internationalen Bindungen prägten bis in die 60er Jahre nachhaltig den Themenkanon der inhaltlichen Vorgaben für die redaktionelle Arbeit. In den Argumentationen für die Berichterstattung herrschte das Prinzip vor, gesamtdeutsche und ostdeutsche Interessensgebiete gewissermaßen dialektisch miteinander zu konfrontieren, um auf diese Weise den eigenen Standpunkt zu bestimmen. So stellte die SED dem in beiden Teilen Deutschlands begrifflich leicht nachvollziehbaren Wunsch nach »Wiedervereinigung« einen Katalog sprachlich genormter Begriffsketten gegenüber, die, obwohl als Vorstufe zur Einheit formuliert, dennoch alle den Willen zur Eigenstaatlichkeit der DDR zum Ausdruck brachten. So müsse als Vorstufe der deutschen Einheit eben erst die »Arbeiter-und-Bauern-Macht« gestärkt werden und der »Aufbau des Sozialismus in Deutschland« stattfinden, müsse zugleich das »sozialistische Bewußtsein der Massen« vertieft werden und sei schließlich auch die »Macht des Imperialismus in Westdeutschland« zu brechen.[22] Ein Papier, das im Jahr 1961 zur Abstimmung der Argumentation in der Berichterstattung der sozialistischen Länder von der SED vorbereitet wurde, legte die Medien bereits darauf fest, die DDR zu präsentieren als einen »souveränen friedliebenden Staat, der alle Probleme der Deutschlandfrage auf friedlichem Wege zu lösen versucht«.[23]

Das Gegenbild zum sozialistischen Staat deutscher Nation war die ständige Kennzeichnung der Bundesrepublik mit vergleichbaren Begriffsketten. Noch nach dem VI. Parteitag 1963 stand die Fundamentalabgrenzung im Mittelpunkt der Auseinandersetzung mit dem anderen deutschen Teilstaat.[24] So forderte die SED vom Rundfunk, Westdeutschland täglich als »Staat des Revanchismus und Chauvinismus« zu »entlarven«. In Kurzbeiträgen und Hörbildern sollten die »Verbindungen des westdeutschen Imperialismus mit dem amerikanischen Imperialismus« gezeigt werden. Wirtschaftssendungen hatten die systematische Erhöhung der »Ausbeutungsrate der westdeutschen Arbeiter« vorzuführen. Den Menschen ein neues Deutschland zu vermitteln, war also inhaltlich nur möglich, indem eine Grenze zum anderen Deutschland gezogen wurde. Für alles, was die westliche Gesellschaftsordnung den Menschen an Grundsätzlichkeiten zu bieten hatte, mußten die DDR-Medien eine Alternative formulieren.

Gegenüber dem Selbstverständnis der Bundesrepublik als Rechtsnachfolgerin des Deutschen Reiches präsentierte die SED die DDR in der »Rolle« des »einzig rechtmäßigen deutschen Staates, der sowohl national als international die Interessen des gesamtdeutschen Volkes vertritt«.[25] Westlicher »Kriegsvorbereitung« sollte östliche Kriegsverhinderung entgegengesetzt werden.[26] Gegenüber der »Kolonialpolitik« mit »Handelssperren als Ausdruck der Schwäche der Militaristen in Bonn« sollten die Redaktionen ›Aktuelle Politik‹ und ›Wirtschaft‹ mit Themen wie »Hilfe den jungen Nationalstaaten« und »Fremde Länder – gute Freunde« nicht nur das Engagement der DDR als Schutzmacht für die benachteiligten Völker der Welt beweisen, sondern zugleich deren Rolle als Teilnehmerin an internationaler Politik vorführen.[27]

Gegen den »bürgerlichen Kunstbetrieb des Westens« und »dessen Einflüsse« setzte die ›Neue Berliner Illustrierte‹ »Berichte über die Arbeit der Künstler und Kunstinstitute der DDR, über die Schönheit unseres Lebens in allen ihren Erscheinungsformen« sowie die »Hervorhebung einer gegenwartsnahen Kunst, die den neuen Menschen, das neue Leben in unserer Republik zum Inhalt hat«.[28] Die ›Berliner Zeitung‹ ergänzte, die sozialistische Kulturpolitik sei ein »Kampf für den Sieg des Sozialismus, gegen die klerikalfaschistische Ordnung in Westdeutschland«.[29] Und im Bildungsprogramm des Rundfunks waren sogar Sendungen erwünscht, die als Beitrag zur Kinderpsychologie beispielsweise die Frage behandelten: »Warum ist die Jugendkriminalität in den sozialistischen Ländern weitaus geringer als in den kapitalistischen Staaten?«[30] Die Forderung nach einer inhaltlichen Abgrenzung gegenüber dem Westen in allen Bereichen führte sogar so weit, vermeintlichen westlichen Warnungen vor den kulturellen Folgen ungebremster Technisierung im Jugendfunk eine bewußt positive Sicht auf den technischen Fortschritt entgegenzusetzen.[31]

### Der organisatorische Rahmen: Lenkungsapparat und Vorgaben für die Arbeit

Unabhängig von der nicht geklärten Frage, ob ein sozialistischer Teilstaat auf deutschem Boden schon bald nach Kriegsende geplant war, läßt sich feststellen, daß in den Jahren zwischen 1945 und 1949 ideale Voraussetzungen für ein Mediensystem geschaffen wurden, das sich eng auf die späteren Interessen und Bedürfnisse der SED beziehen ließ. So erleichterte die Grundsatzentscheidung, Presse administrativ mit den Parteien zu verbinden, wenigstens die Kontrolle »bürgerlicher« Zeitungen von Anfang an erheblich; die enge Verbindung zwischen zentraler oder regionaler Parteileitung zu den einzelnen Redaktionen wurde aber auch für die Anbindung der SED-Presse benötigt. Maßgeblich war also frühzeitig das Bestreben der SED-Führung, die organisatorische Struktur, die das System der Medienlenkung und Kommunikationskontrolle in der DDR ausmachte, nahezu vollständig vorzugeben und zu beherrschen. Hierfür unterhielt das 1950 eingerichtete Zentralkomitee mit Abteilungen wie ›Agitation‹, ›Propaganda‹, (Partei-)›Presse‹ und ›Kultur‹ eigene medienbezogene Leitungsorganisationen, die trotz wiederholter Kompetenzumverteilungen in ihrem wesentlichen Grundaufbau bis zum Jahr 1990 kaum verändert wurden. Es waren Dienststellen, die allein in den Bereichen ›Agitation‹ und ›Propaganda‹ mit ungefähr 60 hauptamtlichen »politischen Mitarbeitern« dem Politbüro und dem ZK-Sekretariat zuarbeiteten.[32] Hier entstanden Planungsvorlagen für die Entscheidungsfindung des Politbüros und des Parteisekretariats. Ebenso sorgten die Referenten der Abteilungen für die Umsetzung und die Überwachung der Richtlinien der Parteiführung in den Medien. Der in der marxistisch-leninistischen Theorie entwickelte Grundsatz, daß die Propaganda der längerfristigen Schulung diene und die Agitation mehr für die kurzfristige Information und Aktivierung vieler Menschen zuständig sei, fand in beiden Abteilungen Beachtung – eine Trennung, die in der praktischen Arbeit aber häufig durchbrochen wurde.

In der ZK-Abteilung für Propaganda entstanden überwiegend perspektivisch ausgerichtete Vorgaben für die Medienpolitik sowie Schulungsmaterial für die Menschen, die in den Medien beschäftigt waren. Der größte Teil der täglichen Arbeit bestand aber in der Kontrolle von Broschüren und in der Beaufsichtigung von Schulungsmaßnahmen. Zum Arbeitsauftrag gehörten auch Kampagnen, die zunächst in der ZK-Abteilung ›Propaganda‹

entwickelt und dann in der Abteilung für Agitation für die Medien umgesetzt wurden. Hierfür standen in Unterabteilungen, den sogenannten Sektoren, Büros zur Verfügung, die gesondert für die Presse, den Rundfunk und das Fernsehen mittel- und langfristige Planvorlagen entwarfen oder für die Mitarbeiter in den Zeitungen und Sendeanstalten erläuternde Einzelanweisungen vorbereiteten.

So stringent die Strukturen auch schienen, die Verwaltungsabläufe folgten besonderen Gesetzmäßigkeiten. Das Zentralorgan ›Neues Deutschland‹, die Agentur ›Allgemeiner Deutscher Nachrichtendienst‹ (ADN) und später die Fernsehnachrichtensendung ›Aktuelle Kamera‹ waren Einrichtungen von medienpolitischem Eigengewicht, die über kurze Wege, also gelegentlich ohne Mitwirkung der Agitationsabteilung, Aufträge und Änderungsvorschläge erhielten.[33] Eine weitere strukturelle Schieflage in der Organisation der Medienlenkung ergab sich, als das Politbüro eine weitere Institution zur Mediensteuerung beim Zentralkomitee ansiedelte. So entstand 1953 eine Arbeitsgruppe aus Funktionären und hauptamtlichen Spezialisten, die, später unter dem festen Begriff ›Agitationskommission‹, Empfehlungen für eine effektivere Medienarbeit erarbeiten sollte. ›Agitationskommissionen‹ erschienen bald auch auf Bezirks- und Kreisebene als Lenkungseinrichtungen der regionalen Parteileitungen. Es entstand somit ein zweiter Lenkungsapparat der Parteiführung, der phasenweise regelmäßige Sprachregelungen verbreitete und sogar punktuell für ein Krisenmanagement verwendet wurde.[34]

Die Entstehungsgeschichte und die besondere geopolitische Situation der DDR ließen es zu keiner Zeit zu, eine Medienlandschaft zu errichten, die einem besonderen theoretischen Konzept folgte. Die von der SED adaptierten Theorien des Marxismus-Leninismus stuften Presse und Rundfunk grundsätzlich als Instrumente des Klassenkampfes ein, die »unter den Bedingungen des sozialistischen Weltsystems« dem »Überbau« als Werkzeug verpflichtet waren.[35] Darüber hinaus konnten sie mit den Leitlinien der Wissenschaftlichkeit (als Lehre der Erkenntnis von Gesetzmäßigkeiten), Objektivität (als »wahres Wissen« und nicht als Wertungsfreiheit verstanden) und Parteilichkeit zwar ideologische Grundhaltungen und Ziele bestimmen, aber kein hieraus abgeleitetes verbindliches journalistisches Konzept anbieten.[36] Dennoch entwickelte die SED einen Katalog von strukturellen Maßnahmen, die alle von der Vorstellung geprägt waren, daß man durch rationales Handeln die Arbeit der Medien vollständig beherrschbar und damit zu einer leistungsfähigen Waffe der Partei machen könne.

Zum einen sollte eine strikte Arbeitsteilung für die Festlegung klarer Verantwortlichkeiten sorgen. An die Stelle des Universaljournalisten stellte die SED spezialisierte Fachleute, indem Organisationseinheiten wie Chefredakteur, Redaktionskollegium, Redaktionssekretariat und einzelne Abteilungen, zu denen neben den üblichen Ressorts auch eine Propagandaabteilung gehören sollte, voneinander klar abgegrenzte Aufgaben zu erfüllen hatten.[37] Damit wurden die Redaktionen zu Unterabteilungen der übergeordneten Lenkungsbehörde. Hieran anknüpfend sollte zum zweiten eine systematische Schulung gleich zwei Ziele erreichen, nämlich die Tätigkeit der Journalisten weiter zu professionalisieren und sie eng an politische und ideologische Inhalte heranzuführen. Die Ausbildung an der Fakultät für Journalistik der Leipziger Universität, die im Verlauf der 50er Jahre zum zentralen Ausbildungsplatz für die Medienberufe in der DDR ausgebaut wurde, trug immer mehr zu einer Standardisierung dieser Schulung bei. Zum dritten sollte die redaktionelle Arbeit planmäßig verlaufen. Hierzu dienten die sogenannten Perspektivpläne, deren Erstellung grundsätzlich für alle Medien verpflichtend wurde, um die laufende Arbeit nach den unterschiedlichen politischen Vorgaben der SED-Führung zu strukturieren.

Die Planung der Berichterstattung wird in einem Papier, das die Redaktion der CDU-Zeitung ›Neue Zeit‹ für die SED zusammenstellte, auf die Umsetzung in drei zeitlichen Schritten festgelegt: erstens in einem »Vierteljahr-Rahmenplan«, der sich an der politischen Planung der CDU zu orientieren hatte (die der Partei zuvor von der SED vorgegeben wurde) und der die »politischen und innerparteilichen Schwerpunkte der Quartalsarbeit« enthielt; zweitens in einem Monatsplan, der diese Schwerpunktaufgaben zu konkretisieren und »ihre termingerechte Verwirklichung« zu gewährleisten hatte. An dritter Stelle stand ein »Wochenplan«, der die »Themen und Bearbeiter der Leitartikel, der politischen Feuilletons und der Seite 3 sowie die Schwerpunkte der anderen Abteilungen« festlegen sollte. Darüber hinaus sorgte ein feststehender »Wochenspiegel« für die regelmäßig wiederkehrenden Beilagen und ständigen Rubriken an bestimmten Wochentagen, während eine tägliche Chefbesprechung dazu diente, die »Rohplanung« des darauffolgenden Tages zu organisieren.[38]

Für die ›Neue Berliner Illustrierte‹ wurde Anfang 1960 als erste ihrer »Hauptaufgaben« formuliert, »die Beschlüsse des V. Parteitages, der Plenartagungen des ZK der SED und den Siebenjahrplan zu propagieren, die Leser an die von der Partei gestellten Aufgaben heranzuführen, ihnen dieselben mit den Mitteln der Bildjournalistik zu erläutern, sie von der Richtigkeit zu überzeugen und ihnen bei der Lösung dieser Aufgaben zu helfen«.[39] Dieser Entwurf, der die angestrebte Erweiterung des Umfangs der NBI erläuterte, kennzeichnete die enge Verbindung zwischen inhaltlicher Arbeit der Medien und der aktuellen Politik der SED. Der Vergleich mit Entwürfen für andere Medien zeigt, daß die Gleichförmigkeit der Berichterstattung mit der damit verbundenen Langeweile letztlich so in Kauf genommen wurde, auch wenn mit Hilfe der Aufmachung und künstlerischer Mittel die einförmige Botschaft wieder entkrampft werden sollte.[40]

Wie verlief nun das Zusammenspiel der Apparate in der Praxis? Auf der Ebene der Parteileitung wurden grundsätzliche Vorentscheidungen getroffen. Die hier festgelegten politischen Leitlinien finden sich sowohl in einer ganzen Reihe von Einzelmaßnahmen als auch in Perspektivplänen, die die Grundzüge künftiger Arbeit formulierten. Das Verfahren war jedesmal ähnlich. So stellte ein Arbeitsplan des Zentralkomitees für das zweite Quartal 1953 zunächst die Grundtendenzen der künftigen Politik vor.[41] Ihre äußere Rechtfertigung erhielt die Planung, indem sie einleitend in die Politik Stalins und der KPdSU eingeordnet wurde. Einen nur teilweise konkreten Bezug zur aktuellen Politik wiesen die daraus abgeleiteten Einzelschritte der Medienpolitik auf, nämlich der stärkere Kampf »gegen falsche und feindliche Auffassungen«, die Verbesserung der Kader- und Organisationspolitik, eine »Massenbewegung gegen die Bonner und Pariser Kriegsverträge« oder die »allseitige patriotische Erziehung des Volkes in der Deutschen Demokratischen Republik und die weitere Festigung der demokratischen Volksmacht«.

Erst dann wurden die Aufgaben verteilt oder entsprechende Arbeitsgebiete einander zugeordnet. Federführend war in der Regel, wie auch in dem vorliegenden Arbeitsplan, die ZK-Abteilung ›Propaganda‹. Die Anleitung durch die Abteilung ›Agitation‹ war meistens dann erwünscht, wenn auf Politbüroebene bereits Klarheit darüber bestand, daß eine isolierte Medienarbeit für die gestellte Aufgabe genügen würde. Die Abteilung ›Presse‹ war dagegen an erster Stelle gefragt, wenn unmittelbare Kontrollfunktionen gegenüber den Parteiorganen wahrgenommen werden sollten. So sollte dem Sekretariat bis Mitte Mai ein Bericht »über die Anleitung und Kontrolle der ›Leipziger Volkszeitung‹ durch die Bl [Bezirksleitung] Leipzig« vorgelegt werden.[42]

Mit der Federführung durch die Abteilung ›Propaganda‹ war natürlich an das propagandistische Gesamtkonzept gedacht, bei dem Maßnahmen erst wirksam würden, wenn sie in unterschiedliche Bereiche des öffentlichen Lebens eingriffen. Die Aufträge hierfür waren üblicherweise mit ideologischen Begriffen standardisiert und gaben sich damit als Teil einer höheren methodischen Systematik zu erkennen, wenn in dem Beispiel das Politbüro von der Abteilung die Ausarbeitung eines »Dokuments über patriotische Erziehung« sowie die »Entfaltung der Diskussion und die Ausarbeitung eines Dokuments des ZK über Richtlinien für die Ausarbeitung eines Lehrbuchs der Geschichte der SED« wünschte. Daran anknüpfend sollte die Abteilung ›Propaganda‹ dafür Sorge tragen, daß eine Schrift von Stalin über ›Ökonomische Probleme des Sozialismus in der UdSSR‹ in Presse und Rundfunk, darüber hinaus aber auch in Parteiorganisationen, an Parteischulen, an Universitäten und Akademien und sogar in der FDJ und im FDGB besprochen würde.[43]

Neben längerfristig geplanten politischen Aktivitäten, die mit der Unterstützung von Perspektivplänen erarbeitet werden sollten, gab es kurzfristigere Aktionen, die den situativen Bedürfnissen der Politik folgten und dazu dienten, laufende »Maßnahmen« der Regierung zu flankieren. Ein Beispiel hierfür bietet die unpopuläre Spar-

*Aus den Funkprogrammen*

**Donnerstag, 18. Juni**

**Berlin I**

11.30: Berichte von der Tagung des Weltfriedensrates aus Budapest — 13.30: Jenseits von Oder und Neiße — 14.10: „Wie ein Mensch geboren ward", Erzählung von Maxim Gorki — 14.30: Musik sowjetischer Meister — 15.20: Zur deutschen Schubert-Ehrung 1953 — 16.00: Literarische Umschau — 18.15: Musik und Dichtung aus der Volksrepublik Bulgarien — 20.20: Zur Vorbereitung der IV. Weltfestspiele der Jugend und Studenten für Frieden und Völkerfreundschaft in Bukarest

**Berlin II**

11.00: Kompliziertes einfach gesagt: Erosion — 14.30: Zum Gedenken an Klara Zetkin — 15.20: „Die starke Hand." Eine heitere Geschichte über die Gleichberechtigung der Frau — 17.05: Soeben erschienen — 17.40: Berichte von der Tagung des Weltfriedensrates aus Budapest — 18.35: Wochenkommentar der CDU — 19.45: Die Nationaloper — 22.20: Gesellschaftswissenschaftliche Vortragsreihe — 22.50: Neue Ergebnisse auf dem Gebiete der Tierschutzimpfung

**Berlin III**

12.00: Für die Werktätigen der wichtigsten Industriezweige — 14.00: Vom Friedenskampf einer französischen Schulklasse — 14.20: Zur deutschen Schubert-Ehrung 1953 — 16.00: „Reise um die Welt" von Adalbert Chamisso — 19.45: Kulturfragen der Zeit — 20.00 Wunschkonzert für die Instrumentenbauer in Klingenthal — 22.05: Berichte von der Tagung des Weltfriedensrates aus Budapest — 22.30: Russisch im Funk

**Wie wird das Wetter?**

Im Laufe des Tages Nachlassen des Regens, meist stärker bewölkt oder nur wenig aufgelockert. Tageshöchsttemperaturen bei 20 Grad, Nachttemperaturen 13 bis 15 Grad, schwach windig. *Hauptwetterdienststelle*

631 Rundfunkprogramm im ›Neuen Deutschland‹ vom 18. Juni 1953

politik der SED im Frühjahr 1953.[44] Versorgungsschwierigkeiten hatten dazu geführt, daß in großer Eile gravierende Einschränkungen beschlossen worden waren, deren Durchsetzung nun unmittelbar bevorstand. Weil wegen der schon spürbaren Zuspitzung der Situation wenig Zeit blieb, um die Entscheidungen der Regierung langfristig und entsprechend behutsam der Bevölkerung zu vermitteln, erhielten die Medien die Aufgabe, mit flankierenden Maßnahmen dazu beizutragen, daß der Unmut, den die Sparmaßnahmen inzwischen in der Bevölkerung hervorgerufen hatten, besänftigt würde. Der Katalog von Maßnahmen, den als erste Entscheidungsinstanz diesmal das Sekretariat des Zentralkomitees in seiner Sitzung am 9. April 1953 formulierte, kann als typisch für eine kurzatmig konzipierte Form der Medienarbeit gelten, selbst wenn mit ihr nebenher auch längerfristig wirksame Maßnahmen eingeleitet wurden, deren Erfolgsmöglichkeiten für den akuten Bedarf begrenzt waren.

In drei Schritten wurde die Arbeit der Medien auf der Ebene der SED-Führung gesteuert. Zunächst beschloß das Sekretariat die für die Sitzung vorbereiteten »Richtlinien für die Aufklärungstätigkeit«.[45] Als Träger für die beabsichtigte Propaganda benannten die »Richtlinien« Presse, Rundfunk und die mündliche Agitation, zu deren Methode Referate ebenso wie das erläuternde Gespräch zählten. Als inhaltliche Leitlinie bestimmten sie, daß das leitende Thema nicht isoliert, sondern immer nur im Zusammenhang mit anderen Themen zu behandeln sei. Finanzielle Probleme konnten nur angesprochen werden, wenn gleichzeitig Verbesserungen genannt wurden, die der Fünfjahrplan mit sich bringe. Auf diese Weise ließ sich das eigentliche Problem relativieren und entschärfen, wie es auch über den häufig verwendeten Vergleich mit »dem Westen« gesucht wurde. Wie so oft sollte die »Methode der Gegenüberstellung« die Überlegenheit der DDR deutlich machen.[46] Ein Merkmal für die überhastete Arbeitsweise dieser Form von Öffentlichkeitsarbeit bestand darin, die Reaktion der Rezipienten auf die Agitation sogleich mitzubestimmen. So hieß es abschließend: »Durch Presse und Rundfunk sowie durch die Agitation sind sofort positive Stimmen der Werktätigen und der schaffenden Intelligenz zu den Massnahmen der Regierung zu popularisieren.«

Die methodischen Vorgaben wurden in einem zweiten Schritt nunmehr mit Beispielen erläutert. An dieser Stelle stand die »Argumentation«, die den Spielraum der Medien in ihrer Berichterstattung über die Politik der Regierung nicht nur inhaltlich und thematisch, sondern auch sprachlich zum Teil bis ins Detail vorbereitete und auf diese Weise zu einem gleichförmigen Erscheinungsbild der journalistischen Beiträge führte.[47] Obwohl es um Preiserhöhungen ging, sollten die Maßnahmen der Regierung (die in Wirklichkeit Maßnahmen der Partei waren) mit dem Ziel dargestellt werden, »direkt oder indirekt der Hebung des Lebensstandards der Bevölkerung und der Mehrung ihres gesellschaftlichen Reichtums [zu] dienen«. Mit einem Katalog von Besserstellungen, zu denen auch die »Verbesserung der Werkküchenverpflegung« gehörte, sollte die Berichterstattung den Blick auf die wahren Probleme verstellen. Formulierungen wie die von der »schrittweisen Schaffung eines einheitlichen Preisniveaus« sollten die allgemeinen Preissteigerungen verharmlosen. Versorgungsschwierigkeiten wurden in der Argumentation nur zugegeben, solange die Schuldigen nicht konkret benannt werden mußten. Planrückstände einzelner Versorgungsbranchen erschienen breit und allgemein. Der Blick wurde von der SED-Führung abgelenkt, wenn Schuldige unter den politischen Gegnern mit der unüberprüfbaren Behauptung vermutet wurden, daß »kapitalistische Elemente im Handel wie auch feindliche Elemente im Versorgungsapparat, u. a. im Ministerium für Handel und Versorgung, die Versorgung der Bevölkerung sabotieren«.

Der dritte Schritt bestand in der Aufgabenverteilung an einzelne Bereiche. Er umfaßte einen Katalog von Maßnahmen, die das ZK-Sekretariat – neben der Genehmigung der beiden vorbereiteten Anlagen – in seiner Sitzung nun direkt anordnete.[48] Hier fällt als eine besondere Technik der Versuch auf, die nun eingeleitete Aufklärungskampagne nach außen als Öffentlichkeitsarbeit der Regierung und als Diskussion in den Medien darzustellen, während die Verantwortung der Partei in den Hintergrund rückte. So waren Verlautbarungen der Regierung erwünscht. Deren Presseamt sollte am Tag der Bekanntmachung der Maßnahmen einen erläuternden Artikel veröffentlichen, der sich auf die Thesen zur »Argumentation« zu stützen hatte. Darüber hinaus erhielt sie von der Abteilung ›Agitation‹ vorbereitetes »Argumentationsmaterial«, das unter dem Titel »Frage und Antwort« veröffentlicht werden sollte. Presse und Rundfunk hatten auf der anderen Seite die Zustimmung der Bevölkerung zu organisieren, wie es in den »Richtlinien« bereits angeregt worden war. Hierzu wurden vom SED-Sekretariat »zustimmende Stellungnahmen von Werktätigen, Angehörigen der schaffenden Intelligenz, werktätigen Einzelbauern, Hausfrauen usw.« gewünscht, die unmittelbar nach der Bekanntmachung der sogenannten Regierungsmaßnahmen zu veröffentlichen waren.

Die nach außen sichtbare Mitwirkung der Parteiorganisationen war nur dort gefordert, wo die Möglichkeit bestand, über persönliche Kontakte auf die Stimmung der Bevölkerung einzuwirken. Dazu gehörten zum einen Agitatorenseminare, die aber, wohl um die Vorbereitung der Maßnahmen durch die Partei zu kaschieren, erst »unmittelbar« nach der Veröffentlichung der »Maßnahmen der Regierung« in allen Kreisleitungen und Grundorganisationen der Partei durchgeführt werden sollten. Dazu gehörte zum anderen auch die Aufgabe der »verantwortlichen Genossen der zentralen Institutionen der HO und des Konsums«, für Seminare mit dem »gesamten Verkaufspersonal« jener Betriebe zu sorgen. Die beiden visuellen Medien Film und Plakat schienen schließlich am besten geeignet, um das Problem der hohen Baukosten zu instrumentalisieren. Obwohl dieses Thema nicht zu den unmittelbaren Ursachen für die Versorgungskrise in der DDR zählte, hatte es doch den Vorzug, eine leichter nachvollziehbare Erklärung für die Probleme zu liefern, zumal es der Wirtschaftspolitik der SED weniger angelastet werden konnte als die falsche Gewichtung zwischen Schwerindustrie und Konsumgüterproduktion. So wünschte das ZK-Sekretariat einen Dokumentarfilm mit dem Arbeitstitel »Neue Bauvorhaben in der DDR – Eigentum des Volkes«, der das Ziel verfolgte, »den Werktätigen [zu] erläutern, welche großen Bauten geplant sind und fertiggestellt werden und welche gewaltigen Investitionen dazu notwendig sind«. Darüber hinaus sollte – nun mit einer neuen Aussage befrachtet – die durch die Abteilung ›Agitation‹ des ZK herausgegebene Plakatserie ›Bauten des Fünfjahrplanes‹ weiter fortgesetzt werden. (s. Abb. 497 bis 500, S. 352)

### Medien und Propaganda als Mittel der Herrschaftssicherung: Das System von Verführung und Gewalt

Neben der Einbindung des DDR-Mediensystems in verschieden begrenzte kommunikative Bezugsräume muß eine weitere Verflechtung beachtet werden. Die Medien »neuen Typs« und die anderen Mittel von Agitation und Propaganda bildeten gemeinsam mit weiteren Parteieinrichtungen einen aufeinander abgestimmten Herrschaftsverbund. Als Teil eines entsprechenden machtpolitischen Gesamtkonzepts wirkte die sozialistische Medienpolitik zunächst nach innen. Hier ging es darum,

Tele-NBI

FÜR DIE WOCHE VOM 27. 8. – 2. 9. 61

SONNTAG | MONTAG | DIENSTAG | MITTWOCH | DONNERSTAG | FREITAG | SONNABEND

TELE-KRITIK DER WOCHE

Mona und die „Fünf Liebesbriefe"

632 Fernsehseite im vierten Augustheft der ›Neuen Berliner Illustrierten‹ von 1961

die Kommunikationsmittel organisatorisch, politisch und ideologisch eng an das politische Zentrum anzubinden. Agitation und Propaganda waren das Korsett, mit dem jeder in der öffentlichen Kommunikation Tätige an den Willen der SED-Führung gebunden war. Das klassische Instrumentarium einer Diktatur, die Kombination von Verführung und Gewalt, zeigte sich deutlich, wenn den Mitarbeitern auf der einen Seite das Gefühl vermittelt wurde, für eine gute Sache zu arbeiten, und auf der anderen Seite das Äußern von Zweifeln und Kritik zum Verlust der einmal erreichten beruflichen Stellung und gegebenenfalls sogar zu weitergehenden Repressionen führen konnte.

Die sogenannten Säuberungen, mit denen dieses Prinzip vor allem in den späten 40er und den ganzen 50er Jahren exekutiert wurde, erfaßten in den Medien wie in den meisten übrigen Bereichen der Gesellschaft zunächst parteiungebundene Mitarbeiter oder Angehörige der Blockparteien, die im Rundfunk oder in der sogenannten bürgerlichen Presse nicht zur uneingeschränkten Kooperation mit der SED bereit waren.[49] Sie betrafen in hohem Maß auch SED-Kader, die vor dem Frühjahr 1946 noch der SPD angehört hatten. Und sie betrafen auch jene nicht ausreichend anpassungsfähigen Kommunisten, die als unzuverlässig eingestuft wurden, nur weil sie sich einen politischen Neuanfang in Ostdeutschland gewünscht hatten, der mit der Praxis der SED-Politik nicht mehr übereinstimmte. Es entstand ein System, in dem die SED-Parteigruppen in den Medien nahezu willkürlich darüber befinden konnten, welche Kollegen sie wegen ideologischer Unzuverlässigkeit aus ihrem Betrieb zu entfernen wünschten.[50]

So wie für die Kontrolle der Mitarbeiter in den Redaktionen, Druckereien oder Filmaktivs das Instrumentarium von administrativem und gesellschaftlichem Druck, gegebenenfalls ergänzt um juristische Maßnahmen, ausreichte, um das gewünschte Maß an Geschlossenheit zu erzielen, gab es auch für die Umsetzung der eigentlichen inhaltlichen Arbeit ein Zusammenspiel mit anderen Institutionen. Diese Zusammenarbeit wird besonders deutlich bei der direkten Bekämpfung politischer Gegner. So wurde seit dem Anfang der 50er Jahre mit Vehemenz eine öffentliche Kampagne gegen die ›Junge Gemeinde‹ organisiert, an der sich ein abgestuftes System bei der Erzeugung von staatlichem Druck verfolgen läßt. Die Schwierigkeit für die SED bestand darin, daß unter der Sammelbezeichnung ›Junge Gemeinde‹ im Schutz der Evangelischen Kirchen dezentrale christliche Jugendformationen bestanden, die nach außen hin nicht in einer eigenständigen Organisation zusammengefaßt waren.[51]

An der Kampagne gegen die ›Junge Gemeinde‹, die sich letztlich über die ganzen 50er Jahre hinzog, waren unterschiedliche Einrichtungen beteiligt, deren Beteiligungsgrad sich aus der jeweiligen Entwicklung des Vorgangs ergab. Schon früh organisierte das ZK-Sekretariat koordinierte Maßnahmen in den Medien unter aktiver Beteiligung der FDJ. Die Zeitungen ›Junge Welt‹ und ›Junge Generation‹ sollten ergänzend zu einem Bündel von Maßnahmen in der »Jugendarbeit« regelmäßig Artikel veröffentlichen, »in denen die Mitglieder der Freien Deutschen Jugend aufgefordert werden, die jungen Christen für die Friedensbewegung zu gewinnen«.[52] Die Berichterstattung hatte vor allem die Tendenz, die ›Junge Gemeinde‹ als vom Westen gesteuerte Agentenorganisation darzustellen.[53] Weil die Maßnahmen jedoch nicht die erwünschten Ergebnisse brachten, wurde der Kurs der DDR-Führung im Frühjahr 1953 deutlich verschärft. Stärker traten jetzt administrative Mittel in den Vordergrund, zu denen auch Repressalien gegenüber Pfarrern und jungen Kirchenmitgliedern gehörten, die nun mit dem Verlust des Arbeits- oder Ausbildungsplatzes zu rechnen hatten. Daher betonten staatliche Einrichtungen über die Medien immer stärker den illegalen Charakter der ›Jungen Gemeinde‹, um sie als »feindliche« Organisation kriminalisieren und entsprechend mit polizeilichen Mitteln bekämpfen zu können.[54]

Das Ministerium für Staatssicherheit, das die Jugendgruppen bereits seit Beginn der 50er Jahre gezielt beobachtet und Berichte an das Politbüro weitergegeben hatte, warnte nun eindringlicher vor der ›Jungen Gemeinde‹, die angeblich bemüht sei, »die Jugend ideologisch zu beeinflussen und sie zum Haß gegen die Deutsche Demokratische Republik, die Volksdemokratien und die Sowjetunion zu erziehen«; es ordnete die Arbeit von Spitzeln an.[55] Ulbricht griff mehrfach persönlich in die Aktionen ein und wünschte, daß die Presse vom Ministerium für Staatssicherheit mit Material versorgt würde, das die ›Junge Gemeinde‹ als vom Westen gesteuerte Agentenorganisation darstellte.[56] Mit dem Hintergrundmaterial, das auch mit internen Berichten über evangelische Pfarrer angereichert war, entstanden Artikel, die die Aufgabe hatten, Menschen öffentlich zu denunzieren und zugleich juristische Maßnahmen gegen diese wie gegen die christlichen Jugendgruppen nach außen hin zu legalisieren.[57]

Mit den Begriffen Bestätigung, Überredung, Überzeugung, Legitimierung, Drohung, Zerstörung, Zerstreuung, Organisation (vom politischen Verhalten bis zur Steigerung der wirtschaftlichen Produktion) sind nur einige Aufgaben von Medienpolitik und Propaganda in der DDR umrissen. Sie entsprachen dem ideologisch motivierten Anspruch, daß alle Mittel erlaubt seien, um die Herrschaft einer gesellschaftlichen Gruppe zu etablieren. Sie entsprachen aber auch einer in den 50er Jahren noch generell verbreiteten Vorstellung von der Allmacht publizistischer Mittel. Der Bau der Mauer im Sommer 1961 vertiefte die Teilung Deutschlands. Auch für die Medienpolitik der DDR brachte der Mauerbau eine Zäsur, indem er erneut Gewalt an die Stelle von Verführung setzte und die letzte effektive Möglichkeit der Ostdeutschen nahm, sich ein eigenes Bild von der Politik im Westen zu machen und die Berichterstattung in den Medien persönlich zu überprüfen. Der Mauerbau hatte damit auch die Funktion, den gemeinsamen Kommunikationsraum Groß-Berlin zu teilen und den direkten Nachrichtenfluß zwischen West- und Ostdeutschland zu beeinträchtigen. Isolieren konnte er die öffentliche Kommunikation in der DDR damit aber nicht.

1 So die in der Forschung bislang am häufigsten akzeptierte Definition von Gerhard Maletzke: Propaganda. Eine begriffskritische Analyse, in: Publizistik, 17/1972, S. 153-164.

2 Eine gute Übersicht über die Breite des Begriffs Propaganda findet sich in dem Beitrag von Ute Daniel / Wolfgang Siemann: Historische Dimensionen der Propaganda, in: dies. (Hg.): Propaganda. Meinungskampf, Verführung und politische Sinnstiftung 1789–1989, Frankfurt a. M. 1994, S. 7-20.

3 Für die umfangreiche Literatur zu den DDR-Medien, die bis zur Öffnung der DDR-Archive erschienen ist, sei hier stellvertretend auf die umfassende Studie von Rolf Geserick verwiesen, deren Erkenntnisse seit 1990 an Gültigkeit kaum verloren haben: 40 Jahre Presse, Rundfunk und Kommunikationspolitik in der DDR (Minerva-Fachserie Wirtschafts- und Sozialwissenschaften), München 1989. Beiträge auf der Grundlage neu zugänglicher Archivunterlagen liefern vor allem grundlegende Aufsätze bzw. Aufsatzbände und Materialsammlungen: Holzweißig, Gunter: DDR-Presse unter Parteikontrolle (Gesamtdeutsches Institut, Analysen und Berichte, Nr. 3), Bonn 1991; ders.: Das Presseamt des DDR-Ministerrats. Agitationsinstrument der SED, in: Deutschland-Archiv, 25/1992, Heft 5, S. 503-512; Pannen, Stefan: Die Weiterleiter. Funktion und Selbstverständnis ostdeutscher Journalisten (Edition Deutschland-Archiv), Köln 1992; Riedel, Heide (Hg.): Mit uns zieht die neue Zeit ... 40 Jahre DDR-Medien, Berlin 1994. Besonders erwähnt seien die einschlägigen Aufsätze zu Presse, Rundfunk und Fernsehen von Ansgar Diller, Gunter Holzweißig, Peter Ludes und Silvia Müller in: Materialien der Enquete-Kommission ›Aufarbeitung von Geschichte und Folgen der SED-Diktatur in Deutschland‹, Bd. II, 1/1995, u. Bd. II, 4/1995. Beiträge eines Forschungsprojekts des Adolf-Grimme-Instituts des Deutschen Volkshochschulverbandes e.V. erschienen bislang unter dem Titel »Unsere Medien – Unsere Republik«, Teil 2, Deutsche Selbst- und Fremdbilder in den Medien von BRD und DDR, Marl 1992. Umfassendes Material (Aufsätze und Dokumentationen) liefert kontinuierlich die Zeitschrift des Studienkreises Rundfunk und Geschichte.

4 Geserick (wie Anm. 3), S. 57, bezweifelt jedenfalls, daß der Rundfunk in der Frühphase schon zielstrebig dem Aufbau des Sozialismus gedient habe.

5 Zu der Entwicklung in der sowjetischen Zone insgesamt vgl. Koszyk, Kurt: Pressepolitik für Deutsche 1945–1949. Geschichte der deutschen Presse, Teil IV (Abhandlungen und Materialien zur Publizistik, Bd. 10), Berlin 1986, S. 325-363.

6 Zur Rolle der SMAD-Pressepolitik vgl. Baerns, Barbara: Lenkung und Kontrolle beim Neuaufbau des Pressewesens (1945–1949), in: Fischer, Heinz-Dietrich (Hg.): Deutsche Kommunikationskontrolle des 15. bis 20. Jahrhunderts (Publizistik-historische Beiträge, 5), München 1982, S. 280-304.

7 Zahlen nach: »Entwurf eines Gesamtplanes für die Entwicklung unserer Presse bis 1965«, in: Stiftung Archiv der Parteien und Massenorganisationen der DDR im Bundesarchiv (künftig SAPMO-BArch), Zentrales Parteiarchiv (ZPA), DY 30/IV 2/9.02/27, Bl. 23-25; Fischer, Heinz-Dietrich: Handbuch der politischen Presse in Deutschland 1480–1980, Düsseldorf 1981, S. 382.

8 Anlage 1 zum Protokoll Nr. 81 der Sitzung des Politbüros vom 4. 4. 1950, in: SAPMO-BArch, ZPA, DY 30/IV 2/2/81, Bl. 9-19, Bl. 14.

9 Ebenda.

10 Die wichtigsten Zeitungen waren die ›Neue Zeit‹ (CDU), ›Der Morgen‹ (LDP), das ›Bauernecho‹ und die ›Nationalzeitung‹ (NDPD) mit einer Auflage von jeweils 65 000 Exemplaren am Ende der 50er Jahre; Zahlen nach: Entwurf eines Gesamtplanes (wie Anm. 7). Im Jahr 1950 waren die Zahlen, aktuellen politischen Prioritäten der SED folgend, noch stärker differenziert: ›Nationalzeitung‹ – 112 000, ›Bauernecho‹ – 111 000, ›Der Morgen‹ – 93 835, ›Neue Zeit‹ – 71 100; Zahlen nach: Anlage 1 zum Protokoll Nr. 81 (wie Anm. 8).

11 »Disposition zu den Thesen Gegenstand der Rundfunkjournalistik«, o. O., o. J. [1958], in: Deutsches Rundfunkarchiv (DRA), Standort Berlin, Historisches Archiv, Archivbestand Hörfunk, B. NL 10.

12 Disposition zu den Thesen (wie Anm. 11); die anonym verfaßte »Disposition«, die offenbar in der Journalistenausbildung verwendet wurde, betonte ausdrücklich den staatlichen Charakter des DDR-Rundfunks.

13 Vgl. dazu Schulz, Jürgen Michael: Die vorgegebene Perspektive – Deutsche und Polen als Nachbarn nach dem Zweiten Weltkrieg, in: Erbring, Lutz (Hg.): Kommunikationsraum Europa (Schriftenreihe der Deutschen Gesellschaft für Publizistik und Kommunikationswissenschaft, Bd. 21), Konstanz 1995, S. 396-416.

14 »Bericht der Delegation des Staatlichen Rundfunkkomitees der DDR über die Reise nach der Sowjetunion«, o. D. [Januar 1953], in: Bundesarchiv, Abteilungen Potsdam (künftig BA Potsdam), DR 6, Nr. 204; daraus geht hervor, daß während des Rußlandaufenthalts der DDR-Delegation am 13. Januar 1953 ein Rundfunk-Abkommen zwischen der DDR und der UdSSR geschlossen wurde, das den Programmaustausch und die gegenseitige Belieferung mit Informationen festlegte.

15 »Situationsbericht« der Abteilung Agitation vom 3. 11. 1961, in: SAPMO-BArch, ZPA, DY IV 2/9. 02/25. Der Bericht trägt den handschriftlichen Vermerk »Bericht an Gen. Ulbricht«.

16 Vgl. vor allem für die evangelische Kirche Dähn, Horst: Konfrontation oder Kooperation? Das Verhältnis von Staat und Kirche in der SBZ/DDR 1945–1980 (Studien zur Sozialwissenschaft, Bd. 52), Opladen 1982.

17 Diesen Zusammenhang betont die Studie von Siegfried Heimann: Die Sonderentwicklung der SPD in Ost-Berlin 1945–1961, in: Materialien der Enquete-Kommission (wie Anm. 3), Bd. II, 3/1995, S. 1648-1688.

18 Hier und im folgenden nach: »Konzeption der ›Berliner Zeitung‹«, o. D. [Januar 1960], in: BA Potsdam, DR 6, Nr. 591. Die »Konzeption« wurde den Mitgliedern der Agitationskommission beim ZK am 11. 1. 1960 zur Beratung vorgelegt.

19 So beschloß das Politbüro am 19. 5. 1953: »Es ist ein Artikel über die Heinemann-Partei in der Parteipresse der Kommunistischen Partei Deutschlands zu veröffentlichen. Die Ausarbeitung des Artikels erfolgt durch das Arbeitsbüro.« Protokoll Nr. 27 der Sitzung des Politbüros vom 19. 5. 1953, in: SAPMO-BArch, ZPA, J IV 2/2/281.

20 Protokoll Nr. 81 der Sitzung des Politbüros vom 4. 4. 1950 (wie Anm. 8), Bl. 3.

21 Hier und im folgenden nach: Protokoll Nr. 23 der Sitzung des Sekretariats des Zentralkomitees vom 9. 4. 1953, in: SAPMO-BArch, ZPA, J IV 2/3-374, Bl. 8 f.

22 Diese Formulierungen finden sich u. a. in einem Arbeitspapier, das das Zentralkomitee im Sommer 1959 herausgab: »Hauptfragen bei der ideologischen Massenarbeit zur Auswertung des Besuches der sowjetischen Partei- und Regierungsdelegation«, 22. 8. 1957, in: SAPMO-BArch, ZPA, DY 30/IV 2/9. 02/58.

23 »Exposé der Delegation der SED«, o. D. [August 1961], in: SAPMO-BArch, ZPA, DY 30/IV 2/9. 02/58.

24 Im folgenden nach: »Plan der Sender von Radio DDR in Auswertung des VI. Parteitages der SED« vom 27. 2. 1963, in: BA Potsdam, DR 6, Nr. 111.

25 Chefredaktion Radio DDR: »Arbeitsplan zur Auswertung der Erklärung der Beratung von Vertretern der kommunistischen und Arbeiterparteien und den Beschlüssen des 11. Plenums des ZK der SED« vom 24. 1. 1961, in: BA Potsdam, DR 6, Nr. 111.

26 Ebenda.

27 Ebenda.

28 »Die NBI und ihre Aufgaben im Kampf um den Sieg des Sozialismus in der DDR (Arbeitsgrundlage zur Herausgabe einer 32-seitigen NBI)«, o. D. [1960], in: BA Potsdam, DR 6, Nr. 591.

29 »Konzeption der ›Berliner Zeitung‹« (wie Anm. 18).

30 Arbeitsplan zur Auswertung der Erklärung (wie Anm. 25).

31 Ebenda.

32 Zahlen nennt ein Bericht über die für kurze Zeit zusammengelegte gemeinsame Abteilung ›Agitation/Propaganda‹, der von der Zentralen Revisionskommission 1960 angefertigt wurde. Zu jener Zeit gab es 64 Planstellen, von denen aber zum Zeitpunkt der Überprüfung nur 54 Stellen besetzt waren und weitere wegen Nachwuchsschwierigkeiten auch nicht kurzfristig besetzt werden konnten. Die Zahl der übrigen Mitarbeiter der Abteilung wird nicht genannt, SAPMO-BArch, ZPA 2/9. 02/42, Bl. 14-25, Bl. 18.

33 Vgl. dazu Olivier, Kurt: ADN – »Spitze der Informationskette«, in: Deutschland-Archiv, 28/1995, Heft 3, S. 244-255. Olivier betont darin sogar die gelegentliche Vorrangstellung von ADN in der Hierarchie der Kompetenz, die Berichterstattung der Medien inhaltlich anzuleiten, wenn es die SED-Führung für nötig erachtete.

34 Hierzu gehörte auch »eine spezielle Beratung mit der Redaktionsspitze« der zuweilen regimekritischen Zeitschrift ›Eulenspiegel‹, die von Mitgliedern der ›Agitationskommission‹ wöchentlich durchgeführt werden mußte; Denkschrift »Über die ideologischen Schwankungen im ›Eulenspiegel‹«, o. D. [ca. 1957], in: SAPMO-BArch, ZPA, NL 182/921, Bl. 58.

35 Disposition zu den Thesen (wie Anm. 11).

36 Vgl. Herrmann, E. [Elisabeth] M.: Zur Theorie und Praxis der Presse in der Sowjetischen Besatzungszone Deutschlands. Berichte und Dokumente (Abhandlungen und Materialien zur Publizistik, Bd. 2), Berlin 1963, passim.

37 Die Entschließung der SED-Konferenz zu Fragen der Parteipresse vom 15. 3. 1950 nennt die folgenden Abteilungen: Parteileben, Propaganda, Wirtschaft, Landwirtschaft, Kulturpolitik, Volkskorrespondenten- und Leserbriefe, Kader; »Die Entwicklung der Presse der SED zu einer Presse von neuem Typus«, abgedruckt in: Herrmann (wie Anm. 36), S. 78-84, bes. S. 83.

38 »Strukturplan [für die ›Neue Zeit‹]«, o. D. [mit Hinweis »Stand ab 1. 1. 1955«], in: SAPMO-BArch, ZPA, DY 30/IV 2/15/42. Verantwortlich für die Planung in der ›Neuen Zeit‹ war das Redaktionskollegium mit dem Chefredakteur, dem Chef vom Dienst, dem Leiter der Abteilungen Politik, Kulturpolitik und Wirtschaft, dem Redakteur für Kirchenpolitik und dem Chefreporter; das Kollegium sollte täglich nach »Schluss der Deutschlandausgabe« zusammentreten, »um die Rohplanung der Ausgaben des nächstfolgenden Arbeitstages vorzunehmen«.

39 Die NBI und ihre Aufgaben (wie Anm. 28).

40 So stellte das Konzept für die NBI (wie Anm. 28) fest: »Die Langeweile kann der Tod einer Zeitung sein. Sie darf daher in der NBI keinen Platz mehr finden.« Als Gegenmittel hierfür wurden »ein deutlich ausgeprägtes Gesicht« gefordert und eine stärkere »Verbindung unserer Mitarbeiter mit dem Leben«. Ähnliche Probleme wurden in der ›Berliner Zeitung‹ behandelt; vgl. »Konzeption der ›Berliner Zeitung‹« (wie Anm. 18).

41 »Arbeitsplan des Zentralkomitees der Sozialistischen Einheitspartei Deutschlands für das II. Quartal 1953«, Anlage Nr. 2 zum Protokoll Nr. 16 vom 17. 3. 1953, in: SAPMO-BArch, ZPA, DY 30/J IV 2/2/270, Bl. 13-24.

42 Ebenda, Bl.17.

43 Ebenda, Bl.14.

44 Eine Einführung in die Situation vor dem 17. Juni 1953 bietet: Weber, Hermann: Die DDR 1945–1990 (Oldenbourg Grundriß der Geschichte, Bd. 20), München (2., überarb. u. erw. Aufl.) 1993, S. 34-40.

45 »Allgemeine Richtlinien für die Aufklärungstätigkeit zu den Massnahmen der Regierung der DDR auf dem Gebiet der Versorgung und der Preispolitik«, Anlage Nr. 6 zum Protokoll Nr. 23/53 der Sitzung des Sekretariats des ZK vom 9. 4. 1953, in: SAPMO-BArch, ZPA, DY 30/J IV 2/2/374, Bl. 48. Auf der Sitzung waren anwesend: Axen, Baumann, Hengst, Lange, Oelßner, Schirdewan, Schön, Ulbricht (Leitung), Verner.

46 »Bei der Behandlung der Massnahmen der Regierung in Presse und Rundfunk muss mit der Methode der Gegenüberstellung gezeigt werden, dass sich im Gegensatz zu der ständig verbesserten Lebenshaltung der Bevölkerung der DDR die Lage der westdeutschen Bevölkerung unaufhörlich verschlechtert, das ständige Arbeitslosenheer vergrössert und die staatlichen Aufwendungen für soziale und kulturelle Zwecke immer geringfügiger werden« (ebenda).

47 Im folgenden nach: Anlage Nr. 7 zum Protokoll Nr. 23/53 (wie Anm. 45), Bl. 49-53.

48 Im folgenden nach: Protokoll Nr. 23/53 (wie Anm. 45), Bl. 6 f.

49 Vgl. Müller, Silvia (wie Anm. 3), Bd. II, 4/1995, S. 2292-2296.

50 So genügte bereits 1948 ein denunzierender Bericht von einer Betriebsgruppenversammlung beim Berliner ›Vorwärts‹, um von Ulbricht die Anweisung zu erhalten, »daß nach einer gründlichen Diskussion in der Parteigruppe die Schumacher-Leute aus dem Betrieb entfernt werden«; Aktennotiz vom 6. 9. 1948 sowie »Bericht über die Betriebsgruppenversammlung in der ›Vorwärts‹-Druckerei« am 3. 8. 1948, in: SAPMO-BArch, ZPA, NL 182 Nr. 921, Bl. 347, 349 f.

51 Allgemein zur Politik der DDR-Führung gegen die ›Junge Gemeinde‹ s. Dähn (wie Anm. 16), S. 42-46.

52 »Vorlage für das Sekretariat«, vom 28. 8. 1951, in: SAPMO-BArch, ZPA, DY 30/IV 2/14/169, Bl. 23, sowie eine weitere, undatierte Vorlage für das Sekretariat [Sommer 1952], ebenda.

53 U. a. im Artikel »Gegner der Jugend unter religiöser Maske«, in: ›Die junge Welt‹ v. 17. 12. 1952.

54 Dähn (wie Anm. 16), S. 42 f.

55 »Dienstanweisung Nr. 23/52/5/E« vom 23. 11. 1952, in: Besier, Gerhard / Wolf, Stephan (Hg.): »Pfarrer, Christen und Katholiken«. Das Ministerium für Staatssicherheit der ehemaligen DDR und die Kirchen (historisch-theologische Studien zum 19. und 20. Jahrhundert [Quellen], Bd. 1), Neukirchen (2., durchges. und um weitere Dokumente verm. Aufl.) 1992, S. 168-182, hier S. 169.

56 Schreiben Ulbrichts an Barth vom 22. 4. 1953, in: SAPMO-BArch, ZPA, DY 30/IV 2/14/170, Bl. 331; Referat Ulbrichts am 28. 5. 1953, in: Besier/Wolf (wie Anm. 55), S. 182-185.

57 So in den Artikeln »Die sogenannte ›Junge Gemeinde‹ betreibt Kriegshetze«, in: ›Das Volk‹ v. 23. 4. 1953; »Tatsachen entlarven die ›Junge Gemeinde‹ als Tarnorganisation der Kriegstreiber«, in: ›Schweriner Volkszeitung‹ v. 27. 4. 1953; »Faschistische Umtriebe des ›BDJ‹ unter dem Deckmantel der illegalen ›Jungen Gemeinde‹«, in: ›Neues Deutschland‹ v. 28. 4. 1953. Für die inhaltliche Ausgestaltung in der Bezirkspresse wurden am 24. 4. genaue Vorgaben an die Bezirksleitungen gesandt, vgl. SAPMO-BArch, ZPA, DY 30/IV 2/14/170, Bl. 336-340; in der Akte finden sich auch zahlreiche Polizeiberichte über die ›Junge Gemeinde‹, die u. a. von der Presse verwendet werden sollten.

Jörn Schütrumpf

# Die Werbefirma DEWAG. Ein Fragment

633 Werbeplakat der DEWAG, 1946 (Entwurf: Hornuf)

»Sehr geehrter Herr Schütrumpf, in den Archiven der SED-Bezirksleitungen Schwerin und Neubrandenburg konnten keine Unterlagen über die Tätigkeit der DEWAG ermittelt werden. Die bezirklichen Einrichtungen der DEWAG waren gegenüber den Bezirksparteiarchiven auch nicht abgabepflichtig.«[1] Wenige Einrichtungen der DDR sind so rückstandslos verschwunden wie die DEWAG. Selbst im Zentralen Parteiarchiv existiert über diesen Betrieb nur eine einzige Akte. Sie handelt von einer Finanzrevision.

Das wenige Gesicherte, das über die DEWAG erfahrbar ist, findet sich in den Unterlagen der Amtsgerichte. Danach stand die Wiege der ›Deutschen Werbe- und Anzeigen-GmbH‹ in Dresdens Wiener Straße 60. Der Tag der Gründung läßt sich anhand der Gerichtsakten nicht eruieren. Laut einem – nicht immer zuverlässigen – Handbuch aus den 60er Jahren soll sie am 1. Oktober 1945 gegründet worden sein.[2] Das Stammkapital von 10 000 RM hielt Gerhard Förster, über den nicht viel mehr bekannt ist, als daß er nicht als Privatmann, sondern als Treuhänder des ›Sachsenverlages‹ handelte. Allerdings nur kurze Zeit, denn am 16. April 1946, neun Tage nach der Bildung der SED in Sachsen, trat er seinen Geschäftsanteil kostenlos an diesen Verlag ab, und das Stammkapital der DEWAG wurde auf 20 000 RM verdoppelt.[3] Förster blieb der DEWAG allerdings weiter verbunden, zunächst für anderthalb Jahre als alleiniger Geschäftsführer. Dann fiel die GmbH zurück in die Hände von Privatpersonen: Unter dem 18. Oktober 1947 sind als neue Eigentümer Rudolf Appelt (7500 RM Einlage), Willy Richter (gleiche Summe) und Walter Breitmann (5 000 RM) verzeichnet.[4] Neben Förster wurde nun Konrad Seiffert zum Geschäftsführer bestellt.

In dieser Zeit, in der die DEWAG nicht nur Werbung jeglicher Art produzierte, sondern sogar Reisebüros betrieb, begann (auch) die Gründung von Niederlassungen – die in Potsdam erhielt am 23. Dezember 1948 ihre Gewerbegenehmigung.[5] Damit wurde die Grundlage für die später konkurrenzlose Monopolstellung, die die DEWAG in der DDR einnahm, geschaffen. Am 18. Januar 1949 wurden Förster und Seiffert ersetzt durch Ernst Hedke und Wilhelm Leupoldt, der jedoch im Jahr darauf schon wieder ausschied. An seine Stelle traten am 31. Januar 1950 Alfred Adolph und Otto Maecker als zweiter und dritter Geschäftsführer. Zur gleichen Zeit zog die DEWAG nach Berlin in die Rosenthaler Straße um, wo sie bis 1990 verblieb.[6]

Ein halbes Jahr später, am 12. Juli 1950, erfolgte ein neuerlicher Eigentümerwechsel. Das Stammkapital wurde von 20 000 auf 500 000 DM erhöht. Davon hielten der vormalige Eigentümer, der ›Sachsenverlag‹, sowie nun der ›Thüringer Volksverlag‹, die ›Mitteldeutsche Druckerei- und Verlagsanstalt‹, der ›Berliner Verlag‹ und der Verlag des ›Neuen Deutschland‹ je 50 000 DM. Weitere 250000 DM, also die andere Hälfte, entfielen auf die ›Zentrale Druckerei-Einkaufs- und Revisionsgesellschaft m. b. H.‹ (Zentrag). Alle diese Veränderungen wurden am 2. Oktober 1950 im Amtsgericht Berlin-Mitte festgehalten, so daß die Nummer 932 im Handelsregister B im Amtsgericht Dresden gelöscht werden konnte, da die DEWAG jetzt – bis zum 15. Juli 1954 – unter der Nummer 4914 im Amtsgericht Berlin-Mitte geführt wurde.[7] An diesem Tage wurde der Betrieb als Kapitalgesellschaft im Handelsregister gelöscht und in das Register der volkseigenen Industrie eingetragen.[8]

Was bedeutet das alles? Bedeutet es für den heutigen Betrachter überhaupt etwas? Von den handelnden Personen sind nur die Namen überliefert. Niemand weiß, woher sie kamen, warum sie ein- und wieder abgesetzt wurden. Trotzdem ist dieser Blick in die Akten nicht nutzlos. Er vermittelt eine Vorstellung davon, wie in der unmittelbaren Nachkriegszeit Parteieigentum entstand – denn um solches handelt es sich. Mit ›Sachsenverlag‹, ›Thüringer Volksverlag‹, ›Mitteldeutsche Druckerei- und Verlagsanstalt‹ hatten die Eigner Verlagsnamen gewählt, die suggerieren sollten, es handele sich um Verlage für Heimatliteratur oder ähnlich Unpolitisches. Auch dem ›Berliner Verlag‹ sah man nicht auf den ersten Blick an, daß er der Verlag einer sich als links definierenden Partei war. Und beim Verlag von ›Neues Deutschland‹ wußte man nur deshalb sofort, woran man war, weil die Zeitung unter diesem – von allem anderen als linker Tradition inspirierten – Titel als »Zentralorgan« der SED erschien.

Spurenverwischung bis zur Unkenntlichkeit war das Konzept. Nicht zuletzt daraus erklärt sich auch das Zickzack in der Eigentumsfrage der Firma DEWAG. Zweifellos spielte dabei, zumindest in den ersten Jahren, die Erfahrung des Jahres 1933 eine wichtige Rolle: Nie wieder wollte man, wie damals geschehen, die materielle Grundlage der Parteiarbeit verlieren. Der ›Zentrag‹ als dem Druckerei-, später Druckerei- und Verlagskonzern der SED kam dabei eine Schlüsselstellung zu.[9] Mit der ›Zentrag‹ beherrschte die SED fast die gesamte Presse, das Verlagswesen sowie den Buchhandel der DDR. Der Sinn dieser Konstruktion war, alle Medien zum Zwecke der eigenen »Agitation und Propaganda« unter inhaltlicher, aber auch finanzieller Kontrolle zu halten. Der DEWAG wurde die Monopolstellung für »Sichtagitation« zugewiesen. Darunter verstand man die Herstellung von Plakaten, Bildern, Transparenten, Spruchbändern, Wandzeitungen u. a., »die an auffallenden Stellen im Straßenverkehr und in vielbesuchten Räumen (Fabrikhallen, Wartezimmern, Bahnhöfen, Agitationslokalen) angebracht« wurden. In den 50er Jahren wurde so viel »Sichtagitation« hergestellt, »daß das Straßen- und Landschaftsbild von den Darstellungen der Sichtwerbung beherrscht war«.[10]

Vorbild der ›Zentrag‹ war die ›Konzentration GmbH‹ der SPD. Den Vorschlag, die ›Zentrag‹ auszubauen, hatte am 8. Mai 1946 Erich Gniffke unterbreitet: »Die Zentrag hat bisher nur Revisions- und Treuhandaufgaben erfüllt. Im Hinblick auf den Beschluss des Zentralsekretariats, wonach eine Dachgesellschaft – wie es früher die Konzentration für die sozialdemokratischen Betriebe war – beim Parteivorstand gebildet werden soll, wird vorgeschlagen, die Zentrag damit zu betrauen.« Als neue Gesellschafter, die jeweils 50 000 Mark halten sollten, schlug Gniffke von der ehemaligen KPD Anton Ackermann, Franz Dahlem und Alfred Oelßner sowie von der ehemaligen SPD Otto Meier, August Karsten und sich selbst vor.[11]

Das Motiv der Eigentumssicherung erschöpfte sich zunehmend, als die Macht der Partei sicherer und unangreifbarer wurde. Bald ging es, auch wirtschaftlich, um etwas ganz anderes: um die Etablierung eines Staates im Staate. Die Umwandlung der DEWAG (und anderer SED-Betriebe) 1954 in »Volkseigentum« bedeutete keineswegs eine Verstaatlichung von SED-Eigentum. Keinerlei staatliche Einrichtung hatte irgendeinen Einfluß auf diese »volkseigenen« Betriebe. Sie unterstanden auch weiterhin der Abteilung Finanzen im SED-Zentralkomitee.

1 Mecklenburgisches Landeshauptarchiv, Schwerin, Brief an den Verf. v. 31. 5. 1996.
2 Bundesministerium für gesamtdeutsche Fragen (Hg.): SBZ von A bis Z. Ein Taschen- und Nachschlagebuch über die Sowjetische Besatzungszone Deutschlands, Bonn 1966, S. 109. Der Redaktion des ansonsten sehr soliden ›DDR Handbuchs‹ war die DEWAG nicht einmal ein eigenes Stichwort wert; vgl. Bundesministerium für gesamtdeutsche Fragen (Hg.): DDR Handbuch, 2 Bde., Köln 1985.
3 Amtsgericht Dresden, UR 97/1946.
4 Amtsgericht Dresden, UR 523/1947.
5 Verlängert am 13. 3. 1951, Eintragung ins Handelsregister am 6. 6. 1951. – Amtsgericht Potsdam, HRB 570.
6 Amtsgericht Dresden, UR 974/1950.
7 Amtsgericht Berlin-Mitte, HRB 4914.
8 Amtsgericht Berlin-Mitte, HRC 492.
9 »Zentrag: Abk. für ›Zentrale Druckerei-, Einkaufs- und Revisionsgesellschaft‹. Bezeichnung für die dem Zentralkomitee der SED unterstehende und direkt vom Apparat des ZK angeleitete Vereinigung Organisationseigener Betriebe (VOB), in der mehr als 90 Druckereien, Zeitungs-Verlage und Vertriebsorgane zusammengefaßt sind. Ihr gehören u. a. die Verlage aller SED- und FDJ-Zeitungen auf zentraler und Bezirksebene an. Mit der VOB Zentrag hat die SED auch organisatorisch fast 90 v. H. der Druckkapazitäten der DDR monopolisiert. Darüber hinaus trägt die VOB Zentrag – neben den Mitgliedsbeiträgen – wesentlich zur Finanzierung der Parteiarbeit bei ...«; zit. n.: DDR Handbuch (wie Anm. 2), Bd. 2, S. 1536.
10 SBZ von A bis Z (wie Anm. 2), S. 425.
11 Stiftung Archiv der Parteien und Massenorganisationen der DDR im Bundesarchiv (SAPMO-BArch): SED, NY 4182/901, Bl. 17.

634

## Schaukasten: Agitprop

Gibt es einen Zusammenhang zwischen Seifenpulver und Friedenskampf? Wie wir aus der Lektüre des ›Notizbuchs des Agitators‹ vom Mai 1951 erfahren, besteht eine Verbindung zwischen beidem. Das allerdings wußte auch der Referent auf einer »Versammlung zur Vorbereitung der Verkaufsstellen-Vertreterwahlen der Konsumgenossenschaft in Farsleben, Kreis Wolmirstedt« noch nicht, denn er tat die Frage einer Bäuerin nach Belieferung mit Seifenpulver mit der Bemerkung ab, »der Friedenskampf und nicht das Seifenpulver steht im Vordergrund«. Diese Antwort entsprach jedoch nicht dem, was die Parteiführung von einem guten Agitator erwartete: »War das richtig? Nein, es gibt keine Frage, die nicht in engem Zusammenhang mit den Lebensfragen unseres Volkes steht.« Deshalb hätte der Agitator auf die Frage der Bäuerin entgegnen müssen, daß, wenn es »tatsächlich vorkommen sollte, daß in einem Geschäft kein Seifenpulver vorrätig ist«, dies möglicherweise in einem Mangel an »Transportraum« begründet ist. Durch den »verbrecherischen Hitlerkrieg« sei der größte Teil der Transportmittel »in die Luft geflogen«, und »weil die amerikanischen Kriegstreiber unseren friedlichen Aufbau bereits wieder bedrohen«, sei es erforderlich, »daß jeder einzelne mithilft, den Frieden zu erhalten«. »So steht also die Frage der Versorgung mit Waschmitteln unmittelbar mit der Frage Krieg und Frieden zusammen, denn wenn es nach den Kriegshetzern geht, werden wir nicht nur keine hochwertigen Waschmittel produzieren können, sondern außer unserem Hab und Gut auch unser Leben verlieren.«
Agitation und Propaganda zählen zu den prägnantesten Merkmalen eines marxistisch-leninistischen Staatswesens. Auch nachdem die SED ihren alleinigen Führungsanspruch durchgesetzt hatte, mußte sie versuchen, ihre Wähler – obwohl anscheinend schon überzeugt – für sich zu gewinnen. So definierte ein Beschluß des Sekretariats des ZK der SED vom 13. Juli 1955: »Die Aufgaben der Agitation bestehen darin, die Arbeiter und anderen Werktätigen in der Deutschen Demokratischen Republik ... davon zu überzeugen, daß die Politik unserer Partei und unserer Regierung richtig und notwendig ist.«

635

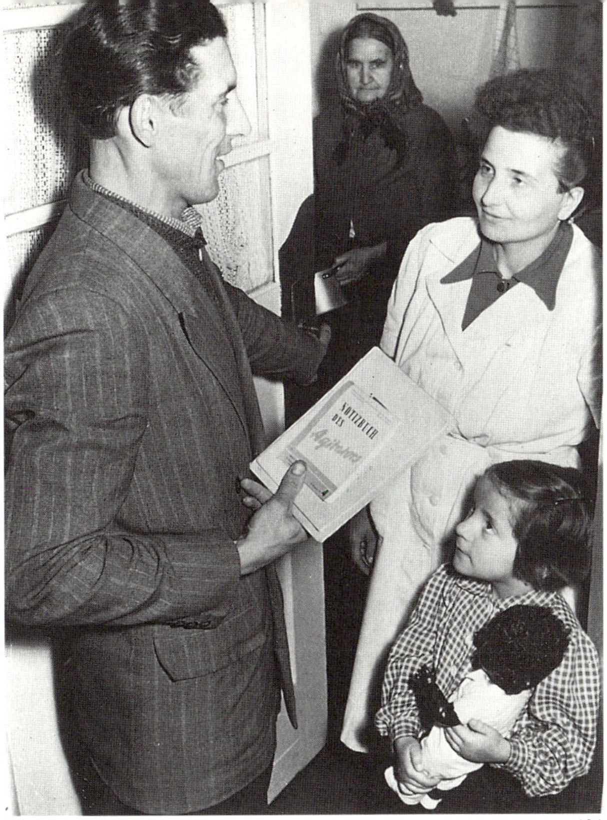

636

637

634 Ein Parteibüro der SED, 15. Oktober 1946

635 Werbeplakat für das ›Notizbuch des Agitators‹, 1954

636 »Nicht nur durch hervorragende Produktionstaten leisten die Kumpel einen wesentlichen Beitrag im Kampf um Einheit und Frieden, sondern auch in der Aufklärungsarbeit. So wie der Pflugführer Otto Spielmann aus dem Braunkohlenwerk Sedlitz auf der Kippe dem Baggerführer Mertha hilft, seine Wettbewerbsverpflichtung zu erfüllen, so hilft er den Menschen in seiner Nachbarschaft zu erkennen, daß es heute auf die Tat jedes einzelnen ankommt.« (Zeitgenössische Beschriftung, um 1952)

637 Auswahl von Broschüren zur Anleitung von »Agitatoren« und »Propagandisten«, 1950–1959

638

639

640

641

642

643

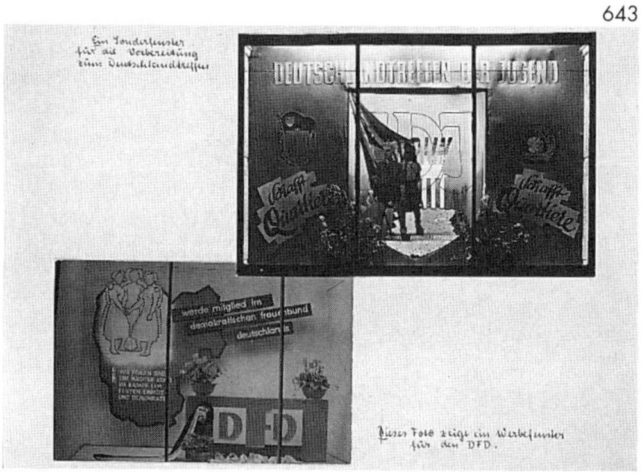


**Dies sollte mit Hilfe einer großen Anzahl von ›Agitatoren‹ und ›Propagandisten‹ geschehen. In allen Betrieben, Produktionsgenossenschaften, Maschinenausleihstationen usw. wurden meist besonders verdiente oder angesehene Arbeiter für diese Aufgabe geworben und entsprechend von Parteiangehörigen vor Ort geschult. Eine große Anzahl von Broschüren und umfangreiches Lehrmaterial wurden zu diesem Zweck von der Abteilung Agitation beim ZK der SED herausgegeben. Bemerkenswert ist, daß über die Themen jeder einzelnen Nummer des ›Notizbuchs des Agitators‹ im Sekretariat des ZK beraten wurde. Neben Versammlungen, öffentlichen Fragestunden und Hausbesuchen zählte die Wandzeitung zu den besonders geschätzten Mitteln der Agitation. Das »Parteilehrjahr« stellte wohl die intensivste Form dar, die Lehren des Marxismus-Leninismus weiten Bevölkerungskreisen bekannt zu machen.**

**Als Gradmesser einer erfolgreichen Agitationsarbeit wurden die ökonomischen Erfolge angesehen. Nach Verkündung der »Ökonomischen Hauptaufgabe« auf dem V. Parteitag der SED 1958 galt der Grundsatz: »Unsere Agitation muß zu Erfolgen in der Produktion führen!«**

638–639 Wandzeitungen, die auf einer Gewerkschaftsausstellung präsentiert wurden, April 1959 (Foto: M. Schmidt)
640 »Unser Pionierzimmer« in der Goethe-Schule in Wilthen, 1956
641 Unterricht in einer Betriebsparteischule, um 1951
642 Aufklärungslokal in Hassenach, 1952
643–644 Schaufensterdekorationen der HO Berlin, 1949–1951

644

# Überleben in der Erinnerung

Herfried Münkler

# Das kollektive Gedächtnis der DDR

645 Plakat der Nationalen Front, 1960

I. Nicht bloß Individuen, sondern auch soziale Verbände und politische Gemeinschaften haben ein Gedächtnis, eine Erinnerung an ihre Ursprünge und die bis in die Gegenwart führende Geschichte.[1] Und wie bei Individuen ist auch bei sozialen Verbänden und politischen Gemeinschaften das Gedächtnis nicht nur eine Instanz des Erinnerns, sondern ebenso eine des Vergessens und Vergessen-Machens. Was je erinnert wird und was nicht, hängt nicht nur am Erinnerten und dessen mehr oder minder großer Bedeutung für die Gegenwart, sondern auch und vor allem daran, ob und wie es die »Zensurschranke« der Erinnerung zu passieren vermag. Das kollektive Gedächtnis ist somit nichts Feststehendes und Unveränderbares, sondern einem mehr oder minder starken Wandel unterworfen; bislang Wichtiges verliert an Bedeutung, Neues kommt hinzu, und ehedem als eher unbedeutend Angesehenes und in Vergessenheit Geratenes kann mit einem Mal einen prominenten Platz in der Erinnerung der Gemeinschaft erlangen. Dementsprechend ist das kollektive Gedächtnis politisch umstritten und umkämpft. Pointiert formuliert: Wer über das Gedächtnis einer Gemeinschaft verfügt, der verfügt auch über ihr politisches Selbstverständnis, über ihre Werte und Normen, ihre Zukunftsperspektiven und ihre politische Agenda. Politische Konflikte sind immer Kämpfe um das kollektive Gedächtnis einer Gemeinschaft, und zugleich sind sie die Prozeduren, in denen das Gedächtnis der Gemeinschaft erneuert und aktualisiert wird. Wo diese Kämpfe ausbleiben oder unterdrückt werden, verliert das kollektive Gedächtnis mit der Zeit seine integrierende und orientierende Funktion.

Das kollektive Gedächtnis einer Gemeinschaft ist etwas anderes als die Summe der individuellen Gedächtnisse ihrer Angehörigen, insofern in ihm nur präsent ist, was den einzelnen nicht als einzelnen, sondern als Mitglied der zur Rede stehenden Gemeinschaft betrifft, seien es nun Familie oder Religionsgemeinschaft, soziale Gruppe oder Nation, und es ist zugleich etwas anderes als die Summe des verfügbaren historischen Wissens, insofern hier nicht der Daten, Ereignisse und Entwicklungen gedacht wird, die prinzipiell wißbar sind, sondern daraus nach Maßgabe ihrer Bedeutsamkeit für die Identität der jeweiligen Gemeinschaft ausgewählt wird. Das kollektive Gedächtnis steht also stets in einem Spannungsverhältnis zu den individuellen Gedächtnissen wie zum historischen

Wissen, das von seiten der Geschichtswissenschaft verfügbar gemacht werden kann. Bestimmte Ereignisse und Entwicklungen werden für das kollektive Gedächtnis mit Bedeutungsinvestitionen versehen, wodurch Erinnerungsmuster hergestellt werden, innerhalb derer es Erinnerungskorridore und Erinnerungsblockaden gibt. Auf diese Weise werden die Wahrnehmungsmuster strukturiert, durch deren Filter hindurch gegenwärtige Ereignisse bewertet und gewichtet sowie zukünftige Entwicklungen erwartet werden. Das reicht von der offiziellen beziehungsweise der – zumindest für Lehrpläne und Schulbücher – verbindlichen Darstellung der Geschichte einer politischen Gemeinschaft bis zu der Benennung von Straßen und Plätzen, denen zumal in den städtischen Zentren eine besondere Funktion zukommt, von der Festlegung der Gedenk- und Feiertage bis zur Errichtung von Denkmälern und zum Anbringen von Wandtafeln. Was solcherart entsteht und geformt wird, ist eine »Erinnerungsgemeinschaft«, die ihre politische Handlungsfähigkeit nicht zuletzt durch den Rückbezug auf eine gemeinsame Erinnerung, ebenso aber auch durch kollektive Amnesie gewinnt.

Diese allgemeinen Überlegungen zu Bedeutung und Funktion des kollektiven Gedächtnisses politischer Gemeinschaften, für die Ausbildung ihrer Identität wie für die Herstellung politischer Handlungsfähigkeit beanspruchen Gültigkeit unabhängig von der spezifischen politischen Verfaßtheit dieser Gemeinschaften. Sie sind freilich in einem zweiten Schritt hinsichtlich der Verteilung von Macht und Einfluß innerhalb des politischen Systems, dem Verhältnis von Herrschafts- und Deutungseliten sowie der Regelung des Zugangs zu den Medien zu differenzieren. Sowohl die DDR als auch die alte Bundesrepublik haben ein kollektives Gedächtnis ausgebildet, und in beiden Fällen sind die Mechanismen von Erinnern und Vergessen im oben beschriebenen Sinne wirksam geworden, und doch unterscheidet sich in der Art des Wirksamwerdens beziehungsweise Inwirkungsetzens dieser Mechanismen die Konstituierung und Entwicklung der beiden kollektiven Gedächtnisse grundlegend, und zwar so, daß sich hieran einmal mehr die Differenz zwischen einem liberaldemokratischen und einem zunächst totalitären, später posttotalitären beziehungsweise autoritären politischen System aufzeigen läßt.

646 Ersttagsbriefe zum Thema Antifaschismus, 1964, 1966, 1968

II. Die alte Bundesrepublik, so, wie sie bis 1989/90 bestanden hat, ist ein ausgesprochen symbolarmer Staat gewesen, nicht nur im Vergleich mit der DDR, sondern auch mit ihren westlichen Nachbarn und Verbündeten. Ihr Staatszeremoniell fand, vom Abschreiten der Ehrenformation des Wachbataillons einmal abgesehen, fast ausschließlich im Saale statt, in der Regel in Form feierlicher Parlamentssitzungen oder ritueller Gedenkveranstaltungen, und es beschränkte sich auf Reden, die zumeist von getragener Musik kleiner Streichorchester umrahmt wurden. Keine Militärparaden, keine offiziellen Auf- und Vorbeimärsche, keine pompösen Kundgebungen. Die einzigen Ausnahmen waren zeremonialisierte Totenfeiern, unter denen die Staatsbegräbnisse für Konrad Adenauer und Franz Josef Strauß besondere Bedeutung haben.[2]

Der öffentliche Raum wurde nur spärlich und zurückhaltend mit Symbolen besetzt, die Bestandteile des kollektiven Gedächtnisses der Republik repräsentierten. Die Abgrenzung von den gigantischen Selbstinszenierungen des Nationalsozialismus erfolgte durch einen weitgehenden Verzicht auf politisch-rituelle Selbstdarstellungen und durch ein bescheiden-zurückhaltendes Staatszeremoniell. Wenn der öffentliche Raum doch zum Ort politischer Demonstrationen wurde, dann fast immer zur Bekundung oppositioneller politischer Optionen, von den Kampagnen gegen die Wiederbewaffnung über die Demonstrationen gegen die Notstandsgesetze bis zu den großen Kundgebungen gegen die Politik der sogenannten Nachrüstung in den 80er Jahren. Das kollektive Gedächtnis der Bundesrepublik ist weder ikonisch verdichtet noch rituell inszeniert worden.

In der DDR war das genaue Gegenteil der Fall. Von Anfang an hat in ihrer politischen Selbstdarstellung ein aufwendiges Staatszeremoniell eine herausragende Rolle gespielt. Das begann bei den Aufmärschen und Kundgebungen anläßlich sakralisierter Daten wie des 1. Mai oder des 7. Oktober, setzte sich fort in den Treffen kleinerer Erinnerungsgemeinschaften, etwa der Spanienkämpfer (Interbrigadisten) oder der antifaschistischen Widerstandskämpfer, dazu den Vorbeimärschen und Kampfappellen der Betriebskampfgruppen, der Grenztruppen, des Wachregiments und der ›Nationalen Volksarmee‹, und endete in einer ausgeprägten Tendenz zur Uniformierung all jener, die im öffentlichen Raum politische Erinnerung zelebrierten.

Hinzu kam eine starke Neigung zur semiotischen Aufladung des öffentlichen Raums, der durch Hinweisschilder, Gedenktafeln und Denkmale eine Zeichenhaftigkeit erhielt, vermittels derer zentrale Bestandteile des kollektiven Gedächtnisses in der Erinnerung der einzelnen präsent gehalten werden sollten.[3] Das gilt nicht nur für das Marx-Engels-Denkmal im politischen Zentrum Ost-Berlins oder das gigantische Thälmann-Monument auf dem Prenzlauer Berg, sondern auch für die zahllosen kleinen Gedenk- und Hinweistafeln, die überall im Stadtbild der größeren Städte angebracht waren und die wichtigsten Elemente des kollektiven Gedächtnisses exemplifizieren und demonstrieren sollten. Die Erinnerung sollte vor dem Verblassen und Erlöschen bewahrt werden, indem man sie in den Raum der Städte einschrieb. Die Memorialkultur wurde zeitlich und räumlich entgrenzt und überlagerte noch die profansten Räume der alltäglichen Lebenswelt; das kollektive Gedächtnis der DDR war omnipräsent.

Um die skizzierten Unterschiede zwischen der politischen Memorialkultur der DDR und der der alten Bundesrepublik genauer untersuchen zu können, bietet es sich an, die unterschiedlichen Erinnerungsformen des kollektiven Gedächtnisses voneinander zu separieren. In der jüngeren Forschung ist die Unterscheidung zwischen dem kommunikativen und dem kulturellen Gedächtnis vorgeschlagen worden.[4] Dabei heißen kommunikativ jene Bestandteile des kollektiven Gedächtnisses, die in der individuellen Erinnerung der Menschen (noch) präsent sind und insofern auch in den Alltagskommunikationen immer wieder zirkulieren; dagegen umfaßt das kulturelle Gedächtnis jene Bestandteile, die aus der persönlichen Erinnerung der Menschen und damit auch aus der lebensweltlichen Kommunikation der Menschen verschwunden und darum auf öffentliche Vermittlung und Präsentation angewiesen sind. Die dem kommunikativen Gedächtnis zugehörenden Bestandteile entstammen in der Regel der Symbolsprache des Alltags, die eine Sprache der Nähe ist und in der die Lernprozesse der Sozialisation stattfinden, während das kulturelle Gedächtnis verbunden ist mit der Symbolsprache des Festtags, die eine Sprache der Distanz ist und die für die Lernprozesse der Enkulturation, der Vermittlung grundlegender Werte und Orientierungen einer Gemeinschaft oder Zivilisation zuständig ist.

Vergleicht man nun die Gründungsmythen der DDR und der alten Bundesrepublik miteinander, die den Grundbestandteil des kollektiven Gedächtnisses bilden, so haben in der Bundesrepublik die kommunikativen, in der DDR dagegen die kulturellen Elemente im kollektiven Gedächtnis überwogen: Während sich die DDR auf den antifaschistischen Widerstand als Gründungs- und Legitimationserzählung berief, in dessen Tradition sich zunächst die SED und anschließend die DDR stellte, avancierte in der Bundesrepublik die Erinnerung an Währungsreform und Wirtschaftswunder zum Gründungsmythos des westdeutschen Staates.[5]

In komprimierter Fassung findet sich dieser Gründungsmythos der DDR noch in einem anläßlich des 40. Jahrestags der Staatsgründung veröffentlichten Text- und Bildband, dem auch angesichts der beigefügten Übersetzungen ins Englische, Französische, Russische und Spanische ein quasi-offizieller Charakter beikam: »Die DDR, der neue deutsche Staat, in dem das werktätige Volk unter Führung der Arbeiterklasse die Macht ausübt, nahm die progressiven Traditionen der deutschen Geschichte auf, zog die Lehren und richtete von Anfang an seine Politik darauf, eine dauerhafte Friedensordnung in Europa schaffen zu helfen, getreu dem Schwur, den die in Konzentrationslager und Zuchthäuser Gesperrten, in die Illegalität und das Exil Getriebenen geleistet hatten: ein friedvolles Land zu errichten, von dessen Boden nie wieder Krieg ausgehen darf, in dem auch die geistigen Wurzeln des Faschismus ausgerottet sind und demokratische Verhältnisse herrschen. Deutsche Antifaschisten waren die Unermüdlichen der ersten Stunde! Sie waren schon daran gegangen, Wege und Ziele abzustecken, die Keime des Neuen zu setzen, als der Krieg noch in den letzten Zügen lag.«[6]

Vor allem Friedensliebe nach außen und demokratische Verhältnisse im Innern werden in dieser Spätfassung des Gründungsmythos als Identitätsmerkmale der DDR herausgestellt, während in früheren Fassungen stärker das Erfordernis zur Umgestaltung der sozio-ökonomischen Strukturen, die die Voraussetzung für den Aufstieg des Nationalsozialismus gewesen seien, und die Überwindung der Spaltung der Arbeiterklasse, insofern diese Spaltung den Widerstand gegen den Nationalsozialismus geschwächt habe, herausgestellt wurden. Durchweg wird jedoch betont, daß die Gründung der DDR wie auch die zuvor bereits in der SBZ betriebene Politik auf eigenständige Entscheidungen deutscher Antifaschisten zurückgingen, bei denen die Sowjetunion beziehungsweise die SMAD nur freundschaftliche Hilfe geleistet habe.

Wenn hier von Mythos gesprochen wird, dann in einem doppelten Sinn: zunächst in dem, daß das Berichtete nicht unbedingt dem von der Geschichtswissenschaft verfügbar gemachten Wissen entspricht, sondern Ereignisse und Entwicklungen überdehnt, überzeichnet und dabei häufig auch personalisiert; sodann aber auch in dem Sinn, daß das Berichtete sich nicht auf ein geschichtliches Ereignis oder eine Entwicklung unter anderen bezieht, sondern daß es hier um etwas von zentraler Bedeutung geht, etwas, das auch für Gegenwart und Zukunft relevant ist. In diesem Sinne ziehen politische Mythen die verbindlichen Lehren der Geschichte oder geben innerweltliche Heilsversprechen, sie berichten von den Werten und Normen, an denen sich die politische Gemeinschaft in schwierigen Zeiten orientieren muß, wenn sie erfolgreich fortbestehen will,

647 »Die Vertreter der FIR, der Bruderorganisationen, des Rates und des Zentralvorstandes der VVN legten am 8. September 1951 zu Ehren des Internationalen Kampftages gegen Krieg und Faschismus am Ehrenmal der Sowjetarmee in Berlin-Treptow Kränze nieder.« (Zeitgenössische Beschriftung; Foto: Sturm)

und stellen den Gegenwärtigen die Früheren als leuchtende Vorbilder hin, an deren Handeln sich die Heutigen orientieren sollen.

Während nun die bundesrepublikanische Gründungserzählung auch in den individuellen Erinnerungen der Menschen präsent war, dementsprechend auch in den Alltagskommunikationen zirkulierte und obendrein jeder deren Symbol – eine stabile und kaufkräftige Währung als Inbegriff wirtschaftlicher Prosperität, wenn auch zumeist nur in kleiner Münze – mit sich trug, war dies beim antifaschistischen Widerstand nicht der Fall. Nur wenige Deutsche hatten tatsächlich Wider-

648 Doppelseite aus einer Broschüre ›Von Landsknechten, Söldnern und Soldaten‹, die den Friedenswillen der DDR unterstreichen soll, 1959

stand geleistet, und die meisten hatten, auch wenn sie keine überzeugten Nazis gewesen waren, innerhalb des Systems mehr oder minder reibungslos funktioniert. Es waren somit einige wenige, die als beispielhaft und vorbildlich herausgestellt werden mußten, damit sich die große Mehrheit der Bevölkerung in eine Tradition stellen konnte, die in den wenigsten Fällen tatsächlich die ihre war.

Während also die gründungsmythische Erzählung der Bundesrepublik im kollektiven Gedächtnis vor allem über kommunikativ vermittelte Erinnerung präsent war, war der Gründungsmythos der DDR von vornherein auf kulturelle Vermittlungsformen angewiesen, um zum kollektiven Gedächtnis Zugang zu finden. Im Unterschied zum Gründungsmythos der Bundesrepublik kam der der DDR nicht aus ohne entsprechende Geschichtsbücher und literarische Darstellung, ohne die Errichtung von Denkmälern und das Anbringen von Erinnerungstafeln, schließlich nicht ohne die politisch verordneten rituellen Inszenierungen, in denen die Bedeutung des Erinnerten feierlich bekräftigt wurde. Dies erklärt, warum die alte Bundesrepublik es sich leisten konnte, ein symbolarmer Staat zu sein, der auf eine öffentliche Präsentation des kollektiven Gedächtnisses weitgehend verzichtete, während die DDR hingegen darauf angewiesen war, ihr kollektives Gedächtnis in den öffentlichen Raum einzuschreiben und es durch eine Fülle ritueller Inszenierungen lebendig zu halten.

III. Nun wäre freilich trotz der Defizite persönlicher Erinnerungen an tatsächlich geleisteten Widerstand gegen den Nationalsozialismus die nahezu ausschließliche Repräsentation des DDR-Gründungsmythos im kulturellen und nicht im kommunikativen Gedächtnis, wie sie sich im Verlaufe der 50er Jahre herausbildete, nicht zwingend gewesen, gab es doch durchaus eine größere Anzahl Personen, die als Angehörige der ›Internationalen Brigaden‹ in Spanien gegen Franco gekämpft hatten oder aus der Spätphase der Weimarer Republik beziehungsweise den ersten Jahren des Dritten Reiches persönliche Erinnerungen

649 Kranzniederlegung am Wohnhaus des 1933 ermordeten Widerstandskämpfers Dr. Arno Philippsthal anläßlich seines 75. Geburtstages am 13. September 1962 in Berlin-Marzahn (Foto: Diesing)

an antifaschistischen Widerstand vermitteln konnten. Es ist bemerkenswert, daß die politische Führung bereits vor Gründung der DDR auf eine genaue Kontrolle und Kanalisierung dieser persönlichen Erinnerungen als Präsentation und Beglaubigung des kollektiven Gedächtnisses Wert legte. Das zeigt sich auch im stets auf politische Kontrolle bedachten Umgang mit den Interessenorganisationen beziehungsweise organisierten Erinnerungsgemeinschaften der antifaschistischen Widerstandskämpfer, dem im Sommer 1943 gegründeten Nationalkomitee ›Freies Deutschland‹, der Gemeinschaft der Buchenwald-Häftlinge sowie der ›Vereinigung der Verfolgten des Naziregimes‹ (VVN).[7]

Gerade hinsichtlich des Widerstands in den Konzentrationslagern bestand die Gefahr, daß eine unlimitierte und unzensierte Zirkulation persönlicher Erinnerungen die Verstrickungen der inhaftierten Kommunisten in Organisations- und Funktionsmechanismen der Lager in einer Weise hätte sichtbar werden lassen, daß dadurch die Gründungserzählung des antifaschistischen Widerstands in ihrer politischen Legitimationsfunktion fraglich geworden wäre. Lutz Niethammer bemerkt zu diesem Zusammenspiel von offizieller Erinnerung und Verdrängen: »Geschwiegen werden mußte auch über die Ambivalenzen ihrer konkreten Existenz im Lager: darüber daß ihr Widerstandserfolg ohne Zusammenarbeit mit der SS nicht zu haben war, daß er viele Opfer unter den Häftlingen anderer Kategorien und Nationen gekostet hatte, daß die Häftlingsgesellschaft keine egalitäre Solidargemeinschaft gewesen war, sondern eine vom Terror der SS entmenschte Wolfsgemeinschaft, in deren harten Hierarchien es

650 Demonstrationszug mit dem Modell des Buchenwald-Denkmals während des Deutschlandtreffens, 1964 (Foto: Martin Schmidt)

jedoch verschiedene Solidargemeinschaften gab und die deutschen Kapos eine privilegierte Oberschicht mit erheblicher Macht über die anderen Häftlinge darstellten, daß die übergreifende antifaschistische Kameradschaft im Kern das Überleben der kommunistischen Kader bedeutete und daß die Volksfrontpolitik der KPD im Überlebenskampf des Lagers kaum über die Rolle eines taktischen Zugeständnisses hinausgekommen war.«[8]

Diese Ambivalenz hätte sich bei einer offenen Kommunikation über die Geschichte des Konzentrationslagers Buchenwald auch an der für den Antifa-Mythos der DDR zentralen Erzählung von der Selbstbefreiung des Lagers gezeigt, deren Organisatoren den seit März 1945 vorhandenen Bestrebungen zu einem spontanen Aufstand entgegentraten, um ihn erst am 11. April auszulösen, als die Panzerspitze der Amerikaner sich dem Lager auf Sichtweite genähert hatte. Mit hoher Wahrscheinlichkeit wäre ein Aufstand im März angesichts der zu diesem Zeitpunkt gegebenen Kräfteverhältnisse von den SS-Wachmannschaften niedergeschlagen worden, während der späte Aufstand, als der Großteil der Wachen bereits abgezogen war, erfolgreich war; freilich schloß dieses Kalkül auch ein, daß bis dahin vor allem Juden und Slawen der Ermordung durch Todesmärsche ausgesetzt waren. Die Stilisierung des symbolischen Aufstands zur militärischen Selbstbefreiung des Lagers als Entlastung der Überlebenden von ihrer »Überlebensschuld«, wie Lutz Niethammer formuliert,[9] ist unter diesen Umständen verständlich und menschlich nachvollziehbar, aber sie ist zu unterscheiden von der offiziellen Stilisierung der Organisatoren des symbolischen Aufstands zu heldenhaften »Kämpfern gegen den Faschismus«

und »Vorbildern der jungen Generation«, wie es in Erich Honeckers Geleitwort zur offiziellen Buchenwald-Dokumentation heißt.[10] Ein solcher Gründungsmythos konnte nicht über persönliche Erinnerungen weitervermittelt werden; er war auf das kulturelle Gedächtnis verwiesen, weil er nur hier in dieser Eindeutigkeit hergestellt und präsentiert werden konnte.

Dementsprechend wurde das KZ Buchenwald auch nicht in seinem vorhandenen Zustand als Ort des Erinnerns und Gedenkens an die Ermordeten belassen, sondern zur ›Nationalen Mahn- und Gedenkstätte‹ umgestaltet. Diese Umgestaltung orientierte sich an den politischen Vorgaben der Semiotik von Opfergang, Widerstand und schließlich Sieg, die im antifaschistischen Gründungsmythos gemacht worden waren. Über die Lagerzufahrt, die sogenannte Blutstraße, wird der Besucher durch das Tor in die Gedenkstätte hineingeführt. Dann geht der Weg vorbei an Stelen, die Szenen aus dem Lagerleben darstellen. Die anschließende ›Straße der Nationen‹, die an die Herkunftsländer der Gefangenen und Ermordeten erinnert, führt an zwei Massengräbern vorbei, durch ein drittes hindurch, bevor sie wieder ansteigt, um zu der Gedenkstätte hinaufzuführen, die Mitte der 50er Jahre hier angelegt worden ist. Mittelpunkt dieser Gedenkstätte sind ein Versammlungsplatz, der etwa 20 000 Personen aufnehmen kann, und ein aus grob behauenen Felsquadern errichteter Glockenturm, der die Erfüllung des Schwurs der Buchenwald-Häftlinge verkündet. Die Botschaft des Weges durch die Mahn- und Gedenkstätte ist eindeutig: Verfolgung, Leid und Tod sind nicht vergebens gewesen, denn zuletzt folgt auf sie doch die Erlösung. Die Gefangenen und Gemordeten haben nicht umsonst gelitten: In der Gesellschaftsordnung der DDR sind ihre politischen Ziele und Hoffnungen Realität geworden (s. Abb. 199, S. 150).

IV. Bei der Prägung des kulturellen Gedächtnisses lassen sich drei Formen der Vermittlung unterscheiden: die narrative, die ikonische und die rituelle Form. Die narrative Form reicht von einem bestimmten Typus der Historiographie über Teile der belletristischen Literatur bis zu politischen Texten und Losungen, in denen prägnant zusammengefaßt wird, was an anderer Stelle ausführlich dargelegt und begründet wurde. Zur ikonischen Form gehören Denkmäler und Mahnmale, die auf zentral gelegenen öffentlichen Plätzen oder an geschichtlich bedeutsamen Orten errichtet worden sind und in bildhafter Verdichtung das narrativ Vermittelte repräsentieren. Öffentliche Versammlungen, Gedenkveranstaltungen und Aufmärsche bilden die rituelle Form der Prägung des kollektiven Gedächtnisses, bei der in regelmäßiger Wiederholung und gemäß einer feststehenden Ideologie jener Ereignisse und Personen gedacht wird, denen in der Erinnerung der Gemeinschaft eine zentrale Bedeutung beigemessen wird.

Die drei Formen der Prägung des kollektiven Gedächtnisses ergänzen und verstärken sich wechselseitig, wobei freilich die narrative Form die Basis ist, auf der die beiden anderen aufbauen; ohne diese bleiben jene unverständlich oder verwandeln sich in leeres Ritual. In diesem Sinne ist das kollektive Gedächtnis der DDR in einer – was Umfang und Intensität anbetrifft – mit der Bundesrepublik unvergleichbaren Art geprägt und konserviert worden. Vom Geschichtslehrbuch bis zur Kampfdemonstration ist hier ein offizieller Erinnerungsrahmen hergestellt worden, der sich nicht mit politisch-kulturellen Konjunkturen und sozio-ökonomischen Rahmenbedingungen »spontan« veränderte, sondern bis ins Detail hinein politisch geplant war und der ideologischen Leitung und Lenkung der Bevölkerung diente.

Zur Durchführung eines solchen Programms genügte freilich nicht der entschlossene Wille der politischen Führung, sondern es bedurfte zahlloser Wissenschaftler, Intellektueller und Künstler, die bereit waren, einen diesen Vorgaben entsprechenden Beitrag zum kollektiven Gedächtnis der DDR zu leisten. Dem kam zugute, daß die DDR und zuvor bereits die SBZ aufgrund ihres Anspruchs, in der antifaschistischen Tradition zu stehen und ihr zum Sieg zu verhelfen, zunächst eine beträchtliche Attraktivität besaß, so daß sich viele der Emigranten, die in der westlichen Hemisphäre Zuflucht gefunden hatten, entschlossen, in den östlichen und nicht in den westlichen Teil Deutschlands zu gehen. Arnold Zweig und Anna Seghers, Bert Brecht, Ernst Bloch und Hans Mayer sind Beispiele dafür.

Noch im Sommer 1992 hat Stephan Hermlin seine 1947 erfolgte Übersiedlung von Frankfurt am Main nach Ost-Berlin damit begründet, daß nur im Osten Deutschlands eine konsequent antifaschistische Politik betrieben werde: »Für jüngere Menschen ist es gewiß schwer zu verstehen. Sehen Sie, ich hatte wirklich nur die Wahl zwischen zwei Barbareien: zwischen der faschistischen und der antifaschistischen Barbarei. Und ich habe mich für die antifaschistische entschieden. Alles, was dazwischen stand, zählte damals überhaupt nicht, alle anderen waren Manipulatoren, alle anderen waren Drückeberger. Diese sogenannten bürgerlichen Demokratien, ich habe sie verachtet. Die westlichen Demokratien, sagen wir mal England, Frankreich und die USA, haben von Anfang an den Anblick von Kompromißlern geboten, sie zeigten mehr oder weniger verhüllt Sympathien für Hitler.«[11] Das ist, zumindest was die USA anbetrifft, sicherlich falsch, zeigt aber die subjektive Wahrnehmung vieler, in deren Folge sie bereit waren, die von der SED betriebene Politik zu unterstützen. Hinzu kam, daß die SED entsprechend den Erfordernissen bei der Prägung eines eigenständigen kollektiven Gedächtnisses, »der Literatur zentrale sozialpädagogische Aufgaben übertrug, die von der Mehrzahl der Autoren zunächst emphatisch angenommen wurden«.[12]

»Volkserzieher und Sozialpädagogen mit den Mitteln der Literatur zu sein« – damit erhielten die Künstler und Intellektuellen eine Aufgabe bei der Überwindung des Nationalsozialismus und der Verhinderung seines Wiedererstarkens, wie sie kaum attraktiver hätte sein können.[13] Nicht nur die Belletristik, sondern auch die bildenden Künste bekamen einen Status, den sie unter den gänzlich anderen Bedingungen bei der Bildung eines kollektiven Gedächtnisses im Westen nicht hatten, auch nicht haben konnten und haben durften. Solche politischen Funktionen hatten freilich ihren Preis, und der bestand in Konformität und Linientreue. Schon der geringste falsche Zungenschlag konnte unter diesen Bedingungen, zumindest in der Ulbricht-Ära, als staatsgefährdend angesehen werden.

Nach den zunächst auf beiden Seiten weitgehenden Hoffnungen und Erwartungen wurde das Verhältnis zwischen Herrschafts- und Deutungselite jedoch zunehmend gespannter und schwieriger, und auf die anfängliche Zuwanderung von Intellektuellen und Künstlern folgte schon bald die erste Welle der Abwanderung. Dabei mußten keineswegs oppositionelle Politikoptionen verfolgt oder eine vom offiziellen Kurs abweichende Linie propagiert werden, um massiven Sanktionen ausgesetzt zu werden, sondern es genügte schon ein falscher Beitrag zur Prägung des kollektiven Gedächtnisses; solche Sanktionen reichten von der Zwangsversetzung bis zum Publikationsverbot, von der Verurteilung zu mitunter langjährigen Haftstrafen bis zur Ausbürgerung.

Günter de Bruyn hat diese andere Seite des antifaschistischen Gründungsmythos im Rückblick beschrieben: »Über Krieg und Nachkrieg zu schreiben, war in den fünfziger und sechziger Jahren, wenn man gedruckt werden wollte, nur mit Verschweigen und Lügen möglich; denn alles, was uns in diesen Jahren Angst gemacht hatte, war tabuisiert. Kein Sowjetsoldat durfte in Deutschland geplündert und vergewaltigt haben, kein nach dem Krieg Internierter in Buchenwald, Ketschendorf oder in Sibirien verendet sein. Von den deutschen Offizieren, die von den Amerikanern in die sowjetisch besetzte Zone entlassen und von den Russen sofort wieder gefangen und abtransportiert wurden, durfte genauso wenig verlauten wie von den Opfern der Bodenreform und der Bauernvertreibung, von den Justizmorden in Waldheim, von der sogenannten Aktion Rose, die den Hotelbesitzern an der Küste gegolten hatte, oder von den hohen Gefängnisstrafen für kritische Worte oder einen politischen Witz.«[14]

Die herausgehobene Bedeutung, die – verglichen mit den westlichen liberal-demokratischen Systemen – das Regime seinen Wissenschaftlern, Intellektuellen und Künstlern bei der Prägung des kollektiven Gedächtnisses zuwies, wurde damit beglichen, daß die Deutungselite am kurzen Band der Herrschaftselite geführt wurde. Auch wenn dieses Band in den 70er Jahren etwas länger wurde (um von Zeit zu Zeit auch wieder verkürzt zu werden), so ist es in der DDR zu einer Autonomie der Deutungselite nie gekommen und hätte es auch aufgrund der beschriebenen Konstitutionsbedingungen des kollektiven Gedächtnisses nicht kommen können.

V. Die geschichtspolitisch-mythische Ansippung von SBZ und DDR an den antifaschistischen Widerstand hatte eine doppelte Funktion: Zum einen handelte es sich dabei um ein entlastendes

Deutungsangebot an die Bevölkerung, die dadurch weitgehend von Schuld und Verantwortung für den Nationalsozialismus freigesprochen und der ein Erinnerungskorridor eröffnet wurde, in dem sie sich mit den besten Traditionen der deutschen Geschichte identifizieren konnte; zum anderen war dieser antifaschistische Gründungsmythos aber auch ein Herrschaftsinstrument der politischen Führung, vermittels dessen sie die Politik der sozio-ökonomischen Umgestaltung und der Zwangsvereinigung von SPD und KPD vorantreiben konnte. Konkret hieß das: Wer über die Faschismusdefinition verfügte, bestimmte zugleich die politische Linie, die in der SBZ und anschließend der DDR verfolgt wurde. Es kommt also nicht von ungefähr, wenn noch in dem 1970 erschienenen Geschichtslehrbuch für die 9. Klasse bei der Definition des Faschismus Walter Ulbricht zitiert wird: »Der Faschismus ist das Werk der aggressivsten, expansionistischen Kräfte des Monopolkapitals, die mit den Mitteln der Militarisierung der staatlich formierten Herrschaft und der Manipulierung der Menschen ein unmenschliches System schaffen.«[15]

Nicht etwa bestimmte Traditionen der politischen Kultur in Deutschland, etwa Obrigkeitshörigkeit, Politikferne usw., auch nicht die Enteignung breiter Teile des alten Mittelstands infolge von Krieg und Inflation oder die Zahl von über sechs Millionen Arbeitslosen sind danach für Hitlers Weg zur Macht entscheidend gewesen, sondern die kapitalistische Verfügung über die Produktionsmittel und hierbei insbesondere die Dominanz einer bestimmten Gruppe des Monopolkapitals. Folgte man dieser Definition, so war es naheliegend, die Enteignung der Großindustrie und die Einleitung einer umfassenden Bodenreform (»Junkerland in Bauernhand«) als den entscheidenden Schritt bei der Zerschlagung der sozio-ökonomischen Basis des Faschismus anzusehen. Wer den ersten Schritt, den der Faschismus-Definition, mitging, war inkonsequent, wenn er beim zweiten, der Politik der Enteignung, zögerte oder sich ihm gar verweigerte.

War der Faschismus solcherart erst einmal in die marxistische Theorie des Klassenkampfes integriert, war auch klar, wer der Hauptfeind des Faschismus war: Der Faschismus, so heißt es im Geschichtslehrbuch der 9. Klasse weiter, »wurde im Interesse der reaktionärsten Kreise des Finanzkapitals an die Macht gebracht, um die Arbeiterklasse und andere Schichten des deutschen Volkes zu unterdrücken«.[16] Dabei sei es dem Faschismus durch Demagogie und falsche Versprechungen gelungen, bei vielen Bauern, Handwerkern, Geschäftsleuten, Beamten und Angestellten Einfluß und Anhänger zu gewinnen, nicht jedoch in der Arbeiterklasse. »Ein umfassender Einbruch in die Arbeiterklasse gelang der Hitlerpartei nicht«, heißt es im Geschichtslehrbuch,[17] womit der andere Punkt des antifaschistischen Gründungsmythos bezeichnet ist: Es war die Arbeiterklasse, die dem Nationalsozialismus gegenüber resistent geblieben ist und die darum nach dessen Zerschlagung legitimerweise die Macht im Staate beanspruchen konnte. Indem beide Thesen, die ursächliche Zurückführung des Nationalsozialsmus auf den Kapitalismus und die angebliche Resistenz der Arbeiterklasse gegenüber den nationalsozialistischen Suggestionen, der Bevölkerung immer wieder im oben beschriebenen Sinne ins Bewußtsein gehämmert wurden, entstand ein kollektives Gedächtnis, worin die Realität des Aufstiegs der Nazipartei und die Art ihrer Machtausübung mehr und mehr verblaßte. Dazu gehörte das partielle Zusammenspiel von KPD und NSDAP im Reichstag ebenso wie der Hitler-Stalin-Pakt und die Teilung Mitteleuropas zwischen den beiden Tyrannen.

Auf dieser Grundlage kam ein weiteres Element des antifaschistischen Gründungsmythos ins Spiel, nämlich die Aussage, daß die Hauptlast des Widerstands gegen den Faschismus von der KPD getragen worden ist, weswegen sie nunmehr auch, gleichsam stellvertretend für die Arbeiterklasse, den Anspruch auf die politische Führung in Deutschland habe. In der Art einer kanonischen Formel wurde dort, wo vom Widerstand die Rede war, stets ein »vor allem die KPD« oder »die KPD an der Spitze der deutschen Antifaschisten« hinzugefügt. Demgegenüber wurde im Hinblick auf die SPD zwischen Führung und Mitgliedern unterschieden: Während für die einfachen Mitglieder die allgemeine Aussage vom antifaschistischen Charakter der Arbeiterklasse galt, wurde der Parteiführung, namentlich Otto Wels und Theodor Leipart, vorgeworfen, sie habe sich geweigert, »gemeinsam mit der KPD den antifaschistischen Abwehrkampf« aufzunehmen.[18] Demgemäß konnte die SPD auch keinen Anspruch auf Führung der Arbeiterklasse geltend machen, und so war es nur folgerichtig, wenn die Zwangsvereinigung von SPD und KPD unter Führung der Kommunisten stattfand.

In diesem Sinne war der antifaschistische Gründungsmythos konzipiert als ein Herrschaftsinstrument, das dazu diente, die Machtposition der Kommunisten nicht durch Erfolge bei freien Wahlen absichern zu müssen, sondern sie durch ein entsprechend geprägtes kollektives Gedächtnis zu legitimieren. Konsequenterweise mußte dieses Gedächtnis in Denkmalen monumentalisiert und in Aufmärschen inszeniert werden.

1 Vgl. hierzu Halbwachs, Maurice: Das kollektive Gedächtnis, Frankfurt a. M. 1985; Assmann, Aleida / Harth, Dietrich (Hg.): Mnemosyne. Formen und Funktionen der kulturellen Erinnerung, Frankfurt a. M. 1991; sowie Assmann, Jan: Das kulturelle Gedächtnis. Schrift, Erinnerung und politische Identität in frühen Hochkulturen, München 1992.

2 Vgl. Ackermann, Volker: Nationale Totenfeiern in Deutschland. Von Wilhelm I. bis Franz Josef Strauß. Eine Studie zur politischen Semiotik, Stuttgart 1990.

3 Hierzu Azaryahu, Maoz: Vom Wilhelmplatz zum Thälmannplatz. Politische Symbole im öffentlichen Leben der DDR, Gerlingen 1991.

4 Assmann, Aleida: Kultur als Lebenswelt und Monument, in: dies. / Harth, Dietrich (Hg.): Kultur als Lebenswelt und Monument, Frankfurt a. M. 1991, S. 11 ff.; sowie Assmann, Jan (wie Anm. 1), S. 48 ff.

5 Dazu eingehend Grunenberg, Antonia: Antifaschismus – ein deutscher Mythos, Reinbek bei Hamburg 1993; sowie Münkler, Herfried: Überholen ohne einzuholen. Deutsche Gründungserzählungen im Leistungsvergleich. Ein Gespräch mit Karl D. Bredthauer, in: Blätter für deutsche und internationale Politik, 10/1995, S. 1181 ff.

6 Herausgeberkollektiv Ulbrich, Klaus / Seifert, Peter / Müller, Brigitte / Sauer, Horst: Deutsche Demokratische Republik, Leipzig 1990, S. 23.

7 Vgl. hierzu Niethammer, Lutz (Hg.): Der »gesäuberte« Antifaschismus. Die SED und die roten Kapos von Buchenwald. Dokumente, Berlin 1994, insbes. S. 68 ff.; sowie Heider, Paul: Das NKFD und der BDO in der Historiographie der DDR und die ›Arbeitsgemeinschaft ehemaliger Offiziere‹, in: Ueberschär, Gerd R. (Hg.): Das Nationalkomitee ›Freies Deutschland‹ und der Bund Deutscher Offiziere, Frankfurt a. M. 1995, S. 161-181; sowie Steinbach, Peter / Ueberschär, Gerd R.: Die Geschichtsschreibung zum NKFD und BDO in der Bundesrepublik Deutschland und in den westlichen Ländern, ebenda, S. 141-160.

8 Niethammer (wie Anm. 7), S. 16.

9 Ebenda, S. 51.

10 Buchenwald. Mahnung und Verpflichtung. Dokumente und Berichte, hg. v. der Nationalen Mahn- und Gedenkstätte Buchenwald in Zusammenarbeit mit der Lagerarbeitsgemeinschaft Buchenwald-Dora beim Komitee der Antifaschistischen Widerstandskämpfer der DDR, Berlin (4., völlig neu bearb. Auflage) 1983.

11 Hermlin, Stephan: In den Kämpfen dieser Zeit, Berlin 1995, S. 95 f.

12 Emmerich, Wolfgang: Kleine Literaturgeschichte der DDR (erweiterte Neuausgabe), Leipzig 1996, S. 12.

13 Ebenda, S. 15.

14 De Bruyn, Günter: Vierzig Jahre. Ein Lebensbericht, Frankfurt a. M. 1996, S. 117.

15 Lehrbuch Geschichte. Klasse 9, Berlin 1970, S. 159; Ulbrichts Definition ist eine geringfügige Variation der berühmten Faschismusformel Georgi Dimitroffs, wonach der Faschismus die »offene terroristische Diktatur der reaktionärsten, am meisten chauvinistischen und am meisten imperialistischen Elemente des Finanzkapitals« sei; vgl. Pieck, Wilhelm / Dimitroff, Georgi / Togliatti, Palmiro: Die Offensive des Faschismus und die Aufgaben der Kommunisten im Kampf für die Volksfront gegen Krieg und Faschismus, Berlin 1960, S. 87. Es war ein Zeichen der politischen Rangordnung wie Verbindlichkeit der Aussage, daß hier nicht Dimitroff selbst, sondern Ulbricht zitiert wurde.

16 Lehrbuch Geschichte (wie Anm. 15), S. 159.

17 Ebenda, S. 136.

18 Ebenda, S. 147.

Gerald Diesener

# 41 Jahre DDR – eine Staatsdarstellung wandelt sich

651 20teilige Dia-Serie ›Die Arbeiterklasse und ihr Staat‹, um 1980

Staatsgründungen sind gewöhnlich Resultat längerfristiger historischer Verläufe und dabei zumeist krönender Abschluß eines vom zielstrebigen Wollen und mancherlei Emotionen mitgetragenen, facettenreichen geschichtlichen Prozesses. Stolz, Genugtuung und Zufriedenheit seiner Bürger stehen nicht selten Pate bei der Beurkundung eines neuen Staatswesens, und diese ist in aller Regel von deren Hoffnung begleitet, alles werde sich fortan zum Besseren entwickeln.

Wiewohl die Geschichte auch hinlänglich Beispiele für zuweilen qualvolle Prozesse der Staatsgenese, für damit einhergegangene Auseinandersetzungen und Schmerzen kennt, dominant sind fraglos die Freude, ja, der Enthusiasmus der Menschen angesichts eines neu gewonnenen Daseins. Ein sie fortan erfüllendes Selbstbewußtsein wie sich hierauf gründender Stolz ziehen ihre Kraft wesentlich aus diesem Schritt, und freier Bürger auf freiem Grund zu sein gehört zu den wohl am tiefsten verwurzelten Sehnsüchten in der menschlichen Historie, die sich an ein Staatswesen knüpfen. Nicht zuletzt ist auch das in der heutigen Gegenwart praktisch allerorten zu beobachtende

Streben von Staaten nach Attraktivität eine Widerspiegelung des sich immer wieder erneuernden Bedürfnisses nach solcher Legitimation. Ihren Gründungstag hat die weitaus überwiegende Zahl der heutigen Staaten deshalb auch zum Feiertag erklärt, nicht selten sogar zum wichtigsten in deren Gesamtensemble.

Die DDR bildete hiervon keine Ausnahme, ganz im Gegenteil – die in ihren symbolischen Gesten, feierlichen Riten und festlicher Pracht im Lande unübertroffenen Jubiläumsfeierlichkeiten der Dezennien ihrer Staatsgründung belegen dies nachhaltig. Daß ihrem 40. Jahrestag 1989 auch noch die besondere – im vorab freilich so nicht intendierte – Rolle des Anfangs vom Ende zufiel, trägt allerdings dazu bei, die Aufmerksamkeit vom Ursprung dieses Feiertages, dem 7. Oktober 1949, eher abzulenken. Dabei ist solch ein Rückblick durchaus lohnend. Denn sehr schnell wird bei genauerem Hinsehen deutlich, daß die im Laufe der Zeit von der Historiographie immer mehr zur Erfolgsstory stilisierte Geschichte der DDR nahezu bescheiden und unauffällig begann. Durchaus passend dazu ist die Tatsache, daß viele damalige Zeitzeugen heute allenfalls mühevoll rekonstruieren können, wie sie jene Oktobertage erlebten und was sie angesichts der Mitteilung von der Gründung der DDR empfanden. Reizvoll erscheint deshalb eine Umkehrung der Blickrichtung: Wie ging der Staat mit seiner eigenen Gründung um, wie stellte er sie nach außen dar?

Wie stets erzwingt eine Limitierung im Darstellungsraum auch die Beschränkung auf einige Gesichtspunkte. Um aber nicht allein in positivistischer Nachzeichnung zu verharren, sondern Geschichtliches mit seiner späteren Interpretation zu verknüpfen und dabei auch ein repräsentatives Beispiel außerhalb professioneller Historiographie einzubeziehen, sollen auf die Rekonstruktion von drei wesentlichen Interpretationsabschnitten Bemerkungen zu einer als Lehrmittel eingesetzten Lichtbilderserie folgen. Unter dem Titel: »... alles zu tun für das Glück des Volkes. Die Arbeiterklasse und ihr Staat«, fand sie als Bestandteil der Selbstinszenierung der DDR in den 80er Jahren Verwendung im Staatsbürgerkundeunterricht der Schulen.

Zunächst muß der Blick noch einmal auf die Ursprünge gerichtet werden, wobei eine hier einsetzende Übersicht im wesentlichen drei Etappen der Selbstdarstellung der DDR erkennen läßt. Die eigentliche Staatsgründung der DDR verlief bei weitem nicht so spektakulär, wie angesichts der später regelmäßig entfachten Feiertagseuphorie vermutet werden könnte. Denn der 7. Oktober 1949 war ein eher unauffälliger, in mancherlei Hinsicht von Provisorien gekennzeichneter Tag: Der ›Deutsche Volksrat‹ in Berlin beschloß im Verlauf der 9. Tagung seine Konstituierung als »Provisorische Volkskammer der Deutschen Demokratischen Republik« und stimmte außer über eine Verfassung auch über die »Provisorische Regierung« des neuen Staates ab. Diese wie auch die Schritte der folgenden Tage – Übernahme der bis dahin von der SMAD ausgeübten Verwaltungsfunktion, Wahl Wilhelm Piecks zum Präsidenten, Regierungsbildung und anderes mehr – galten selbst ihren Akteuren zunächst als eine Zwischenetappe auf dem Wege zur Wiedererlangung der verlorenen staatlichen Einheit Nachkriegsdeutschlands, als eine Basis, auf der in überschaubarer Zeit der – wie die zeitgenössische Presse vielmals formulierte – »einige, friedliebende und demokratische Staat der Zukunft errichtet werden würde«. Die »nationale Wiedergeburt« stünde, so ihr einhelliger Tenor, noch bevor.

Dies ließ die zahlreichen Provisorien und Verknüpfungen mit dem westlichen Teil Deutschlands nicht nur tragbar, sondern plausibel erscheinen: Faktisch das gesamte öffentliche Leben war von der Vorstellung der Zeitweiligkeit des Status quo mitgetragen, und so nimmt nicht wunder, daß das Offenbleiben vieler zu einem souveränen Staatsleben gehörender Essentials praktisch selbstverständlich erschien: eine von beiden deutschen Republiken beanspruchte schwarzrotgoldene Fahne, vielerlei bewußt weitergeführte »gesamtdeutsche« Aktivitäten und selbst eine neu geschaffene Nationalhymne, die die Einheit des geteilten Vaterlandes beschwor. Angesichts dieser Konstellationen und weiterer Umstände, die als Übergangslösungen erschienen, wäre damals die Prognose einer über vier Jahrzehnte währenden Teilung Deutschlands allerorten in das Reich der Phantasie verwiesen worden.

Vielmehr nährte die DDR Hoffnungen auf eine baldige Überwindung der Zweistaatlichkeit, indem sie hervorhob, daß sich – erneut mit damaligen Pressestimmen gesprochen – »in allen Teilen unseres Vaterlandes Widerstand gegen volksfeindliche Kräfte rege« und sich die »Verständigung der deutschen Menschen über die gemeinsamen, dringendsten Zeitfragen immer mehr durchsetze«. Damit wird die Schwerpunktsetzung Otto Grotewohls verständlich, der in seiner Regierungserklärung am 12. Oktober 1949 hervorhob, die Bildung dieser Regierung drücke zuvörderst aus, »daß die demokratischen Kräfte unseres Volkes nicht gewillt sind, sich mit der Spaltung unseres Vaterlandes und mit der Versklavung seiner westlichen Teile abzufinden, sondern daß sie von dem eisernen Willen beseelt sind, beharrlich den Kampf um die Wiedererlangung der Einheit Deutschlands und seiner Souveränität auf demokratischer und friedlicher Grundlage zu führen«.

Aus dieser Perspektive wird deutlich, daß die Staatsgründung erst den Anfang des langen Weges der DDR auf der Suche nach der eigenen Identität bedeutet, der vor allem dadurch seine Prägung erhielt, daß der Alleinvertretungsanspruch der Bundesrepublik zunächst Erfolge zeitigte. Wohl war die DDR von der Sowjetunion und jenen Staaten, die sich gleichfalls anschickten, den Sozialismus aufzubauen, schnell anerkannt worden, doch wog die weitgehende Ignoranz der restlichen Welt demgegenüber sehr viel schwerer. In den 50er Jahren rückte deshalb als Staatsauftrag gleich mehrerlei in den Vordergrund: Im Zusammenhang mit dem im Sommer 1952 von der II. Parteikonferenz der SED beschlossenen Kurs, »planmäßig« im Lande den Sozialismus aufzubauen, galt es jetzt auch, die Stärke und das Profil eines sozialistischen Staates zu gewinnen; daneben war alles zu tun, um zu einem gleichberechtigten Mitglied der gesamten Völkerfamilie zu avancieren.

Über daraus entstandene Konstellationen mögen Beispiele aus dem Bereich des Sports knapp Aufschluß geben, da dort die erwähnten Anfangskalamitäten besonders markant hervortraten: Jene ostdeutschen Sportler, die im Herbst 1949 zu den II. ›Weltfestspielen der Jugend und Studenten‹ nach Budapest reisten, konnten dort zunächst nicht an den Start gehen, denn die mittlerweile auch in Deutschlands Osten gebildeten Sportvereinigungen waren international noch nicht anerkannt. Da im Unterschied hierzu aber die Gewerkschaften bereits in den Weltgewerkschaftsbund aufgenommen waren, eröffnete sich die Möglichkeit, ein Fußballspiel gegen den Gastgeber kurzerhand als Gewerkschaftsbegegnung zu deklarieren. Weitaus bekannter ist noch heute die Problematik der gesamtdeutschen Olympiamannschaften. Nachdem 1951 das NOK der DDR konstituiert worden war, verging noch über ein Jahrzehnt, bis zwei deutsche Mannschaften an die Stelle der gesamtdeutschen Mannschaft traten, die unter neutralem Emblem west- und ostdeutsche Sportler zusammenfaßte (s. Abb. 614–618, S. 428–431)

Diese Episoden aus der fast zwei Jahrzehnte andauernden Etappe des Ringens der DDR um Anerkennung vor allem außerhalb des sozialistischen Lagers entstammen jenem Zeitraum, in dem die DDR zusehends danach strebte, sich als ein souveräner und starker sozialistischer Staat zu präsentieren. Damit verbunden war das Verbleichen der ursprünglich so dominanten Fixierung auf einen (gesamt)deutschen Horizont. Aus der einst hierfür als Basis interpretierten Gründung des Oktobers 1949 wurde jetzt der bewußt gesetzte Anfang einer Konkurrenz um das »bessere Deutschland«. Hinzu kam, daß Nikita Chruschtschow während des XXI. Parteitages der KPdSU vorhersagte, man könne in relativ kurzer Zeit den »höchsten Lebensstandard in der Welt« erreichen. Derart vollmundige Prognosen aus der Sowjetunion inspirierten auch viele in der DDR zu Träumen vom »Überholen des Westens« und bestärkten im deutsch-deutschen Vergleich die Argumentation vom Vorauseilen um eine ganze historische Epoche.

Solche Erwartungen verdichteten sich zeitweilig zu einer Lesart, wonach mit der DDR-Gründung eine qualitativ zuvor unerreichte Staatsmacht geschaffen worden sei. Dieser »historisch völlig neue Staatstyp« zeichne sich aus durch die Überführung der antifaschistisch-demokratischen Staatsmacht in eine Form der Diktatur des Proletariats und sei zugleich das wichtigste Ereignis im Prozeß des Hinüberwachsens der antifaschistisch-demokratischen in die sozialistische Revolution. Die schon definitorische Ungereimtheit, daß einerseits erst die sozialistische Revolution den sozialistischen Staat ermögliche, andererseits tatsächlich aber zunächst die DDR gegründet worden war

(1) »7. Oktober 1949«

(2) »VIII. Parteitag der SED«

(3) »Ehrenmal Treptow«

(4) »W. Pieck und O. Grotewohl«

(5) »Gründung der DDR«

(6) »Volkskammer der DDR«

(7) »Organe der Staatsmacht«

(8) »Plane mit, arbeite mit, regiere mit!«

(9) »Soz. Gemeinschaftsarbeit u. Neuerertätigkeit«

(13) »Demokratische Schulreform«

(10) »Arbeiterklasse«

(14) »Aufbauhelfer«

(11) »Volksentscheid in Sachsen«

(15) »Neue Städte wachsen empor«

(12) »Demokratische Bodenreform«

(16) »Aufgaben für das Bauwesen«

(17) »Friedenstaube«

(19) »Messebesuch der Parteiführung«

(18) »Leipziger Messe«

und dann die sozialistische Revolution auf die Tagesordnung gerückt wurde, ignorierte die Historiographie einfach. Statt dessen dekretierte die Geschichtsschreibung dieser Zeit: »Die DDR wurde am 7. Oktober 1949 als sozialistischer und demokratischer Staat gegründet.«

Als Ende der 60er und zu Beginn der 70er Jahre schließlich der internationale Durchbruch gelang, konnte sich die DDR aufgrund einer Anerkennungswelle, eines folgenden Schwalles von internationalen Verträgen und nicht zuletzt aufgrund der innenpolitisch stabilisierenden Konzepte einer »sozialistischen Nation« beziehungsweise des »Staatsvolkes der DDR« fortan als selbstbewußter und gleichberechtigter deutscher Staat neben der Bundesrepublik präsentieren. Allerdings war damit neuerlich eine Rückwirkung auf die Interpretation der eigenen Geschichte verbunden.

Jegliche Option auf eine gesamtdeutsche staatliche Zukunft, ausgenommen eine im sozialistischen Gewand, war nun aufgegeben, und in der Retrospektive verwies jetzt auch das Selbstverständnis auf eine seit 1917 existierende bipolare Welt und betonte das Entstehen der DDR – kurioserweise übrigens in Aufnahme des Stalinschen Grußwortes zu diesem Ereignis im Oktober 1949 – vor allem als »Wendepunkt in der Geschichte Deutschlands und Europas«. Demonstratives Selbstbewußtsein bestimmte weithin die Szenerie im Lande und ließ sich praktisch allerorten beobachten. Das galt insbesondere für das Verhältnis zur Bundesrepublik. Ein spektakuläres Ereignis wie der Weltraumflug von Waleri Bykowski und Siegmund Jähn im Spätsommer 1978 mag beispielhaft herangezogen werden: »Der erste Deutsche im All ist ein Bürger der DDR«, titelte das ›Neue Deutschland‹ hierzu in dicken Lettern.

Diese noch umfassendere Deutung, die jetzt auf eine relativ hohe Abstraktionsebene zielte und von der ursprünglich in das Zentrum gerückten pragmatischen Dimension faktisch nichts mehr übrig ließ, barg mancherlei Vermittlungsprobleme, die nicht unerkannt blieben. Das wird nicht nur belegt durch zuweilen vernehmbare Klagen, daß in den östlichen Nachbarländern Polen und ČSSR der Nationalstolz und das staatsbürgerliche Bewußtsein spürbar stärker ausgeprägt seien, sondern auch – und das ist durchaus überraschend – durch eine fast grüblerische Passage in der 1980 veröffentlichten Autobiographie Erich Honeckers: »Aus meinem Leben«. Der erste Mann im Staat greift selbstverständlich das Diktum von der DDR-Gründung als eines »Wendepunktes« in der deutschen und europäischen Geschichte auf, er räumt aber zugleich ein, daß dies »vor dreißig Jahren nur wenigen bewußt« gewesen sei. Möglicherweise kamen selbst ihm Bedenken, es bei der erwähnten alleinigen definitorischen Zuschreibung zu belassen. Denn seine Überlegungen zur und die Erinnerungen an die Staatsgründung bettete er in den didaktischen Rahmen ein, wonach es im Leben von Völkern ja immer Ereignisse gegeben habe, »deren historische Größe und Tragweite erst mit zunehmendem zeitlichen Abstand immer markanter hervortreten« würden.

Holzschnittgleich sind damit jene Momente des Wandels von Bewertungen erfaßt, die die Gründung der DDR betreffen und die vielfach in Nachschlagewerken, wissenschaftlicher Literatur, in Lehrbüchern, zahllosen Agitations- und Propagandabroschüren, in der Presse und anderswo ihren Niederschlag fanden. Was nun lernten beispielsweise die Schüler der DDR in deren letzten Jahren über diese Zusammenhänge, welches Bild von der Entstehung und Entwicklung des Staates entrollte sich vor ihren Augen? Hierzu gewährt die schon erwähnte Dia-Serie einen repräsentativen Einblick, der die vorhergehende Analyse noch abrundet.

Das ausgangs der 70er Jahre konzipierte Lehrmittel kam unter dem affirmativen Titel »... alles zu tun für das Glück des Volkes. Die Arbeiterklasse und ihr Staat« bis in das Jahr 1989 zum Einsatz. Das Titelbild widerspiegelt in seiner demonstrativen Verknüpfung von Arbeiterklasse und Staat der DDR exakt die schon erörterte theoretische Prämisse einer geschichtlich völlig neuen Qualität des sozialistischen Staates. Durch das Zitatfragment »... alles zu tun für das Glück des Volkes« bezieht es den VIII. Parteitag der SED, der dieses Diktum als einen Kernsatz künftiger politischer Strategie prägte, sofort in diesen Zusammenhang ein.

Bild Nr. 1 zeigt die wohl bekannteste Fotografie von jenem Fackelzug, den die FDJ aus Anlaß der Gründung der DDR am 11. Oktober 1949 in Berlin veranstaltete. Hier ist vor allem die Überblendung mit dem Staatswappen bemerkenswert, denn dieses Emblem wurde erst zehn Jahre später kreiert und löste damals das heute nur noch wenigen erinnerliche Wort von der »Spalterflagge« aus. Ein längst vergessenes Propagandascharmützel, in dem die DDR übrigens mit der Entgegnung konterte, nun sei es an der Zeit, daß auch die Bundesrepublik ihre Flagge erneuere, etwa indem sie den »Pleitegeier« durch Picassos Friedenstaube ersetze.

Die insgesamt wohl am weitesten reichende innenpolitische Zäsur in der DDR-Geschichte, den 1971 abgehaltenen VIII. Parteitag der SED, setzt das Dia Nr. 2 ins Bild. Fixiert auf Erich Honecker, dessen dominierende Rolle in Partei und Staat hier die abschließende Befestigung fand, beschloß dieser Parteitag die »immer weitere Erhöhung des materiellen und kulturellen Lebensniveaus des Volkes« als nunmehrige »Hauptaufgabe« der Politik. Diese strategische Orientierung, deren Formulierung übrigens auch als Motto der hier untersuchten Dia-Serie Verwendung fand, wurde dann auch zum Leitgedanken zukünftiger Staatsentwicklung.

Die Bilder Nr. 3 bis 5 spüren geschichtlichen Wurzeln der DDR nach und bestimmen als grundlegende Ereignisse: die Befreiung vom deutschen Faschismus durch die sowjetische Armee – die anderen Alliierten sind bemerkenswerterweise nicht präsent; den Zusammenschluß von KPD und SPD zur SED im Frühjahr 1946, der durch die Porträts von Wilhelm Pieck und Otto Grotewohl vergegenwärtigt wird; die Staatsgründung im Oktober 1949 – erneut mit dem Emblem, das zu dieser Zeit noch unbekannt war. Mit der Volkskammer (Dia Nr. 6), dem Staats- und Ministerrat sowie den »bewaffneten Organen« (Dia Nr. 7) werden jene Institutionen vorgestellt, die die Staatsmacht verkörpern.

Grundzüge des Lebens im Staat DDR sollen die Bilder Nr. 8 bis 10 symbolisieren. Das geflügelte Wort »Plane mit, arbeite mit, regiere mit« wird dabei ergänzt durch die Fotografie einer in der Industrie arbeitenden Frauenbrigade. Auch das nächste Bild, eine Illustration zur sozialistischen Gemeinschaftsarbeit und zum »Neuererwesen«, stammt aus diesem Bereich. Das darauf folgende Dia Nr. 10 ist lapidar mit dem Begriff »Arbeiterklasse« betitelt und will ein vollkommen ungetrübtes und glückliches Dasein in den Sphären Arbeit, Familie und Kultur demonstrieren.

Es kommt zunächst einer kleinen Überraschung gleich, daß mit den Bildern Nr. 11 bis 13 noch einmal auf die Vorgeschichte der eigentlichen Staatsgründung zurückgegriffen wird. Doch war dies zweifellos beabsichtigt. Denn erst nachdem die Arbeiterklasse und ihre Partei in ihrer Bedeutung fixiert sind, wird auf Ereignisse verwiesen, die an das relative Offensein der damaligen

Entwicklungen erinnern könnten. Das gilt für den Volksentscheid in Sachsen (Nr. 11) sowie für die im Osten Deutschlands durchgeführte Bodenreform (Nr. 12) und Schulreform (Nr. 13).

Über das nächste Bild, betitelt »Aufbauhelfer«, das vor allem an die Beseitigung der Kriegszerstörungen erinnert, wird schließlich der Blick auf die damalige Gegenwart gelenkt. »Neue Städte wachsen empor« (Nr. 15) stellt anhand der Planungen für die Hauptstadt der DDR die gedankliche Assoziation zur Wohnungspolitik her, die nach dem Willen der Beschlüsse des VIII. Parteitages der SED zum wichtigsten Gradmesser erfolgreicher Innenpolitik avanciert war. Unterstrichen wird das Gewicht des Wohnungsbaus noch zusätzlich, indem das von der Bauwirtschaft bis zum Jahre 1990 zu erfüllende Planziel im darauffolgenden Bild noch einmal gesondert Berücksichtigung findet.

Als außenpolitisch gleichgewichtiges Pendant zu diesen ehrgeizigen Plänen im Inneren hob die DDR-Politik stets das Ringen um den Frieden hervor. Eine Illustration dazu sollte bewußt nicht an Einzelaktivitäten, -ereignisse oder -entwicklungen anknüpfen, sondern die in Dia Nr. 17 gezeigte Taube Picassos sollte als eine grundlegende Maxime verstanden werden. Die Öffnung des Staates DDR zur Welt gibt schließlich den beiden letzten Bildern das Motiv. Die Leipziger Messe (Nr. 18) und der Messerundgang der Staats- und Parteiführung (Nr. 19) verweisen auf erweiterte Handelsbeziehungen und sollen gleichsam das zunehmende Gewicht der DDR in einer vom friedlichen Handel geprägten Welt verbürgen.

Verglichen mit den wechselnden Interpretationen der Staatsgründung in der Geschichtsschreibung der DDR fällt an dem hier mit knappen Strichen nachgezeichneten Inhalt einer für die erste Orientierung Heranwachsender gedachten Dia-Serie die ebenso geradlinige wie spannungsfreie Darstellung der Entwicklung des Staates auf. Wiewohl einer Präsentation in zwanzig Bildern selbstverständlich immer inhaltliche und auch didaktische Grenzen gesetzt sind, tritt gerade das Moment der nahezu vollkommenen Harmonisierung und Enthistorisierung des Geschichtsverlaufs hervor. Jeder Entwicklungsgedanke verschwindet hinter der Bestimmung des Staates als Machtinstrument der siegreichen Arbeiterklasse.

Diese ins Abstrakte hinübergleitende enthistorisierte Selbstinszenierung des Staates DDR, die anscheinend auch in der Zukunftsdimension keinerlei neue Aufgaben mehr bereithielt, konnte – das wird rückschauend noch deutlicher, als es schon zu Zeiten der DDR spürbar war – weder Parteinahme auslösen noch integrative Kräfte entfachen. Denn das hohe, durch Eliminierung des geschichtlich Konkreten erreichte Abstraktionsniveau verwies die Unterrichtung auf ein praktisch emotionsfreies, sich bestenfalls im An- und Nachsprechen politischer Überzeugungen erschöpfendes Staatsverständnis.

So mancher auswärtige Beobachter hat 1990 etwas irritiert die Frage gestellt, wie es kommen konnte, daß sich die Bevölkerung der DDR in ihrer übergroßen Mehrheit so einfach und scheinbar ganz ohne Wehmut von ihrem Staat getrennt hat. Wie man dieser kleinen Skizze entnehmen kann, hat dessen Selbstdarstellung dazu sicher nicht den entscheidenden Anstoß gegeben, aber zum leichten Abschied hat sie allemal beigetragen.

Ralf Rytlewski

# Doch der Staat starb nicht ab

652 Raumschmuck im Ernst-Thälmann-Kulturhaus, Magdeburg, wo am 7. August 1952 – nach der am 23. Juli in Kraft getretenen Neustrukturierung der Verwaltungseinheiten – der Rat für den neugeschaffenen Bezirk Magdeburg zu seiner konstituierenden Sitzung zusammentrat. Der Slogan unter dem Porträt des Präsidenten Wilhelm Pieck ist sinngemäß ein Zitat aus den Beschlüssen der II. Parteikonferenz (9. bis 12. Juli 1952)

Aus der Kritik des bürgerlichen Staates der Neuzeit gewannen die marxistischen Theoretiker Karl Marx, Friedrich Engels und Wladimir Iljitsch Lenin, deren Gesellschaftslehre später in der DDR zum allgemeinen und verbindlichen Leitbild wurde, ihre Anschauung vom Staat. Danach ist souverän, wer über die Produktionsmittel eines Landes verfügt. Die jeweils ökonomisch herrschende, weil über die Produktionsmittel verfügende Klasse bedient sich des Staates zur Unterdrückung der anderen Klassen. Der Staat fungiert als Herrschaftsinstrument, welches so lange seinen Zweck erfüllt, solange es Unterdrücker und Unterdrückte gibt.

Nun postulierte der Marxismus-Leninismus der DDR im Gefolge der marxistischen Klassiker und der Führungsmacht Sowjetunion die überraschende Erwartung, mit dem »Arbeiter-und-Bauern-Staat« an ein allgemeines Ende der seit der Antike währenden Geschichte der politischen Unterdrückung zu gelangen. Diesem Arbeiter- und-Bauern-Staat würde es mit historischer Notwendigkeit erstmals – und letztmals – gelingen, die Abfolge bisheriger klassenbezogener Herrschaftsformationen definitiv zu beenden. Auf die ökonomische und politische Herrschaft der Bourgeoisie als der vorletzten Herrschaftsformation folgt danach als letzte Herrschaft die des Proletariats, dessen Interessen- und Erkenntnislage es historisch auszeichnet, im Übergang zum Kommunismus eine Gesellschaft zu entwickeln, welche die Herrschaft und damit den Staat überhaupt aufhebt. »Das Proletariat wird seine politische Herrschaft dazu benutzen, der Bourgeoisie nach und nach alles Kapital zu entreißen, alle Produktionsinstrumente in den Händen des Staats, d. h. des als herrschende Klasse organisierten Proletariats, zu zentralisieren und die Masse der Produktionskräfte möglichst rasch zu vermehren.« (Karl Marx / Friedrich Engels: Manifest der Kommunistischen Partei, 1848) Die Gegenherrschaft der Arbeiterklasse bedarf nach Marx des Hebels der revolutionären Gewalt, denn nur bei einer nochmaligen Steigerung der politischen Herrschaft zur »Diktatur des Proletariats« ist die völlige Enteignung der ökonomisch und politisch Herrschenden von allen Produktionsmitteln, die »Exploitation der Exploiteure« als Bedingung der Herrschaftsaufhebung erreichbar.

Folgerichtig verzichtete die in der SBZ/DDR unter sowjetischer Aufsicht errichtete Diktatur des Proletariats nicht auf den Staat als Herrschaftsinstrument. Den bürgerlichen Staat galt es vielmehr zu »erobern«, die Ämter zu besetzen und das alte Regelwerk zu »zerschlagen«, um ihn im Sinne der neuen Herrschaft einsetzen zu können. Dieser Vorgang ereignete sich – was häufig übersehen wird – in differenzierter Weise: Gegenüber dem Gegner, dem inneren und äußeren »Klassenfeind«, trat der Staat als totalitär-autoritäres Unterdrückungsregime auf und verstand sich zugleich gegenüber der eigenen, nunmehr herrschenden Klassenklientel als eine Art kommissarischer Regierung. Mit beiden Aktionsweisen wurde beansprucht, den marxistisch vorgegebenen, jedoch nicht näher beschriebenen Weg zum Kommunismus zu beschreiten, das heißt zur ausbeutungslosen Gesellschaft und »wahren«, weil herrschaftslosen Demokratie des Kommunismus. Auf diesem Wege solle der Staat »absterben«, sich formal und substantiell vom »Staat zum Nichtstaat« (Lenin) wandeln.

Die Diktatoren und Regierenden des Arbeiter-und-Bauern-Staates hatten sich und die Bevölkerung mit der Festlegung auf einen Zukunftsbegriff unter einen hohen Erwartungsdruck gesetzt. Was Marx ursprünglich noch als kurzfristigen Übergang zum Kommunismus gedacht hatte, zog sich in der DDR wie im osteuropäischen Bündnis als Phase des Sozialismus immer länger dahin. Der Begriff Sozialismus diente bald zur Bezeichnung einer eigenständigen Gesellschaftsformation und Epoche, der immer neue Etappen und Phasen zugeordnet wurden, zuletzt die des »real existierenden Sozialismus«.

Während dieser Phase starb der Staat nicht etwa ab, ganz im Gegenteil expandierte er und kolonisierte die Gesellschaft der DDR. Eine eigens entwickelte »Staatslehre« rechtfertigte seine Fortexistenz. Die staatlichen Funktionen wurden weitreichend, ja allumfassend bestimmt, wenngleich zwei entscheidende Restriktionen darüber nicht aus dem Blick geraten dürfen: Den Staat beherrschte die politische Führung der SED, die wiederum dem politischen Primat der sowjetischen Hegemonialmacht unterlag. Für die Sowjetunion war die DDR vor allem ein Instrument ihrer Deutschland- und Westpolitik. Aus dieser Unterwerfung folgte, daß der Staat auch am Legitimationsdefizit der politischen Führung der SED teilhatte. Da er auch seine volle Souveränität nie erreichte, wurden die beiden Grundmerkmale moderner Staatlichkeit, das Gewaltmonopol und die Souveränität/Legitimität, nie voll erfüllt.

Als Instrument der in der SED organisierten neuen Herrscher nahm der Staat eine Fülle von Aufgaben wahr. Als Gegenherrschaft zum bürgerlichen Staat nach innen und gegenüber dem Staat der Bundesrepublik Deutschland ging es einerseits um die »Niederhaltung der gestürzten Ausbeuterklassen«, andererseits um den Aufbau, die Stärkung und den Schutz des Sozialismus. Die Omnipräsenz der Staatssicherheitsorgane, der polizeilichen und militärischen Kräfte sowie die unübersehbare Militarisierung der Gesellschaft ließen daran keine Zweifel aufkommen. Nachdem privates

Eigentum an den Produktionsmitteln in der Industrie, in der Landwirtschaft und auch im Dienstleistungsgewerbe weitgehend enteignet und die wirtschaftlichen Steuerungsregulative des Marktes aufgehoben worden waren, schlug um so mehr die Stunde des ökonomisch-organisierenden Staats der »sozialistischen Planwirtschaft«. Auch dort, wo Wirtschaftsbetriebe sich halbgenossenschaftlich organisierten – wie in der Landwirtschaft beispielsweise –, folgten sie staatlichen Direktiven. Nicht minder weitgesteckt waren auch die pädagogischen und kulturellen Funktionen des Staates, die dazu bestimmt waren, an die Stelle der bürgerlichen Lebensweise eine sozialistisch-egalitäre Lebenspraxis zu setzen.

Schon von der normativ inspirierten Erwartung an den Übergangsstaat, sprunghafte Entwicklungsschübe zu organisieren, und von seiner Rolle als monopolistischer Arbeitgeber in einer Gesellschaft der Staatsangestellten lief faktisch alles auf einen »starken Staat« hinaus, der dazu neigt, sich die Gesellschaft zu unterwerfen. Für einen starken Staat sprach auch die enge Deutschland- und bündnispolitische Abhängigkeit der DDR. Stets sah sich der Staat der DDR herausgefordert, den politisch-wirtschaftlichen Sog, den die Bundesrepublik Deutschland auf die Bevölkerung ausübte, zu bekämpfen und möglichst zu neutralisieren. Solange zwischen den westlichen und östlichen Bündnissystemen keine größeren Machtverschiebungen auftraten, war der Staat DDR, der seine Existenz der Teilung Deutschlands und Europas in zwei verschiedene Machtblöcke verdankte, wenig gefährdet. Der Staat hielt dem inneren Veränderungsdruck von seiten der Bevölkerung erst dann nicht mehr stand, als die Führungsmacht Sowjetunion ihre außen- und gesellschaftspolitische Garantie und Schutzmachtfunktion gegenüber der DDR seit Mitte der 80er Jahre zunehmend aufgab.

Der starke Staat und seine politische Führung gerieten in einen vielfachen Widerspruch zur marxistischen Lehre vom notwendigen Absterben des Staates. Als Lösung fiel der Führung schon bald nach der Staatsgründung nichts anderes mehr ein, als das Thema des Absterbens des eigenen Staates mit Schweigen zu übergehen. In diesem Zusammenhang ist aufschlußreich, welche Repräsentanz und Selbstdarstellung der Staat vor den Kadern

653 Plakat zum 75. Geburtstag des Präsidenten Wilhelm Pieck (Entwurf: Koch/Klingenberg). Margot Feist (verheiratet: Margot Honecker) gratulierte als Sekretärin des FDJ-Zentralrates und Vorsitzende der Pionierorganisation ›Ernst Thälmann‹. Im Personenkult um den zur Vaterfigur aufgebauten Wilhelm Pieck spiegeln sich die paternalistischen Tendenzen des SED-Staats wider

und der breiten Bevölkerung wählte. So fällt auf, daß die Führung des Staates und der Partei bis zu den Anfang der 60er Jahre unter dem Stichwort »Neues Ökonomisches System« betriebenen Reformversuchen staatskritische Äußerungen zuließ. Nach diesem Zeitpunkt trat die Kritik an einzelnen bürokratischen Verhaltensweisen, am Hang einzelner Staatsorgane zu Formalismus und Intransparenz zugunsten eines generell staatsfreundlichen Klimas zurück. Ohnehin richtete sich derlei Kritik in anonymisierender Weise an Einzelaspekte des staatlichen Handelns, nie an den Staat als solchen. Das staatsfreundliche Klima weitete sich aus, als Erich Honecker Anfang der 70er Jahre Partei- und Staatschef wurde.

Der Staat trat nun vorzugsweise als »Planer«, »Leiter«, »Koordinator« und »Organisator« auf, und zwar nicht nur dort, wo die Enteignungen der Nachkriegszeit ihm Handlungsraum überlassen hatten, in der Industrie, Landwirtschaft und im Dienstleistungssektor, sondern auch und besonders im inzwischen offiziell anerkannten und ausgeweiteten Bereich der Sozialpolitik wie ähnlich im Bildungswesen, in den Medien und sogar in der Kunst und Alltagskultur. Der Staat agierte und inszenierte sich als »Helfer«, »Förderer« und »Lehrer« der Bevölkerung, der das Sozialprodukt verteilt, für die Lebensbedingungen der Bevölkerung sorgt sowie Ausbildung und Fürsorge gewährt. Im Verteilungsanspruch, in der Fülle der Einzelfunktionen und dem damit erzielten politisch-praktischen Gewicht für den Lebensalltag der Bevölkerung, das nur durch die SED und eine gewisse Autonomie der christlichen Kirchen begrenzt wurde, liegt der Grund dafür, den Staat der DDR »paternalistisch« zu nennen.

Als »Vormund« der Bevölkerung war sein ideologisches und gesellschaftspolitisches Wirken darauf gerichet, dem bürgerlichen Individualismus keinen Raum in der Gesellschaft zu belassen. Dieses machte sich auch auf einer anderen, altbekannten Bühne des Staates bemerkbar, auf der er als Ordnungsgarant von Staat und Gesellschaft auftrat. Hier agierten die Apparate des Militärs, der Polizei, des Staatssicherheitsdienstes, der Justiz sowie paramilitärischer Einrichtungen wie beispielsweise der Betriebskampfgruppen. Ihnen ging es darum, »Autorität« und »Stärke« zu behaupten, Beachtung des Gewaltmonopols einzufordern und für die »Ordnung« der Arbeiter-und-Bauern-Macht zu sorgen.

Auf einer dritten Bühne der politischen Kultur warb der Staat um die Loyalität seiner Bürger, um »Unterstützung« durch die Bevölkerung, um deren Beiträge zu seiner »Vervollkommnung«. Er war auch an emotionaler Zuwendung in den Formen des »Staatsvertrauens«, der »Heimat- und Geschichtsverbundenheit« und einer eigenständigen »staatsbürgerlichen« Haltung interessiert. Insgesamt zeigte sich der Staat häufig in der Rolle eines Vaters, der straft und lobt, zensiert und belehrt, der prämiiert und kassiert, fördert und behindert, initiiert und blockiert, mit Einkommens- und Sozialtransfers die Lebensräume der Menschen gestaltet und mit Gesetzen und Verordnungen einen egalitären Lebensrhythmus den Generationen beziehungsweise Gruppen vorgibt.

654 Plakat mit der zentralen Losung für die Volkskammer- und Bezirkstagswahlen am 16. November 1958 (Entwurf: Klaus Wittkugel). Der Slogan suggeriert weitreichende Partizipationsmöglichkeiten für die Bürger. Der Mangel an gesellschaftlicher Autonomie und die Reduktion politischer Teilhabe am Staat auf (Mit-)Arbeit und stereotype Zustimmungsrituale führten jedoch bei weiten Bevölkerungsteilen zu Staatsmüdigkeit

Der starke Staat der DDR konnte nicht existieren, ohne zugleich die Züge eines »technischen Staats« anzunehmen. Im Rückgriff auf Sachzwänge der technischen, ökonomischen und ideologischen Entwicklung konnte der Staat den Raum und die partielle Autonomie seiner Handlungen ausweiten. Er unterwarf sich die Gesellschaft, indem er mit ihr partiell in Großtechnologien verschmolz, die neue Superstrukturen oberhalb von Staat und Gesellschaft bildeten. Sie hießen entweder »Neues Ökonomisches System« oder »sozialistische Menschengemeinschaft« oder »real existierender Sozialismus«. Immer ging es darum, die verschiedenen Lebensbereiche großtechnologisch, und das heißt einheitlich und nicht zuletzt nach den Lebensmustern der inzwischen schon älteren Nomenklatura, zu strukturieren. Darin verbanden sich technisch-ökonomische Standardisierungen mit der Zentralisierung von Entscheidung und Kontrolle wie auch mit sozial-moralischer Führung.

Solche Großtechnologien brachten den Betrieben allgemeinverbindliche Formen der »kollektiven Produktion und Reproduktion«, die sowohl die Arbeit inhaltlich und organisatorisch wie ähnlich auch die arbeitsfreie Zeit über die Branchen und Territorien hinweg anglich. Bestimmte in der Landwirtschaft die in ›Landwirtschaftlichen Produktionsgenossenschaften‹ und ›Volkseigenen Gütern‹ organisierte »industrielle Produktionsweise«, so dominierte die Technik der »industriellen Plattenfertigung« den Wohnungs-, Industrie- und Verkehrswegebau. Über die Techniken der Standardisierung des öffentlichen und privaten Nah- und Fernverkehrs oder der Freizeit- und Feriengestaltung – mit staatlich geförderten Masseneinrichtungen der Kleingärten und Datschen, mit Campingplätzen und gewerkschaftlichen Ferienhäusern – verband sich der Staat mit den Lebensläufen seiner Bürger. Feiern und Feste, die dem Leben von der Geburt über die Taufe, die Einschulung, den »ersten« Ausweis, die Tage der Berufsgruppen, den politischen, jahreszeitlichen, kirchlichen und berufsständischen Feiertagen und Ehrungen Zäsur und Orientierung geben, folgten der Regie das Staates und seiner erheblichen materiellen Förderung. Es paßt ins Bild, wenn der Staat sein Bündnis mit der Technik im Symbol seiner Staatsflagge – Hammer und Zirkel – bekannte.

Ohne diese staatliche Gesamtleistung wäre die zivilisatorische Auslegung der Bevölkerung zwischen Elbe und Oder auf einen sowjetisch inspirierten Sozialismus nicht zur DDR-Gesellschaft der »kleinen Leute« vorgedrungen, wären die ökonomischen, sozialen und mentalen Differenzen der überkommenen deutschen Kriegsgesellschaft nicht zur Sozialformation sozialistischer Kleinbürger umformbar gewesen.

Auf einem anderen Blatt steht, daß die permanente Anrufung des »Sachzwangs der Entwicklung« in der Bevölkerung politische Apathie und Verweigerung beförderten. Spätestens in den 70er Jahren wurde die Doppelnatur der politischen Kultur der DDR sichtbar: einerseits die tiefgreifende Politisierung der kollektiven und individuellen Handlungsräume und Lebenspraxen, andererseits die weitgehende Entpolitisierung der Menschen, die die politische Sprache des Landes nur als mechanischen Reflex und als Sprachritual, nicht jedoch als Träger historischen Bewußtseins und politischer Willensbildung einsetzten, die entweder die DDR verließen oder sich mit einer zweiten »privaten« Sprache zu schützen suchten. Diese Haltung ist in unterschiedlicher Weise mit Rückzügen in den Konsum und mit dem Lokalismus der Orte und Bezirke verbunden, einem Lokalismus, der bis heute anhält.

Es hat sich schließlich gezeigt, daß auch nach Überwindung der bürgerlichen und der Errichtung der proletarischen Herrschaft weiterhin Funktionen zu erfüllen sind, die Herrschaftsfunktionen entsprechen. Der Anspruch auf Gehorsam blieb; der Staat konnte eine gewisse Handlungsautonomie gewinnen. Sein Interesse an »Oberaufsicht« und dem »kommandierenden Willen« (Marx) verbarg sich nun in den neutralen Begriffen der »Leitung«, des »Plans«, des »Dienstes« und des »Direktors«. Der Staat vermochte es nicht, sich überflüssig zu machen.

655 Eisenach, April 1983 (Foto: Jürgen Nagel)

656 Berlin-Rummelsburg, April 1981 (Foto: Jürgen Nagel)

# Autorenverzeichnis

*Dr. Harald Bluhm* (geb. 1957)
Studium der Philosophie an der ›Humboldt-Universität zu Berlin‹. Politikwissenschaftler und Assistent an der ›Humboldt-Universität‹. Seit Ende 1995 Redakteur der Zeitschrift ›Berliner Debatte Initial‹. Forschungen und Publikationen zum politischen Denken im Vormärz, der Weimarer Zeit sowie modernen politischen Theorien.

*Dr. Gerald Diesener* (geb. 1953)
Studium der Geschichte in Leipzig. 1979–1992 Mitarbeiter an der Universität Leipzig. 1992–1994 Mitarbeiter an der ›Albert-Ludwigs-Universität Freiburg‹. Seit 1992 Leipziger Leiter des ›DFG-Projektes zur deutsch-deutschen Propagandageschichte Freiburg–Leipzig‹. 1994–1996 Feodor-Lynen-Stipendiat der ›Alexander von Humboldt-Stiftung‹ in Torino (Italien). Z. Z. am ›Institut für Kultur- und Universalgeschichte Leipzig e.V.‹. Veröffentlichungen zur Historiographiegeschichte, Propagandageschichte und zur Geschichte des Widerstandes gegen den Nationalsozialismus.

*Albrecht Döhnert* (geb. 1967)
Studium der evangelischen Theologie in Leipzig, Bern und Marburg. 1994 Vikariat in der evangelisch-lutherischen Landeskirche Sachsen. 1995 beurlaubt zur Promotion. Seit 1995 Graduiertenstipendium der Universität Leipzig.

*Dr. Monika Gibas* (geb. 1951)
Historikerin. Mitarbeiterin am ›Institut für Kultur- und Universalgeschichte Leipzig e.V.‹. Wissenschaftliche Mitarbeiterin am ›DFG-Projekt zur deutsch-deutschen Propagandageschichte Freiburg–Leipzig‹. Z. Z. Arbeit an einer Monografie zur politischen Propaganda der DDR in den 50er und 60er Jahren.

*Prof. Dr. Gert-Joachim Glaeßner* (geb. 1944)
Studium der Politologie, Soziologie und Volkswirtschaftslehre an der ›Freien Universität Berlin‹. 1971–1992 wissenschaftliche und Lehrtätigkeit an der ›Freien Universität Berlin‹. Seit 1992 Professor für politische Wissenschaft an der ›Humboldt-Universität zu Berlin‹. Zwischen 1980 und 1994 verschiedene Gastprofessuren, unter anderem in Großbritannien und den USA.

*Dr. Helga Gotschlich*
Historikerin. 1974–1989 Wissenschaftlerin am ›Institut für deutsche Geschichte der Akademie der Wissenschaften der DDR‹. Seit 1990 Direktorin des ›Instituts für zeitgeschichtliche Jugendforschung‹ und wissenschaftliche Mitarbeiterin an der ›Technischen Universität Berlin‹.

*Dr. Rainer Gries* (geb. 1958)
Historiker. Wissenschaftlicher Assistent am Historischen Institut der ›Friedrich-Schiller-Universität Jena‹. Freiburger Leiter des ›DFG-Projektes zur deutsch-deutschen Propagandageschichte Freiburg–Leipzig‹. Jüngste Veröffentlichungen zur Werbung, Propaganda- und Mentalitätsgeschichte im 20. Jahrhundert.

*Dr. Cordula Günther* (geb. 1953)
Literaturwissenschaftlerin. Seit 1992 Mitarbeiterin am ›Kulturwissenschaftlichen Institut Nordrhein-Westfalen‹, Forschungsstelle Leipzig, und seit 1994 Leiterin der Leipziger Forschungsstelle, jetzt ›Kulturwissenschaftliches Institut e.V. Leipzig‹. Mitarbeit an dem ›DFG-Projekt Heftromanleser in Ost und West‹. Z. Z. Arbeit an einem Projekt zur Alltags- und Kulturgeschichte von Kunstfasern und synthetischen Fasern im 20. Jahrhundert.

*Dr. Gunter Holzweißig* (geb. 1939)
1967–1970 wissenschaftlicher Editor bei den ›Dokumenten zur Deutschlandpolitik‹ in Bonn. 1970–1982 Referatsleiter für Politik und Zeitgeschichte im ›Gesamtdeutschen Institut‹ (BfgA) in Bonn. 1982–1991 Berliner Abteilungs- und Dienststellenleiter des BfgA. Derzeit leitender Regierungsdirektor im Bundesarchiv, Berlin, und Lehrbeauftragter an der Universität Leipzig. Veröffentlichungen zur Geschichte und zur Medien-, Militär- und Sportpolitik der DDR.

*Katharina Klotz, M.A.* (geb. 1967)
Studium der Neueren und Mittelalterlichen Geschichte und der Volkskunde in München. Mitarbeit an verschiedenen Projekten des ›Deutschen Historischen Museums Berlin‹ . Z. Z. Promotionsstudium in Kunstgeschichte an der ›Humboldt-Universität zu Berlin‹ mit dem Themenschwerpunkt »Das politische Plakat der SBZ/DDR 1945–1963«.

*Michael Kunzel* (geb. 1954)
Studium der Ökonomie. Seit 1978 zahlreiche numismatische Veröffentlichungen. 1988–1991 freiberuflicher Publizist und Numismatiker. Seit Dezember 1991 am ›Deutschen Historischen Museum Berlin‹ tätig.

*Klaus-Peter Merta* (geb. 1956)
Seit 1978 im Bereich Militaria des ›Museums für Deutsche Geschichte‹ (MfDG) tätig. 1981–1987 Hochschulfernstudium an der ›Humboldt-Universität zu Berlin‹. Wissenschaftlicher Assistent im Bereich historische Hilfswissenschaften, Uniformkunde und Vexillologie an der ›Fachschule für Restauratoren‹ am MfDG. Seit 1990 am ›Deutschen Historischen Museum Berlin‹, seit 1992 Sammlungsleiter im Bereich Militaria. Veröffentlichungen zu den Sammlungen des Zeughauses, der Uniformkunde, Phaleristik, Vexillologie und dem brandenburgisch-preußischen Heerwesen.

*Andreas Michaelis* (geb. 1954)
Studium der Geschichte an der ›Humboldt-Universität zu Berlin‹. 1982–1986 Redakteur beim ›Staatlichen Komitee für Rundfunk der DDR‹. 1986–1990 wissenschaftlicher Assistent in der Abteilung DDR-Geschichte am ›Museum für Deutsche Geschichte‹. 1988–1990 postgraduales Fernstudium der Museologie. Seit 1991 in der Sammlung ›Zeitgeschichtliche Dokumente‹ am ›Deutschen Historischen Museum Berlin‹ tätig.

*Doris Müller, M.A.* (geb. 1963)
Studium der Kunstgeschichte, Neueren Geschichte und Theaterwissenschaft an der ›Freien Universität Berlin‹. Seit 1993 in verschiedenen Projekten am ›Deutschen Historischen Museum Berlin‹ tätig. Promovendin an der ›Freien Universität Berlin‹.

*Prof. Dr. Herfried Münkler* (geb. 1951)
Studium der Politikwissenschaft, Germanistik und Philosophie. Seit Frühjahr 1992 Inhaber des Lehrstuhls Theorie der Politik der Philosophischen Fakultät III der ›Humboldt-Universität zu Berlin‹. Dezember 1992 Berufung in die neukonstituierte ›Berlin-Brandenburgische

Akademie der Wissenschaften‹. Seit 1992 Sprecher der Theorie-Sektion in der ›Deutschen Vereinigung für Politische Wissenschaft‹ (DVPW). Veröffentlichungen zum politischen Denken der Neuzeit und zu Modellen politischer Ordnung.

*Katja Protte, M.A.* (geb. 1967)
Studium der Mittleren und Neueren Geschichte, Kunstgeschichte und Germanistik in Göttingen. Z. Z. Volontärin am ›Deutschen Historischen Museum Berlin‹.

*Dr. Winfried Ranke* (geb. 1936)
Studium der Germanistik, klassischen Archäologie und Kunstgeschichte in Marburg/Lahn und West-Berlin. Längerer Auslandsaufenthalt. Assistenz an der ›Freien Universität Berlin‹. Seit 1975 freiberuflich tätig. Veröffentlichungen zur Kunst- und Kulturgeschichte der Neuzeit. Seit 1987 verstärktes Interesse an Fragestellungen der Zeitgeschichte.

*Dr. Jörg Roesler* (geb. 1940)
Studium der Wirtschaftsgeschichte an der ›Humboldt-Universität zu Berlin‹. Dozent für Wirtschaftsgeschichte der DDR und der Staaten Osteuropas an der ›Humboldt-Universität‹, der ›Hochschule für Ökonomie Berlin-Karlshorst‹, in Liverpool (Großbritannien) und Montreal, Toronto (Kanada). Forschungen besonders zu Fragen von Wachstum und Effektivität in den Industriezweigen sowie zu Problemen der Wirtschaftslenkung in der Planwirtschaft in der Industrie der DDR.

*Prof. Dr. Ralf Rytlewski* (geb. 1937)
Studium der Politikwissenschaft, Volkswirtschaftslehre und Soziologie in Berlin, Bielefeld und München. Dozent an der ›Freien Universität Berlin‹. Forschung, Lehre und Publikationen vor allem zum politischen System der Bundesrepublik Deutschland und der DDR, zur Kulturpolitik und neuerlich zum Wandel Berlins zur Hauptstadt.

*Dr. Jörn Schütrumpf* (geb. 1956)
Studium der Geschichte in Leipzig. 1982–1990 Mitarbeiter des Zentralinstituts für Geschichte an der ›Akademie der Wissenschaften der DDR‹. Tätig als freier Journalist und seit 1994 als freier Mitarbeiter in verschiedenen Projekten des ›Deutschen Historischen Museums Berlin‹.

*Dr. Jürgen Michael Schulz* (geb. 1958)
Studium der Geschichte und Publizistik an der ›Freien Universität Berlin‹. Stipendiat der ›Konrad-Adenauer-Stiftung‹. 1990–1995 Wissenschaftlicher Mitarbeiter am Institut für Kommunikationsgeschichte und angewandte Kulturwissenschaften der ›Freien Universität Berlin‹, seit 1995 Hochschulassistent. Lehre und Forschung im Bereich der Geschichte der öffentlichen Kommunikation.

*Harry D. Schurdel* (geb. 1946)
Studium der Geographie, Geschichte und des Völkerrechts. Seit 1980 als freier Journalist und Publizist tätig.

*Holger Stoecker* (geb. 1962)
Studium der Geschichte in Berlin. 1987–1991 Redakteur der ›Zeitschrift für Geschichtswissenschaft‹. 1991–1994 Mitarbeiter am ›Deutschen Historischen Museum Berlin‹. Seit 1994 freiberuflich als Lektor tätig. Seit 1996 Promovend an der ›Humboldt-Universität zu Berlin‹.

*Dr. Dieter Vorsteher* (geb. 1950)
Studium der Germanistik, Kunstgeschichte und Philosophie an der ›Freien Universität Berlin‹. Zahlreiche Ausstellungen seit 1981. Seit 1991 Sammlungsleiter am ›Deutschen Historischen Museum Berlin‹.

## Verzeichnis von in der DDR gebräuchlichen Abkürzungen für Begriffe und Bezeichnungen von Organisationen und Institutionen

| | |
|---|---|
| ABF | Arbeiter-und-Bauern-Fakultät |
| ABI | Arbeiter-und-Bauern-Inspektion |
| ABV | Abschnittsbevollmächtigter der Deutschen Volkspolizei |
| ADN | Allgemeiner Deutscher Nachrichtendienst |
| AdW | Akademie der Wissenschaften der DDR |
| AfG | Akademie für Gesellschaftswissenschaften beim ZK der SED |
| AfI | Amt für Information (später Presseamt beim Ministerrat der DDR) |
| AGB | Arbeitsgesetzbuch der DDR |
| ASG | Armeesportgemeinschaft |
| BGL | Betriebsgewerkschaftsleitung |
| BGO | Betriebsgewerkschaftsorganisation |
| BPL | Betriebsparteileitung |
| BPO | Betriebsparteiorganisation |
| BRD | Bundesrepublik Deutschland |
| BSG | Betriebssportgemeinschaft |
| DBD | Demokratische Bauernpartei Deutschlands |
| DEFA | Deutsche Film-Aktiengesellschaft |
| DEWAG | Deutsche Werbe- und Anzeigengesellschaft |
| DFD | Demokratischer Frauenbund Deutschlands |
| DFF | Deutscher Fernsehfunk (seit 1972 Fernsehen der DDR) |
| DGP | Deutsche Grenzpolizei |
| DIZ | Deutsches Institut für Zeitgeschichte |
| DR | Deutsche Reichsbahn |
| DSF | Gesellschaft für Deutsch-Sowjetische Freundschaft (bis 1949 Gesellschaft zum Studium der Kultur der Sowjetunion) |
| DTSB | Deutscher Turn- und Sportbund der DDR |
| DVP | Deutsche Volkspolizei (häufig VP) |
| DWK | Deutsche Wirtschaftskommission |
| FDGB | Freier Deutscher Gewerkschaftsbund |
| FDJ | Freie Deutsche Jugend |
| FIR | Fédération Internationale des Résistants (Internationale Vereinigung der Widerstandskämpfer) |
| GSSD | Gruppe der sowjetischen Streitkräfte in Deutschland |
| GST | Gesellschaft für Sport und Technik |
| HO | Handelsorganisation |
| IfG | Institut für Gesellschaftswissenschaften beim ZK der SED |
| IML | Institut für Marxismus-Leninismus beim ZK der SED |
| IOC | International Olympic Committee |
| KB | Kulturbund der DDR (seit 1972; vorher bis 1958 Kulturbund zur demokratischen Erneuerung Deutschlands, dann Deutscher Kulturbund) |
| KdAW | Komitee der Antifaschistischen Widerstandskämpfer in der DDR |
| KI | Kommunistische Internationale (Komintern) |

KJVD Kommunistischer Jugendverband Deutschlands (vor 1933)
KPD Kommunistische Partei Deutschlands (vor der Vereinigung von KPD und SPD zur SED 1946 in allen vier Besatzungszonen vertreten; von 1946 bis zum Verbot 1956 nur noch in der BRD)
KVP Kasernierte Volkspolizei
LAG Lagerarbeitsgemeinschaft (Komitee der Antifaschistischen Widerstandskämpfer in der DDR)
LDPD Liberal-Demokratische Partei Deutschlands (zunächst bis 1951 LDP)
LPG Landwirtschaftliche Produktionsgenossenschaft
MAS Maschinenausleihstation
MfDG Museum für Deutsche Geschichte
MfS Ministerium für Staatssicherheit
ML Marxismus-Leninismus
MTS Maschinen-Traktoren-Station (Maschinenausleihstation)
NAW Nationales Aufbauwerk
NBI ›Neue Berliner Illustrierte‹
ND ›Neues Deutschland‹
NDPD National-Demokratische Partei Deutschlands
NF Nationale Front der DDR (vormals Nationale Front des demokratischen Deutschland)
NKFD Nationalkomitee »Freies Deutschland«
NKWD Narodny komissariat wnutrennych del (Volkskommissariat des Innern, bis 1946 sowjetischer Staatssicherheitsdienst, Vorläufer des KGB)
NMG Nationale Mahn- und Gedenkstätten
NÖSPL Neues Ökonomisches System der Planung und Leitung (häufig auch NÖS)
NOK Nationales Olympisches Komitee der DDR
NVR Nationaler Verteidigungsrat der DDR
OdF Opfer des Faschismus (Verfolgte des Naziregimes)
PGH Produktionsgenossenschaft des Handwerks
RGW Rat für gegenseitige Wirtschaftshilfe
SAG Sowjetische Aktiengesellschaft
SAPMO Stiftung Archive der Parteien und Massenorganisationen der DDR im Bundesarchiv, Berlin (SAPMO-BArch)
SBZ Sowjetische Besatzungszone
SDAG Sowjetisch-Deutsche Aktiengesellschaft (Wismut SDAG)
SED Sozialistische Einheitspartei Deutschlands
SKK Sowjetische Kontroll-Kommission
SMAD Sowjetische Militäradministration in Deutschland
SPD Sozialdemokratische Partei Deutschlands
SPK Staatliche Plankommission
SSD Staatssicherheitsdienst (Ministerium für Staatssicherheit)
VdgB Vereinigung der gegenseitigen Bauernhilfe
VdK Verband der Konsumgenossenschaften der DDR
VdN Verfolgte des Naziregimes
VEB Volkseigener Betrieb
VP Deutsche Volkspolizei (offiziell: DVP)
VVN Vereinigung der Verfolgten des Naziregimes
VWR Volkswirtschaftsrat
WBDJ Weltbund der Demokratischen Jugend
ZIJ Zentralinstitut für Jugendforschung
ZK Zentralkomitee der SED
ZPA Zentrales Parteiarchiv der SED (Institut für Marxismus-Leninismus beim ZK der SED)
ZPKK Zentrale Parteikontrollkommission der SED

## Abbildungsverzeichnis

Sofern nicht anders gekennzeichnet, befinden sich alle Fotos im Bildarchiv des Deutschen Historischen Museums (abgekürzt: BA). Von den in eckige Klammer gesetzten Negativ-Nummern existieren nur noch die Originalabzüge. Für die freundliche Überlassung von Fotomaterial bedanken wir uns bei folgenden Leihgebern: Institut für zeitgeschichtliche Jugendforschung Berlin, Münzkabinett Berlin, Stadtmuseum Berlin, Gedenkstätte Buchenwald, DFG-Projekt Propagandageschichte Freiburg/Leipzig, Kulturwissenschaftliches Archiv Freiburg, Staatliche Galerie Moritzburg Halle, Fotozentrum der Friedrich-Schiller-Universität Jena, Bundesarchiv Koblenz, Die Deutsche Bibliothek/Deutsche Bücherei Leipzig, Kulturwissenschaftliches Institut Leipzig, Stadtgeschichtliches Museum Leipzig, Schülerzeitung Parisavativ/Gymnasium Luckenwalde, Helmut Dutschke, Potsdam, Stadtarchiv Weimar.
Die Objekte aus den Sammlungen des DHM sind mit folgenden Angaben aufgeführt: Material/Technik, Maße in cm (Höhe x Breite x Tiefe), Datierung und Inventarnummer, darüber hinaus eventuell noch spezielle Angaben. Die Aufnahmen dieser Objekte wurden alle in der Fotowerkstatt des DHM (Rosita Adam, Sebastian Ahlers, Arne Psille) angefertigt. Für die Reproduktionen war Doris Nagel zuständig.

### Staat und Partei

*Vorsteher: Parteiauftrag: Ein neues Deutschland*
1 Offset, 84 × 59; 50er Jahre; P 96/444
2 BA, F 58/1125
3 BA, ohne Neg. Nr.
4 BA, Schmidt 1143
5 Papier, ca. 26 × 17; DG 81/131, 132, 136, DG 85/243, 244
6 BA, F 66/2080 (Quelle: Zentralbild); Entwurf des Plakates: Klaus Wittkugel und Werkstätten der DEWAG, Ausführung: Max Luft

*Schaukasten: Vereinigung*
7 BA, F 66/1395
8 aus: Bildbericht vom Vereinigungsparteitag der SPD und KPD am 21. und 22. April in Berlin, Verlag JHW Dietz Nachf., Berlin 1946; 29,4 × 21; Berlin, Privatbesitz
9 BA, F 58/1589
10 BA, F 60/2128
11 BA, F 56/247 (Quelle: Zentralbild)

*Glaeßner: Selbstinszenierung*
12 regenerierte Zellulose, appliziert, 181 × 129; 1946; Fa.60.1
13 BA, F 56/331
14 Schuber mit 10 Büchern und Broschüren, 4 Postkarten; 22,7 × 11 × 18; DG 72/308
15 BA, ohne Neg. Nr.
16 Offset, 84 × 59; 1947; P 94/2000
17 BA, F 87/259 (Quelle: Nachlaß A. Diesing)
18 Offset, 59 × 81; 1949; P 63/1692

19 Litho, 86 × 60; 1946; P 94/1875
20 Eiche, dunkel furniert, Innenfurnier Mahagoni, Oberteil: 145 × 210 × 40, Unterteil: 206,5 × 265 × 40; 1955; MK 78-134
21 Baumwollgewebe, Siebdruck, 70 × 56,5; 1954; Fa.72.41
22 Baumwollgewebe, Siebdruck, 91 × 63; 1958; Fa.72.38
23 Baumwollgewebe, Siebdruck, 84 × 60; 1963; Fa.76.5
24 Eisenblech, lackiert, 25,5 × 18; 1949; Fa.71.15
25 aus einem Fotoalbum über die Pionierrepublik ›Wilhelm Pieck‹ (zum Geburtstag von Otto Grotewohl), blaues Leder, Papier, 40 × 31,3 × 4,5; 1954; SI 90/1587
26 Offset, 61 × 86; 1950; P 94/1761
27 Offset, 59,5 × 84; 1961; P 94/1773
28 Buchdruck, 83 × 59; 1958; P 71/194
29 Offset, 173,5 × 84; 1958; P 94/2014 a, b

*Schaukasten: Volkskongreß*

30 BA, Agentur Puck 29800
31 BA, Gerhard Gronefeld
32 Papier, 29,6 × 20,9; 1949; DG 76/269
33 BA, F 57/1655
34 BA, F 54/826
35 Kunstleder, Papier, 10,2 × 14,3; DL 76/71

*Schaukasten: Verfassung*

36 Papier, 21 × 14; DG 66/464
37 DG 90/434
38 BA, F 69/417 (Quelle: Zentralbild)
39 BA, F 70/769 (Quelle: Junge Welt)
40–41 Verfassung der DDR vom 6. April 1968; Leder, Pergament, Papier, 43 × 65 × 4,2 (Kassette); DG 74/80

*Schurdel: Hoheitssymbole*

42 Bundesarchiv Koblenz (ADN), 67660/2N
43 Baumwollgewebe, 88 × 152; 1949-1959/60; Fa.91.3
44 Baumwollgewebe, Siebdruck, 67 × 124; ab 1959/60; Fa.84.2
45 Vorlagen vom Verfasser
46 Litho, 83,5 × 60; 1962; P 73/879
47 Leder, Papier, 49,5 × 36 × 2; 1951; SI 90/1606
48 Vorlagen vom Verfasser
49 13,8 × 20; um 1969; Do2 95/270
50 eingefärbtes Schaffell, 230 × 123; 1959; (ohne Inv. Nr., Nachlaß Wilhelm-Pieck-Zimmer)
51 rotes Kunstleder, Papier, 46,7 × 69,5 × 5,5; 1959; SI 90/1598
52 Kunstleder, Papier, 15 × 11; 1960; DL 76/148
53 Papier, Pappe, geklebt, 44,8 × 64,8; 1964; DG 78/274
54 Offset, 83 × 58; 1964; P 94/963
55 Eisen, gehämmert, gestrichen, ∅ 120, o. J.; SI 90/1467
56 BA, Agentur Schirner 111616
57 Litho, 60 × 42; 1949-1969; P 73/877
58 BA, Agentur Schirner 111618
59 aus einem Fotoalbum über die Arbeit des Landesvorstandes der FDJ in Sachsen-Anhalt (zum Geburtstag von Wilhelm Pieck); blaues Kunstleder, Papier, 26 × 43 × 3; 1949; SI 90/1608
60 Offset, 14,7 × 10,5; 1950; DG 58/371

*Schaukasten: Staatsgründung*

61 BA, F 51/167
62 BA, [F 68/1740]
63 BA, F 53/1357
64 Pergament, 41,8 × 29,5; 1949; DG 80/41
65 BA, F 60/2523
66 BA, F 60/2606 (mit späterer Fotomontage und Beschriftung); BA, 96/1269
67 BA, F 63/1872 (Quelle: Archiv ND, Kühne)
68 BA, F 65/2162 (Quelle: Rat des Kreises Guben)
69–70 Papier, 32 × 24; 1949; DG 66/875

*Schaukasten: Wahlen*

71 BA, F 59/536 (Quelle: Museum für Geschichte der Leipziger Arbeiterbewegung)
72 BA, F 85/489 (Quelle: Zentralbild)
73 BA, F 59/540 (Quelle: Museum für Geschichte der Leipziger Arbeiterbewegung)
74 BA, F 59/535 (Quelle: SED-Bezirksleitung Dresden)
75 BA, F 59/542 (Quelle: Museum für Geschichte der Leipziger Arbeiterbewegung)
76 Papier, Druckfarbe, 5 × 3; 1946; A 79/228
77 BA, F 64/613 (Quelle: IML)
78 BA, Agentur Puck 29225
79 BA, F 62/1517
80 Bundesarchiv Koblenz (ADN), 8276/6 N (Illus)
81 BA, F 54/1656 (Quelle: Zentralbild)
82 BA, F 67/2373 (Quelle: Zentralbild)
83 BA, F 66/3257
84 BA, F 64/200

*Kunzel: Neues Geld*

85 BA, F 60/446 (Quelle: Archiv ND, Willa)
86 a Eine Rentenmark, Serie 30. Januar 1937, mit aufgeklebtem Spezialkupon, 1 Deutsche Mark 1948, Papier; N 96/13
86 b 100 Reichsmark, Serie 24. Juni 1935, mit aufgeklebtem Spezialkupon, 100 Deutsche Mark 1948, Papier; N 96/19
87 a 1000 Deutsche Mark, Serie 1948, Papier; NL 90/9
87 b 50 Deutsche Pfennig, Serie 1948, Papier; N 89/120.a
88 Staatliche Museen zu Berlin Stiftung Preußischer Kulturbesitz, Münzkabinett, Foto: Elke Bannicke
89 a 5 Deutsche Mark, Serie 1955, Papier; NL 90/10
89 b 100 Deutsche Mark, Serie 1955, Papier; NL 90/14
90 a-b 1 Pfennig 1948, Münzstätte Berlin, Aluminium; N 90/1023
91 a-b Gipsmodell von Franz Krischker vom August 1949 zur 50-Pfennig-Münze 1949; N 78/149.a.b
92 a-b 10 Pfennig 1952, Münzstätte Berlin, Aluminium; N 90/2737.68
93 a-b 1 Deutsche Mark 1956, Münzstätte Berlin, Aluminium; N 90/2737.68
94 a-b 5, 10, 20, 50 und 100 Mark der Deutschen Notenbank, Serie 1964, Papier; NL 90/15, 16, 17, 18, 19

*Schaukasten: Vortrupp*

96 Offset, 84 × 59; 1952; P 74/1338
95, 97–98 aus einem Schmuckalbum zur Ausstellung ›Die SED; der Vortrupp des deutschen Volkes ...‹, rotes Kunstleder, Papier, 38 × 51 × 5; 1953; DG 76/374

*Schütrumpf: Liberalisierung*
99 BA, F 77/296
100 20 × 14; 1964; Berlin, Privatbesitz
101 31,5 × 22; 1960; Berlin, Privatbesitz
102 Bundesarchiv Koblenz (ADN), B 1003/15/1 N (Zentralbild)
103 BA, F 66/1094

*Schaukasten: Parteitage*
104–106 BA, ohne Neg. Nr.
107 BA, ohne Neg. Nr. (Quelle: ADN)
108 BA, F 53/405 (Quelle: Zentralbild)
109 BA, F 66/107
110 BA, ohne Neg. Nr. (Quelle: Zentralbild)
111 BA, F 54/1153 (Quelle: Zentralbild)
112 BA, F 56/511 (Quelle: Zentralbild)
113 BA, F 58/1620 (Quelle: Zentralbild)
114 Bundesarchiv Koblenz (ADN), 57000/36 N (Zentralbild)
115 BA, F 58/1012 (Quelle: Zentralbild)
116 braunrotes Schweinsleder, Papier, 35 × 25,5 × 2,5; 1958; DG 58/669
117 BA, F 65/1297

## Legitimation und Tradition

*Ranke: Linke Unschuld?*
118 BA, F 53/1368 (Quelle: Zentralbild)
119 aus: Deutschland erwacht, Klebealbum hrsg. vom Cigaretten-Bilderdienst, Hamburg-Bahrenfeld 1933, S. 58; Berlin, Privatbesitz
120 BA, Agentur Schirner 25214/23
121 Junge Welt, 2/1940, Heft 1, S. 1
122 Junge Welt, 6. Jg./Nr. 69, 1. Mai 1952, S. 1
123 wie Abb. 119, S. 97
124 aus einem Fotoalbum des Zentralrats der FDJ vom Deutschlandtreffen 1950 in Berlin (zum Geburtstag von Wilhelm Pieck): »Friedensaufgebot der Deutschen Jugend«, blaues Kunstleder, Papier, 42,3 × 69 × 5; 1950; SI 90/1594
125 BA, ohne Neg. Nr.
126 Offset, 90 × 46; 1945; P 94/1095
127 Offset, 42 × 29,5; 1949; P 94/1149
128–129 Informationsbroschüren hrsg. vom Vorstand der SPD, Bonn 1950, jeweils S. 1
130 wie Abb. 124
131 Litho, 42 × 29; 1946; P 94/1997
132 Junge Welt, 6. Jg./Nr. 98, 7. 6. 1952, S. 3
133 BA, ohne Neg. Nr.
134 aus: Adolf Hitler – Bilder aus dem Leben des Führers, Klebealbum hrsg. vom Cigaretten-Bilderdienst, Hamburg-Bahrenfeld 1936, S. 105; Berlin, Privatbesitz
135 BA, Agentur Schirner 25216/21

*Schaukasten: Deutschlandtreffen*
136 Litho, 29,2 × 20,8; 1950; DG 73/308
137 wie Abb. 124
138 BA, [F 69/290]
139 BA, [F 69/305]
140 BA, [F 69/289]
141 BA, [F 69/313]
142 BA, [F 69/325]
143–151 wie Abb. 124

*Protte: 1. Mai 1951*
152 Künstler unbekannt; Öl/Lwd., 101 × 210 m. R.; nach 1951; AGO Galerie, Berlin; Stadtmuseum Berlin (Diapositiv, Aufnahme: Hans-Joachim Bartsch, Berlin)
153 Bundesarchiv Koblenz (ADN), 10287/2 N
154–157 Offset, 13,5 × 41; 1951; P 96/725, 724, 723, 722
158 Offset, 42 × 30; 1951; P 94/1496
159 Litho, 60 × 42; 1951; P 94/1498
160 Lackfarbe, Pappe, 3 × 3,7; 1951; A 80/160.1
161 Neues Deutschland, Ausg. B, 18. 4. 1951, S. 1
162 Tribüne, 27. 4. 1951, S. 14
163 BA, [F 69/1319]
164 Bundesarchiv Koblenz (ADN), 10501/9 N
165 Bundesarchiv Koblenz (ADN), 10501/13 N
166 BA, [F 69/1321]
167 Bundesarchiv Koblenz (ADN), 10501/83 N (Illus)
168 Landesarchiv Berlin, FDGB-Bestand
169 Bundesarchiv Koblenz (ADN), 10501/104 N (Illus)
170 Bundesarchiv Koblenz (ADN), 10501/84 N (Illus)
171 Bundesarchiv Koblenz (ADN), 10501/148 N
172 Bundesarchiv Koblenz (ADN), 10501/124 N

*Schaukasten: Maidemonstration*
173 BA, Agentur Puck 79628/19
174 BA, F 66/2193
175 BA, 96/1356
176 BA, Agentur Puck 29770
177 BA, [F 68/1546]
178 BA, [F 69/385]
179 BA, [F 69/547]
180 BA, [F 69/549]
181 BA, ohne Neg. Nr.
182 Bundesarchiv Koblenz (ADN), 37800/77 N (Zentralbild)
183 Bundesarchiv Koblenz (ADN), 37800/6 N (Zentralbild)
184 BA, F 67/2235 (Quelle: Zentralbild)
185 BA, Schmidt 885
186 BA, F 87/255 (Quelle: Nachlaß A. Diesing)
187 BA, F 87/341 (Quelle: Nachlaß A. Diesing)

*Schaukasten: Gewerkschaft*
188 Offset, 83,8 × 58,4; 1953; P 61/778
189 Offset, 85 × 60; 1954; P 61/781
190 Offset, 84 × 59,5; 1955; P 61/786

*Schütrumpf: Antifaschismus*
191 Baumwolle, Maschinenstickerei, 112 × 145; 1950; Fa.72.16
192 14,6 × 10,4; 1951; DG 72/77
193 BA, Agentur Schirner 19635/20
194 Die Tat, 7. Jg./Nr. 10, 7. 3. 1953, S. 1; DG 65/482
195 Offset, 63 × 43; 1945; P 94/1131
196 Litho, 60 × 42; 1947; P 94/1079
197 Litho, 84 × 59; 1949; P 94/1112
198 Litho, 118 × 59; 1958; P 94/1129
199 Gedenkstätte Buchenwald, Archiv

*Schaukasten: OdF*
200 Litho, 84 × 58,5, 1946; P 94/1100
201 Offset, 84 × 59; 1948; P 94/1122
202 Offset, 84 × 59; 1948; P 94/1105
203 Regenerat-Zellulosefaser, appliziert, 185 × 98; um 1946; Fa.72.6
204 Papier, 19,2 × 14,2; 1945; DG 72/143
205 BA, Agentur Puck 30112
206 BA, Agentur Puck 29797
207 BA, Agentur Puck 29529
208 BA, Agentur Puck 29605

209 BA, Agentur Puck 29603

210–217 BA, Dia-Bestand Gerhard Gronefeld

*Schaukasten: Gedenkstätten*

218 BA, [F 68/1661]

219 BA, [F 68/1672]

220 BA, [F 68/1669]

221 BA, [F 68/1659]

222 BA, [F 68/1671]

223 BA, [F 60/2175]

224 BA, ohne Neg. Nr.

225–226 Gedenkstätte Buchenwald, Archiv

227 BA, 95/1538

228 BA, Schmidt 156/4

*Bluhm: Bedeutung der Befreiungskriege*

229–230 Fotozentrum der Friedrich-Schiller-Universität Jena

231 aus: »Fall Hodler« Jena 1914-1919 Der Kampf um ein Gemälde. Jenaer Reden und Schriften, Jena 1970, S. 9

232 Offset, 59 × 84; 1952; P 96/422

233 Offset, 85 × 61; 1953; P 74/1344

234 Bundesarchiv Koblenz (ADN), 21854/17 N (Zentralbild)

235 Stadtgeschichtliches Museum Leipzig, Fotothek

236 Bundesarchiv Koblenz (ADN), B 1019/91/3 N (Zentralbild)

237 Bronze, Email, Seidenrips; um 1968; O.79.18

238 BA, Gerhard Gronefeld, Kart. 45

239 Bundesarchiv Koblenz (ADN), F 1108/07/1 N (Zentralbild)

*Merta: Uniformierung*

240 a-d Berlin, Privatbesitz

241 Mgr.96.2.1

242 Uniformteile zur Dienstuniform für Offiziere der Sowjetarmee, Hauptmann der Artillerie, 79 × 42; um 1955; U.96.3 (dazu: Lederkoppel mit Dornschnalle und Schulterriemen; U.96.5a, B 5)

243 Uniformteile zum Sommerdienstanzug für Angehörige des Ministeriums/Staatssekretariats für Staatssicherheit, Hauptmann, 77 × 38; 1952-57; U.72.9 (dazu: Dornschnallenkoppel mit Schulterriemen; U.66.28)

244 Uniformteile zum Ausgehanzug für Soldaten der Fahr- und Kraftfahrtruppe der Reichswehr, Modell 1928, 1933 aptiert mit Hoheitszeichen des Dritten Reiches, 74,5 × 26; 1928-35/37; U.53.320 (dazu: Lederkoppel mit Kastenschloß; U.74.5)

245 Uniformteile zur Dienstuniform für Offiziere der Nationalen Volksarmee, Hauptmann der Luftstreitkräfte, 76 × 43; ab 1960; U.58.30 (dazu: Dornschnallenkoppel; U.58.43, Oberhemd; U.58.46, Binder; U.58.47)

246 a-b Tuch, Steifleinen, Aluminiumfadenstickerei, (dazu 246 b: Eisenblech, Email), 4,6 × 7,3; Berlin, Privatbesitz

247 a-b Eisenblech, lackiert, 3,3 × 10,8; Berlin, Privatbesitz

248 a-b Messing, 4,5 × 7; Berlin, Privatbesitz

249 Berlin, Privatbesitz

250 Pappe, Tuch, Metall; 1951; U.72.253

251 a-b Pappe, Tuch, Metall; 1956/57 u. 1960; U.72.254; Berlin, Privatbesitz

252 Berlin, Privatbesitz

253 64 × 34,5; 1955; U.71.412 (dazu: Halstuch für Freundschaftspionierleiter; U.71.407)

254 50 × 34; um 1965; ohne Inv. Nr. (dazu: Blaues Halstuch, U. 71.404)

255 aus einem Fotoalbum der Grund- und Oberschule Böhlen (zum Geburtstag von Wilhelm Pieck): »Vereint mit Euch sind wir unbesiegbar«, Leder, Papier, 52 × 42 × 5; 1953/54; SI 90/1603

*Merta: Fahnenkult*

256 Seidengewebe, 160 × 130; 1946; Fa.68.8

257 Baumwollgewebe, Maschinenstickerei, 142 × 147; 1951; Fa. 59.31

258 a-b Kunstseide, Maschinenstickerei, Applikation, 104 × 162; 1955; Fa.73.56

259 sog. Wilhelm-Pieck-Banner, Baumwollgewebe, Maschinenstickerei, Druck, 105 × 145; um 1955; Fa.72.87

260 Regenerat-Zellulosefaser, appliziert, bestickt, 120 × 164; 1950; Fa.73.30.4

261 Baumwollgewebe, Maschinenstickerei, 123 × 167; 1951; Fa.72.55

262 Baumwollgewebe, Maschinenstickerei, 135 × 188; 1951-1955; Fa.72.98

263 Baumwollgewebe, Maschinenstickerei, Druck, 121 × 212; 1951-1955; Fa.80.11

264 Baumwollgewebe, Maschinenstickerei, 35,5 × 67; um 1969; Fa.72.95

265 Berlin, Privatbesitz

*Schaukasten: Militarisierung*

266 BA, F 64/1142

267 BA, F 64/1151

268 BA, F 55/1324 (Quelle: Zentralbild)

269 BA, F 58/1100 (Quelle: Zentralbild)

270 BA, F 58/1102 (Quelle: Zentralbild)

271 Metall, 23 × 41,5 × 2,5; um 1958; SI 90/2044

272 BA, F 79/115 (Quelle: Zentralbild)

273 BA, Agentur Schirner 91017

274 Bundesarchiv Koblenz (ADN), G 1020/24/1 N (Zentralbild)

*Schütrumpf: Die Klassik*

275 BA, [F 68/1591]

276 Stadtarchiv Weimar, Bildarchiv 8/6 (Repro: Roland Dreßler)

277 Nationalpreis, gestiftet am 31. März 1949, 6,5 × 2,5; 1949 (Nachbildung); O.74.137

278 16,2 × 10; 1955; Berlin, Privatbesitz

279 ∅ 3,2; 1955; N 77/1674.A

280 Litho, 37,5 × 26,5; o. J.; DG 61/54

281 BA, ohne Neg. Nr.

## Feiern und Schenken

*Michaelis: Nachlaß von Wilhelm Pieck*

282 Porzellan, 69 × 39; 1951; ohne Neg. Nr. (Nachlaß Wilhelm-Pieck-Zimmer)

283 Bundesarchiv Koblenz (ADN), 9146/14 N (Illus)

284 BA, F 61/1151 (Quelle: Zentralbild)

285 Bundesarchiv Koblenz (ADN), 35333/4 N (Zentralbild)

286 Gips, 48 × 16 × 13; 1956; SI 90/769, 770, 771

287 Messing, Holz, 24 × 26 × 8; 1950; SI 90/716

288 BA, F 60/2545

289 Bundesarchiv Koblenz (ADN), 35347/75 N (Zentralbild)

290 Kassette mit Fotos und Dankschreiben der Dessauer Schüler für die Ferienbetreuung

1955 (zum Geburtstag von Wilhelm Pieck): »Frohe Ferientage für alle Kinder«, Papier, kolorierte Zeichnung, 25,7 × 31,4 × 6,5; 1955; SI 90/1604

291 Buch der FDJ-Betriebsgruppe des Fettchemie- und Fewawerkes Chemnitz zum 1. Jahrestag der DDR, Schweinsleder, Goldprägung; 33,7 × 26 × 4,3; 1950; SI 90/1605

*Schaukasten: Gute Taten*

292 BA, [F 68/1496]
293 BA, F 63/1804
294 aus einer Intarsien-Mappe mit Handzeichnungen und Verpflichtungen zum Tag des Bergmannes am 1. Juli 1954: »Unerschütterlich ist unser Vertrauen zur Regierung«, 50 × 83,5 × 7; SI 90/1609
295 wie Abb. 255
296 Kunstleder, Papier, 72 × ∅ 14; 1959; SI 90/1601
297–299 hrsg. vom Leitungskollektiv des VEB »Palla« Wollen- und Seidenwebereien Meerane, geführt von Christa Tetzner, 21,8 × 16; 1959; DG 61/111
300–304 rotes Kunstleder, Papier, 31,2 × 21,9 × 1; 1959; DG 77/84

*Gibas: Zehnter Jahrestag*

305 Kunstleder, Papier, 30,5 × 49 × 7; 1959; DG 78/51
306 Offset, 118 × 42; 1955; P 94/1558
307 Litho, 58 × 82; 1959; P 94/1563
308 Offset, 83 × 57,5; 1959; P 61/1434 (DEWAG Berlin)
309 Offset, 120 × 83; 1964; P 94/1569
310 Neues Deutschland, Ausg. A, 7. 10. 1959, S. 1
311 BA, F 60/323
312 Seite aus dem Album »Verpflichtungen des Industriezweiges der VVB Textilmaschinenbau Karl-Marx-Stadt ...«, wie Abb. 305
313 Bundesarchiv Koblenz (ADN), 67740/1 N (Zentralbild)
314 Bundesarchiv Koblenz (ADN), 67725/38 N (Zentralbild)
315 Bundesarchiv Koblenz (ADN), 67670/13 N (Zentralbild)
316 30 × 42; 1959; DG 62/467.1
317 10,5 × 8; 1959; DFG-Projekt Propagandageschichte Freiburg/Leipzig
318 Litho, 58,5 × 41,5; 1949; P 59/736
319 Offset, 227 × 81,5; 1959; P 61/1458
320 Bundesarchiv Koblenz (ADN), 67765/119 N (Zentralbild)
321–322 Die Deutsche Bibliothek, Deutsche Bücherei Leipzig
323 Regeneratzellulose, bedruckt, 25 × 26,5; 1959; KTe 80-93
324 Neue Berliner Illustrierte, Nr. 42/1959, 3. Oktoberheft, S. 3
325–328 BA, HA 23(2) 10 Jahre DDR, Bebildertes Drehbuch
329 Siebdruck, 58 × 40; 1959; ohne Inv. Nr.

*Schaukasten: Festkalender*

330 Offset, 84 × 59; o.J.; P 94/1763
331 Offset, 61 × 42; 1949; P 94/1651
332 Litho, 58,5 × 40; 1948; P 94/2282
333 Litho, 84,5 × 60; 1956?; P 94/1354
334 Brosche, Aluminium, Lackfarbe, 3,5 × 2,3; 1956; A 71/176.1
335 Offset, 84 × 59; 1955; P 94/2337
336 Litho, 84 × 119; 1958; P 94/2369
337 Offset, 86,5 × 61; 1951; P 94/1889
338 Brosche, Leichtmetall, Lackfarbe, 1,9 × 4; 1958; A 80/166
339 Offset, 84,5 × 58; 1955; P 94/1580
340 Brosche, Efoplast, Lackfarbe, 4,2 × 3,7; 1952; A 71/332
341 Offset, 121,5 × 85; 1952; P 94/2467
342 Anhänger, Druckfarbe/Pappe, 5,7 × 4,7; 1953; A 81/102
343 Brosche, Messingblech, Lackfarbe, 4 × 3,1; 1955; A 71/133
344 Offset, 84 × 59; 1954; P 94/1637
345 Anhänger, Pappe, Druckfarbe, 5,9 × 4,3; 1955; A 71/223
346 Offset, 59 × 42; 1948; P 94/1104
347 Offset, 84 × 59,5; 1953; P 94/1120
348 Brosche, Stoff, Leichtmetall, 5,6 × 2; 1956; A 71/486.1
349 Litho, 84 × 58; 1959; P 94/1562
350 Litho, 83 × 58; 1951; P 94/1590
351 Brosche, Lackfarbe/Efoplast, 4,3 × 3,7; 1952; A 71/660.1
352 Offset, 84,5 × 59; 1953; P 94/2450
353 Offset, 118,5 × 84; 1949; P 94/1678

*Gries/Günther: Geschenkgestus*

354 BA, ohne Neg. Nr.
355 Offset, 83,5 × 58,5; 1950; P 96/473
356 Bundesarchiv Koblenz (ADN), L 0308/11 N
357 29,7 × 21; 1969; DG 70/38.1
358 Die Deutsche Bibliothek, Deutsche Bücherei Leipzig
359 Litho, 81,2 × 57,6; 1969; P 71/91
360 Kulturwissenschaftliches Archiv Freiburg
361 Jg. 16 (1969), Heft 11, S. 12 f.; Kulturwissenschaftliches Archiv Freiburg
362–363 Kulturwissenschaftliches Institut Leipzig
364 wie Abb. 361, S. 9
365 BA, Schmidt 1813
366 Bundesarchiv Koblenz (ADN), C 1007/07/59 N (Zentralbild)

**»Unsere Menschen«**

*Gotschlich: ›Freie Deutsche Jugend‹ in der SBZ*

367 Institut für zeitgeschichtliche Jugendforschung, Archiv (Quelle: ADN-ZB M 1129/321 N)
368 BA, GG 12/14
369 BA, Agentur Puck 29724
370 BA, GG R40c
371 BA, Agentur Puck, ohne Neg.
372–373 Institut für zeitgeschichtliche Jugendforschung, Archiv
374 Bundesarchiv Koblenz (ADN), T 1017/324 N
375 Offset, 61 × 43; 1946; P 94/2374
376 BA, Agentur Puck 29787
377 wie Abb. 25
378 BA, Agentur Schirner 25162

*Schaukasten: Weltfestspiele*

379 Offset, 86 × 60,5; 1951; P 94/2423
380 Regeneratzellulose, bedruckt, 85 × 85; 1951; KTe 71-174
381 Offset, 10,4 × 14,8; 1951; DG 56/4816
382 BA, F 88/347
383 BA, ohne Neg. Nr.
384 BA, Agentur Schirner 28330/3

385 BA, ohne Neg. Nr. (Quelle: Illus)
386 BA, [F 69/1389]
387 BA, F 65/967 (Quelle: Ankauf Matthes)
388–390 BA, ohne Neg. Nr.
391 BA, F 60/2622
392 BA, [F 69/1439]
393 BA, [F 69/1452]
394 BA, [F 69/1453]
395 BA, [F 69/1414]
396 BA, [F 69/1444]
397 BA, ohne Neg. Nr.

*Schaukasten: FDJ-Aufgebote*
398 Offset, 58 × 42; 1950; P 94/576
399 blaues Leder, Papier, 11,5 × 8,2; 1953; DG 80/343
400 wie Abb. 59
401 Bundesarchiv Koblenz (ADN), 8873/9 N (Zentralbild)
402 Bundesarchiv Koblenz (ADN), 88104/2 N

*Döhnert: Jugendweihe*
403 BA, F 59/442 (Quelle: Zentralbild)
404 Die Jugendweihe, Jg. 5 (1959), Heft 10, S. 16 f.
405 Offset, Buchdruck, 59 × 41,5; 1956; P 59/28
406 BA, F 63/143 (Quelle: Zentralbild)
407 BA, F 63/133
408 BA, F 66/1962
409 Die Jugendweihe, Jg. 4 (1958), Heft 5, S. 18 f.
410 26,1 × 21; 1955-57; DG 83/156
411 Die Jugendweihe, Jg. 5 (1959), 3. Sonderheft, S. 6
412 Die Jugendweihe, Jg. 6 (1960), Heft 3, S. 7
413 Offset, 117 × 82,5; 1959; P 90/356, P 96/443

*Schaukasten: Gutes Wissen*
414 Offset, 84,5 × 59,3; 1953; P 95/365
415 wie Abb. 255
416 BA, F 64/1150
417 29,6 × 21; 1950; DG 87/26
418 Messing, 3,2 × 2,7; 1955; O.65.29, O.72.116, O.67.5

*Merta: Auszeichnungswesen*
419 BA, ohne Inv. Nr. (Quelle: ADN)
420 a Bronze, versilbert; Seidenrips; 1952; O.65.145
420 b Bronze, vergoldet; Seidenrips; um 1950; O.67.84
420 c Silber, vergoldet; Seidenrips; um 1958; O.69.109
421 a Galvano, vergoldet; 1949; O.74.137
421 b Gold; 1951; O.65.70
422 a Messing, Email; 1949; O.79.500
422 b Messing, Email; 1949; O.96.29
422 c Messing, vergoldet; Email; 1949; O.96.56
423 a Silber; 1952; O.67.119
423 b Silber, vergoldet; 1961-72; O.65.107
424 a Messing, Email; um 1950; O.67.137
424 b Bronze, Seidenrips; um 1955; O.75.147
424 c Bronze, Seidenrips; um 1955; O.94.369
424 d Bronze, Seidenrips; um 1960; O.94.376
425 a Hartmetall, vergoldet; Email; um 1979; O.79.30
425 b Gold, Email, Seidenrips; um 1980; O.82.50
425 c Bronze, vergoldet; Email; Seidenrips; um 1965; O.65.95
425 d Gold, Email, Seidenrips; um 1965; O.65.99
426 Leder, Papier, 38,7 × 28,5 × 0,8; 1954; O.67.168
427 a Bronze, versilbert; Email; O.65.164
427 b Bronze, versilbert; 1959; O.65.163
427 c Bronze, Email, Seidenrips; um 1955; O.67.120
427 d Bronze, Email, Seidenrips; um 1955; O.82.126
427 e Bronze, patiniert, Seidenrips; 1954; O.67.93
428 a Aluminium, patiniert und lackiert, Spange Messing, Email; 1954; O.67.74
428 b (Rückseite) Aluminium, patiniert; 1951; O.78.36
428 c Aluminium, eloxiert und lackiert; Spange Messing, Email; 1962; O.78.101
429 a Bronze, versilbert, Email; 1962; O.82.103
429 b (Rückseite) Bronze, Email; 1962; O.82.104
429 c Bronze, Lack; um 1968; O.78.72
430 a Bronze, versilbert; Seidenrips; um 1958; O.79.48
430 b Silber, Seidenrips; um 1960; O.65.128
430 c Bronze, versilbert; Seidenrips; um 1965; O.67.106
430 d Bronze, versilbert; Seidenrips; um 1968; O.79.258
430 e Silber, Seidenrips; um 1965; O.65.125
430 f Hartmetall, versilbert; Seidenrips; um 1970; O.79.50
431 a Eisen, bronziert; Email; 1955; O.65.29
431 b Bronze, Email; um 1952; O.84.71
431 c Messing, Email; O.68.167
432 a Bronze, versilbert; Seidenrips; 1958; O.74.110
432 b Bronze, versilbert; Seidenrips; 1958; O.68.212
432 c Bronze, versilbert; Seidenrips; 1958; O.75.45
433 a Silber, Seidenrips; um 1965; O.65.115
433 b Bronze, Seidenrips; um 1965; O.65.143
433 c Bronze, vergoldet; Seidenrips; um 1965; O.65.147
433 d Bronze, Seidenrips; um 1965; O.67.124
433 e Bronze, versilbert; Seidenrips; um 1965; O.65.137
434 a-e Silber und Hartmetall; (a) O.65.340, (b) O.75.31, (c) O.88.134, (d) O.94.419, (e) O.89.6
435 Bundesarchiv Koblenz (ADN), B 1021/01/38 N (Zentralbild)
436 29,8 × 21; 1954; O.87.06
438 Bundesarchiv Koblenz (ADN), 30359/2 N (Zentralbild)
439 BA, Schmidt 253

*Schaukasten: Abzeichen*
440–441 Anhänger, Broschen, Aufnäher und Anstecker der SBZ/DDR; Pappe, Plastik, Metall, Stoff, Porzellan; 8 × 7 (größtes Objekt); 1945-61; Bestand Alltagskultur/Abzeichen

*Schaukasten: Parteidokument*
442 Öl/Lwd., 124 × 156 m. R.; 1953; Kg 54/8
443 BA, ohne Neg. Nr.
444 Papier, 13,7 × 9,3; 1946; DG 73/446
445 BA, ohne Neg. Nr.

*Gibas: Frauenleitbilder*
446 aus einem Fotoalbum über die Arbeit des DFD in der Lausitz (anläßlich des Besuchs Wilhelm Piecks zum Kulturtreffen der Sorben), blaues Kunstleder, Papier, 25,5 × 34 × 2; 1950; SI 90/1610
447 BA, ohne Neg. Nr.
448 BA, [F 70/393]
449 BA, Agentur Schirner K 113482

450 Papier, 14,3 × 10 × 1,4; 1951; DFG-Projekt Propagandageschichte Freiburg/Leipzig
451 Staatliche Galerie Moritzburg Halle; Bronze, H 148; 1952; III 380 (Foto: Archiv der Staatlichen Galerie Moritzburg Halle)
452 BA, ohne Neg. Nr. (Quelle: Zentralbild)
453 wie Abb. 325–328
454 a-c Offset, 19,5 × 13; 1954; DG 56/2229
455 Offset, 84 × 59,5; 1951; P 94/2276
456 Die Deutsche Bibliothek, Deutsche Bücherei Leipzig
457 BA, F 58/846 (Quelle: Zentralbild)
458 Bronze, 66 × 27,5 × 29; 1954; Kg 67/12

**Agitation und Propaganda**

*Klotz: Personenkult*

459 BA, ohne Neg. Nr. (Quelle: Zentralbild)
460 BA, F 68/1442 (Quelle: Zentralbild)
461 BA, F 61/953 (Quelle: Zentralbild)
462 BA, F 61/1173 (Quelle: Zentralbild)
463 BA, Agentur Schirner 28264/12
464 Offset, 59,5 × 84; 1950; P 94/2005
465 BA, F 86/19
466 Bundesarchiv Koblenz (ADN), 76258/1 N (Zentralbild)
467 BA, F 67/1418
468 BA, F 61/1125 (Quelle: Zentralbild)
469 BA, ohne Neg. Nr. (Quelle: Zentralbild)
470 BA, Agentur Schirner 55943/14
471 BA, F 66/1888 (Quelle: Zentralbild)

*Schaukasten: Stalin-Kult*

472 BA, [F 69/306]
473 BA, ohne Neg. Nr. (Quelle: Illus)
474 BA, ohne Neg. Nr.
475 Offset, 61 × 42,5; 1950; P 94/1694
476 BA, GG R 132
477 BA, ohne Neg. Nr.
478 BA, F 58/1131 (Quelle: Illus)
479 BA, ohne Neg. Nr.

*Schaukasten: Freundschaft siegt!*

480 aus einem Fotoalbum zur Deutsch-Sowjetischen Freundschaft: »Monat der Deutsch-Sowjetischen Freundschaft 1952«, rotes Kunstleder, Papier, 31 × 41 × 4; DG 78/53
481 BA, ohne Neg. Nr. (Quelle: Illus)
482 BA, ohne Neg. Nr. (Quelle: Zentralbild)
483 20,5 × 14,8; 1951-52; DG 56/1409
484–485 Offset, jew. 21,5 × 29,8; DG 56/2658 (28 Bl.); DG 56/2656 (23 Bl.); Bildzusammenstellung DHM
486 Offset, 85 × 59,5; 1950; ohne Inv. Nr.
487 Offset, 84 × 59; 1958; P 59/553
488 Offset, 60 × 83; 1952; P 96/434

*Roesler: Planwirtschaft und Produktionspropaganda*

489 BA, F 56/902
490 BA, F 52/2723 F
491 Litho, 59 × 41; 1948; P 94/410
492 BA, [F 68/339]
493 BA, [F 68/1476]
494 wie Abb. 484–485; DG 56/2657 (26 Bl.)
495 BA, F 54/574
496 Offset, 83,5 × 59,5; 1951; P 73/113
497 (o. l.) Offset, 84 × 59; 1952; P 94/476, P 58/303
498 (o. r.) Offset, 84 × 59; 1953; P 94/480
499 (u. l.) Offset, 84 × 59; 1955; P 94/483
500 (u. r.) Offset, 84 × 59; 1956; P 94/482
501 Öl/Lwd., 181,5 × 302 m. R.; 1951/60?; ohne Inv. Nr.
502 Holz, Messing, ∅ 15 × 19; 1956; SI 90/734
503 Papier, 20,8 × 14,3; 1951; ohne Inv. Nr.
504 BA, F 56/951 (Quelle: Zentralbild)
505 BA, ohne Neg. Nr.
506 BA, F 63/1812 (Quelle: Zentralbild)
507 (o. l.) Offset, 119 × 85; 1948?; P 94/439
508 (o. r.) Offset, 82 × 58; 1949; P 94/428
509 (u. l.) Offset, 84 × 59; 1949; P 94/431
510 (u. r.) Offset, 84 × 59; 1949; P 94/433
511 Offset, 84 × 60; 1959; P 94/506
512 BA, F 66/1732
513 Offset, 42 × 30; 1959?; P 94/344

*Schaukasten: Aktivisten*

514 BA, F 67/2069
515 BA, GG 94/2132
516 rotes Leder, Papier, 11,4 × 16,8; 1957; DG 74/220
517 BA, F 76/106 (Quelle: Zentralbild)
518 Papier, 20 × 15; 1953; DG 86/264
519 Baumwollgewebe, Maschinenstickerei; 204 × 14; 1952-54; Fa.71.47
520 Offset, 84 × 59; 1951; P 94/2277
521 Baumwollgewebe, Druck, Maschinenstickerei, 130 × 170; 1951-55; Fa.80.12
522 Baumwollgewebe, Druck, Maschinenstickerei, 47 × 85; o. J.; Fa.73.30.3
523 Baumwollgewebe, Maschinenstickerei, 45 × 25; 1962; Fa.71.11
524 wie Abb. 261 (Rückseite)
525 BA, F 61/526 (Quelle: NBI)
526 BA, F 58/1699 (Quelle: Tuchfabrik Cottbus)
527 BA, [F 68/1480]
528 BA, F 59/1686

*Müller: Stalinallee*

529 aus: Gerhard Puhlmann: Die Stalinallee. Nationales Aufbauprogramm 1952. Verlag der Nation, Berlin, o. J
530 Landesarchiv Berlin, BPA, Fotosammlung, Sachgruppe C 3.4/001
531 aus einer Kassette: »Nationales Aufbauprogramm Berlin 1952 / Für ausgezeichnete Leistungen im Massenwettbewerb der freiwilligen Enttrümmerung«, rotes Kunstleder, Papier, Metall, 25,7 × 19,8 × 4,5; 1953; Foto 20; DG 74/45
532 BA, F 67/2063 (Quelle: ADN-Bild Berlin)
533 (o. l.) Offset, 83 × 58,5; 1952; P 94/230
534 (o. r.) Offset, 84 × 60; 1952; P 94/196
535 (u. l.) Offset, 85,5 × 60,5; 1952; P 94/217
536 (u. r.) Offset, 86 × 61; 1952; P 94/219
537 Offset, 84 × 60; 1952; P 94/2024
538 BA, [F 68/1498]
539 Offset, 59,5 × 85; 1952?; P 94/202
540 aus einem Album zum NAP: »Die Stalinallee ist der Grundstein des Aufbaus zum Sozialismus in der Hauptstadt Deutschlands, Berlin; rotes Kunstleder mit NAP-Emblem aus Metall, 22,5 × 16 × 2,5; 1952; DG 82/85
541 wie Abb. 529
542 Stiftung Archiv der Parteien und Massenorganisationen der DDR im Bundesarchiv, Bibliothek; Landesarchiv Berlin, Rep. BPA V 1/5-198
543 wie Abb. 529
544 Aufbaukarte, 14 × 9,8; 1952; DG 63/526; Anerkennungsurkunde für Teilnahme am

NAP 1952, 18,5 × 13,4; DG 68/628; Aufbaulotterie-Los 1952, 7 × 9; Do. 54/1254; Aufbaukarte, 14,9 × 10,5; 1953; DG 72/104.1
545 Baumwollgewebe, Maschinenstickerei, 127 × 198; 1952; Fa.73.28
546 wie Abb. 540
547 BA, ohne Neg. Nr. (Quelle: Zentralbild)
548 Landesbildstelle Berlin
549 Bundesarchiv Koblenz (ADN), 19 000/1337 N (Zentralbild)
550 Regenerat-Zellulosefaser, 51 × 122; 1952; KTe 74/274
551 Institut für Regionalentwicklung und Strukturplanung / Wissenschaftliche Sammlungen, Erkner bei Berlin
552 BA, F 67/2450
553 wie Abb. 529
554 Offset, 165 × 89; 1958; P 94/2016 a, b, c

*Schaukasten: Sichtagitation*
555 BA, Agentur Puck 29235
556 BA, ohne Neg. Nr.
557 BA, F 63/1009
558 BA, Agentur Puck 29226
559 BA, Agentur Puck 29395
560–561 BA, ohne Neg. Nr.
562 aus einem Fotoalbum des Verlags »Volk und Wissen«, grauer Stoff, Papier, 36 × 31 × 8; 1951; SI 90/1588
563 BA, F 88/358
564 Offset, 84 × 117,1; 1950; P 61/746
565 BA, F 87/29
566–567 BA, ohne Neg. Nr.

*Schaukasten: Zu Ehren ...*
568 20,7 × 14,5; 1950; DG 61/609
569 BA, F 54/632
570 BA, F 54/638
571 BA, F 54/804
572 BA, F 54/772

*Stoecker: Stalin-Note vom 10. März 1952*
573 Offset, 83,3 × 58,5; 1952; P 71/1474
574 Regeneratzellulose, bedruckt, 83 × 68; um 1951; KTe 82/25
575 Offset, 84 × 59,5; 1952; P 94/1013
576 Offset, 84 × 59,5; 1952; P 94/1309
577 Offset, 84 × 59; 1952; P 94/204
578 Offset, jew. 30 × 21; 1952; P 96/427
579 BA, ohne Neg. Nr.
580 Offset, 15 × 10,5; 1952; DG 56/3069
581 BA, ohne Neg. Nr. (Quelle: Zentralbild)
582 Offset, 21 × 15; 1951; DG 63/140

*Schaukasten: 17. Juni*
583 BA, Agentur Schirner 33167/44
584 BA, Agentur Schirner 33243/10
585 Offset, 59,3 × 84,2; 1953; P 63/1663
586 Neues Deutschland, Extra-Ausgabe, 22.6.1953, S. 1
587 wie Abb. 255

*Schaukasten: »Staatsfeinde«*
588 BA, F 58/1606
589 BA, F 60/1575
590 BA, ohne Neg. Nr. (Quelle: ADN-ZB)
591 Bundesarchiv Koblenz (ADN), 15777/20 N (Zentralbild)
592 BA, F 58/1113 (Quelle: Zentralbild)
593 BA, F 60/2178

*Holzweißig: SED-Agitation im Widerspruch*
594 BA, F 69/22
595 Offset, 83,5 × 59,5; o. J.; P 94/1357
596 Offset, 84 × 56; 1952; P 94/1342
597 Papier, 29,4 × 20,9; 1954; DG 78/91
598 a-b Frischer Wind, 7. Jg., Nr. 12
599 Helmut Dutschke, Potsdam
600 aus: Parisavativ 5/95 – Sonderausgabe, hrsg. v. Schülern des Gymnasiums Luckenwalde, S. 9

*Schaukasten: Staatsgrenze*
601 Offset, 63 × 87; 1955; P 71/2096
602 Buchdruck, 84 × 59; 1952; P 63/1685
603 Leder, Metall, 47 × 39 × 25; 1956; SI 90/1600
604 BA, F 87/37
605 Offset, 20,8 × 14,9; 1961; DG 61/664
606 BA, Agentur Schirner 81391/19
607 BA, Agentur Schirner 81972/1

*Schaukasten: Briefe*
608 BA, ohne Neg. Nr.
609 Offset, 59,5 × 42; 1952; P 94/1031
610 BA, 93/792
611 BA, ohne Neg. Nr. (Schrift-Strichätzung)

*Michaelis: Leistungssport*
612 Offset, 70 × 97,5; 1951; P 58/843
613 aus einem Fotoalbum zum 2. Deutschen Turnfest (an Hermann Matern), 26,5 × 30 × 4,4; 1956; DG 85/229
614 Bundesarchiv Koblenz (ADN), 42983/2 N
615 20,7 × 14,9; 1960; DHM 1990/1616.103
616 BA, ohne Neg. Nr.
617 BA, F 70/1129 (Quelle: Zentralbild)
618 BA, F 74/231 (Quelle: Zentralbild)
619 aus einem Fotoalbum vom Nationalrat der Nationalen Front zum Wiederaufbau (zum Geburtstag von Wilhelm Pieck), Leder, Papier, 37 × 49,5 × 13 (dazugehörige Kassette); 1958; SI 90/1602
620 BA, F 71/50 (Quelle: Zentralbild)

*Schulz: Medien und Propaganda*
621 BA, F 65/2665
622 Offset, 84 × 59; 1949; P 94/2506
623 Offset, 28 × 56; 1959; P 94/2508
624 Offset, 84,5 × 59,5; 1952/53; P 94/2538
625 Offset, 84 × 58; 1951; P 94/2521
626 Offset, 29 × 20; 1953; P 94/2530
627 Litho, 30 × 41,8; 1950; P 90/670
628 Offset, 41 × 28; o. J.; P 94/2548
629 Offset, 60 × 85; 1952; P 94/855
630 Offset, 58,5 × 84; 1949; P 94/858
631 Neues Deutschland, Ausg. B, 18. 6. 1953, S. 6
632 Neue Berliner Illustrierte, Nr. 34/1961, 4. Augustheft, S. 20 f.

*Schütrumpf: DEWAG*
633 Offset, 59 × 84; 1946; P 96/442

*Schaukasten: Agitprop*
634 BA, Agentur Puck 30108
635 Offset, 42 × 30; 1954; P 96/417
636 BA, F 59/1908 (Quelle: Zentralbild)
637 ca. 15 × 10,5; 1950-59; ohne Inv. Nr.
638–639 BA, Schmidt 4/7, 9
640 aus einem Fotoalbum der Pionierfreundschaft der Goethe-Schule in Wilthen (zum 80. Geburtstag von Wilhelm Pieck), Leder, Papier, 19,5 × 27 × 4; 1956; SI 90/1592

641 BA, F 85/699 (Quelle: Traditionskabinett des ETW, Magdeburg)
642 BA, ohne Neg. Nr.
643–644 aus einem Fotoalbum zur Entwicklung der HO in Berlin: »2 Jahre HO Berlin«, beigefarbenes Kunstleder, Papier, 24,5 × 32 × 3; 1951; SI 90/1597

**Überleben in der Erinnerung**

*Münkler: Das kollektive Gedächtnis der DDR*
645 Offset, 86 × 61; 1960; P 73/895
646 12 × 16,5 (je Umschlag); Berlin, Privatbesitz
647 BA, F 52/3037 (Quelle: Illus/ Zentralbild)
648 20,5 × 14; 1959; S. 26 f.; ohne Inv. Nr.
649 BA, F 87/347
650 BA, Schmidt 1144/5

*Diesener: 41 Jahre DDR*
651 Vorlage vom Verfasser

*Rytlewski: Doch der Staat starb nicht ab*
652 BA, F 83/255
653 Offset, 84 × 58,5; 1950; P 94/1762
654 Offset, 183,5 × 86; 1958; P 94/971 a, b

**Schluß**

655 DHM 1991/80.97
656 DHM 1991/80.120



Arnold, Walter, Abb. 451 auf S. 313
Cremer, Fritz, Abb. 228 auf S. 161, Abb. 458 auf S. 319
Wittkugel, Klaus, Abb. 319 auf S. 225, Abb. 344 auf S. 239, Abb. 654 auf S. 480
Ziratzki, Lothar, Abb. 54 auf S. 55, Abb. 308 auf S. 218

## Register

Das Register enthält Namen und Organisationen/Institutionen in schwerpunktmäßiger Auswahl. Die Nachweise beziehen sich auch auf die nicht paginierten »Schaukästen«; Hinweise auf Bildunterschriften sind fett gesetzt.